14147

CUISINE CLASSIQUE

PARIS — IMPRIMERIE DE WITTERSHEIM
Rue Montmorency, 8

DUBOIS
ET
BERNARD

LA
CUISINE
CLASSIQUE.
Études pratiques,
raisonnées et démonstratives,
de
L'ÉCOLE FRANÇAISE
appliquée au
SERVICE à la RUSSE.

PARIS
1856

LA

CUISINE CLASSIQUE

ÉTUDES PRATIQUES, RAISONNÉES ET DÉMONSTRATIVES

DE

L'ÉCOLE FRANÇAISE APPLIQUÉE AU SERVICE A LA RUSSE

PAR

URBAIN DUBOIS
Élève de Louis Haas (de la maison de Rothschild), et Cuisinier de M. le comte Uruski

ET

ÉMILE BERNARD
Cuisinier de S. Exc. le général comte Krasinski

Ouvrage illustré d'un frontispice allégorique et de 215 dessins inédits, embrassant dans son cadre toutes les prescriptions culinaires, d'après l'ordre et les principes de la haute École.

> En cuisine, les uns brillent spécialement par l'éclat, le luxe, la variété; les autres par les soins délicats, le goût parfait, le fini et la bonté du fonds; mais parmi les qualités indispensables au praticien, nous mettons en première ligne la science organisatrice unie à la connaissance pratique de toutes les branches de l'art.
> (CUISINE CLASSIQUE.)

A PARIS

CHEZ LES AUTEURS, RUE CAUMARTIN, 51,

ET CHEZ LES PRINCIPAUX LIBRAIRES DE LA FRANCE ET DE L'ÉTRANGER.

—

1856

(Droits de reproduction et de traduction réservés.)

PROPRIÉTÉ DES AUTEURS.
Tout exemplaire non revêtu des signatures ci-dessous sera considéré comme contrefaçon.

Les 38 planches de la *Cuisine classique* ont été exécutées et imprimées sur les dessins des auteurs par M. MULLER jeune, artiste lithographe, et d'après un procédé de son invention.

Le Frontispice est une composition de M. JEHENNE. — Sur le premier plan, l'artiste a représenté, avec divers attributs de l'art culinaire, un fourneau d'un nouveau modèle admis à l'Exposition universelle de 1855 et sortant des ateliers de M. BAUDON, ingénieur-mécanicien. A droite du fourneau, une Renommée indique du doigt la banderolle sur laquelle se lit le titre de l'ouvrage ; les deux génies se jouant à ses pieds et ceux au-dessus de la cuisine figurent les quatre Saisons. — Sur le second plan est une riche salle à manger, avec une table splendidement servie, ornée de candélabres, gradins, surtouts et pièces d'orfévrerie. La déesse que l'on voit à gauche, et qui tient dans ses mains une guirlande de fruits, représente l'Abondance.

PRÉFACE.

Un livre culinaire sérieux et méthodiquement raisonné, s'appuyant d'un côté sur les préceptes enseignés, de l'autre sur l'expérience et la pratique, était nécessaire, réclamé par les besoins du temps et, disons-le tout de suite, impatiemment attendu; car, depuis *Carême*, le praticien qui s'est le plus occupé de l'avenir du métier et qui, le premier, a eu l'insigne mérite de l'établir sur des bases positives, aucune œuvre importante et complète, abordant hardiment la haute cuisine pour la traiter au point de vue moderne, n'a été produite.

En rendant hommage à *Carême*, nous voulons prouver notre profonde déférence pour le maître; mais nous n'entendons nullement affirmer qu'il ait donné le dernier mot d'une profession qui, à quelques égards, peut avoir l'importance d'une véritable science. Et d'ailleurs, personne ne voudrait soutenir que, depuis ces publications lointaines, c'est-à-dire depuis trente à quarante ans, la cuisine n'ait pas suivi le progrès, auquel elle est si intimement liée; qu'elle n'ait reçu aucune impulsion favorable, réalisé aucun perfectionnement, et que les hommes qui la pratiquent aujourd'hui avec tant d'éclat et de succès ne lui aient imprimé aucun élan de grandeur, en lui apportant des ressources et des créations utiles. Nier ce fait serait en quelque sorte méconnaître le siècle où nous sommes et laisser croire à notre génération que cette science, jadis si active et si honorablement cultivée, a maintenant ralenti sa marche, qu'elle est engourdie ou impuissante, que les hommes ne sont plus ce qu'ils étaient, et qu'enfin nous touchons à la décadence.

Quant à nous, disciples obscurs de nos devanciers, mais imbus de leurs préceptes et comme eux dévoués à notre profession, nous avons pensé le contraire; nous avons compris qu'en raison des exigences de la situation, il restait encore quelque chose à faire. Au-dessus et à côté de ce qui est, nous avons cru qu'un livre bien conçu, embrassant dans son cadre toutes les branches de l'art, s'appuyant sur les traditions du passé, mais surtout représentant l'Ecole moderne dans toute sa splendeur, pouvait encore offrir un intérêt réel.

C'est donc dans ces vues que nous avons tracé notre programme, et c'est sur ces bases mêmes que nous avons réglé notre travail : les hommes compétents, nos juges, diront si nous sommes à la hauteur de notre entreprise ou de notre mission.

L'art culinaire, à nos yeux, est à la fois trop vaste et de nature trop complexe pour que nous prétendions le définir dans sa plus parfaite expression ; aussi sommes-nous loin de penser que ce livre sera exempt de toute erreur ; néanmoins nous croyons, sans trop de présomption, qu'il vient combler une lacune et qu'il est en rapport avec les besoins du moment.

Du reste, nous n'avons rien omis de ce qui pouvait rendre notre ouvrage utile à tous, en lui donnant une portée encyclopédique. Nous ne parlerons pas ici du luxe inusité qui le distingue, ni du style élégant de nos dessins ; nous dirons seulement que le livre ajoute à ces avantages celui de s'appuyer sur une méthode nouvelle, qui s'avance vers nous à grands pas, c'est-à-dire le *Service à la Russe*. En vulgarisant cette méthode, nous n'entendons pas l'ériger en principe absolu ; nous avons voulu préparer les hommes qui personnifient l'avenir parmi nous à lui faire face au moment donné : voilà tout.

On trouvera peut-être osé à nous, travailleurs modestes, n'ayant pas le privilége d'un nom illustré, d'avoir entrepris cette tâche difficile et ardue ; mais, pénétrés de la nécessité de l'œuvre, animés du désir de bien faire, nous n'avons tenu compte que de son utilité, et nous l'avons abordée sans nous préoccuper de ses dangers ni des sacrifices qu'elle réclamait.

Si nos efforts aboutissent à rendre quelques services à nos nombreux collègues, nous serons satisfaits ; car nous n'avons pas eu d'autre but que celui de relever notre profession de l'oubli où l'on semble l'avoir reléguée, de la pousser à son développement en la montrant féconde, puissante et retrempée à la source vive du progrès.

Urbain DUBOIS et Émile BERNARD,
Cuisiniers.

Paris, mars 1856.

LE SERVICE A LA FRANÇAISE & LE SERVICE A LA RUSSE

COMPARÉS.

Le service de la table est, aujourd'hui, généralement basé sur deux méthodes, ayant toujours le même but, mais partant de deux principes sinon opposés, tout au moins en dissidence : c'est le Service a la Française et le Service a la Russe.

Ces deux méthodes ont chacune leurs prosélytes et leurs adversaires, leurs partisans et leurs détracteurs; mais elles n'en sont pas moins également pratiquées.

Quant à nous, notre rôle se borne à les comparer, et nous ferons remarquer que c'est moins pour indiquer nos préférences que pour faire ressortir les avantages et les inconvénients de ces deux services. D'ailleurs, notre désir est de jeter, si nous pouvons, quelque lumière dans le débat, et non de combattre des prétentions respectables de part et d'autre. Nous laisserons donc de côté la question de priorité. Nous sommes ici d'autant mieux à notre aise que les deux méthodes n'ont, ensemble ou séparément, aucune influence sur les préparations fondamentales de la cuisine; elles restent pour ainsi dire étrangères à la science.

Si nous avons pris le service à la Russe pour base de notre travail, ce n'est pas que nous ayons l'intention de le proposer comme règle exclusive, mais tout simplement par cette raison concluante que ce service n'a jamais été décrit et qu'il mérite de l'être; et, convaincus que le moment est venu de le mettre en évidence, nous n'avons pas hésité à aborder cette tâche avec autant d'impartialité que de résolution.

Nous ajouterons à cette observation que les dessins de nos planches, quoique composés d'après le service à la Russe, s'appliquent tout aussi bien au service à la Française : il n'y a que le découpage à supprimer. Quant aux principes culinaires, ils ont pour base l'École française, cela ne saurait faire doute.

Ces considérations préliminaires établies, nous passons à la comparaison des deux méthodes.

Les dîners à la Française se composent de *trois services*, don deux appartiennent à la cuisine et le dernier à l'office. Le *premier* comprend toutes les séries de mets qui depuis les potages, s'étendent jusqu'aux plats qui précèdent les rôts. Ceux-ci commencent le *second service*, qui se continue jusqu'aux entremets de douceur : là se terminent les préparations culinaires. Le *troisième service* comprend les glaces, bonbons, fruits et enfin tout ce qu'on appelle DESSERT.

Les deux premiers de ces services sont réglementés par des usages qu'on ne saurait enfreindre sans nuire à l'harmonie du dîner. Ainsi, quand l'un nécessite *six* ou *huit* entrées, l'autre doit avoir un nombre égal de mets ; et dans tous les cas, la symétrie d'une table s'oppose à ce que les séries soient en nombre impair, à moins d'avoir quelques *plats volants* à faire passer aux convives.

Dans la pratique, on indique l'importance d'un dîner par *entrées* ; c'est-à-dire qu'en annonçant *quatre*, *six* ou *huit* entrées, on sait de combien de potages, de hors-d'œuvre et de relevés le premier service doit se composer, et par là aussi la quantité de plats du second. Mais il est bon d'ajouter que ces services sont plus ou moins multipliés ou modifiés, selon le nombre des invités, l'ordre et l'étiquette des maisons. A l'égard de ces modifications, on trouvera plus loin les divers menus à la Française que nous produisons afin de donner la mesure des proportions à suivre pour des tables de 20, 40 et jusqu'à 100 couverts.

Dans la première comme dans la seconde partie d'un dîner servi à la Française, les mets appartenant à la même série doivent toujours être placés parallèlement et se faire face. Ils sont, chacun à leur tour, symétriquement posés sur table. Le premier service y arrive avant même que les convives soient installés ; le second y est apporté plus tard et se range dans le même ordre. Le dessert vient après ces deux services et se dresse aussi avec symétrie. Tout le luxe de l'art se déploie ainsi dans un ensemble que chacun admire et qui a rendu à juste titre la renommée de nos praticiens universelle.

Certes, personne ne conteste qu'un dîner ainsi dressé, pour peu qu'il soit recherché ou que les mets soient historiés et apparents, ne produise une sensation agréable parmi les convives, flatteuse pour l'amphitryon et honorable pour le cuisinier qui sait unir l'élégance à la variété. La seule objection qu'on puisse faire avec raison, c'est que les mets qui se posent et se découpent les derniers ne conservent pas une chaleur suffisante pour être dégustés dans leur plus parfaite succulence, car ils sont mangés trop longtemps après leur cuisson. Cette objection mérite d'arrêter sérieusement l'attention des amphitryons et des cuisiniers. Il est fâcheux, en effet, que dans un dîner splendide, où rien n'est épargné pour rendre une réception brillante et digne, on puisse y manger des mets refroidis et ayant perdu une partie de leurs qualités. Pour obvier à ce grave inconvénient, on est forcé de mettre les plats sur des réchauds et de les tenir clochés jusqu'au dernier moment. Ces précautions mêmes sont le plus souvent insuffisantes : il faut encore avoir des sauces en réserve dans la caisse à bain-marie, à l'endroit où l'on découpe, et saucer les mets à mesure qu'on les dresse dans les assiettes et que les maîtres-d'hôtel en font la distribution.

Il en est de même des garnitures, exposées à perdre dans l'attente leur mérite acquis par une cuisson calculée ; on les tient chaudes pour les dresser ensuite dans les assiettes.

C'est avec des précautions de ce genre qu'on parvient à atténuer les désagréments que nous signalons, quoique, pour beaucoup de mets, ces expédients soient presque insignifiants.

De leur côté, les amphitryons et les invités ont une autre obligation à s'imposer : c'est une exactitude rigoureuse ; car, pour que tout un service compliqué puisse partir en même temps de la cuisine, il faut nécessairement qu'il soit dressé et tenu à l'ÉTUVE quelques instants avant qu'on vienne le demander. En cas de retard, tous les soins imaginables ne peuvent empêcher que ce service n'en souffre considérablement. Il en résulte que le meilleur des dîners, confectionné avec tout le talent désirable, peut être déprécié ou ne pas toujours répondre au désir général. C'est ainsi que bien des cuisiniers, par des causes indépendantes de leur volonté, ont encouru des reproches immérités et quelquefois perdu la confiance dont on les honorait auparavant.

SERVICE A LA FRANÇAISE ET SERVICE A LA RUSSE COMPARÉS.

En somme, quand on considère de près le service à la Française, d'un éclat si riche et d'un aspect si ravissant, étalant toute sa magnificence aux yeux d'un monde habitué au faste et éminemment capable d'apprécier les beautés d'un art qu'il encourage et vivifie par ses opulentes libéralités, on peut se rendre facilement compte de la prépondérance que cette méthode a conquise dans tous les pays civilisés. Mais on ne peut disconvenir, néanmoins, qu'elle soit encore susceptible de perfectionnement.

On pourrait, par exemple, découper les mets à la cuisine, d'après les règles du service à la Russe, et les dresser sur table dans l'ordre du service à la Française. Le découpage, exécuté par un praticien expérimenté et d'après certains principes auxquels les maîtres-d'hôtel sont souvent étrangers, n'entraînerait d'abord aucune conséquence préjudiciable, et les pièces n'en conserveraient pas moins leur physionomie aussi bien que leur qualité. Nous pensons que cette innovation aurait le double avantage de rendre le service du personnel plus prompt, en permettant de présenter les mets au moment le plus favorable à leur dégustation. Les maîtres-d'hôtel n'auraient alors d'autre fonction que celle de prendre les plats sur la table pour les faire passer aux convives, avec une saucière bouillante.

Ce nouveau mode nous est uniquement suggéré par le désir de voir disparaître du *Service à la Française* un inconvénient que chacun s'accorde à regretter.

Dans le *Service à la Russe*, les plats chauds ne vont pas sur table. Ils sont découpés à la cuisine, tour à tour dressés et passés directement aux convives. C'est là uniquement le principe qui différencie ce service de celui que nous venons d'esquisser.

L'opération du découpage exige précision et dextérité ; car elle doit se faire rapidement et en conservant aux pièces découpées leur forme naturelle. Au surplus, on ne découpe guère que les relevés, rôts et pièces froides, les autres mets étant ou divisés, ou de nature à être fractionnés facilement par les convives.

Si cette manière de servir a pour première conséquence de rendre la table moins élégante que dans le service à la Française, elle a pour résultat précieux de faire déguster les mets dans les meilleures conditions possibles, puisqu'ils sont dressés aussitôt arrivés à leur point précis de cuisson et servis immédiatement. Il s'ensuit aussi que les convives sont obligés de se servir eux-mêmes : sur ce point, les opinions sont très-divergentes ; ici on prétend que cet usage est peu convenable ; là on affirme que les convives sont mieux à leur aise, attendu la facilité qu'ils ont de ne prendre que ce qu'ils veulent manger ; ailleurs on pense qu'une pareille méthode convient tout au plus pour un ordinaire bourgeois.

Sans nous arrêter à ces appréciations si opposées, examinons le service dans son ensemble et ses détails.

Si les mets chauds ne figurent pas sur table, le cuisinier a toujours la faculté d'y placer les pièces froides, la pâtisserie et les entremets, qui peuvent *attendre* sans perdre leur qualité ou leur succulence. Ces mets sont assez variés pour garnir une table et présenter un ensemble séduisant, pour peu que les bronzes de luxe, les fleurs et les ornements usuels de la table entrent dans le goût des amphitryons. Mais indépendamment des séries des mets culinaires, le dessert constitue, dans le service à la Russe, un auxiliaire précieux. Il est conséquemment dressé avec coquetterie et somptuosité, et reste exposé pendant toute la durée du dîner. Ainsi, pour le coup d'œil, un dîner de ce genre peut encore captiver l'attention et n'avoir même que fort peu à envier aux dîners servis à la Française.

Le service du personnel ayant aussi ses usages, nous ne devons pas l'oublier.

Si l'on passe les plats autour de la table, il est évident qu'on ne doit en faire circuler qu'un à la fois, ou une seule série. L'essentiel est de s'attacher à ce que chaque plat soit suffisant ou multiplié en raison du nombre des invités. Il y a, à cet égard, une base qui nous paraît trop logique pour ne pas être recommandée : elle consiste à servir autant de mets de chaque série qu'il y a de fois *dix* convives. C'est ce qu'on appelle servir *par un,* si le dîner est simple ; *par deux,* s'il est double; *par trois,* s'il est triple, et ainsi de suite.

Lorsqu'on sert *par trois* ou *par quatre,* la règle subit quelques modifications. Ainsi, pour 45 personnes, on peut sans crainte ne servir que *par quatre ;* mais moins les services sont répétés, plus cette faculté ou cette modification est restreinte; c'est-à-dire que, pour 12 personnes, on peut encore servir *par un,* tandis qu'il faut absolument servir *double,* si ce nombre 12 est dépassé. Ce sont là des habitudes auxquelles on doit se conformer ou des obligations dont on ne peut s'affranchir dans un dîner distingué. Cela s'explique d'autant mieux que la plupart des mets (les entrées surtout) ne peuvent se dresser pour plus de 10 à 12 personnes sans être trop volumineux, et qu'alors ces mets ne pourraient arriver que froids ou trop dégarnis aux convives servis les derniers.

Dans un dîner *simple,* le maître-d'hôtel doit faire présenter tout d'abord les mets au convive le plus marquant ; et, en admettant que cette déférence soit continuée à la même personne pendant toute la durée du repas, il doit cependant veiller à ce que les plats, à chaque changement de série, suivent alternativement une autre direction, ou pour mieux dire prennent une fois la droite, une autre fois la gauche du premier convive servi. Tout le monde est à même d'apprécier cette convenance.

Si le dîner est *double,* les plats doivent partir de deux points parallèles, soit des centres, soit des extrémités de la table, selon la place qu'occupent les personnages par lesquels l'étiquette oblige à commencer.

Enfin, pour un dîner nombreux, les hommes chargés de présenter les mets ont chacun leur poste assigné et 10 à 12 convives au plus à servir; on leur désigne le point où ils commencent et où ils doivent s'arrêter, en observant toujours la méthode indiquée plus haut, c'est-à-dire en servant les premiers ceux des convives qui ont été les derniers dans la série précédente. La distribution des plats se fait ainsi régulièrement, dans les plus grands dîners, à la satisfaction de chacun, sans confusion dans le personnel et avec une célérité qui permet d'offrir les mets aussi chauds que possible. Ces avantages, nous n'hésitons pas à le dire, ne peuvent pas être aussi complets dans un dîner à la Française. Les praticiens auxquels nous nous adressons n'ont certainement pas attendu jusqu'à ce jour pour faire cette remarque.

Telles sont, en résumé, les règles suivies dans le *Service à la Française* et dans le *Service à la Russe.*

Maintenant, qu'il nous soit permis d'ajouter que si nous avons cru la description du service à la Russe nécessaire, c'est que nous l'avons sérieusement étudié. Il ne faut pas qu'on s'imagine que ce service est une innovation improvisée pour notre propre besoin ; il faut qu'on sache bien qu'il est connu et pratiqué depuis longtemps, non pas seulement en Russie, comme on pourrait le penser, mais dans toute l'Europe. Si en France et en Angleterre il est moins généralisé qu'ailleurs, il est certain qu'il s'y répand chaque jour davantage. Or, une méthode qui a le privilège de se faire pour ainsi dire naturaliser partout, mérite bien quelque considération et peut justement trouver sa raison d'être dans un recueil comme le nôtre. Beaucoup de nos confrères, en dépit même de leur antipathie pour ce service, peuvent se trouver dans la nécessité de le mettre en pratique, à Paris comme à l'Étranger; s'ils ne le connaissent pas, ils trouveront ici des renseignements instructifs et utiles. D'ailleurs, ne fût-ce que pour en parler avec connaissance de cause, un praticien sérieux doit être à la hauteur de tout ce qui intéresse son art.

Tous les cuisiniers, nous le savons, ne sont pas partisans du service à la Russe, et parmi les dissidents nous comprenons sans réserve tous ceux qui ne le connaissent qu'imparfaitement. Cela se conçoit, si l'on considère combien il en coûte de rompre avec des habitudes traditionnelles; mais repousser un principe ou dédaigner une étude sans examen ne prouve guère que prévention; pour juger d'une méthode il faut la connaître; et nous croyons que tous ceux qui ont été à même d'apprécier les avantages du service à la Russe ont eu lieu d'en être satisfaits.

Les dissidents prétendent que les dîners servis à la Russe manquent d'élégance; ils ne seraient pas éloignés de soutenir que cette méthode est incompatible avec l'art : ce livre répond d'avance à des suppositions aussi mal fondées; ceux qui le compulseront pourront se convaincre qu'il y a mille moyens de concilier les exigences de ce service avec le luxe d'un dîner. Mais à quoi bon, dira-t-on peut-être, dresser avec recherche des mets qui ne doivent point figurer sur table, s'ils sont passés immédiatement aux convives? Ces objections sont vraiment plus spécieuses que solides. Il n'est pas possible d'admettre, en effet, que les amphitryons et les convives puissent se méprendre au point de confondre le beau et le laid, la médiocrité avec le talent; en d'autres termes, nous ne croyons pas qu'il soit permis d'avancer que les uns et les autres n'auront ni le temps, ni la possibilité d'observer, ni assez d'intelligence pour faire la différence d'un mets dressé avec goût d'avec celui qui serait dressé à l'instar des tables d'hôte. Notre conviction nous dit le contraire, parce qu'un dîner coquettement préparé produira toujours son effet et atteindra évidemment le but de l'artiste, surtout si l'ornementation est appliquée de manière à ne pas nuire à la facilité du service général.

S'il a pu entrer dans notre esprit de préconiser le service à la Russe, c'est moins pour persuader ceux qui le dédaignent que pour nous mettre à la hauteur des circonstances; car nous sommes cuisiniers, et nous savons par expérience que les amphitryons ne consultent point nos préférences, mais qu'ils nous imposent les leurs. Aussi nos réflexions s'adressent-elles particulièrement à ceux de nos confrères qui, n'ayant encore aucune notion du service à la Russe, pourraient avoir le désir de l'étudier.

LA
CUISINE CLASSIQUE

ÉTUDES
PRATIQUES, RAISONNÉES ET DÉMONSTRATIVES

DE

L'ÉCOLE FRANÇAISE APPLIQUÉE AU SERVICE A LA RUSSE.

DES MENUS.

Les menus sont en usage dans tous les dîners, même ceux d'ordinaire, et quel que soit le mode de service qu'on leur applique; mais ils sont surtout d'une urgente nécessité dans le service à la Russe, où le dîner va peu ou point sur table et où les convives ne peuvent être renseignés sur sa composition qu'à l'aide même de ces menus. Aussi, dans les dîners distingués, le bon genre exige-t-il que les amphitryons ou les maîtres d'hôtel aient soin d'en faire distribuer à la place de chaque invité.

Le menu d'un dîner simple ou compliqué, de luxe ou familier, ne doit uniquement porter que la nomenclature des mets culinaires proprement dits; toute autre indication est de mauvais genre. Les mets accessoires qui précèdent ou terminent ce dîner, tels que hors-d'œuvre froids, salades et desserts, n'y sont admis à aucun titre. Dans certaines maisons, on fait pour le dessert un menu spécial qui succède au premier : c'est là une habitude d'élégance qui devrait trouver partout des imitateurs.

Comme spécimen de forme, nous donnons, à l'adresse des amphitryons et des cuisiniers, une planche de menus lithographiés, tels qu'il convient de les faire dans une maison où l'étiquette et le bon goût marchent de pair.

Nous produisons de plus, comme bases de proportions, une série de menus dans l'ordre des deux services pratiqués, c'est-à-dire à la Française et à la Russe. Ces derniers ne sont pas tous également méthodiques, sinon quant au genre, du moins quant à la distribution des plats. En les laissant tels que nous les avons servis dans divers pays et d'après l'usage des maisons, nous avons voulu indiquer que la règle n'était pas immuable et qu'elle pouvait être modifiée selon les circonstances. Servir le froid avant le poisson, ou bien le poisson immédiatement après les relevés, au lieu de le servir après le potage ou les hors-d'œuvre, c'est là une simple question de préférence qui ne peut avoir une grande influence sur l'ordre ou sur le résultat d'un dîner; mais encore faut-il le savoir.

Les menus à la Française sont pour dîners, soupers de bals ou buffets. Ceux-ci diffèrent de l'ancienne méthode par leur composition même. On ne sert plus aujourd'hui de ces dîners de 36 à 48 entrées différentes, avec leur complément, c'est-à-dire autant d'entremets et de rôts en proportion; on a reconnu que cette méthode était vicieuse, tant sous le rapport de l'organisation du travail que par les conséquences fâcheuses qu'elle entraînait inévitablement. En premier lieu, elle obligeait les cuisiniers à faire entrer dans leur menu des mets secondaires qui, le plus souvent, répondaient mal à l'importance et au mérite du dîner. Il y avait en outre un inconvénient non moins grave, qui exposait les convives à ne pas pouvoir se faire servir tel ou tel des mets qu'ils remarquaient sur la table ou sur le menu, attendu que ces mets, insuffisants à l'égard du nombre de personnes, ne pouvaient satisfaire tout le monde; et de là des désagréments dont les effets se ressentaient toujours quelque peu à la cuisine. Dans la nouvelle méthode, rien de semblable n'est à redouter : un dîner, quelque important qu'il soit, si les séries sont proportionnées au nombre des invités, sera peut-être moins varié, mais n'en sera pas moins brillant; les séries se multiplient, voilà tout. Il est d'ailleurs prouvé qu'un service de huit entrées, pour peu qu'il soit complet et recherché, absorbe à peu près dans son ensemble tous les éléments distingués qui sont applicables aux grands dîners. Or, en doublant, triplant ou quadruplant ces dîners, il en résulte que chacun se trouve avoir exactement les mêmes mets à sa disposition, et la table n'en est que plus élégamment servie.

La rédaction des menus a subi aussi quelques modifications; nous avons supprimé les articles (*le, la, les*), qui précèdent la désignation des mets, car nous sommes convaincus qu'un menu peut très-bien se passer de cette adjonction sans but déterminé, et qui a l'inconvénient d'en rendre la lecture monotone à force d'uniformité. D'ailleurs, beaucoup d'amphitryons ne voient dans cette formule consacrée qu'un abus de forme et ne le tolèrent qu'avec répugnance. Au reste, l'éternité n'est pas, que nous sachions, le privilège des œuvres humaines, surtout de celles qui n'ont à invoquer en leur faveur que le caprice d'un moment ou le préjugé d'une époque; aussi avons-nous cru devoir admettre la suppression absolue de ces mots, tout en prévenant nos lecteurs que l'une et l'autre manière se pratiquent dans les meilleures maisons.

Nous avons fait entrer dans cette série quelques menus simples et d'autres plus compliqués, afin de donner la juste mesure des proportions dans lesquelles on doit se tenir. Ces menus, nous les produisons comme types, comme règles d'ordre, et non comme des modèles invariables. Toutes les maisons, tous les pays ont des exigences dont les cuisiniers doivent les premiers tenir compte : cela veut dire qu'on peut toujours les modifier ou les composer différemment. Les matières de notre livre sont là pour répondre en même temps aux désirs et aux besoins; les éléments sont nombreux, variés et choisis; il s'agit de les appliquer avec discernement, selon les ressources, les lieux et les saisons. D'ailleurs, tous les mets de nos menus, à quelque ordre qu'ils appartiennent, se trouvent décrits dans leurs chapitres spéciaux.

Comme argument de persuasion, aux yeux de ceux qui ignorent que le service à la Russe est pour ainsi dire généralisé en Europe, ou qui pensent qu'il n'est pas également praticable dans les grands et les petits dîners, et qui seraient tentés de croire que nous voulons lui donner une importance qu'il n'a réellement pas, nous produisons ci-dessous quatre menus de dîners authentiques, à la confection desquels nous avons nous-mêmes assisté, et qui ont été servis dans les plus hautes maisons diplomatiques de Paris, Vienne, Rome et Varsovie.

Ces menus, tels qu'ils ont été confectionnés, donneront mieux que nous ne pourrions le faire, une juste idée de leur distinction.

SOMMAIRE DE LA PLANCHE.

N° 1. — Dîner diplomatique de 48 couverts, servi à la Russe, *par quatre*, chez S. E. M. le baron de Bourqueney, ambassadeur de France à Vienne, le 11 avril 1855, sous la direction de M. *Clavel*.

N° 2. — Dîner diplomatique de 40 couverts, servi à la Russe, *par quatre* (le froid et les pièces d'entremets sur table), chez S. S. lord Cowley, ambassadeur d'Angleterre à Paris, le 24 mai 1855, sous la direction de M. *J. Hirschelmann*.

N° 3. — Dîner de 36 couverts, servi à la Russe, *par trois* (le froid et les entremets sur table), chez S. A. R. le prince maréchal Paskiewich, vice-roi de Pologne, le 12 janvier 1855, sous la direction de M. *A. Heurteux*.

N° 4. — Dîner diplomatique de 24 couverts, servi à la Russe, *par deux*, chez S. E. Monsieur le comte de Rainneval, ambassadeur de France à Rome, le 25 février 1853, sous la direction de M. *Pierre*.

N. B. Les armoiries qui ornent les menus sont purement de fantaisie.

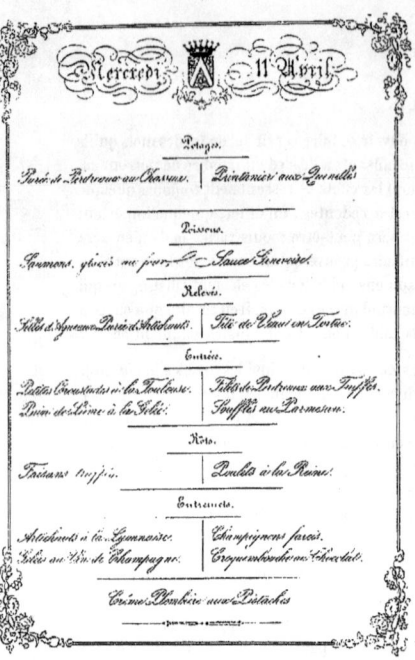

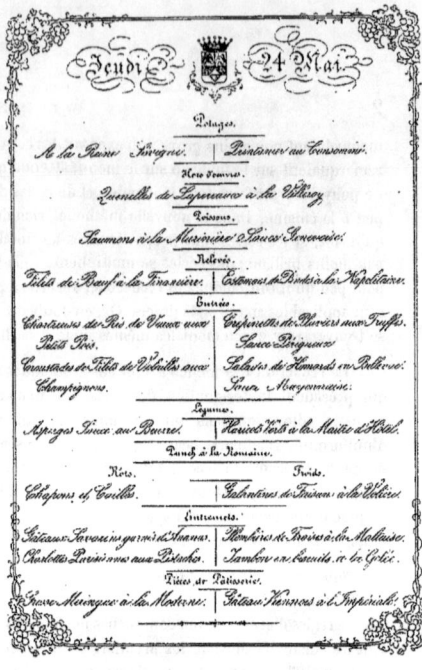

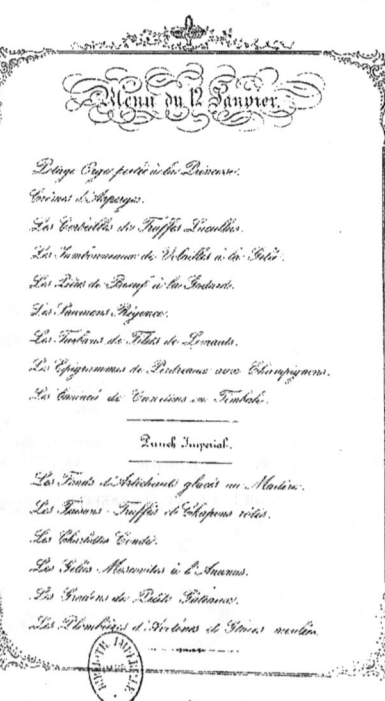

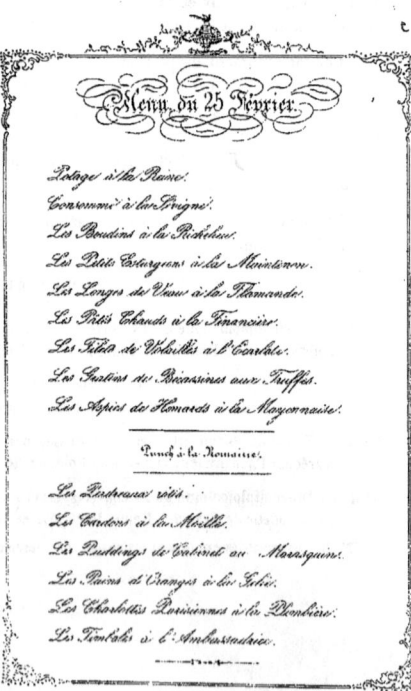

DINER MAIGRE DE 12 COUVERTS,
SERVI A LA RUSSE.

Barch maigre.
Potage garbure à l'Italienne.
Petites caisses de laitances de carpes.
Galantine d'anguille à la gelée.
Saumon grillé à la Tartare.
Pâté de poisson à la Russe.
Matelote en croustade.
Timbale de riz à la Sarde.
Choux-fleurs à la Polonaise.
Cilavi farcis frits au beurre.
Beignets de semoule aux abricots.
Macédoine de fruits à la Moscovite.
Biscuit viennois garni d'une crème.
Plombière au café.

DINER MAIGRE DE 10 COUVERTS,
SERVI A LA RUSSE.

Julienne au consommé maigre.
Potage Comtesse.
Petits flans suisses et croquettes de riz à l'ancienne.
Mayonnaise de filets de truites marinées.
Gros brochet sauce au raifort.
Vol-au-vent de quenelles aux écrevisses.
Darne d'esturgeon glacée sauce Madère.
Filets de sandach à la Milanaise.
Pointes d'asperges garnies de choux-fleurs frits.
Carpe frite et laitances.
Baba chaud sauce abricots au Madère.
Timbale de marrons à la Chantilly.
Panier de Pérette en nougat.

DINER DE 7 COUVERTS,
SERVI A LA RUSSE.

Purée Valentine.
Petites timbales de semoule au salpicon.
Petits pains de foies gras Chaufroix.
Noix de veau à la Godard.
Sterlet à la Russe.
Petits poulets farcis aux truffes.
Filets de gelinottes sauce Maucelle.
Asperges sauce au beurre.
Faisan et chapon rôtis.
Croûtes aux cerises à la Portugaise.
Pain de pêches aux noyaux.
Crème plombière à la vanille.
Corne d'abondance jumelle.

DINER DE 6 COUVERTS,
SERVI A LA RUSSE.

Potage Mathilde.
Potage Ouka.
Coquilles à la Monglas et Cromesquis.
Filets de gelinottes Chaufroix à la gelée.
Truite sauce ravigote.
Filet de bœuf à l'Allemande.
Côtelettes de volailles à la *Pajarski*.
Cailles à la Financière.
Petits pois à la Française.
Petits poulets rôtis à la Polonaise.
Abricots à la Condé.
Biscuit glacé à la Chantilly.
Gelée d'orange à la Maltaise garnie de petits gâteaux.

DINER DE 9 A 10 COUVERTS,
SERVI A LA RUSSE.

POTAGES.
Consommé de volailles Sévigné.
Bouillabaisse à la Provençale.

HORS-D'OEUVRE.
Filets de rougets en caisse.

RELEVÉ.
Longe de veau à la Monglas.

ENTRÉES.
Timbale de macaroni à la Parisienne.
Côtelettes de chevreuil sauce venaison.
Pain de volaille à l'aspic, garni de filets de dindonneau en belle vue.

RÔTI MÊLÉ.
Perdreaux et chapon.

ENTREMETS.
Pieds de fenouil à l'Espagnole.
Pommes meringuées aux confitures.
Pain d'oranges à la gelée.
Bouchées de dames à la crème-vanille.

DINER DE 10 A 12 COUVERTS,
SERVI A LA RUSSE.

Consommé de volailles Montmorency.
Potage d'orge perlé à la Reine.
Petites timbales de riz à la Portugaise.
Carpe du Rhin garnie, sauce matelote.
Filet de bœuf à la hussarde.
Timbale de ravioles à la Génoise.
Fritôt de levrauts sauce tomate.
Balottines de volailles à la gelée.
Œufs pochés aux épinards.
Faisans rôtis.
Beignets d'abricots à la Dauphine.
Gelée Moscovite à l'ananas.
Jambon de Carême.

DINER DE 10 A 12 COUVERTS,
SERVI A LA RUSSE.

POTAGE.
Purée de cardons aux laitues braisées.

HORS-D'OEUVRE.
Petits soufflés de volaille et crêtes Villeroy.

POISSON.
Porceletto sauce homard.

RELEVÉ.
Rosbif garni de pommes Duchesse.

ENTRÉES.
Filets mignons de dindonneaux au suprême.
Épigramme d'agneau purée de marrons.
Galantines de mauviettes à la d'Erivan.

RÔTI MÊLÉ.
Bécasses et poulardes.

ENTREMETS.
Macédoine de légumes frits à l'Italienne.
Timbale de poires aux pistaches.
Bombe à l'orange.
Petits Gorenflots.

DINER DE 10 A 12 COUVERTS,
SERVI A LA RUSSE.

Potage Brunoise aux quenelles.
Rissoles à la Reine.
Petites truites au gratin.
Cuissot de veau à la Béchamel.
Pâté chaud de perdreaux à l'ancienne.
Boudins de volaille à la Dauphine.
Petits aspics de foies gras sur gradin.
Épinards aux œufs pochés.
Selle de chevreuil rôtie.
Soufflé de nouilles à l'orange.
Blanc-manger panaché.
Petits paniers de gâteau-punch garnis de fruits.

DINER DE 10 A 12 COUVERTS,
SERVI A LA RUSSE.

Potage aux choux à la Russe.
Tartelettes de macaroni à la Milanaise.
Schil sauce hollandaise.
Selle de mouton aux racines glacées.
Boudins de lièvre à la Soubise.
Côtelettes de pigeons à la Toulouse.
Salsifis à la Villeroy.
Chapons rôtis.
Tourte de pêches aux amandes.
Gelée fouettée au citron garnie de buiscuits glacés.

DINER DE 12 A 14 COUVERTS,
SERVI A LA RUSSE.

Potage d'orge perlé à la d'Orléans.
Rissoles à la Pompadour.
Truites grillées sauce Bayonnaise.
Filet de bœuf glacé au Madère.
Quenelles de volailles au vert-pré.
Fritôt de perdreaux à la Provençale.
Salade à la Parisienne.
Champignons à l'Italienne.
Râble de lièvre et dindon rôti.
Soufflé de marrons à la vanille.
Pain de riz à la crème garni de petits éclairs.

DINER DE 26 COUVERTS,
SERVI A LA RUSSE,
PAR DEUX.

Purée de volaille à la Reine.
Barch à la Polonaise.
Quenelles à la d'Uxelles et rissoles.
Petits canetons de volailles Chaufroix.
Filets de bœuf à la Financière.
Saumons rôtis sauce bordelaise.

PUNCH A LA ROMAINE.

Turbans de filets de perdreaux aux truffes.
Crépinettes de volailles aux pointes d'asperges.
Timbales d'écrevisses à la Maréchale.
Petits pois à la Française.
Rôtis de bécasses, outardes et dindonneaux.
Petits soufflés à la vanille.
Pouding diplomate à la gelée.
Gradins de pâtisserie.
Corbeilles en nougat garnie de glaces moulées.

DINER DE 24 COUVERTS,
SERVI A LA RUSSE,
PAR DEUX AVEC QUELQUES PLATS SIMPLES.

Consommé à la Régence.
Crème d'asperges aux croûtons.
2 Petites croustades de nouilles à la Béchamel.
2 Galantines de perdreaux en belle vue.
1 Pièce de bœuf glacée à la Jardinière.
1 Cuissot de veau garni de bouchées à la Monglas.
2 Sandachs garnis sauce aux écrevisses.

PUNCH A LA ROMAINE.

2 Suprêmes de volailles à l'écarlate.
2 Turbans de grives à la Périgueux.
2 Artichauts à la barigoule.
2 Bécassines rôties et chapons.
2 Petits babas chauds saucés à l'ananas.
2 Suédoises de poires.
2 Plombières d'avelines à la vanille garnies de meringues.

DINER DE 25 COUVERTS,
SERVI A LA RUSSE,
PAR DEUX AVEC QUELQUES PLATS SIMPLES.

POTAGES.
1 Purée de levraut au chasseur.
1 Consommé de volaille à la Colbert.

HORS-D'OEUVRE.
2 Petites timbales à la Parmesane.

POISSONS.
1 Loup garni à la Hollandaise.
1 *Dentici* sauce aux huîtres.

RELEVÉS.
1 Filet de bœuf à la Godard.
1 Longe de veau aux légumes printaniers.

ENTRÉES.
2 Salmis de perdreaux en croustades.
2 Épigrammes de volaille aux champignons.
2 Cornes d'abondance à la Renaissance.

LÉGUMES.
2 Fonds d'artichauts glacés et petits pois.

PUNCH A LA ROMAINE.

RÔTS.
2 Dindonneaux rôtis et ortolans.

ENTREMETS.
2 Pannequets meringués aux abricots.
2 Gelées au marasquin garnies de gâteaux.
2 Croquembouches de fruits garnis de glace aux poires.

DINER DE 20 COUVERTS,
SERVI A LA RUSSE,
PAR DEUX.

Consommé aux ravioles de gibier.
Potage purée de pois verts.
Petites bouchées à la Monglas et cromesquis.
Turbot sauce aux crevettes.
Dorade garnie de filets de rougets en caisse.
Longe de veau à la Toulouse.
Pièce de bœuf glacée garnie à l'Italienne.
Filets de volailles à l'écarlate en croustades.
Pâtés chauds de cailles aux truffes.
Pains de foies gras à la gelée.
Petits pois à la Française.

PUNCH A LA ROMAINE.

Dindonneaux et perdreaux rôtis.
Pain de riz à la Pompadour.
Poudings de fraises glacés.
Gradins de petits gâteaux.

DINER MAIGRE DE 26 COUVERTS,
SERVI A LA RUSSE,
PAR DEUX.

POTAGES.
Printanier au consommé de poisson.
Potage de riz aux *Clovisses*.

HORS-D'OEUVRE.
Petites bouchées à la Béchamel.

RELEVÉS.
Grosse truite du Pô, sauce Genevoise.
Ombrine garnie sauce au beurre.

ENTRÉES.
Timbales de homards à la d'Orléans.
Croustades de paupiettes de merlans aux truffes.
Darnes de poisson-loup au beurre de Montpellier.

LÉGUMES.
Artichauts à la Provençale.
Truffes blanches sauce aux anchois.

PUNCH A LA ROMAINE.

RÔTIS MÊLÉS.
Soles, anchois frais et petites crevettes frites.

ENTREMETS DE DOUCEUR.
Pêches à la Condé.
Nougats d'avelines garnis d'oranges glacés.
Buissons de petits gâteaux.

DINER MAIGRE DE 14 COUVERTS,
SERVI A LA RUSSE.

Potage Crécy aux pâtes fines.
Croquettes *d'espadon* aux truffes.
Poisson-hirondelle sauce Vénitienne.
Casserole-au-riz à la Marinière.
Turban de filets de rougets aux champignons.
Mayonnaise de homards à la macédoine.
Choux-fleurs au Parmesan.
Filets de merlans frits à l'Anglaise.
Petits soufflés en caisse à la vanille.
Macédoine de fruits à la gelée garnie de gâteaux.
Charlotte parisienne garnie d'une plombière aux avelines.

MENUS.

DINER DE 50 COUVERTS,
SERVI À LA RUSSE,
PAR QUATRE.

Consommé aux pointes d'asperges.
Potage de crème de volaille.
4 Coquilles de ris d'agneaux et cannelons Luxembourg.
4 Saumons sauce aux huîtres.
4 Selles de mouton à l'Infante.
2 Jambons froids à la Lucullus (*sur table*).
2 Buissons de galantine de mauviettes (*sur table*).
4 Côtelettes de pigeons aux olives.
4 Turbans de filets de veau à l'ancienne.
4 Perdreaux à la Régence.
Aspics de volailles à la Reine.

PUNCH A LA ROMAINE.

4 Dindonneaux et bécasses rôtis.
2 Gradins de pâtisserie ornés de sucre filé (*sur table*).
2 Grosses meringues sur socles (*sur table*).
4 Cardons au gratin.
4 Timbales napolitaines garnies de poires au beurre.
4 Pains d'abricots à la gelée garnis de gâteaux.
4 Croquembouches d'oranges garnis de plombières.

DINER DE 60 COUVERTS,
SERVI À LA RUSSE,
PAR CINQ.

Potage printanier.
Potage purée de pois verts.
5 Petites bouchées de prince.
5 Darnes de saumons à l'Impériale.
5 Longes de veaux à la Jardinière.
5 Galantines de poulets à l'Anglaise (*sur table*).
5 Salmis de perdreaux en croustades.
5 Timbales de macaroni à la Parisienne.
5 Estomacs de poulardes à la Périgueux.
5 Aspics de foies gras en belle vue.

PUNCH A LA ROMAINE.

5 Canetons rôtis et cailles truffées.
5 Cornes jumelles garnies de fruits glacés (*sur table*).
5 Fonds d'artichauts et petits pois.
5 Charlottes à la Sicilienne.
5 Gelées sultanes aux fraises.
5 Charlottes parisiennes aux quatre-mendiants.

DINER DE 70 COUVERTS,
SERVI À LA RUSSE,
PAR SIX.

Consommé à la Royale.
Potage de riz à la purée de marrons.
7 Croquettes de gibier et petits pâtés sur gradins.
3 Turbots sauce aux crevettes.
4 Truites grillées sauce Normande.
3 Pièces de bœuf à la Napolitaine.
4 Longes de veau à la Montpensier.
2 Hures de sanglier à la gelée (*sur table*).
3 Petits jambons de lièvres en belle vue (*sur table*).
7 Timbales de volailles à la Talleyrand.
7 Épigrammes d'agneaux aux petits pois.
7 Pâtés chauds de foies gras aux fines herbes.
7 Salades de homards à la gelée.

PUNCH A L'ANANAS.

7 Perdreaux et chapons rôtis.
3 Timbales à la Châteaubriand (*sur table*).
3 Corbeilles de petits gâteaux (*sur table*).
7 Asperges sauce au beurre.
7 Charlottes d'ananas à la Royale.
7 Suédoises de fruits garnies d'oranges nappées.
7 Bombes siciliennes garnies de paniers de fraises.

DINER DE 100 COUVERTS,
SERVI À LA RUSSE,
PAR HUIT.

Potage brunoise aux quenelles de volailles.
Crème d'orge à la d'Orléans.
8 Ortolans en caisses sur gradins.
8 Saumons à l'Impériale.
8 Filets de bœuf à la Saint-Cloud.
4 Bastions de pains de foies (*sur table*).
4 Pains de gibier en belle vue (*sur table*).
8 Chartreuses de cailles aux petits pois.
8 Grenades de filets de volailles aux truffes.
8 Ris de veaux à la Toulouse en croustades.
8 Salades de filets de soles à la Parisienne.

PUNCH A L'IMPÉRIALE.

8 Dindes truffées et faisans rôtis.
4 Gâteaux bretons sur socles (*sur table*).
4 Savarins montés et ornés de sucre filé (*sur table*).
2 Lyres en nougat (*sur table*).
2 Casques en nougat (*sur table*).
8 Fonds d'artichauts à l'Italienne.
8 Poudings castillans.
8 Macédoines de fruits à la Maréchale.
8 Timbales meringuées garnies de plombières aux fraises.

DINER DE 12 COUVERTS, SERVI A L'ANGLAISE.

PREMIER SERVICE.

2 POTAGES.

Mutton-Broth. | Purée d'asperges.

2 POISSONS.

Haddocks sauce aux œufs. | Saumon sauce crevettes.

2 RELEVÉS.

Selle d'agneau Duchesse. | Chicken-pie.

4 ENTRÉES.

Filets de volaille à la Maréchale. | Timbale moderne de foies gras.
Turban de filets de levrauts. | Côtelettes de mouton macédoine.

DEUXIÈME SERVICE.

2 RÔTS.

Canetons. | Grouse.

2 RELEVÉS.

Fondu en casserole. | Croquettes de riz.

6 ENTREMETS.

Aspic de filets de soles. | Pêches Condé.
Gelée d'oranges garnie. | Petits pois à l'Anglaise.
Plum-pudding. | Fonds d'artichauts.

Buffet : Langue écarlate.

DINER DE 20 COUVERTS, SERVI A L'ANGLAISE.

PREMIER SERVICE.

4 POTAGES.

Turtle-soup. | Ox-tail-soup.
Consommé printanier. | Purée Jérusalem.

4 POISSONS.

Turbot sauce crevettes. | Petites truites au bleu.
John dorée. | Filets de merlan à la crème.

4 RELEVÉS.

Poulardes à l'Anglaise. | Quartier de chevreuil.
Longe de veau à la crème. | Pièce de bœuf à la Nivernaise.

8 ENTRÉES.

Escalope de dinde en casserole-au-riz. | Croustade purée de gibier.
Gratin de homards. | Filets de soles à la Vénitienne.
Côtelettes d'agneau Villeroy. | Riz de veau à la Toulouse.
Salmis de bécasses. | Crépinettes de volaille.

DEUXIÈME SERVICE.

2 RÔTS.

Dindonneaux. | Faisans.

2 RELEVÉS.

Gros nougat. | Napolitain.

8 ENTREMETS.

Darne d'esturgeon au beurre Montpellier. | Buisson d'écrevisses.
Truffes au champagne. | Petits pois à l'Anglaise.
Charlotte de pommes. | Pudding de marrons.
Bavarois pistache garni de gâteaux. | Crème française au chocolat.

Buffet : Round-beef à l'écarlate.

MENUS.

DINER DE 22 COUVERTS, SERVI A LA FRANÇAISE.

PREMIER SERVICE.

2 POTAGES.

Consommé à la Princesse. | Purée de faisan à la Rohan.

2 HORS-D'OEUVRE.

Petits soufflés de perdreaux en caisse. | Croquettes de homards aux truffes.

2 RELEVÉS.

Saumon garni, sauce aux crevettes. | Rosbiff à l'Anglaise.

4 ENTRÉES.

Épigramme d'agneau aux petits pois. | Filets de volaille à la Périgueux.
Timbale de filets de soles à la d'Orléans. | Galantines de mauviettes à la gelée.

PUNCH A LA ROMAINE.

SECOND SERVICE.

2 RÔTS.

Dinde truffée. | Cailles bardées.

2 FLANS.

Pâté de foies gras. | Buisson d'écrevisses.

4 ENTREMETS.

Pointes d'asperges au velouté. | Cardons à la moëlle.
Pouding de riz aux abricots. | Charlotte à la Parisienne.

2 RELEVÉS DE RÔTS.

Croquembouche d'oranges. | Gâteau Napolitain.

DEJEUNER DE 36 COUVERTS, SERVI EN AMBIGU.

36 ASSIETTES D'HUÎTRES ET CITRON.
8 HORS-D'OEUVRE D'OFFICE.

Jambon à la gelée. | Galantine de dinde aux truffes.
Pâté de lièvre. | Terrine de foies gras.

2 Petits pâtés feuilletés. | 2 Cervelles de veaux à la marinade.
2 Maquereaux grillés. | 2 Merlans frits.
2 Côtelettes de mouton panées. | 2 Biftecks aux petits pois.
2 Friteaux de poulets à la Viennoise. | 2 Pigeons à la crapaudine.
2 OEufs brouillés aux truffes. | 2 Champignons à la Provençale.
2 Grosses brioches. | 2 Gâteaux de Pithiviers.

UNE GRANDE CORBEILLE POUR LE MILIEU.

4 Compotes. | 4 Fruits frais.
4 Petits-fours. | 4 Fruits secs.

2 Fromages variés.

DINER DE 48 COUVERTS, SERVI A LA FRANÇAISE.

PREMIER SERVICE.

4 POTAGES.

Consommé aux pointes d'asperges. | Pâtés d'Italie à la Colbert.
Potage à la Windsor. | Crème de volaille.

4 HORS-D'OEUVRE.

Petites bouchées de prince (double). | Ortolans en caisses (double).

2 POISSONS.

Saumons à la Claremont. | Cabillaud à la Hollandaise.

4 RELEVÉS.

Aloyau braisé à la Flamande. | Longe de veau à la Godard.
Tête de veau en tortue. | Dinde à l'Impériale.

8 ENTRÉES.

Poulardes à l'Écossaise. | Perdreaux à la Régence.
Épigramme d'agneau aux pointes d'asperges. | Ris de veaux à la Saint-Cloud.
Pâté chaud de cailles. | Côtelettes de pigeons aux olives.
Salade de homards à la gelée. | Aspic de filets de soles à la mayonnaise.

PUNCH A LA ROMAINE.

SECOND SERVICE.

2 FLANCS ET 2 BOUTS.

Pain de foies gras sur socle. | Buisson de truffes sur socle.
Corbeille en nougat garnie de fruits glacés. | Gradin de petite pâtisserie orné de sucre filé.

2 RÔTS.

Faisans piqués. | Chapons truffés.

8 ENTREMETS.

Asperges sauce au beurre. | Cardons à la moëlle.
Petits pois à la Française. | Haricots verts à la maître d'hôtel.
Poires meringuées aux confitures.* | Croûtes aux fruits à la Parisienne.
Macédoine de fruits en sultane. | Charlotte à la Montpensier historiée.

4 PLATS VOLANTS.

2 Petites caisses de bombe à la vanille.
2 Petites meringues garnies de glace aux fraises.

DINER DE 60 COUVERTS, SERVI A LA FRANÇAISE.

PREMIER SERVICE.

4 POTAGES.

Quenelles de faisan au consommé de gibier.
Profitroles à la Reine.

Potage tortue à l'Anglaise.
Purée de perdreaux à la Gentilhomme.

4 HORS-D'ŒUVRE CHAUDS.

Petites croustades de nouilles aux homards.
Attereaux à la Villeroy.

Petites caisses d'huîtres au gratin.
Boudins à la Richelieu.

4 RELEVÉS.

Darne d'esturgeon à la Bordelaise.
Pièce de bœuf à la Chambellane.

Saumon à la Valentine.
Jambon glacé aux petits pois.

4 PIÈCES FROIDES SUR SOCLE.

Noix de veau en belle vue.
Buisson de truffes au champagne.

Hure de sanglier truffée.
Buisson de crevettes.

8 ENTRÉES.

Salmis de perdreaux rouges.
Côtelettes de mouton à la Dreux.
Fricassée de poulets à la Chevalière.
Timbale de filets de soles à l'Ambassadrice.

Foies gras à la Financière.
Grenade de filets de veau aux truffes.
Filets de canetons à l'orange.
Filets de rougets en caisse à la Régente.

PUNCH A L'ANANAS.

SECOND SERVICE.

2 FLANCS ET 2 BOUTS.

Phare en gâteau Napolitain.
Gâteau breton sur socle.

Bastion en gaufres italiennes glacées.
Pyramide de savarins sur socle.

4 RÔTIS.

Dindonneaux au cresson.

Cailles truffées.

8 ENTREMETS.

Truffes sautées au vin de Madère.
Concombres farcis sauce espagnole.
Gelée au marasquin garnie.
Pouding de pannequets aux abricots.

Champignons à la Provençale.
Pointes d'asperges au suprême.
Pain de cerises à la Montmorency.
Timbale l'Aiguepierre à l'ananas.

4 PETITS PLATS VOLANTS.

Petits nougats à la Chantilly.
Petits paniers de génoises garnis de plombière.

DINER DE 80 COUVERTS, SERVI A LA FRANÇAISE.

PREMIER SERVICE.

8 POTAGES

2 Consommés aux pois nouveaux.
2 Crèmes de volailles.

2 Sagous liés au beurre d'écrevisses.
2 Consommés de gibier au chasseur.

8 HORS-D'OEUVRE.

4 Petites timbales à l'Élyséenne.

4 Attreaux de ris d'agneaux Duvelle.

8 RELEVÉS.

Saumon glacé au fond sauce aux crevettes.
Ventresque de thon en matelote royale.
Aloyau à la Napolitaine.
Rond de veau à l'Anglaise.

Turbot sauce hollandaise.
Carpe du Rhin à la Chambord.
Selle de mouton à la Chartreuse.
Jambon garni de bouchées Soubise.

2 GROSSES PIÈCES FROIDES SUR SOCLES POUR BOUTS DE TABLE.

Galantines de perdreaux rouges.

Poulets à l'Anglaise.

2 FLANCS.

Darne d'esturgeon au beurre de Montpellier.

Gros aspic de homards.

16 ENTRÉES.

2 Filets de volailles en larguettes.
2 Noix de veau à la Trianon.
2 Pâtés chauds à la Financière.
2 Mauviettes à la Diplomate.

2 Cuisses de poulardes à la Saint-Cloud.
2 Balottines d'agneaux à la Colbert.
2 Croustades de riz à la Toulouse.
2 Cailles à la Périgord.

PUNCH A LA ROMAINE.

SECOND SERVICE.

2 PIÈCES DE PATISSERIE SUR SOCLES.

1 Gros baba au rhum.

1 Gros biscuit à la vanille.

2 FLANCS ARMÉS D'AIGRETTES.

1 Nougat à la Parisienne.

1 Croquembouche de fruits glacés.

4 RÔTIS.

1 Faisans bardés.
1 Quartier de chevreuil.

1 Poulets gras au cresson.
1 Bécasses garnies de croûtes.

16 ENTREMETS.

2 Asperges sauce au beurre.
2 Choux-fleurs à la Béchamel.
2 Croûtes aux fruits Victoria.
2 Pains d'oranges en sultane.

2 Cardons à la moëlle.
2 Haricots verts à la Bretonne.
2 Pouding de macaroni à la Vésuvienne.
2 Timbales à la Doria.

8 ASSIETTES VOLANTES.

4 Petites tartelettes de cerises framboisées.

4 Petits soufflés au café.

DINER DE 100 COUVERTS, SERVI A LA FRANÇAISE.

PREMIER SERVICE.

8 POTAGES.

Printaniers à la d'Orléans. | Crème d'orge liée au beurre d'écrevisses.

8 HORS-D'OEUVRE CHAUDS.

Croquettes de riz d'agneaux. | Cannelons à la Reine.

4 POISSONS.

Saumons Régence. | Turbots-marinière

4 RELEVÉS.

Filet de bœuf à la jardinière. | Selle de mouton à l'Infante.
Quartier de chevreuil mariné. | Jambon glacé à la Camérani.

4 PIÈCES FROIDES POUR BOUTS ET FLANCS.

Pains de foies gras en belle vue sur socles. | Bastions d'anguilles au beurre Montpellier.

16 ENTRÉES.

Chartreuses de perdreaux. | Timbales de nouilles garnies de filets canetons.
Côtelettes d'agneaux à la Toulouse. | Grenadins de veau à la Nivernaise.
Dindonneaux à la Périgueux. | Poulets à la Reine aux champignons.
Filets de pigeons à la Maréchale. | Crépinettes de lapereaux à la Monglas.

PUNCH GLACÉ.

SECOND SERVICE.

4 RÔTIS.

Bécasses bardées. | Chapons truffés.

2 BUISSONS DE PETITS HOMARDS POUR FLANCS.

4 PIÈCES DE PATISSERIE POUR CONTRE-FLANCS.

Nougat en forme de fontaine. | Croquembouche de fruits orné d'une lyre.
Napolitain sur socle. | Gâteau de mille-feuilles à la Viennoise sur socle.

16 ENTREMETS.

Artichauts à la Lyonnaise. | Truffes sautées au vin de champagne.
Poires au riz historiées. | Charlottes meringuées à la vanille.
Gelées sultanes à l'ananas. | Pouding de framboises à la diplomate.

4 PETITS GRADINS COMME PLATS VOLANTS.

Petites caisses de mousse à l'orange. | Petites caisses garnies de glaces moulées.

SOUPER CHAUD DE BAL, SERVI A LA RUSSE, POUR 300 PERSONNES.

SERVICE FROID.

- 2 Galantines de dindes sur socles.
- 2 Jambons à la gelée sur socles.
- 2 Gros pâtés de foies gras.
- 2 Pains de gibier en belle vue.
- 2 Bastions d'anguilles.
- 10 Bordures garnies de perdreaux Chaufroix.
- 10 Gelées macédoines au champagne.
- 2 Casques en nougat.
- 2 Coupes garnies de fruits glacés.
- 2 Gros biscuits sur socles.
- 2 Gros babas sur socles.
- 2 Croquembouches à l'Aboukir.
- 10 Gradins de petits gâteaux.
- 10 Fromages bavarois aux fraises.

SERVICE CHAUD.

- Consommés de volaille.
- 10 Saumons sauce génevoise.
- 10 Filets de volailles aux queues d'écrevisses.
- 10 Asperges blanches en tiges.
- 10 Rôts de faisans.
- 10 Beignets d'ananas à la Dauphine.
- Purée de gibier.
- 10 Cabillauds sauce au beurre.
- 10 Filets de gelinottes aux truffes.
- 10 Petits pois à la Française.
- 10 Rôts de chapons et bécassines.
- 10 Petites croustades de riz aux abricots.

20 Bombes à la vanille chemisées au chocolat et garnies de glaces moulées.

SOUPER DE 70 COUVERTS, POUR UN BAL D'ENFANTS.

2 POTAGES.

- Riz au lait d'amandes.
- 2 Petites rissoles de légumes.
- 40 Filets de volailles aux pointes d'asperges (servis sur 40 assiettes).
- Consommé.
- 2 Petites bouchées à la Reine.
- 40 Côtelettes d'agneaux aux petits pois (servis sur 40 assiettes).

SERVICE FROID MIS SUR TABLE.

- 4 Petits canetons de volailles en galantines à la gelée.
- 4 Petits pois à la Française garnis de salade de légumes.

6 GROSSES PIÈCES DE PATISSERIE.

- Arbre en nougat portant des fruits glacés.
- Gerbe en sucre filé sur un croquembouche de petits choux.
- Saumon en gâteau-punch glacé, orné de hâtelets transparents aux fruits.
- Hure de sanglier à la gelée, ornée de hâtelets garnis d'imitation en pâte d'amandes.
- Cygne en biscuit meringué, dans un nid en sucre filé, et empli de meringue en forme d'œufs.
- Gondole en pastillage garnie de gâteaux.

8 ENTREMETS.

- Petits blanc-manger.
- Gelées de citrons dans des verres.
- Petites charlottes russes.
- Petits pots de crème au chocolat.

MENUS.

BUFFET ET SOUPER DE BAL POUR 800 PERSONNES.

POTAGES.

Consommé. | Crème d'orge. | Lait d'amandes.

20 GROSSES PIÈCES FROIDES.

2 Saumons à la ravigotte.
2 Buissons de crustacés.
2 Hures de sangliers truffées.
4 Galantines de dindes en belle vue.

2 Truites au beurre de Montpellier.
2 Buissons de truffes.
2 Gros pâtés de gibier.
4 Jambons de Bayonne à la gelée.

PIÈCE DU MILIEU.

Un gros bastion en galantine d'anguilles sur socle.

48 ENTRÉES FROIDES.

6 Poulets à l'Anglaise.
6 Pains de gibier à la gelée.
6 Côtelettes d'agneaux à la Macédoine.
6 Petits aspics de volailles en belle vue.

6 Perdreaux à la Régence.
6 Bordures d'aspics garnies de foies gras.
6 Croustades de filets de lapereaux Chaufroix.
6 Salades de homards en cardure.

24 Assiettes de Sandwich. | 24 Petits pains à la Française.

12 GROSSES PIÈCES DE PATISSERIE.

2 Gros babas sur socles.
2 Gâteaux de mille-feuilles à la Napolitaine.
2 Corbeilles en nougats garnies de fruits glacés.

2 Grosses meringues montées.
2 Gros biscuits à la vanille sur socles.
2 Croquembouches à la Parisienne.

48 ENTREMETS.

6 Gelées au vin de Champagne.
6 Pains d'ananas.
6 Petits gâteaux Savarin.
6 Condés aux abricots.

6 Macédoines de fruits au marasquin.
6 Fromages bavarois aux avelines.
6 Choux pralinés.
6 Tartelettes de cerises.

Grosses pièces montées en pastillage.

CHAUD POUR ÊTRE PASSÉ.

Filets de bœuf rôtis.
Chapons rôtis.

Côtelettes de mouton aux petits pois.
Poulardes au riz.

SOUPER DE BAL POUR 3, 4 ET 5,000 PERSONNES.

POTAGES.

Consommé. | Crème d'orge.
Riz au lait d'amandes. | Sagou au consommé.

18 GROS POISSONS.

6 Saumons froids à la gelée sauce ravigote.
6 Carpes du Rhin au bleu.
6 Truites au beurre de Montpellier.

48 GROSSES PIÈCES.

12 Jambons à la gelée. | 12 Filets de bœuf en belle vue.
6 Galantines de dindes (sur socle). | 6 Hures de sangliers (sur socles).
6 Buissons d'écrevisses (sur socle). | 6 Buissons de truffes (sur socles).

200 ENTRÉES FROIDES.

10 Pâtés de foies gras. | 10 Pains de gibier aux truffes.
10 Côtelettes de moutons belle vue. | 10 Noix de veaux à la gelée.
10 Petits pains de volailles à l'estragon. | 10 Petits aspics à la Mouglas.
10 Galantines de grives Chaufroix. | 10 Filets de volailles à la gelée.
20 Petits poulets à l'Anglaise. | 20 Perdreaux en Chaufroix.
20 Mayonnaises de homards. | 20 Filets de soles en salade russe.
20 Aspics à la Toulouse. | 20 Galantines d'anguilles.
36 assiettes de sandwichs. | 36 de petits pains garnis de foies gras.

48 GROSSES PIÈCES DE PATISSERIE.

6 Gros babas. | 6 Gros biscuits.
6 Brioches. | 6 Pyramides de savarins.
6 Napolitains. | 6 Croquembouches de petits choux.
6 Groupes de cornes d'abondance. | 6 Corbeilles en nougat garnies de gâteaux.

200 ENTREMETS.

10 Gelées sultanes à la Dantzick. | 10 Gelées de champagne aux fraises.
10 Fromages bavarois aux pistaches. | 10 Pains d'abricots.
10 Crèmes françaises au chocolat. | 10 Blanc-manger panachés.
10 Puddings à la Dalmatie. | 10 Suédoises de fruits.
20 Charlottes parisiennes. | 20 Timbales à la Daria.
20 Tartelettes d'abricots meringués. | 20 Petits gâteaux glacés au punch.
20 Gradins de gâteaux mêlés. | 20 Coupes garnies de meringues à la crème.

11 GROSSES PIÈCES MONTÉES.

RÉSERVE.

Rosbifs froids. | Jambons. | Galantines. | Gelée grasse..

DES POTAGES.

Nous distinguons en cuisine deux genres de potages bien caractérisés, qui sont pour ainsi dire inhérents à l'École française et qui en portent évidemment le cachet le plus parfait : ce sont les *potages clairs* et les *potages liés*. Ils peuvent, tous les deux, être ou gras ou maigres, suivant les éléments qui les constituent, sans que leur caractère particulier en soit altéré. Les uns et les autres se confectionnent indifféremment avec de la volaille, du gibier, du poisson et des légumes ; les potages clairs prennent le nom de *consommés* ; les potages liés ceux de *purée* ou de *crème*. Les qualités principales des premiers sont d'être limpides, succulents, et de conserver toute la pureté essentielle des viandes ou chairs qui en font la base ; les purées et les crèmes doivent se distinguer par leur légèreté, la finesse de leur goût, leur velouté brillant et leur exquise saveur.

A côté de ces deux genres distincts de potages, il en est un autre qui n'est guère défini que par l'appellation de *mixte*. En effet, ce ne sont ni des purées, ni des consommés, mais ils tiennent le plus souvent des uns et des autres. Nous n'en ferons pas de catégorie spéciale ; nous les confondrons avec ceux que nous avons compris sous le titre générique de *potages cosmopolites*, c'est-à-dire, appartenant à tous les pays, par conséquent à toutes les Écoles, et dont nous nous réservons de parler plus loin.

Nous nous bornerons ici à dire qu'un dîner de luxe ou secondaire ne peut, en aucune manière, se passer de potages, quelle que soit leur constitution. Il est impossible de les supprimer sans contrevenir aux règles culinaires les plus manifestes, et en quelque sorte au génie gastronomique, qui veut qu'avant de savourer des mets succulents, l'estomac s'y prépare par une absorption légère ou tonique, pour satisfaire ou calmer ses besoins sans le charger, et le disposer ainsi au travail de la digestion sans le fatiguer. Nous craindrions fort que le meilleur dîner du monde fût tourné en dérision, si cet auxiliaire fondamental lui faisait défaut. Même dans un dîner de 12 couverts, les convenances de l'hospitalité exigent deux potages au choix des convives ; ceci est de toute rigueur. L'un des deux doit être liquide et l'autre lié ; le bon sens l'indique. Tous les deux peuvent être garnis, mais à un degré différent, et par rapport à la richesse et par rapport à la nature même des garnitures ; c'est-à-dire que l'une de ces garnitures peut se composer d'éléments simples, de légumes ou pâtes, tandis que l'autre peut être travaillée, complète et riche.

Dans l'ancienne École, les potages allaient sur table : cette méthode est maintenant abandonnée, même dans le service français. Il est plus simple et plus naturel, en effet, que les potages soient versés dans les assiettes et passés simultanément autour de la table pour les offrir aux convives. Cet usage est en vigueur aujourd'hui dans toute l'Europe gastronome, et nous le recommanderions alors même que la règle du service à la Russe ne nous en ferait pas une obligation.

Nous devrions peut-être étendre nos observations sur un sujet aussi important que celui des potages ; mais nous n'avons pas à discuter ici sur des faits, sur des principes adoptés par toutes les sommités de l'art et mis en pratique dans toutes nos grandes maisons.

Les explications qui seront nécessaires sur les articles que nous nous sommes promis de traiter à fond, trouveront leur place naturelle en tête de chaque division de chapitre; elles arriveront ainsi plus directement à leur véritable adresse. L'ordre matériel de notre travail exige, d'ailleurs, plus de clarté et de concision que d'ambition littéraire, moins de réflexions prétentieuses que de logique démonstrative.

S'il est des points sur lesquels nous serons moins réservés dans le cours de cet ouvrage, c'est lorsque nous nous trouverons dans la nécessité d'opposer le progrès à la routine, la science moderne aux préjugés caduques, et la déduction logique des conceptions culinaires aux usages surannés des anciennes Écoles.

Heureux si nous pouvons faire partager à nos confrères le sentiment de nos convictions puisées aux sources de l'expérience.

DES GRANDS BOUILLONS.

Les grands bouillons sont les agents principaux du fonds de cuisine; leur confection est simple, mais méthodique; les soins qu'ils reçoivent pendant la cuisson leur assurent des qualités qu'on attendrait en vain d'une opération traitée avec indifférence. Les grands bouillons constitués avec les éléments les plus avantageux, s'ils sont mal soignés, s'ils sont négligés, seront toujours, par ce seul fait, d'un résultat défectueux et souvent préjudiciel, à l'égard des compositions qui en découlent. Il importe donc, on le voit, de les traiter avec une vigilante sollicitude, afin de les obtenir dans les meilleures conditions de pureté et de bon goût.

Nous avons deux genres de grands bouillons : les *gras* et les *maigres*. Les maigres se divisent aussi en deux catégories : ceux de poisson et de légumes; mais ceux-ci étant moins généraux et se traitant, sous beaucoup de rapports, par les mêmes procédés que les bouillons gras, nous nous attacherons plus spécialement à ces derniers, dont le rôle est si considérable dans la cuisine.

Pour constituer un grand bouillon gras au degré le plus conforme, il faut le composer avec du bœuf, du veau et de la volaille. La première de ces viandes est nécessaire, à cause des parties substantielles dont elle est abondamment pourvue, et desquelles elle se sépare sous l'influence dissolvante de l'ébullition. Celle de veau y entre pour un tiers à peu près, et celle de volaille pour un sixième. Ces dernières représentent les éléments de saveur et d'arome. Un bouillon sans veau ni volaille peut être substantiel, mais il n'a ni la délicatesse ni la perfection désirables.

Quant à la quantité matérielle de ces viandes dans leur ensemble, il serait difficile de l'indiquer d'une manière précise; elle dépend un peu des ressources dont le cuisinier dispose, et un peu aussi de l'emploi auquel il veut consacrer le bouillon. La quantité d'eau avec laquelle on le mouille, en fait en réalité toute la différence; ses proportions exactes en font seules le mérite. Si cette quantité n'est pas relative ou proportionnée à celle des viandes, il est certain que l'opération sera imparfaite. Il serait, au fond, aussi nuisible de baigner ces viandes démesurément, qu'il serait peu sensé de les cuire insuffisamment mouillées. Ce sont là deux extrêmes aussi pernicieux l'un que l'autre, et dans lesquels l'homme de pratique ne se laisse jamais entraîner. Dans le premier cas, le bouillon est léger et insuffisant en succulence ; dans le second, n'ayant pas la facilité de se dépouiller convenablement, il reste trouble et ne donne, en somme, qu'un résultat négatif en limpidité et en arome.

En principe, nous dirons que le bouillon doit cuire avec très-peu de sel, et souvent même pas du tout; car, dans les différentes applications qu'on en fait, il pourrait se trouver adjoint à des préparations déjà fortes par elles-mêmes, qui en souffriraient évidemment. C'est là un point capital qui peut avoir des conséquences graves, et auquel les cuisiniers doivent d'autant plus apporter d'attention, qu'ils sont toujours à même, en dernier lieu, de rectifier le bouillon en le salant de nouveau.

La partie la plus convenable du bœuf, pour les grands bouillons, est sans nul doute la culotte ; nous disons convenable, en ce sens qu'elle est non-seulement d'une production de succulence incontestable, mais qu'elle peut encore s'employer utilement après qu'elle a été cuite dans ces bouillons. Pour en tirer parti avec plus d'avantage, il convient de la ficeler bien ronde, de la veiller attentivement et de ne pas attendre, pour la retirer, qu'elle ait atteint son dernier degré de cuisson, ou pour mieux dire qu'elle tombe en charpie. En dehors de cette prévoyance, l'emploi de la culotte n'est pas rigoureux ; on obtient également un bon bouillon avec les parties du gîte, de la noix et même de l'épaule. Quant au veau, les morceaux les plus employés sont ceux du jarret, du *casy* ou de l'épaule ; mais ils se remplacent fort bien par des parures. La volaille destinée à cet usage peut, sans inconvénient, être dure ; les vieux dindes ou les vieilles poules sont de beaucoup préférables aux volailles tendres, parce qu'elles apportent au bouillon la même onctuosité et une plus grande somme de sucs nutritifs.

Dans les cas ordinaires, les os de bœuf et ceux du gîte surtout ne nuisent pas d'une manière sensible aux grands bouillons ; mais dès que ces bouillons sont destinés à entrer, même en petite quantité, dans des préparations susceptibles de sauces ou de consommés, il faut résolument en écarter les os pour les cuire séparément et employer leur résidu dans les cuissons secondaires, qui n'ont rien de commun avec le vrai fonds de cuisine. C'est là un principe que nous tenons de Haas, notre maître, et dont nous avons nous-mêmes trop souvent eu occasion de reconnaître la justesse et l'efficacité pour ne pas le suivre et le recommander.

En général, on s'exagère un peu les qualités des os de bœuf comme auxiliaires de succulence dans les bouillons ou autres fonds à longues cuissons : nous sommes loin de partager cet enthousiasme. Tout le monde sait que les os contiennent des parties gélatineuses ; mais ce qu'on ne sait pas assez, ce qu'on ne cherche pas, tout au moins, à s'expliquer, c'est que les qualités de cette gélatine sont très-contestables, parce qu'elle se trouve encore à l'état impur, accompagnée de phosphate et de carbonate de chaux qui lui sont communs et qui lui communiquent un goût nauséabond, impossible à corriger avec les moyens trop simples dont nous disposons en cuisine. Les os fournissent, il est vrai, une certaine substance, sinon nutritive ou savoureuse, du moins utilisable à quelques égards ; mais cela n'est possible qu'après qu'elle a subi diverses opérations chimiques qui sont complétement au-dessus de nos ressources et en dehors de nos attributions. Vouloir l'utiliser dans son état normal et dans les liquides où la pureté est le principal mérite, c'est, nous le croyons, méconnaître les exigences du bon goût qui doit présider à toutes les préparations culinaires.

S'il est urgent, dans la confection des grands bouillons, que les viandes et l'eau se trouvent toujours en rapport de quantités, il n'est pas moins utile et essentiel que les marmites elles-mêmes se trouvent proportionnées au contenu. Rien n'est, en effet, plus choquant et plus en contradiction avec les saines pratiques du métier, que d'employer, pour les longues cuissons, des vases trop étroits ou trop grands : dans l'un et l'autre cas, le bouillon en souffre toujours. Quelles que soient les dimensions du vase, le liquide doit toujours arriver à 3 ou 4 centimètres des bords ; on est ainsi plus maître de l'ébullition, on l'épure avec plus de facilité et on se rend mieux compte de la réduction que le liquide subit.

Comme principe absolu à l'égard des viandes de bouillon, nous dirons qu'elles doivent être de première fraîcheur ; celles qui sont mortifiées donnent souvent des produits inférieurs et en bien moins grande quantité ; à notre avis, il y a quarante pour cent de différence avec les viandes fraîches. Nous en dirons autant à l'égard des légumes qu'on emploie comme *bouquet*: ils doivent toujours être fraîchement cueillis et épluchés, ou tournés au moment. Les légumes séchés par l'air sont le plus souvent mal sains et communiquent toujours au bouillon un goût vicié qui ne ressemble en rien à celui des légumes frais.

Le grand bouillon, tel que nous l'entendons, doit dans son principe rester très-blanc et limpide ; car il est susceptible d'être appliqué à la cuisson de certains aliments, ou additionné à des compositions qui n'exigent et le plus souvent ne supportent pas la moindre couleur. On doit alors supprimer toute viande colorée d'avance ; dans les cas ordinaires, il n'y a aucun inconvénient à colorer la volaille ou le veau.

Un bouillon, quel qu'il soit, pour qu'il conserve ses qualités parfaites de fraîcheur, d'excellence et d'arome, ne doit cuire que le temps nécessaire à la pénétration complète des viandes. Le laisser sur le feu en dehors de ce point, c'est vouloir lui diminuer ses avantages acquis. Cette règle nous porte à dire que la volaille ne doit être plongée dans la marmite qu'alors que le bœuf a déjà atteint assez de cuisson pour que l'un et l'autre se trouvent cuits ensemble : c'est un moyen simple et à la fois certain de conserver au bouillon la parfaite essence de la volaille.

Les pièces de veau et de volaille peuvent cuire entières ; ces dernières pourront toujours être séparées de leurs filets, qui, en somme, ne fournissent pas au bouillon une riche substance, et qui s'emploient utilement ailleurs. Les pièces de veau seront d'abord parées de leur moelle épinière, s'ils en contiennent, et des os adhérents, secs ou spongieux. Il faut les brider et les maintenir dans la marmite au moyen d'un bout de ficelle attaché à l'une des anses, de manière à pouvoir les retirer quand elles sont cuites, sans troubler le bouillon.

Les pièces de bœuf destinées à être cuites entières seront dégraissées, désossées et ficelées. Si elles appartenaient aux parties inférieures, on pourrait, une fois désossées, les distribuer en carrés de 2 à 300 gr. On obtiendra ainsi un bouillon à la fois plus prompt, plus pur et plus succulent.

Quant aux soins de détail qu'exige la marmite à la cuisson, nous allons indiquer en quoi ils consistent.

1. — GRAND BOUILLON GRAS.

Proportions approximatives. — 14 kil. de bœuf, 5 kil. de veau, 2 poules ou l'équivalent de parures, 30 litres d'eau.

Bouquet. — 6 belles carottes, 1 gros navet, 2 gros oignons, un fort bouquet de porreaux, un pied de céleri, 3 clous de girofle, sel.

Procédé. — Désossez, dégraissez et ficelez le bœuf et le veau ; rafraîchissez-les, placez-les dans une marmite suffisante ; couvrez ces viandes avec de l'eau froide jusqu'à la hauteur de 4 centimètres des bords ; placez la marmite en plein fourneau et découverte ; ajoutez le sel et faites partir en ébullition. A mesure que l'écume se présente à la surface, enlevez-la avec l'écumoire. Aussitôt que l'ébullition menace de se développer, additionnez quelques cuillerées d'eau froide, afin de provoquer le plus d'écume possible. Quand enfin le bouillonnement est bien prononcé, plongez les légumes, retirez la marmite sur l'angle du fourneau, afin qu'elle ne bouille que d'un côté ; couvrez-la de son couvercle et laissez bouillir sans interruption, d'un train égal et modéré. Au bout de deux heures, retirez le veau ; une heure plus tard, plongez les volailles ; et trois heures après, vous passerez le bouillon, si celles-ci et le bœuf sont suffisamment atteints. On le passe sans le troubler, à travers un tamis au-dessous duquel vous placez une serviette étendue sur un vase suffisant. On peut le dégraisser avant ou après l'avoir passé.

Constitué dans les conditions que nous venons d'indiquer, ce grand bouillon est, dans certains cas, utilisé comme fonds de potage. Pour cela, il suffit de le rectifier et de le clarifier avec quelques parures de volaille et œufs entiers. Dans les cas ordinaires, ce bouillon reçoit également des modifications par rapport aux quantités relatives et aux éléments que nous employons. En le décrivant d'une manière si méthodique et si complète, nous nous sommes conformés aux principes en vigueur dans les grandes cuisines. Notre devoir nous oblige à traiter les opérations culinaires, à quelque ordre qu'elles appartiennent, sur les bases à la fois les plus positives et les plus parfaites.

2. — GRAND BOUILLON MAIGRE DE POISSON.

Les tanches, carpes, perches, brochets, merlans, grondins, rascasses, baudreuils, lottes, bars, mulets, anguilles (en petite quantité), et en général tous les poissons à chair ferme, sont ceux qui conviennent le mieux à cet emploi.

Il faut couper les poissons en tronçons, les bien laver, beurrer une casserole, placer au fond oignons et carottes émincés, le poisson en dessus, avec quelques cuillerées d'eau, couvrir la casserole, la placer en plein fourneau et faire tomber le mouillement à glace, puis mouiller à l'eau chaude, mais en quantité moindre, proportionnellement, que pour le bouillon gras, attendu que les chairs de poisson sont d'une substance moins solide et résistent moins longtemps à l'ébullition. Salez le bouillon avec ménagement, écumez-le avec soin, et quand l'ébullition se prononce, retirez la casserole sur l'angle du fourneau, afin que cette ébullition soit douce et réglée. Surveillez la cuisson du poisson, et aussitôt qu'il est bien atteint, passez le fonds à la serviette, dégraissez-le et clarifiez au blanc d'œuf, ou œufs entiers.

3. — GRAND BOUILLON DE LÉGUMES.

Prenez la quantité voulue de carottes, navets, porreaux, oignons et céleris, proportionnés chacun eu égard à la force de leur arome. Les carottes et navets doivent y entrer en plus grande partie et former le fonds de la cuisson. Émincez les porreaux et oignons, passez-les au beurre, sur un feu modéré, afin de leur faire prendre une légère couleur; ajoutez ensuite les autres légumes également émincés, une pointe de sucre, un peu de sel, passez-les quelques minutes, mouillez-les avec 2 ou 3 décilitres d'eau; couvrez la casserole et faites tomber à glace : par ce moyen le bouillon devient plus clair. Mouillez ensuite avec l'eau bouillante nécessaire, faites partir, écumez, retirez alors la marmite sur l'angle, ajoutez une poignée de champignons et pois secs : cette addition lui donne de l'onction et un bon goût; alors laissez cuire ces légumes tout doucement. Quand ils sont bien atteints sans être fondus, passez le fonds d'abord au tamis et ensuite à la serviette.

Ce bouillon peut être clarifié en suivant les règles indiquées pour les consommés.

4. — BOUILLON BLANC DE VOLAILLE.

Placez dans une moyenne marmite deux vieilles poules lavées à l'eau chaude, avec un bon jarret de veau ; mouillez-les avec 6 ou 7 litres d'eau froide; ajoutez un peu de sel et quelques parures crues de volaille ou de veau : ces parures donnent toujours au bouillon une certaine onction et facilitent sa clarification. C'est à ce point de vue surtout qu'on ne doit rien en perdre. Les parures de veau, les pattes et ailerons, les cous et gésiers de volaille (ces derniers échaudés), sont d'un secours incontestable pour les bouillons. Placez la marmite en plein fourneau, écumez avec soin ; quand l'ébullition est prononcée, plongez un bon bouquet de légumes frais; couvrez-la et placez-la sur l'angle du fourneau, pour qu'elle ne fasse que frissonner jusqu'à la cuisson parfaite des viandes. Quand le veau est cuit, vous l'égouttez et passez enfin le bouillon à la serviette.

5. — CONSOMMÉ ORDINAIRE.

On entend par consommé le fonds qui doit constituer le potage; ce fonds doit toujours être clair, légèrement coloré et surtout succulent.

Rôtissez, pour les colorer simplement, un bon jarret de veau auquel vous aurez retiré la crosse, et une poule ou la moitié d'un vieux dindon. On peut indifféremment les colorer à la broche, au four ou à la casserole; mais ils doivent être bien raidis et jamais trop foncés en couleur. Cela fait, placez-les dans une moyenne marmite; mouillez avec 6 à 7 litres de grand bouillon, autant que possible passé du moment; faites partir en ébullition; retirez la marmite sur un feu très-doux, aussitôt que celle-ci se développe, et conduisez-la d'un mouvement très-modéré, régulier et continuel, jusqu'à ce que les viandes soient cuites. Ce fonds, ainsi constitué et conduit, doit venir d'une belle teinte et surtout très-limpide. En ce cas, on l'emploie tel qu'il est ; mais s'il venait avec moins de perfection, il faudrait alors le clarifier d'après les procédés ordinaires, ou simplement en jetant dans la marmite bien dégraissée 2 filets de volaille pilés et étendus avec un œuf entier et 2 décilitres de bouillon froid. Au bout de 20 minutes d'ébullition douce, vous pouvez passer le fonds à travers une serviette.

6. — CONSOMMÉ DE VOLAILLE.

Faites rôtir au four ou à la broche 4 poules auxquelles vous pouvez retirer les filets. Au lieu de poules on peut employer une forte dinde avancée. Poules ou dindes, une fois colorées, dépecez-les et placez-les dans une moyenne marmite, que vous emplissez avec du bouillon blanc de volaille; faites partir sans addition de sel, mais simplement un petit bouquet de légumes; placez la marmite en plein fourneau pour l'amener à l'ébullition, écumez attentivement, puis retirez-la sur le coin du fourneau, et donnez-lui 3 heures à peu près d'ébullition lente et régulière. Au bout de ce temps, passez le fond à la serviette, dégraissez-le convenablement, laissez-lui perdre sa plus grande chaleur, et versez dedans les chairs de 4 filets de poules, bien pilés, étendus avec 2 œufs entiers et 2 décilitres du consommé bien refroidi; mêlez cette solution avec le fonds dans une casserole; couvrez celle-ci et placez-la sur un feu modéré ou simplement sur l'angle, afin que l'ébullition soit amenée d'une manière lente et graduelle : c'est là la plus sûre garantie de clarification qu'on puisse lui donner. Aussitôt que cette ébullition se prononce, diminuez encore l'action du feu et maintenez le consommé à l'état de simple frémissement, pendant quinze à vingt minutes; rectifiez son goût, additionnez-lui une pointe de sucre et un peu de vin, si rien ne s'oppose à cette addition; passez-le ensuite à la serviette en attendant le moment de l'employer.

Autant que cela se peut, il faut que ces fonds se trouvent clarifiés au moment même de leur emploi, surtout si on les applique à la confection des potages : ils conservent mieux leur essence. Un consommé qu'on est obligé de laisser ou refroidir, ou trop longtemps au chaud quand il est prêt, perd beaucoup de ses qualités essentielles, et aussi ce goût de fraîcheur qui lui est si nécessaire. Ce consommé doit être d'une teinte jaune clair. On peut toujours lui additionner une pointe de sucre et quelques parties de vin, suivant que cette addition peut convenir. — Ce consommé s'applique également à la confection des potages et des sauces.

7. — CONSOMMÉ A L'ANGLAISE.

Foncez une grande casserole avec jambon, légumes et quelques bonnes tranches de maigre de bœuf, une poule et quelques parures de veau; ajoutez 6 décilitres à peu près de grand bouillon; couvrez la casserole, placez-la sur un feu vif, et faites tomber son mouillement à glace en laissant prendre couleur; mouillez ensuite entièrement, aussi avec du grand bouillon; faites partir et à l'ébullition retirez la casserole sur l'angle du fourneau. Maintenant faites rôtir à moitié, à la broche ou au four, un gigot de mouton ou une belle épaule, et quand elle est de belle couleur, plongez-la dans la casserole et laissez-la ainsi jusqu'au moment de passer le fonds, que vous cuisez aussi doucement que possible, afin de l'obtenir bien clair; s'il ne l'était pas suffisamment, on pourrait toujours le clarifier, soit d'après les règles ordinaires, quand il est passé, soit avant, en opérant ainsi que nous venons de le dire dans l'article qui précède. On peut également ajouter au consommé une pointe de sucre et quelques parties de vin; mais l'un et l'autre sont facultatifs.

8. — CONSOMMÉ DE GIBIER.

Placez au fond d'une casserole déjà foncée avec des légumes 3 vieilles perdrix auxquelles vous aurez enlevé les filets, une vieille poule et quelques parures de volaille ou de gibier; ajoutez quelques décilitres de grand bouillon, et faites tomber à glace en retournant quelquefois les plus gros morceaux. Lorsque le mouillement est réduit, additionnez 3 décilitres de vin de Sauterne ou vin du Rhin, que vous faites également réduire; alors emplissez la casserole par parties égales de grand bouillon et de bouillon blanc de volaille; placez en plein fourneau; écumez avec soin jusqu'au moment où l'ébullition se développe; retirez la casserole sur l'angle, pour la conduire tout doucement; ajoutez un petit bouquet d'aromates, quelques clous de girofle et grains de poivre, ainsi que le râble d'un lièvre, que vous aurez fait colorer au four après en avoir retiré les filets. A défaut de râble, on emploie les épaules ou les cuisses; dans tous les cas, ces pièces seront coupées en petits morceaux. Aussitôt que les perdrix et la volaille sont cuites, passez le fonds à la serviette, dégraissez-le et clarifiez-le avec moitié chair de volaille et de gibier (d'après les indications données au n° 6). Ainsi qu'aux consommés précédents, on peut toujours faire entrer dans celui-ci une pointe de sucre pour corriger l'âcreté naturelle des viandes.

9. — CONSOMMÉ DE POISSON.

Marquez le consommé d'après les mêmes règles et dans les mêmes proportions que celles indiquées au n° 2; mais, au lieu de le mouiller avec de l'eau, mouillez-le avec un grand bouillon de légumes, puis clarifiez-le aux œufs entiers et passez à travers une serviette.

DES FONDS POUR POTAGES.

Ces fonds servent à étendre et délayer à point les potages liés, et principalement les purées de viandes ou de légumes. Nous les décrirons ici une fois pour toutes, afin de pouvoir y renvoyer chaque fois que nous les appliquerons. Nous éviterons ainsi des répétitions inutiles, tout en rendant ces formules plus faciles à étudier, puisqu'elles se trouveront toutes réunies.

10. — FONDS DE VOLAILLE POUR POTAGES LIÉS.

Prenez 5 litres de consommé de volaille n° 6; tenez-le chaud-chaud sur le côté du fourneau; faites fondre 150 grammes de beurre dans une casserole; emplissez-la avec à peu près le même volume de farine; passez-la un moment sur le feu pour cuire cette farine sans lui faire prendre couleur, ainsi qu'il est dit à l'égard du roux blanc; alors retirez la casserole du feu, et délayez la farine avec le consommé peu à peu, afin d'obtenir une sauce liée, lisse et sans grumeaux. Quand le consommé est tout absorbé, placez la casserole, tournez le fonds à la spatule jusqu'à l'ébullition, pour la ramener enfin sur l'angle et faire bouillir d'un seul côté, mais insensiblement, pendant une heure environ; écumez et dégraissez attentivement; passez ensuite à l'étamine.

Ce fonds doit être blanc et liquide; il sert à étendre les purées de volaille et de légumes au gras. Pour les potages secondaires, on peut confectionner ces fonds avec des consommés de veau, et on leur donne de la couleur avec un peu de fonds de cuisson de teinte foncée.

11. — FONDS DE GIBIER POUR POTAGES LIÉS.

Clarifiez le consommé de gibier comme il est dit au n° 8, mais sans vin; marquez un roux blanc, comme le précédent; aussitôt que la farine est cuite, étendez-la avec le consommé, peu à peu et avec soin; à l'ébullition, placez la casserole sur l'angle, écumez, dégraissez et passez à l'étamine au bout d'une heure.

Ce fonds sert à confectionner les potages de gibier; il doit toujours être un peu foncé en couleur; mais la teinte seule du consommé doit lui donner sa nuance, sans qu'il soit nécessaire de colorer la farine, ce qui donnerait au potage un goût de sauce qu'il ne doit pas avoir.

12. — FONDS DE POISSON POUR POTAGES LIÉS.

Cuisez la farine suivant la règle, délayez-la ensuite avec le consommé de poisson blanc ou brun, suivant la nature du potage auquel il s'adapte; dégraissez et passez à l'étamine.

13. — FONDS DE LÉGUMES POUR POTAGES LIÉS.

Ce fonds peut être indifféremment brun ou blanc, suivant l'usage auquel on le destine. Dans tous les cas le consommé de légumes doit être succulent et bien clair. Procédez à sa confection comme à l'égard de ceux qui précèdent.

DES GARNITURES DE POTAGES.

A quelques exceptions près, les garnitures que nous allons décrire s'adaptent également, dans leurs espèces, aux consommés clairs et aux fonds de potages liés. Ce qu'il ne faut pas perdre de vue, c'est qu'elles sont entièrement indépendantes des potages auxquels on se propose de les additionner. Dans quelques cas, elles s'appliquent aussi bien aux potages gras qu'aux potages maigres.

Nous avons mentionné dans ce chapitre à peu près tous les éléments qui peuvent être employés comme garnitures de potages; les cuisiniers n'auront donc qu'à choisir entre celles que les lieux, les saisons et leurs moyens rendent accessibles. Ils en trouveront une série des plus variées; car nous n'avons omis ni les plus simples ni les plus compliquées, afin que chacun puisse trouver dans cette nomenclature un choix capable de satisfaire à toutes les exigences.

Le mode de séparer les garnitures des potages nous a paru beaucoup plus convenable que l'ancienne méthode, en ce que ces garnitures ne sont pas obligatoires. Notre but a été d'abord de les rendre plus saisissables, et d'indiquer en même temps qu'on pouvait sans inconvénient les appliquer à tous les potages, quelle que soit la catégorie à laquelle ils appartiennent.

Comme les potages ne se servent plus sur table, nous recommandons, pour plus de commodité, que toutes les garnitures délicates soient servies à part, dans un plat ou une casserole d'argent tenue chaude au moyen d'un peu de consommé bouillant. Dans ces conditions il est infiniment plus facile au maître d'hôtel d'en distribuer sur chaque assiette, sans les abîmer, ou bien encore, de les présenter aux convives afin qu'ils se servent eux-mêmes s'ils le préfèrent. Malgré cette observation, nous continuerons d'indiquer les potages complets servis en soupière, l'usage des soupières étant généralement maintenu.

14. — PLUCHES.

On appelle une pluche de cerfeuil, de persil ou de fenouil, les feuilles de ces plantes épluchées et séparées de leurs tiges, bien lavées et jetées à cru dans les potages, spécialement dans les consommés clairs. Cette garniture peut être considérée en quelque sorte comme supplémentaire, puisqu'on l'emploie souvent indépendamment des autres ou en même temps. Les pluches s'emploient aussi quelquefois hachées.

15. — CROUTONS.

Il y a deux espèces de croûtons: ceux extraits de la mie et ceux tirés de la croûte d'un pain. Les premiers, on les taille ronds à la colonne, ou carrés en petits dés. D'une forme ou de l'autre, on les frit toujours au beurre clarifié pour leur faire prendre couleur; on les égoutte ensuite sur un linge et on les sert dans une assiette à part. Les croûtons tirés de la croûte d'un pain se taillent ronds, en filets ou de toute autre forme, selon l'usage qu'on leur destine; ils se sèchent simplement à l'étuve. On les sert aussi dans une assiette.

16. — QUENELLES.

Les quenelles pour potages se moulent ordinairement dans des petites cuillers à café; en dehors de cela, on les pousse au cornet, au fond d'un sautoir beurré dans lequel on verse de l'eau bouillante, quand on veut les pocher. Au cornet, on peut les pousser en petites perles, en petits anneaux, en triangles ou en cordons de l'épaisseur d'un macaroni; on peut encore rouler la farine sur le tour fariné, de la forme d'un gros

POTAGES ET GARNITURES.

boudin, qu'on coupe en lames transversales après les avoir pochés. Quelle que soit leur forme, on les poche toujours par le même procédé, c'est-à-dire au bouillon blanc ou à l'eau salée.

Pour faire diversion on emploie souvent à l'usage des quenelles pour garniture de potage, la farce printanière; on les moule de même à la petite cuiller ou on les pousse au cornet.

17. — QUENELLES A L'ALLEMANDE.

Faites fondre 150 gr. de beurre, incorporez-lui 200 gr. de farine, et passez-les ensemble quelques minutes sur un feu doux, pour cuire la farine; mouillez ensuite avec deux décilitres à peu près de crème, liez et réduisez à consistance de pâte à choux, additionnez quelques œufs entiers, une pointe de sucre et muscade, avec une petite poignée de parmesan râpé. Plongez-en une petite partie dans l'eau bouillante pour essayer sa solidité : si elle était faible, additionnez une pincée de farine, puis pochez les quenelles à l'eau ou au bouillon, en les prenant avec une cuiller à café.

On opère aussi en passant au beurre de la mie de pain au lieu de farine, et la réduisant avec un peu de crème; on ajoute ensuite les œufs, le fromage et l'assaisonnement. On peut, après que ces quenelles sont pochées, les passer à l'œuf et les frire au beurre clarifié; en ce cas on ne les mêle pas dans la soupière, mais on les sert dans une assiette à part.

18. — CHIFFONADE.

Tirez les feuilles de quelques branches de cerfeuil et persil; enlevez à la colonne des ronds de laitues sur des feuilles vertes, mais tendres, et des ronds de feuilles d'oseille; blanchissez toutes ces herbes séparément, à l'eau bouillante, chacune suivant leur besoin; un seul bouillon suffit à toutes; égouttez-les sur un tamis et placez-les ensuite dans la soupière.

19. — BRUNOISE.

Taillez en petits dés réguliers des carottes bien rouges, des navets, pieds de céleri, céleris-raves, porreaux et un peu d'oignons; blanchissez ces légumes à l'eau bouillante et égouttez-les; placez le tout dans une casserole avec quelques cuillerées à bouche de consommé, une pointe de sel et de sucre; faites-les cuire et tomber à glace; versez-les dans la soupière. On peut alors leur additionner quelques cuillerées de petits pois blanchis bien verts. Ces légumes se taillent au couteau ou avec un instrument appelé coupe-racines, ce qui est plus expéditif.

20. — PRINTANIER.

Tous les légumes que produit le printemps, c'est-à-dire les plus tendres et ceux qui, par leur physionomie de fraîcheur, sont généralement si agréables, constituent le printanier. Plus les espèces et les nuances sont variées, plus elles sont appréciables. Les plus gros s'enlèvent avec une petite cuiller à racines, ronde ou ovale; à défaut on les pousse à la petite colonne; l'essentiel est qu'ils soient taillés fins; ils sont plus élégants. Ceux à tiges, tels que pointes d'asperges et de houblons, se coupent transversalement; les haricots verts peuvent être poussés à la colonne ou taillés en losanges; les petits pois doivent être très-fins. Tous ces légumes doivent être blanchis séparément, cuits et tombés à glace avec un peu de consommé et une pointe de sucre. Les haricots verts, choux-fleurs, petits pois et pointes d'asperges se cuisent séparément à l'eau de sel. Les légumes qui conviennent le mieux sont les carottes, navets, céleris-raves, choux-raves, choux-fleurs, petits choux de Bruxelles, concombres, haricots verts, petits pois, pointes d'asperges et de houblons. Nonobstant ces légumes, qui ne seront mis qu'en proportions raisonnables, on peut toujours adjoindre à cette garniture de petites quenelles rondes poussées au cornet et pas plus grosses que les petits pois.

21. — SÉVIGNÉ.

Enlevez les chairs blanches de deux poulets; si elles sont crues, faites-les raidir au beurre, puis piler; si elles sont cuites, parez et pilez-les également, délayez-les ensuite avec 3 décilitres à peu près de sauce suprême claire, et faites passer au tamis; assaisonnez d'une pointe de sucre et muscade, incorporez 10 à 12 jaunes d'œufs et faites passer à travers l'étamine; beurrez une douzaine de moules à darioles, emplissez-les avec cet appareil et placez-les dans un sautoir avec de l'eau bouillante jusqu'à moitié de leur hauteur; placez le sautoir sur le feu pour amener l'eau à l'ébullition, puis couvrez et poussez à four modéré. Au bout de 12 à 15 minutes, l'appareil sera raffermi; retirez le sautoir du feu et laissez refroidir; parez ensuite les parties supérieures trop séchées par l'action du feu, coupez-les transversalement en trois parties, et placez-les dans la soupière pour verser le consommé dessus. Cette garniture s'applique également aux consommés et aux potages liés. On peut cuire cet appareil dans de petits moules plats, unis ou cannelés; on peut encore le cuire dans un moule à charlotte, foncé de papier, pour le couper ensuite en gros dés. Les moules à darioles peuvent se laisser entiers.

22. — ROYALE.

Préparez une purée de volailles comme il est indiqué à l'article précédent, en remplaçant la sauce suprême par de la bonne crème; ajoutez sel, muscade, une pincée de sucre, et pochez de même.

23. — XAVIER.

Placez dans une terrine 15 jaunes et deux œufs entiers, broyez-les avec le fouet, délayez-les ensuite avec 5 décilitres de consommé de volailles refroidi, ajoutez une pincée de sucre en poudre, une pointe de muscade, et passez à l'étamine; beurrez 12 moules à darioles ou de toute autre forme; emplissez-les avec l'appareil et faites-les pocher ainsi que nous venons de le dire au n° 21; puis démoulez dans la soupière, servez-les entiers ou coupés transversalement.

24. — DESLIGNAC.

Préparez le même appareil que le précédent; remplacez seulement le consommé par la crème simple. Du reste, terminez l'opération de la même manière.

25. — MASSÉNA.

Cuisez 3 douzaines de petits marrons (grillés à blanc et épluchés) avec 3 décilitres de consommé clair; faites-les tomber à glace. Levez les filets d'une douzaine de grives, parez et sautez-les au beurre; émincez deux poignées de nouilles tenues un peu plus épaisses que d'ordinaire et surtout très-courtes; blanchissez-les au moment à l'eau salée, égouttez-les et jetez-les dans la soupière. Égouttez les filets sautés et les marrons, placez toutes ces garnitures et versez le potage dessus.

26. — COLBERT.

Œufs pochés d'après les prescriptions données, parés bien ronds et accompagnés, dans la soupière, d'une garniture printanière ou simplement de petits pois blanchis et tenus bien verts.

27. — RÉGENCE.

Préparez un appareil Sevigné, placez-le dans la soupière avec quelques poignées de petits pois blanchis et 3 douzaines de quenelles blanches et vertes, mouillées à la petite cuiller; servez dans une petite casserole, à part, une quinzaine d'œufs pochés, des plus petits.

28. — CONDORCET.

Avec les chairs d'un petit faisan, faites une purée que vous étendez avec une sauce suprême claire, dans laquelle vous aurez fait entrer une petite essence tirée des parures et des carcasses du faisan; faites-la passer au tamis; liez avec dix jaunes d'œufs assaisonnés d'une pointe de muscade, et passez à l'étamine; puis mêlez à cet appareil quelques cuillerées à bouche de foie gras coupé en petits dés; beurrez deux ou trois douzaines de petits moules à tartelettes; emplissez-les d'appareils; rangez-les dans un sautoir avec un peu d'eau dedans et faites-les pocher sans ébullition. Démoulez ensuite dans la soupière; ajoutez-leur quelques cuillerées à bouche de pointes d'asperges blanchies, et versez le potage dessus. Cette garniture convient aux consommés, purées ou fonds de gibier.

29. — BOURDALOUE.

Prenez le volume à peu près d'un décilitre de purée de riz; étendez-la avec quelques cuillerées à bouche de sauce suprême, cinq jaunes d'œufs; assaisonnez et passez à l'étamine. Additionnez-lui un petit morceau de beurre d'écrevisses fondu; prenez le même volume de purée de volaille; étendez-la avec un peu de crème et jaunes d'œufs; passez-la à l'étamine. Prenez encore le même volume de purée de pois bien verte; ajoutez quelques jaunes et un peu de sauce; passez-la aussi à l'étamine. Prenez enfin un égal volume de purée de carottes bien rouges; étendez-la encore avec œufs et sauce pour la passer aussi. Maintenant placez séparément toutes ces purées dans de petits moules à darioles beurrés, et faites-les pocher au bain-marie d'après les règles ordinaires. Quand l'appareil est raffermi, démoulez et placez les petits pains dans la soupière, entiers ou coupés transversalement.

30. — PARMESANE.

Faites une pâte génoise dans laquelle vous remplacez le sucre par du parmesan râpé; étalez-la sur un plafond beurré en couche mince; poussez à four doux. Quand elle est cuite, distribuez-la en petits ronds ou losanges; faites sécher à l'étuve. Au moment de servir, mettez-la dans la soupière avec de petites quenelles aux épinards et versez le potage dessus.

31. — CANINO.

Placez dans une terrine six cuillerées à bouche de farine et quatre de parmesan râpé; ajoutez une pointe de muscade et étendez avec quelques œufs entiers, de manière à en faire une pâte coulante à l'égal d'une pâte à frire; pochez-en une demi-cuillerée à l'eau bouillante pour essayer sa solidité, et si elle est délicate étant pochée, passez le restant de la pâte dans deux cornets de papier auxquels vous coupez les bouts de manière à laisser passage à un cordon de l'épaisseur d'un gros vermicelle; alors ayez le consommé destiné au potage, bouillant et placé sur le coin du fourneau, dans une petite marmite ou casserole; prenez un cornet de chaque main, et faites couler l'appareil peu à peu dans le consommé, précisément du côté où l'ébullition a lieu. Quand l'appareil est absorbé, versez le potage dans la soupière et servez du parmesan à part. Cette garniture est spéciale aux consommés.

32. — DUBELLOY.

Placez dans une terrine dix jaunes et quatre œufs entiers; broyez-les avec le fouet et étendez-les avec trois décilitres à peu près de lait d'amandes bien épais; ajoutez une pointe de sucre; passez à l'étamine; emplissez deux douzaines de petits moules à madeleines, et faites-les pocher au bain-marie; placez-les dans la soupière avec une escalope de blancs de volaille pochés au beurre au moment même, et une poignée de pointes d'asperges blanchies.

33. — DE ROHAN.

Taillez au coupe-pâte, ronds de 4 centimètres de diamètre, deux douzaines de croûtons de pain de mie, que vous faites frire au beurre et masquez ensuite d'un côté seulement avec une farce de caille ou faisan un peu ferme; rangez-les sur un plafond pour les pocher au moment à la bouche du four.

Coupez à la colonne quelques poignées de ronds dans des feuilles de laitues vertes; faites-les blanchir et cuire au consommé; cuisez 8 à 10 minutes deux douzaines d'œufs de vanneaux; au moment de servir, supprimez leurs coquilles et placez-les entiers dans la soupière; ajoutez les ronds de laitues et versez le consommé ou potage dessus; dressez les croûtons tout chauds sur une assiette et servez-les à part.

34. — CHATELAINE.

Étendez le volume de trois décilitres de purée Soubise réduite, avec une cuillerée de crème double crue et à peu près une douzaine de jaunes d'œufs; ajoutez une pointe de muscade et sucre; passez à l'étamine, et incorporez à cette purée le volume d'un décilitre de petits pois bien verts; emplissez ensuite avec cet appareil une quinzaine de petits moules à darioles beurrés, que vous pocherez, d'après les règles ordinaires, au bain-marie. Quand ces pains sont raffermis, placez-les dans la soupière; ajoutez une petite printanière et versez le potage dessus. Cette garniture s'applique indistinctement aux potages gras ou maigres, liquides ou liés.

35. — D'ORSAY.

Choisissez une quinzaine d'œufs bien frais, des plus petits; quelques minutes avant de servir, cuisez-les à l'eau bouillante pendant quatre minutes et demie, passez-les immédiatement à l'eau froide, retirez leurs coquilles et placez-les dans la soupière. Au moment même de servir, passez au beurre quatre filets de pigeons gras, escalopez-les et placez-les dans la soupière; ajoutez encore une petite garniture d'asperges et deux douzaines de petites quenelles de volaille, et versez le potage dessus. Cette garniture s'adapte également aux consommés et potages liés.

36. — PRINCESSE.

Ayez le volume de 2 décilitres de purée de pois verts cuits à l'eau salée; passez à sec, ajoutez une pointe de sucre et muscade, étendez-la avec un quart de son volume de sauce suprême et cinq à six blancs d'œufs; vous la pocherez en petits moules, mais seulement un quart d'heure avant de servir. Poêlez ensuite deux petits poulets à la Reine, que vous tiendrez verts cuits; au moment de servir, dépecez-les, parez-les avec soin, placez-les dans la soupière avec les petits pains verts, entiers ou coupés transversalement; versez le consommé dessus.

37. — FLEURY.

Faites une petite farce avec 4 filets de volailles; retirez-en un quart pour lui additionner un peu de vert d'épinards ou purée, de manière qu'elle prenne une teinte verte; placez ces deux nuances de farce dans deux cornets différents; avec la blanche, poussez au fond d'un sautoir beurré de petites étoiles à cinq rayons écartés; sur le centre vous poussez un point rond en farce verte. Au moment de servir, pochez-les à l'eau bouillante et salée, pour les ranger dans la soupière.

Enlevez à la colonne d'un centimètre de diamètre quelques tiges de carottes et navets; rayez-les ensuite sur leur longueur avec un petit couteau, puis taillez-les transversalement en lames très-minces; elles vous donneront de petites étoiles ou rosaces; faites-les blanchir, puis glacer à blanc avec une pointe de sucre et un peu de consommé; rangez-les dans la soupière, dans laquelle vous ajoutez 200 grammes de riz blanchi et cuit ensuite dans du bouillon blanc; versez le consommé dessus et envoyez la soupière.

38. — SAINT-FLORENTIN.

Préparez une petite pâte à choux d'après les règles ordinaires, mais sans sucre; quand elle est terminée, incorporez-lui quelques poignées de parmesan et un peu de farine, puis placez-la dans deux cornets en papier dont vous taillez les bouts du diamètre d'un moyen macaroni. Prenez ces cornets, un de chaque main, et coulez cet appareil dans une grande casserole de bouillon en ébullition, mais retirée sur l'angle. Aussitôt cette pâte raffermie, enlevez-la à l'écumoire sans la briser, si c'est possible, et placez-la dans la soupière; versez le potage dessus.

39. — D'ORLÉANS.

Moulez dans des cuillers à café dix-huit petites quenelles de farce de volaille à la purée d'épinards; moulez-en une égale quantité au beurre d'écrevisses, et autant avec de la farce à quenelles blanches; pochez-les séparément à l'eau salée et plongez-les au moment dans la soupière avec quelques poignées de petits pois blanchis.

40. — IMPÉRIALE.

Prenez 400 gr. de farce à la crème, étendez-la sur un plafond légèrement beurré, de l'épaisseur de cinq à six millimètres. Au moment de servir, poussez le plafond à four modéré pour pocher la farce ; trois minutes suffisent ; en la sortant du four, détaillez-la avec un coupe-pâte rond de trois à quatre centimètres de diamètre, et placez-la dans la soupière avec trois douzaines de beaux rognons de coqs blanchis, et une petite garniture printanière. Il faut à cette garniture un bon consommé de volaille.

41. — RACHEL.

Parez et hachez très-fin au couteau quatre filets de volaille ; placez ce hachis dans une terrine, étendez-le avec à peu près un décilitre et demi de crème double et six jaunes d'œufs ; additionnez une pointe de muscade, un peu de sel et quatre cuillerées à bouche de purée de céleri. Maintenant beurrez et décorez aux truffes dix-huit petits moules ronds ou ovales, emplissez-les avec le hachis et faites pocher au bain. Quelques minutes seulement avant de servir, démoulez-les dans la soupière, adjoignez-leur deux poignées de pointes de houblons blanchies et deux douzaines de petits quartiers de fonds d'artichauts parés et cuits bien blancs.

42. — GASCONE.

Blanchissez et braisez suivant la règle deux choux de Milan ; quand ils sont cuits, exprimez-les dans un linge et placez-les dans une casserole ; mêlez-leur un décilitre à peu près de bonne béchamel et deux cuillerées à bouche de glace de volaille ; faites-les réduire quelques minutes sur un feu vif ; quand ils ne forment plus qu'une pâte, ajoutez quelques cuillerées à bouche de fromage de Parme râpé ; retirez-les dans une terrine et faites-les raffermir sur glace. Avec cet appareil, faites de petites boulettes ovales, de la grosseur et de la forme des petites quenelles ; il en faut deux douzaines. Ayez ensuite de la farce fine, et moulez des quenelles dans une cuiller à bouche, que vous fourrez avec les choux, en ayant soin de tenir l'enveloppe de farce bien mince. A mesure qu'elles sont moulées, couchez-les dans un sautoir beurré. Au moment de servir, pochez-les à l'eau bouillante, égouttez-les pour les placer ensuite dans la soupière.

43. — SAVOISIENNE.

Faites quatre œufs de biscuits en procédant ainsi : travaillez bien les jaunes avec le fouet, faites prendre les blancs, mêlez-les aux jaunes, en incorporant en même temps deux bonnes cuillerées à bouche de farine et six de parmesan. Cet appareil doit avoir la consistance de celui des biscuits ordinaires ; alors étalez-le sur plaque à rebords, foncée de papier ; cuisez à four doux, pour distribuer ensuite en petits ronds. Ces ronds de biscuits se servent à part comme croûtons. Placez dans la soupière deux douzaines de filets de grives sautées au moment et deux douzaines de quenelles à la moelle de bœuf ; versez le consommé dessus. Cette garniture convient pour les consommés de gibier au *vin*.

44. — MONTMORENCY.

Faites poêler bien blancs une douzaine d'ailerons de dindonneaux, après les avoir désossés et farcis ; quand ils sont cuits, laissez-les refroidir pour les parer et les débrider ; faites braiser un nombre égal de belles laitues farcies, égouttez-les bien pour les parer comme à l'ordinaire et les glacer au moment. Coupez sur une abaisse mince de pâte à nouilles cinq à six douzaines de ronds de trois centimètres de diamètre. Au moment de servir, plongez-les à l'eau bouillante ; donnez quelques secondes d'ébullition et égouttez-les aussitôt ; glacez les ailerons et les laitues, placez-les dans la soupière et versez le potage dessus. Cette garniture s'adapte bien à un consommé de volaille.

45. — GUTTENBERG.

Lavez quatre bonnes poignées de choucroûte et faites-la cuire dans du simple bouillon blanc, pendant cinq ou six heures, avec un morceau de petit lard déjà blanchi; au bout de ce temps, égouttez-la sur un tamis, retirez le lard, placez la choucroûte dans la soupière, additionnez cinq à six cuillerées à bouche de foie gras taillé en petits dés, et le même volume de truffes noires cuites et émincées en julienne. Cette garniture convient pour un consommé très-succulent.

46. — CÉLESTINE.

Faites vingt-cinq petites omelettes dans la poêle à pannequets et de la même dimension de ceux-ci, avec un appareil composé d'œufs entiers, un peu de crème, sel et une pointe de sucre. A mesure qu'elles sont cuites, masquez-les d'un côté d'une couche mince de farce de volaille un peu ferme, mettez trois omelettes l'une sur l'autre et distribuez-les en ronds, que vous enlevez avec un tube à colonne de deux centimètres de diamètre. Placez un moment à la bouche du four, puis dans la soupière, ajoutez une petite garniture de petits pois et de petites quenelles rondes poussées au cornet, de la grosseur des pois à peu près. Cette garniture s'adapte aux potages liquides et liés.

47. — CUSSY.

Prenez le volume de deux décilitres de purée de perdreaux et autant de purée de marrons, mêlez-les ensemble, ajoutez une pointe de muscade, étendez avec un décilitre de sauce espagnole réduite au vin, puis une dizaine de jaunes d'œufs; passez à l'étamine; avec cet appareil, emplissez une quinzaine de petites moules à darioles pour les pocher au bain-marie, d'après les règles ordinaires; quand ils seront raffermis, démoulez et coupez-les en tranches transversales.

Douze à quinze minutes avant de servir le potage, faites partir à la broche deux estomacs de perdreaux, poussez-les vivement; aussitôt cuits, escalopez-les dans la soupière, avec une petite julienne de truffes noires et cuites; versez le potage dessus. Les petites timbales se servent à part. Cette garniture convient aux potages de gibier liquides ou liés.

48. — MALDONNAC.

Faites une purée avec une grande ou deux petites cervelles de veau, préparées et cuites suivant la règle; étendez-la avec une petite sauce suprême et douze jaunes d'œufs environ; taillez en petits dés, et par parties égales, quelques cuillerées à bouche de blancs de volaille, champignons et céleris, cuits suivant leur exigence; mêlez ce salpicon à la purée, et emplissez une quinzaine de petits moules avec cet appareil; faites pocher au bain. Parez deux petits concombres, taillez en ronds au coupe-pâte; faites-les blanchir et tomber à glace avec une pointe de sucre et un morceau de glace et consommé de volaille; préparez suivant la règle quatre douzaines de ravioles aux épinards, blanchissez-les au moment, et jetez-les dans la soupière avec les concombres et les timbales.. — Potage liquide ou lié.

49. — IRMA.

Préparez une quinzaine de petits boudins de volaille, minces et de 4 centimètres au plus de longueur; étendez avec sauce et jaunes d'œufs le volume à peu près de 2 décilitres de purée de marrons, passez à l'étamine et faites pocher en petits moules; faites blanchir et glacer avec une pointe de sucre et consommé clarifié, deux douzaines de petits oignons bien égaux. Au moment de servir, faites pocher les boudins dans du grand bouillon, parez les deux bouts, divisez-les en deux ou trois parties coupées en biais; placez-les dans la soupière avec les oignons et pains de marrons entiers ou coupés en rouelles. Cette garniture convient aux deux genres de potages.

POTAGES ET GARNITURES.

50. — CAROLINE.

Faites blanchir et cuire au lait d'amandes douces 180 grammes de riz; passez-le ensuite au tamis, étendez cette purée avec un peu de béchamel, des œufs entiers, et un peu de lait d'amandes réservé; passez à l'étamine et faites pocher en petits moules.

Sautez au beurre deux filets de volaille, laissez-les refroidir pour les émincer en Monglas; placez-les dans la soupière avec deux poignées de riz cuit bien entier au grand bouillon, deux douzaines de petites quenelles vertes et des petites timbales; versez le consommé ou purée dessus.

51. — MÉDINE.

Blanchissez à eau et sel 150 grammes de petits macaronis; rafraîchissez et taillez-les d'un centimètre au plus de longueur; étendez le volume de deux décilitres de purée de perdreaux, avec un peu de sauce espagnole réduite à l'essence de gibier et une dizaine de jaunes d'œufs, et passez à l'étamine pour emplir ensuite vingt-quatre petits moules à tartelettes et les pocher au bain-marie. — Émincez en escalopes trois ou quatre foies gras de poulardes, poêlés; placez-les dans la soupière avec les timbales et macaronis. — Cette garniture sert également aux potages liés ou liquides de gibier.

52. — LUCULLIENNE.

Faites le volume de trois décilitres à peu près de farce de volaille à l'impériale; étendez-la un peu liquide, et emplissez deux douzaines de moules ronds à tartelettes; pochez-les d'après les règles; émincez trois grosses truffes crues en julienne, placez-les dans une casserole et faites-les tomber à glace avec un décilitre de vin du Rhin; rangez-les dans la soupière, avec les timbales et trois douzaines de rognons de volaille. Cette garniture convient mieux aux potages liquides qu'aux liés.

53. — CHAUMEL.

Mêlez le volume de deux décilitres de purée de bécasses avec un quart de purée de truffes, cette dernière étendue avec un peu d'espagnole réduite au vin; mélangez huit jaunes d'œufs et passez à l'étamine. Avec cet appareil, emplissez deux douzaines de petits moules ronds et pochez-les au bain. — Émincez en julienne, de 15 millimètres de longueur, un ou deux filets de volaille, trois ou quatre foies gras de volaille et quelques champignons; placez ces garnitures dans la soupière et versez le potage dessus.

54. — MÉCÈNES.

Levez les filets de douze cailles, parez les ronds et placez-les au fond d'un sautoir beurré. Placez dans une terrine deux œufs entiers et dix jaunes; étendez-les avec deux décilitres d'essence de gibier, passez à l'étamine; emplissez une quinzaine de petits moules à timbales et pochez au bain-marie. Taillez une quinzaine de croûtons de pain ronds, faites-leur prendre couleur au beurre clarifié, puis masquez une partie de leur surface avec une épaisse couche de farce de gibier; quelques minutes avant de servir, vous les poussez à la bouche du four pour pocher la farce.

Sautez les filets de caille au moment même; placez-les dans la soupière avec les petites timbales coupées en lames, et deux douzaines de petites crêtes de volailles cuites suivant la règle. — Cette garniture convient aux consommés et potages liés de gibier.

55. — CANNING.

Moulez dans douze petits moules à timbales, du riz déjà cuit un peu ferme dans du bon bouillon blanc, assaisonné avec une pointe de kari; fourrez-les avec un petit salpicon de foies gras et champignons; quelques minutes avant de servir, démoulez sur un plat à part, placez dans la soupière deux ou trois douzaines de ronds de concombres taillés à la colonne, blanchis et tombés à glace, avec sucre et consommé.

56. — DESTILLAC.

Étendez deux décilitres de purée de champignons avec un décilitre de velouté clair et réduit au vin de Sauterne, huit jaunes et un œuf entier; passez à l'étamine, emplissez des petits moules et faites-les pocher au bain. Une fois raffermis, démoulez dans la soupière, additionnez quelques poignées de petits pois blanchis. Cette garniture convient aux consommés et purées.

57. — CAMBISE.

Faites cuire durs une douzaine d'œufs, des plus petits; coupez-les en deux sur leur longueur et retirez les jaunes; reformez chaque moitié dans son entier en les emplissant avec de la farce de poisson à la purée de champignons; rangez-les dans un sautoir beurré, la farce en dessus; saupoudrez-les avec du parmesan et faites-les pocher à la bouche du four. Levez les filets d'une moyenne sole et faites-les sauter au beurre; divisez-les en escalopes et placez-les dans la soupière avec les œufs et deux douzaines d'huîtres blanchies et parées. Cette garniture s'applique spécialement aux potages maigres.

58. — CHEVREUSE.

Retirez les peaux de quatre petits concombres; coupez-les transversalement en tronçons; faites-les blanchir; videz et emplissez leur cavité avec une farce grasse ou maigre; puis braisez-les suivant la règle. Quand ils sont cuits, parez-les et coupez-les en lames transversales pour les placer à mesure dans la soupière. Additionnez une petite printanière aussi complète que possible, et la moitié de ce volume de petites quenelles poussées au cornet.

59. — ANDALOUSE.

Étendez deux décilitres de purée de tomates bien rouges, avec jaunes et quelques œufs entiers; passez à l'étamine; emplissez des petits moules beurrés et pochez-les au bain. Moulez sur le tour fariné deux gros cordons de farce de deux nuances, l'une blanche et l'autre verte; faites-les pocher à l'eau, égouttez-les pour les couper transversalement et en petits ronds. Poussez à la colonne une petite garniture de concombres, blanchissez-les pour les sauter au moment avec un morceau de glace et beurre.

Mêlez toutes ces garnitures dans la soupière et versez le potage dessus, clair ou lié, gras ou maigre.

60. — BRABANÇONNE.

Délayez 6 œufs entiers avec 2 décilitres de consommé de poisson succulent; assaisonnez d'une pointe de muscade; passez à l'étamine et faites pocher dans un grand moule à timbales foncé d'un rond de papier beurré. Quand l'appareil est raffermi et froid, démoulez-le, parez-le et coupez-le en petits carrés pour le placer à mesure dans la soupière. Additionnez 3 douzaines de queues d'écrevisses parées, le même nombre de moules blanchies et parées. — Cette garniture convient aux consommés et aux potages liés.

61. — MÉGÈRE.

Cuisez au four 6 belles pommes de terre bien farineuses; quand elles sont cuites, retirez-en l'intérieur, que vous écrasez avec un morceau de beurre et passez au tamis. Incorporez à cette purée une cuiller de béchamel réduite, 7 à 8 jaunes d'œufs, une pointe de muscade et une cuillerée à café de persil haché; amalgamez bien cet appareil, puis étalez-le sur le tour fariné; faites-lui absorber une poignée de farine; divisez-le en petites parties que vous roulez sur le tour, marquez-les dans un plat à sauter, faites-les pocher au moment et mettez-les dans la soupière avec quelques ronds blanchis de laitues, enlevés à la colonne.

62. — RIVOLI.

Moulez 4 douzaines de petites quenelles avec de la farce au beurre d'écrevisses; pochez-les suivant la règle, et placez-les dans la soupière avec une petite julienne composée de porreaux, champignons et racines de céleri et de persil tombées à glace. Servez à part une douzaine d'œufs pochés. Cette garniture convient pour les potages maigres.

DES PURÉES.

Les purées se constituent indifféremment avec de la volaille, du gibier, du poisson et des légumes; mais leur application est loin d'être générale. Celles de volaille se confectionnent à peu près avec toutes les chairs de l'espèce; celles de gibier avec quelques-unes seulement; celles de poisson sont encore plus restreintes et se bornent, pour ainsi dire, aux bisques seules. Celles de légumes sont les plus variées, presque toutes les espèces se prêtent à cet emploi.

Les purées, qu'elles soient *grasses* ou *maigres*, peuvent être servies *simples* ou *garnies*. Les croûtons sont l'accessoire obligé de celles sans garnitures; cela est si vrai, qu'on les sert quelquefois même avec celles qui sont garnies. Après le point de succulence et de finesse indispensables, la première qualité des purées est d'être légèrement liées et bien lisses. Ce n'est qu'à ce prix qu'elles ont du mérite; les meilleures, les plus distinguées perdent énormément à être compactes et trop liées.

Quelle que soit leur espèce, les purées doivent être travaillées vivement; mais ceci s'applique surtout aux purées grasses, qui se corrompent avec une extrême rapidité. Aussitôt passées, elles doivent être conservées sur glace, ou tout au moins en un lieu très-frais, si elles ne sont servies immédiatement.

Règle générale, les purées une fois passées ne doivent plus rebouillir; cette règle s'applique notamment à celles de volaille et de gibier; il faut néanmoins, pour les servir, les amener au plus haut degré de chaleur possible. Nous dirons plus loin les méthodes employées à cet égard.

63. — PURÉE DE VOLAILLE — REINE.

Avant tout, vous marquez le fonds nécessaire et proportionné à la quantité du potage. Ce fonds est décrit au n° 10; il peut être confectionné en tout ou en partie avec la cuisson des volailles clarifiée si on les avait poêlées ou bouillies. Lors même que les volailles seraient rôties, il conviendrait de faire bouillir leurs parures et ossements dans le consommé, afin de lui donner plus d'onction.

Écartez les peaux, détachez les chairs blanches des os, hachez-les grossièrement et faites-les piler; relevez-les dans une terrine, étendez-les en délayant peu à peu avec un tiers de fonds de potage, et passez immédiatement à l'étamine avec pression et à l'aide de deux spatules. La purée passée, placez-la dans une terrine vernie et mettez immédiatement sur glace : le restant du fonds sera maintenu au bain-marie jusqu'au moment de servir. Incorporez-lui la purée; placez sur feu pour l'amener à point; finissez avec 100 gr. de beurre frais; placez les garnitures dans la soupière et versez le potage dessus.

64. — PURÉE DE VOLAILLE — JUSSIENNE.

Levez les estomacs de deux poulardes crues; les parures, les cuisses et les carcasses serviront à la confection du fonds. Coupez ces chairs en gros dés et faites-en une farce d'après les règles ordinaires; quand elle est passée, étendez-la avec un peu de velouté et placez-la dans un moule à timbales beurré; étalez-la bien, couvrez-la d'un rond de papier beurré, et faites-la pocher au bain-marie. Quand ce pain est raffermi, laissez-le refroidir, écrasez-le ensuite dans une terrine, étendez le peu à peu avec le quart du fonds du potage n° 10; passez ensuite à l'étamine et tenez la purée au frais. Au moment de servir, incorporez-la au restant du fonds tenu au bain, chauffez-la à point sans la quitter et versez-la sur les garnitures dans la soupière.

65. — PURÉE DE VOLAILLE — VALENTINE.

Retirez les peaux et détachez les chairs de deux estomacs de volaille cuits et refroidis; faites-les piler, étendez-les avec 2 décilitres de velouté et 10 jaunes d'œufs; passez à l'étamine et faites pocher dans un moule à timbales beurré; terminez l'opération comme il est dit à l'article qui précède.

66. — REINE MARGOT.

Faites cuire sous la cendre 6 belles pommes de terre bien farineuses. Quand elles sont bien atteintes, retirez les parties féculeuses qu'elles contiennent, placez-les dans une casserole avec un morceau de beurre, broyez et passez-les au tamis pendant qu'elles sont encore chaudes. Avec les chairs cuites d'une volaille, vous faites une purée à laquelle vous mêlez celle de pommes de terre ; étendez-les avec une partie du fonds de potage n° 10 ; passez à l'étamine et terminez comme précédemment.

67. — REINE CAROLINE.

Délayez avec du consommé froid, 6 à 7 cuillerées à bouche de farine de riz ; faites partir sur le feu en tournant à la spatule jusqu'à l'ébullition ; vous obtiendrez alors un appareil ayant la consistance d'une béchamel réduite. Pilez les chairs d'une belle volaille cuite, étendez-la avec cet appareil de riz, puis avec le fonds de potage préparé, passez à l'étamine et terminez comme nous l'avons dit plus haut.

68. — REINE MOGADOR.

Préparez une purée de volaille, d'après l'une des formules qui précèdent ; au moment de servir, chauffez-la sans la quitter, en lui additionnant par petites parties 200 gr. de beurre d'écrevisses bien rouge.

69. — PURÉE DE FAISAN.

Cuisez un faisan à la broche, levez les chairs, faites-les piler et réduire en pâte ; étendez et délayez cette pâte peu à peu avec le fonds de potage n° 11. Avec les parures, tirez une essence que vous additionnerez au moment. Ce potage peut être garni à l'égal des purées de volaille : on peut procéder à son égard d'après les différentes méthodes décrites plus haut. Les purées de gelinottes se traitent de même.

70. — PURÉE DE PERDREAUX — D'ESTAING.

Faites une purée avec les filets de 2 ou 3 perdrix déjà cuites ; quand elle est bien pilée, mêlez-la avec la moitié de son volume de purée de marrons pure ; étendez peu à peu avec le fonds de potage n° 11 ; passez à l'étamine, pour la chauffer au moment et la finir de même que les purées de volaille.

71. — PURÉE DE PERDREAUX — CLAVEL.

Cuisez 250 gr. de bon sagou dans un litre de consommé de gibier. Avec les filets de 3 perdreaux, faites une purée d'après l'une des méthodes décrites à l'égard de la volaille ; délayez et étendez-la avec le sagou ; passez à l'étamine ; amenez-la à point de liquidité avec du consommé de gibier.

72. — PURÉE DE PERDREAUX — GENTILHOMME.

Quand les chairs de gibier sont réduites en pâte, mêlez-leur à peu près le même volume de purée de lentilles pures ; étendez-les avec le fonds de potage n° 11 ; passez à l'étamine et terminez d'après les règles ordinaires.

73. — PURÉE DE BÉCASSES.

Choisissez les bécasses fraîches, faites-les rôtir ; avec les chairs faites la purée, étendez-la avec un fonds brun de volaille et non de gibier ; au dernier moment, additionnez une petite essence que vous aurez tirée des parures et ossements.

74. — PURÉE DE CAILLES.

Levez les filets de 18 cailles ; avec la moitié, faites une petite farce ; placez les autres dans un sautoir beurré pour les cuire et en faire une purée. Sautez les carcasses avec un morceau de beurre, faites-leur prendre couleur, puis réduire avec un décilitre de sauterne ; faites-les piler et jetez-les ensuite dans le fonds du potag

POTAGES ET GARNITURES. 35

en cuisson. Au bout de 10 minutes, passez-le, étendez la purée avec ce fonds et passez à l'étamine. Finissez au moment avec un morceau de beurre et une pointe de muscade. Versez-la dans la soupière, et ajoutez des petites quenelles faites avec la farce des filets. Cette purée doit être très-liquide et bien aromatisée.

75. — PURÉE DE CARPES A LA SUÉDOISE.

Braisez au vin une moyenne carpe entière, laissez-la refroidir dans son fonds, retirez ensuite les chairs, pilez-les; mêlez-y quelques cuillerées à bouche de purée Soubise et 8 jaunes d'œufs; passez le tout à l'étamine et pochez dans un moule à timbales beurré. Quand cet appareil est pris à point, écrasez le dans une terrine, étendez-le avec le fonds de potage maigre n° 12, dans lequel vous aurez fait entrer la cuisson de la carpe; passez à l'étamine; chauffez-la au moment et finissez avec 150 gr. de beurre frais ou du beurre d'écrevisses.

76. — PURÉE D'ÉCREVISSES — BISQUES.

Cuisez 60 belles écrevisses d'après les règles ordinaires. Aussitôt cuites, égouttez-les sur un tamis et séparez les chairs des coquilles; les parties les plus rouges de celles-ci serviront à faire un beurre rouge. Parez les queues, faites-en piler les trois quarts seulement ensemble, avec les parures des grosses pattes et la moitié de leurs coquilles, et mêlez-les avec le fonds de potage maigre n° 12, tenu sur l'angle du fourneau; donnez 25 à 30 minutes d'ébullition seulement, et passez à l'étamine. Au moment de servir, chauffez le potage à point, et incorporez-lui 150 gr. du beurre d'écrevisses préparé; placez les queues dans la soupière, versez dessus et dressez séparément une assiette de petits croûtons frits.

On peut toujours mêler à ce potage quelques poignées de riz cuit à point ou de l'orge perlé.

77. — BISQUES DE HOMARDS A LA CASTELLANE.

Prenez deux queues de petits homards ou simplement des langoustes; séparez-les de leurs coquilles; retirez les œufs pour les piler séparément; hachez grossièrement les chairs, placez-les dans un sautoir avec 3 décilitres de béchamel, réduisez de moitié tout doucement; et en dernier lieu, ajoutez un demi-décilitre de madère, puis étendez avec le fonds de potage maigre n° 12, et passez à l'étamine. Finissez au moment avec 200 gr. de beurre, moitié d'écrevisses et moitié de homards; additionnez une pointe de cayenne et le jus d'un citron; versez dans la soupière, dans laquelle vous aurez mis d'avance une petite garniture de quenelles en petits pois, poussées au cornet, et deux poignées de riz blanchi à fond.

78. — PURÉE DE CAROTTES — CRÉCY.

Émincez les parties rouges seulement de 7 à 8 belles carottes, placez-les dans une casserole avec un morceau de beurre fondu, salez légèrement, couvrez cette casserole, et laissez revenir sur feu modéré, en remuant de temps en temps. Quand elles ont réduit leur eau, mouillez-les avec 1 décilitre de bouillon blanc; additionnez une cuillerée à café de sucre avec une pomme de terre crue, coupée en quatre; finissez de les cuire lentement et toujours couvertes; passez-les enfin au tamis; étendez la purée avec un fonds de potage n° 10 (ou n° 12 si la purée doit être maigre), et passez à l'étamine. Ce potage doit être liquide, bien lisse et de belle couleur. Finissez-le au moment avec 150 gr. de beurre frais. Outre la garniture, servez des croûtons à part.

79. — PURÉE DE CAROTTES A L'ALLEMANDE.

Passez les carottes au beurre, faites-les tomber à glace comme précédemment et supprimez la pomme de terre. Quand elles sont cuites, additionnez-leur 2 décilitres de béchamel et réduisez quelques minutes; passez au tamis, étendez ensuite la purée avec deux tiers de consommé et un tiers de bonne crème. En Allemagne, on sert avec ce potage des petits carrés de bœuf. Dans tous les cas, on peut toujours servir des croûtons à part.

80. — PURÉE DE POIS VERTS.

Choisissez 2 litres de pois verts à purée; ils peuvent être tendres, mais déjà un peu gros. Cuisez-les vivement dans un poêlon et à l'eau salée bouillante, avec un bouquet de persil. Aussitôt qu'ils sont attendris, égouttez-les et passez-les au tamis. Mettez la purée dans une terrine vernie, couvrez-la et tenez-la sur glace jusqu'au moment de servir. Ce moment venu, étendez-la avec un fonds de potage n° 10, peu lié, et passez-la vivement à l'étamine; chauffez-la à point; finissez-la avec un morceau de beurre et une pointe de sucre. Servez avec garniture.

81. — PURÉE D'OIGNONS — SOUBISE.

Coupez en quartiers 7 à 8 oignons blancs; jetez-les à l'eau bouillante pour les blanchir, jusqu'à ce qu'ils soient légèrement attendris; égouttez-les et passez-les au beurre sur feu modéré; additionnez une pointe de muscade, sucre et sel; couvrez leur casserole; laissez-les se pénétrer très-doucement ou sécher leur humidité; alors ajoutez-leur à peu près 4 décilitres de béchamel et réduisez d'un quart à la spatule. Passez cette purée au tamis, étendez-la ensuite avec un quart du fonds de potage n° 10, et passez à l'étamine. Au moment de servir, incorporez-la au restant du fonds laissé au bain-marie; finissez-la avec 100 grammes de beurre et un morceau de glace de volaille. Servez avec une garniture quelconque.

82. — PURÉE D'OIGNONS A LA BRETONNE.

Au lieu de couper les oignons en quartiers et de les faire blanchir, émincez-les très-fins et passez-les au beurre sur un feu très-doux, avec sel et sucre, pour leur faire prendre une couleur blonde et les attendrir. A ce point, égouttez le beurre, additionnez 2 décilitres de velouté et finissez de les cuire ainsi sur feu modéré. Quand ils sont cuits, réduisez-les, un peu serré, et passez-les au tamis; étendez-les avec le quart du fonds brun n° 10, et passez à l'étamine. Terminez l'opération comme précédemment, et servez avec garniture.

83. — PURÉE DE MARRONS.

On peut confectionner cette purée avec de la fécule ou des marrons frais. Dans les deux cas, le résultat est toujours bon, mais les marrons frais sont préférables. Fendez-les, sautez-les au beurre pour les faire ouvrir et les éplucher. Cela fait, placez-les dans une casserole et faites-les cuire avec du consommé en petite quantité; faites-les tomber à glace très-doucement, et quand ils sont cuits, passez-les au tamis. Étendez la purée avec un quart du fonds brun de potage n° 10, et passez à l'étamine. Au moment de servir, incorporez-la avec le restant du fonds tenu au bain-marie. Chauffez à point et finissez avec un morceau de glace, 150 gr. de beurre, une pointe de muscade et sucre.

84. — PURÉE DE NAVETS A LA CRÈME.

Émincez 7 à 8 navets de bonne qualité; jetez-les dans l'eau bouillante salée pour les faire blanchir quelques minutes; égouttez-les et passez-les au beurre sur un feu très-doux; assaisonnez avec sel et sucre. Quand ils ont rendu leur humidité, faites-les tomber à glace avec du bouillon blanc de volaille, la casserole couverte et toujours à feu doux, afin de les cuire en même temps et éviter qu'ils prennent de la couleur. Lorsqu'ils sont cuits, additionnez 2 décilitres de bonne béchamel et réduisez à feu violent; passez au tamis; étendez-les ensuite avec un quart du fonds de potage préparé; passez à l'étamine au moment; mouillez à point avec le restant du fonds tenu au chaud, et finissez avec 150 gr. de beurre.

85. — PURÉE DE NAVETS A L'ESPAGNOLE.

Émincez les navets, faites-les blanchir légèrement, placez-les dans une casserole et faites-les tomber à glace, avec du consommé et une pointe de sucre. Quand ils sont cuits, passez au tamis; étendez cette purée avec le quart du fonds, passez ensuite à l'étamine et terminez comme précédemment.

86. — PURÉE DE CÉLERIS A L'ESPAGNOLE.

Émincez quelques pieds de céleri, faites-les blanchir 2 minutes, s'ils sont bien tendres, sinon laissez-les attendrir tant soit peu; faites-les glacer ensuite avec du consommé et sucre. Quand ils sont bien atteints, passez au tamis et additionnez 2 décilitres d'espagnole travaillée; étendez la purée avec le fonds du potage préparé, et passez à l'étamine. Au moment, chauffez le potage à point, finissez-le avec 150 gr. de beurre, un morceau de glace de volaille et une pointe de muscade. Servez avec garniture. Ce potage peut, comme celui des navets, se confectionner à la crème.

87. — PURÉE DE TOPINAMBOURS — PALESTINE.

Parez une quinzaine de moyens topinambours; émincez-les et passez-les au beurre sur feu modéré; assaisonnez avec sel et sucre. Quand ils ont rendu leur humidité, mouillez-les avec un peu de consommé et faites-les tomber à glace. Dès qu'ils sont cuits, passez-les au tamis, étendez la purée avec le fonds de potage chaud et passez à l'étamine. Au moment de servir, chauffez-la à point et finissez-la avec 150 gr. de beurre et un morceau de glace de volaille. On peut également la finir avec de la crème double.

88. — PURÉE DE CHOUX-FLEURS — DUBARRY.

Prenez 2 ou 3 choux-fleurs, suivant leur grosseur; divisez-les en bouquets dont vous parez bien les tiges; faites-les blanchir à l'eau bouillante et salée. A peine attendris, égouttez-les et jetez-les dans 3 décilitres de béchamel en ébullition; réduisez-les 20 minutes, tout doucement, afin de leur donner le temps de cuire; passez alors au tamis. Étendez la purée avec un fonds blanc de volaille n° 10, et passez à l'étamine. Au moment, finissez-la avec 150 gr. de beurre, une pointe de sucre et une liaison de 5 jaunes d'œufs étendus avec de la crème. Servez avec garnitures.

89. — PURÉE DE CONCOMBRES — MATHILDE.

Parez 4 ou 5 concombres tendres et frais; retirez-leur les semences, taillez-les en quartiers et jetez-les dans l'eau bouillante pour les attendrir à point, égouttez-les, passez-les au beurre à feu vif et dans un sautoir, pour réduire leur humidité; cela fait, additionnez-leur quelques cuillerées à bouche de glace de volaille et 2 décilitres de béchamel; réduisez vivement quelques minutes, passez au tamis, étendez ensuite avec le fonds de volaille préparé et passez à l'étamine. Finissez au moment avec 150 gr. de beurre, une pointe de sucre et muscade, et additionnez-lui une garniture dans la soupière.

90. — PURÉE D'ASPERGES — COMTESSE.

Ratissez et taillez les parties tendres de deux bottes d'asperges vertes; jetez-les dans un poêlon d'eau bouillante et salée pour les blanchir à mi-cuisson. Alors égouttez-les, passez-les au beurre dans un sautoir à feu vif; assaisonnez avec sel, pointe de sucre et muscade. Aussitôt qu'elles ont réduit leur humidité, incorporez-leur 4 cuillerées à bouche de glace de volaille, roulez-les pendant quelques minutes sur le feu, puis additionnez-leur 3 décilitres de sauce suprême; faites réduire d'un tiers, à la stupule; étendez-la ensuite avec une partie du fonds blanc de volaille préparé, et passez à l'étamine. Au moment, finissez avec une liaison de 6 jaunes étendus avec de la crème double et 150 gr. de beurre. Ce potage peut être garni comme les purées de volaille.

91. — PURÉE DE HARICOTS FRAIS — MUSARD.

Cuisez à l'eau bouillante, salée et beurrée, un litre de haricots flageolets bien frais. Quand ils sont cuits, passez-les au tamis à sec; étendez la purée avec le fonds blanc de volaille n° 10 et passez à l'étamine. Finissez au moment avec 200 gr. de beurre, une pointe de sucre et muscade. On peut ajouter une liaison et la garnir.

92. — PURÉE DE POMMES DE TERRE — JAKSON.

Cuisez 8 à 10 belles pommes de terre à la cendre ou au four. Quand elles sont bien pénétrées, retirez les parties farineuses et broyez-les à la spatule avec un bon morceau de beurre; passez au tamis, étendez ensuite cette purée avec le fonds blanc de volaille et passez à l'étamine. Au moment, finissez-la avec une liaison de quelques jaunes d'œufs étendus à la crème double et 150 gr. de beurre.

93. — PURÉE DE PORREAUX — GRENADE.

Émincez et passez au beurre une douzaine de beaux porreaux bien blancs; assaisonnez avec un peu de sel et sucre; quand ils ont réduit leur humidité, faites tomber à glace tout doucement, jusqu'à ce qu'ils soient bien attendris; alors additionnez 2 décilitres de velouté; réduisez vivement pendant quelques minutes; étendez-les ensuite avec le fonds brun de volaille et passez à l'étamine. Finissez au moment avec un peu de glace de volaille et un peu de sucre.

DES PURÉES DE LEGUMES SECS.

Nous donnons plus loin les procédés de cuisson des légumes secs, et la manière de préparer les purées; il ne reste donc plus qu'à les étendre avec les fonds gras ou maigres. Le procédé étant absolument le même que pour les purées fraîches, il est inutile de nous répéter.

Ces potages peuvent être également accompagnés de garnitures composées, ou de simples croûtons. En général, ces légumes ne sont guère applicables que dans les dîners ordinaires; car, dans les dîners de luxe on peut, sans beaucoup de peine, trouver mieux. Cependant, malgré leur infériorité originelle, ils peuvent quelquefois devenir utiles dans les dîners maigres.

DES CREMES DE LÉGUMES.

Les crèmes se composent avec les légumes les plus féculeux, ou avec les fécules elles-mêmes. On confectionne aujourd'hui des purées de légumes en poudre qui peuvent également s'employer comme fécules. Avec ce concours, il est donc permis de confectionner des crèmes de marrons, de pois, de haricots blancs, de riz, etc.

Le caractère principal qui distingue les crèmes des purées, c'est leur légèreté et leur finesse. Ces potages peuvent toujours être accompagnés de garnitures simples ou composées; mais, en général, on ne doit leur adjoindre que les plus distinguées.

On additionne quelquefois à ces crèmes des essences de volaille ou de gibier; cette addition les rend nécessairement plus succulentes.

94. — CRÈME D'ORGE SIMPLE.

Ayez 4 litres de bouillon blanc de volaille, tel que nous l'avons indiqué au n° 4; dégraissez-le bien et placez-le dans une petite marmite à potage, ou simplement dans un grand bain-marie; faites-le partir en ébullition. Lavez 400 gr. d'orge perlé, jetez-le dans la marmite et laissez-le cuire pendant 4 heures au moins, mais simplement sur l'angle du fourneau et à bouillons modérés, afin que cet orge cuise sans que le liquide diminue trop. Au bout de ce temps, passez-le à travers l'étamine avec pression et à l'aide de deux spatules; cela fait, allongez le potage, si cela est nécessaire, avec du consommé; puis placez-le dans une casserole sur le feu pour l'amener à l'ébullition; finissez-le avec une liaison de 4 jaunes d'œufs et 150 gr. de beurre. On peut aussi cuire l'orge à court mouillement et l'étendre ensuite avec le bouillon de volaille.

POTAGES ET GARNITURES.

95. — CRÈME D'ORGE A L'ESSENCE DE VOLAILLE.

Opérez, quant à la cuisson de la crème, ainsi que nous venons de le dire plus haut ; enlevez toutes les chairs d'une belle poularde rôtie, mais peu cuite ; faites-les piler grossièrement et jetez-les dans la marmite du potage, 12 à 15 minutes seulement avant de le passer à l'étamine, afin que son arome ne s'évapore pas par l'ébullition ; passez la crème deux fois, finissez-la avec une liaison beurrée et servez avec une garniture. On opère de même à l'égard des crèmes à l'essence de gibier.

Pour confectionner ces crèmes avec toute la perfection dont elles sont susceptibles, il faut employer les chairs de volaille ou de gibier peu cuites et surtout au moment même où elles sortent de la broche. Ce principe ne peut pas toujours être mis en pratique, mais nous le recommandons comme supérieur aux autres.

96. — CRÈME DE RIZ SIMPLE.

Ayez dans une petite marmite proportionnée à la quantité de potage nécessaire, 3 litres à peu près de bouillon blanc de volaille indiqué au n° 4, passé et bien dégraissé ; faites-le partir en ébullition. Lavez 300 gr. de *beau* riz et plongez-le dans le bouillon. Placez la marmite sur l'angle ; faites bouillir tout doucement, pendant une heure au moins. Au bout de ce temps, passez le potage à l'étamine, puis étendez au point voulu avec du consommé et passez-le une seconde fois. Au moment, mettez-le en ébullition, liez-le avec 5 jaunes d'œufs étendus avec de la crème, incorporez-lui 150 gr. de beurre et servez avec une garniture quelconque.

97. — CRÈME DE RIZ A L'ESSENCE DE FAISAN.

Préparez ce potage comme le précédent. Pilez grossièrement les chairs d'un faisan rôti au moment ; introduisez-les dans le potage ; donnez une quinzaine de minutes d'ébullition et passez à l'étamine deux fois consécutivement. Étendez-le à point avec du consommé auquel vous aurez additionné une petite essence tirée des débris du faisan, chauffez-le bien, ajoutez 150 gr. de beurre et versez sur une garniture quelconque. On prépare ainsi les crèmes à l'essence de volaille ou gibier.

98. — CRÈME DE RIZ A L'ESSENCE D'ÉCREVISSES.

Délayez 200 gr. de fécule ou farine de riz avec à peu près 3 litres de consommé de volaille ou de poisson froid. Tournez l'appareil sur feu, jusqu'à l'ébullition ; placez ensuite la casserole sur l'angle du fourneau et faites bouillir tout doucement, pendant une heure ; écumez souvent. Cuisez une trentaine de belles écrevisses, retirez les chairs, pilez-les grossièrement et plongez-les dans le potage ; continuez l'ébullition encore 20 minutes, puis passez ce potage à l'étamine ; étendez-le à point, et finissez-le au moment avec 150 gr. de beurre rouge confectionné avec les coquilles des écrevisses. Ce potage peut être garni.

99. — CRÈME DE POMMES DE TERRE.

Délayez 250 gr. de fécule de pommes de terre avec environ 3 litres de consommé clair et froid, tournez l'appareil sur feu jusqu'au moment de l'ébullition ; placez ensuite la casserole sur l'angle et laissez bouillir doucement, pendant une heure. Au moment, passez à l'étamine et liez avec 5 jaunes d'œufs étendus avec un demi-décilitre de crème double ; additionnez 150 gr. de beurre et versez sur une garniture quelconque.

DES POTAGES DE LÉGUMES SIMPLES.

Les consommés clairs et les potages liés peuvent également être servis avec toute espèce de légumes: petits pois, pointes d'asperges, petites carottes, etc. Quelques-uns de ces légumes verts s'emploient simplement blanchis, d'autres blanchis et glacés, suivant leur nature. Les potages ainsi servis prennent la dénomination des légumes qui les garnissent. C'est ainsi qu'on dit: un consommé aux petits pois, une reine aux pointes d'asperges, etc. A ce point de vue, tous les potages peuvent être garnis séparément avec chacun des légumes employés à l'usage des garnitures de potages. Pour la préparation et le choix de ces légumes, nous renvoyons au chapitre *des garnitures de relevés*, qui, à peu d'exceptions près, s'appliquent aussi aux potages, sauf une simple modification de forme en rapport aux emplois qu'on leur destine. Les légumes pour potage doivent, en effet, toujours être taillés aussi fins ou aussi petits que possible.

DES POTAGES AUX PATES.

La simplicité de ces potages, la promptitude avec laquelle on peut les improviser, seraient déjà un avantage précieux, si les pâtes elles-mêmes ne se recommandaient aussi par leur bonté. Les pâtes de Gênes surtout sont d'une finesse et d'une blancheur qui les font préférer aux autres; aussi, un consommé garni avec ces pâtes peut en toute assurance figurer sur une table recherchée.

Les consommés de volaille limpides, légèrement colorés et bien corsés, sont ceux qui conviennent le mieux aux pâtes; mais on peut également les servir dans un potage lié. On sert ordinairement ces potages avec du parmesan râpé, à part; mais cette adjonction n'est pas rigoureusement nécessaire.

100. — POTAGE AUX MACARONIS.

Coupez 250 gr. de macaronis gros ou fins, en petites tiges d'un centimètre ou deux de longueur au plus; 20 minutes avant de servir, jetez-les dans l'eau salée en ébullition, pour les cuire à peu près à point. Égouttez, rafraîchissez et tenez-les ensuite dans du bouillon blanc en ébullition jusqu'au moment même d'envoyer. Alors égouttez-les sur un tamis et placez-les dans la soupière; versez le consommé dessus, parmesan à part.

101. — POTAGE AUX VERMICELLES.

Les vermicelles les plus fins sont les plus estimés; il en faut à peu près 250 gr. Cassez-les aussi régulièrement que possible, jetez-les dans de l'eau salée en ébullition, donnez quelques bouillons et égouttez sur un tamis. Versez-les ensuite dans une petite casserole de consommé. Au moment de servir, égouttez-les encore et placez-les dans la soupière contenant du consommé. Servez du parmesan à part.

102. — POTAGE AUX LASAGNES.

On achète ou on fait soi-même les lasagnes, avec de la pâte à nouilles, taillée en petits rubans. On les cuit comme les nouilles et on les sert de même. Les lasagnes se taillent aussi en petits ronds et en losanges.

103. — POTAGE AUX RAVIOLES.

Pour un potage ordinaire, il faut 10 douzaines de petits ravioles. Moulez-les en gras ou en maigre d'après les indications qui seront données à cet article; blanchissez-les 3 minutes à l'eau salée; faites-les rafraîchir, égouttez et placez-les dans une petite casserole avec du bouillon blanc dessus. Tenez-les ainsi jusqu'au moment de servir ; égouttez-les de nouveau pour les mettre dans la soupière. Servez à part du parmesan.

104. — POTAGE AUX PATES FINES.

Il y a plusieurs variétés de pâtes. Les plus belles sont celles de Gênes. Quelle que soit leur forme, la cuisson est presque toujours la même. Les véritables pâtes de Gênes ont cela de particulier, qu'elles ne se défont pas à la cuisson, et c'est là une grande qualité. Blanchissez-les à l'eau bouillante et salée, 2 minutes seulement ; jetez-les dans une petite casserole avec du consommé, laissez-les ainsi jusqu'au moment de servir ; puis égouttez-les, placez-les dans la soupière et versez le potage dessus.

105. — POTAGE A LA SEMOULE.

Nous avons deux genres de semoules : celle qu'on achète, et celle qu'on fait soi-même. On verse la première directement dans le consommé, et cela peu à peu, en remuant ce consommé avec une cuiller, à l'endroit où tombe la semoule. Donnez 10 à 15 minutes d'ébullition ; il faut à peu près une cuillerée à bouche pour chaque personne. La semoule fraîche s'obtient avec de la pâte à nouilles très-ferme et que l'on râpe quelques heures avant, afin de la sécher un peu et de la passer ensuite à la passoire. On la traite à l'égal de l'autre.

106. — POTAGE A LA FARINE DE MAÏS.

Tamisez 250 gr. de farine à gros grains. Quand le consommé bout, incorporez-la en la laissant tomber peu à peu et en remuant avec la cuiller, afin d'éviter les grumeleaux ; après un petit quart d'heure de cuisson lente, ajoutez 100 gr. de beurre et servez avec du parmesan, à part.

107. — POTAGE AUX GRUAUX.

L'orge et le sarrasin donnent des gruaux qui sont estimés et très-communs dans le nord de l'Europe. En Allemagne, en Pologne et en Russie, les gruaux blancs et fins sont les seuls qu'on emploie à la confection des potages. Il en faut 250 gr. pour 12 personnes.

Tamisez le gruau s'il n'est pas de premier choix pour en extraire la farine, mêlez-lui 2 jaunes d'œufs crus que vous roulez ensemble entre les deux mains, jusqu'à ce que les jaunes soient entièrement incorporés au gruau. Ainsi imbibé, étalez-le sur un plafond et faites-le sécher à la bouche du four, en ayant soin de le remuer de temps en temps pour qu'il ne se pelote pas. Passez-le ensuite à travers une passoire, et incorporez-le au consommé, peu à peu, comme la semoule. Faites-le cuire tout doucement pendant 20 minutes.

108. — POTAGE AU RIZ.

Le riz Caroline est d'une qualité qu'on doit préférer. Lavez-en 250 gr. ; jetez-le à l'eau froide pour l'amener à l'ébullition ; égouttez et rafraîchissez-le ; placez-le ensuite dans une casserole ; couvrez-le de bouillon blanc ; faites partir et cuire à feu doux, la casserole couverte, jusqu'à ce qu'il soit bien crevé et à sec. Alors mouillez-le de consommé, lorsqu'il est cuit, égouttez-le et versez dans la soupière contenant le consommé.

109. — POTAGE A L'ORGE PERLÉ.

Faites tremper à l'eau froide 200 gr. d'orge perlé de la plus belle qualité ; égouttez et jetez-le dans une casserole avec de l'eau froide légèrement salée ; faites-le bouillir 40 minutes dans cette eau, puis égouttez ; rafraîchissez encore ; versez-le dans le consommé bouillant et laissez cuire à point mais doucement, jusqu'à ce qu'il soit bien atteint, ce qui exige encore deux heures au moins. Servez ce potage après l'avoir goûté. On peut y ajouter une liaison. On peut aussi le cuire à court mouillement et l'étendre ensuite.

110. — POTAGE AU SAGOU.

Trois quarts d'heure avant de servir, tenez le consommé bouillant sur l'angle du fourneau; joignez-y 200 gr. de sagou, en remuant aussitôt avec une cuiller en fer, afin qu'il ne se pelote pas. Retirez la casserole sur l'angle et continuez l'ébullition, douce et régulière. Au bout de 20 à 25 minutes, versez dans la soupière.

111. — POTAGE DE SAGOU AU VIN.

Blanchissez le sagou à l'eau pendant quelques minutes, changez l'eau, ajoutez un grain de sel et du sucre selon le goût. Quand il est cuit à point, chauffez un litre et demi de vin rouge de Bordeaux presqu'à l'ébullition, étendez-le avec et servez sans remettre sur feu.

112. — POTAGE AU SALEP.

Délayez avec du consommé froid 200 gr. de salep. Une demi-heure avant de servir, versez-le dans le consommé bouillant que vous tournez avec une cuiller, jusqu'à ce que l'ébullition reprenne. Retirez la casserole sur l'angle du fourneau, faites bouillir tout doucement, en remuant de temps en temps, et servez.

113. — POTAGE AU TAPIOCA.

Tenez le consommé bouillant sur le coin du fourneau. 25 minutes avant de servir, incorporez peu à peu le tapioca; quand l'ébullition reprend, placez la casserole sur l'angle et laissez ainsi le potage jusqu'à ce qu'il soit cuit.

114. — POTAGE A L'AROW-ROOT.

Délayez 100 gr. d'arow-root au consommé froid; tournez sur feu à la spatule, jusqu'à l'ébullition; placez ensuite sur l'angle du fourneau, après 20 minutes de cuisson. Quand le potage est bien lié, versez dans la soupière.

DES POTAGES COSMOPOLITES.

Nous avons groupé dans ce chapitre des potages de tous les pays, en choisissant les plus généralement connus, les plus estimés, et surtout ceux qui portent avec eux un caractère incontestable de nationalité. A ce titre, nous avons cru devoir faire intervenir ceux des potages français qui, sortant des catégories classiques de notre École, représentent néanmoins, dans une certaine mesure, les types des localités où ils se produisent et où ils sont le plus en vénération. Sous ce point de vue, ce chapitre renfermera nécessairement des formules disparates et quelquefois mal sonnantes aux oreilles de ces hommes naïfs qui se figurent qu'en dehors de leur goût il n'y a pas de goût possible.

En soumettant à nos confrères cette nomenclature de potages parfois excentriques, on comprendra que nous n'avons pas voulu les donner comme applicables en toutes circonstances. Pour prévenir cette supposition, nous dirons tout de suite qu'il s'en trouve, dans la quantité, que nous sommes loin de recommander pour les dîners de luxe; il en est dans le nombre auxquels nous avons assigné une place, sinon pour leur mérite de somptuosité ou de succulence, du moins comme fantaisie ou moyens de diversion dans les maisons étrangères et dans le cas où ils seraient demandés.

D'ailleurs, disons-le tout de suite, les cuisiniers, à notre avis, doivent être non-seulement très-scrupuleux sur le choix des potages étrangers, quand il s'agit de les servir à des amphitryons peu familiarisés avec eux, mais encore ils ne doivent les employer qu'avec une extrême réserve. Cependant ce n'est pas là une raison suffisante pour en négliger l'étude, car l'heure peut arriver où l'on serait bien aise d'être à même de les produire; comme règle, nous dirons donc qu'on ne doit les faire entrer dans la composition d'un dîner que lorsqu'on a la certitude qu'ils seront bien accueillis, sinon par la totalité des convives, du moins par la majeure partie; et encore cela n'est-il possible qu'à la condition de servir, à côté d'un potage étranger, un potage simple et classique, qui puisse convenir à tout le monde. Dans ces conditions, un potage, quelque excentrique qu'il soit, produit toujours son effet, et ne mécontente personne, par cette raison qu'il ne s'impose pas.

Si dans le nombre de ces potages il s'en trouve qui sont fort peu en harmonie avec la vraie sensualité, il en est aussi qui peuvent trouver accès sur les tables les plus luxueuses, et qui semblent désormais acquis à notre École. Quoi qu'il en soit, nous sommes persuadés que, malgré leur singularité apparente, la plupart portent avec eux un cachet d'originalité et d'intérêt qu'on ne saurait raisonnablement leur contester, et qui n'échappera pas aux yeux des véritables praticiens. A une époque aussi capricieuse que la nôtre, un cuisinier devrait, pour ainsi dire, posséder toute une encyclopédie culinaire. A défaut de grands talents, il pourrait du moins briller par la variété de ses connaissances; et celui-là même que d'heureuses dispositions ont doué des plus hautes capacités, peut, dans certains cas, se trouver fort embarrassé faute de renseignements sur les mets les plus simples. C'est dans ces vues d'utilité réelle que nous avons rédigé les formules qui suivent, sans omettre aucun des potages nationaux ou étrangers ayant quelque caractère particulier ou digne d'être signalé. Nous avons choisi les plus rationnels, et, tout en respectant le principe, nous avons cru cependant devoir corriger ou modifier quelques formules trop contraires au goût général.

Si nous admettons que chaque nation ait, dans la manière de se nourrir, des habitudes traditionnelles, nous admettrons également qu'elle a aussi plusieurs manières de les interpréter, et que les amphitryons avec lesquels les cuisiniers sont le plus souvent en rapport, ne tiennent pas précisément à manger selon les préjugés habituels des classes inférieures. Pour un amphitryon étranger, le seul fait de confier le soin de sa nourriture à un cuisinier français, atteste qu'il est déjà ou qu'il veut s'initier aux pratiques de notre École: ce qui, soit dit en passant, n'exclut nullement les fantaisies naturelles de revenir de temps en temps aux mets traditionnels, qui, pas plus que le culte de la patrie, ne s'oublient jamais.

Hâtons-nous donc de terminer des réflexions qui nous entraîneraient trop loin, et puisque la cuisine française a le privilège incontesté d'être universellement en honneur, nous commencerons cette série par la formule d'un potage de notre École, qui, pour ne pas être des plus compliqués, n'en est pas moins un des meilleurs et des plus généralement estimés.

115. — POT-AU-FEU FRANÇAIS.

Pour un pot-au-feu devant servir à 12 personnes, prenez une petite pointe de culotte de 3 kil., désossée, roulée, bridée et lavée; placez-la dans une marmite de terre vernissée, qui ait déjà servi à cet usage s'il est possible, et de grandeur suffisante, laquelle, une fois l'eau, la viande et les légumes introduits, devra se trouver pleine à 2 ou 3 centimètres des bords. C'est, d'ailleurs, dans ces conditions que tous les vases de cuisson, marmites ou casseroles, doivent aller sur feu. Avec la culotte, placez une rouelle de gîte de bœuf, un petit jarret de veau et du sel en proportion. Faites partir la marmite en plein fourneau, écumez-la avec soin. Aussitôt que l'ébullition s'annonce, retirez-la sur l'angle, et provoquez encore l'écume par l'addition d'un peu d'eau froide. Quand le bouillonnement est bien développé, et que l'écume ne se présente plus à la surface, fermez la marmite et laissez bouillir tout doucement, d'un seul côté. Deux heures après, additionnez-lui une poule colorée, un oignon également coloré au four, un choux frisé, paré, légèrement blanchi et ficelé; une demi-douzaine de belles carottes, 2 navets entiers, un ou deux pieds de céleri attachés ensemble, avec 4 ou

5 porreaux, et enfin 2 ou 3 clous de girofle. Dès que la marmite a repris son ébullition, fermez-la hermétiquement et maintenez-la à son degré primitif, c'est-à-dire qu'elle ne fasse que frissonner pendant tout le temps qu'elle doit rester au feu. Il lui faut, à ce point, encore 4 heures au moins d'ébullition. Avant de dresser, goûtez le bouillon, s'il est de bon sel, dégraissez-le et passez-le à la serviette sans le troubler. Parez les légumes avec soin, en petits morceaux et placez-les à mesure dans la soupière; versez le bouillon dessus. Sur un plat long, disposez le bœuf et la poule découpés; envoyez-les avec le potage; servez aussi une assiette de lames de pain grillées.

116. — POTAGE JULIENNE.

Proportions : 3 belles carottes, 2 navets, 2 petits pieds de céleri, 2 beaux porreaux, 1 oignon, le quart d'un chou de Milan, 2 cœurs de laitues, une poignée d'oseille, une pluche de cerfeuil.

Tous ces légumes doivent être tendres et fraîchement cueillis. Épluchez chacun suivant son exigence. Les carottes se coupent en rouelles transversales dans leurs parties les plus larges, de 2 centimètres d'épaisseur; tournez-les en rubans minces et réguliers, que vous arrêtez au cœur de la carotte, celui-ci devant être supprimé; ciselez ensuite transversalement ces rubans en filets très-minces. Parez carrément les navets; divisez-les en carrés oblongs de l'épaisseur de 2 centimètres; émincez-les et ciselez-les comme les carottes. Parez, émincez et ciselez également les pieds de céleri. Retirez les côtes dures des choux, et ciselez-les aussi fin que possible; ciselez de même les laitues, porreaux et oignons.

L'uniformité des légumes, tant sous le rapport de leur épaisseur que de leur longueur, doit être scrupuleusement observée : c'est une des conditions physiques qui distinguent ce potage. Maintenant, passez les oignons et porreaux sur un feu modéré, avec un bon morceau de beurre; jetez les légumes ciselés (moins l'oseille) à l'eau bouillante; donnez-leur deux bouillons couverts et égouttez-les sur un tamis, puis sur un linge, et mêlez-les aux porreaux. Passez-les quelques minutes ensemble, et mouillez-les avec un décilitre de consommé clair; ajoutez une pincée de sucre, et faites-les tomber à glace tout doucement, sans prendre couleur, sur feu modéré et à casserole couverte. Quand ce consommé est réduit, remplacez-le par du nouveau et faites-le réduire encore ; répétez cette addition jusqu'à ce que les légumes soient attendris : alors mouillez-les en plein avec le consommé, faites partir et tenez la casserole sur l'angle du fourneau jusqu'au moment de servir. Dégraissez et additionnez l'oseille, blanchie séparément; versez dans la soupière et servez des croûtes à part. On peut encore additionner à ce potage des petits pois, du riz blanchi et des petites quenelles.

117. — POTAGE BRUNOISE.

Coupez en petits dés les légumes indiqués à la julienne, moins l'oseille et les laitues; passez au beurre l'oignon et les porreaux; faites blanchir le restant des légumes, égouttez-les bien, et mêlez-les aux porreaux; passez-les ensemble quelques minutes, ajoutez une pincée de sucre et un décilitre de consommé; faites tomber tout doucement à glace; mouillez entièrement avec du consommé clair; faites partir et retirez sur l'angle du fourneau, afin de les cuire modérément. En dernier lieu, additionnez une chiffonnade ou quelques poignées de petits pois, et versez dans la soupière.

DES POTAGES GARBURES.

Ces potages sont servis en deux parties séparées, dont l'une constitue le fonds et l'autre la garniture. Étant indépendantes l'une de l'autre, il est naturel que la garniture puisse être variée, tandis que le fonds demeure toujours dans les mêmes conditions, c'est-à-dire que c'est toujours un consommé clair. Comme il serait trop long et superflu de donner toutes les espèces, nous nous bornerons à décrire les genres différents. Avec ces notions, on pourra les varier à l'infini.

118. — POTAGE GARBURE A L'ITALIENNE.

Taillez 3 douzaines de lames de pain minces coupées dans la mie; faites-les griller et sécher. Braisez suivant la règle une douzaine de bouquets de choux simples ou farcis et cuits avec une douzaine de petites saucisses chipolata, une dizaine de moitiés de carottes tournées et autant de petits oignons. Lorsque ces légumes sont cuits, égouttez-les sur un tamis et parez-les légèrement. Rangez alors au fond d'une casserole d'argent un lit de lames de pain grillées; sur ce lit, placez quelques bouquets de choux fendus par le milieu, quelques moitiés de carottes et 2 ou 3 saucisses coupées en tranches; sur les légumes, déposez une couche de lames de pain grillées et saupoudrées avec du parmesan; répétez la même opération, couche par couche, jusqu'à extinction, en saupoudrant toujours à mesure avec du parmesan. Une fois la casserole pleine, étendez, passez et dégraissez le fonds de cuisson des légumes, et arrosez-en la garbure; masquez encore avec du parmesan et poussez à four doux une demi-heure avant de servir, pour faire légèrement gratiner. Versez le consommé dans la soupière, avec quelques quenelles et un peu de petits pois ou autres légumes verts et blanchis. Envoyez sa garbure en même temps.

En procédant d'après cette méthode, on peut faire des garbures avec des laitues et remplacer les saucisses par un canard, poularde ou perdreau.

119. — POTAGE GARBURE A LA MACÉDOINE.

Taillez en petits dés les mêmes légumes que pour la brunoise; faites-les passer également et tomber à glace, avec sucre et consommé; dressez-les ensuite dans une casserole d'argent, couche par couche, en les alternant avec des lames de pain grillées. Masquez ces légumes avec un peu de bon fonds d'abord, puis avec une petite couche de riz bien cuit, bien nourri, et fini au dernier moment. Lissez cette couche et saupoudrez-la de fromage de parmesan. Une demi-heure avant de servir, poussez la casserole au four modéré, faites légèrement griller le dessus, et au moment de servir placez dans la soupière une petite garniture de pois ou légumes verts, versez le consommé dessus et envoyez la casserole avec.

120. — POTAGE AUX CROUTES GRATINÉES.

Ces potages sont une variante des garbures, qui se constituent avec les mêmes éléments. La seule différence, c'est qu'à l'égard de ceux-ci on n'emploie que des lames de pain taillées uniquement dans la croûte et séchées au four. On les dresse aussi en les alternant avec les garnitures; on masque ensuite ces dernières avec une large croûte de pain de la dimension de la casserole d'argent, et aussi séchée. Humectez avec du consommé un peu gras; saupoudrez de parmesan et poussez à four doux, en ayant soin d'humecter encore de temps à autre. Au moment de servir, envoyez un consommé avec une garniture de quenelles ou légumes verts dedans, la croûte à part.

121. — POTAGE AUX PROFITEROLLES.

Faites faire au boulanger une quinzaine de petits pains ronds et unis comme ceux dits *au lait*. Ils ne doivent pas présenter un diamètre de plus de 4 centimètres. Cernez-les en dessus pour leur enlever un petit couvercle rond; par cette ouverture retirez-leur toute la mie, ne laissant absolument que la croûte sans les déformer; séchez-les à l'étuve, puis masquez-les intérieurement d'une légère couche de farce; emplissez-les ensuite, soit d'une petite printanière tombée à glace, soit d'une brunoise, soit enfin d'une seule ou plusieurs espèces de légumes isolés ou confondus, mais toujours dans des conditions succulentes. Cela fait, masquez-les en dessus avec un peu de la même farce, puis couvrez-les avec leur couvercle; placez-les à mesure sur un petit plafond ou sautoir légèrement beurré; serrez-les les uns contre les autres, en les imbibant peu à peu avec du bon consommé chaud un peu gras. Quand ils sont imbibés, poussez-les à la bouche du four pour les faire légèrement gratiner; humectez-les de temps en temps, et enlevez-les du plafond un à un pour les ranger dans une casserole d'argent sans les déformer. Glacez la surface et envoyez à part une soupière de consommé garni de petites quenelles ou légumes verts.

122. — POTAGE DE PROFITEROLLES AUX PURÉES.

Videz, séchez et masquez intérieurement les profiterolles avec une couche de farce; emplissez-les avec une purée quelconque, pourvu qu'elle soit assez solide pour ne pas fuir pendant que les profiterolles sont au four. Une fois emplies, rangez-les dans un plafond bien uni, les uns contre les autres; humectez-les au consommé et d'un bon dégraissis; faites gratiner au four pendant l'espace d'une quinzaine de minutes, et servez un consommé garni à part.

123. — POTAGE DE PROFITEROLLES A L'ITALIENNE.

Avec un appareil de pâte à choux ordinaire et sans sucre, moulez sur le tour fariné 15 à 18 petits choux ronds; rangez-les sur plaque, dorez-les et poussez-les au four. Quand ils sont cuits, laissez-les refroidir; cernez-les en dessus comme les petits pains; et, par l'ouverture, emplissez-les avec un appareil de blancs de volaille, de foies gras et de champignons mêlés ensemble, amalgamés avec un tiers de son volume de farce de volaille. Lorsqu'ils sont pleins, recouvrez-les avec leurs couvercles, rangez-les sur un plafond, humectez-les avec du consommé et du dégraissis, mais très-légèrement; saupoudrez de parmesan, et poussez au four pour les faire gratiner 10 à 12 minutes; dressez-les ensuite dans une casserole d'argent, et servez à part un consommé garni.

124. — POTAGE DE TORTUE A L'ANGLAISE — TURTLE-SOUP.

Les tortues d'Amérique sont les plus estimées, parce qu'elles sont plus grasses que celles que fournit l'océan d'Europe. Cependant, nous avons fait des potages avec des tortues prises sur les côtes d'Espagne qui ne pesaient guère qu'une vingtaine de kil., et qui nous ont très-bien réussi. En Angleterre, on n'emploie guère que de grosses tortues pesant de 50 à 60 kil.; il s'en suit que le potage n'est exécutable que sur une grande échelle. Aussi les cuisiniers de Londres ne le font-ils pas eux-mêmes; il leur convient mieux de l'acheter tout fait.

Il y a deux méthodes pour faire le potage tortue : clair ou lié. Nous commencerons par décrire cette dernière.

Procédé. — En premier lieu, il faut couper la tête de la tortue et la laisser saigner jusqu'à extinction; puis l'ouvrir en deux, en passant la lame d'un fort couteau tout autour de la jointure des deux écailles; retirez les boyaux, qui ne servent à rien, et les graisses; détachez les pattes ou nageoires avec les deux parties charnues, qui constituent pour ainsi dire le corps; divisez l'écaille inférieure en gros carrés; jetez-les dans une casserole d'eau avec les nageoires et la tête pour les amener jusqu'à l'ébullition, et en retirer ensuite les écailles ou les peaux externes; rafraichissez toutes ces parties et placez-les dans une casserole foncée avec lard, jambon, quelques tranches de bœuf et de veau, légumes et aromates. Mouillez ces viandes au quart de leur hauteur avec du bouillon blanc; couvrez la casserole et faites tomber à glace tout doucement; ce fonds réduit, mouillez-les de nouveau, mais cette fois à couvert; faites partir, écumez, et à l'ébullition retirez la casserole sur l'angle pour qu'elle marche d'un bouillon régulier et modéré, jusqu'à ce que les carrés de coquilles soient attendris ; il faut, pour cela, d'une heure à une heure et demie, suivant la grosseur de la tortue. Cette coquille devient d'un corps mucilagineux à l'égal de la peau d'une tête de veau, dont elle a presque l'apparence lorsqu'elle est cuite. Retirez et laissez-la refroidir ; passez le fonds, dégraissez-le parfaitement, placez-le dans une casserole à réduction avec la moitié de son volume de fonds de potage brun ; placez la casserole en plein fourneau. Réduisez de moitié à l'aide d'une spatule, et sans le quitter ; à ce point ajoutez un tiers du volume de vin de Porto ou de Madère ; donnez encore quelques minutes d'ébullition, passez à l'étamine dans une petite marmite, et faites-la partir sur l'angle d'un seul côté, afin qu'elle ne puisse plus réduire d'une manière sensible ; écumez et dégraissez-la avec soin.

Quarante minutes avant de servir, parez les carrés de coquilles et les parties gélatineuses des nageoires en gros dés ; plongez-les dans le potage en écartant avec soin toutes les parties de viande ; cela fait, placez 3 décilitres de bon madère dans une casserole avec quelques échalottes, 2 feuilles de laurier, un bouquet de thym et marjolaine, un bouquet de persil, quelques clous de girofle et grains de poivre ; couvrez la casserole et faites réduire de moitié. Au moment même d'envoyer le potage, passez cette infusion à la serviette ; jetez-la dans la marmite ; additionnez une pointe de cayenne, et versez dans la soupière. Le potage doit se trouver alors bien succulent et aromatisé, d'un goût relevé, mais surtout peu lié et bien dégraissé.

Nous avons vu servir à Londres ce potage avec toutes les graisses produites par la tortue dedans. Cette méthode peut être bonne, mais nous ne la croyons pas généralement applicable. Dans ces conditions, la préparation est contraire aux règles du bon goût. C'est pourquoi nous mentionnons cette adjonction sans vouloir la recommander. — On trouvera au chapitre des conserves une variante de ce potage.

125. — POTAGE DE TORTUE CLAIR.

Foncez une casserole avec les mêmes éléments et dans les mêmes conditions que nous venons d'indiquer ; faites tomber à glace ; mouillez ensuite à point et laissez cuire les coquilles 5 à 6 heures. Mettez alors ces coquilles sous presse ; passez et dégraissez le fonds ; mêlez-le à peu près avec la moitié de son volume de bon fonds et un tiers de vin de Madère ou de Porto ; placez-le dans une petite marmite à potage, avec thym, laurier, marjolaine et clous de girofle. Laissez-le refroidir aux trois quarts, pour le clarifier à la viande pilée, étendue avec des œufs entiers et du vin, d'après les prescriptions données pour les consommés. Une fois le potage en ébullition, placez-le sur l'angle, afin de le faire bouillir tout doucement d'un seul côté, pendant une heure au moins. Dans l'intervalle, parez les parties gélatineuses en ronds ou petits carrés ; placez-les dans une petite casserole ; couvrez-les avec un peu du potage passé à la serviette, et tenez-les au chaud. Au moment de servir, transvasez-les dans la soupière, et passez le fonds principal dessus. Servez à part des lames de citron.

126. — POTAGE DE FAUSSE TORTUE A LA FRANÇAISE.

Désossez une demi-tête de veau ; faites-la dégorger, blanchir et cuire, d'après les règles ordinaires. Supprimez ensuite l'oreille et laissez refroidir la tête sous une presse légère ; quand elle est froide, enlevez les chairs adhérentes à la peau et distribuez-la en petits ronds taillés à l'emporte-pièce ; déposez ces ronds dans une petite casserole ; couvrez-les de bouillon blanc et tenez-les chauds au bain-marie.

Préparez une petite garniture composée de rognons, petites crêtes et 2 douzaines de petites quenelles de volaille, dans la farce desquelles vous incorporez quelques jaunes d'œufs cuits passés au tamis, et une pointe de cayenne. Ces quenelles seront pochées au moment ; les crêtes et rognons seront tenus au bain-marie.

Maintenant foncez une casserole avec légumes, lard, jambon, quelques tranches de bœuf, de veau et des parures de volaille ; placez dessus une petite carpe coupée en tronçons ; ajoutez quelques décilitres de bon bouillon et une demi-bouteille de vin blanc ; couvrez la casserole, placez-la en plein fourneau, et faites tomber le mouillement à glace, puis mouillez juste à couvert des viandes et laissez-les cuire. Retirez le poisson aussitôt qu'il est cuit ; passez ensuite le fond, dégraissez-le attentivement et mêlez-le avec 2 litres à peu près de fond de volaille brun ; réduisez-le d'un quart ; avant de le retirer du feu, additionnez-lui une infusion de madère aromatisé d'après les prescriptions données au n° 124. Donnez seulement deux bouillons, passez à l'étamine, additionnez les ronds de tête de veau, et placez dans une petite marmite au bain-marie. Au dernier moment, pochez les quenelles et mettez-les dans la soupière avec les crêtes et rognons ; versez le potage dessus. On peut toujours supprimer de ce potage le poisson et le cayenne, et ajouter des truffes émincées.

On fait aussi la fausse tortue claire en mêlant le fond du potage avec du consommé et du vin, et en le clarifiant à la viande pilée et aux œufs, mais on doit toujours l'aromatiser.

127. — POTAGE TORTUE A LA LONDONDERRY.

Ce potage ne diffère du précédent qu'en raison de ce que le fonds qui le compose doit être tenu aussi blanc que possible. Mêlez-le ensuite avec une sauce suprême ou veloutée pour les réduire ensemble au point voulu; finissez-le avec un beurre de Cayenne; additionnez aussi des petits ronds de tête de veau, mais supprimez les quenelles que l'on remplace par quelques douzaines de petits champignons bien blancs.

128. — POTAGE PERSIGNY.

Faites dégorger, blanchir et cuire dans un blanc six filets de palais de bœuf. Quand ils sont cuits, égouttez-les et faites-les refroidir sous presse ; parez-les ensuite et taillez en petits ronds avec un emporte-pièces, et placez-les dans une casserole avec un peu de sauterne. Cuisez également deux petites cervelles de veau, parées en une quinzaine de morceaux ronds, et tenez-les dans une petite casserole avec du bouillon blanc. Placez dans la soupière 2 poignées de rognons de volaille blanchis, autant de queues d'écrevisses et de petites boules de quenelles ; tenez la casserole hors du feu.

Maintenant, emplissez une petite marmite à potages moitié consommé de volaille et gibier clair; faites-la partir en ébullition ; liez le consommé avec 5 cuillerées à bouche de fécule de pommes de terre délayée à froid ; placez la marmite sur l'angle, pour qu'elle ne bouille que d'un côté ; écumez-la attentivement et laissez cuire la fécule pendant trois quarts d'heure. En dernier lieu, additionnez 3 décilitres de vin du Rhin réduit de moitié, avec aromates et quelques grains de poivre; donnez 2 bouillons seulement ; passez à l'étamine et versez sur les garnitures égouttées et placées dans la soupière.

129. — POTAGE MONTE-CRISTO.

Blanchissez et cuisez dans un blanc 15 petites oreilles d'agneaux tenues bien blanches. Préparez 3 douzaines de petites quenelles de volaille, dans la farce desquelles vous incorporez une pointe de poivre rouge et doux d'Espagne. Parez en quartiers 6 tendres artichauts; faites-les blanchir pour les sauter au beurre au moment. Cuisez aussi quelques douzaines de petits champignons et 2 douzaines de petits oignons glacés.

Placez 3 litres de consommé clair et foncé en couleur dans une petite marmite à potage; mettez-le en ébullition et liez-le avec 4 cuillerées à bouche de farine de riz délayée à froid. Faites partir, retirez sur l'angle du fourneau, afin d'écumer le potage; laissez-le ainsi trois quarts d'heure. Au dernier moment, additionnez-lui 3 décilitres de sauterne réduits de moitié, avec aromates et 5 cuillerées à bouche de purée de tomates bien rouges. Passez à l'étamine et versez sur les garnitures placées dans la soupière.

130. — POTAGE CHANOINESSE.

Blanchissez 3 douzaines d'huîtres, parez-les et placez-les dans une petite casserole, avec la moitié de leur fonds de cuisson tiré au clair. Cuisez et émincez 3 foies de lottes ; parez 4 douzaines de queues d'écrevisses ; ciselez en julienne 10 beaux champignons, et placez toutes ces garnitures dans la soupière quelques minutes avant de servir.

Tenez tout bouillant 3 litres de fonds de potage maigre n° 13; additionnez-lui 2 décil. de vin du Rhin et un seul décil. de cuisson des huîtres ; donnez quelques minutes d'ébullition ; finissez avec du beurre d'écrevisses et versez dans la soupière.

131. — POTAGE DE MOUTON A L'ANGLAISE — MULTON-BROTH.

Prenez 4 litres de consommé à l'anglaise n° 7, de couleur foncée; mettez-le en ébullition dans une petite marmite; 25 minutes avant de servir, ayez une épaule de mouton cuite à point à la broche, divisez-la en morceaux et plongez-la dans le consommé. Retirez la marmite sur l'angle pour que l'ébullition soit insensible; couvrez-la. Placez dans la soupière 15 côtelettes bien parées et la moitié de la grosseur ordinaire dont les carrés auront cuit entiers avec le consommé. Ajoutez une petite brunoise et quelques cuillerées d'orge perlé cuit à part. Au moment d'envoyer, passez le consommé à l'étamine et versez-le dans la soupière.

132. — POTAGE AU BLÉ VERT A L'ALLEMANDE — GRÜNE KORN-SUPPE.

Mettez en ébullition 3 litres de consommé; lavez 500 gr. de froment vert séché, plongez-le dedans; retirez la marmite sur l'angle du fourneau, et donnez-lui deux heures et demie d'ébullition modérée. Additionnez une pointe de sucre, passez à l'étamine, finissez au moment avec 100 gr. de beurre auquel vous mêlez quelques parties de vert d'épinards. Placez des petites quenelles de pain dans la soupière et versez le potage dessus. On confectionne aussi ce potage avec de la farine ou fécule de froment vert, on opère alors à l'égal des fécules ordinaires.

133. — POTAGE CHASSEUR.

Mettez 4 litres de consommé clair de gibier dans une petite marmite et placez-la sur feu; plongez dedans 250 gr. d'orge perlé bien lavé; à l'ébullition, retirez-la sur l'angle du fourneau. Levez les filets d'un perdreau cuit et faites-les piler grossièrement. Levez également les filets d'un perdreau cru avec lesquels vous faites une petite farce, et moulez des petites quenelles. Coupez en morceaux les deux carcasses et jetez-les dans le potage. Au bout de deux heures, passez-le à travers un tamis sans pression, puis étendez les chairs pilées avec une partie du potage, donnez deux bouillons seulement, passez à l'étamine et versez dans la soupière où les quenelles seront déjà placées.

134. — POTAGE CHASSEUR A L'ANGLAISE — HAVE-SOUP.

Dépecez un levraut, sautez-le vivement au beurre avec oignons et jambon; faites réduire avec 2 décilitres de sauterne, puis mouillez-le avec 3 litres de fonds de potage n° 12. Ajoutez encore 2 décilitres de sauterne et un bouquet d'aromates; faites partir sur feu modéré jusqu'à ce que les viandes soient bien atteintes; alors passez au tamis; étendez-la à point avec du consommé; passez à l'étamine, versez dans la soupière et additionnez les filets détachés ronds des tronçons.

Pour les potages chasseurs clairs, il s'agit seulement de faire un bon consommé de gibier, et de le garnir avec une escalope de levraut, perdreaux, filets de cailles ou simplement des quenelles de gibier. L'essentiel, c'est qu'il ait un bon arome.

135. — POTAGE CHASSEUR A LA CORSOISE.

Faites dégorger et blanchir un morceau de jambon de 500 gr. et 200 gr. de petit lard fumé; faites également dégorger et cuire au bouillon blanc 2 grandes poignées de champignons secs de Gênes; placez dans une marmite à potage le jambon, le lard, 2 perdrix, 6 petites saucisses, 4 poignées de lentilles, un bouquet d'aromates et quelques légumes frais; mouillez ces viandes d'abord avec le bouillon des champignons, puis avec du grand bouillon ordinaire sans sel. Faites partir la marmite, écumez-la bien et faites-la mijoter sur un feu très-doux pendant 3 ou 4 heures. Retirez les viandes tour à tour, à mesure qu'elles sont cuites, et jetez le fonds sur un grand tamis; laissez égoutter, sans pression. Ce fonds doit être lié et gélatineux. Placez-le dans une autre marmite avec une bouteille de Marsala et faites partir de nouveau, tout doucement, sur le coin du fourneau, afin de le bien dégraisser. Réduisez d'un cinquième de son volume, passez à l'étamine et versez dans la soupière. Servez des croûtons à part.

136. — POTAGE CHASSEUR ALFIERI.

Levez les filets d'une trentaine de mauviettes, rangez-les dans un sautoir beurré; assaisonnez, couvrez d'un rond de papier; tenez-les au frais jusqu'au moment de les employer. Placez dans une petite marmite 3 litres de consommé de gibier, mettez-le en ébullition et liez-le avec 5 à 6 cuillerées à bouche de fécule de pommes de terre, étendue avec 2 décilitres de vin blanc léger. Supprimez les intestins des carcasses des mauviettes, auxquelles vous laissez adhérer leurs foies; hachez-les grossièrement, plongez-les dans le consommé bouillant, que vous retirez sur l'angle du fourneau pour le conduire doucement pendant trois quarts d'heure; dégraissez et écumez. Au moment de servir, sautez les filets, pochez-les simplement des deux côtés, épongez-les sur un linge, et placez-les dans la soupière. Passez le consommé à l'étamine et versez-le dessus.

137. — POTAGE AUX COQS DE BOIS — GROUSE-SOUP.

Placez dans une petite marmite 3 litres de consommé de gibier, liez-le avec 150 gr. d'arow-root, étendu à froid avec 1 décilitre de consommé froid et 1 de vin de Porto. A l'ébullition, retirez la marmite sur l'angle et additionnez-lui 2 petits coqs de bois rôtis sans les filets et coupés en morceaux; donnez 1 heure de cuisson, passez au tamis, puis à l'étamine, et versez dans la soupière, au fond de laquelle vous aurez placé ces filets sautés au beurre et escalopés.

138. — POTAGE D'ARTAGNAN.

Marquez un fonds de braise avec lard, jambon, légumes, aromates, quelques parures de gibier, 2 perdrix, 2 poules dont vous retirez les filets, et 3 pieds de veau désossés. Mouillez ces viandes avec quelques décilitres de bouillon pour les faire tomber à glace, puis mouillez-les entièrement avec du grand bouillon et une demi-bouteille de sauterne. Faites partir, écumez avec soin et laissez cuire tout doucement sur l'angle du fourneau pendant quatre heures. Ayez soin de retirer les perdrix et les poules aussitôt qu'elles sont cuites. Quand les pieds sont atteints, retirez-les, désossez-les et faites-les refroidir sous presse; vous les taillerez ensuite en petits ronds avec un coupe-pâte.

Passez ensuite le bouillon, dégraissez-le bien et clarifiez-le avec la moitié des filets de volaille réservés et 2 œufs entiers étendus avec 2 décilitres de sauterne. Passez à l'étamine et mêlez-lui quelques cuillerées à bouche de sagou cuit au bouillon, séparément, dans une petite casserole. Avec les deux filets de volaille, faites une petite farce dans laquelle vous additionnez une pointe de cayenne; moulez des petites quenelles, pochez-les, placez-les dans la soupière et versez le potage dessus.

139. — POTAGE BEAUFORT.

Mettez dans une marmite 500 gr. de jambon, 500 gr. de petit lard, tous les deux fumés et blanchis; un saucisson à l'ail, un jarret de veau, le râble d'un lièvre sans filets; un morceau de poitrine de bœuf, 150 gr. d'orge perlé, légumes et aromates. Couvrez ces viandes à peu près avec 6 litres de grand bouillon; faites partir, écumez avec attention, retirez ensuite sur l'angle du fourneau et laissez cuire lentement en ayant soin de retirer à mesure celles qui sont atteintes, et passez ensuite le fonds à la serviette.

Coupez une partie du saucisson en lames, quelques carrés de petit lard et de poitrine de bœuf, mais en petite quantité; faites sauter un des filets de lièvre tout entier; au moment, escalopez, mêlez avec les autres garnitures, et versez le potage dessus.

140. — POTAGE MANCEL.

Emplissez une petite marmite à potage avec du consommé de gibier sans vin, mettez-le en ébullition et liez-le avec 5 cuillerées à bouche de fécule de marrons étendus à froid avec du consommé. A l'ébullition, retirez sur l'angle pour le faire bouillir tout doucement; faites colorer à la broche 2 perdrix, dépecez-les, mettez les filets de côté et jetez-les dans la marmite; faites piler grossièrement ces filets. Au bout d'une heure d'ébullition, passez le potage au tamis, remettez-le dans la marmite, incorporez les chairs des perdreaux, donnez deux bouillons et passez à l'étamine. Chauffez-le à point et versez dans la soupière, au fond de laquelle vous aurez placé 2 ou 3 douzaines de petites quenelles à la moelle de bœuf.

141. — POTAGE BATAVIA — NID D'HIRONDELLES.

Ce potage, quoique connu depuis longtemps, n'est pas encore vulgarisé, un peu à cause de la difficulté de se procurer les matières premières, un peu à cause de leur cherté exceptionnelle. Mais ces raisons, quoique capitales, ne peuvent pourtant pas nous dispenser de le produire; cela est d'autant plus naturel que les motifs de cherté et de rareté qui en privent souvent les amphitryons, lui donnent dans certains cas une importance et un intérêt plus vifs.

La veille du jour que vous voulez servir ce potage, mettez à tremper à l'eau froide 75 gr. de nid d'hirondelles salanganes; si le temps vous presse, faites dégorger à l'eau tiède; alors quelques heures peuvent suffire. Lorsque cette substance se trouve gonflée et ramollie, avec la pointe d'une lardoire enlevez attentivement toutes les particules de plumes qui y sont adhérentes et forment autant de points noirs; une heure environ avant de servir, égouttez et ciselez-la en petits filets à l'instar des nouilles que vous faites blanchir au bouillon bouillant; égouttez-les ensuite et plongez-les directement dans la totalité du consommé bouillant disposé pour le potage; faites-le partir, retirez-le sur l'angle du fourneau afin que la substance puisse se détendre sans faire gomme ni se peloter, et finissez de les pocher par une ébullition insensible.

142. — POTAGE MAINTENON.

Cuisez 200 gr. d'orge perlé dans une petite marmite à potage, avec 4 litres de grand bouillon. Quand il est presque cuit, dépecez 2 moyens poulets comme pour fricassée, passez-les au beurre avec un oignon et un bon morceau de jambon coupé en dés. Dès qu'ils sont légèrement colorés, mouillez-les avec la moitié du potage d'orge passé au tamis; finissez de cuire les poulets, retirez-les aussitôt pour les placer dans une petite casserole; dégraissez la cuisson de ces poulets et faites passer ensemble à l'étamine. Parez les membres des volailles, placez-les dans la soupière avec une petite garniture brunoise, et versez le potage dessus.

143. — POTAGE SONTAG.

Dépecez comme pour fricassée 2 poulets bien tendres, passez-les au beurre avec 2 ou 3 porreaux coupés en dés et quelques dés de jambon. Lorsqu'ils ont pris une légère couleur, mouillez-les en plein avec un fonds de potage blanc n° 10; faites partir, retirez la casserole sur l'angle du fourneau et laissez cuire les poulets tout doucement, en ajoutant un bouquet garni; observez qu'il faut les retirer aussitôt qu'ils sont atteints à point; parez-les et maintenez-les au chaud dans une casserole avec un peu de leur fonds; passez le fonds à l'étamine.

Pochez 3 ou 4 douzaines de petites quenelles de pommes de terre roulées sur le tour; placez-les dans la soupière avec deux poignées de riz blanchi. Au moment, finissez le potage avec un petit morceau de beurre d'écrevisses et versez sur les garnitures.

144. — POTAGE CHARLES-QUINT.

Placez dans une marmite 3 ou 4 kil. de trumeaux et gîte de bœuf, puis 3 pieds de veau; mouillez-les avec 6 ou 7 litres d'eau, mettez très-peu de sel, faites partir en ébullition, écumez et soignez à l'égal des marmites ordinaires. Quand les viandes sont cuites, passez le bouillon sans le troubler; alors faites revenir au beurre une forte quantité de légumes de toute espèce, tels que carottes, navets, oignons, porreaux, céleris, panais, racines de persil et laitues; ajoutez une pointe de sel et sucre; faites-les tomber à glace tout doucement, puis mouillez-les avec le bouillon bien dégraissé, faites partir. Écumez, retirez sur l'angle du fourneau aussitôt que l'ébullition se développe et cuisez-les pendant deux heures d'un train modéré et à bouillonnement insensible, pour que le fonds ne perde pas sa limpidité et que les légumes lui communiquent toute leur essence. Passez alors le fonds au tamis dans une autre marmite, additionnez-lui les viandes rôties et toutes chaudes, en proportion suffisante, suivant la force que vous voulez lui donner et les moyens dont vous disposez. Ces viandes doivent être aussi variées que possible, telles que porc frais, mouton, agneau, poulets ou dindes, canards et perdrix.

Faites partir, retirez sur l'angle et donnez une heure et demie à peu près d'ébullition. Passez ensuite à l'étamine, dégraissez parfaitement pour verser dans la soupière où vous aurez préalablement déposé quelques poignées de riz blanchi et cuit à fond dans du bouillon blanc.

On peut garnir ce potage avec toute autre garniture ou le servir tout simple. Sa couleur est légèrement cendrée et d'un arome parfait.

145. — POTAGE DE RIS DE VEAU A L'ALLEMANDE — KALBSMILCH-SUPPE.

Blanchissez d'après les règles 4 ou 5 ris de veau, suivant leur grosseur; épongez-les bien, taillez en petits dés, passez-les quelques minutes au beurre, assaisonnez et égouttez ce beurre pour mouiller les ris avec un fonds de potage n° 10, peu lié; faites partir ce fonds en ébullition, retirez-le sur l'angle du fourneau, écumez et dégraissez-le bien; donnez trois quarts d'heure d'ébullition modérée. Au moment de servir, liez-le avec les jaunes d'œufs étendus avec quelques cuillerées de crème double; additionnez une cuillerée de persil haché et 2 poignées de nouilles blanchies au consommé.

146. — POTAGE DE VOLAILLE A L'ANGLAISE — MULLIGATOWNY-SOUP.

Passez 2 petits oignons au beurre, une minute seulement, dans une casserole suffisante; ajoutez 3 moyens poulets entiers, une carotte, 200 gr. de jambon, un bouquet garni, un petit pied de céleri et 2 clous de girofle; passez-les vivement pendant 20 minutes; saupoudrez-les alors avec une poignée de farine, sautez encore un instant, puis mouillez-les avec 4 litres, moitié grand bouillon et consommé; faites partir, placez sur l'angle pour régler l'ébullition, dégraissez attentivement, ajoutez une pincée de poudre de kari et une pointe de sucre. Aussitôt que les poulets sont atteints, retirez-les pour les dépecer, parez les filets et les cuisses, rangez-les à mesure dans la soupière, passez le potage à l'étamine, et versez-le sur les garnitures. Servez à part, dans une petite casserole d'argent, 200 gr. de riz cuit à l'indienne, ainsi qu'il est décrit à cet article.

147. — POTAGE JOHN-BULL.

Mettez dans une marmite à potage du consommé à l'anglaise, 3 litres à peu près; tenez-le bouillant. Au moment de servir, ayez un petit gigot de mouton sorti de la broche; escalopez-le vivement et jetez-le à mesure dans le consommé; laissez-le infuser 10 minutes sans ébullition; passez à l'étamine; versez dans la soupière, au fond de laquelle vous aurez placé une escalope de ris d'agneau.

148. — POTAGE DE MOU DE VEAU A L'ALLEMANDE.

Cuisez un mou de veau avec du bouillon blanc, laissez-le refroidir pour le hacher, passez-au beurre et fines herbes; assaisonnez d'une pointe de muscade et un décilitre à peu près d'allemande bien réduite et liée avec quelques jaunes d'œufs; étalez sur plaque et laissez refroidir. Avec cet appareil, confectionnez quelques douzaines de ravioles, le double plus gros que ceux qu'on fait ordinairement; taillez-les à l'emporte-pièce rond, pochez-les au bouillon blanc, égouttez-les pour les placer dans la soupière et versez un bon consommé dessus.

149. — POTAGE MATELOTE.

Placez dans une casserole à réduction 2 litres de consommé, un litre et demi de sauce espagnole, une bouteille de vin de Bordeaux rouge, et un bouquet d'aromates. Faites partir en ébullition et réduisez d'un tiers de son volume à la spatule. Au dernier moment, additionnez un verre de madère; passez ensuite à l'étamine; finissez le potage avec 150 gr. de beurre par moitié d'écrevisses et d'anchois; versez-le dans la soupière sur la garniture qui suit : 24 petites quenelles de poisson au cayenne, 3 douzaines de queues d'écrevisses, 25 petits oignons blanchis et glacés, et le même nombre d'huîtres parées. Servez à part une assiette de petits croûtons ronds, masqués d'une purée Soubise, d'un côté seulement.

150. — POTAGE POTEMKIM.

Faites un bon consommé clair et bien corsé en gras ou en maigre, dans lequel vous avez incorporé 2 décilitres de sauterne. Coupez à la petite cuiller à racine une macédoine ronde de la grosseur d'un pois, composée avec carottes, pieds de céleri et racine de persil, blanchis séparément et glacés. Levez les filets de 40 éperlans, faites-les pocher à l'eau salée, égouttez-les, parez-les et mettez-les dans la soupière. Moulez 2 douzaines de petites quenelles au beurre d'écrevisses, pochez-les, jetez-les avec les éperlans dans la soupière; ajoutez la macédoine de légumes. Tenez le consommé bouillant, liez-le avec huit jaunes d'œufs étendus avec un décilitre de crème aigre, et versez dans la soupière.

151. — POTAGE D'ESTURGEON A L'ANGLAISE — STURGEON-SOUP.

Cuisez à la Mirepoix l'esturgeon dont vous disposez; laissez-le refroidir pour le distribuer en petits carrés réguliers. Ayez trois litres de fonds de potage blanc; additionnez un verre de porto, un bouquet d'aromates et une pincée de cayenne. Au dernier moment, additionnez un petit beurre d'anchois, et versez dans la soupière, au fond de laquelle vous aurez placé l'esturgeon, une vingtaine de petites quenelles maigres et autant de petits champignons.

152. — BOUILLABAISSE A LA MARSEILLAISE.

Ce potage, si toutefois on peut l'appeler ainsi, n'est facile, et peut-être n'est-il vraiment exécutable, dans toute sa perfection, que dans un port de mer, un peu à cause de la variété des espèces de poissons qu'il réclame, et surtout parce qu'ils doivent être vivants ou pêchés depuis peu. Avec du poisson peu varié, ou médiocrement frais, il n'y a pas de bouillabaisse possible, ou tout au moins à ce degré de bonté que nous voulons obtenir. Quant à son exécution, elle est très-simple.

Avant d'entrer dans les détails de l'opération, nous spécifierons d'abord les différents poissons qui lui sont le plus avantageusement applicables. Ils se divisent en deux catégories distinctes : l'une comme agent de consistance mucilagineuse, l'autre comme arome essentiel. La première comprend les merlans, les loups ou lupins, les rougets, les soles et les turbots; la seconde, les grondis, les boudroies ou boudreuils, les langoustes et écrevisses, les rascasses ou scorpènes de roche, les galinettes, les limbers, lasagnes et lucrèces. Ces dernières espèces sont communes dans la Méditerranée.

Pour être plus précis, nous allons indiquer les proportions et qualités avec lesquelles on peut obtenir une bonne bouillabaisse devant servir à 10 ou 12 personnes.

Première catégorie : 8 à 10 tronçons de moyens merlans dits de palancre, 4 tranches de loup, une moyenne sole coupée en tronçons, 2 ou 3 tronçons de turbot moyen.

Deuxième catégorie : 4 petites rascasses noires et blanches, 2 tranches de boudroie, 2 petites langoustes, parées et coupées en deux par le milieu, puis quelques écrevisses.

Les merlans, lupins, soles et turbots font nécessairement le fonds du potage, par le nombre; car les autres poissons fournissent beaucoup d'essence, mais peu de chair.

Comme règle, nous dirons que le poisson doit être cuit dans une casserole plus large que haute et de métal subtil, afin de donner plus de vigueur à l'ébullition. Celles en fer-blanc ou fer-battu conviennent le mieux; car la cuisson du potage doit surtout s'opérer en quelques minutes, et par conséquent avec une telle violence, que le poisson ne met pas plus de temps à cuire que le mouillement à réduire à point. Le potage cuit doit être mangé immédiatement; le temps qu'on le ferait languir tournerait tout à son détriment. Les tranches de poisson mangeables doivent être taillées dans des proportions raisonnables, c'est-à-dire juste assez grosses pour qu'une seule de ces tranches suffise à un convive. Les autres espèces sont taillées indifféremment, car, en partie, elles ne sont pas servies.

Procédé. — Émincez deux beaux oignons; placez-les au fond d'une casserole qui sera, comme nous l'avons dit, mince et large; faites-les revenir sur feu vif, avec un décilitre d'huile d'olives, pour les colorer légèrement; rangez le poisson dessus et couvrez-le juste à hauteur avec de l'eau tiède; salez modérément;

ajoutez une demi-feuille de laurier, les chairs d'un demi-citron épepinées et sans peau, puis celles de deux petites tomates également pelées, égrenées et coupées en dés, un verre de vin blanc léger, quelques graines de poivre, le sel nécessaire et quatre gousses d'ail. Augmentez le feu du fourneau pour que la casserole se trouve enveloppée de flammes; faites partir et cuire violemment 12 minutes à peu près. A ce point, le bouillon doit se trouver réduit d'un tiers, légèrement lié et succulent; alors additionnez-lui une pointe de safran et une cuillerée de persil haché, donnez encore quelques bouillons, assurez-vous du goût et retirez-le du feu. Dans l'intervalle de sa cuisson, vous aurez taillé 2 douzaines de lames transversales de pain long, de l'épaisseur de 7 millimètres au plus; ces tranches doivent conserver leurs croûtes tout autour; rangez-les dans une casserole d'argent, versez le fonds du potage dessus, égouttez-le aussitôt pour le reverser de nouveau, afin que celles d'en haut se trouvent aussi bien imbibées que celles du fond. Cela fait, écartez les têtes et les morceaux des poissons inférieurs ou trop épineux; rangez les meilleurs tronçons sur un plat long; additionnez aussi tous les ingrédients de cuisson, moins le laurier, l'ail, poivre et citron, que vous retirez, et servez sans autre addition.

Avec ce même potage on confectionne une variante qu'on appelle *bourride*. Ce qui fait toute la différence de ces deux produits, c'est une liaison de 7 à 8 jaunes délayés avec deux cuillerées à bouche d'*ayoli*, étendus avec le bouillon même du potage, passés à l'étamine et tournés sur feu comme une crème anglaise. C'est avec cette préparation qu'on humecte les tranches de pain. D'ailleurs, on sert le poisson ainsi que nous l'avons dit plus haut.

153. — BOUILLABAISSE A LA PARISIENNE.

Voici les espèces qui sont le plus applicables à ce potage : brochet, merlan aigrefin, petit turbot, soles, grondin, lotte, carpe, tanche, perche, écrevisses et homards, ces derniers coupés en morceaux, et les autres en tronçons.

Avec les têtes, arêtes et parties minces de ces poissons, marquez un bon bouillon simple, d'après les règles ordinaires; passez deux moyens oignons, moitié huile moitié beurre; faites-les légèrement colorer; ajoutez les tronçons de poissons d'espèces variées; couvrez-les avec le bouillon fait et passé au moment; ajoutez 2 décilitres de châblis, une demi-feuille de laurier, 2 gousses d'ail entières, un bouquet de persil, quelques grains de poivre, les chairs d'un demi-citron égrenées et pelées; faites partir vivement en ébullition et réduire d'un tiers; additionnez alors une pointe de safran, une cuillerée à bouche de purée tomate pure. Arrivé à point, versez le bouillon sur les lames de pain et servez le poisson sur un plat long.

154. — BOUILLABAISSE A LA MARINIÈRE.

Variez autant que possible les espèces du poisson, mais surtout employez-les vivants, ou tout au moins d'une extrême fraîcheur; divisez-les en tronçons; émincez deux oignons et placez-les dans une casserole bien mince avec les tronçons (ceux-ci dans les mêmes proportions de la formule n° 152), une bonne pincée de safran, l'huile et le sel nécessaires, une cuillerée de persil haché avec 5 ou 6 gousses d'ail, 2 tomates également hachées, une feuille de laurier, un petit piment et les chairs d'un citron. Saupoudrez avec deux petites cuillerées à bouche de farine; agitez la casserole afin de bien mélanger ces ingrédients, puis couvrez à hauteur avec deux tiers d'eau et un tiers de vin blanc. Placez la casserole sur un feu violent. Au bout de quelques minutes, additionnez 50 à 60 queues d'écrevisses. Quand le mouillement est réduit à point, imbibez les croûtes de pain et dressez le poisson suivant la règle indiquée.

155. — POTAGE AUX HUITRES.

Faites ouvrir un cent de belles huîtres bien fraîches, et blanchissez-les avec leur eau et 3 décilitres de vin blanc léger. Aussitôt qu'elles sont raffermies, sans ébullition, enlevez-les à l'écumoire, égouttez-les sur un linge, parez-les pour ne laisser que les noix; conservez leur cuisson, laissez-la déposer et tirez à clair au bout de quelques minutes.

Placez dans une petite marmite à potage 2 litres et demi de fonds de potage blanc n° 12, mais sans sel;

mêlez-lui un demi-litre à peu près de cuisson des huîtres; faites-le partir à l'ébullition; retirez sur l'angle, dégraissez et écumez. Au dernier moment, liez-le avec 6 jaunes d'œufs étendus avec 3 cuillerées à bouche de crème double; finissez avec 150 gr. de beurre, une pointe de muscade, et versez dans la soupière où vous aurez d'avance placé les huîtres.

156. — POTAGE ÉCOSSAIS O'CONNOR.

Blanchissez 24 porreaux blancs; cuisez 2 jeunes poulets dans 3 litres de consommé destiné au potage; égouttez les porreaux, divisez-les par le milieu, en les plaçant à mesure dans la soupière avec les membres de poulets bien parés.

157. — SOUPE A L'OIGNON.

Ce potage, en dépit de sa modeste dénomination, peut pourtant trouver sa place dans un dîner maigre, et y être fort bien accueilli.

Émincez une douzaine de moyens oignons blancs; placez-les dans une casserole plus large que haute; ayez un bon morceau de beurre, et faites-les revenir tout doucement, en les remuant souvent avec la spatule, pour qu'ils ne s'attachent pas au fond et se colorent d'un blond légèrement foncé. Ajoutez-leur un peu de sel, une cuillerée à bouche de sucre fin, puis 2 petites cuillerées de farine. Passez-les encore quelques secondes et mouillez avec 3 litres à peu près d'eau bouillante. Faites partir en ébullition vive pendant 12 minutes seulement.

Dans l'intervalle, faites griller 3 douzaines de lames minces de pain à potage; coupez en petits dés 350 gr. de fromage de Gruyère, et râpez-en 100 gr. de celui de Parme. Rangez les lames de pain dans la soupière en couches alternées avec du gruyère, et saupoudrées de parmesan, avec un peu de poivre en poudre; ajoutez un peu de beurre, puis versez le potage dessus; laissez tremper le pain quelques secondes et servez au moment.

On peut servir ce potage sans fromage, avec le pain seulement; en ce cas, il faut le lier avec 5 ou 6 jaunes d'œufs et un morceau de beurre.

158. — POT-AU-FEU A LA POLONAISE — ROSOL.

Placez dans une marmite 2 poulets avec leurs abattis échaudés, un morceau de jambon ou de lard frais blanchis de 400 gr., et un kil. de poitrine de veau; mouillez ces viandes avec 4 à 5 litres d'eau froide; ajoutez un peu de sel et faites partir en plein fourneau jusqu'à l'ébullition; écumez attentivement et retirez sur l'angle; ajoutez quelques carottes, porreaux, un pied de céleri, racines de persil et 2 clous de girofle; conduisez-le avec soin jusqu'à ce que les viandes soient bien atteintes; alors passez le bouillon à la serviette. Il doit être très-blanc; dégraissez-le complètement; placez-le dans une casserole sur feu, et quand il est en ébullition, plongez dedans 200 gr. de gruau fin de sarrasin passé à l'œuf. Quarante minutes après, versez-le dans la soupière, au fond de laquelle vous aurez escalopé les filets de volaille, quelques parties de jambon et de poitrine de veau. On peut remplacer le gruau par du riz, mais celui-ci doit être cuit à extinction.

159. — POT-AU-FEU A L'ESPAGNOLE — OLLA-PODRIDA.

Proportions. — 3 kil. de poitrine de bœuf désossée et roulée, une belle queue de mouton entière, une perdrix et un canard troussés comme pour entrée; 300 gr. de poitrine de porc, autant de jambon, tous les deux fumés; 2 saucissons d'Estramadure (*chorisos*), 6 laitues et un chou blanchis, et 500 gr. de pois pointus secs (*garbançes*) dégorgés vingt-quatre heures dans de l'eau de rivière.

En Espagne, on confectionne ce potage dans une marmite en terre, et on procède de deux manières différentes : la première consiste à cuire les viandes et les légumes ensemble dans une marmite avec de l'eau dans les proportions d'un pot-au-feu ordinaire. Quand les viandes sont cuites, on passe et on dégraisse le bouillon, avec lequel on confectionne un potage au riz bien cuit; ce potage se sert dans une soupière et les viandes sur un plat long, découpées et symétriquement entourées des légumes. Dans la seconde méthode on fait revenir les viandes avec du lard fondu, puis on additionne les légumes et on couvre la marmite avec un vase creux contenant un peu d'eau, pour la faire cuire à feu très-modéré, en ayant soin de retourner les viandes de temps en temps, et sans y ajouter d'autre mouillement, les viandes et les légumes se suffisant toujours si la cuisson n'est pas trop violente. Après 6 à 7 heures de cuisson, on retire les viandes qui sont le plus tôt atteintes; mais, en général, tous les aliments qui composent le pot-au-feu doivent être extrêmement cuits. Au moment de servir, dressez les viandes sur un plat long, découpées et entourées des légumes; servez à part, dans la soupière, un simple bouillon blanc léger, et une saucière de sauce tomate.

460. — POTAGE AU JUS DE BETTERAVES A LA POLONAISE — BARSZCZE.

Mettez dans une marmite en terre assez grande pour les proportions du potage, un jarret de veau, un bon morceau de poitrine de bœuf, un canard, une poularde, 200 gr. de petit lard fumé et blanchi, 10 petites saucisses chipolata, 2 carottes, 2 oignons, 2 porreaux, quelques racines de persil et clous de girofle. Couvrez ces viandes avec du jus de betteraves aigri, dont nous indiquerons plus loin la préparation; faites partir, écumez et conduisez la cuisson avec toute l'attention et les soins que réclament les bouillons en général. A mesure que les viandes les plus tendres sont atteintes, retirez-les et continuez l'ébullition jusqu'à ce que le tout soit cuit; passez alors le bouillon, dégraissez-le complètement, clarifiez-le à la viande et aux œufs d'après les règles ordinaires, et faites passer à la serviette au moment.

Pendant cette opération, vous levez les filets du canard et de la poularde, que vous escalopez. Parez le petit lard en carrés moyens; retirez la peau des saucisses et taillez-les en biais; taillez également quelques petits carrés de bœuf; placez toutes ces viandes dans la soupière avec 2 poignées de betteraves cuites, bien rouges et émincées en julienne; versez le bouillon dessus. Ce potage doit être d'une belle teinte rouge clair. Si on le cuit dans le cuivre étamé, la couleur se conserve moins bien. On peut remplacer les garnitures par de simples quenelles, et même de l'orge perlé. On sert souvent, dans les soupers de bal, le consommé clarifié et sans aucune espèce de garniture.

Procédé pour obtenir le jus de betteraves aigre. — Emplissez un petit baril, défoncé d'un côté, avec des betteraves bien rouges et saines, pelées et coupées en quartiers; couvrez-les avec de l'eau de rivière; fermez le baril avec un linge étendu sur l'ouverture; placez-le à une température douce et laissez-le fermenter. Au bout de 8 à 10 jours, on place le baril à la cave et couvert; et quelque temps après on peut le décanter et en retirer les betteraves. On accélère aussi la fermentation en additionnant à l'eau quelques poignées de mie de pain de seigle émietté.

461. — BARCH LIÉE A LA CRÈME AIGRE.

Procédez à la cuisson du potage comme nous venons de l'indiquer. Quand le bouillon est prêt, liez-le avec un décilitre ou deux de crème aigre passée à l'étamine, et versez-le dans la soupière sur les garnitures. Cette crème aigre, très-usitée dans le nord de l'Europe, n'est autre chose que de la bonne crème double qu'on laisse légèrement aigrir sous une température douce. Elle devient en même temps plus ferme.

462. — BARCH MAIGRE.

Placez dans une petite marmite 2 tanches moyennes coupées en tronçons et quelques morceaux d'autre poisson, quelques carottes, oignons, porreaux, un pied de céleri, racines de persil émincées, et deux poignées de champignons secs blanchis. Couvrez entièrement avec du jus aigre, faites partir, écumez avec soin et laissez cuire trois quarts d'heure tout doucement. Passez ensuite le bouillon et clarifiez-le avec 2 ou 3 blancs d'œufs. Vous cuirez à part une poignée d'orge perlé, à l'eau et mouillée à court. Ciselez une petite julienne composée de porreaux, racines de céleri et persil, et aussi une partie des champignons secs, cuits dans la marmite; passez-les au beurre, mais doucement; égouttez le beurre et placez-le dans la soupière avec l'orge et quelques petits filets des tanches cuits dans la barch, et auxquels vous retirez les peaux et que vous parez correctement. Au dernier moment, versez le consommé, d'un beau rouge, sur les garnitures, servez à part une trentaine de rissoles faites avec des rognures de feuilletage garnies par le restant des champignons hachés. Ces rissoles sont frites au dernier moment et dressées sur une assiette.

Ce potage peut être lié à l'égal de celui que nous avons décrit précédemment.

163. — SOUPE A LA BIÈRE, A LA POLONAISE — ZUPA PIWNA.

Ce potage se mange surtout en voyage. Faites bouillir 2 litres de bière d'avoine avec 200 gr. de sucre ; étendez 8 à 10 jaunes d'œufs avec 2 décilitres de crème aigre ; passez à l'étamine dans un grand vase ; étendez aussi les jaunes peu à peu avec la bière bouillante, et versez le potage dans la soupière.

On fait aussi cette soupe en faisant bouillir de la bière avec du sucre et on y additionne, au moment, du lait dans lequel aura infusé un peu de canelle et de cumin, plus une liaison de jaunes d'œufs. Servez des tranches de pain grillées à part.

164. — POTAGE CHOUCROUTE A LA RUSSE — TSCZY.

Placez au fond d'une marmite 2 kil. de poitrine de bœuf, une poule, 4 pieds de veau désossés et blanchis ; 400 gr. de petit lard blanchi, 12 saucisses, 2 carottes, 2 oignons, céleri et racines de persil. Mouillez à l'eau, faites partir, écumez et retirez sur l'angle du fourneau pour faire marcher avec tous les soins voulus, jusqu'à parfaite cuisson des viandes, en ayant la précaution de retirer celles qui sont le plus tôt attendries. Dans l'intervalle, lavez 4 poignées de bonne choucroûte, égouttez et hachez-la ; faites revenir un petit oignon au beurre ; et adjoignez-lui la choucroûte ; passez-les ensemble quelques minutes ; saupoudrez ensuite avec 2 cuillerées de farine, et au bout de quelques secondes mouillez peu à peu avec 4 litres de consommé. Faites partir, retirez sur l'angle du fourneau et donnez-lui une ébullition modérée pendant 4 heures au moins. En dernier lieu, dégraissez attentivement le potage ; coupez quelques petits carrés de poitrine de bœuf et lard ; taillez les saucisses en tronçons ; faites-les chauffer dans le potage, auquel vous additionnez enfin une cuillerée de fenouil vert haché ou de persil.

165. — POTAGE CHOUCROUTE A LA POLONAISE — KAPUSTNIA.

Marquez un bouillon blanc comme il est indiqué au n° 158 ; lavez et cuisez séparément 4 fortes poignées de choux aigres, avec un morceau de jambon et quelques saucisses ; faites-les cuire modérément pendant 5 à 6 heures ; puis égouttez sur un tamis ; mêlez leur mouillement avec le bouillon blanc, dégraissez et clarifiez-le à la viande et aux œufs ; passez ensuite à la serviette ; faites bouillir quelques minutes ; versez dans la soupière, au fond de laquelle vous aurez placé une poularde en quartiers, les saucisses coupées transversalement, quelques carrés de lard fumé, et de la choucroûte pressée, le tout en petite quantité.

166. — TCHY DE SOLDAT.

Taillez une julienne de choux frais, blanchis et passés au beurre quelques minutes. Mouillez-les avec 2 ou 3 décilitres de consommé, et faites tomber à glace ; mouillez de nouveau avec le même volume et finissez de les cuire à court mouillement. Cuisez au bouillon blanc 400 gr. de gruau de sarrasin ordinaire, et donnez à ce gruau la consistance d'un appareil de pouding de riz. A ce point, transvasez-le dans un moule à timbale beurré, et passez au four modéré pendant une heure pour le faire gratiner. Au bout de ce temps, sortez le moule du four ; retirez le gruau sans détacher les parties prises contre les parois, placez-le dans une terrine avec une pincée de pamersan, mêlez-lui un bon morceau de beurre, un peu de sel, et formez-en une pâte compacte. Beurrez une plaque à rebords, étalez cette pâte dessus, de l'épaisseur d'un centimètre. Laissez-la refroidir pour la distribuer en ronds de 3 centimètres de diamètre. Au moment de servir, faites frire ces ronds au beurre clarifié et dressez dans une assiette. Placez dans la soupière quelques petits carrés de volaille, veau et saucisses ; dégraissez le potage et versez-le dedans.

Ce potage est très-estimé et fréquemment servi à la cour de Russie.

167. — TCHY FRAIS.

Passez 2 ou 3 oignons émincés au beurre, et quand ils sont de couleur blonde, ajoutez une cuillerée à bouche de farine ; passez quelques secondes, puis mouillez peu à peu avec 3 litres de consommé préparé et clarifié comme il est dit au n° 6. Coupez 3 ou 4 petits choux en quartiers, faites-les blanchir, égouttez-les bien, rangez-les dans une petite casserole avec des racines de persil, céleri, carottes et porreaux, parés les uns en gousses et les porreaux en petits tronçons. Mouillez-les à couvert avec le consommé lié et passé; faites-les partir et laissez-les cuire tout doucement. Quand ils sont cuits, retirez-les avec précaution pour les ranger dans la soupière; finissez de mouiller avec le restant du consommé passé à l'étamine et maintenu au bain. Ajoutez dans la soupière les filets de volaille cuits dans le bouillon, quelques petits carrés de bœuf, de lard fumé et de saucisses, et additionnez en dernier lieu une cuillerée de fenouil vert haché.

168. — POTAGE AUX CONCOMBRES A LA RUSSE — ROSOLNIK.

Passez un oignon haché avec du beurre, faites-lui prendre une légère couleur blonde; ajoutez une cuillerée à bouche de farine, passez encore quelques secondes, puis mouillez avec du bon consommé et 2 ou 3 décilitres de jus de concombres salés. Plongez dedans 2 moyens poulets troussés pour entrée, ajoutez des racines de persil, céleri, coupés en petites tiges ou losanges et blanchis; additionnez aussi des ogourcis ou concombres salés coupés en tiges; faites partir en ébullition, écumez et placez sur un feu doux jusqu'à la cuisson des volailles et légumes. Lorsque les volailles sont cuites, dépecez-les par membres auxquels vous supprimez les peaux et os superflus; placez les membres dans la soupière avec une chiffonnade blanchie. Au dernier moment, liez le potage avec 2 décilitres de crème aigre passée à l'étamine, et versez sur les garnitures.

169. — ROSOLNIK MAIGRE.

Opérez comme il est dit dans l'article qui précède, en remplaçant le consommé gras par du consommé maigre de poisson, et la volaille par de l'esturgeon, que vous coupez en petits carrés longs. Le jus de concombres et des légumes y entrent toujours; additionnez également la chiffonnade et la crème aigre.

170. — POTAGE GLACÉ A LA POLONAISE — KLODNIK.

C'est un potage d'été très-estimé en Pologne, au moment où les concombres nouveaux, les esturgeons et les écrevisses apparaissent.

Prenez 2 bonnes poignées de feuilles vertes de betteraves nouvelles très-tendres, une poignée de ciboulette et une de feuilles vertes de fenouil; triez, lavez et faites blanchir ces herbes séparément dans un poêlon, à l'eau bouillante et salée; exprimez bien leur eau; hachez-les autant que possible et placez-les ensemble dans une casserole d'argent, mouillez-les avec un demi-litre de jus de concombres salés et la même quantité de *koas*. Placez immédiatement la casserole sur glace après l'avoir couverte.

Tournez 2 petits concombres frais et 1 mariné; retirez les semences, taillez-les en petits dés et placez-les dans une terrine; parez 60 queues d'écrevisses cuites, coupez en petits dés 400 gr. d'esturgeon braisé et refroidi; placez-les avec les concombres. Faites durcir 6 œufs, coupez-les en quartiers et chaque quartier en travers. Hachez une petite pincée de fenouil et ciboulette crus, rangez-les aussi avec les œufs dans la terrine commune. Une heure avant de servir, passez à l'étamine trois quarts de litre de crème aigre épaisse et de bonne qualité, incorporez-la avec l'appareil de la casserole; additionnez en même temps les queues d'écrevisses, esturgeons, fines herbes, concombres, tout enfin, excepté les œufs. Au dernier moment, coupez quelques morceaux de glace de la grosseur d'une noix et mettez-les avec les œufs dans la casserole, qui fait fonction de soupière. Goûtez le potage et envoyez-le quand il est bien froid.

171. — POTAGE GLACÉ A LA RUSSE — BATWINA.

Faites blanchir vivement 4 poignées d'épinards tendres et, d'un autre côté, la moitié de leur volume d'oseille; égouttez, pilez et passez au tamis séparément, puis mêlez-les ensemble; étendez-les à point, partie avec du *koas* et partie avec *kislichy*. Mettez cette purée dans une casserole d'argent, couvrez-la et placez-la sur glace. Parez 60 queues d'écrevisses cuites, émincez en tranches fines 500 gr. d'esturgeon braisé et parez aussi 2 ou 3 concombres salés. Rangez ces garnitures en bouquet sur un plat, séparées les unes des autres; mêlez-leur encore quelques cuillerées de raifort râpé et tenez le plat sur glace jusqu'au moment de servir. Taillez quelques morceaux de glace de la grosseur d'une noix, lavez-les bien et mettez-les à l'appareil vert de la casserole. Les garnitures se servent séparément.

172. — POTAGE DE STERLET A LA RUSSE — UKA.

Le sterlet qu'on emploie pour un potage doit être vivant. On lui retire les intestins, les petites plaques osseuses dont il est couvert, et surtout le nerf de l'épine principale, qu'il ne faut jamais lui laisser : on l'enlève tout d'un trait en introduisant le doigt dans l'extrême ouverture du ventre, ou avec les dents d'une fourchette, du côté opposé, c'est-à-dire à la jonction de la tête et du corps. Dans tous les cas il ne doit être vidé et taillé qu'au moment de le cuire.

Faites 5 litres de bouillon de poisson avec perches, tanches ou carpes. A Pétersbourg, on emploie des petits ierchis qui font un bouillon excellent et très-clair ; mais à leur défaut on peut employer ceux que nous venons de désigner ; quand le bouillon est pris, passez et clarifiez-le au *kaviar* frais, pilé avec 2 blancs d'œufs et étendu avec un peu de bouillon froid. Sa clarification doit concorder à peu près avec le moment de servir, le temps seulement de cuire le sterlet. D'un autre côté, passez au beurre quelques cuillerées de racines de persil et pieds de céleri ciselés en julienne, et par égales portions. Quand elles sont cuites, égouttez le beurre et placez-les dans la soupière.

Vingt-cinq à trente minutes avant d'envoyer, taillez le sterlet en tranches de 2 à 3 centimètres d'épaisseur, suivant sa grosseur, mais légèrement coupées en biais. Aussitôt coupées, plongez-les à l'eau bouillante, en les retirant immédiatement, car c'est simplement afin qu'elles ne se brisent plus à la cuisson et qu'elles ne troublent pas la limpidité du consommé qu'on les échaude. En sortant ces tranches de l'eau, épongez-les bien sur un linge et plongez-les ensuite dans le consommé bouillant ; laissez revenir ce consommé à l'ébullition ; mais avant même qu'elle soit entièrement développée, retirez la casserole du feu ou tout au moins sur l'angle, couvrez-la afin que le consommé se maintienne au même degré de chaleur, sans bouillir ; tenez-la ainsi pendant 25 minutes à peu près, puis retirez les tranches de sterlet une à une, sans les briser, passez-les à mesure dans la soupière où sera déjà la julienne ; versez aussitôt le consommé dessus et servez promptement. On accompagne le potage de tranches de citron pelées et égrenées.

173. — POTAGE DE QUEUES DE BŒUF A L'ANGLAISE — OX-TAIL-SOUP.

Choisissez 2 queues de bœuf grasses et épaisses, distribuez-les en tronçons, faites-les blanchir quelques minutes à l'eau bouillante, égouttez et rafraîchissez-les ; rangez-les ensuite dans une casserole foncée de bandes de lard, jambon, gros légumes et aromates ; mouillez-les entièrement avec moitié vin blanc et grand bouillon, couvrez-les avec un fort papier beurré, faites-les partir en ébullition, puis retirez-les sur l'angle du fourneau. Quand elles sont cuites, passez et dégraissez leur cuisson, allongez-la avec du consommé jusqu'à concurrence de la quantité voulue, faites-les bouillir ensemble, puis liez le potage avec 5 cuillerées à bouche de fécule délayée à froid ; quand l'ébullition reprend, retirez la casserole sur l'angle, écumez et laissez bouillir tout doucement pendant trois quarts d'heure. Quelques minutes avant, faites tomber à glace les queues de bœuf bien parées, avec un peu de glace ou de bon fonds et 2 décilitres de madère. Rangez-les ensuite dans la soupière avec quelques cuillerées de légumes taillés en brunoise ou en julienne, et tombés à glace ; additionnez au potage une pointe de cayenne et passez dans la soupière. On peut préparer ainsi les potages de queues de veau et d'agneau.

174. — QUEUES DE VEAU A L'INDIENNE.

Il faut 5 à 6 queues pour un potage. Taillez-les en tronçons, faites-les blanchir puis braiser à l'égal de celles de bœuf ; quand elles sont cuites, parez-les et placez-les dans la soupière, dégraissez et passez leur cuisson dans le fonds de potage, liez celui-ci avec 4 jaunes d'œufs auxquels vous additionnez une pointe de poudre de kari, et versez dans la soupière ; additionnez quelques petites quenelles de volaille moulées à la petite cuiller. Servez du riz cuit à l'indienne d'après les indications données plus loin, dans une casserole d'argent à part.

175. — HOCHE-POT CLAIR A LA RUSSE.

Cuisez des queues de bœuf à la manière que nous venons d'indiquer; faites-les refroidir pour les parer et les glacer au moment; passez leur fonds, étendez-le avec du bon bouillon; clarifiez à la viande, œufs entiers et demi-bouteille de vin du Rhin. Marquez une petite garniture printanière avec tous les légumes que fournit la saison; cuisez 5 à 6 cuillerées à bouche d'orge perlé, à l'eau simplement; rafraîchissez cet orge et mêlez-le dans la soupière avec les légumes et les queues. Au moment, versez le consommé clair passé à l'instant.

176. — POTAGE D'ORGE A LA POLONAISE — KRUPNIK.

Bridez 3 petits poulets comme pour entrée; placez-les dans une marmite à potage avec 3 litres à peu près de bouillon blanc indiqué au n° 1, et un bouquet de légumes frais; faites partir, écumez et retirez sur l'angle. Aussitôt que les poulets sont cuits, sortez-les pour les dépecer par membre, les parer et les placer dans la soupière avec 2 poignées de garniture brunoise. On doit surtout observer que la cuisson des poulets concorde autant que possible avec l'heure du service. D'un autre côté, vous aurez cuit 300 gr. d'orge perlé dans une petite casserole bien étamée, en le mouillant simplement à sa hauteur avec de l'eau; ajoutez un morceau de beurre; couvrez la casserole et laissez marcher tout doucement, en ajoutant de temps à autre quelques cuillerées d'eau tiède. Deux heures après, changez l'orge de casserole, mêlez-lui un autre morceau de beurre, et travaillez-le vivement avec la spatule pendant dix ou douze minutes. Ce travail doit tout à la fois le blanchir et le lier. A ce point, étendez-le peu à peu avec le bouillon passé à la serviette; chauffez-le à point et versez sur les garnitures.

177. — KRUPNIK MAIGRE.

Faites 3 litres à peu près de bon consommé de poisson, mais avec des tanches seulement; clarifiez-les au blanc d'œuf. Quand les tanches sont cuites, laissez-les refroidir et parez les filets en forme oblongue; retirez-leur les peaux et placez-les dans la soupière avec 2 poignées de garniture brunoise. Vous aurez cuit 300 gr. d'orge d'après les règles données à la formule qui précède; étendez cette orge au moment avec le consommé; finissez le potage sur feu avec un morceau de beurre et versez dans la soupière sur les garnitures.

178. — POTAGE WINDSOR.

Après avoir flambé 12 pieds de veaux, fendez-les dans leur longueur pour en détacher l'os principal; faites-les blanchir pendant une heure; rafraîchissez-les et finissez de les cuire dans un bon fonds de poêle, sur un feu modéré. Aussitôt cuits, égouttez-les et retirez-en les parties cartilagineuses qui se trouvent à l'intérieur, depuis le haut jusqu'à la jointure des phalanges, que nous appellerons colonnes nerveuses; laissez-les refroidir, parez les deux bouts pour les distribuer en petites tiges ou filets de 3 centimètres de long; tenez-les dans une casserole au bain-marie, avec un peu de consommé chaud; passez leur cuisson, dégraissez-la attentivement; prenez-en 2 litres environ, que vous mêlez avec la même quantité de fonds de potage n° 11; ajoutez 2 décilitres de vin du Rhin, et réduisez d'un quart à peu près en plein fourneau. Au dernier moment, additionnez les parties des pieds, donnez encore quelques bouillons, puis versez dans la soupière, au fond de laquelle vous aurez placé 2 douzaines de petites quenelles au cayenne.

179. — POTAGE DE JARRETS DE VEAU A LA NESSELRODE.

Ce potage n'est exécutable que dans les pays qui fournissent des petits veaux. Ce serait s'exposer à de trop fortes dépenses, sans atteindre précisément le but, que vouloir le confectionner dans une ville comme Paris. Ce potage se sert communément à la cour de Russie.

Choisissez 12 petits jarrets de veau à chairs blanches; coupez-les juste à la jointure, et sciez le manche immédiatement au-dessous des tendons musculeux. Jetez-les dans l'eau froide et laissez-les dégorger une demi-journée, si le temps le permet, en les changeant quelquefois d'eau. Égouttez-les ensuite et mettez-les cuire dans une petite marmite, avec de l'eau salée et des légumes. Sondez-les de temps en temps. A peine sont-ils atteints, qu'il faut les retirer pour les laisser refroidir. Dégagez alors les chairs du manche comme on le fait à l'égard des gigots; arrondissez les parties les plus épaisses et diminuez-les autant que possible sans altérer leur forme. En somme, chaque jarret doit simuler un petit gigotin bien correct, et tous doivent être d'une égale grosseur. A mesure qu'ils sont parés, vous les rangez dans une casserole, les couvrez avec un peu de leur fonds et un papier beurré, pour les chauffer tout doucement, un quart d'heure avant de servir. Maintenant, placez dans une petite marmite à potage 2 litres de consommé de volaille et la même quantité du fonds de cuisson des jarrets; additionnez à ce fonds 250 gr. d'orge perlé; mettez la marmite en ébullition, puis sur l'angle du fourneau, afin qu'elle ne bouille que d'un côté. Au bout d'une heure, additionnez le même poids de riz lavé, continuez l'ébullition encore une heure, toujours avec la même modération, et passez ensuite à l'étamine, deux fois si cela vous paraît nécessaire, mais sans trop de pression. Au moment de servir, travaillez le potage sur le feu pendant quelques minutes; finissez-le avec un morceau de beurre, et versez-le dans la soupière, au fond de laquelle vous aurez placé une poignée de feuilles de persil déchirées et blanchies une seconde. Égouttez les jarrets, dressez-les sur un plat long et envoyez-les en même temps que le potage.

180. — POTAGE AUX ORTIES A LA RUSSE — KRAPIWA.

Blanchissez 5 ou 6 grandes poignées d'orties nouvelles, avec une poignée d'épinards également nouveaux; égouttez-les bien; passez au beurre un petit oignon vert; ajoutez les orties, passez-les aussi quelques minutes, et ensuite au tamis. Quelques instants avant de servir, étendez la purée avec du bouillon préparé dans les conditions indiquées au n° 1; liez-le avec un décilitre de crème; versez dans la soupière et servez 24 moitiés d'œufs farcies et frites.

181. — POTAGE D'ABATTIS DE DINDES A LA RUSSE — POTROKA.

Prenez 3 ou 4 abattis, c'est-à-dire les gésiers, pattes, cous et ailerons, tous bien propres; jetez-les à l'eau bouillante; donnez-leur un seul bouillon et rafraîchissez-les. Passez au beurre un petit oignon haché; quand il est légèrement coloré, ajoutez une cuillerée à bouche de farine et tournez encore un moment sur le feu; mouillez peu à peu avec 3 litres de consommé de volaille et 2 décilitres de jus de concombres au sel. Amenez le potage à l'ébullition en le tournant à la spatule, afin qu'il se lie peu à peu. Alors plongez les abattis, puis retirez la casserole sur l'angle. Ciselez une petite julienne de carottes, porreaux, racines de céleri et persil; blanchissez ces légumes séparément, pour les passer ensemble au beurre; faites-les tomber à glace tout doucement, afin de les cuire en même temps, et jetez-les dans la soupière avec quelques petits concombres confits, parés en gousses, ainsi que les foies blanchis et émincés. Vous aurez soin de préparer à l'avance 4 ou 5 douzaines de petits ravioles blanchis au moment de servir le potage. Lorsque les abattis sont bien cuits, passez le fonds de leur cuisson au tamis, puis à l'étamine; liez-le avec un décilitre de crème aigre passée à l'étamine; versez le potage dans la soupière et plongez-y les ravioles.

182. — POTAGE D'ABATTIS D'OIES A L'ANGLAISE — GIBLET-SOUP.

Blanchissez les abattis; égouttez et passez-les quelques minutes avec un morceau de beurre; faites-leur réduire un décilitre de sauterne, puis mouillez-les à couvert avec du grand bouillon; ajoutez carottes, céleri, porreaux, quelques grains de poivre et un bouquet d'aromates, et faites cuire à feu modéré. Lorsqu'ils sont cuits, passez le fonds au tamis; ajoutez à ce fonds la quantité nécessaire de consommé pour en avoir 3 litres à peu près. Alors clarifiez à la viande et œufs étendus avec un décilitre de vin de Porto ou de Madère. Parez les gésiers, émincez-les avec les foies blanchis, et placez-les dans la soupière, où vous aurez préalablement mis 3 douzaines de petites quenelles et une petite garniture brunoise. Au moment, passez le consommé et versez-le dessus.

183. — POTAGE D'ABATTIS D'OIES A LA LITHUANIENNE.

Préparez ce potage comme les précédents, d'après la première méthode. Au dernier moment, liez-le avec le sang de l'oie conservé, auquel vous additionnez 7 à 8 jaunes; tournez-le sur feu sans lui donner d'ébullition et versez sur la julienne seulement.

184. — MACARONI A LA NAPOLITAINE — MACCHERONI.

Le macaroni est le mets le plus facile à rendre, si l'on a de la bonne pâte et du bon fromage, éléments essentiels. Il y a plusieurs genres de macaronis, les gros et les petits; le temps de cuisson des uns et des autres n'est pas facile à indiquer d'une manière précise, d'abord parce que toutes les pâtes ne s'attendrissent pas avec la même facilité, et ensuite parce que tout le monde ne les mange pas cuits au même degré. Quelques personnes les aiment très-cuits, tandis que d'autres les mangent à peine atteints. Dans cette dernière catégorie, il faut comprendre les Italiens, qui, en général, ne font aucun cas d'un macaroni trop cuit. Le vrai point de cuisson se trouve donc subordonné aux préférences de ceux qui les mangent; c'est au cuisinier à s'en rendre compte. Nous dirons seulement que cette cuisson doit toujours arriver juste avec le moment de servir; les macaronis cuits d'avance perdent toutes leurs qualités.

Le fromage le plus convenable à l'emploi du macaroni est sans doute le parmesan; mais, au besoin, on peut le remplacer par tout autre, gruyère ou hollande. A Naples, on emploie beaucoup de fromage de brebis, *cascio-cavallo*; mais ce n'est là qu'un but d'économie.

Procédé. — Six heures avant de servir, placez une tranche de bœuf de 2 à 3 kil. dans une casserole, sur un bon fonds de braise, marqué suivant les règles, la casserole proportionnée au volume de la viande; ajoutez à cette braise 2 décilitres de grand bouillon; placez la casserole en plein fourneau; à l'ébullition, retirez-la sur feu modéré pour la faire tomber à glace tout doucement, plusieurs fois de suite, afin que le fonds prenne une teinte très-foncée, mais sans qu'il contracte aucun goût de brûlé. En dernier lieu, vous couvrez la viande, toujours avec du grand bouillon, et finissez de la cuire modérément. Amener ce fonds bien succulent, bien coloré, sans le faire brûler, voilà le point essentiel. Ce n'est certes pas là une opération difficile, mais il ne faut pas se dissimuler qu'elle réclame des soins assidus. La viande ne doit donner que juste la quantité de jus nécessaire; c'est le moyen le plus simple de l'avoir succulent. Dix minutes avant de servir, dégraissez-le aux trois quarts, passez-le au tamis dans une plus petite casserole, additionnez-lui quelques cuillerées de tomates passées et très-légèrement liées; faites-le bouillir lentement; vingt à vingt-cinq minutes avant le moment précis de servir le potage, plongez 750 gr. de macaronis dans de l'eau bouillante, légèrement salée, mais abondante, afin qu'ils restent bien couverts par cette eau, même quand ils sont gonflés par la cuisson; touchez-les de temps en temps, et lorsqu'ils se trouvent au point de cuisson voulu, égouttez-les sur un tamis. Ayez 500 gr. de fromage de parmesan, avec lequel vous saupoudrez le fond d'une casserole d'argent; placez dessus une couche de macaroni, que vous saupoudrez également, et arrosez avec une partie du fonds; continuez ainsi jusqu'à extinction, et servez aussitôt, avec un consommé clair à part.

185. — POTAGE DE MACARONI A LA SICILIENNE — MACCHERONI INCASCIATI.

Émincez 4 ou 5 aubergines en lames fines sur toute leur longueur, après les avoir pelées et fendues en deux; saupoudrez-les de sel fin pour en extraire autant que possible l'eau, qui donne toujours de l'âcreté à la chair; étalez-les sur un tamis et laissez-les égoutter. Au dernier moment, épongez-les, farinez-les et jetez-les dans la friture. Émincez également en lames quelques douzaines de champignons blancs; faites-les tomber à glace avec du beurre et du sel; préparez d'après les règles ordinaires un petit ragoût de crêtes et rognons. 25 minutes avant de servir, cuisez les macaronis dans les mêmes conditions que nous venons de l'indiquer; préparez le même jus et la même quantité de fromage; saupoudrez le fond d'une casserole d'argent avec le parmesan; rangez dessus une couche de macaronis, saupoudrez encore et masquez-les d'une couche d'aubergines frites, de champignons, crêtes et rognons; saupoudrez également cette garniture avec un peu de fromage; masquez et arrosez avec le fonds préparé, bien foncé et succulent. Sur celle-ci disposez une autre couche de macaroni et opérez de même jusqu'à extinction. Servez à part un consommé clair.

186. — POTAGE DE MACARONI A LA MÉDICIS.

Préparez 200 gr. de farce de volaille avec la moitié moins de beurre qu'à l'ordinaire et dans laquelle vous incorporez 150 gr. de parmesan frais et râpé; placez cette farce dans un cornet en toile auquel vous fixez une petite douille d'un demi-centimètre de diamètre à peu près. Beurrez le fonds d'un large sautoir et couchez cette farce en cordons droits de 3 centimètres de long. Au moment, vous les pocherez au bouillon blanc. D'un autre côté, cuisez à l'eau salée 200 gr. de gros macaronis; quand ils sont cuits vous les coupez de la même longueur de la farce et les placez avec celle-ci dans la soupière; versez dessus un bon consommé de gibier sec à la fécule et auquel vous additionnez 2 décil. de madère réduits de moitié, avec une infusion d'aromates, et passez à l'étamine.

187. — POTAGE DE MACARONI A LA CALABRAISE.

Retirez les peaux et les graines de 12 tomates, taillez-les en morceaux et passez-les au beurre avec un morceau de jambon coupé en petits dés, un peu d'oignon, une feuille de laurier, un bouquet de persil, une gousse d'ail entière et quelques grains de poivre; réduisez-les vivement. Quand elles sont fondues, ajoutez un décilitre de béchamel; réduisez quelques minutes ensemble et passez au tamis. Dès que les macaronis sont cuits, égouttez-les et jetez-les dans un plat à sauter en même temps que 400 gr. de beurre divisé en petites parties; roulez les macaronis hors du feu, jusqu'à ce que le beurre soit dissous; alors amalgamez peu à peu 300 gr. de fromage par petites parties, que vous alternez avec la sauce tomate; roulez-les de nouveau pour amalgamer ces divers éléments ensemble; ajoutez une pointe de muscade; versez dans une casserole d'argent et servez un consommé clair à part. Les petits macaronis sont ceux qui conviennent le mieux.

188. — POTAGE DE MACARONI A LA CUSSY.

Pilez avec un morceau de beurre et étendez avec un décilitre de sauce veloutée 8 à 10 moyennes truffes noires, cuites sept à huit minutes dans quelques cuillerées de vin blanc et glace de volaille; passez-les au tamis; préparez un petit ragoût de crêtes et rognons; le fromage se mélange, permesan et gruyère. Les macaronis cuits et égouttés, servez-les dans un grand sautoir avec 250 gr. de beurre non fondu; roulez-les, puis incorporez alternativement la purée passée et le fromage; additionnez enfin les crêtes et rognons avec quelques cuillerées à bouche de glace de volaille; versez dans une casserole d'argent et versez le consommé à part.

189. — MACARONI A LA RÉGENTE.

Quand les macaronis sont cuits et égouttés, placez-les dans un sautoir avec 250 gr. de beurre; roulez-les pour dissoudre le beurre, puis incorporez 2 décil. de purée de champignons et le fromage par moitié, parmesan et gruyère. Cette opération se fait toujours hors du feu. Dressez en casserole, et consommé à part.

190. — POTAGE DE MACARONI AU CHASSEUR.

Faites piler 4 filets de perdreaux, étendez-les avec 2 décil. de sauce napolitaine et passez à l'étamine. Ciselez 7 ou 8 truffes en julienne; cuisez les macaronis suivant les règles; égouttez-les pour les jeter dans un sautoir avec 250 gr. de beurre par petites parties; roulez-les quelques minutes, additionnez ensuite le parmesan, les truffes et la purée. Servez en casserole, consommé à part.

191. — MACARONI A LA REINE.

Pilez 2 bons filets de volaille sautés au beurre et vert-cuits, étendez-les avec 2 décil. de suprême et passez à l'étamine. Cuisez les macaronis, égouttez et placez-les dans un sautoir avec 250 gr. de beurre, puis incorporez tour à tour la purée, le fromage et quelques cuillerées à bouche de glace de volaille. Servez comme les précédents.

192. — MACARONI MONGLAS.

Cuisez et égouttez les macaronis, comme nous l'avons déjà indiqué; placez-les dans un sautoir avec 250 gr de beurre que vous incorporez en roulant le sautoir sur lui-même hors du feu; incorporez ensuite le fromage par moitié, parmesan et gruyère, 300 gr. Au dernier moment, additionnez un ragoût composé de blancs de volailles, truffes, foies gras et champignons émincés en lames et légèrement saucés au velouté. Versez dans la casserole d'argent, consommé à part.

193. — MACARONI A LA CARDINALE.

Parez les queues de 50 écrevisses; avec les coquilles faites un beurre rouge; mêlez un décilitre et demi de sauce suprême avec un décilitre de purée de champignons; cuisez et égouttez les macaronis; incorporez-leur, dans un sautoir, le beurre rouge, le fromage et la purée. Servez en casserole, le consommé à part.

194. — MACARONI A LA LEVANTINE.

Placez dans une petite casserole 2 décilitres de Béchamel réduite; additionnez-lui 200 gr. de jambon cuit et haché très-fin, puis un décilitre de purée de tomates pure. Cuisez, égouttez et placez le macaroni dans un sautoir; incorporez-lui 250 gr. de beurre, 300 gr. de fromage et la sauce; roulez-les bien et dressez en casserole d'argent, consommé à part.

195. — MACARONI A LA DOMINICAINE.

Lavez à l'eau tiède 2 ou 3 poignées de champignons secs de Gênes; mettez-les dans une casserole avec 2 décilitres de bon bouillon de poisson; ajoutez oignon, carottes, laurier et persil; faites cuire une heure à petit feu; passez ensuite à l'étamine. Humectez 250 gr. de mie de pain blanc, exprimez-la bien et placez-la dans une casserole; étendez et réduisez sur feu avec le bouillon de champignons pour en faire une panade légère. Cuisez les macaronis et jetez-les dans un sautoir avec un décilitre de bonne huile d'olive; incorporez-leur la panade avec une petite purée d'anchois. Ces macaronis se servent les jours de maigre absolu.

196. — NOUILLES A LA GÉNOISE — TAGLIATELLI.

Étendez très-minces et ciselez 7 à 8 œufs de pâte à nouilles indiquée au chapitre des détrempes; étalez-les sur un linge et laissez-les sécher une heure. Émincez 3 douzaines de petits champignons de Gênes, autrement dits *ceps*; passez-les au beurre avec un peu d'oignon haché et sel; faites-les tomber à glace, et ajoutez-leur un décilitre de purée de tomates très-légèrement liée. Plongez les nouilles dans une casserole à l'eau bouillante et salée; donnez quelques bouillons couverts et égouttez sur un grand tamis, puis jetez-les dans un sautoir; mélangez-leur les champignons et en même temps 300 gr. de beurre et 250 gr. de parmesan râpé; ajoutez quelques cuillerées à bouche de glace de volaille; versez dans une casserole d'argent, et servez un consommé à part.

Pour être brefs, nous dirons que les nouilles ainsi blanchies peuvent subir les mêmes apprêts que les macaronis, dont les différentes variations sont décrites, et dont toutes leurs formules, sans exception, sont applicables aux nouilles.

197. — LASAGNES A LA GÉNOISE.

Abaissez 6 à 7 œufs de pâte à nouilles en bandes larges et très-minces; taillez-les rondes avec le plus large des coupe-pâte ronds; saupoudrez fortement le tour et les ronds de pâte avec de la farine; placez ces ronds les uns sur les autres, de 4 en 4, et abaissez-les ensemble, en leur conservant toujours la forme ronde. On les obtient ainsi très-minces et réguliers; c'est là un point principal. Étalez à mesure les lasagnes sur un linge, couvrez-les pour qu'elles ne sèchent pas. Dix minutes avant de servir, plongez-les une à une dans une grande casserole d'eau bouillante salée, de manière qu'elles ne se prennent pas ensemble. On ne peut en cuire que 4 ou 5 à la fois. Couvrez la casserole, donnez un bouillon et retirez-les aussitôt pour les jeter dans un vase d'eau tiède; sortez-les de suite, étendez-les sur un linge et dressez-les à mesure dans une casserole d'argent saupoudrée au fond avec du parmesan. Rangez-les couche par couche, en les saupoudrant et les sauçant légèrement avec un peu de sauce napolitaine, dans laquelle vous faites entrer 250 gr. de beurre cuit à la noisette; continuez ainsi jusqu'à extinction, et servez du consommé à part.

On peut tailler les lasagnes en petits rubans larges d'un centimètre et longs de 5 à 6, ou simplement en losanges. Dans ces deux cas, on les finit toujours comme nous venons de le dire.

198. — RAVIOLES A LA GÉNOISE — RAVIOLI.

La farce de ravioles se trouve décrite au chapitre des farces à quenelles. Détrempez 10 jaunes de pâte à nouilles; séparez-la en 4 parties égales, pour les abaisser séparément aussi minces que possible, en conservant à l'abaisse une forme carrée. Mouillez légèrement sa surface avec un pinceau; placez une partie de la farce dans un cornet en toile, muni d'une douille étroite, et poussez des petites boules de farce sur toute cette surface, en lignes droites et à distance de 2 à 3 centimètres. Quand toute l'abaisse est masquée, abaissez-en une autre, donnez-lui les mêmes dimensions et placez-la exactement sur celle-ci pour la couvrir entièrement. Appuyez le tour des ravioles avec un petit coupe-pâte renversé, pour souder les deux abaisses; taillez chaque ravioles en rond, et rangez-les à mesure sur un linge légèrement saupoudré de farine. Une fois cette abaisse détaillée, répétez la même opération à l'égard des deux parties de pâte restante. Couvrez les ravioles en attendant de les cuire. Dix minutes avant de servir, vous les plongez dans une casserole d'eau bouillante salée; donnez quelques bouillons couverts et égouttez sur un tamis. Placez-les ensuite dans un sautoir, au fond duquel vous aurez mis 300 gr. de beurre cuit à la noisette, mêlé avec un demi-décilitre de glace fondue; saupoudrez d'un peu de parmesan râpé; roulez-les légèrement pour ne pas les briser, et versez-les dans une casserole d'argent. Servez à part un consommé.

On confectionne ces ravioles avec toutes les farces de volaille, gibier ou poisson. Les procédés sont les mêmes; la substance qu'on leur additionne peut seule en changer le caractère. On fait aussi des ravioles d'épinards pour maigre. On prépare les épinards à la crème, on les lie avec quelques jaunes d'œufs, et on opère, quant à leur confection, selon la formule qui vient d'être détaillée. On les finit ensuite avec du beurre à la noisette, mêlé avec quelques cuillerées de sauce tomate et aussi du parmesan.

199. — RIZ A LA PIÉMONTAISE — RISOTTO.

Le point de cuisson du riz est aussi variable que celui des macaronis. Les uns l'aiment légèrement croquant, les autres le préfèrent plus cuit; mais les Piémontais et les Italiens, en général, ne transigent pas : il faut qu'il soit à peine atteint pour ne plus résister sous la dent, voilà tout; et c'est là, à notre avis, la meilleure manière de l'avoir bon. Un riz défait et trop cuit est bien moins savoureux que celui qui est atteint à son extrême degré. Il est vrai de dire que le riz de Piémont a des qualités exceptionnelles.

Pour un potage de 10 à 12 personnes, il faut de 12 à 14 poignées de riz. Faites-le bien trier sans le laver; passez dans un sautoir moitié d'un petit oignon haché et bien épongé, avec 100 gr. de beurre; faites revenir sans prendre couleur. A ce point, additionnez le riz, faites frire le tout ensemble quelques secondes, en le tournant à la spatule pour qu'il ne s'attache pas au fond; alors mouillez du double de son volume avec du bon bouillon et un peu de fonds de veau ou de volaille. Faites partir à grand feu, casserole couverte, puis retirez-le sur un feu plus modéré, sans le remuer. Il faut 15 à 18 minutes, quelquefois moins, pour le cuire; mais il faut aussi le regarder de temps en temps et veiller à ce qu'il ne sèche pas avant d'être cuit. En ce cas, il faudrait l'humecter avec quelques cuillerées de fonds ou bouillon, mais surtout ne le mouiller que modérément. Aussitôt atteint au point voulu, retirez-le du feu, incorporez-lui avec la spatule 150 gr. de beurre, un décilitre à peu près de demi-glace de volaille, et 250 gr. de parmesan bien frais. Une fois ces éléments incorporés, couvrez le sautoir et laissez ressuyer le riz quelques minutes hors du feu, puis versez-le dans une casserole d'argent. Il doit être bien lié sans être d'un corps trop solide ni compacte. Saupoudrez-le en dessus avec une poignée de parmesan, arrosez avec quelques cuillerées de demi-glace et envoyez-le avec un consommé à part.

On peut, à mesure qu'il est fini, mouler ce riz dans de petits moules à darioles, dorés avec de la glace de viande, les laisser raffermir quelques minutes, puis les démouler sur un plat et les arroser avec de la demi-glace.

200. — RISOT AUX TRUFFES BLANCHES.

Quand le riz est cuit et fini, ainsi que nous venons de le dire, versez-le dans une casserole d'argent, et émincez les truffes sur le riz même; masquez-les immédiatement avec quelques cuillerées de demi-glace, et envoyez aussitôt le potage avec un consommé à part. Les truffes blanches de Piémont sont d'un arome si susceptible, qu'elles ne peuvent supporter aucune cuisson, ni même être émincées quelques minutes d'avance, sans perdre une partie de leurs qualités. En Piémont, on a pour les émincer de petits instruments (*tagliete*) faits dans le genre de certains coupe-julienne.

Le riz cuit dans les conditions que nous venons d'indiquer, rentre, pour le genre des préparations, dans la catégorie des macaronis. Toutes les garnitures de ceux-ci lui sont donc applicables au même degré. Il comporte, à peu d'exceptions près, les mêmes ingrédients : le beurre, le fromage, le jus corsé, la tomate et les sauces s'y marient très-bien ; la crème seule lui est peu applicable.

201. — RIZ DE PIÉMONT A LA CAMERANI.

Faites revenir un petit oignon avec un morceau de beurre et le même volume de moelle de bœuf ; ajoutez ensuite le riz et finissez de le cuire ainsi que nous l'indiquons dans la précédente formule. Quand il est arrivé à son point de cuisson, incorporez, hors du feu, 100 gr. de beurre, 150 gr. de parmesan, puis 500 gr. de truffes noires crues, tournées, ciselées en julienne, et sautées au moment avec du beurre, mais finies avec un petit beurre d'anchois et quelques cuillerées à bouche de sauce tomate. Lorsque le riz est ainsi fini, couvrez le sautoir, laissez-le ressuyer quelques minutes et dressez-le en casserole. Consommé à part.

202. — RIZ A LA MILANAISE.

Passez un oignon au beurre, le double du volume ordinaire ; additionnez le riz et quelques lames de jambon cru minces avec deux petits cervelas ; mouillez-le avec 2 décilitres de bon bouillon, et travaillez-le à la spatule jusqu'à ce qu'il soit absorbé. Additionnez encore la même quantité et faites réduire de même, en continuant ainsi jusqu'à ce qu'il soit cuit. Au dernier moment, additionnez une pointe de safran, finissez avec beurre, parmesan et demi-glace. Retirez le jambon, dressez en casserole, et servez du consommé à part.

203. — RIZ A LA PONIATOWSKI.

Passez au beurre quelques lames de maigre de jambon, puis additionnez le riz et faites-le cuire dans les conditions indiquées au n° 99. Finissez-le avec 150 gr. de beurre, autant de fromage de Gruyère et un décilitre de velouté réduit, auquel vous mêlez 4 douzaines d'huîtres parées et aussi un peu de leur cuisson. Retirez le jambon et laissez le riz se ressuyer. Servez-le dans la casserole, avec du consommé à part.

En supprimant le jambon et en remplaçant le fonds gras par du fonds de poisson, on peut servir ce potage dans un dîner maigre.

204. — PILAU A LA MARSEILLAISE.

Placez dans une marmite un beau chapon, une tranche de culotte de bœuf de 2 kil., un jarret et 2 pieds de veau, 4 grands porreaux, 2 oignons colorés, un pied de céleri, 2 carottes, 2 tomates égrenées, un clou de girofle et le sel nécessaire ; couvrez ces viandes avec de l'eau ; faites partir, écumez et retirez sur l'angle. Donnez 5 heures d'ébullition modérée. Trois quarts d'heure avant de servir, passez le bouillon à la serviette, prenez en 3 litres à peu près dans une casserole, dégraissez-le à moitié, ramenez-le à l'ébullition et plongez dedans 12 fortes poignées de riz, un bouquet de persil et une feuille de laurier. Couvrez la casserole, placez-la sur un feu modéré, aussitôt que l'ébullition se développe. Au bout de vingt minutes, additionnez une pointe de safran et laissez-le cuire ainsi sans y toucher, jusqu'à ce qu'il soit à sec et bien cuit. Au moment de servir, retirez-en le bouquet et le laurier, dressez-le dans une casserole d'argent et envoyez le restant du bouillon clarifié à part. Les poules peuvent se servir aussi en même temps ou après, si elles sont retirées à temps.

205. — PILAU MAIGRE A LA MARSEILLAISE.

Faites laver 6 douzaines de moules de roche bien fraîches, placez-les dans une casserole sans eau, sur un feu modéré ; sautez-les de temps en temps jusqu'à ce qu'elles soient ouvertes ; alors égouttez-les sur un tamis, en conservant leur cuisson. Détachez les chairs des coquilles pour les parer de leurs parties dures ; laissez déposer l'eau de leur cuisson pour la tirer à clair; passez à l'huile le blanc de 4 porreaux éminces fins; et quand ils sont légèrement colorés, ajoutez-leur les chairs de 2 à 3 tomates pelées, égrenées et hachées. Laissez-les revenir quelques instants, puis mouillez en proportion de 3 litres, partie avec l'eau de cuisson des moules et le restant avec du bouillon de poisson. Faites partir; aussitôt en ébullition, plongez le riz lavé et trié (12 bonnes poignées) et retirez sur l'angle; additionnez une feuille de laurier, un petit bouquet de persil, 3 clous de girofle, les moules et safran. Couvrez la casserole et laissez arriver le riz au point de cuisson voulu; retirez-en alors le bouquet, le laurier et les clous de girofle, pour le dresser soit dans une casserole d'argent, soit pour le mouler en timbale et le renverser dans un plat. On peut aussi confectionner ce potage avec des clovisses. On sert toujours un consommé à part.

206. — RIZ A LA VALENCIENNES.

Dépecez, comme pour fricassée, 2 jeunes poulets; avec les carcasses et les abattis, tirez une petite essence; parez 4 petits artichauts bien tendres, en quartiers; tournez 24 petits champignons blancs et placez-les ensemble dans une terrine, avec un décilitre de petits pois et un demi de petites fèves.

Ayez un grand sautoir mince dans lequel vous passez un petit oignon haché, avec moitié beurre et moitié huile; quand il est revenu, additionnez-lui 200 gr. de maigre de jambon fumé, coupé en petits dés; puis, tout à la fois, les poulets et les légumes; assaisonnez très-légèrement à cause du jambon, et passez dix minutes sur un feu ardent. Additionnez un verre de vin blanc que vous faites tomber à glace; mouillez largement à couvert avec du bouillon, et faites partir en ébullition; ajoutez alors 7 à 8 bonnes poignées de riz de Piémont, une tomate pelée, égrenée et hachée, un bouquet de persil enfermant une gousse d'ail; couvrez le sautoir et laissez réduire le mouillement; ensuite additionnez l'essence de volaille; continuez l'ébullition vive jusqu'à ce que le riz, la volaille et les légumes se trouvent atteints à point. Le riz doit cependant rester ferme et entier, quoique bien attendri. Additionnez 2 douzaines de queues d'écrevisses parées, 2 douzaines d'olives tournées et blanchies, et quelques cuillerées de poivre rouge et doux d'Espagne. Retirez le bouquet et servez dans une casserole, avec un consommé à part. Ce potage doit se trouver un peu plus liquide que le risot, mais bien lié.

207. — POTAGE AU RIZ PRINTANIER A LA KISSELEFF.

Tournez entières une vingtaine de petites carottes nouvelles, une quinzaine de petits oignons, le blanc de 4 beaux porreaux en tronçons, douze cœurs de laitues, 2 petites têtes de choux de Milan, 4 à 5 navets, 4 tiges de racines de persil, 2 têtes de céleri et choux-raves, ces derniers tournés en gousses; faites blanchir tous ces légumes séparément, les laitues et les choux braisés.

A mesure que les premiers légumes sont blanchis, passez-les tour à tour dans une petite marmite bien étamée, mouillez-les avec 3 litres de consommé, faites partir et retirez sur un feu doux pour qu'il ne fasse que frissonner pendant deux heures; au bout d'une heure et demie, plongez dans la marmite 2 jeunes poulets dressés comme pour une entrée, et continuez l'ébullition au même degré. Vingt minutes avant de servir, lavez 4 ou 5 poignées de riz et plongez-les dans le potage. Au moment, sortez les poulets, dépecez et parez-les pour les ranger dans la soupière, avec les laitues et les choux bien égouttés de leur graisse et parés, et aussi 2 poignées de petits pois: versez le potage dessus.

208. — RIZ A LA TURQUE — PILAFF.

Blanchissez, pour égoutter au premier bouillon, 15 poignées de riz caroline, soit 500 gr.; aussitôt égoutté, épongez-le bien; faites fondre dans une casserole 150 gr. de beurre; quand il est bien chaud, ajoutez le riz, passez-le quelques secondes, jusqu'à ce qu'il ait absorbé le beurre et que les grains soient légèrement surpris. Alors mouillez-le au double de sa hauteur avec du bon bouillon, faites-le partir en ébullition, ajoutez une pointe de safran, couvrez la casserole et placez-la à feu modéré ou à la bouche du four. Vingt-cinq minutes après, le riz doit être cuit à point, sec, bien serré et les grands bien entiers. Sans le broyer en aucune manière, dressez-le dans une casserole d'argent en pyramide, à l'aide d'une fourchette, et arrosez-le avec 200 gr. de beurre fondu à la noisette. Servez un consommé à part.

209. — RIZ A L'INDIENNE — KARI.

Dépecez par membres 2 jeunes poulets ; avec les abattis et les carcasses, tirez une petite essence de volaille ; placez un petit morceau de beurre dans une casserole, additionnez-lui 200 gr. de lard fumé, blanchi, distribué en petits carrés minces, et un petit oignon haché ; faites-les revenir ensemble quelques minutes, puis additionnez les membres de poulets. Alors placez la casserole sur un feu plus vif, pour faire légèrement colorer la volaille. A ce point, mouillez avec 3 litres de bouillon blanc, dans lequel vous faites entrer l'essence ; mettez la casserole en ébullition, et 30 minutes avant de servir, plongez dedans 500 gr. de riz caroline avec une cuillerée de poudre de kari ; couvrez-la et continuez l'ébullition dix minutes. Au bout de ce temps, poussez-la à la bouche d'un four modéré et laissez-la ainsi, sans toucher au riz ; puis retirez-la du four et versez ce riz dans une casserole d'argent, en le sortant peu à peu avec une fourchette et le dressant en pyramide. Servez à part un consommé.

210. — FARINE DE MAÏS A LA PIÉMONTAISE — POLENTA.

Ce qui contribue beaucoup à la bonté de ce potage, c'est la fraîcheur de la farine ; si elle est vieille, elle perd évidemment de son arome, autant que de ses qualités essentielles. Il faut qu'elle soit fraîchement moulue, ou tout au moins conservée en bon état.

Mesurez 16 petits moules à dariole d'eau, beurrez ensuite ces moules ou dorez-les intérieurement avec de la glace de viande, faites partir l'eau en ébullition dans une casserole, ajoutez un peu de sel ; laissez tomber de la main gauche la farine peu à peu, tandis que de la droite, avec une spatule renversée, vous agitez vivement l'eau à l'endroit même où tombe la farine, afin de l'incorporer avec l'eau, de la rendre unie et sans grumeaux. La farine absorbée, continuez le travail jusqu'à ce que l'appareil prenne de la consistance ; alors retirez la casserole sur un feu plus doux et laissez cuire cet appareil pendant une dizaine de minutes en le remuant de temps en temps ; incorporez-lui ensuite 200 gr. de beurre et 250 gr. de bon parmesan fraîchement râpé ; puis emplissez les petits moules, laissez-les raffermir quelques minutes, et démoulez-les sur un plat les uns à côté des autres ; arrosez-les un peu de demi-glace et servez à part un consommé.

On peut aussi servir la poulainte dans une casserole d'argent, en la prenant avec une cuiller à ragoût et en la dressant par couches alternées avec fromage et demi-glace ou jus napolitain. Dans ce cas, il ne faut pas lui incorporer le fromage avant.

DES SAUCES.

Les sauces, qui, par leur nature, sont le corollaire des entrées, ont été de tout temps considérées comme la base essentielle d'une bonne cuisine. Un dîner élégant, qui pèche de ce côté, n'est que médiocrement goûté; et l'artiste culinaire le plus capable, s'il néglige ce point capital, court le risque de perdre la confiance que lui accordent les gourmets judicieux. Nul ne saurait donc être réputé profond cuisinier s'il ne possède la connaissance des sauces, s'il n'a fait une étude spéciale des principes inséparables de leur perfection. Pour s'initier aux difficiles confections des sauces, pour se pénétrer de leur importance réelle, les bons livres ne suffisent pas toujours : il faut passer par l'école de la pratique et sous la direction des bons maîtres. Cela est si vrai que, depuis trente ans, on suit pour ainsi dire les mêmes règles. S'il y a eu progrès, innovation, les principes sont restés invariables.

Comme dans toutes les opérations sérieuses de l'art, les sauces réclament de grands sacrifices de temps, de soins minutieux, d'attention incessante et surtout de matières premières; car le moindre défaut dans leur perfection les rejette d'un trait parmi les produits vulgaires.

Deux causes particulières contribuent ordinairement à leur imperfection :

La première vient du manque de pratique et d'expérience. La responsabilité retombe alors tout entière sur le cuisinier; car, chez nous comme partout, si le travail est mal compris, mal raisonné, on n'obtient que des résultats douteux. Le désir d'atteindre un but satisfaisant, l'ardeur et les efforts d'une imagination laborieuse, mais abandonnée à ses seules inspirations, sont impuissants ou se brisent devant l'omnipotence et la sévérité des règles : les ignorer ou s'en écarter, c'est accuser son incompétence.

La seconde cause, tout aussi grave et compromettante que la première, ne dépend pas toujours de la volonté du saucier : nous voulons parler de l'insuffisance et de la mauvaise qualité des matières, et, ce qui est peut-être plus regrettable encore, de l'économie intempestive ; c'est là la pierre angulaire où viennent se heurter les capacités réelles de l'homme expérimenté. Son esprit inquiet et prévoyant remédie, corrige, atténue ou répare les torts d'autrui en multipliant son savoir-faire; mais suppléer à tout, tirer des créations heureuses du néant, faire des prodiges avec rien, cela n'est pas dans la limite des moyens qui lui sont propres. Forcé alors de subir une situation précaire, harcelé et poursuivi par des exigences ou fâcheuses ou mesquines, et souvent pressé par le temps, un cuisinier habile et jaloux d'une supériorité conquise par ses travaux, n'a plus qu'à se résoudre à jouer sa réputation sur un terrain désavantageux ; car ceux de ses hôtes qui ne vont pas au fond des choses lui pardonnent rarement une faute dont il est la première victime.

Ces considérations, qu'on ne saurait trop rappeler afin de prémunir les jeunes adeptes contre des échecs d'où peut dépendre la destinée d'une capacité naissante, ont déjà frappé bien d'autres esprits observateurs. Mais si une exception et un fait accidentel ont ici toute la portée d'un enseignement, il faut s'empresser de constater que les calculs parcimonieux sont à peu près inconnus dans les grandes maisons. Le véritable bon genre se plaît à donner à ses réceptions tout le luxe et l'éclat de son opulence; il repousse avec un noble orgueil toute idée d'épargne bourgeoise. Dans des conditions aussi larges, l'insuccès d'un cuisinier n'a pas d'excuse légitime, tandis que celui qui s'appuie sur une connaissance exacte des substances et des proportions qui règlent cette intéressante partie de l'art culinaire, peut accomplir ses devoirs avec sécurité et se promettre l'honneur d'un succès. Voilà pourquoi nous insisterons toujours sur la nécessité d'une étude pratique, constante et réfléchie.

Nous pourrions étendre à l'infini la série des sauces : nous pensons qu'il est préférable de faire un choix restreint, en se renfermant dans la sévérité des principes classiques de la haute cuisine. Une trop grande multitude de formules, reposant presque toutes sur les mêmes bases et ne différant guère que par certaines additions, aurait l'inconvénient de surcharger la mémoire sans enrichir cet ouvrage, ou de faire perdre de vue le point de départ plutôt que d'arrêter l'esprit sur l'idée fondamentale. Il est d'ailleurs pour le moins inutile de rappeler des procédés, des méthodes que chacun est à même de connaître. Néanmoins, dans le cours de nos descriptions théoriques, nous ne négligerons aucune occasion de développer les variétés de ce genre qui méritent de fixer l'attention. Pour éviter toute diffusion, nous avons adopté un mode de classification divisé en trois catégories : la première série comprend les *sauces capitales* ou *grandes sauces* et leurs fonds respectifs ; la seconde, les *sauces simples*, et la dernière, les *sauces composées* ou de réduction.

241. — ROUX BLOND.

Faites fondre 500 gr. de beurre dans une casserole un peu épaisse de fond ; quand ce beurre est dissous, emplissez-le avec 400 gr. de farine environ, pour en former une pâte liquide unie et bien liée ; tournez-la à la spatule, sur feu, jusqu'à ce qu'elle se trouve en pleine ébullition ; alors retirez la casserole sur un feu plus doux, afin que la farine cuise bien également, en ayant soin de la tourner de temps en temps à la spatule. Au bout de trente à trente-cinq minutes, elle doit se trouver cuite et avoir pris une teinte blonde. Ensuite retirez-la du feu pour la délayer peu à peu avec le fonds de sauce chaud, clair et peu coloré.

242. — ROUX BRUN.

Placez, comme nous venons de le dire, 500 gr. de beurre dans une casserole et sur feu, pour le dissoudre et l'emplir avec 450 gr. de farine ; faites cuire cette farine vivement pendant quelques minutes, puis retirez la casserole sur un feu doux ; agitez souvent l'appareil pendant sa cuisson pour qu'il se colore de teinte égale; laissez-le ainsi jusqu'à ce qu'il ait acquis une couleur légèrement foncée, quoique claire ; alors retirez la casserole du feu et délayez attentivement le roux avec un fonds de sauce chaud.

243. — BLANC.

Faites fondre dans une casserole 100 gr. de lard râpé et 300 gr. de graisse de bœuf hachée ; ajoutez une carotte et un oignon émincés, un bouquet d'aromates et de persil, les chairs d'un citron épepinées et quelques grains de poivre et girofle ; saupoudrez ces ingrédients avec deux cuillerées à bouche de farine, que vous leur incorporez avec la spatule ; mouillez avec 3 litres d'eau bouillante ; donnez vingt-cinq minutes d'ébullition et passez au tamis.

244. — FONDS DE MIREPOIX.

Faites fondre dans une casserole 500 gr. de lard râpé ou bien haché ; aussitôt dissous, mêlez-lui un gros oignon et une carotte émincés ; faites-les revenir tout doucement, sans leur faire prendre couleur ; puis adjoignez-leur 250 gr. de jambon en gros dés, un bouquet d'aromates et de persil, quelques parures de champignons, une gousse d'ail, quelques grains de poivre et clous de girofle ; mouillez avec 2 litres de grand bouillon et un demi-litre de vin blanc ; faites partir en plein fourneau ; retirez ensuite sur l'angle, tout en maintenant une ébullition vive et soutenue pour lui donner un tiers de réduction. Au bout d'une heure, passez au tamis et couvrez-en les objets que vous destinez à cette cuisson.

215. — FONDS DE POÊLE.

Passez un gros oignon coupé en dés, 200 gr. de lard haché et fondu ; ajoutez quelques parures de lard et de veau, quelques couennes blanchies, une carotte, un petit bouquet de persil et thym, une feuille de laurier, quelques grains de poivre et clous de girofle ; passez ces ingrédients ensemble sur un feu doux pendant un quart d'heure ; mouillez-les enfin avec 2 litres et demi de bouillon blanc de volaille ; ajoutez les chairs épepinées d'un citron, quelques poignées de parures de champignons et 250 gr. de jambon blanchi ; faites partir l'ébullition ; retirez ensuite la casserole sur l'angle du fourneau pour l'entretenir ainsi d'un bouillonnement presque insensible pendant une heure et demie ; alors retirez du feu et passez au tamis pour l'employer au besoin. Ce fonds doit se conserver bien blanc.

216. — FONDS DE MARINADE CUITE.

Émincez une carotte, deux gros oignons ; faites-les revenir avec de l'huile d'olive sans leur faire prendre couleur ; mouillez avec 2 litres d'eau et 2 litres de vinaigre ; salez modérément ; ajoutez un gros bouquet d'aromates et de persil, 2 gousses d'ail, quelques cuillerées de poivre en grains et clous de girofle ; couvrez la casserole ; faites partir en ébullition et réduire d'un cinquième ; passez au tamis.

217. — FONDS DE COURT BOUILLON.

Émincez deux ou trois oignons avec deux carottes ; passez-les au beurre et lard fondus ensemble ; joignez-y quelques débris de lard et de jambon maigre, quelques grains de poivre et clous de girofle, un bouquet d'aromates et persil ; faites revenir ces ingrédients, puis mouillez-les avec 2 bouteilles de vin blanc ou rouge et 2 litres de bouillon de poisson ; ajoutez les débris et arêtes dont vous disposez ; faites partir, écumez et retirez sur l'angle du fourneau. Au bout de trois quarts d'heure d'ébullition modérée, passez au tamis.

Si ce fonds devait servir à cuire des poissons en maigre absolu, il faudrait en supprimer les éléments gras et remplacer le lard par le beurre ou l'huile. Ce fonds se conserve, après les cuissons des poissons, pour l'employer d'autres fois au même usage.

218. — FONDS DE MATIGNON.

Passez au lard râpé, mêlé avec son même volume de beurre, des tranches de jambon cru, carottes, oignons et parures de champignons émincés ; faites-les revenir tout doucement sur feu modéré ; ajoutez quelques feuilles de laurier et thym, sel et poivre ; mouillez juste à couvert avec du madère ou du sauterne et un peu de bon fonds ; passez la casserole sur un feu vif et faites tomber à glace. Ce fonds s'emploie à masquer certaines pièces d'entrée ou de relevés qu'on veut à la broche ou à cuisson sèche ; à ceux qu'on veut appliquer aux cuissons de poissons cuits en maigre, on supprime le lard et le jambon pour leur substituer le beurre ou l'huile.

219. — FINES HERBES.

Passez au beurre 4 cuillerées à bouche d'échalottes hachées très-fin. Quand elles ont réduit leur humidité, additionnez-leur 7 à 8 cuillerées de champignons blancs crus, également hachés ; salez très-modérément ; continuez la cuisson jusqu'à ce que ceux-ci aient aussi réduit leur humidité, et incorporez-leur quelques cuillerées de truffes noires, crues et hachées. Passez encore quelques minutes ; retirez ensuite la casserole de feu et additionnez quelques cuillerées de persil bien haché, rafraîchi à l'eau tiède et bien épongé ; assaisonnez deux pointes de muscade et versez cet appareil dans une petite terrine ; couvrez-le d'un rond de papier beurré en attendant son emploi. Si l'on voulait rendre ces fines herbes plus simples, il faudrait supprimer les truffes.

220. — D'UXELLES.

Préparez le même appareil que celui qui précède; additionnez-lui quelques cuillerées de velouté; réduisez à extinction, et, en dernier lieu, liez l'appareil avec un ou deux jaunes d'œufs.

221. — BLOND DE VEAU.

Ce fonds s'emploie comme élément de succulence, d'onction, de ton et de teinte. Son caractère est d'être limpide et de cette teinte légèrement foncée que les qualités mucilagineuses des viandes de veau ont pour ainsi dire le privilége de donner.

Foncez une moyenne casserole avec lames de lard, maigre de jambon, quelques légumes entiers et un bouquet garni; placez sur ce fonds quelques bonnes parures, une épaule divisée en plusieurs parties, et un jarret de veau; mouillez avec 4 décil. de grand bouillon; couvrez la casserole, faites-la partir en plein fourneau et laissez tomber à glace. Piquez les viandes avec la pointe d'un petit couteau, pour en extraire tous les sucs; retirez la casserole sur un feu très-modéré, et faites prendre une belle couleur à cette glace, en retournant les viandes de temps en temps; mouillez-les enfin à couvert, avec du grand bouillon frais, écumez attentivement, et aussitôt que l'ébullition se prononce, retirez la casserole sur l'angle du fourneau, en laissant cuire les viandes tout doucement. Retirez-les aussitôt qu'elles sont bien atteintes et passez immédiatement le fonds au tamis dans une casserole; dégraissez-le et laissez-le refroidir aux trois quarts, puis clarifiez-le avec 400 gr. de chairs maigres de veau, pilées avec deux œufs entiers et étendues avec un peu de bouillon froid. Faites partir à couvert sur l'angle du fourneau, et passez à la serviette au bout de quelques minutes d'ébullition.

222. — JUS CLAIR.

Ce fonds accompagne les relevés et les rôts, en saucière ou sur le plat même, à moins d'en avoir besoin d'une grande quantité. Il est rare qu'on marque ce fonds exprès; celui de l'espagnole peut toujours y suppléer. On le marque d'ailleurs dans les mêmes conditions; on le clarifie à la viande,

223. — GLACES DE CUISINE OU SUCS CONCENTRÉS.

Les glaces se font avec plusieurs espèces de viandes ou chairs, c'est-à-dire grasses ou maigres. Elles sont ou blondes ou brunes, suivant la nuance des fonds dont on se sert, et d'un grand secours en cuisine. On les fait servir à la rectification des sauces ou comme additions aux ragoûts et garnitures; mais l'emploi le plus usuel est celui de glacer au pinceau les pièces dressées qui ne comportent pas de sauce dessus. Cet emploi sera d'ailleurs indiqué dans nos descriptions toutes les fois que le besoin l'exige.

224. — GLACE BRUNE.

Placez dans une grande marmite 4 kil. de bœuf des parties inférieures, tels que casys et trumeaux, bien dégraissées et désossées, avec 5 kil. de maigre de veau et 4 poules. Les viandes peuvent être coupées par morceaux, le bœuf surtout, mais les poules restent entières. Couvrez largement ces viandes avec de l'eau froide, faites partir en plein fourneau, écumez attentivement, et, à l'ébullition, retirez la marmite sur l'angle du fourneau; ajoutez un fort bouquet de légumes à l'usage des bouillons; ne mettez pas de sel et laissez cuire tout doucement les viandes à extinction, en ayant soin de retirer les plus tendres à mesure qu'elles sont atteintes; passez enfin le fonds au tamis, dégraissez-le bien, laissez-le refroidir et clarifiez-le avec quelques œufs broyés et étendus à l'aide de quelques parties de bouillon froid, selon les procédés ordinaires. Après deux minutes d'ébullition, passez à la serviette, divisez le fonds en deux ou trois parties et faites-le réduire violemment, mais sans le secours de la spatule; veillez l'opération, et quand les fonds des diverses casseroles commenceront à se lier insensiblement, mêlez-les ensemble pour les réduire à consistance de sirop serré, cette fois avec la spatule, afin que la glace ne s'attache pas à la casserole; à ce point, versez cette glace dans de petites terrines ou casseroles à bain-marie, si vous devez l'employer aux besoins du moment. Pour la conserver, on la coule en tablettes, en vessies ou en boyaux de porc, ce qui est encore plus convenable, car il suffit de les couper en lames pour l'employer.

225. — GLACE BLONDE DE VOLAILLE.

Cette glace se compose uniquement avec de la volaille et du veau. On procède, du reste, pour l'ensemble de l'opération, dans l'ordre même que nous venons d'indiquer.

226. — GLACE DE GIBIER.

Le gibier ne contient pas par lui-même assez de sucs nutritifs pour être employé seul à la confection des glaces. En marquant le fonds il faut donc avoir soin d'y faire entrer un tiers de son volume de viandes de veau ou de volaille. Quand le fonds est prêt, on le clarifie, et on le réduit à point d'après les procédés décrits plus haut.

227. — GLACE DE POISSON.

Cette glace est indispensable dans certains cas; mais elle ne donne pas de résultats très-succulents. Les consommés de poisson prennent, à mesure qu'ils se concentrent, un goût de colle très-défectueux, que l'on corrige en cuisant le poisson dans un bouillon de légumes. Clarifiez le fonds et réduisez comme précédemment.

228. — GLACE DE RACINES.

Faites un bouillon de racines dans les conditions ordinaires, mais dont le mouillement doit être strict. Une fois fini, clarifiez-le en lui additionnant un tiers de son volume de bon bouillon blanc de volaille, sans sel, et réduisez d'après les règles habituelles. Il est évident qu'on devrait supprimer le fonds de volaille, si la glace devait être employée dans un dîner absolument maigre.

DES GRANDES SAUCES.

Nous entendons par grandes sauces celles d'où l'on fait découler toutes les sauces de réduction. Elles ne sont réellement que de deux espèces : les *brunes* et les *blondes*; mais cette dernière catégorie a quelques nuances différentes que nous indiquerons plus loin. Nous avons résumé dans l'article qui précède leur véritable importance et le cas qu'on doit en faire ; il ne nous reste donc plus qu'à les décrire. Les quantités et les proportions que nous indiquons sont toutes relatives aux dîners que nous avons pris pour base (de 10 à 12 couverts); mais il est entendu que ces proportions doivent être nécessairement modifiées suivant le nombre des convives.

229. — ESPAGNOLE.

Beurrez légèrement et masquez le fonds d'une forte casserole, ayant 30 centimètres environ de diamètre, avec quelques lames de lard et maigre de jambon; ajoutez 4 oignons et 2 carottes émincés en lames épaisses. Sur ces ingrédients, étalez quelques lames minces ou parures de bœuf maigre, pour faciliter la coloration des viandes. Au-dessus de ces viandes, placez les parties inférieures d'un cuissot, telles que casys, sous-noix, tranches ou jarrets, l'un ou l'autre, mais en proportion suffisante, c'est-à-dire 3 ou 4 kil. si c'est possible, car on peut aussi les masquer avec une quantité plus faible. Ficelez ces pièces, afin de pouvoir les retirer sans les briser. Ajoutez 2 poules; mouillez d'abord avec 1 litre de grand bouillon ; couvrez la casserole, faites-la partir à bon feu et tomber à glace tout doucement. Quand le mouillement approche de sa réduction, piquez les viandes avec la pointe d'un couteau, pour exciter l'écoulement de leurs sucs intérieurs. Au moment où le bouillon est réduit, passez la casserole sur un feu plus modéré, entretenez-la ainsi quelques minutes, afin que la glace prenne couleur; et si cette glace ne se trouvait pas en assez grande quantité, on pourrait renouveler en partie le mouillement et le faire réduire de nouveau. Mais surtout surveillez attentivement les phases de la réduction; car c'est de ce point précis que dépend la qualité d'une sauce, qui est, d'ailleurs, coûteuse à constituer et longue à obtenir. Le but qu'il faut atteindre, c'est de lui faire prendre une teinte d'un blond foncé, sans la brûler, ni même la colorer outre mesure. Cette opération n'a rien de bien difficile si l'on y apporte du soin; mais elle est pleine d'écueils et le moindre oubli peut lui devenir funeste. Enfin, lorsque la glace est arrivée à point, faites réduire 2 verres de vin blanc, retirez la casserole du feu, essuyez ses parois intérieures, mouillez en plein avec 10 à 12 litres d'un grand bouillon fait du moment, ajoutez un bouquet garni, faites partir en ébullition, écumez attentivement et laissez terminer la cuisson des viandes sur l'angle du fourneau. Adjoignez des épaules de lièvre, quelques perdrix sans filet ou simplement des carcasses déjà rôties. Ce gibier donne au fonds une onction parfaite, clarifie et colore en même temps. A mesure que les viandes sont bien atteintes, retirez-les, et, en dernier lieu, dégraissez et passez le fonds sur un tamis au-dessous duquel vous placez une serviette et une grande casserole. Laissez-le refroidir à moitié et mélangez-lui 250 gr. de viande maigre de veau, pilée avec un œuf entier et étendue avec 1 décilitre de vin léger. Couvrez la casserole, placez-la sur feu modéré pour l'amener à l'ébullition sans violence. Au bout de quelques minutes, passez à la serviette.

Pendant la cuisson du fonds, vous aurez masqué un roux brun avec 600 gr. de beurre auquel vous faites absorber à peu près le même poids de farine d'après les indications données au n° 212. Ce roux doit cuire dans une casserole épaisse de fond, sur un feu très modéré, et la farine incessamment tournée à la spatule. Faites-lui prendre une teinte légèrement vive, mais toujours claire. A ce point, retirez-le du feu et délayez-le peu à peu avec la moitié du fonds seulement, en le travaillant constamment pour en former une pâte lisse et bien liée; c'est là un point essentiel. Posez la casserole sur feu modéré, amenez l'ébullition en promenant toujours la spatule sur le fond du vase; et quand le bouillonnement se prononce, la sauce doit être consistante et sans grumeaux. Alors étendez-la peu à peu avec le restant du fonds jusqu'à liquidité normale, c'est-à-dire légèrement liée. Cette liquidité doit être celle d'une demi-glace. Trop épaisse, elle ne se dépouille pas; si elle l'était insuffisamment, elle se décomposerait: ce sont deux extrêmes qu'on doit éviter. Quand elle a repris l'ébullition, placez la casserole sur l'angle du fourneau en y additionnant un petit bouquet et quelques parures de champignon; recouvrez la casserole et laissez la sauce se dépouiller à son aise, sans violence ni précipitation: elle ne doit bouillir que d'un côté. Au bout d'une heure, toute la graisse se trouve rassemblée à sa surface. Alors dégraissez-la d'un trait, aussi bien que possible, couvrez et laissez-la se dépouiller encore quarante-cinq minutes au plus. Ce temps écoulé, dégraissez-la de nouveau, passez-la à travers un tamis, dans une casserole à réduction que vous mettez immédiatement sur un fourneau ardent, et réduisez d'un quart de son volume sans la quitter ni sortir la spatule avec laquelle vous la travaillez incessamment. Pour abréger ce travail, on peut la diviser en deux parties et les réduire alternativement ou en même temps, sur deux fourneaux différents et dans deux casseroles. L'essentiel est de la réduire en moins de temps que possible; car les sauces, en général, noircissent et contractent souvent des goûts désagréables, lorsqu'elles restent trop longtemps sur le feu.

Réduite à point, passez cette espagnole dans une terrine vernie, vannez-la d'intervalle en intervalle, jusqu'à ce qu'elle soit entièrement refroidie; recouvrez-la d'un rond de papier en attendant l'instant de l'employer à la confection des petites sauces.

230. — VELOUTÉ.

Le velouté diffère de l'espagnole par sa couleur et aussi par la succulence. Cette sauce doit être blonde et se composer spécialement avec des viandes blanches de veau et de volaille; avec les carcasses de volaille et les parures de veau que vous destinez à la sauce, marquez un bouillon blanc dans les conditions ordinaires. Ce bouillon doit être fait du moment, mais sans sel. Quand il est à point, masquez le fond d'une casserole de 20 à 25 centimètres de diamètre, avec des parures de lard; ajoutez quelques légumes entiers, un bouquet garni et quelques gros dés de maigre de jambon cru. Sur ce fonds, rangez une sous-noix, 2 jarrets de veau, auxquels vous aurez retiré les crosses, et 2 poules entières ou privées de leurs filets. Mouillez d'abord ces viandes avec un litre à peu près de bouillon blanc et faites partir à feu vif; veillez sa réduction et faites tomber à glace sans prendre couleur. Cette opération tend moins à colorer le fonds qu'à purifier et corriger la fadeur naturelle des viandes blanches. Égouttez la graisse, ressuyez bien les parois de la casserole, mouillez en plein avec le bouillon passé; s'il ne suffisait pas, additionnez du bouillon blanc de volaille (il en faut en tout 7 à 8 litres), faites partir en ébullition, écumez avec soin, placez la casserole sur l'angle, couvrez-la et laissez cuire les viandes tout doucement; retirez-les à mesure qu'elles sont atteintes, puis passez, dégraissez et laissez refroidir à moitié le fonds, pour le clarifier avec 2 filets de volaille pilés avec un œuf entier et étendus avec 2 décilitres de bouillon froid.

Dans l'intervalle, marquez un roux blanc fait avec 500 gr. de beurre et 450 gr. de farine, d'après les détails du n° 211. Quand le fonds est passé à la serviette, délayez ce roux peu à peu, en le travaillant vivement à la spatule, pour obtenir une bouillie sans grumeaux. Ne lui faites d'abord absorber que la moitié de ce fonds; placez la sauce sur le feu, amenez-la à l'ébullition en la tournant continuellement. Alors incorporez-lui le restant du fonds, également par petites parties pour l'amener au point de liquidité voulu. Aussitôt l'ébullition développée, retirez la casserole sur l'angle pour faire dépouiller la sauce tout doucement, ajoutez un bouquet garni et une poignée de parures de champignons. Au bout d'une heure, dégraissez-la, couvrez et laissez-la dépouiller encore une demi-heure, pour la dégraisser et la passer ensuite dans une casserole à réduction; placez-la sur feu violent, réduisez-la d'un quart de son volume à la spatule et sans la quitter, afin qu'elle ne s'attache pas au fond de la casserole. Arrivée à point, passez-la dans une terrine vernie, vannez-la de temps en temps jusqu'à ce qu'elle ait perdu toute sa chaleur, alors couvrez-la d'un rond de papier et tenez-la au frais jusqu'au moment de l'employer.

231. — BÉCHAMEL.

Marquez une petite marmite avec un jarret ou casy de veau, une poule et les parures blanches dont vous pourrez disposer, et 200 gr. de jambon cru blanchi; mouillez avec 5 à 6 litres d'eau froide; faites partir, écumez, garnissez avec un oignon, une carotte, un bouquet garni, quelques clous de girofle et grains de poivre; retirez sur l'angle et laissez cuire les viandes à petits bouillons. Préparez un roux blanc avec 500 gr. de beurre et 450 gr. de farine, et lorsqu'il est à point, passez le bouillon de la marmite, dégraissez-le et avec lui délayez le roux peu à peu; quand il en a absorbé la moitié, placez la casserole sur feu, amenez la sauce à l'ébullition sans cesser d'agir avec la spatule pour la lier sans grumeaux. Au premier bouillonnement, incorporez le restant du bouillon jusqu'à liquidité normale; puis retirez la casserole sur l'angle du fourneau et laissez la sauce se dépouiller trois quarts d'heure; dégraissez-la alors et continuez le dépouillement encore vingt minutes; puis passez au tamis dans une casserole à réduction; placez celle-ci en plein fourneau et réduisez d'abord la sauce d'un tiers. A ce degré, incorporez-lui peu à peu un litre de bonne crème double, sans cesser le travail de la spatule, qui doit être au contraire plus actif. La crème absorbée, passez-la dans une terrine et vannez-la jusqu'à ce qu'elle soit aux trois quarts refroidie, pour la couvrir ensuite d'un rond de papier.

On obtient également cette sauce en incorporant la crème avec du velouté réduit. Cette méthode est la plus brève, mais elle n'est pas la plus parfaite.

232. — SUPRÊME.

Le nom de cette sauce dit assez qu'elle sort des préparations communes et qu'elle s'en distingue par des qualités spéciales. Elle en possède, en effet, qui la caractérisent d'une manière avantageuse et incontestable. Nous la décrivons dans la catégorie des sauces capitales, parce qu'elle est devenue d'un emploi général dans les opérations culinaires, et qu'elle peut, comme le velouté, servir à la confection d'autres sauces.

Après avoir levé et mis de côté les filets de 4 volailles, détachez les cuisses, auxquelles vous taillez les jambes à la seconde articulation; brisez les carcasses, parez-les de leurs parties sanguines. Placez-les dans une terrine avec tous les débris, couvrez-les d'eau légèrement tiédie et laissez-les dégorger une heure. Au bout de ce temps, égouttez et lavez-les à l'eau chaude, placez-les dans une casserole, mouillez-les largement à couvert avec de l'eau froide, ajoutez un peu de sel et faites partir, écumez avec soin et laissez l'ébullition se prolonger dix minutes seulement, si les volailles sont bien tendres; dans le cas contraire, donnez quelques bouillons de plus, puis versez le bouillon sur un tamis, au-dessous duquel vous aurez placé une terrine ou casserole pour le recevoir; laissez-le déposer, dégraissez et tirez à clair; rafraîchissez la volaille, égouttez et épongez-la sur un linge.

Préparez un roux blanc avec 300 gr. de beurre et 250 gr., poids de farine. Aussitôt que la farine est cuite, délayez-la avec le fonds de volaille, peu à peu et de manière à l'étendre sans grumeaux; tenez-la beaucoup plus claire que les sauces ordinaires; tournez-la sur feu à la spatule, jusqu'à l'ébullition; ensuite additionnez la volaille, ajoutez un bouquet garni, un petit oignon et une pointe de muscade. Retirez la casserole sur l'angle du fourneau pour que l'ébullition ne soit que partielle et d'un seul côté; dégraissez à mesure et laissez-la ainsi jusqu'à la cuisson complète de la volaille. A ce point, passez-la à travers un tamis fin, dans une casserole à réduction; placez-la sur un feu ardent et travaillez-la à la spatule jusqu'à réduction d'un tiers du volume. A ce degré, la sauce doit se trouver claire et peu liée, mais lisse, succulente et d'une essence parfaite : c'est là son caractère. Alors liez-la avec 1 décilitre de crème double et un morceau de bon beurre; passez à l'étamine et vannez-la jusqu'à ce qu'elle ait perdu sa plus grande chaleur, si elle ne doit pas servir de suite. Autant que possible, cette sauce doit être employée aussitôt finie.

On la traite aussi d'après la méthode d'un velouté; mais l'expérience nous a démontré qu'en opérant ainsi que nous venons de le dire, elle conserve mieux son essence et acquiert plus d'onction. L'essentiel est de la tenir très-liquide et d'opérer vivement.

DES GRANDES SAUCES CAPITALES MAIGRES.

Ces sauces ne diffèrent des précédentes qu'en ce qu'on substitue des fonds maigres aux gras. Leur confection est d'ailleurs absolument semblable; c'est à ce point que, pour les décrire, nous serions forcément dans la nécessité de nous répéter. Nous renverrons donc, pour les détails, aux formules précédentes, en observant simplement que les fonds maigres ne sont pas dispensés de la clarification. Du reste, on les obtient brunes ou blondes suivant la destination qu'on leur assigne.

DES SAUCES VILLEROY.

Les villeroy sont des sauces qu'on pourrait dire perdues, parce que leur rôle est tout à fait invisible. C'est un caractère tout particulier qui les distingue des autres sauces; leur action principale et pour ainsi dire absolue, est tout simplement de rendre les fritures plus succulentes, en leur apportant une action étrangère, mais importante. D'après cette application, on comprend qu'elles doivent avoir une consistance plus solide que les sauces ordinaires, ce qui, par parenthèse, ne doit jamais s'obtenir au détriment de leur qualité. On peut même les composer avec celles-ci, si on leur donne assez de corps par la réduction. Dans le cas contraire, on procède ainsi que nous allons l'indiquer :

233. — VILLEROY BLONDE.

Passez un roux blanc avec 200 gr. de bon beurre que vous emplissez avec le même poids de farine. Quand celle-ci est cuite, mouillez peu à peu avec du consommé de volaille ou de veau. Il faut tenir cette sauce un peu plus consistante que les sauces ordinaires, mais toujours bien lisse et sans grumeaux. Tournez-la sur feu jusqu'à l'ébullition ; ajoutez quelques dés de jambon cru, un petit oignon et un bouquet garni ; dépouillez-la sur l'angle du fourneau, pendant une demi-heure ; dégraissez-la bien et passez-la ensuite pour la réduire immédiatement à consistance serrée, c'est-à-dire près d'un tiers. A ce point, liez-la avec 4 jaunes d'œufs étendus avec 3 cuillerées à bouche de crème double ; ajoutez une pointe de muscade et passez à l'étamine, dans une petite terrine ; laissez-lui perdre quelque peu de sa chaleur en la vannant, et masquez aussitôt les objets disposés, soit en les trempant, soit en les enveloppant sur toutes leurs surfaces, à l'aide d'une cuiller. Cette sauce peut se composer également avec du consommé maigre.

234. — VILLEROY BRUNE.

On peut marquer cette sauce, si elle devait être maigre, avec du consommé de gibier ou de poisson, pourvu que ces consommés soient foncés en couleur. Le roux ne doit être ni aussi foncé ni cuire aussi longtemps que celui qui est destiné à l'espagnole ; mais il doit être tenu un peu plus brun que celui qui se fait pour les veloutés, sans cependant qu'il prenne aucunement le goût de noisette.

On peut, au besoin, composer ces sauces avec du velouté et de l'espagnole, qu'on mêle par parties égales et qu'on réduit à consistance voulue. Dans les deux cas, elles doivent être liées aux jaunes d'œuf étendus au bouillon froid. Si on a opéré avec la sauce faite exprès, on peut, en dernier lieu, lui additionner un peu de glace de volaille ou autre.

235. — VILLEROY A L'ANGLAISE.

Ces sauces constituent une variété qui peut être fort utile. Leur confection est toute simple : elle consiste tout bonnement à additionner aux sauces réduites à point un tiers de leur volume de purée de volaille, gibier, poissons ou légume, suivant leur nature et selon l'usage auquel on les destine. Cette addition, nous le répétons, ne peut avoir lieu qu'après l'entière réduction des sauces, et même après qu'elles ont été passées à l'étamine. Sans ce soin, il pourrait en résulter que la purée, se décomposant, nuise à leur unité. Il est évident que les purées doivent, en ce cas, être préalablement passées à l'étamine, et se trouver au point de consistance suffisante pour ne point diminuer celle des sauces.

DES PETITES SAUCES.

Nous distinguons, dans cette série, deux genres de petites sauces : les *simples* et celles *de réduction*. Les premières, qui se composent au moment et le plus souvent avec des éléments tout à fait simples, ne nécessitent qu'une succulence médiocre et sans prétention. Les secondes sont celles qui découlent des grandes sauces, et à la confection desquelles on fait entrer une essence quelconque ou une réduction de vin. Ces dernières se distinguent par leur arome, la pureté de leur essence, le fini qu'on leur donne, par leur brillant et enfin par leur point précis de consistance, qui, en général, doit être peu sensible.

Les sauces de réduction doivent, quand cela se peut, être réduites et finies au moment ; elles conservent beaucoup mieux ce goût de fraîcheur qui, après la succulence, est une de leurs premières qualités. Mais nous savons fort bien que ce soin n'est pas toujours dépendant de la volonté des cuisiniers. Pour suivre la méthode indiquée, il faut être bien secondé ; car pour peu que le dîner soit considérable, les moments qui le précèdent sont toujours les plus occupés ; et si l'on est abandonné à ses propres forces, ou, comme il arrive trop souvent, obligé de compter sur un secours étranger, cette méthode, quoique excellente au fond, pourrait trahir les intentions, par le retard et la confusion qu'elle pourrait occasionner. Il est donc plus prudent de réduire ces sauces d'avance, pour les chauffer ensuite au bain-marie. Dès qu'on ne les réduit pas au moment, il est sans importance de le faire quelques heures plus tôt ou plus tard ; mais, dans tous les cas, elles doivent toujours être réduites dans la journée même du dîner et maintenues sur glace, si l'action de la température devait leur nuire.

La réduction des petites sauces est une opération très-importante, qu'il ne faut jamais traiter avec insouciance. En principe, on doit les confectionner avec célérité, les traiter avec ensemble et les réduire en même temps : c'est là une garantie de réussite qui a le double mérite d'abréger le travail en fixant si attentivement l'esprit sur ce point, qu'une distraction malheureuse devient pour ainsi dire impossible. Il y a mieux encore, c'est que de cet ensemble les différences ressortent davantage et qu'on est mieux à portée d'en déterminer la précision.

Aussitôt réduites, les sauces se passent à l'étamine, dans de petites terrines vernies, pour les faire vanner jusqu'à ce qu'elles aient perdu toute leur chaleur, et les transvaser ensuite dans des bainmaris* exactement proportionnés à leur quantité, de telle sorte que ces bainmaris se trouvent pleins jusqu'à 2 centimètres des rebords. Aussitôt pleins, on coule sur les sauces une cuillerée ou deux de consommé clair, afin de les empêcher de faire peau, et on les range immédiatement dans la caisse à bainmaris qui doit servir à les chauffer toutes ensemble. En attendant, elles doivent être tenues au froid, si elles ne sont pas finies au moment.

La caisse à bainmaris, garnie des casseroles à sauce disposées en ligne, graduellement ou par rang de hauteur, doit être baignée d'eau chaude jusqu'à mi-hauteur des plus petites casseroles. Une heure à peu près avant le moment de servir, on la place sur un fourneau très-doux pour qu'elle ne puisse pas recevoir une chaleur trop violente, capable de provoquer l'ébullition, et cependant suffisante pour maintenir toujours l'eau au même degré. Dans aucun cas l'eau de la caisse ne doit bouillir : c'est là un principe trop généralisé pour insister davantage.

Dans les grandes affaires, où les sauces sont nécessairement variées et nombreuses, tous les bainmaris doivent porter à leur queue une petite étiquette indicative de leur contenu ; cela est urgent pour éviter la confusion. Si le nombre en est restreint à quelques-uns seulement, on peut se dispenser de ce soin ; ce serait un excès de zèle qui touche presque au ridicule.

Afin d'être mieux compris, nous donnons les proportions exigées pour saucer une entrée pouvant être servie à dix ou douze personnes. Comme mesure normale nous avons adopté le litre, qui est à portée de tout le monde et détermine un volume fixe. Cela ne veut pas dire qu'on doive mesurer chaque fois la quantité indiquée ; le simple bon sens suffit à l'appréciation, en ce sens que cette quantité n'est pas tellement rigoureuse qu'on ne puisse s'en écarter.

Excepté les sauces confectionnées avec des éléments spéciaux et celles qui ont un caractère exclusif, toutes les autres peuvent indifféremment se traiter en gras et en maigre. Il s'agit, pour cela, d'employer des fonds en conséquence. Il est inutile de dire que, dans les sauces maigres, on supprime les auxiliaires gras qui sont indiqués aux sauces grasses analogues, tels que lard, jambon, etc., et qu'on remplace la glace de viande par celle de poisson ou de légumes. Le jambon peut aussi être remplacé par du saumon fumé, mais il faut surtout l'employer avec prudence et modération.

Avant d'entrer dans les détails, nous indiquerons la manière de lier les sauces, opération que nous aurons souvent occasion de mentionner. Une fois expliquée, nous ne serons plus obligés d'y revenir. Quant au nombre d'œufs nécessaire, cela dépend beaucoup du volume de la sauce, et surtout du genre auquel elle appartient ; mais ce nombre devant être indiqué ailleurs, nous n'en parlerons pas ici. Quelle que soit la proportion d'une liaison, il faut d'abord broyer les œufs avec une petite cuiller et les étendre avec quelques cuillerées de crème ou de consommé froid. On additionne quelquefois le jus d'un citron, mais cet emploi n'est pas général. Nous en dirons autant de la muscade, dont l'arome se marie fort bien à certaines sauces,

---

* On entend par *bainmari* les casseroles blanches étamées en dedans et en dehors, hautes de forme et de dimension graduelle. Ces casseroles, avec des couvercles à bouton et sans queue, sont spécialement destinées à l'emploi des sauces finies. Elles se rangent dans la *caisse à bainmaris*, qui n'est autre chose qu'un vase de forme carrée, beaucoup plus large que haut.

SAUCES ET FONDS.   79

tandis que d'autres le repoussent. Cela fait, on passe la solution au tamis, on y mêle un morceau de beurre, puis une petite partie de la sauce qu'on veut lier; les œufs se trouvent ainsi moins surpris par la chaleur et se lient plus intimement à la sauce principale, avec moins de danger de tourner. Au moment de lier cette sauce, on retire la casserole du feu, on verse la liaison dedans, en remuant avec la spatule pour l'incorporer; on présente quelques secondes la casserole sur feu, et au premier bouillon on la retire pour la passer. Les sauces bien réduites tournent difficilement et se conservent plus lisses; celles qui le sont insuffisamment sont plus sujettes à cet inconvénient.

DES ESSENCES* POUR SAUCES DE RÉDUCTION.

Les essences qu'on emploie en cuisine sont de deux espèces : celles qui représentent les parties les plus nutritives des viandes délicates, telles que volaille ou gibier, et celles qu'on tire de certains végétaux qui possèdent quelques qualités essentielles ou aromatiques, comme les truffes, champignons, etc. On obtient ces essences par le rapprochement des fonds ou substances liquides qu'on en extrait. Ces fonds doivent être à la fois succulents, clairs et liquides; c'est en cela qu'ils diffèrent des glaces de viandes qui s'obtiennent par la réduction. Ainsi un fonds de cuisson ayant servi à plusieurs pièces de volaille ou gibier, mouillées en principe avec du consommé ou du bouillon, constitue par ce fait une essence; car il représente sous un petit volume les sucs nutritifs et essentiels d'une grande quantité de viandes. Ce fonds ne demande plus qu'à être rectifié par la clarification, et il se trouve dans les conditions les plus avantageuses pour être appliqué à la réduction des petites sauces, où son concours est réclamé. Mais comme on ne peut pas toujours avoir ces fonds à disposition, il faut quelquefois les improviser : c'est ce dont nous allons nous occuper théoriquement.

236. — ESSENCE DE VOLAILLE.

Prenez les cuisses et les carcasses de 4 volailles, auxquelles vous aurez retiré les filets; retirez aussi les chairs de six des cuisses, que vous coupez en dés pour les faire piler; brisez les carcasses, rangez-les sur un petit fond de braise; mouillez avec 4 décil. de bouillon blanc et faites tomber à glace. Mouillez entièrement et faites partir tout doucement; écumez et retirez la casserole sur l'angle. Dans l'intervalle, vous aurez fait rôtir à mi-cuisson le restant des cuisses, et vous les plongez toutes chaudes dans le fonds de volaille. Terminez leur cuisson à feu modéré et à court mouillement et juste suffisant pour les cuire sans encombrement. Une fois cuites, passez le fonds, dégraissez-le et clarifiez-le avec les chairs des cuisses pilées étendues avec un œuf entier de quelques cuillerées de bouillon froid. Faites partir, et après dix minutes d'ébullition, passez à l'étamine dans une terrine.

237. — ESSENCE DE GIBIER.

Foncez une casserole avec quelques lames de jambon cru, carottes et oignons émincés, un bouquet d'aromates, un petit bouquet garni, 2 clous de girofles et quelques grains de poivre. Sur ces ingrédients, placez les parures et carcasses de gibier, telles que bécasses, perdreaux, grives, chevreuil, lièvre, lapereaux, et ceux enfin qui ne contiennent pas d'aromes impurs, comme certains gibiers aquatiques; réservez quelques morceaux charnus dont vous ferez rôtir à demi la plus grande partie, et faites piler l'autre. Mouillez ces viandes à un quart de leur hauteur avec du bon bouillon de volaille et faites tomber à glace; ce mouillement

---

* Ce titre d'*Essence* est peut-être prétentieux dans une opération culinaire; mais l'habitude l'a consacré et on le rencontre souvent sur les Menus, ce qui prouverait en quelque sorte qu'il a sa raison d'être. Néanmoins, ce sont là des termes dont on ne doit pas abuser.

réduit, additionnez quelques décil. de vin de Sauterne, que vous faites également réduire, puis mouillez en plein, c'est-à-dire à hauteur des viandes, avec du bouillon; faites partir, écumez et plongez les parties de gibier colorées et distribuées en morceaux, afin d'en extraire tous les sucs; faites bouillir tout doucement. Lorsque les viandes sont bien atteintes, passez le fonds au tamis, dégraissez et laissez-le tiédir pour le clarifier avec les chairs conservées, pilées et étendues avec des œufs entiers et quelques parties de vin blanc de Sauterne. Faites partir et passez à la serviette, après cinq minutes d'ébullition. On peut, par ce procédé, tirer des essences particulières de tous les gibiers de bon fumet.

238. — ESSENCE DE TRUFFES.

La meilleure essence de truffes qu'on puisse employer est celle qui s'obtient par les procédés les plus simples, c'est-à-dire celle qui provient de la cuisson même des truffes fraîches. A défaut de celles-là, on peut extraire un bon arome avec les parures fraîches, cuites violemment, à court mouillement et avec moitié consommé et moitié vin blanc de Sauterne ou du Rhin. Cette essence ne se clarifie pas.

239. — ESSENCE DE CHAMPIGNONS.

Le fond ordinaire de la cuisson des champignons est par le fait l'essence la plus concentrée et la plus facile à obtenir. On l'obtient également avec les parures fraîches, en les faisant d'abord tomber à glace avec du bouillon blanc de volaille, puis en les mouillant en plein, mais avec ménagement.

---

240. — BEURRES COMPOSES, POUR ADDITIONS AUX SAUCES.

Les beurres composés servent à finir les sauces qui, pour être parfaites, ont besoin de cette addition. Les sauces blondes, en général, s'en accommodent parfaitement, et les brunes aussi dans plusieurs cas; mais c'est surtout dans les sauces simples au beurre, où cette application ressort avec avantage.

BEURRE MAITRE D'HOTEL. — Placez dans une petite terrine 150 gr. de beurre, une cuillerée à bouche de persil haché, lavé ou blanchi; une pointe de muscade, sel et le jus d'un citron; amalgamez ces éléments ensemble avec un cuiller pour additionner au moment.

BEURRE D'ANCHOIS. — Lavez 6 anchois, détachez les filets de l'arête, épongez et placez-les dans un mortier avec 150 gr. de beurre; broyez et passez au tamis.

BEURRE DE RAVIGOTE. — Faites blanchir, proportionnellement à la qualité de leur essence, des feuilles de persil, de pimprenelle, d'estragon, ciboulette et cerfeuil; épongez et pilez avec 2 anchois une cuillerée de vert d'épinards lavés et parés; additionnez 150 gr. de beurre et passez au tamis.

BEURRE DE RAIFORTS. — Râpez une tige de gros raifort, 3 cuillerées à bouche à peu près; pilez-les au mortier avec 150 gr. de beurre et passez au tamis.

BEURRE DE GASCOGNE. — Faites blanchir à fond 8 ou 10 gousses d'ail, passez-les au tamis, mêlez-les à 150 gr. de beurre, ajoutez une pointe de muscade et une de cayenne, une cuillerée de moutarde, une de feuilles d'estragon et persil hachés, lavés et bien épongés; incorporez intimement avec le beurre.

BEURRE D'ÉCREVISSES. — Levez les chairs d'une trentaine d'écrevisses cuites; choisissez les parties les plus rouges des coquilles et broyez-les complètement dans le mortier; additionnez-leur 200 gr. de beurre et pilez-les de nouveau jusqu'à ce que ce beurre soit bien mêlé aux coquilles; relevez-les alors dans une petite casserole que vous posez sur un feu très-modéré; tournez-les de temps en temps avec une petite spatule, laissez-les sur feu jusqu'à ce que le beurre soit clarifié et bien rougi, et passez à travers un fort linge, dans une terrine, par le seul effet de la pression. Cela fait, laissez le beurre se figer dans un lieu frais, et lorsqu'il est pris, détachez-le en un seul morceau de la terrine; enlevez avec un couteau les parties impures précipitées au fond; ressuyez-le bien, puis faites-le fondre dans une petite terrine à la bouche du four, pour le tourner à la spatule jusqu'à ce qu'il soit de nouveau figé. Ce travail a pour but de le lisser, de faire ressortir davantage sa coloration et de le rendre d'un rouge plus piquant.

Beurre de Homards et Langoustes. — Retirez avec soin les parties crémeuses, les œufs et le rouge ou corail que contiennent les homards à l'intérieur, ou entre le coffre et la queue; broyez-les au mortier avec 150 gr. de beurre, une cuillerée à bouche de moutarde et passez au tamis. Le beurre de langoustes se traite de même.

Beurre de Crevettes. — Cuisez les crevettes d'après les règles, retirez les queues; faites pilez les coquilles les plus rouges avec 150 gr. de beurre et terminez comme pour le beurre d'écrevisses.

Beurre Printanier. — Blanchissez dans un poêlon rouge une forte poignée de feuilles de persil, estragon pimprenelle, cerfeuil et un peu de ciboulette; faites-les hacher avec une pointe d'échalottes et cornichons; exprimez bien toute leur eau en les pressant dans un linge; placez-les dans une terrine, incorporez-les avec 150 gr. de beurre, additionnez une pointe de poivre, muscade et vert d'épinards.

Beurre de Piémont. — Émincez et pilez au mortier 7 à 8 petites truffes blanches du Piémont, bien lavées; ajoutez un anchois sans arêtes et 150 gr. de beurre. Quand elles sont réduites en pâte, passez au tamis.

Beurre de Marseille. — Levez avec attention les chairs de deux douzaines d'oursins bien pleins et bien rouges; mêlez-les avec 150 gr. de beurre et passez au tamis. Les sauces auxquelles on destine ce beurre doivent être tenues un peu plus compactes qu'à l'ordinaire.

Beurre de Valence. — Mêlez dans une terrine une cuillerée à bouche de poivre rouge d'Espagne, autrement dit piment doux, avec 150 gr. de beurre; incorporez-les bien ensemble, *pour additionner sans le passer*.

Beurre Périgord. — Émincez 5 à 6 truffes noires tournées, placez-les dans une petite casserole avec 4 ou 5 cuillerées à bouche de madère, une pointe de poivre, et faites-les cuire; laissez-les refroidir et réduisez-les en pâte, dans un mortier; additionnez 150 gr. de beurre et passez au tamis. On peut encore additionner la moitié d'un anchois lavé, suivant l'usage qu'on veut faire du beurre.

Beurre de Cayenne et Kari. — Ces deux beurres se confectionnent d'après les mêmes règles que celles du beurre de Valence, c'est-à-dire en mélangeant une pincée de l'une de ces poudres en plus ou moins grande quantité, suivant leur force et l'usage qu'on veut en faire.

DES SAUCES SIMPLES.

241. — SAUCE AU BEURRE.

Cette sauce, la plus simple de toutes, peut, par les soins qu'on lui donne, devenir exquise et bien appréciée. La bonne qualité du beurre est ici de toute nécessité; sa médiocrité ne serait pas supportable, attendu que c'est le principal élément qui compose la sauce.

Placez dans une petite casserole 100 gr. de beurre, emplissez-la avec de la farine, autant qu'il peut en absorber; mouillez cette pâte avec un verre d'eau froide seulement, ajoutez une pincée de sel et la moitié d'un jus de citron; placez la casserole sur un feu doux, avec une spatule dedans, que vous agitez en tous sens, afin de délayer et faire dissoudre la pâte que forment la farine et le beurre maniés ensemble. A mesure que la chaleur pénètre la casserole, on sent cette masse perdre de sa solidité et on la voit insensiblement se lier, puis prendre de la consistance. Il faut alors redoubler le mouvement de la spatule pour que la sauce se lie sans grumeaux. A ce point, retirez-la du feu; placez la casserole sur l'angle du fourneau, afin qu'elle ne reçoive qu'une chaleur pour ainsi dire insensible, et incorporez à la sauce, par petites parties, 400 gr. de beurre. On doit surtout observer que le mouvement de la spatule ne se ralentisse pas pendant tout le temps que dure l'incorporation. Il faut de plus n'additionner chaque partie de beurre qu'autant que la précédente est entièrement dissoute. A mesure que ce beurre s'incorpore, la sauce prend du volume, devient blanche, mousseuse et lisse; ce sont là ses qualités distinctives et qui ne s'obtiennent que par une incorporation lente et régulière, et aussi par le travail continuel de la spatule. Il est bon de remarquer que si la sauce ne se trouvait pas au point de consistance voulu au moment d'y joindre le beurre, ou si elle recevait une chaleur trop vive, elle se décomposerait. Pour éviter cet inconvénient, il faut mouiller la farine à point, et pendant la dernière opération, additionner de temps en temps quelques gouttes de jus de citron ou simplement d'eau froide. Le beurre incorporé, servez-la immédiatement, car elle ne peut pas languir sans être exposée à tourner. Il convient donc de prendre ces mesures pour que sa confection se termine à l'instant même où vous devez la servir.

Cette sauce accompagne ordinairement les poissons et les légumes; dans le premier cas, on peut lui additionner quelques queues de crevettes ou d'écrevisses.

242. — SAUCE AU BEURRE A L'ANGLAISE — MELTED-BUTTER.

Maniez dans un bainmari 150 gr. de beurre avec à peu près le même poids de farine pour en former une pâte compacte que vous mouillez avec 3 décil. d'eau froide et le jus d'un citron. Salez en proportion; placez la casserole sur un feu modéré, et tournez-la à la spatule pour la délayer bien lisse, unie et sans grumeaux au moment où l'ébullition va se développer; passez à l'étamine, retirez-la sur l'angle, additionnez une pointe de muscade, un morceau de beurre, et la moitié d'un jus de citron. Cette sauce peut être liée avec 2 jaunes d'œuf étendus à l'eau et passés au tamis. On peut également la finir avec l'un des beurres décrits précédemment.

243. — SAUCE AUX ŒUFS A L'ANGLAISE — EGG-SAUCE.

Préparez une sauce telle qu'elle est décrite précédemment, sans liaison. Au moment de servir, finissez-la avec un morceau de beurre, incorporez-lui une cuillerée de persil haché avec 4 œufs durcis et coupés en dés. Pour obtenir la sauce plus lisse, il vaut mieux verser la sauce dans la saucière ou sur les objets à masquer, puis saupoudrer les œufs dessus.

244. — SAUCE AU FENOUIL A L'ANGLAISE — FENNEL-SAUCE.

Ayez une sauce au beurre, liée ainsi que les précédentes; finissez-la avec un morceau de beurre et incorporez-lui au moment une cuillerée à bouche de feuilles de fenouil haché.

245. — SAUCE PERSIL A LA HOLLANDAISE.

Hachez une petite poignée de feuilles de persil vert, que vous jetez dans une quantité d'eau bouillante salée à point et proportionnée à la sauce que vous voulez obtenir; donnez deux bouillons seulement, et étendez avec cette infusion un beurre manié ainsi qu'il est dit à l'égard des sauces au beurre, tournez-la sur feu jusqu'à l'ébullition, liez-la ensuite avec quelques jaunes, finissez-la avec un bon morceau de beurre frais et un filet de bon vinaigre.

246. — SAUCE AUX CAPRES.

Incorporez à une sauce au beurre, liée et finie à point suivant les prescriptions qui précèdent, 2 cuillerées de câpres au vinaigre.

247. — SAUCE AU PAIN FRIT A LA POLONAISE.

Faites bien chauffer 250 gr. de bon beurre bien épongé. Au moment où il entre au degré dit *à la noisette*, incorporez 150 gr. de mie de pain; retirez la casserole sur l'angle, remuez et servez au bout de quelques minutes d'ébullition. Cette sauce sert surtout pour les asperges et autres légumes.

248. — SAUCE GROSEILLE A L'ANGLAISE — GOOSEBERRY-SAUCE.

Égrenez et blanchissez quelques minutes, dans un poêlon, quatre poignées de groseilles vertes dites à maquereau. Quand elles sont blanchies, égouttez-les, passez-les au tamis, et mêlez-les avec un peu de sauce au beurre fini au moment. En Angleterre, cette sauce se sert avec les maquereaux bouillis.

249. — BEURRE NOIR.

Faites réduire de moitié 1 décil. 1/2 de bon vinaigre, avec sel, poivre et une demi-feuille de laurier. Placez 300 gr. de beurre dans une poêle et la poêle sur feu : chauffez-le jusqu'à ce qu'il commence à noircir ; additionnez-lui alors quelques feuilles de persil, laissez-les frire une seconde ; écumez le beurre, laissez-le déposer une minute et versez-le dans le vinaigre duquel vous retirez le laurier. Servez en saucière ou masquez les objets.

250. — SAUCE HOLLANDAISE.

Placez 8 jaunes d'œufs dans un bainmari, broyez-les bien, étendez-les avec 2 ou 3 cuillerées à bouche de sauce suprême, ajoutez une pointe de muscade et 250 gr. de beurre non fondu, mais divisé en petites parties; placez la casserole sur feu très-modéré, tournez l'appareil à la spatule pour faire dissoudre le beurre, et rapprochez alors la casserole sans interrompre le mouvement. A mesure que la sauce prend de la consistance et de la chaleur, éloignez-la de nouveau du feu pour l'empêcher de bouillir, sans cesser de l'agiter. A ce point elle doit se trouver plus volumineuse, lisse, liante et crémeuse. Incorporez-lui 2 ou 3 cuillerées à bouche de bon vinaigre déjà réduit de moitié ou au jus de citron, et servez aussitôt.

251. — SAUCE LITHUANIENNE.

Placez dans un bainmari 250 gr. de beurre et 150 gr. de mie de pain, mêlez-les bien ensemble à la spatule; additionnez le jus de 2 citrons et deux cuillerées à bouche de glace de volaille et une pointe de muscade; placez la casserole sur feu, travaillez à la spatule pour la bien chauffer sans ébullition, et au moment de servir, ajoutez une cuillerée de persil haché et blanchi. Cette sauce sert pour accompagner les rôtis ou grillades.

252. — SAUCE AUX POMMES A L'ANGLAISE — APPLES-SAUCE.

Tournez et parez en quartiers 7 à 8 belles pommes acides, placez-les dans une casserole avec un verre d'eau, couvrez-la, faites partir et cuire vivement ; quand ces pommes sont cuites, le mouillement doit se trouver à peu près à sec : passez au tamis, étendez la purée avec un peu d'eau chaude, additionnez une pointe de sucre et un morceau de beurre. Les Anglais servent cette sauce avec les pièces de *porc frais*.

253. — SAUCE AU PAIN A L'ANGLAISE — BREAD-SAUCE.

Faites bouillir 3 décil. de crème simple et bien fraîche ; retirez-la du feu aussitôt qu'elle monte, pour lui incorporer peu à peu 180 gr. de mie de pain blanche et fine ; ajoutez un petit oignon, une pointe de sel et quelques grains de poivre ; donnez cinq à six minutes d'ébullition et servez. Cette sauce doit être légèrement compacte. Elle sert pour accompagner les pièces de volaille bouillies, poêlées ou rôties, après avoir retiré l'oignon.

DES SAUCES DE RÉDUCTIONS.

254. — SAUCE VELOUTÉE A L'ESSENCE DE CHAMPIGNONS.

Travaillez sur feu et à la spatule 5 décil. de sauce veloutée avec 1 décil. 1/2 d'essence de champignons tirés au moment, si c'est possible; réduisez vivement d'un tiers de son volume. A ce point, additionnez deux cuillerées à bouche de glace blonde, passez à l'étamine, vannez-la un moment sur l'angle et servez. Si la sauce devait attendre, faites-la refroidir en la vannant, versez-la ensuite dans un bainmari; masquez d'une simple cuillerée de consommé, couvrez-la et placez-la dans la caisse à bain-marie.

On peut finir cette sauce avec tous les beurres composés; on la finit également avec une addition de persil, estragon ou fenouil hachés et blanchis. Elle peut enfin se constituer en maigre, en remplaçant les fonds et essences grasses par celles maigres de poisson ou de légumes.

255. — SAUCE D'ORLÉANS.

Travaillez 5 décil. de velouté avec 1 décil. d'essence de champignons, 1 demi-décil. de consommé de volaille et 1 demi-décil. de vin du Rhin; réduisez d'un tiers; finissez la sauce sur l'angle du fourneau, avec 100 gr. de beurre d'écrevisses et une pointe de cayenne et beurre frais, on ajoute ordinairement dans la saucière quelques douzaines de rognons du coqs.

256. — SAUCE RUSSE.

Travaillez 5 décil. de velouté avec 2 décil. de consommé de volaille; réduisez d'un tiers. Au dernier moment vannez sur l'angle, incorporez-lui 4 cuillerées de crème aigre, 3 cuillerées de raifort râpé et haché et 4 cuillerées de vinaigre estragon réduites à 2; retirez aussitôt la sauce du feu et servez.

257. — SAUCE CARIGNAN.

Réduisez le velouté comme il est dit ci-dessus. Quand il est à point, incorporez-lui un beurre de Piémont, tel qu'il est décrit dans le chapitre des *Beurres*.

258. — SAUCE AUX CREVETTES.

Réduisez le velouté comme il est dit au n° 254. Au dernier moment, incorporez-lui un petit beurre de crevettes, puis les queues de celles-ci coupées en petits dés. Les sauces aux écrevisses et homards se traitent de même, chacun avec leur beurre particulier.

259. — SAUCE RAVIGOTE.

Travaillez 4 décil. de sauce veloutée avec 2 décil. de consommé; réduisez d'un tiers et passez à l'étamine; finissez au moment avec un beurre ravigote vert; vannez la sauce sur l'angle aussitôt le beurre fondu, et servez.

260. — SAUCE TOULOUSE.

Travaillez 5 décil. de sauce veloutée avec 1 décil. 1/2 d'essence de volaille. Au bout de quelques minutes d'ébullition, additionnez une poignée de parures crues de truffes et champignons émincés; réduisez à peu près d'un tiers; passez à l'étamine; additionnez au moment quelques lames bien rondes et cuites de truffes et champignons; vannez sur feu sans ébullition et servez.

261. — SAUCE ALLEMANDE.

Placez dans une casserole à réduction 5 décil. de sauce veloutée, avec 1 décil. de consommé de volaille et un demi-décil. d'essence de champignons. Mettez cette sauce sur feu violent et réduisez à la spatule, sans la sortir du fond qu'elle doit sillonner en tout sens. Quand le volume de la sauce est réduit d'un tiers à peu près, liez-la avec 2 ou 3 jaunes étendus avec 2 cuillerées à bouche de consommé froid et le jus d'un citron; ajoutez une pointe de muscade; donnez un seul bouillon et passez à l'étamine. Au moment, finissez la sauce avec 100 gr. de beurre fin.

En additionnant une cuillerée de persil haché et blanchi, on obtient une sauce *poulette* à l'Ancienne. On peut également finir cette sauce avec l'un des beurres décrits précédemment.

262. — SAUCE A L'INDIENNE.

Préparez une sauce allemande dans les conditions que nous venons de rappeler et finissez-la par une addition de beurre de Kari ou simplement une pointe de poudre.

263. — SAUCE AUX HUITRES.

Travaillez 5 décil. de velouté avec 1 décil. de consommé de poisson et un demi-décil. de cuisson des huîtres blanchies au vin; réduisez d'un tiers à peu près; liez avec trois jaunes. Au dernier moment, vannez-la sur feu sans ébullition et incorporez-les noix des huîtres.

264. — SAUCE NORMANDE.

Placez dans une petite casserole un oignon émincé, quelques dés de jambon, parures de champignons, un bouquet garni, 2 décil. de sauterne et 2 décil. d'essence de poisson; réduisez de moitié. Mettez dans une casserole à réduction 6 décil. de velouté avec un demi-décil. d'essence de champignons et un demi-décil. de l'eau de cuisson d'huîtres; donnez quelques minutes de réduction, puis additionnez l'essence de poisson au vin, passée au tamis et dégraissée; réduisez la sauce d'un tiers de son volume, liez-la avec 2 jaunes, passez à l'étamine, vannez-la au dernier moment, sur feu, et incorporez-lui 150 gr. de beurre, le jus d'un demi-citron et 2 cuillerées de glace. On peut additionner à cette sauce quelques douzaines de noix d'huîtres et une pointe de cayenne, si son emploi le comporte.

265. — SAUCE SUPRÊME.

Cette sauce se trouve décrite au n° 240. Il faut la réduire au moment, la passer à l'étamine, puis la finir en dernier lieu avec 2 cuillerées à bouche de crème double et un petit morceau de beurre.

266. — SAUCE PARISIENNE.

Réduisez de moitié, dans une petite casserole couverte, 2 décil. de vin du Rhin, auquel vous additionnez 2 bonnes poignées de parures de truffes et un bouquet garni. D'un autre côté, réduisez d'un quart de son volume 5 décil. de sauce suprême; ajoutez la réduction du vin, sans les truffes; réduisez vivement encore quelques minutes, pour l'amener à consistance voulue; passez à l'étamine; au dernier moment, ajoutez une pointe de cayenne, beurre et glace.

267. — SAUCE BIGARRADE.

Taillez en julienne très-fine le zeste d'une bigarrade; blanchissez-le à fond dans de l'eau bouillante; réduisez d'un tiers 5 décil. de velouté avec un décil. de consommé de volaille; passez à l'étamine dans un petit bain-mari. En dernier lieu, vannez sur feu et incorporez le jus de 2 bigarrades; ajoutez également le zeste blanchi et servez.

268. — SAUCE PORTUGAISE.

Réduisez les mêmes proportions de velouté et consommé que dans l'article qui précède. Au dernier moment, finissez la sauce avec le jus d'une bonne orange, ainsi que son zeste émincé et blanchi, à l'égal de la bigarrade. Ces deux sauces accompagnent ordinairement des filets ou pièces de gibier, canetons, sarcelles, perdreaux, etc.

269. — SAUCE ITALIENNE.

Placez dans une petite casserole deux bons verres de champagne sec; réduisez de moitié avec une poignée de parures de champignons crus, un petit oignon émincé, un bouquet garni et quelques grains de poivre. Mêlez dans une autre casserole 5 décil. de velouté avec un décil. de consommé de gibier ; réduisez quelques minutes violemment, puis additionnez le vin ; donnez encore quelques bouillons, passez à l'étamine, et enfin vannez la sauce sur feu en lui incorporant quelques cuillerées de glace blonde, le jus d'un citron et 4 cuillerées à bouche de fines herbes cuites hachées très-fin.

270. — SAUCE VÉNITIENNE.

Réduisez d'un tiers 5 décil. de velouté mêlé avec 1 décil. 1/2 d'essence de volaille ; passez à l'étamine. Au dernier moment, vannez-la sur feu, incorporez-lui 6 cuillerées de bon vinaigre réduit à 3 cuillerées, additionnez 2 cuillerées de feuilles d'estragon taillées en petits carrés et blanchies, une pointe de muscade et beurre.

271. — SAUCE COLBERT.

Réduisez 5 décil. de velouté avec 2 décil. d'essence de poisson. Au quart de réduction, finissez-la avec une liaison de 2 jaunes, passez la sauce à l'étamine, ajoutez un beurre maître d'hôtel au persil blanchi et le jus d'un citron ; additionnez quelques cuillerées de champignons et queues d'écrevisses coupés en petits dés.

272. — SAUCE LYONNAISE.

Émincez 3 oignons blancs et faites-les revenir dans une casserole avec moitié huile, moitié beurre ; additionnez une pointe de sucre, quelques grains de poivre et une demi-feuille de laurier ; laissez-les cuire tout doucement, sans prendre couleur ; mouillez-les alors avec 2 décil. de vin de Sauterne, ajoutez un bouquet de persil dans lequel vous enveloppez un fragment d'ail à peine sensible ; faites réduire de moitié, jetez-les dans 4 décil. de velouté en ébullition ; donnez quelques bouillons et liez la sauce avec 2 jaunes ; passez à l'étamine au moment, vannez sur feu, incorporez 100 gr. de beurre, quelques cuillerées de glace blonde et une cuillerée de persil blanchi.

273. — SAUCE ROYALE.

Tirez une petite essence de faisan mouillée avec 3 décil. de consommé de gibier ; réduisez de moitié à casserole couverte ; placez dans une autre casserole 5 décil. de sauce veloutée avec 2 décil. de vin du Rhin ; réduisez d'un quart, ajoutez l'essence, réduisez encore quelques minutes, vivement, et passez à l'étamine. Vous aurez préalablement tourné en petites olives deux douzaines de truffes crues ; placez-les dans une petite casserole avec quelques cuillerées de vin et faites tomber à glace au moment, vannez la sauce sur l'angle du fourneau et incorporez-lui les truffes sans ébullition, et servez.

274. — SAUCE AMBASSADRICE.

Pilez dans un mortier les chairs parées d'une volaille poêlée vert-cuite ; réduisez d'un quart de son volume 5 décil. de sauce suprême ; à ce point additionnez la purée de volaille avec 4 cuillerées à bouche d'essence de champignons et une pointe de muscade ; donnez quelques bouillons et passez à l'étamine au moment. Vannez sur feu sans ébullition, finissez avec un morceau de beurre et le quart d'un jus de citron.

275. — SAUCE BÉCHAMEL A L'ESSENCE DE CHAMPIGNON.

Mettez dans une casserole à réduction 5 décil. de sauce béchamel avec un décil. d'essence de champignons ; réduisez d'un quart de son volume et passez à l'étamine. Au moment de servir, vannez-la sur feu, en lui incorporant 100 gr. de beurre, une pointe muscade et 2 cuillerées de crème double. Cette sauce peut se finir aussi avec une essence de volaille, de truffes, de poisson, etc. On la fait en gras et en maigre.

276. — SAUCE A LA CRÈME.

Mettez dans une casserole à réduction 5 décil. de sauce béchamel avec 2 décil. d'essence de volaille et une bonne poignée de parures de champignons, quelques dés de jambon cru et un bouquet garni ; réduisez le volume d'un quart ; additionnez une pointe de muscade et passez à l'étamine ; mettez la sauce dans un bain-mari proportionné à son volume ; placez ce vase sur l'angle du fourneau ; incorporez 300 gr. de beurre en la travaillant à la spatule, comme la sauce au beurre, n° 241. L'incorporation doit se faire par petites parties et l'on attend que les premières soient absorbées pour y joindre les autres. Ce travail donne du velouté à la sauce, la rend extrêmement crémeuse et d'une légèreté remarquable. Cette sauce convient pour les légumes ou poissons à la crème.

277. — SAUCE DIPLOMATE.

Préparez une sauce telle qu'elle est indiquée dans la formule qui précède. Quand elle est réduite et passée, incorporez-lui 150 gr. seulement de beurre frais, puis 150 gr. de beurre d'écrevisses et une petite purée d'anchois.

278. — SAUCE A L'AURORE.

Préparez la sauce telle qu'elle est décrite au n° 275. Quand elle est réduite, additionnez-lui un décil. de purée de tomates pures et bien rouges, donnez quelques bouillons et passez à l'étamine. Finissez au moment avec 100 gr. de beurre.

279. — SAUCE DUCHESSE.

Mettez dans une casserole à réduction 3 décil. de béchamel avec 3 décil. de sauce suprême, un demi-décil. de châblis, 4 cuillerées de champignons crus et hachés, 200 gr. de maigre de jambon fumé et un bouquet garni ; réduisez cette sauce d'un quart de son volume et passez à l'étamine. Au moment, vannez-la sur feu, incorporez-lui 100 gr. de beurre, 4 cuillerées à bouche de maigre de jambon cuit, coupé en dés très-fins et bien rouges.

280. — SAUCE DEMI-GLACE.

Réduisez d'un tiers de leur volume 5 décil. d'essence de veau et consommé de volaille ; délayez 2 cuillerées à bouche de fécule de pommes de terre avec quelques cuillerées de consommé froid et 2 cuillerées de sauterne ; passez au tamis et jetez cette solution dans le consommé bouillant ; retirez sur l'angle, donnez dix minutes d'ébullition et passez à l'étamine. Cette sauce peut être composée avec du consommé de gibier ou de poisson. On la finit avec un morceau de glace.

281. — SAUCE DEMI-ESPAGNOLE.

Mêlez dans une casserole 3 décil. de sauce espagnole avec 3 décil. de blond de veau et un demi-décil. de de vin de châblis ; réduisez le tout d'un tiers de son volume et passez à l'étamine. On peut également constituer cette sauce en maigre.

282. — SAUCE MADÈRE.

Réduisez à moitié 2 décil. de vin de madère sec ; d'autre part, travaillez à la spatule 5 décil. d'espagnole avec 2 décil. de blond de veau ; réduisez d'un tiers du volume ; additionnez la réduction de vin, donnez 2 bouillons et passez à l'étamine. On peut ainsi réduire et aromatiser l'espagnole avec tous les vins fins, et la traiter avec du fonds maigre.

283. — SAUCE FINANCIÈRE.

Passez au beurre un petit oignon auquel vous adjoignez quelques dés de maigre de jambon, des parures de truffes et champignons, un bouquet garni avec quelques brins d'aromates et poivre en grains. Au bout de quelques minutes, mouillez avec 2 décil. de vin du Rhin et la même quantité de champagne sec ; couvrez la casserole et faites réduire de moitié ; passez et dégraissez la réduction, mêlez-la avec 5 décil. d'espagnole et faites encore réduire d'un quart, en plein fourneau et à l'aide de la spatule ; passez ensuite à l'étamine. Au dernier moment, vous mettez dans une petite casserole 1 décil. de champagne et quelques cuillerées de lames de truffes cuites et taillées uniformément; couvrez la casserole, faites réduire le vin aux trois quarts et versez dans la sauce.

284. — SAUCE SAINT-MARSAN.

Mêlez dans une casserole 2 décil. de madère, un de vin du Rhin, une poignée de parures de champignons et de truffes; réduisez à moitié du volume; d'autre part, réduisez d'un quart 5 décil. de sauce espagnole avec un décil. de blond de veau; ajoutez la réduction du vin, donnez quelques bouillons couverts et passez à l'étamine; ajoutez une julienne de truffes blanches, servez sans ébullition.

285. — SAUCE TORTUE.

Placez dans une petite casserole un petit oignon émincé, 150 gr. de maigre de jambon en petits dés, un bouquet d'aromates composé de thym, marjolaine, laurier, persil, quelques clous de girofle et poivre en grains, quelques parures de champignons et truffes; ajoutez 4 décil. de vin de Porto ou Marsala, faites réduire de moitié à casserole couverte. Dans l'intervalle, travaillez à la spatule 5 décil. d'espagnole avec 1 décil. de sauce tomate et 1 décil. de blond de veau; réduisez d'un tiers, passez et dégraissez l'infusion, incorporez-la à la sauce, donnez quelques bouillons violents, additionnez une pointe de cayenne avec 30 gr. de purée d'anchois et passez à l'étamine.

286. — SAUCE MATELOTE.

Placez dans une petite casserole quelques dés de jambon, un petit oignon émincé, thym, laurier, persil, parures de champignons, clous de girofle et grains de poivre; ajoutez 2 décil. de sauterne blanc, 1 décil. de bordeaux rouge et 2 décil. d'essence de poisson; réduisez de moitié à casserole couverte. D'un autre côté, travaillez à la spatule 5 décil. d'espagnole avec 1 décil. de blond de veau; réduisez d'un quart à peu près; additionnez alors l'infusion passée et dégraissée, donnez quelques minutes d'ébullition et passez à l'étamine. En dernier lieu, vannez-la sur feu et augmentez-la de 30 à 40 gr. de beurre d'anchois.

287. — SAUCE GENEVOISE.

Passez au beurre un petit oignon émincé; mouillez avec 4 décil. de vin de Bordeaux rouge; ajoutez une poignée de parures de champignons, une de truffes, un bouquet de persil et une demi-feuille de laurier; faites réduire de moitié à casserole couverte; réduisez d'un tiers de leur volume 5 décil. d'espagnole avec 3 de blond de veau et 1 décil. de fonds de cuisson de carpe ou de bonne essence de poisson; alors incorporez la réduction passée et dégraissée, et 4 cuillerées à bouche de vin du Rhin; donnez quelques minutes de réduction violente et passez à l'étamine. Au moment, vannez-la sur feu et incorporez-lui par moitié 150 gr. de beurre d'écrevisses et beurre d'anchois.

288. — SAUCE RÉGENCE.

Passez au beurre un petit oignon émincé; mouillez avec 2 décil. d'essence ou consommé de poisson; ajoutez un bouquet de persil, thym, 2 poignées de parures de truffes et 2 décil. de vin de Tokai, Porto ou Marsala; couvrez la casserole et faites réduire de moitié; passez à l'étamine, dégraissez et placez cette première préparation dans une casserole à réduction avec 5 décil. d'espagnole; réduisez encore d'un quart et passez de nouveau à l'étamine. Au moment même de servir, faites vanner la sauce sur l'angle; ayez 3 douzaines de truffes crues, tournées en petites olives et placées dans une petite casserole avec demi-décil. de vin du Rhin; couvrez et faites réduire à extinction; roulez ces truffes avec 4 cuillerées de glace blonde et jetez-les dans la sauce.

289. — SAUCE D'UXELLES.

Réduisez d'un quart 5 décil. de sauce espagnole avec 2 décil. d'essence ou fonds de Mirepoix; passez à l'étamine; vannez au moment sur l'angle du fourneau et incorporez-lui 4 ou 5 cuillerées à bouche de fines herbes cuites et complètes, plus 2 cuillerées de glace blonde.

SAUCES ET FONDS.

290. — SAUCE BRETONNE.

Passez au beurre 2 oignons blancs coupés en dés, avec une pointe de sucre et une demi-feuille de laurier. Quand ils sont de couleur blonde, mouillez-les avec 2 décil. de blond de veau et un demi-décil. de châblis; faites réduire aux trois quarts. Versez 5 décil. de velouté dans une casserole à réduction, ajoutez les oignons sans passer, et un décil. d'essence de champignon; réduisez d'un quart à peu près; passez à l'étamine. Au moment, vannez la sauce sur l'angle, ajoutez une pointe de piment ou simplement du poivre fin.

291. — SAUCE D'ORANGES A L'ALLEMANDE.

Faites dissoudre au bain-marie 2 décil. de gelée de groseille. Au moment de servir, additionnez-lui 2 cuillerées à bouche de bordeaux rouge, 2 de moutarde anglaise, le jus d'une orange amère, le zeste d'une autre râpé sur un morceau de sucre, et celui-ci écrasé et fondu, puis le zeste d'une troisième orange taillé fin et blanchi à fond; mêlez ces ingrédients sans troubler la gelée.

292. — SAUCE ROBERT.

Taillez 2 oignons blancs en dés marquants, passez-les au beurre; quand ils sont légèrement colorés, égouttez le beurre et faites-les tomber à glace avec 2 décil. de blond de veau et une pointe de sucre. Mettez en ébullition 5 décil. d'espagnole, étendue avec 2 décil. de vin de Châblis et 1 décil. d'essence ou fonds de cuisson de champignons; réduisez d'un quart et passez à l'étamine; additionnez les oignons et finissez avec une cuillerée à bouche de moutarde.

293. — SAUCE POIVRADE.

Passez au beurre quelques petites échalottes; mouillez avec un décil. de blond de veau et trois quarts de décil. de vinaigre estragon; ajoutez thym, laurier, persil, girofle, poivre en grains en double dose, et quelques dés de maigre de jambon; couvrez la casserole et faites réduire de moitié. Travaillez d'un autre côté 5 décil. d'espagnole avec un décil. de blond de veau; réduisez quelques moments, puis additionnez l'essence passée et dégraissée; continuez l'ébullition pour l'amener au degré voulu et passez à l'étamine.

294. — SAUCE VENAISON.

Réduisez de moitié un demi-décil. de bon vinaigre et un décil. de marinade de gibier; additionnez 5 décil. de sauce espagnole réduite, donnez cinq minutes de réduction et passez à l'étamine. Au moment de servir, faites dissoudre dans la sauce un décil. à peu près de gelée de groseille, additionnez le jus d'un citron et servez. Les Anglais ajoutent à cette sauce des cerises sèches et ramollies ou autres fruits confits.

295. — SAUCE CHEVREUIL.

Passez au beurre deux petites échalottes avec 100 gr. de jambon maigre coupé en petits dés; ajoutez un bouquet d'aromates, une gousse d'ail, 2 cuillerées de poivre en grains et un décil. de bon vinaigre; faites mijoter à couvert et réduire de moitié; passez au tamis, dégraissez et mêlez l'infusion avec 4 décil. d'espagnole réduite; additionnez 4 cuillerées à bouche de vin de Bordeaux, une pointe de sucre; donnez trois minutes d'ébullition et passez à l'étamine.

296. — SAUCE PIQUANTE A L'ITALIENNE.

Passez au beurre 2 échalottes, et quand elles sont légèrement revenues, additionnez 100 gr. de jambon maigre coupé en dés, une feuille de laurier, un petit bouquet de persil et une gousse d'ail; mouillez avec un décil. de bon vinaigre et faites réduire de moitié; dégraissez et passez dans 4 décil. d'espagnole réduite; ajoutez deux cuillerées de sauce tomate, une bonne pointe de poivre fin ou piment: donnez deux bouillons et passez à l'étamine. En dernier lieu, additionnez deux cuillerées à bouche de câpres épongées et bien hachées.

297. — SAUCE PROVENÇALE.

Faites blanchir à fond et à grande eau 2 douzaines de gousses d'ail; égouttez-les ensuite; d'autre part, réduisez d'un quart 5 décil. d'espagnole avec 2 décil. de sauterne; additionnez les gousses d'ail, donnez encore quelques minutes d'ébullition et passez à l'étamine. Si l'ail est bien cuit, la sauce n'en prend qu'un arome très-agréable.

298. — SAUCE PÉRIGUEUX.

Faites réduire de moitié 2 décil. de vin du Rhin avec une bonne poignée de parure de truffes crues; mettez dans une casserole à réduction 5 décil. d'espagnole avec 2 décil. de blond de veau; réduisez d'un quart, additionnez l'essence, donnez encore quelques bouillons violents, et passez à l'étamine. Au dernier moment, vannez la sauce sur l'angle du fourneau, incorporez-lui 5 à 6 cuillerées de truffes coupées en petits dés et tombées à glace à l'instant même, avec quelques cuillerées de vin.

299. — SAUCE NAPOLITAINE.

Passez un petit oignon au beurre avec quelques dés de maigre de jambon fumé; mouillez avec 2 décil. de marsala et 2 de blond de veau; ajoutez thym, laurier, poivre en grains, girofles et parures de champignons; laissez réduire de moitié à casserole couverte. D'autre part, réduisez 3 décil. d'espagnole, 2 décil. de sauce tomate et 1 décil. de consommé ou essence de gibier; réduisez d'un tiers, ajoutez l'infusion, donnez encore quelques bouillons violents et passez à l'étamine.

300. — SAUCE ROMAINE.

Faites bouillir dans un petit poêlon 150 gr. de sucre en poudre; mouillez ce sucre avec quelques cuillerées à bouche d'eau et cuisez-le jusqu'au degré de caramel clair; puis mouillez avec 1 décil. 1/2 de vinaigre; laissez fondre sur un feu doux. Dans l'intervalle, réduisez d'un quart 5 décil. d'espagnole avec 1 décil. de blond de veau; additionnez le sucre fondu, et réduisez encore à peu près d'un quart du volume; passez à l'étamine dans un bainmari où vous aurez déposé 6 cuillerées à bouche de raisins de Corinthe et Smyrne par moitié, et ramollis d'avance, puis la même quantité de *pignoli* ou graines de pommes de pin.

301. — SAUCE SICILIENNE.

Émincez en rouelles entières un gros oignon blanc, faites-le frire tout doucement à l'huile ou au beurre, dans une casserole, jusqu'à ce qu'il soit légèrement attendri et coloré, et égouttez-le sur un tamis. Mettez dans une casserole à réduction 5 décil. d'essence ou consommé de gibier; faites réduire d'un tiers; additionnez 1 décil. de marsala, donnez quelques bouillons couverts, et passez à l'étamine dans un bainmari, où vous aurez d'abord déposé les rouelles d'oignon.

302. — SAUCE SALMIS.

Cette sauce se compose à l'essence de perdreaux, bécasses, faisans, cailles, grives, dont on dispose déjà et que vous avez d'avance rôtis. On dépèce ce gibier, et l'on tire avec les parures une bonne essence aromatisée, mouillée au vin et consommé de volaille ou de gibier. Travaillez 5 décil. d'espagnole avec cette essence; réduisez à consistance voulue et passez à l'étamine. Les foies de perdreaux, bécasses, grives, etc., peuvent être pilés et incorporés à la sauce. On prépare encore cette sauce sans tirer d'essence, mais seulement en brisant les débris de gibier rôti, et en les cuisant dans une espagnole très-légère, étendue au vin et consommé, puis passée et réduite à point. Dans les deux cas, pour obtenir cette sauce succulente et conservant tout son arome, il est bon d'employer les débris chauds, c'est-à-dire sortant de la broche.

303. — SAUCE DE GIBIER AU SANG.

Réduisez à point une sauce salmis (4 ou 5 décil.) à l'essence du gibier que vous voulez saucer, et liez-la avec un demi-décil. de sang de levraut étendu avec le jus d'un demi-citron ou une cuillerée de bon vinaigre; passez à l'étamine; finissez avec un morceau de beurre.

SAUCES ET FONDS. 91

304. — SAUCE MONVILLE.

Hachez les chairs d'une perdrix fraîchement rôtie à la broche et vert-cuite ; préparez une sauce salmis, ainsi qu'elle est indiquée au n° 302. Quelques minutes avant que la réduction arrive à son point de consistance, additionnez les chairs pilées avec le foie du gibier employé, et amenez la sauce au point voulu en la travaillant toujours à la spatule ; passez ensuite à l'étamine.

305. — SAUCE POMPADOUR.

Tournez 7 à 8 truffes noires et crues ; marquez les parures dans une petite casserole avec quelques petits dés de jambon, un bouquet garni, 2 décilit. de vin de Champagne et 1 décil. de vin du Rhin ; couvrez la casserole et faites réduire de moitié. En même temps, émincez les truffes, faites-les tomber à glace avec quelques cuillerées de vin, additionnez-leur un foie gras de poularde ou quelques parures de foies gras. Roulez-les avec quelques cuillerées de glace blonde, pilez et passez au tamis. Versez dans une casserole à réduction 5 décil. d'espagnole avec un décil. et demi de blond de veau ; réduisez d'un tiers à peu près, additionnez l'essence des truffes, donnez encore quelques bouillons, incorporez la purée et passez à l'étamine. Au moment, vannez-la sur l'angle, sans ébullition, et servez.

306. — SAUCE VENAISON A L'ANGLAISE.

Réduisez quelques minutes 4 décil. d'espagnole légère ; additionnez une réduction de vinaigre, 3 ou 4 cuillerées seulement ; additionnez encore un petit verre de confitures de gelée de groseilles, et aussitôt celles-ci dissoutes, passez à l'étamine.

307. — SAUCE DIABLE A L'ANGLAISE.

Passez au beurre un petit oignon haché avec quelques dés de jambon maigre ; mouillez avec un décil. de vinaigre ; ajoutez un bouquet garni, une feuille de laurier et grains de poivre ; couvrez la casserole et laissez réduire de moitié. Travaillez 5 décil. d'espagnole avec 2 décil. de sauce tomate et un de blond de veau ; réduisez d'un quart à peu près ; additionnez une pointe de sucre et l'infusion de vinaigre, donnez encore quelques bouillons, passez à l'étamine et ajoutez un petit beurre de Cayenne.

308. — SAUCE CRAPAUDINE.

Placez dans une petite casserole 200 gr. de beurre ; quand il est chaud, additionnez 125 gr. de mie de pain et faites-lui prendre couleur tout doucement ; alors égouttez le beurre, mouillez avec 4 décil. de demi-espagnole réduite à point, donnez quelques bouillons, additionnez en outre une pointe de poivre et une cuillerée de persil haché, le jus d'un citron, sans passer à l'étamine, et versez dans la saucière.

309. — SAUCE HACHÉE.

Hachez très-fin 2 moyens oignons, 100 gr. de maigre de jambon, le même volume de cornichons et une cuillerée de câpres. Placez le tout dans une casserole, avec un décil. de vinaigre d'Orléans, et laissez réduire jusqu'à ce que le vinaigre soit presque à sec ; mouillez alors avec 4 décil. de demi-espagnole, donnez quelques minutes d'ébullition ; additionnez une pointe de poivre et 4 cuillerées à bouche de fines herbes cuites et bien hachées, et servez sans passer.

310. — DES FARCES ET PANADES.

Les panades sont spécialement destinées aux farces et aux purées. Elles y entrent en plus ou moins grande quantité, suivant la consistance et la solidité qu'on veut leur donner. Elles sont donc employées dans des proportions relatives au poids des viandes ; l'excès et l'insuffisance nuisent également à la perfection des farces et ne donnent que de mauvais résultats.

Les farces sont des chairs grasses ou maigres, broyées, qui, combinées avec les panades, les œufs et le beurre, produisent une pâte susceptible de se raffermir à la cuisson ; les proportions exactes de leur mélange sont leur plus sûre garantie de réussite. Cependant, ces éléments entre eux ne s'appliquent pas d'une manière générale ; ils peuvent être augmentés ou diminués, suivant l'espèce et l'usage.

Les chairs ou viandes avec lesquelles on puisse confectionner des farces sont le veau, la volaille, le gibier et le poisson ; ces dernières ne sont pas toutes également favorables ; nous ne parlerons donc que de celles qui sont le plus convenables. En général, on n'emploie pour les farces que les parties des chairs les plus délicates : dans la volaille et le gibier, les filets seuls conviennent ; quant au veau, les filets et les noix sont indifféremment acceptés.

L'emploi des farces, en cuisine, est devenu général, et à certains égards indispensable ; mais elles n'ont vraiment de valeur que parfaitement conditionnées, c'est-à-dire de bon goût et délicates. En dehors de ces qualités, les farces n'ont plus aucun mérite, n'atteignent jamais le but qu'on se propose et déprécient considérablement un dîner, parce qu'elles répandent une espèce de défaveur sur les mets qui les environnent. Il importe donc essentiellement aux cuisiniers d'apporter à leur confection tous les soins qu'elles réclament, en se mettant sans hésitation à la hauteur des sacrifices qu'elles exigent. Mieux vaudrait ne pas en faire du tout que de les offrir incomplètes ou médiocres.

Les farces ne veulent pas être préparées trop longtemps d'avance, alors même qu'on les tient sur glace ; car si elles se corrompent lentement, elles rougissent très-facilement. Sans glace, c'est pire encore : les chairs ainsi broyées ont une tendance naturelle à se décomposer et à s'aigrir.

Outre le beurre, qui est l'élément ordinaire des farces, on fait aussi entrer dans leur confection de la tétine cuite et quelquefois même du lard. Le beurre, s'il est bien frais et employé dans de justes proportions, est, à notre avis, préférable pour les farces fines surtout ; mais la tétine leur donne plus de consistance et les rend moins faciles à tourner. En général, les farces doivent être essayées avant d'être employées, et les sauces incorporées avec précaution : il est ainsi plus facile de prévenir des accidents.

Panade de Pain. — Prenez 200 gr. de mie de pain blanc à potage ; trempez cette mie dans de l'eau et exprimez-la aussitôt qu'elle est imbibée ; remettez-la en casserole avec 2 décil. de bouillon blanc, placez-la sur feu ; broyez avec la spatule pour la réduire et dessécher ; lorsque la panade est assez compacte, additionnez-lui un morceau de beurre, étalez-la sur un plat et laissez-la refroidir recouverte d'un rond de papier. Cette panade peut également se confectionner à la crème simple ou au lait et au bouillon.

Panade de Riz. — Lavez 150 gr. de riz, blanchissez-le et placez-le dans une casserole ; mouillez à couvert avec 4 décil. de bouillon blanc ; faites partir en ébullition et placez ensuite votre casserole sur feu modéré ou même sur des cendres chaudes simplement. Ne remuez plus le riz qu'il ne soit entièrement cuit et à sec ; alors additionnez-lui un morceau de beurre, écrasez-le à la spatule sans le corder, puis passez-le au tamis. Rassemblez la panade dans une assiette et laissez-la refroidir.

Panade de Pate a choux. — Mettez dans une casserole 2 décil. de bouillon avec 50 gr. de beurre, placez cette casserole sur feu pour l'amener à l'ébullition ; quand le beurre monte, emplissez le liquide avec de la farine tamisée, et amenez-la à consistance d'une pâte à choux ordinaire; desséchez-la bien sur feu; retirez-la pour la laisser refroidir sur une assiette après l'avoir couverte de papier beurré.

PANADE DE FRANGIPANE. — Délayez 150 gr. de farine avec 3 décil. de crème, 2 œufs et 2 jaunes; ajoutez un grain de sel et un petit morceau de beurre, et cuisez-la sur feu en la tournant à la spatule comme une crème, pour lui faire prendre consistance; travaillez-la pour la dessécher, la retirer sur une assiette, la couvrir de papier beurré et la faire refroidir.

314. — FARCES GRASSES ET MAIGRES.

GODIVEAU A LA FRANÇAISE. — Le godiveau est une composition de l'école ancienne. Quoique bonne, elle est cependant un peu délaissée dans les préparations modernes. Elle diffère essentiellement des farces ordinaires en ce qu'elle est constituée sans aucune espèce de panade.

Proportions : 500 gr. de chair de veau, 600 gr. de graisse de rognons, deux tiers de bœuf et un tiers de veau, 3 jaunes d'œufs, sel et épices, une cuillerée de ciboulette hachée.

Procédé : Les parties des noix et sous-noix sont celles qu'on doit préférer. Parez-les des membranes, nerfs, peaux et graisses, et faites-les hacher, puis piler vivement pour les réduire en pâte, les passer au tamis et les placer sur glace une demi-heure environ; retirez des graisses toutes les pellicules qui les enveloppent, en les divisant par petites parties; faites-les hacher et piler également jusqu'à ce qu'elles ne forment plus qu'une pâte lisse et molle, à laquelle vous additionnez les chairs peu à peu, sans discontinuer de piler vivement. Quand ces éléments sont réduits en pâte et bien mélangés ensemble, assaisonnez de bon goût, incorporez les œufs peu à peu et 1 décil. environ de velouté froid. Cette dernière addition lie l'appareil et lui donne la souplesse d'une farce fine. Incorporez la ciboulette, et placez-la de nouveau sur glace, couverte d'un papier beurré, jusqu'au moment de son emploi.

Le point essentiel de l'opération est de veiller attentivement à ce que les chairs et la graisse soient bien broyées et confondues, de les piler en petite quantité, afin qu'elles ne s'échauffent pas, ce qui pousserait l'appareil à la décomposition. L'application de la glace est nécessaire avant et après sa manipulation, pour lui maintenir son unité et le corps qu'elle acquiert sous l'influence d'un travail vigoureux.

Par le même procédé, et dans les mêmes proportions de quantités, on confectionne des godiveaux avec des chairs de volaille et de gibier.

FARCE DE VEAU ORDINAIRE. — Cette farce trouve son emploi dans les bords ou appuis de farce, sur lesquels on dresse certaines entrées, et qui ne sont pas destinés à être mangés. On peut également les adapter aux préparations ordinaires dont la finesse est sans aucune nécessité.

Proportions : 500 gr. de veau, 250 gr. de panade, 250 gr. de tétine cuite, 3 jaunes d'œufs et 1 entier, 4 cuillerées à bouche de sauce veloutée, sel et muscade.

Procédé : Prenez les chairs de veau dont vous disposez, tirez le restant des noix ou sous-noix; parez-les de leurs parties nerveuses, coupez-les en gros dés et faites-les réduire en pâte au mortier; additionnez ensuite la panade par petites parties, puis la tétine et les œufs un à un; mélangez bien ces éléments, assaisonnez, passez au tamis, incorporez la sauce, et tenez-la en un lieu frais recouverte de papier beurré jusqu'au moment de l'employer.

FARCE DE VOLAILLE. — Les farces les plus fines, nous l'avons dit, se confectionnent avec les chairs des filets. Ces filets peuvent indistinctement être de poularde ou de dinde; les chairs des cuisses peuvent seulement, dans quelques cas, être mélangées avec celles de filets.

Proportions : 500 gr. de chair de volaille, 250 gr. de panade, 200 gr. de beurre, 4 jaunes d'œufs, sel et muscade, 1 décil. 1/2 de sauce veloutée.

Procédé : Parez les filets de leurs épidermes, coupez-les en gros dés, faites-les piler pour les réduire en pâte, relevez-les dans une terrine, pilez la panade froide, additionnez peu à peu les chairs pilées et le beurre pour les incorporer intimement et jusqu'à ce que ces corps ensemble ne forment plus qu'une pâte lisse ; alors ajoutez les œufs un à un, assaisonnez de bon goût, donnez encore quelques coups de pilon et passez au tamis à quenelles, puis placez-la dans une terrine vernie, et incorporez-lui à la spatule et peu à peu la moitié de la sauce refroidie, en la travaillant vivement ; essayez sa consistance en pochant à l'eau bouillante une petite partie de l'appareil. Si elle était trop ferme, étendez-la encore avec de la sauce.

L'addition de la sauce dans la farce lui donne de la délicatesse et de l'onction ; pour lui en faire absorber davantage sans nuire à sa consistance, nous diminuons le volume ordinaire du beurre.

En gardant ces proportions, on peut aussi confectionner de bonnes farces avec les chairs les plus fines du veau qui, dans certains cas, tiennent lieu de celles de volaille.

FARCE DE VOLAILLE SANS PANADE. — Ces farces donnent d'excellents résultats. Elles ont seulement le défaut d'être peu productives, et cet inconvénient les rend impraticables dans bien des cas. Elles sont très-convenables pour pousser au cornet.

Proportions : 500 gr. de filets de volaille, 4 jaunes d'œufs, sel et muscade, 2 décil. de sauce veloutée bien réduite.

Procédé : Parez les filets de leurs épidermes, coupez-les en gros dés, faites-les piler, incorporez les œufs, assaisonnez et passez au tamis ; placez cette purée dans une terrine et incorporez-lui la sauce peu à peu, à l'aide de la spatule ; essayez sa consistance et tenez-la au frais, couverte d'un papier beurré, en attendant son emploi.

FARCE DE VOLAILLE A LA CRÈME. — Cet appareil est un des plus savoureux et des plus délicats qu'on puisse obtenir. Il se plie moins facilement qu'un autre à toutes les exigences, mais on peut néanmoins en tirer un parti immense. Il diffère des autres appareils par une constitution spéciale : le beurre, la panade et la sauce n'y entrent pour rien. Cette farce convient pour les quenelles moulées, les pains, les garnitures de potages et celles d'entrées.

Proportions : 500 gr. de filets de volaille, 1 blanc d'œuf, 2 décil. de crème double, sel et muscade.

Procédé : Parez les filets d'après les règles, taillez-les en gros dés, faites les réduire en pâte au mortier, assaisonnez, incorporez le blanc d'œuf et passez au tamis. Placez la purée dans une terrine, étendez-la peu à peu avec la crème en la travaillant vivement pour la lier et la rendre lisse ; essayez-en une petite partie sur le couvercle d'une casserole, à la bouche du four, et tenez le reste sur glace couverte d'un papier beurré, si vous ne l'employez aussitôt, car elle s'aigrit facilement.

FARCE DE VOLAILLE A L'ITALIENNE. — *Proportions :* 300 gr. de filets crus, 200 gr. de chairs cuites, 150 gr. de panade, 200 gr. de tétine cuite, 2 jaunes d'œufs et 2 entiers, sel, muscade, 1 décil. de sauce.

Procédé : Parez les filets crus et faites-les piler ; sautez les cuisses au beurre, laissez-les refroidir, parez-les, coupez-les en dés et pilez-les séparément, puis additionnez-leur la tétine coupée et parée avec la panade, ensuite les chairs crues, le sel et la muscade ; mélangez bien ces éléments et passez-les au tamis ; incorporez la sauce à la spatule ; essayez la consistance de la farce, placez-la dans une terrine recouverte d'un rond de papier beurré, et tenez-la au frais en attendant le moment de l'employer.

FARCE DE VOLAILLE PRINTANIÈRE. — Préparez une farce de volaille ainsi que nous l'avons indiqué plus haut. Quand elle est passée, incorporez-lui avec la sauce 2 cuillerées à bouche de vert d'épinards ou 4 cuillerées d'épinards nouveaux, blanchis à fond, bien exprimés, pilés avec un peu de farce et passés à l'étamine. On peut confectionner ainsi les farces de veau et de poisson.

FARCE DE VOLAILLE AUX PURÉES. — Préparez une farce à quenelles de volaille. Quand elle est passée, incorporez-lui, à la spatule, au lieu de sauce, une purée de champignons, de truffes ou soubise. — On confectionne ainsi les farces de veau ou de poisson.

FARCE POUR RAVIOLES. — Pilez 300 gr. de filets de volaille cuits, parés et coupés en gros dés, avec 200 gr. de tétine également cuite et parée; 100 gr. de purée d'épinards, 3 œufs entiers, 50 gr. de fromage à la pie, sel, muscade, 100 gr. de parmesan; broyez bien ces éléments ensemble et passez au tamis. On peut remplacer le fromage à la pie par le même volume de sauce réduite.

FARCE DE PERDREAUX. — Cette farce sert à la confection des grosses et petites quenelles, timbales, pains de gibier chauds et garnitures de potage. On l'emploie à l'égal de la farce de volaille, dans les préparations où elle est nécessaire.
Proportions : 500 gr. de filets de perdreaux, 200 gr. de panade, 200 gr. de beurre, 3 jaunes d'œufs, sel et muscade, 2 décil. de sauce espagnole à l'essence de gibier.
Procédé : Parez, coupez en dés et faites piler les filets de perdreaux; relevez-les dans une terrine; pilez la panade; additionnez tour à tour les chairs pilées et le beurre peu à peu, puis les œufs; assaisonnez et faites passer au tamis; placez la farce dans une terrine, incorporez-lui la sauce froide avec la spatule et travaillez vivement pour la lisser; couvrez d'un rond de papier et tenez au frais, en attendant l'emploi. Les farces de lapereaux, lièvres, bécasses, faisans, etc., se préparent de même.

FARCE DE PERDREAUX A L'ITALIENNE. — *Proportions* : 300 gr. de filets de perdreaux crus, 200 gr. de chairs cuites, 150 gr. de panade, 200 gr. de tétine, 4 jaunes d'œufs, sel, muscade; 2 décil. de sauce espagnole réduite à l'essence de gibier.
Procédé : Pilez les chairs crues et cuites séparément; pilez également la panade; mêlez tour à tour ces éléments dans le mortier, broyez-les ensemble, additionnez les œufs, sel et muscade; passez au tamis; incorporez-lui la sauce peu à peu dans une terrine; essayez sa solidité; couvrez d'un rond de papier beurré et tenez au frais.

FARCE DE GÉLINOTTES A LA CRÈME. — *Proportions* : 500 gr. de filets de gélinottes, sel, muscade, 3 décil. de crème double.
Procédé : Parez, pilez, assaisonnez et passez les chairs de filets sans autre ingrédient; placez-les dans une terrine pour les étendre peu à peu avec la crème; travaillez fortement à la spatule; essayez-en une petite partie à la bouche du four; rectifiez-la avec de la crème, si elle était trop ferme, et tenez sur glace, si vous ne l'employez immédiatement.

FARCE GRATIN DE GIBIER. — Ces farces se confectionnent également avec des chairs de perdreaux, faisans, grives, bécasses, cailles, lapereaux ou lièvres. Le procédé est toujours le même.
Proportions : 500 gr. de chairs de gibier, 250 gr. de panade, 150 gr. de lard râpé ou tétine, 100 gr. de truffes, 4 jaunes d'œufs, sel, une pointe de muscade et épices, 4 cuillerées à bouche de fines herbes, 2 de glace brune et 4 de sauce au madère réduite.
Procédé : Sautez à feu vif, avec un peu de lard râpé, les chairs de gibier; tenez-les vert-cuites, assaisonnez-les légèrement, additionnez les fines herbes et laissez-les refroidir pour les couper en dés et les piler. Quand elles sont réduites en pâte, retirez-les du mortier; pilez la panade avec le lard et les truffes, additionnez ensuite les chairs, les œufs et la sauce; mélangez bien ces ingrédients; assaisonnez et passez au tamis; incorporez-leur enfin la glace et la sauce. Les bons foies de gibier, tels que faisans, bécasses, perdreaux et grives, peuvent toujours entrer dans le volume des chairs; si on avait quelques parures de foies gras, on ferait bien de les employer.

FARCE GRATIN DE FOIES GRAS. — *Proportions* : 500 gr. de foies gras; 250 gr. de panade, 100 gr. de lard râpé, 4 cuillerées à bouche de fines herbes, 6 de sauce madère réduite, 4 jaunes d'œufs, sel, muscade et épices.
Procédé : Émincez les foies, faites-les sauter au lard, assaisonnez légèrement; ajoutez-leur les fines herbes et laissez refroidir ensemble, pour les couper ensuite en dés et les faire piler; retirez-les pour piler séparément la panade et le lard; additionnez alors les chairs, les œufs et la sauce; assaisonnez et passez au tamis. On peut également additionner quelques truffes avec les chairs.

Farce de Brochets. — *Proportions :* 500 gr. de chairs de brochets, 300 gr. de panade, 300 gr. de beurre, 5 jaunes d'œufs, sel et muscade, 2 décil. de sauce veloutée grasse ou maigre.

Procédé : Parez les filets de leurs peaux et petites arêtes ; taillez-les en gros dés et faites-les réduire en pâte au mortier ; relevez-les pour piler la panade ; additionnez ensuite les chairs et le beurre peu à peu ; mélangez bien ces corps différents ; ajoutez les œufs un à un ; assaisonnez et passez au tamis ; placez la farce dans une terrine, incorporez-lui la sauce à la spatule, en la travaillant vigoureusement ; essayez sa consistance à l'eau bouillante, puis couvrez-la d'un papier beurré si vous ne l'employez de suite.

Les farces de merlans, soudacs, cabillauds, sandres, éperlans, et en général tous les poissons à chair blanche et liante, se confectionnent de même. Il faut seulement augmenter le volume de la panade en proportion de la délicatesse des chairs.

Farces de Merlans a la crème. — *Proportions :* 500 gr. de chairs, 3 décil. de crème, sel et muscade, un blanc d'œuf.

On procède à cette préparation d'après la méthode que nous avons décrite à l'égard des farces de volaille à la crème. L'emploi est à peu près le même dans les préparations maigres. Les autres poissons blancs et à chairs fermes peuvent également servir au même usage.

Farces de Poissons aux purées. — Les farces de poisson, faites dans les conditions de celles de brochet, peuvent être finies une fois passées, avec une purée de champignons soubise ou de truffes.

Farces de Poissons au beurre d'écrevisses. — Les proportions sont les mêmes que pour les farces ordinaires ; la différence n'est que dans l'introduction du beurre d'écrevisses, qu'on mêle par moitié au beurre ordinaire. L'essentiel est que ce beurre soit bien rouge et surtout frais.

DES HORS-D'OEUVRE.

Nous consacrons ce chapitre à deux genres de hors-d'œuvre : les *froids* et les *chauds*, ou pour mieux dire ceux d'office et ceux de cuisine. Dans l'ordre normal et dans les grandes maisons, les premiers sont uniquement dans les attributions des maîtres d'hôtels ou officiers; mais le titre de notre livre nous impose l'obligation de traiter toutes les branches de l'art qui, par leur affinité naturelle, sont sans cesse en rapport et découlent pour ainsi dire de la même source. Nous décrirons donc les uns à l'égal des autres. Les hommes qui voyagent et qui sont conséquemment exposés à remplir, dans une certaine mesure, les fonctions d'officiers ou de maîtres d'hôtels absents, seront sans doute bien aises de trouver ici tous les documents qui peuvent les initier à ce travail.

Les hors-d'œuvre d'office se dressent sur de petites assiettes, bateaux ou hors-d'œuvriers. On les pose sur table, à moins qu'ils ne soient destinés à être mangés par les convives avant de passer à table, ainsi que cela se pratique en Russie.

Les hors-d'œuvre chauds de cuisine sont presque partout servis après le potage. Dans quelques maisons seulement, on les passe en même temps; mais c'est là une exception qui ne saurait servir de règle. On dresse ces hors-d'œuvre sur serviette, sur plat, en coupe ou sur gradins, suivant leur forme et leur constitution. Mais quelle que soit leur nature, s'ils sont servis immédiatement après le potage, ils doivent toujours être dressés à sec, c'est-à-dire sans aucune espèce d'accompagnement de sauce ni garniture autre que celles qu'ils contiennent, sauf le cas où celles-ci s'y trouveraient déjà renfermées à l'intérieur. Un hors-d'œuvre garni ou saucé devient une entrée. La dénomination de cette catégorie de mets indique clairement qu'ils doivent être légèrement constitués; la simplicité étudiée doit être en toute circonstance leur cachet distinctif.

Les hors-d'œuvre peuvent aussi s'employer comme garnitures de relevés. Ils ont donc une importance réelle, puisqu'on les utilise si diversement; c'est pourquoi nous nous sommes attachés à leur donner le plus d'extension possible, en les traitant sous toutes les formes et dans tous les genres applicables.

Les hors-d'œuvre peuvent encore être mélangés dans le même plat. Cette méthode est peu usitée en France; mais, dans beaucoup d'endroits, les hors-d'œuvre d'une seule espèce, si riches qu'ils soient, ne remplissent qu'imparfaitement les conditions exigées. Cette diversion ne leur est pas nuisible; elle les rend au contraire susceptibles de satisfaire à tous les goûts. Dans le service à la Russe, les hors-d'œuvre chauds se composent presque toujours de plusieurs espèces mêlées ensemble. Il n'en est pas de même dans le service français, l'usage le défend; mais dans le premier de ces services, où il n'entre guère qu'un plat de hors-d'œuvre, ce mélange devient pour ainsi dire indispensable. Selon nous, rien ne s'oppose à ce qu'on serve sur le même plat deux espèces de hors-d'œuvre, surtout si l'on a pris des dispositions en conséquence; et même encore dans les conditions les plus simples, on peut toujours dresser une couronne de petites bouchées, quenelles, croquettes, boudins, etc., et emplir le puits de cette couronne avec un petit buisson de friture quelconque ou de petites pâtisseries. Par ces dispositions, le plat représente moins de nudité; il est plus gracieux et donne en même temps aux convives l'avantage du choix.

Les dessins de la planche 2me indiquent les différentes manières de les dresser élégamment; on pourra donc les consulter pour se rendre compte des diverses méthodes adoptées à leur égard.

512. — DES HORS-D'OEUVRE FROIDS.

SARDINES A L'HUILE. — Retirez les sardines de la boîte, égouttez-les sur une serviette et parez les deux bouts; dressez-les, les unes à côté des autres, en les arrosant avec de l'huile fine.

ROUGETS A L'HUILE. — Les rougets en boîte se laissent entiers, en les dressant; on les arrose avec leur propre fonds passé au tamis.

THON A L'HUILE. — Il faut choisir les tronçons les plus blancs, les égoutter, les tailler en tranches régulières, puis les dresser en couronne sur une assiette garnie au centre avec une ravigote fraîche, ou les arroser simplement avec de l'huile fine.

ANCHOIS. — Les anchois les plus petits sont considérés comme les plus fins. Faites-les dégorger quelques instants, ressuyez-les avec un linge, retirez leur arête principale et dressez les filets parés soit en moitiés, soit en entiers, en les arrosant d'huile, et en les garnissant avec des câpres entières et du persil haché. On peut former une rosace avec les moitiés et remplir les vides avec une persillade.

SAUMON FUMÉ. — Il ne faut pas qu'il soit trop sec ni vieux; on le sert paré et émincé en lames fines dressées en couronne avec des feuilles de persil vert dans le milieu. On sert aussi ces lames grillées quelques minutes, à peine chauffées sur le gril et arrosées de bonne huile.

HARENGS FUMÉS. — Choisissez les harengs de bonne qualité et qu'ils ne soient pas vieux; coupez les têtes, retirez les peaux et arêtes; faites-les chauffer quelques secondes sur le gril, dressez et arrosez-les avec de l'huile. S'ils étaient trop salés, on pourrait les faire dégorger dans du lait avant de les griller.

HARENGS SALÉS. — Les harengs salés le sont ordinairement trop pour être mangés en les sortant de la saumure. Deux ou trois jours avant de les servir, parez-les, faites-les tremper dans une eau coupée avec du lait; cinq ou six heures après, essuyez-les avec un linge; rangez-les dans un vase avec quelques feuilles de laurier, estragon, grains de poivre, oignons et câpres; couvrez-les avec du vinaigre et un peu d'eau. Pour servir ces harengs, on les coupe par petits tronçons, on les reforme ensuite en les dressant à côté les uns des autres. Arrosez-les simplement avec de l'huile ou garnissez-les avec les ingrédients de la marinade, entiers ou hachés.

KAVIAR. — Le kaviar le plus fraîchement salé est toujours le meilleur. Il se sert dressé sur une assiette, arrosé d'huile et accompagné de moitiés ou quarts de citrons.

ÉCREVISSES ET CREVETTES. — Les queues des premières se dressent en couronne; on garnit le milieu avec une petite ravigote ou mayonnaise. Les queues de crevettes se traitent de même.

HOMARDS ET LANGOUSTES. — Escalopez la queue d'un homard en tranches minces, que vous dressez en couronne; coupez les parures et les chairs des pattes en petits dés; pilez toutes les parties intérieures crémeuses et rouges, ainsi que les œufs; passez au tamis et mélangez avec quelques cuillerées à bouche de mayonnaise un peu claire; ajoutez les chairs en dés, quelques câpres, anchois, champignons, cornichons mêlés ensemble, et versez dans le puits.

SALADE DE BROCHET, TRUITE, ETC. — Nous avons indiqué la manière de mariner les poissons à chairs fermes au chapitre des conserves.

Les petites truites se servent entières ou coupées en filets ou tronçons, avec un peu de gelée ou ravigote. Aux brochets on retire les filets, qu'on émince en tranches, et on les dresse en couronne pour les arroser d'huile et vinaigre.

Saucissons et Cervelas. — Les saucissons se servent le plus communément taillés en tranches minces et parés de leur peau; on les dresse en couronne avec du persil en branche ou du cresson dans le puits. Les cervelas se traitent de même.

Jambon cuit et cru. — Le jambon cuit se coupe en tranches entrelardées, peu épaisses et régulières. On les dresse à plat ou en couronne avec du persil en feuilles. Le jambon cru et fumé se coupe également en lames, mais très-minces et peu volumineuses. On les sert aussi avec du persil.

Langue écarlate, Langue fourrée, Mortadelle et Bœuf fumé. — Ces salaisons parées et émincées très-fin se dressent en couronne. On peut toujours les garnir avec du persil en feuille ou toute autre verdure. Le bœuf fumé, cuit et refroidi, peut se râper et se servir dans un hors-d'œuvrier. On le mange sur des tartines.

Filets d'Oies fumés. — Parez les deux bouts et les contours des filets, ressuyez-les bien avec un linge humide, taillez-les en tranches minces et un peu en biais, reformez les filets et garnissez de feuilles de persil.

Œufs de Vanneaux. — Cuisez 2 douzaines d'œufs de vanneaux à l'eau et en coquille pendant dix minutes; retirez les coquilles et dressez sur serviette; servez du beurre très-frais et du cresson alénois à part. On les sert quelquefois avec leurs coquilles. Ce hors-d'œuvre est d'autant plus estimé qu'il n'est pas commun dans tous les pays.

Beurre frais. — Le beurre qu'on emploie doit être du jour même si c'est possible. La meilleure manière de le dresser est aussi la plus simple : en pains, en rouelles moulées, ou tout simplement en touffes grattées à la cuiller. Autant que possible, le beurre ne doit jamais avoir l'air trop manié. On le sert aussi ferme que sa préparation le permet, et on l'arrose d'eau à la glace.

Figues. — Les figues fraîches, quelle que soit leur espèce, se servent comme hors-d'œuvre dans des assiettes et dressées entre des feuilles vertes.

Melons. — Les melons de toutes les espèces se servent pour hors-d'œuvre. On les divise en tranches proportionnées, auxquelles on pare les deux extrémités, et on taille les chairs aux limites de l'écorce sans les détacher. Les melons se mangent avec poivre, sel ou sucre.

Petites Raves et Radis. — Les petites raves se parent de leurs feuilles dures et d'une partie des queues. On leur retire aussi les peaux en long sans les détacher, après qu'elles sont lavées et grattées.

Céleris, Fenouils et Cardons. — Les céleris nouveaux et tendres, parés des côtes les plus dures et les pieds arrondis, bien lavés et épongés, se dressent sur une serviette : les Italiens mangent beaucoup de fenouils tendres comme hors-d'œuvre, que l'on sert tout simplement parés et dressés sur serviette. Les cardons tendres, taillés en petites tiges, se servent aussi en Italie, et en Piémont surtout, avec un beurre d'anchois dans lequel entrent quelques parties d'huile. En épluchant les tiges, on a soin de les plonger dans de l'eau froide citronnée. Au moment, on les range dans un hors-d'œuvrier, et on envoie le beurre fondu sur un réchaud léger pour le maintenir chaud; souvent ce beurre est mélangé de truffes blanches, coupées en lames au dernier moment.

Artichauts a la Poivrade. — Il est important que ces artichauts soient bien tendres. On pare le fond pour les citronner, en les tenant dans l'eau jusqu'au dernier moment; on les dresse sur serviette. On sert aussi les fonds d'artichauts en salade.

Piments verts et rouges. — Des piments verts on retranche la queue, pour les fendre en quatre parties sans les séparer, et on les dresse dans un hors-d'œuvrier. En Espagne, où l'on mange beaucoup de gros piments à la pulpe épaisse, douce et très-goutteuse, on les fait griller pour leur retirer les peaux, les émincer en filets longs et les assaisonner avec huile, sel et un peu de vinaigre.

Cornichons et Olives farcies. — Les cornichons, olives simples ou farcies se servent dans des hors-d'œuvriers; les olives simples avec un peu d'eau, les farcies avec de l'huile.

Concombres. — On choisit les concombres petits, n'ayant pas encore les semences avancées, et on leur retire les peaux pour les émincer en lames très-fines. Entiers ou divisés par moitié, on les saupoudre de sel pour leur faire rendre l'eau et les assaisonner avec huile, vinaigre, poivre, sel ou fenouil haché.

Canapés. — Les canapés sont de petites tranches de pain parées, également rondes, carrées ou ovales, qu'on masque d'une petite couche de beurre pour les garnir ensuite de filets d'anchois, blancs et jaunes d'œufs durs et hachés, de câpres et de persil. Cette garniture se fait symétriquement, en la séparant avec les filets d'anchois.

On fait aussi des canapés avec des lames de veau, de volaille, de langue écarlate, jambon, bœuf fumé, etc., puis avec des sardines et harengs salés et du kaviar.

Canapés chauds au Jambon. — Taillez des carrés de pain de forme oblongue; faites-les passer au beurre un moment, d'un seul côté; retirez-les pour les placer sur un gril, du côté non rôti; masquez la surface avec du jambon haché; poussez une minute au four et servez.

Canapés chauds au Fromage. — Taillez des petites croûtes de pain comme les précédentes, masquez-les de beurre, soupoudrez-les de parmesan ou de gruyère râpé, placez-les sur un gril et poussez au four. Aussitôt que le fromage fond, retirez et dressez.

Canapés de Harengs a la Russe. — Dessalez 2 harengs au lait, levez-en les filets, retirez les peaux et passez les laitances au tamis. Tournez une pomme aigre, retirez-en le cœur; hachez les chairs, mélangez-les avec les laitances et masquez-en des tartines de pain déjà beurrées. Sur cet appareil, placez quelques harengs et servez.

Sandwich. — Les sandwichs se composent avec des lames minces de *pain de mie*; masquez-les avec du beurre mêlé de moutarde et de sel; disposez dessus des lames également minces de langues fumées, de filets de volaille ou de veau; recouvrez-les avec des lames du même pain; donnez-leur une forme oblongue ou carrée, dressez-les sur serviette en couronne ou en buisson.

Petites tartelettes d'Écrevisses et Homards. — Pour un hors-d'œuvre ordinaire, foncez 15 petits moules à tartelettes, avec de la pâte fine; masquez-les de papier, emplissez-les de grains ou de farine pour les cuire à sec, videz-les et laissez-les refroidir. Au moment de servir, emplissez chaque tartelette avec une cuillerée de mayonnaise mêlée de quelques carrés de cornichons, câpres entières et estragon haché; rangez symétriquement dessus 4 ou 5 queues d'écrevisses, et recouvrez-les d'une cuillerée de gelée grasse mi-prise. Cela fait, bordez les tartelettes d'un cordon de gelée hachée et poussée au cornet. Les queues de homards se taillent, si l'on veut, en petites lames ou en dés, et se dressent dans les tartelettes avec un peu de mayonnaise. On peut garnir ces tartelettes avec des câpres, cornichons, betteraves et blancs d'œufs. On les dresse sur serviette.

SOMMAIRE DE LA PLANCHE N° 2.

N° 5. — Panier en pâte d'office garni d'éperlans frits à l'anglaise et entouré de petites caisses d'huîtres au gratin.
N° 6. — Petites caisses de soufflés de volaille sur gradin.
N° 7. — Corbeille garnie de croquettes de riz à l'ancienne et entourée de rissoles.
N° 8. — Petits pâtés chauds sur gradin.
N° 9. — Friture italienne mêlée.
N° 10. — Attereaux dressés à la moderne.
N° 11. — Boudins de volaille et petites bouchées en corbeille.
N° 12. — Petites timbales et croquettes sur gradin en pâte d'office, glacé et décoré en feuilletage à blanc.

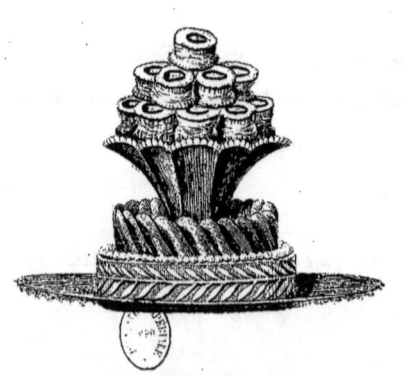

Petits pains a la Mayonnaise. — Couchez une quinzaine de petits choux ronds, mais sans sucre; faites-les cuire à four doux. Quand ils sont cuits et refroidis, enlevez-leur un petit couvercle; emplissez-les au moment avec une petite brunoise de légumes, composée de cornichons, œufs durcis, poissons, carottes, navets, haricots verts, etc., coupés en dés ou taillés à la cuiller d'acier ou à la colonne, cuits et marinés, puis mêlés à quelques cuillerées de mayonnaise. Une fois emplis, recouvrez ces petits choux et dressez sur serviette.

Petits pains a la Française. — Faites 15 petits pains au beurre de forme ovale; enlevez un petit couvercle à la surface de chacun d'eux; par cette ouverture, videz-les de leur mie, que vous remplacez par des morceaux de foies de Strasbourg en terrine; remettez le couvercle et dressez ces petits pains en buisson sur serviette. On peut également les garnir avec l'intérieur de pâtés de volaille, lièvre ou poisson.

Croûtons de Fruits de mer a la Génoise. — Taillez une quinzaine de croûtons de pain en losange, cernez-les tout autour en dessus par une légère incision, faites-les frire à l'huile bien chaude et égouttez-les sur un linge; videz-les en partie. Auparavant, vous aurez ouvert et égoutté sur un tamis de petites huîtres vertes, des petites moules et des oursins crus, marinés dans une assiette avec mignonnette et jus de citron. Emplissez les croûtons pendant qu'ils sont chauds, pour les servir de suite.

Hors-d'œuvre de Fruits et Légumes marinés. — Dans la partie des conserves, nous avons traité les fruits confits au vinaigre qui sont en général servis comme hors-d'œuvre. Il s'agit tout simplement de les verser avec leur sirop ou marinade dans les hors-d'œuvriers.

DES HORS-D'ŒUVRE CHAUDS.

Avant d'entrer dans le détail des hors-d'œuvre chauds, nous indiquerons les garnitures avec lesquelles on les confectionne le plus généralement; une fois décrites, nous n'aurons plus qu'à les mentionner à l'occasion et y renvoyer le lecteur.

343. — SALPICONS POUR GARNITURES DE BOUCHÉES, TIMBALES, ETC.

Salpicon royal. — Foies gras, blanc de volaille, champignon, ris d'agneau, mêlés ensemble par parties égales et taillés en petits dés. Quelques minutes avant de servir, incorporez à cette garniture la quantité voulue de béchamel bouillante pour les saucer à point, et finissez avec un morceau de beurre d'écrevisse.

Salpicon financier. — Truffes noires, blancs de volaille, langue écarlate, champignons coupés en dés ou en petits ronds et saucés à point au moment avec une financière.

Salpicon toulouse. — Foies de poulardes, champignons, crêtes taillées en dés, petits rognons entiers saucés au moment avec un velouté bien chaud.

Salpicon parisien. — Champignons bien blancs, coupés en dés et incorporés à une purée de champignons très-chaude.

Salpicon périgueux. — Truffes noires cuites, coupées en dés, incorporées à une purée de truffes étendue avec de l'espagnole réduite.

Salpicon tortue. — Palais de bœuf poêlés, parés et taillés en dés; truffes, queues d'écrevisses, petites quenelles rondes poussées au petit cornet; cornichons verts en moindre partie. Saucez au moment avec de la sauce tortue bien chaude.

Salpicon chasseur. — Filets de gibier, foies de perdreaux, truffes, champignons, langue écarlate; saucez au moment avec une sauce salmis n° 302.

Salpicon italien. — Amourettes de veau, cervelles, champignons, maigre de jambon, ce dernier en moindre partie. Saucez avec une financière.

Salpicon palermitain. — Petits macaronis taillés d'un demi-centimètre de long, filets de perdreaux, crêtes, fonds d'artichauts, jambon fumé et en petits dés, petits rognons entiers. Saucez avec une napolitaine chaude.

Salpicon régente. — Foies de lottes, laitances, queues d'écrevisses et champignons coupés en dés par égales parties. Saucez avec une sauce à la reine, finie au dernier moment.

Salpicon d'Huîtres. — Les huîtres blanchies à peine, égouttez et parez-les suivant la règle. Si leurs noix sont trop grosses, coupez-les en dés; petites, laissez-les entières. Saucez-les d'un velouté réduit avec quelques cuillerées à bouche du bouillon de leur cuisson et un jus de citron.

Salpicon de Crevettes, Écrevisses et Homards. — Ces trois chairs se préparent toutes de la même manière. Étant cuites, on les taille en petits dés et on les sauce avec quelques cuillerées à bouche de velouté ou béchamel, finies avec un peu de beurre d'écrevisses.

Salpicon Monglas. — Blancs de volaille, champignons et truffes ciselés en filets fins et de la même longueur que les filets pour julienne. Saucez avec une espagnole ou un velouté. On fait des salpicons Monglas avec truffes, champignons ou volaille, isolément. Quand les salpicons servent à fourrer des quenelles ou toute autre préparation, on les sauce avec une espagnole extrêmement réduite.

Salpicons pour Appareil de Croquettes. — On peut faire des appareils à croquettes avec une seule qualité de viande, ou plusieurs qualités ensemble, mêlées aux truffes ou champignons, à l'égal des salpicons que nous venons de décrire. Ces appareils se font également avec toutes les viandes, volaille, gibier et poisson, se mouillent avec des sauces analogues aux viandes blondes ou brunes; ces sauces doivent être bien réduites et liées en dernier lieu; mais on peut aussi les finir avec du beurre d'écrevisses ou de homards; l'essentiel est de les réduire à point.

Ragoûts pour Timbales et Bouchées. — Ces ragoûts se composent de petites escalopes de foies gras, volaille, cervelles, ris de veau, truffes, champignons, etc., etc. On les sauce indifféremment à blanc ou à brun; on en fait encore avec des escalopes de poissons et quenelles.

Salpicon valenciennes. — Ce salpicon se compose de champignons, fonds d'artichauts, blancs de volaille, carottes, petites queues d'écrevisses et une petite partie de riz blanchi au bouillon blanc. Saucez d'un velouté fini au beurre de piment.

314. — PETITS PÂTÉS FEUILLETÉS.

Abaissez de l'épaisseur de 2 à 3 millimètres, 5 ou 600 gr. de pâte feuilletée, que vous aurez tournée à cinq tours et demi en été et six tours en hiver. Abaissée à point, laissez-la reposer 2 minutes; puis taillez sur la surface, avec un coupe-pâte uni et du diamètre de 5 à 6 centimètres, 24 petites abaisses rondes; mettez-les de côté; rassemblez les rognures de la pâte, moulez-les et formez une abaisse un peu plus mince que la première. Taillez également sur la surface de celle-ci 24 petits ronds, avec le même coupe-pâte; mouillez légèrement une ou deux plaques, et rangez les dernières abaisses taillées en lignes parallèles et à distance de 2 centimètres à peu près. Alors garnissez chaque abaisse sur son centre d'une petite partie de farce grasse ou maigre posée avec la cuiller ou poussée au cornet. Son volume doit être celui d'une grosse noisette. Cela fait, mouillez légèrement au pinceau la surface de l'abaisse, autour de la farce, puis recouvrez-les régulièrement avec les premières abaisses taillées; égalisez-les, appuyez-les d'abord avec le pouce tout autour de la farce, ensuite avec un petit coupe-pâte rond et renversé. Aussitôt toutes les abaisses appuyées, dorez-les légèrement sur la surface, sans toucher aux rebords, et poussez-les à four gai dix-huit à vingt minutes avant de servir. Quand cela est possible, les petits pâtés doivent être mangés aussitôt cuits. On dresse sur serviette, gradin ou corbeille.

On garnit ces petits pâtés avec toute espèce de farce à quenelles ou simplement hachée, en veau, volaille, gibier et poisson. Dans tous les cas, on peut toujours additionner à la farce une cuillerée de persil ou ciboulette hachée et des truffes noires ou langues, écarlates, en petits dés. Pour la préparation des farces, voyez les articles spéciaux.

Pour être plus sûr du feuilletage, il convient d'en faire un essai au four, quand vous êtes à cinq tours et demi, et avant de tailler les petits pâtés ou bouchées. De cette manière, on peut s'arrêter ou donner un demi-tour de plus si l'essai ne monte pas droit.

345. — PETITS PATÉS A LA RUSSE — COULIBIACS.

On les forme avec deux pâtes différentes ; la pâte à coulibiacs et la pâte à dresser ordinaire. Dans le premier cas, on les garnit avec filets de poisson, fines herbes, riz et œufs durs, et on les emploie d'après le mode indiqué à l'article des gros coulibiacs ; dans le second cas, on les garnit indistinctement de tous les appareils à croquettes, gras ou maigres, que nous avons décrits plus haut. Alors on leur donne une forme longue et pointue des deux bouts, en taillant des abaisses rondes et minces avec un grand coupe-pâte uni, et dont on garnit le centre avec une cuiller d'appareil ; puis on relève les bords des deux côtés, après les avoir humectés, pour les souder juste au-dessus de l'appareil même et les pincer d'un bout à l'autre. On leur donne ainsi à peu près la forme d'un pain de la Mecque. Rangez-les à mesure sur une plaque, dorez à l'œuf et poussez à four chaud.

346. — PETITS COULIBIACS AUX LÉGUMES.

Taillez des carottes, navets, racines de choux blanc, oignons, persil et céleri (ces deux derniers en moindre partie) ; passez-les au beurre sans les faire blanchir, assaisonnez avec sel et sucre, faites-les tomber à glace tout doucement une ou deux fois, jusqu'à ce qu'ils soient attendris à point, et laissez-les refroidir. Taillez des abaisses rondes, de pâte fine, avec un coupe-pâte uni, de 7 à 8 centim. de diamètre ; garnissez-les avec l'appareil froid, pincez et poussez à four chaud. Ces pâtés doivent être mangés aussitôt cuits.

347. — PETITS PATÉS CHAUDS.

On vend des petits moules ronds et cannelés dans le genre des moules à pâtés froids ; ils sont faits à charnière et d'un joli effet. On les fonce d'un demi-feuilletage ou de pâte fine pour les cuire à blanc, c'est-à-dire pleins de farine ou grains ; on les vide quand ils sont cuits pour les garnir avec un des salpicons désignés, mais coupé un peu plus gros et saucé au velouté ou à l'espagnole ; on les recouvre d'un rond de truffes, de foies gras, d'une petite quenelle ronde, ou enfin de quelques queues d'écrevisses, si les pâtés étaient maigres. On fonce aussi des petits pâtés dans les moules à tartelettes cannelées qu'on recouvre de suite d'un rond de feuillage. On garnit aussi ces petits pâtés avant de les cuire avec des mauviettes aux fines herbes ou aux truffes, des laitances ou autre garniture ; on les couvre comme les pâtés froids et on lève le couvercle pour les saucer au moment de servir.

348. — PETITS PATÉS A LA DAUPHINE.

Étendez une abaisse mince de pâte à brioche, moitié moins beurrée que de coutume ; coupez sur la surface 40 petits ronds avec un coupe-pâte uni de 5 centim. de diamètre ; garnissez-en la moitié avec des petites cuillerées d'appareil à croquettes ; humectez les abaisses tout autour de l'appareil et couvrez les premiers ronds avec les vingt restants, comme vous feriez des petits pâtés feuilletés. Quand ils sont couverts, appuyez-les tout autour, taillez-les encore avec le même coupe-pâte et rangez-les à mesure sur une plaque recouverte d'un linge saupoudré de farine ; placez-les à distance, afin qu'à la fermentation ils ne se touchent pas ; faites-les lever à température tiède pendant une heure au moins ; aussitôt qu'ils sont secs, cuisez-les à la friture bien chaude et égouttez-les pour les dresser.

319. — PETITES BOUCHÉES.

Abaissez, comme précédemment, 5 à 600 gr. de pâte feuilletée, de l'épaisseur de 4 à 5 millim. Si la pâte a bien réussi, ce n'est pas l'épaisseur qui les fait monter davantage, au contraire ; une abaisse mince rendra des bouchées légères et bien montées.

Quand la pâte est abaissée à l'épaisseur voulue, laissez-la reposer quelques minutes ; taillez 24 petites abaisses rondes avec un coupe-pâte cannelé, d'un diamètre un peu inférieur à celui des petits pâtés ; humectez légèrement à l'eau froide une ou deux feuilles ou plaques à pâtisserie ; rangez les abaisses en lignes parallèles et à distance, dorez-les légèrement, et avec un coupe-pâte uni et rond, de 6 à 7 millim. de diamètre, moins large que le premier, faites sur chacune des surfaces une incision presque insensible, en ayant soin de tremper chaque fois le coupe-pâte dans de l'eau chaude, afin que l'entaille soit instantanée et plus vive. Alors piquez-les avec la pointe d'un petit couteau, trois ou quatre fois, à distance, en traversant la pâte de part en part. Cette piqûre dégage l'air et fait monter les bouchées plus droites. Poussez ensuite les plaques à four gai, mais après avoir essayé la chaleur soit avec un morceau de papier, soit avec une petite bande de pâte.

Aussitôt que les bouchées sont cuites, c'est-à-dire séchées à point et de belle couleur claire, sortez-les du four, enlevez le couvercle, videz les bouchées par leur ouverture, de toute la pâte molle qu'elles contiennent intérieurement. Au moment de dresser, garnissez-les, glacez et dressez sur serviette, sur gradin ou en corbeille.

Ces bouchées peuvent se cuire d'avance, puisqu'elles sont servies avec une garniture indépendante ; cependant, il est préférable de les faire au moment le plus rapproché du service, si toutefois le travail le permet ; la pâtisserie cuite du moment est toujours plus délicate que celle qu'on prépare à l'avance. La garniture des bouchées est pour ainsi dire infinie ; on la varie suivant les ressources dont on dispose, avec salpicon et purée, tels que nous les avons indiqués précédemment.

320. — BOUCHÉES DE PRINCE.

Désossez une quinzaine d'ortolans, farcissez-les avec une farce au gratin de gibier, à laquelle vous aurez mêlé quelques dés de truffes ; formez-les en ronds ; enveloppez-les d'une petite bande de papier soudé à l'œuf battu ; rangez-les dans un petit plat à sauter, foncé de bandes de lard ; ajoutez quelques cuillerées à bouche de fonds de Mirepoix ; recouvrez-les également d'un petit rond de lard, faites-les partir et tenez-les dix à douze minutes au four ; cela suffit pour les atteindre ; retirez le papier et glacez-les complètement. Vous aurez préalablement choisi et cuit, d'après les règles ordinaires, une quinzaine de belles truffes noires, uniformes autant que possible, auxquelles vous faites une ouverture circulaire à l'endroit le plus convenable, afin qu'une fois dressées elles se maintiennent bien assises. Avec une cuiller à racine, videz-les en partie par cette ouverture, sans attaquer la peau ; hachez les débris que vous en tirez, mêlez-les à quelques cuillerées à bouche de farce à gratin de volaille, étendue avec une cuillerée d'espagnole réduite ; garnissez-les intérieurement en laissant à chacune l'espace nécessaire pour placer un ortolan dessus. Au moment, glacez les truffes et l'ortolan, et dressez sur serviette, gradin ou corbeille. On peut remplacer l'ortolan par des petites mauviettes ou une simple garniture.

321. — BOUCHÉES DE MAUVIETTES A LA BOHÉMIENNE.

Moulez une quinzaine de petites brioches rondes et sans tête ; cuisez-les d'après les règles et sortez-les de belle couleur claire ; cernez le dessus pour leur enlever un petit couvercle et videz-les autant que possible, en les tenant au chaud jusqu'au moment de les garnir. Vous aurez d'abord désossé, farci et cuit quinze mauviettes d'après les règles. Placez au fond de chaque brioche un peu de purée de gibier ; dressez les mauviettes sur cette purée, glacez-les bien et dressez sur serviette.

322. — PETITES BOUCHÉES A LA REINE.

Préparez le nombre voulu de bouchées, ainsi qu'il est dit plus haut ; chauffez une petite purée de volaille un peu ferme et emplissez-les ; masquez le dessus de la purée avec un peu de velouté, et recouvrez-le avec un rond de lame de truffe noire du diamètre de leur ouverture. On garnit aussi les bouchées avec toutes les purées, grasses ou maigres.

323. — PETITES BOUCHÉES A LA MACÉDOINE.

Faites une petite macédoine avec des légumes variés et tirés à la cuiller d'acier ou poussés à la colonne ; blanchissez, passez au beurre et faites tomber à glace avec un peu de sucre et de consommé, au moment même de l'employer ; saucez en proportion avec de l'espagnole ou du velouté chaud et réduit ; finissez avec un morceau de beurre et une pointe de muscade ; emplissez les bouchées bien chaudes, saucez légèrement en dessus, couvrez-les, soit avec leur propre couvercle, soit avec un rond de truffe ou langue écarlate, et dressez sur serviette.

324. — PETITES TIMBALES DE MACARONI.

Pour rendre ces petites timbales avantageuses, il est nécessaire d'avoir de petits moules à dôme, de ceux dits à darioles. Cuisez à l'eau salée 250 gr. de petits macaronis, égouttez-les sur un tamis, versez dessus un peu d'eau tiède et étalez-les en long sur un linge ; ensuite, montez les macaronis les plus longs en colimaçons réguliers, contre les parois intérieures des moules, en commençant par le fond, et serrez-les bien ; humectez-les intérieurement avec un peu de blanc d'œufs battu, et recouvrez-les d'une couche de farce de gibier, de 4 à 5 millimètres d'épaisseur, en laissant un vide au milieu ; vingt minutes avant de servir, emplissez-les d'une escalope de filets de bécassines aux truffes, finie au moment et de bon goût ; recouvrez-les avec de la farce et un petit rond de papier beurré ; étendez ensuite un linge au fond du plat à sauter, et rangez les moules dessus ; de cette manière ils se tiendront droits. Baignez-les à l'eau bouillante jusqu'aux trois quarts, couvrez le sautoir et faites-les pocher au four doux. Démoulez-les ensuite directement sur le plat, et glacez-les simplement. Les ragoûts de gibier conviennent très-bien aux macaronis, mais, néanmoins, on emploie la farce et les ragoûts de volaille, ou même de ris de veau et d'agneau, ou toute autre petite garniture.

325. — PETITES TIMBALES DE TRUFFES ROTHSCHILD.

Beurrez au beurre clarifié une quinzaine de moules à darioles du plus gros calibre, renversez-les pour les égoutter, faites-les refroidir sur glace, puis foncez-les bien régulièrement avec de la pâte fine. Sur cette pâte, appliquez une petite couche de farce de volaille, de 3 à 4 millimètres d'épaisseur. Préparez aussi 15 petites abaisses de la dimension de l'embouchure des moules, pour servir de couvercles, masquez-les d'un peu de farce d'un seul côté. A peu près vingt-cinq minutes avant de servir, sautez vivement des truffes coupées en dés, avec un morceau de beurre, un demi-verre de madère sec ; quand le vin est réduit, retirez-les du feu, ajoutez-leur deux cuillerées à bouche d'espagnole réduite et un peu de glace de volaille, garnissez-en les petites timbales, mouillez le bord des couvercles, soudez-les aux parois de ces timbales, rangez-les à mesure sur une plaque mince et poussez au four chaud ; faites-leur prendre couleur, et au moment même renversez-les sur le plat ; glacez et servez. On fonce encore ces petites timbales avec de petits cordons de pâte un peu plus épais que les petits macaronis, qu'on trempe à mesure dans du beurre clarifié, liquide, mais ayant perdu toute sa chaleur. On monte ces cordons en colimaçons, comme nous l'avons dit pour les timbales de macaroni. Pour cela il convient d'employer une pâte un peu ferme ; les timbales ainsi montées sont d'un très-joli effet ; c'est un travail un peu long mais qui rend bien. Comme les précédentes, il faut les masquer avec de la farce.

326. — PETITES TIMBALES A LA MASSÉNA.

Foncez une quinzaine de petits moules, comme nous venons de l'indiquer, sans les masquer de farce. Préparez un petit ragoût de crêtes, rognons, lames de truffes et escalopes, de foies gras de poularde et quelques cuillerées à bouche de petit macaroni coupé en morceaux d'un centimètre. Ce ragoût doit être saucé avec une espagnole corsée, mais un peu claire et en quantité juste pour lier les garnitures. Ajoutez un morceau de beurre et une cuillerée à bouche de parmesan râpé, avec cet appareil emplissez les petites timbales, couvrez-les immédiatement avec un couvercle de pâte, rangez-les sur plaque, poussez à four chaud pour les retirer au bout de vingt à vingt-cinq minutes. Elles doivent être de belle couleur. Renversez sur plat, glacez et servez.

On peut, dans cette garniture, remplacer les macaronis par des nouilles un peu plus grosses qu'à l'ordinaire.

327. — PETITES TIMBALES DE NOUILLES A LA GÉNOISE.

Foncez une quinzaine de petits moules à darioles, avec de la pâte fine; préparez un appareil de nouilles blanchies et finies avec beurre et parmesan; emplissez les moules, saucez-les légèrement avec un peu d'espagnole claire, couvrez-les de leur couvercle de pâte et poussez-les au four vif. Versez cinq minutes avant de servir; vous pouvez glacer ensuite et dresser.

328. — PETITES TIMBALES DE RIZ A LA PORTUGAISE.

Beurrez 18 à 20 moules à darioles; décorez-les au fond et contre les parois avec des lames de truffes noires découpées; formez un dessin correct et assez marquant pour qu'il ne soit pas exposé à se déranger en emplissant les moules; tenez-les au frais. Vingt-cinq à trente minutes avant de servir, passez un morceau d'oignon haché dans une casserole avec un morceau de beurre et du lard fondu, sans le laisser colorer; mouillez avec un demi-litre de bon bouillon blanc dégraissé; lavez 500 gr. de riz caroline de belle qualité et jetez-le dans le bouillon; faites partir vivement; couvrez la casserole et laissez marcher jusqu'à ce que ce riz soit à sec, sans le remuer d'aucune manière; alors retirez la casserole du feu ardent et placez-la à la bouche d'un four doux; arrosez de temps en temps avec une cuiller à bouche de bouillon blanc, jusqu'à ce que le riz soit bien attendri, quoique très-entier. A ce point, retirez la casserole du feu, incorporez au riz, avec une fourchette, 4 ou 5 cuillerées à bouche de bonne béchamel réduite et 150 gr. de beurre; amalgamez hors du feu et avec précaution. Cette opération doit s'achever juste au moment de servir; alors emplissez les moules avec attention, pour ne pas défaire le décors. Au centre de chaque moule, ménagez une petite cavité dans laquelle vous placez une cuillerée de salpicon royal, que vous recouvrez aussitôt avec du riz. Quand tous les moules sont emplis, laissez-les deux secondes à la bouche du four; démoulez sur le plat en commençant par les premiers emplis et servez. Pour que ces timbales soient appréciées, il faut que le riz soit tout à la fois ferme et bien cuit, avec les grains entiers, qu'il soit aussi très-blanc, bien nourri et surtout fini au moment même.

329. — PETITES TIMBALES DE RIZ A LA VALENCIENNE.

Beurrez 18 grands moules à darioles; mettez au fond de chacun une couronne de queues d'écrevisses fendues en long et le côté rouge contre le fond; placez-les sur glace. Vingt à vingt-cinq minutes avant de servir, cuisez 3 ou 400 gr. de riz ainsi que nous l'avons indiqué à l'article *Riz à la Piémontaise*. D'un autre côté vous préparez une petite macédoine poussée à la colonne, avec fonds d'artichauts, petits pois, concombres et haricots verts. Ces légumes seront blanchis séparément, mêlés au moment et sautés au beurre. Ajoutez-leur 2 douzaines de petites noix d'huîtres, 2 douzaines de petits champignons et quelques ronds de blanc de volaille. Quand le riz est cuit à point, sans être défait, finissez-le avec un beurre d'écrevisses, une cuiller à bouche de poudre de piments rouges et doux d'Espagne, une de beurre d'anchois; ajoutez ensuite la macédoine au complet. Emplissez les moules décorés, laissez-les raffermir deux secondes, renversez-les sur plat et servez.

330. — PETITES TIMBALES A LA TALLEYRAND.

Émincez par égales parties une monglas de filets de volaille, de langue écarlate bien rouge et de truffes bien noires. Ces filets doivent être très-minces et d'un centim. de long. Beurrez une quinzaine de moules à darioles; sablez les parois et fonds de chaque moule avec les filets mêlés ensemble, et tenez quelques minutes sur glace. Prenez 500 gr. de farce de volaille ; mettez-en une cuiller à bouche dans chaque moule ; étendez-la en couche mince de 5 à 6 millim., tout autour et au fond ; lissez-la intérieurement ; garnissez la cavité d'une purée de truffes ; coupez et beurrez 15 ronds de papier du diamètre des moules ; masquez-les de la même farce, mais d'un seul côté, pour les appliquer ensuite tour à tour sur chacun des moules et les couvrir avec ; douze à quinze minutes avant de servir, rangez-les dans un plat à sauter, mouillez-les d'eau bouillante jusqu'à moitié de la hauteur, et poussez-les au four doux pour les pocher. En les sortant du four, retirez les ronds de papier qui les recouvrent, renversez sur plat et servez.

331. — PETITES TIMBALES IMPÉRIALES.

Beurrez comme nous venons de le dire une quinzaine de grands moules à darioles ; foncez-les tout autour et au fond avec des lames de foies gras ; laissez, de distance en distance, soit au fond, soit autour, des petits intervalles réguliers, afin qu'en les emplissant de farce, celle-ci se glisse dans les vides et fasse nuance. Aussitôt décorés, on doit placer ces moules au frais afin de raffermir le décor, que vous masquez ensuite d'une couche de farce de 5 à 6 millim. d'épaisseur. Unissez cette farce ; emplissez la cavité avec un petit salpicon royal ; beurrez une quinzaine de ronds de papier et masquez-les avec de la farce pour les appliquer sur l'ouverture des moules et les souder. Cela fait, rangez-les dans un sautoir dix à douze minutes avant de servir, mouillez-les avec de l'eau bouillante jusqu'à moitié de leur hauteur, et faites pocher à four doux ; retirez le papier, démoulez sur plat et glacez-les.

332. — PETITES TIMBALES MARIGNY.

Beurrez une quinzaine de grands moules à darioles avec du beurre d'écrevisses bien rouge ; placez-les sur glace, masquez-les intérieurement d'une couche de farce au beurre d'écrevisses ; emplissez la cavité avec un ragoût de queues d'écrevisse ou homard ; recouvrez avec de la farce et pochez les timbales dix à douze minutes avant de servir.

333. — PETITES TIMBALES MONTAGNARDES.

Faites une farce à gratin de foie ; incorporez-lui un quart de son volume de farce de volaille crue et quelques jaunes d'œufs. Taillez en gros dés 3 ou 4 cuillers à bouche de tétine de veau, cuite, refroidie et parée. Taillez également la même quantité de truffes noires, de langue écarlate, de champignons et de foies gras ; incorporez-les à la farce. Beurrez 15 à 18 moules à darioles, emplissez-les avec l'appareil, couvrez-les d'un rond de papier beurré ; pochez les timbales dix à quinze minutes, démoulez sur plat, glacez et servez.

334. — PETITES TIMBALES DE TRUFFES ÉLISÉENNES.

Levez les filets d'une quinzaine de bécassines, et séparez les foies et les intestins des carcasses. De ces dernières vous tirez une petite essence de gibier ; passez les foies et intestins au beurre, ajoutez un décil. d'espagnole réduite et passez à l'étamine. Avec une partie des filets, faites une farce de gibier d'après les règles ordinaires, à laquelle vous incorporez la purée de bécassines ; additionnez-lui en outre 3 ou 4 cuillers à bouche de foies gras coupés en petits dés.

Enlevez des tiges dans des lames de truffes avec un tube de la boîte à colonne, de 8 à 10 millim. de diam. ; émincez-les et dressez les petits ronds en couronnes superposées, tout le long des parois, de 15 petits moules à darioles ; le fond du moule doit rester tel quel. Tous les moules décorés, emplissez-les avec la farce du gibier et recouvrez-les d'un rond de papier beurré.

Un quart d'heure avant de servir, faites pocher les timbales au bain-marie ; quand elles sont raffermies, démoulez-les sur plat, et sur chacune d'elles placez un rond de foies gras du même diamètre ; glacez et servez.

335. — PETITES TIMBALES PALERMITAINES.

Beurrez et décorez aux truffes et langues une quinzaine de grands moules à darioles ; passez-les sur glace, puis masquez le décors sous une couche de farce de l'épaisseur de 5 à 6 millim. Garnissez le vide d'un salpicon de gibier; recouvrez chacun avec des ronds de papier beurrés et masqués de farce; faites pocher au bain-marie; retirez le papier; démoulez sur plat, glacez à la glace de gibier et servez.

336. — PETITES TIMBALES RÉGINE.

Décorez avec truffes, après les avoir beurrés, une quinzaine de moules à darioles; masquez les parois et le fond avec une couche de farce de poisson à la soubise; emplissez le vide d'un salpicon de laitances; couvrez-les avec des ronds de papier masqués de farce; démoulez sur plat et glacez au beurre d'écrevisses.

337. — PETITES TIMBALES A L'ÉCOSSAISE.

Beurrez une quinzaine de moules à darioles; masquez-les intérieurement avec des bandes de pannequets sans sucre; masquez aussi ces bandes d'une petite couche de farce de volaille; emplissez le vide avec une purée également de volaille cuite, dans laquelle vous incorporez quelques cuillers à bouche de champignons coupés en dés. Quand elles sont remplies, recouvrez-les avec un rond de pannequets taillé, du diamètre du moule, que vous aurez masqué d'une petite couche de farce; recouvrez encore d'un rond de papier beurré; faites pocher au bain-marie, à four doux, et démoulez sur plat après avoir retiré le papier; glacez au pinceau avec un peu d'allemande mêlée à la glace de volaille.

338. — CRÉPINETTES DE PIEDS DE PORC.

Cuisez dans un bon fonds 2 ou 3 pieds de porcs flambés et blanchis; quand ils sont cuits, retirez les peaux et les parties mucilagineuses; taillez-les en petits filets, que vous placez dans quelques cuillerées de sauce madère très-serrée; ajoutez quelques truffes et champignons émincés, et laissez refroidir.

Préparez un petit hachis de filets de porc frais mêlé par parties égales avec du bon lard : il en faut 500 gr. environ pour faire une vingtaine de crépinettes; il doit être haché à extinction et assaisonné de haut goût.

Ayez 3 ou 400 gr. de crépine fraîche de porc, que vous ferez dégorger quelques heures à l'eau à peine tiède; étalez-la sur un linge, distribuez-la en carrés proportionnés; distribuez le hachis en petites parties, que vous aplatissez de l'épaisseur d'un centimètre; ployez-les dans la crépine en carrés longs.

Toutes les crépinettes ainsi préparées, passez-les dans du beurre fondu; en les sortant, jetez-les dans de la panure fine et blanche; égalisez-les avec le plat du couteau, et rangez-les les unes à côté des autres sur un gril couvert d'une forte feuille de papier huilé; donnez un quart d'heure de cuisson; dressez-les sur plat, en couronne; saucez-les avec quelques cuillerées à bouche de glace, à laquelle vous ajoutez le jus d'un citron.

339. — CRÉPINETTES DE VOLAILLES.

Hachez très-fin et séparément 300 gr. de filets de volaille et le même poids de lard frais; mêlez-les ensemble et hachez-les de nouveau pour les réduire en farce; assaisonnez de haut goût avec sel, poivre et muscade; émincez 3 ou 400 gr. de truffes noires et cuites. Vous aurez réduit bien serré 4 cuillers à bouche de velouté, une de sauterne et autant de glace de volaille; mêlez les truffes à la sauce, donnez un seul bouillon et retirez du feu. Quand cette sauce est presque froide, mêlez-la avec la farce, divisez cet appareil en petites parties, formez-en de petits filets de 4 à 5 centimètres de long sur 3 de large et 1 1/2 d'épaisseur; enveloppez-les chacun dans un carré de crépine préparée, comme nous l'avons dit précédemment; panez et cuisez sur le gril, à feu très-doux, vingt minutes environ. On opère ainsi à l'égard des crépinettes de gibier : il faut seulement avoir soin de remplacer le velouté par de l'espagnole, et la chair de volaille par celle de gibier. On peut envelopper dans la farce de chaque crépinette moitié d'un filet mignon de volaille ou gibier.

340. — CRÉPINETTES DE PERDREAUX A LA FÉLICIENNE.

Levez les filets de 2 perdreaux; parez-les de 4 centimètres de long sur 1 d'épaisseur; marinez-les au vin de Madère, avec sel et aromates : à ceux-ci, ajoutez la même quantité de filets de tétine cuite et parée.

Maintenant, ayez 4 à 500 gr. de farce à gratin de gibier, à laquelle vous additionnez 250 gr. de truffes noires coupées en petits dés; divisez cette farce en petites parties que vous aplatissez et rangez en long sur les filets de perdreaux et tétine; recouvrez-les d'un peu de farce et donnez-leur la forme et le volume à peu près d'un filet de volaille; enveloppez-les avec de la crépine; panez et faites-les griller à feu doux quinze à vingt minutes.

On prépare de la même manière les crépinettes de filets de bécasses et celles de pigeons. A l'égard de celles-ci, on remplace la farce cuite de gibier par de la farce moitié foie et moitié volaille. On peut également ment confectionner des crépinettes de volaille par ce procédé, en remplaçant le gibier par de la farce et des filets de volaille.

DES PETITES CHARTREUSES.

Les petites chartreuses sont d'un joli effet, comme hors-d'œuvre et comme garniture de grosses pièces. On les compose également avec de la volaille, du gibier ou du poisson. Le fond n'en reste pas moins le même et doit être invariablement de légumes. Nous insérerons donc deux formules; elles suffiront à donner une idée de la variété de ces mets.

Les légumes avec lesquels on monte les chartreuses se taillent, soit à la cuiller d'acier, soit à la petite colonne. Dans tous les cas, ils se traitent toujours de même, c'est-à-dire qu'il faut les blanchir séparément, chacun suivant son espèce.

341. — PETITES CHARTREUSES A LA ROYALE.

Taillez une quinzaine de rouelles de grosses carottes, de l'épaisseur d'un centimètre à peu près; enlevez sur les parties les plus rouges et avec une colonne de 3 à 4 millimètres de diamètre, des petites tiges; jetez-les à mesure dans l'eau froide; faites-les blanchir à l'eau salée; taillez et blanchissez également la même quantité de navets et faites-les cuire séparément dans du consommé; enlevez aussi, sur des lames de truffes cuites, des petits ronds que vous mettez de côté. Maintenant, beurrez une quinzaine de petits moules à darioles ordinaires : au fond de chacun, vous placez un petit rond de papier beurré pour les démouler avec plus de facilité; décorez le fond de chaque moule avec des légumes verts, tels que petits pois, choisis d'égale grosseur et blanchis à l'eau, ou haricots verts en losange ou en ronds et blanchis séparément. Tous les fonds étant décorés, montez les petites tiges les unes à côté des autres, autour des parois, en commençant par une couronne de carottes, puis une de navets; au-dessus de ces deux couronnes, disposez-en une de ronds de truffes à plat; continuez ensuite par les carottes, puis les navets. Aussitôt les parois montées jusqu'aux bords, humectez les légumes avec un peu de blanc d'œuf; masquez-les autour et au fond d'une couche de farce de volaille de l'épaisseur d'un demi-centimètre à peu près. Cela fait, garnissez le vide avec un petit salpicon royal; recouvrez-les avec un rond de papier masqué d'un côté d'une couche de farce, et faites-les pocher à l'eau bouillante, vingt-cinq minutes avant de servir. Il est bon de ne pas les pocher trop longtemps d'avance; les légumes conservent mieux leur couleur naturelle. Aussitôt raffermis, retirez les ronds de papier, démoulez-les directement sur plat et glacez-les légèrement. — On peut garnir les chartreuses avec un appareil de farce de gibier.

342. — PETITES CHARTREUSES RÉGENTES.

Beurrez une quinzaine de moules à darioles, et foncez le fond d'un rond de papier. Taillez à la petite cuiller d'acier des légumes variés, blanchissez et cuisez-les comme précédemment, montez-les le long des parois, avec un cordon de truffes sur le milieu. Le fond peut être décoré avec des légumes verts taillés en losanges, ou des ronds de truffes. — Dès que les légumes sont rangés, humectez-les avec un peu de blanc d'œuf; masquez-les d'une couche de farce de poisson de 4 à 5 millim. d'épaisseur; emplissez le vide avec un salpicon régence; couvrez chaque moule avec un rond de papier masqué de farce; faites pocher au moment, enlevez le papier et démoulez sur plat.

343. — PETITES CROUSTADES DE PAIN A LA PÉRUGINE.

Coupez sur la mie d'un pain de mie une quinzaine de lames rondes ou ovales, ayant 4 à 5 centim. de diam. sur 4 d'épaisseur; taillez-les tout autour en forme aussi élégante que possible; cernez leurs surfaces, avec la pointe d'un couteau, à quelques millim. des bords, suivant la forme que vous donnerez aux croustades. A mesure que ces lames de pain sont taillées, renfermez-les dans un vase couvert et tenu au frais. Une heure avant de servir, faites-les frire de belle couleur, à grande friture; égouttez-les à mesure sur un linge; ouvrez-les, videz-les et masquez-les intérieurement d'une petite couche de farce à gratin. Vous aurez premièrement enlevé les filets de 15 cailles : parez-les, battez-les légèrement, placez-les dans un sautoir beurré, au beurre clarifié; salez et recouvrez-les d'un rond de papier. Préparez 15 petites quenelles de volaille, de la forme des filets; ornez-les d'un petit décor de truffes que vous trempez à mesure dans les blancs d'œufs. Avec les carcasses des cailles, tirez une petite essence que vous réduisez avec quelques cuillerées de velouté.

Au moment de servir, les croustades doivent être chaudes; sautez les filets, pochez les quenelles à l'eau bouillante et salée, égouttez les uns et les autres sur un linge; garnissez les croustades avec un petit salpicon Monglas de truffes et de champignons saucés avec le fumet préparé, et dressez les filets et quenelles sur chaque croustade. Placez sur un plafond, saucez légèrement le dessus avec un pinceau et tenez quelques minutes à la bouche du four modéré. Cette sauce glacée au four vient d'un beau velouté; dressez alors les croustades sur un petit gradin, ou à défaut sur serviette.

344. — PETITES CROUSTADES PÉRUGINES DE FILETS DE BÉCASSINES.

Levez les filets de 15 bécassines, parez-les et rangez-les dans un sautoir beurré au beurre clarifié; salez et recouvrez d'un rond de papier; taillez 15 petites croustades, découpez-les d'une forme gracieuse; cernez la surface avec la pointe d'un petit couteau, à quelques millim. des bords, pour les ouvrir après les avoir coloriés à la friture. A mesure qu'elles sont taillées, renfermez-les dans une casserole ou tout autre vase et tenez-les au frais. Des parures de bécassines, tirez une petite essence ou fumet que vous réduirez avec quelques cuillerées d'espagnole.

Une heure avant de servir, faites frire et videz les croustades, masquez-les intérieurement d'une petite couche de farce à gratin et placez-les à l'étuve chaude. Au moment d'envoyer, garnissez-les avec une cuillerée à bouche de purée de gibier aux truffes, saucée avec une partie de l'essence de gibier; placez en dessus deux filets de bécassine; saucez-les avec le reste de la sauce et tenez-les quelques minutes à la bouche du four.

345. — PETITES CROUSTADES DE NOUILLES A LA PARMESANE.

Après avoir ciselé 6 à 7 œufs de nouilles, blanchissez-les quelques secondes à l'eau bouillante; égouttez les nouilles sur un tamis avant qu'elles soient trop ramollies; replacez-les dans une casserole avec 100 gr. de beurre, 150 gr. de fromage et une pointe de muscade; roulez-les bien pour mélanger ensemble tous ces ingrédients, et étalez-les aussitôt en couche de l'épaisseur de 2 à 3 centim. environ, sur une plaque beurrée. Couvrez d'un papier beurré et laissez raffermir dans un lieu frais, trois ou quatre heures au moins. Ce temps écoulé, tirez sur leur surface une quinzaine de croustades ovales avec un coupe-pâte de cette forme. Elles ne doivent pas avoir plus de 5 à 6 centim. de longueur. Aussitôt les croustades taillées, passez-les dans du parmesan râpé, trempez-les ensuite dans des œufs battus, égouttez-les et panez-les de nouveau avec du parmesan râpé, unissez-les avec la lame d'un couteau, cernez-les pour les ouvrir plus tard, rangez-les sur une plaque beurrée à distance les unes des autres, arrosez-les avec du beurre clarifié, et poussez-les au four très-chaud vingt minutes seulement avant de servir. Elles doivent être de belle couleur. En les sortant, ouvrez, videz et garnissez-les avec deux filets de cailles, grives ou bécassines, et opérez comme nous l'avons indiqué dans les deux descriptions précédentes. Ces croustades sont très-distinguées; mais elles ne peuvent guère être servies seules, parce que leur volume n'est pas avantageux; c'est pourquoi il convient de les servir au pied d'une coupe, dans le genre des n°s 7 et 11 de la planche 2me, et en garnissant les coupes avec des petits pâtés ou fritures.

346. — PETITES CROUSTADES DE NOUILLES A LA REINE.

Blanchissez 7 à 8 œufs de nouilles émincées; tenez-les fermes; jetez-les sur un tamis pour les égoutter, puis dans une casserole pour leur incorporer 100 gr. de beurre et 125 gr. de parmesan râpé. Ajoutez une pointe de muscade et versez-les dans un plat à sauter beurré, en leur donnant l'épaisseur de 4 centim. à peu près; couvrez-les d'un rond de papier aussi beurré et laissez refroidir en presse. Taillez ensuite 18 ou 20 petites croustades avec un coupe-pâte rond et uni, ayant 3 centim. de diamètre, que vous trempez dans l'eau à mesure; passez-les à la panure blanche, fine et fraîche, et trempez-les tour à tour dans une omelette bien battue; passez-les de nouveau à la panure, régularisez-les sur toutes leurs surfaces, rangez-les dans un sautoir assez haut pour pouvoir les couvrir, placez-les au frais jusqu'au moment de les frire. Vingt-cinq minutes avant, cernez-les à peine avec un coupe-pâte uni, de quelques millim. plus étroit que le premier, et de telle sorte que l'ouverture soit assez large pour les vider et les garnir; jetez-les en petites parties à grande friture très-chaude, ne les quittez pas afin de pouvoir les retirer aussitôt qu'elles sont de belle couleur. Alors égouttez-les sur un linge, videz-les régulièrement, en laissant aux croustades l'épaisseur nécessaire. Garnissez-les d'une purée de volaille chauffée et finie au moment; saucez la purée seulement avec un peu d'allemande bien réduite. Ces croustades peuvent être garnies avec toutes les purées, tous les salpicons gras ou maigres, applicables aux timbales ou aux autres croustades. On les dresse sur serviette ou sur gradin, comme l'indiquent les dessins 2 et 4 de la planche 2me.

347. — CROUSTADES DE MACARONI.

Cuisez à l'eau salée 500 gr. de petits macaronis, égouttez l'eau dès qu'ils sont tendres et finissez-les avec 4 cuillerées de béchamel, beurre et fromage. Versez ce macaroni dans un sautoir beurré, couvrez de papier et mettez en presse légère; quand il est froid, taillez-le avec un coupe-pâte rond ou ovale, panez, videz et garnissez ainsi qu'il a été dit à l'article précédent, ou avec un salpicon.

348. — PETITES CROUSTADES DE RIZ A LA PURÉE DE GIBIER.

Lavez 500 gr. de riz, cuisez-le avec du bon bouillon de volaille, en le tenant bien entier; finissez-le avec un bon morceau de beurre, deux poignées de parmesan et une pointe de muscade; versez-le dans un sautoir, donnez-lui l'épaisseur de 4 centim., recouvrez d'un papier beurré, laissez refroidir; taillez avec un coupe-pâte les petites croustades, panez-les pour les frire et les vider. On peut les mouler aussitôt le riz fini, dans le coupe-pâte même. En dernier lieu, emplissez-les de purée de perdreaux, finie au moment avec quelques cuillerées de glace de gibier fondue. Saucez légèrement en dessus et dressez sur serviette ou sur gradin.

On peut faire ces croustades avec du riz cuit à la milanaise et les garnir avec toute autre purée ou salpicon.

349. — PETITES CROUSTADES DE RIZ A LA CAPUCINE.

Préparez les croustades comme il est dit à l'article qui précède, faites-les frire quelques minutes d'avance, videz-les pour les emplir avec des œufs brouillés au fromage de Parme râpé, et couvrez-les d'un rond de truffes noires ou blanches.

350. — PETITES CROUSTADES DE POULAINTE A LA PIÉMONTAISE.

Cuisez 300 gr. de poulainte à l'eau et sel, tenez-la un peu ferme; finissez avec 100 gr. de beurre et autant de fromage râpé; laissez-la refroidir dans un sautoir beurré en lui donnant l'épaisseur de 4 centim.; taillez les croustades avec un coupe-pâte de 3 centim. de diamètre, panez et cernez-les en dessus, faites-les frire et videz-les au moment.

Dans l'intervalle, vous préparez une fondue à la piémontaise, d'après les règles suivantes : placez 6 jaunes d'œufs dans une casserole, étendez-les peu à peu avec un décil. de crème simple, ajoutez une pointe de sel avec 4 ou 500 gr. de fromage (*fontina*), ou à défaut, du fromage de gruyère frais, coupé en petits dés. Sept à huit minutes avant de servir, placez la casserole sur un feu doux, tournez avec la spatule, veillez à ce que l'appareil ne se corde pas et amenez-le à consistance d'une crème pâtissière légère. Il faut alors retirer la casserole du feu, additionner quelques cuillerées de truffes de Piémont, en petits dés, et emplir les croustades. Couvrez-les avec des lames rondes de truffes blanches de Piémont, et servez vivement.

251. — PETITES CROUSTADES DE SEMOULE A LA PALERMITAINE.

Cuisez de la semoule au bouillon blanc, tenez-la ferme, versez-la dans un sautoir beurré, en couche épaisse de quatre centimètres ; laissez-la refroidir ; taillez sur son épaisseur 18 à 20 petites croustades, avec un coupe-pâte de 3 centimètres ; panez-les deux fois au pain et à l'œuf ; cernez-les avec un autre coupe-pâte plus petit ; faites-les frire au moment, en petite quantité, videz et emplissez-les avec un salpicon palermitain. On peut toujours, au lieu de couvercle, les recouvrir d'un rond de truffes, de filet de volaille, de langue écarlate et même d'un champignon ; on peut également les emplir avec des purées. Dressez sur serviette.

352. — PETITES CROUSTADES DE POMMES DE TERRE A LA RÉGENTE.

Cuisez 7 à 800 grammes de pommes de terre pelées et coupées en quartiers, dans de l'eau salée et à feu violent. Aux trois quarts de leur cuisson, égouttez l'eau et placez la casserole couverte à la bouche du four pendant dix à douze minutes. Passez-les ensuite au tamis, peu à peu, pour ne pas les corder ; incorporez-leur 100 gr. de beurre et une dizaine de jaunes d'œufs, assaisonnez d'un peu de sel et pointe de muscade ; versez-les ensuite dans un sautoir beurré et étalez-les en couche de 4 centimètres d'épaisseur. Quand l'appareil est bien froid, taillez 18 ou 20 petites croustades avec un coupe-pâte, panez-les deux fois et cernez-les en dessus ; faites-les frire pour les emplir avec un salpicon Régente. On peut mouler ces petites croustades en les roulant d'abord à la farine pour leur donner la forme avant de les paner.

La garniture de ces croustades peut être variée comme celle des précédentes. Dressez sur serviette ou ur gradin.

353. — PETITES CROUSTADES DE FARCE A LA PÉRIGUEUX.

Faites 500 gr. de farce de volaille. Il faut qu'elle soit un peu moins fine que celle qu'on emploie pour les quenelles, car elle doit rester plus ferme à la cuisson. Ajoutez aussi quelques jaunes d'œufs de plus ; beurrez 18 petits moules à darioles, emplissez-les de farce que vous pochez au bain-marie ; démoulez et laissez refroidir les timbales, panez-les à l'œuf, cernez-les, faites-les frire au moment à grande friture et en petite quantité ; puis videz et garnissez-les avec un salpicon Périgueux ; dressez sur serviette ou sur gradin. On remplace, si l'on veut, ce salpicon par des purées ou légumes. Cette farce peut indifféremment être composée avec des chairs de gibier, de veau ou de poisson. On peut garnir les petites croustades à cru avant de les pocher.

354. — PETITES CROUSTADES DE BEURRE A LA MONGLAS.

Maniez dans un linge 1 kil. de beurre, abaissez-le en carrés de l'épaisseur de 4 cent., placez-le sur glace pour qu'il se raffermisse ; trempez dans l'eau tiède un coupe-pâte uni de 3 centimètres au plus, et taillez sur son épaisseur une vingtaine de petits pains ; roulez-les tour à tour dans la mie de pain blanche et fine ; passez-les dans des œufs battus ; égouttez-les et jetez-les de nouveau dans la panure ; trempez-les encore une fois ; laissez-les bien égoutter et panez-les encore ; égalisez-les dans tous les sens et cernez-les. Il faut les plonger à grande friture bien chaude et peu à la fois. Cette dernière observation surtout est rigoureuse ; on ne peut guère en cuire plus de trois ou quatre ensemble. En les sortant, égouttez-les sur un gril d'office, le côté de l'ouverture en bas ; dégagez ensuite le beurre en ne laissant que la croûte formée par les couches de mie de pain et les œufs ; emplissez-les ensuite avec un monglas de truffes, saucé au velouté seulement. On les emplit également avec toute autre composition de purée ou salpicon.

HORS-D'ŒUVRE.

355. — PETITES CROUSTADES DE GNOCCHI A LA ROMAINE.

Préparez un appareil de *gnocchi* avec 4 décilitres de crème simple; tenez-le un peu plus consistant qu'à l'ordinaire, versez-le dans un sautoir beurré, étalez-le en couche de 4 centimètres d'épaisseur, recouvrez de papier beurré et laissez refroidir. Taillez-le avec le coupe-pâte ordinaire, en le trempant chaque fois à l'eau chaude; panezle deux fois; cernez le dessus, faites frire; au moment, videz et garnissez avec un salpicon ou purée, et dressez ces croustades suivant les règles.

DES RISSOLES.

On appelle rissoles un petit appareil, salpicon ou purée, gras ou maigre, enfermé dans une abaisse ronde, repliée sur elle-même et taillée ensuite avec un coupe-pâte uni ou cannelé, du côté seulement de la jointure, de manière à lui donner à peu près la forme d'un croissant. Il n'est pas nécessaire de rappeler ici toutes les variétés de ce mets; nous nous bornerons aux deux genres qui les caractérisent. Quant à la garniture, elle n'a pas de bornes et peut être faite avec tous les appareils en usage.

356. — RISSOLES DE VOLAILLE A LA FRANÇAISE.

Abaissez très-minces et en carré 400 gr. de feuilletage ou rognure de pâte feuilletée; placez, à 4 centimètres des bords les plus rapprochés de vous, une cuillerée d'appareil à croquettes, fait avec des blancs de volaille et des champignons : cet appareil sera distribué par petites boules, rangées en ligne droite et à distance égale l'une de l'autre, de 4 à 5 centimètres. Cela fait, humectez légèrement les intervalles des boules et toute la bande de pâte, en avant de laquelle elles sont rangées; repliez celle-ci sur elle-même, de manière à envelopper l'appareil et à le recouvrir entièrement. Appuyez ensuite avec la main les intervalles et toute l'épaisseur de la pâte, du côté de la jonction, afin de la coller autant que possible; taillez l'appareil avec le coupe-pâte cannelé, de sorte que chaque rissole représente à peu près la moitié du diamètre du coupe-pâte. Ces rissoles enlevées, taillez en ligne droite les bords de l'abaisse et recommencez la même opération jusqu'à extinction de la pâte. Lorsque les rissoles sont toutes taillées, régularisez-les en les appuyant légèrement, sans les déformer, et rangez-les à mesure sur un linge à peine fariné. Vingt minutes avant de servir, plongez-les, peu à la fois, dans la friture modérément chaude, pour ne pas les surprendre et donner ainsi le temps à la pâte de cuire avant sa coloration; si on les jetait à friture trop chaude, elles seraient noires avant que la pâte fût suffisamment atteinte.

On garnit aussi ces rissoles avec des appareils ou purées de gibier, de poisson, de laitances et de légumes. L'essentiel est que les appareils soient assez réduits et assez solides pour ne pas fuir à la cuisson.

357. — RISSOLES PANÉES A LA POMPADOUR.

Abaissez la même quantité de pâte, de la manière indiquée ci-devant; rangez à distance, sur l'abaisse, des petites parties de purée de truffes; pliez et taillez les rissoles avec un coupe-pâte uni; une fois taillées, trempez-les tour à tour dans une omelette battue et passez-les immédiatement à la panure blanche et fine; faites-les frire au moment, égouttez et dressez en couronne. On peut garnir ces rissoles avec toute espèce de purées ou salpicons, gras ou maigres.

358. — PETITES CASSEROLES-AU-RIZ A LA PRINCESSE.

Lavez à plusieurs eaux 450 gr. de riz, mouillez-le avec du bouillon blanc, de manière à ce que ce bouillon recouvre le riz de 2 ou 3 centimètres; ajoutez 50 gr. de beurre; faites partir en ébullition, laissez marcher cinq minutes, puis couvrez la casserole et passez-la au four doux. Au bout de trente minutes, le riz doit être sec et bien atteint. Sortez la casserole du four, et avec le rouleau à pâtisserie pilez attentivement le riz sans qu'il refroidisse. Quand il est réduit en pâte élastique et bien unie, assaisonnez avec sel et muscade et un morceau de beurre. Emplissez dix-huit petits moules à pâtés, cannelés et à charnières, beurrés d'avance ; le riz doit s'élever au-dessus du moule de 1 demi-centim. à peu près. Couvrez ces moules de papier, rangez-les sur plaque et passez sur glace pour les laisser bien refroidir ; enlevez alors les charnières, parez régulièrement les casseroles de riz et ciselez-les sur le haut ; cernez le couvercle en dessus et rangez-les, à mesure qu'elles sont taillées, dans une casserole couverte afin de les mettre à l'abri de l'action de l'air. — Vingt minutes avant de servir, ayez le four très-chaud, surtout de la chapelle ; rangez les casseroles sur une plaque, à distance de 5 centimètres les unes des autres ; beurrez-les en tous sens au beurre clarifié et poussez-les au four pour les colorer superficiellement, mais le plus également possible. Dix à douze minutes doivent suffire. Alors retirez-les immédiatement. Aussitôt sorties, videz-les, sans les percer ni les déformer. Emplissez-les à moitié avec du riz cuit au moment et fini avec du velouté, achevez de les garnir avec une purée de volaille formant un peu le dôme et saucez le dessus au pinceau avec un peu de suprême ; placez au centre un petit filet mignon Conti à l'écarlate, cuit en anneaux et paré bien rond. Glacez les casseroles, dressez-les sur un gradin dans le genre de ceux que représente le n° 8 de la planche 2°.

On peut garnir ces casseroles avec les mêmes ragoûts, salpicons ou purées indiqués plus haut. Il est donc inutile de nous étendre davantage sur leur variété.

359. — CRÊTES A LA VILLEROY.

Les crêtes peuvent être servies comme hors-d'œuvre si elles sont suffisamment grosses et surtout accompagnées d'une autre friture ; car bien que très-distinguées, elles ne peuvent pas suffire elles seules aux exigences d'un hors-d'œuvre. Il faut les dégorger et les cuire d'après les règles, les parer ensuite, les masquer d'une sauce Villeroy succulente, et les paner une fois sur la sauce, une fois à l'œuf, pour les plonger ensuite à friture bien chaude.

DES CROQUETTES.

Les croquettes peuvent être variées à l'infini, soit dans leur forme, soit dans leur composition ; la volaille, le gibier, le poisson, les légumes et même certaines viandes s'emploient avec un égal succès. Le principal, c'est de saucer la composition à point, et avec une sauce bien réduite et de bon goût ; on les moule rondes, méplates, en bouchons ou en poires, la forme importe peu.

360. — CROQUETTES DE VOLAILLE AUX TRUFFES.

Coupez en petits dés réguliers 2 estomacs de poularde ou poulet, que vous aurez cuits à la broche ou dans un fonds de poêle, en les tenant un peu fermes ; adjoignez à cette volaille un quart de son volume de truffes cuites et coupées de même.

Placez 4 décil. de velouté un peu consistant dans une casserole à réduction ; ajoutez le fonds de la cuisson des truffes et réduisez de moitié, en lui incorporant par intervalle quelques cuillerées à bouche de crème double. A ce point, liez avec 3 ou 4 jaunes étendus avec un peu de sauce froide et passés à l'étamine, ajoutez une pointe de muscade. Aussitôt que la sauce est liée, additionnez le salpicon de volaille et de truffes ; incorporez-le bien à cette sauce, sans ébullition nouvelle ; passez l'appareil dans un plat verni, étalez-le en couches, couvrez d'un rond de papier beurré et laissez refroidir.

Quelques heures après, prenez l'appareil avec une cuiller à bouche et divisez-le en petites parties égales sur le tour saupoudré de mie de pain blanche ; roulez ces parties sous la main, d'abord rondes puis en bouchons et d'une égale longueur; trempez-les ensuite et tour à tour dans des œufs battus; en les sortant, égouttez-les et jetez-les dans le pain pour les paner de nouveau et les aplatir avec la lame d'un couteau; égalisez-le bien uniformes et rangez-les à mesure sur une plaque recouverte de papier, tenez-les à couvert dans un lieu frais pour les plonger partiellement dans la friture chaude quelques minutes avant de servir; ne les quittez pas, retirez-les aussitôt qu'elles sont de belle couleur, et dressez-les en couronne ou en pyramide, sur serviette, avec un bouquet de feuilles de persil frites et bien vertes.

Les croquettes, comme toutes les fritures panées, ne doivent jamais l'être trop à l'avance; le pain serait exposé à prendre de l'humidité, et à la cuisson une teinte cendrée très-désagréable. On confectionne ainsi des croquettes avec des ris d'agneau ou de veau, des cervelles, etc., etc.

361. — CROQUETTES A LA ROMAINE.

Préparez 2 verres d'appareil de *gnocchi*, au parmesan, d'après les règles indiquées; faites-le bien réduire pour le rendre consistant; avec cet appareil moulez des croquettes ou quenelles que vous fourrez avec un petit salpicon de langue et volaille coupé en très-petits dés, ou même haché et saucé avec une béchamel bien réduite, passez-les au pain, puis à l'œuf, égalisez les croquettes et plongez-les à friture chaude, dressez-les enfin sur serviette ou en coupe, avec du persil frit.

362. — CROQUETTES A L'ALSACIENNE.

Préparez un salpicon par portions égales de foies gras, champignons et langue écarlate, représentant le poids de 4 à 500 gr. Réduisez de moitié 4 décil. de béchamel dans laquelle vous ferez entrer la cuisson des champignons. A la fin de la réduction, additionnez une liaison, quelques cuillerées de glace de volaille, puis le salpicon; donnez deux bouillons et versez aussitôt l'appareil dans un plat verni; recouvrez de papier et tenez au froid. Divisez ensuite cet appareil en plusieurs parties, sur le tour saupoudré de pain, que vous moulez, en les roulant sous la main, en forme de poires, c'est-à-dire pointues d'un seul côté. Panez à l'œuf comme à l'ordinaire et rangez-les sur papier pour les frire au moment avec les soins voulus. Quand elles sont cuites, piquez au bout une tige assez épaisse de persil et dressez-les dans le genre que représente le dessin n° 7.

363. — CROQUETTES DE PERDREAUX A LA POMPADOUR.

Coupez en petits dés 2 ou 3 estomacs de perdreau; réduisez de moitié 3 décil. de sauce espagnole un peu consistante, à laquelle vous incorporez à la réduction quelques cuillerées de madère. Quand cette réduction est à point, ajoutez-lui à peu près un décil. de purée de truffes bien ferme; liez aussitôt avec 3 jaunes d'œufs; additionnez le salpicon de perdreaux, sans ébullition; puis retirez du feu l'appareil pour le placer dans un vase verni et au froid; terminez l'opération comme nous l'indiquons dans les formules précédentes. On peut confectionner ainsi des croquettes avec toutes les chairs noires de gibier ou autres.

364. — CROQUETTES D'ÉCREVISSES A LA COMTESSE.

Ayez un salpicon de queues d'écrevisse du même volume que les précédents; réduisez de moitié 3 décil. de béchamel, et après sa réduction, additionnez-lui environ 1 décil. de purée de champignons un peu ferme; liez avec quelques jaunes étendus à la crème et passés au tamis, et mêlez le salpicon avec 100 gr. de beurre d'écrevisses, fait avec les coquilles. Terminez l'opération d'après les mêmes principes que ceux des articles qui précèdent. Les croquettes de crevettes, de homards et de tout autre poisson à chair ferme se préparent de même. On peut toujours leur additionner des champignons ou des truffes en dés.

DES CROQUETS.

Les croquets se composent avec des farinages : macaroni, nouilles, riz, etc. Ils se distinguent des timbales et des croustades en ce qu'ils portent eux-mêmes leurs garnitures, et qu'on peut ainsi les servir directement, en les sortant de la friture, sans qu'il soit nécessaire de les ouvrir pour les garnir.

365. — CROQUETS DE MACARONIS.

Cuisez bien tendres 300 gr. de macaronis, égouttez-les, placez-les dans une casserole, additionnez-leur un décil. de sauce béchamel réduite, 200 gr. de beurre, quelques cuillerées de glace de volaille, 150 gr. de fromage de Parme râpé, et, en dernier lieu, un petit salpicon de truffes et de langue écarlate. Versez-les ensuite dans un sautoir beurré, étalez-les en couches épaisses de 4 centimètres, recouvrez de papier et laissez bien refroidir sur glace. Alors détaillez cette couche en petits pains, sur son épaisseur, et avec un coupe-pâte de 3 centimètres de diamètre; panez à l'œuf battu, faites frire et dressez sur serviette.

Les croquets de nouilles se préparent de même. On peut remplacer les truffes noires par des truffes de Piémont ou des champignons. Ces hors-d'œuvre conviennent surtout pour les dîners maigres, si on n'y fait entrer aucun élément gras.

366. — CROQUETS DE RIZ.

Préparez le riz un peu plus cuit et plus ferme que pour le risot, mais très-succulent; finissez-le avec beurre et fromage, additionnez-lui un petit salpicon de truffes, champignons, foies de lottes ou queues d'écrevisses, suivant que vous voulez obtenir ces croquets gras ou maigres. Versez l'appareil dans des moules à darioles ou à tartelettes, laissez refroidir; taillez les petits pains, panez, faites frire et dressez sur serviette. On peut cuire le riz à la crème.

Les croquets de semoule, gruau, pommes de terre, poulainte, se préparent de la même manière. Ces fritures conviennent également pour garniture de grosses pièces.

367. — QUENELLES SIENNOISES.

Incorporez 200 gr. de semoule dans 4 décil. de lait bouillant, d'après les règles ordinaires, c'est-à-dire en l'introduisant dans le lait peu à peu, tournant toujours avec la spatule pour éviter les grumeaux et lui faire prendre consistance; cuisez cette semoule à point, finissez-la avec un morceau de beurre, une poignée de parmesan et 4 à 5 jaunes d'œuf, tout en la maintenant toujours ferme. Vous aurez d'avance une petite monglas de truffes, d'après les prescriptions du n° 313. Quand elle est froide, roulez-la en 24 petites boulettes allongées; beurrez 2 douzaines de petits moules à tartelettes, longs. Avant que l'appareil de semoule soit entièrement froid, foncez-en les moules d'une légère enveloppe, placez au centre une petite boule de truffes que vous recouvrez aussi avec l'appareil; soudez bien les deux parties, unissez-en la surface avec la lame d'un couteau trempée à l'eau tiède, et laissez refroidir dans les moules mêmes. Démoulez-les ensuite en les trempant dans l'eau bouillante; saucez-les à la villeroy; laissez refroidir la sauce, panez, et au moment, plongez-les à friture bouillante. Dressez sur assiette, en couronne ou en buisson.

368. — QUENELLES A LA CHEVRETTE.

Cuisez au lait bouillant 300 gr. de gruau de sarrasin fin et bien blanc; maintenez-le très-ferme; étendez-le avec 5 jaunes et 2 œufs entiers; mais, même avec cette addition, l'appareil doit toujours rester ferme et très-lié. Alors prenez-le par petites parties, dans un cuiller à ragoût, écartez-le légèrement du centre et placez dans ce vide une des petites boules de monglas de truffes, telles qu'elles sont indiquées plus haut. Recouvrez avec l'appareil; lissez bien les surfaces avec la lame d'un couteau trempée à l'eau tiède, puis enlevez-les avec une autre cuiller, ainsi que cela se pratique à l'égard des quenelles de farce, pour les coucher au fond d'un sautoir beurré. Quand vous en aurez moulé le nombre suffisant, pochez-les au lait bouillant et salé; tenez le sautoir sur feu jusqu'à ce qu'elles soient raffermies; alors égouttez-les sur un linge, laissez-les refroidir, saucez-les à la Villeroy, panez et faites-les frire. On fourre ainsi des quenelles de farce de volaille, gibier et poisson; on les pane aussi au parmesan et pain sans les saucer.

369. — QUENELLES FOURRÉES A LA JAQUART.

Cuisez 250 gr. de farine de maïs à l'eau et sel simplement, ainsi que nous l'indiquons au n° 210. Tenez-la consistante; finissez-la avec beurre et parmesan, puis couchez-la sur plaques beurrées, de forme ovale, dans le genre des biscuits à la cuiller, mais un peu plus larges et moins longs; placez du gruère râpé sur le centre et couvrez-le avec de la poulaine; laissez-les refroidir; détachez-les ensuite, taillez-les régulièrement au coupe-pâte ovale et pour les rendre uniformes; panez et faites frire. Dressez comme il est dit plus haut.

370. — OREILLES D'AGNEAU A LA VILLEROY.

Après avoir flambé et blanchi une quinzaine d'oreilles d'agneau, faites-les cuire dans un blanc. Quand elles sont cuites, égouttez-les, puis arrondissez-les; parez l'intérieur avec un tube à colonne, car il est toujours difficile de bien le nettoyer sans ce moyen; emplissez-les jusque dans les pavillons externes que la farce doit maintenir droits. Mélangez à cette farce quelques cuillerées à bouche de fines herbes complètes. Cela fait, ayez 4 décil. à peu près de sauce Villeroy liée, finie et passée; trempez les oreilles farcies ou masquez-les à la cuiller, en les rangeant à mesure debout sur une plaque. Lorsqu'elles sont froides, parez-les, roulez-les dans la panure, trempez-les à l'œuf battu et panez-les de nouveau pour les plonger au moment à grande friture chaude.

371. — OREILLES D'AGNEAU A L'ITALIENNE.

Les oreilles cuites et vidées de leurs membranes intérieures, farcissez-les simplement avec des fines herbes que vous maintenez avec un peu de farce. Au moment de les frire, farinez-les, passez-les à l'œuf battu, et de là dans la friture chaude, en les laissant un peu égoutter avant de les plonger. Servez avec du persil frit.

372. — RIS D'AGNEAU A LA VILLEROY.

Choisissez 2 douzaines de beaux ris d'agneau; blanchissez-les, parez-les, marquez-les dans un sautoir, faites-les braiser et tomber à glace, laissez-les refroidir ainsi, sous presse légère, parez-les et masquez-les avec une sauce Villeroy, finie au même instant; rangez-les sur plaques, tenez-les en un lieu froid pour les parer et les paner ensuite d'après les règles. Au moment, frisez et dressez sur serviette en pyramide avec une garniture en couronne au pied.

373. — COTELETTES VILLEROY.

Les côtelettes d'agneau et de volaille peuvent aller pour hors-d'œuvre. Quand elles sont cuites, on les papillote, on les dresse en couronne et on les garnit simplement avec des feuilles de persil frites. Pour leur préparation, voyez le chapitre des *Entrées*.

374. — ESCALOPES DE RIS DE VEAU A LA VILLEROY.

Faites blanchir 3 ou 4 beaux ris de veau, braisez-les, laissez-les refroidir dans leur cuisson, avec un poids léger dessus; parez-les en escalopes, trempez-les tour à tour dans une bonne sauce Villeroy, finie au moment; laissez raffermir, panez, faites frire, dressez-les en couronne sur serviette, et emplissez le puits avec une petite garniture ou feuilles de persil frites.

375. — ESCALOPES DE RIS DE VEAU GENTILHOMME.

Prenez des escalopes comme ci-dessus, masquez-les d'un côté avec un salpicon de truffes saucé avec une bonne espagnole réduite; trempez ensuite dans la villeroy, panez et faites frire au moment.

376. — ATTÉREAUX DE RIS DE VEAU VILLEROY.

Dégorgez, blanchissez et braisez 4 moyens ris de veau, d'après les règles ordinaires ; retirez-les peu cuits ; quand ils sont froids, coupez-les en lames d'un demi-centimètre d'épaisseur, que vous taillez ensuite en petits ronds avec la colonne ; placez-les dans une terrine avec le même nombre de ronds de truffes et de langue écarlate, de la dimension même des ris ; ajoutez quelques cuillerées à bouche de fines herbes cuites, saucées et encore chaudes ; roulez-les avec les ronds et laissez-les refroidir ensemble. Ensuite, garnissez une quinzaine de brochettes de bois, de 8 à 10 centim. de long ; enfilez les ronds de ris en les alternant avec les truffes et les langues ; saucez-les à la Villeroy, laissez-les refroidir pour les paner et les plonger au moment dans la friture. Aussitôt cuits, retirez les brochettes et remplacez-les par des hâtelets, puis piquez-les contre une petite pyramide de pain frit, collée contre le plat, dans le genre représenté par le dessin n° 10 de la planche 2°. On peut préparer ainsi des attéreaux de palais de bœuf, de cervelles et têtes de veau.

377. — ATTÉREAUX A LA PIÉMONTAISE.

Cuisez, d'après les indications données au n° 210, 500 gr. de poulainte, et quand elle est ferme à point, finissez-la avec beurre et fromage, étendez-la ensuite sur une plaque beurrée en lui donnant l'épaisseur d'un demi-centimètre. Pendant qu'elle est toute chaude, masquez la surface avec des truffes blanches de Piémont en lames et laissez refroidir ; divisez-la ensuite en petits ronds de 3 cent. de diamètre ; taillez le même nombre de ronds de fromage *fontina* ou, à défaut, du gruyère frais de moitié moins épais que la poulainte ; enfilez ces ronds avec de petites brochettes en bois, comme nous l'avons déjà dit, en les alternant avec la poulainte ; panez, faites frire, retirez les tiges de bois et remplacez-les par des hâtelets façonnés pour les piquer enfin dans la pyramide de pain frit, ainsi que nous venons de l'exprimer dans l'article qui précède. On peut également les confectionner avec des truffes noires. En ce cas il faudrait les tailler rondes, du diamètre du fromage et de la même épaisseur, les piquer en même temps ; on fait aussi ces attéreaux avec de la semoule cuite à la crème et finie au parmesan.

378. — CERVELLES A LA VILLEROY.

Après avoir limoné trois cervelles de veau, faites-les dégorger à l'eau acidulée et cuisez-les ainsi qu'il est indiqué au chapitre des *Entrées* ; coupez-les en lames transversales ; parez-les uniformément, trempez-les dans une villeroy, rangez-les sur plaque à mesure, puis passez-les deux fois d'après la règle décrite et plongez à friture bien chaude. Dressez-les en coupe ou sur serviette, entourées d'une chaîne de petites bouchées.

379. — CERVELLES DE VEAU KAROLINSKA.

Ayez des cervelles cuites et coupées en lames, masquez-les avec un salpicon haché de champignons cuits, saucé au velouté et bien réduit ; laissez-les refroidir et panez-les à l'œuf. Au moment de servir, plongez-les dans la friture chaude, égouttez-les sur un linge et dressez en buisson.

380. — CERVELLES A LA BORGHÈSE.

Faites un petit appareil de biscuit sans sucre, avec 5 ou 6 jaunes d'œufs, parmesan, farine, sel et blancs fouettés, coupez en tranches les cervelles cuites ; clarifiez 250 gr. de beurre et divisez-le sur deux plafonds, qui seront chauffés tous les deux ensemble ; puis versez dans chacun de petites parties d'appareil au fromage. Comme nous venons de le décrire, il doit se maintenir et monter légèrement à mesure qu'il sent la chaleur du beurre ; alors placez sur chaque rond d'appareil un morceau de cervelles que vous recouvrez également avec un peu d'appareil, et placez le plafond à four chaud. Un instant après, quand l'appareil est raffermi, retournez-les, et quand ils sont de belle couleur, dressez-les en buisson sur serviette ou en coupe et servez aussitôt.

381. — CERVELLES DE VEAU A LA PIÉMONTAISE.

Coupez les cervelles blanchies en petits dés, assaisonnez avec sel et muscade ; battez bien 5 œufs entiers avec une poignée de mie de pain blanche, un peu de farine et 3 cuillerées de parmesan ; mélangez-les à cet appareil ; clarifiez 250 gr. de beurre que vous versez dans 2 plafonds différents, et, quand il est chaud, coulez de distance en distance une cuillerée à bouche d'appareil qui doit rester rond et se colorer tout doucement ; retournez-les pour les colorer également des deux côtés, puis dressez comme les précédentes.

382. — AMOURETTES DE VEAU A LA VILLEROY.

Après avoir retiré l'épiderme qui les recouvre, faites dégorger les amourettes, faites-les blanchir et cuire ensuite dans une eau citronnée, avec sel et légumes ; égouttez-les pour les couper en tiges de 4 à 5 cent. de long ; réduisez une sauce Villeroy que vous liez au moment et passez à l'étamine ; trempez les amourettes dans cette sauce, retirez-les avec une fourchette, rangez-les sur plaque, et quand la sauce est raffermie, panez-les deux fois, pour les plonger au moment dans la friture chaude. Ce hors-d'œuvre ne se sert pas sans un accompagnement. Les amourettes servent le plus souvent pour garniture.

383. — QUEUES DE MOUTON A LA VILLEROY.

Dégorgez et blanchissez une quinzaine de queues de mouton, parez-les des parties les plus minces, bridez-les deux à deux avec un ruban en fil ; foncez une casserole avec des bandes de lard, jambon, légumes et aromates ; rangez les queues dessus, aussi serrées que possible ; mouillez juste à couvert avec un fonds de mirepoix. Faites partir et cuire tout doucement pendant deux heures et demie à peu près. Les queues doivent alors être bien cuites. Retirez-les sur un plafond et laissez-les refroidir sous presse ; lorsqu'elles sont froides, parez-les de nouveau, masquez-les avec de la sauce Villeroy, panez-les à deux fois et faites-les frire d'après les règles ordinaires. Dressez sur serviette avec un bon bouquet de feuilles de persil, mais en leur adjoignant une petite garniture quelconque. Les queues de veau se préparent ainsi. Si elles étaient grosses il faudrait nécessairement les diviser en tronçons.

384. — HUITRES A LA VILLEROY.

Faites blanchir 5 douzaines d'huîtres avec leur eau et un demi-verre de vin blanc. Aussitôt raffermies, égouttez et parez-les. Marquez une sauce Villeroy un peu ferme réduite avec moitié de la cuisson des huîtres. Quand cette sauce est à point, rangez les huîtres sur un plafond, à distance et de deux en deux ; masquez-les abondamment avec la sauce. Aussitôt refroidies, panez-les deux fois et jetez-les dans la friture au moment. Les huîtres ainsi préparées sont très-estimées. On ne peut guère les servir qu'en coupe, au pied de laquelle on dresse une couronne quelconque de pâtisserie ou autre hors-d'œuvre. On sert aussi ces huîtres pour garniture. Les moules se préparent de même.

385. — LAITANCES A LA VILLEROY.

Les laitances de carpes, maquereaux et harengs frais peuvent convenir. Il faut d'abord les bien dégorger, les blanchir une minute à l'eau bouillante acidulée, pour les retirer aussitôt raffermies ; on les jette en même temps dans un sautoir contenant quelques cuillerées de fines herbes réduites. Laissez-les refroidir dedans, puis sortez-les pour les tremper ou les masquer de villeroy, les paner et les frire d'après les règles ordinaires. Il faut toujours accompagner ce hors-d'œuvre d'une couronne de toute autre composition ; car, bien que très-bonnes, les laitances ne sont pas du goût de tout le monde. Les foies de lottes entrent dans la même catégorie, on les prépare de même.

386. — ESCALOPES DE FOIES GRAS A LA DIPLOMATE.

Poêlez un beau foie gras ou deux petits, laissez-les refroidir et taillez-les en escalopes le plus régulièrement possible ; masquez-les des deux côtés avec un salpicon Périgueux saucé d'une espagnole bien réduite

Les escalopes devant être bombées des deux côtés, on ne peut donc en garnir qu'une surface après l'autre. Quand le salpicon est raffermi, saucez-les avec une villeroy brune, indiquée à l'article des *Croquettes à l'Alsacienne*; laissez-les refroidir, panez-les deux fois et plongez-les au moment dans la friture bouillante; égouttez et dressez sur serviette, croupe ou gradin.

387. — CROMESQUIS DE VOLAILLE.

Les cromesquis sont tout simplement composés avec des appareils de croquettes, qu'on enveloppe dans des bandes de tétine et qu'on frit ensuite après les avoir trempés dans une pâte à frire. On comprend donc qu'il est aussi facile de varier les cromesquis que les croquettes. Ainsi, on peut les confectionner avec des blancs de volaille, de gibier et de poisson. Nous donnerons une simple formule de ce hors-d'œuvre, qui servira de règle pour toutes les autres compositions.

Cuisez et émincez en lames fines une tétine de veau; faites un appareil à croquettes avec deux petits estomacs de volaille dans les meilleures conditions d'éléments. Saucez ce salpicon au velouté lié, laissez-le refroidir dans un plat verni et recouvrez de papier beurré, puis divisez-le en 24 petites parties, que vous aplatissez en leur donnant une forme ovale; enveloppez-les entre deux petites bandes de tétines, rangez-les sur plaque en attendant l'instant de servir. Préparez une pâte à frire légère vingt minutes avant de servir; ayez de la friture bien chaude, enveloppez tour à tour chaque cromesquis avec de la pâte à frire en les trempant dans celle-ci, et plongez-les à mesure dans la friture. Il faut en mettre peu à la fois, les sortir bien secs et de belle couleur. Dressez-les en couronne, sur serviette ou sur gradin. A défaut de tétine, on emploie quelquefois le lard frais cuit; mais cela ne la remplace qu'imparfaitement.

DES BOUDINS DE FARCE.

Ces boudins se font également en gras ou en maigre. On peut les servir simples ou fourrés; ils sont généralement de forme méplate. On peut les paner indifféremment crus ou cuits, puis les colorer au beurre clarifié, dans un sautoir. On les dresse sur serviette avec une garniture sèche au centre de la couronne, ou seulement avec des feuilles de persil frites. Comme les préparations de ces boudins se trouvent décrites au chapitre des *Entrées*, nous n'en donnerons pas de plus longs détails.

388. — PETITS BOUDINS DE POISSON A LA POLONAISE — KRASZKI.

Préparez 500 gr. de farce de brochet, dans laquelle vous n'aurez fait entrer que le quart du beurre voulu pour qu'elle se maintienne plus ferme; divisez-la en 25 ou 30 parties que vous roulez sur le tour fariné, en cordons trois fois épais comme un gros macaroni tourné des deux bouts et dans le sens opposé, afin de former une grosse S, dont les deux extrémités se trouvent étroitement roulées en colimaçon. Traversez-les alors avec une petite flèche de bois pointue, et placez-les les unes à côté des autres sur le fond d'un sautoir beurré, pour les pocher aussitôt à l'eau bouillante et salée. Aussitôt ces boudins raffermis, égouttez-les sur un tamis, laissez-les refroidir, retirez les tiges de bois, trempez-les dans des œufs battus et passez-les dans la panure blanche pour les frire au moment. Ce hors-d'œuvre se sert sur serviette, en buisson, avec un bouquet de feuilles de persil frites. On peut encore faire ces boudins plus simplement, en ronds dont les deux bouts sont soudés.

389. — BEIGNETS A LA POLONAISE — BLINIS.

Pour faire ce hors-d'œuvre, il faut une quinzaine de petites poêles sans queues, en fer simple ou battu, ayant 6 à 7 centimètres de diamètre sur un demi de haut, et une petite pelle également en fer, plate et longue de 1 mètre. Faites l'appareil avec 300 gr. de farine, moitié froment et moitié sarrasin ou plutôt farine de riz ; délayez 60 gr. de levûre avec un décil. de lait tiède, passez à travers un linge ; placez la farine dans une terrine tiédie, étendez-la avec la solution de levûre également tiède, 5 œufs entiers et 200 gr. de beurre à peine fondu ; travaillez la pâte pour lui donner du corps, tenez-la un peu plus légère que la pâte à baba ; couvrez-la d'un linge, placez-la en lieu tempéré et faites-la revenir doucement. Il faut pour cela une heure au moins. Quand elle est à point, retirez-la pour lui incorporer 4 blancs d'œufs fouettés aux trois quarts, un décil. de crème chantilly et un peu de sel ; couvrez-la encore pour la faire revenir de nouveau une vingtaine de minutes.

Vous aurez chauffé le four, mais seulement de la bouche au centre. Au moment de cuire les *blinis*, vous écartez la braise de la bouche du four en la refoulant vers les côtés et le centre, de manière que la moitié du four se trouve libre et les dalles bien propres, tandis que le milieu du four reste flamboyant et entretenu avec des *allumes*. Tenez à côté de vous une petite casserole avec 200 gr. de beurre clarifié ; avec la petite pelle, poussez une à une la moitié des petites poêles pour les chauffer simplement ; retirez-les aussitôt qu'elles sont chaudes pour les beurrer largement ; alors emplissez-les aux trois quarts avec l'appareil, que vous prenez avec une cuiller, et poussez les poêles au four. Pour faire cette opération, on ne peut pas être seul. Aussitôt les premières poussées, chauffez, beurrez et emplissez la seconde moitié ; poussez-les à côté des premières, et quand les blinis sont légèrement montés et raffermis, amenez-les vers la bouche, beurrez-les en dessus ; retournez-les, poussez encore au four pour quelques secondes, et retirez-les enfin pour les placer dans un sautoir ou plafond que vous tenez chaud à la bouche du four. Opérez de même à l'égard des autres, et recommencez l'opération jusqu'à concurrence du nombre voulu. Le point le plus difficile est de cuire les blinis assez promptement pour qu'ils n'aient pas le temps de refroidir, surtout quand ils sont en grand nombre. Ce qu'il y a de mieux à faire, en pareil cas, c'est de les envoyer à table en deux fois ; alors ils peuvent être mangés bien chauds. Les blinis se dressent simplement sur serviette. On les accompagne d'une grande saucière de crème aigre et une de beurre fondu.

En Russie, on sert les blinis garnis avec des œufs durs en petits dés, des légumes également taillés, blanchis et glacés, et encore avec des petits poissons ; on les mêle à l'appareil aussitôt après les avoir moulés de manière qu'en montant à la cuisson il les enveloppe. On peut faire cet appareil avec de la farine de froment seule ; mais alors il faut l'échauder à l'eau bouillante et l'amener au degré de consistance d'une pâte à dresser ; on l'étend ensuite peu à peu avec la levûre délayée, les œufs et le beurre ; on l'échaude pour la rendre moins coriace.

390. — FRITURE ITALIENNE — FRITTO-MISTO.

Les Italiens font parfaitement la friture et en sont très-amateurs ; c'est une science à peu près généralisée et un mets auquel ils ne refusent rien ; aussi est-il rare d'en manger qui ne soient très-agréables et faites dans les meilleures conditions. Les Italiens aiment le mélange des fritures ; leur variété est à leurs yeux un mérite capital. Les fritures diffèrent dans leur richesse, suivant les ressources des lieux et surtout selon les saisons. Entre tous les éléments qui composent le *fritto-misto*, il en est qui sont pour ainsi dire fondamentaux et sans lesquels ce mets serait incomplet ; de ce nombre sont le *pan-dorato*, les petits foies d'agneau ou de veau, les croquettes et enfin les légumes que produit la saison.

Après le choix et la diversité des éléments, la chose à laquelle les Italiens attachent le plus d'importance, c'est d'avoir la friture dans son état de plus pur, c'est-à-dire avec du bon saindoux, bien frais et sans odeur désagréable. A l'exception des croquettes de riz, qui sont panées à la mie de pain, la méthode la plus usitée consiste à fariner les objets, les passer aux œufs battus et les plonger dans la friture.

Les soins que les Italiens mettent à saler leur friture contribuent certainement à la rendre plus savoureuse ; c'est là un point auquel les cuisiniers doivent s'attacher. Les viandes, légumes ou poissons destinés à être frits doivent être salés avant leur immersion et après, aussitôt sortis de la poêle. Quelle que soit l'espèce, elle doit toujours être cuite à grande friture et plongée à chaud. Aussitôt cuite, on doit l'égoutter sur un linge, la dresser immédiatement et la servir. Une friture mangée sans être assez chaude, ou même quand elle est cuite de quelques minutes, perd considérablement de sa saveur et de ses agréables qualités.

Comme la description de ce hors-d'œuvre serait un peu longue, nous traiterons séparément tous les éléments qui entrent dans sa composition. Pour la manière de le dresser, nous renvoyons au dessin de la planche 2ᵉ; mais nous dirons qu'on peut également les dresser sur serviette, en ayant soin de diviser les espèces par groupes ou bouquets.

Pain doré (Pan-dorato). — Taillez des lames de petits pains à potage d'un centimètre à peu près d'épaisseur ; parez-les de leurs croûtes en leur donnant la forme ronde, ovale, ou bien celle qu'on est convenu d'appeler en cœur, mais qui n'a aucune ressemblance avec sa dénomination, c'est-à-dire en croûtons oblongs, ronds d'un côté et pointus de l'autre. Trempez-les d'abord dans de l'eau tiède, mais sans les y laisser, en les exprimant aussitôt ; placez-les immédiatement dans un plat, les uns à côté des autres, et baignez-les avec de la crème froide pour les imbiber des deux côtés, en les retournant de temps en temps ; ceci doit se faire vingt-cinq minutes seulement avant de servir. Quand ces croûtons sont bien imbibés, exprimez de nouveau la crème sans les déformer ; passez-les à la farine et jetez-les dans une omelette battue ; retournez-les de tous les côtés, afin qu'ils soient bien couverts par les œufs ; au moment de frire, prenez-les un à un, égouttez le superflu des œufs et plongez-les dans de la friture bouillante pour leur faire prendre couleur : égouttez, salez et dressez.

Animelles (Granelli). — Parez les animelles de leur double épiderme, coupez-les d'abord par le milieu, et divisez chaque moitié en 3 ou 4 parties, suivant leur grosseur ; mettez-les dans une petite terrine avec un peu de sel ; au bout d'une heure, égouttez-les sur un linge ; farinez-les en petite partie et vivement, pour les jeter dans la friture bouillante sans les passer à l'œuf ; aussitôt cuits, égouttez-les sur un linge, salez et dressez.

Foies d'agneau (Fegati). — Émincez en tranches fines un foie d'agneau ou même de petit veau bien blanc ; salez-les, farinez-les vivement et jetez-les en petite quantité dans la friture ; aussitôt cuites, égouttez, salez et dressez.

Amourettes (Schinali). — On peut employer indistinctement celles de veau ou de bœuf. Parez-les des fibres sanguines qui les enveloppent, dégorgez-les à l'eau tiède, divisez en tiges uniformes, marinez-les avec sel et jus de citron ; au moment de les frire, égouttez, farinez, passez à l'œuf et plongez dans la friture chaude.

Cervelles (Cervelle). — On emploie également celles d'agneau ou de veau. Il faut les limoner, les blanchir et cuire dans un blanc acidulé ; quand elles sont froides, coupez-les transversalement en tranches égales, marinez-les avec sel et citron, farinez-les vivement et jetez-les dans une omelette battue ; égouttez-les à mesure que vous les plongez dans la friture ; salez-les après les avoir égouttés.

Ris de veau (Animelle). — Parez les ris de leur épiderme, blanchissez-les pour les raidir seulement ; émincez-les en tranches égales, marinez-les avec sel et citron, farinez, passez à l'œuf et plongez dans la friture chaude pour les retirer aussitôt cuits et les saler.

Croquettes (Crocchette). — Faites cuire 250 gr. de riz à la piémontaise, c'est-à-dire dans du bon fonds et maintenu ferme ; finissez-le au beurre et parmesan, puis formez-en des croquettes que vous farcissez avec un salpicon froid de foie gras de volaille. Cet appareil doit être bien enfermé sous l'enveloppe de riz pour qu'il ne fuie pas à la cuisson. Donnez-leur la forme de gros bouchons ; passez à l'œuf, puis à la panure, et plongez-les à friture chaude. Ces croquettes doivent être tenues un peu grosses et peuvent être farcies avec tout autre appareil de gibier ou de poisson.

Artichauts (Carciofoli). — On choisit les plus tendres, on les pare des feuilles dures, on les divise en quartiers pour les mariner au sel et au jus de citron. Si les artichauts étaient gros, on pourrait les blanchir quelques minutes ; au moment, on les farine, on les passe à l'œuf et on les plonge à friture modérée.

Choux-fleurs (cavoli fiori). — Taillez-les en petits bouquets dont vous parez bien les tiges, faites-les blanchir, puis marinez-les avec sel et jus de citron, farinez et passez à l'œuf ; friture peu chaude.

Croquettes d'œufs (Crocchette di novi). — Cuisez une douzaine d'œufs durs ; lorsqu'ils sont cuits, rafraîchissez-les pour les éplucher et les couper en petits dés. D'un autre côté faites cuire 125 grammes de beurre dans une casserole à réduction ; ajoutez-lui 2 cuillerées à bouche de farine, tournez un moment sur le feu et mouillez avec 6 décil. de crème simple, assaisonnez avec sel et une pointe de muscade. Travaillez cette sauce sur le feu, réduisez-la jusqu'à ce qu'elle ait la consistance d'une béchamel bien réduite ; mélangez-lui alors les œufs et une cuillerée de persil haché, versez cet appareil sur un plat et laissez-le refroidir. Formez-en ensuite des croquettes en forme de bouchons ou de petits œufs, roulez-les dans la panure, passez-les ensuite dans des œufs battus pour les paner une seconde fois ; faites-les frire au moment de servir.

Petites courges (cucuzze). — Choisissez-les encore vertes et de la grosseur d'un petit concombre n'ayant pas encore les semences formées. En Italie, il y en a d'une espèce toute particulière qui viennent longues. Retirez leur peau, coupez-les sur leur longueur, en lames épaisses d'un demi-centimètre ; puis parez carrément chaque lame et divisez-les en filets sur toute leur longueur ; salez-les, faites-les égoutter sur un tamis, épongez-les ensuite sur un linge, mettez-les dans un tamis avec une poignée de farine ; roulez-les vivement pour les fariner, et jetez-les immédiatement dans la friture bouillante. Cette friture étant une de celles qui peuvent le moins attendre, une fois cuite, il convient de ne la plonger qu'au dernier moment et après toutes les autres. Salez et dressez.

Aubergines (merenggiane). — Cherchez les plus tendres, retirez les peaux, coupez-les en tranches très-minces sur leur longueur, placez-les dans une terrine pour les faire macérer une heure avec une pincée de sel ; exprimez-les ensuite pour en extraire toute l'eau qu'elles contiennent, farinez-les en petite partie ; passez à l'œuf et plongez-les à la friture chaude.

Sèche ou sepia (calamari). — Ce poisson est très-commun sur les côtes de la Méditerranée ; les Italiens l'estiment beaucoup. Il faut d'abord les bien laver, les éponger sur un linge, les couper en filets s'ils sont gros, les fariner vivement, en petite quantité, les cribler pour enlever le superflu de la farine et les jeter dans la friture bouillante ; on couvre la poêle d'un grand couvercle, pour éviter les éclaboussures que leur humidité intérieure provoque ; égouttez, salez et dressez.

Anchois (alice). — Les petits anchois ne se vident pas ; on les essuie bien ; aux gros, on arrache la tête avec les boyaux, on les farine, pour les plonger dans la friture chaude ; on peut aussi, une fois farinés, les coller en les appuyant par la queue seulement de 5 en 5, et former avec eux une espèce d'éventail. Les éperlans, les sardines, les petits rougets se servent de même. On les traverse aussi de 4 en 4 avec de petits hâtelets pour les frire ou les griller.

Poisson blanc (janchetti). — On appelle de ce nom une petite espèce de poissons blancs dont le genre est impossible à distinguer. Cette friture est très-estimée en Italie, le seul pays, nous croyons, où on les emploie aussi jeunes. Épluchez-les, lavez-les, puis jetez-les sur un tamis pour les laisser bien égoutter ; épongez, salez et farinez-les, puis formez-en de petites boulettes et plongez-les dans la friture chaude. On les frit encore après les avoir farinés dans un linge.

394. — FRITURE MILANAISE.

Limonez 2 ou 3 cervelles de veau, faites-les bien dégorger ; égouttez-les sur un linge pour qu'elles ne conservent point d'eau, puis taillez-les en lames sur leur longueur, chaque moitié en deux ou trois parties, assaisonnez-les et panez deux fois à cru ; faites-les ensuite colorer au beurre dans un sautoir. Émincez en même temps la moitié d'un foie de veau bien blanc en lames étroites, dans le genre des rognons, au moment où les cervelles arrivent à leur point de cuisson ; faites vivement sauter ces lames de foie dans une poêle avec du beurre seulement ; le feu doit être ardent, afin de pouvoir les saisir promptement et leur conserver les sucs substantiels; aussitôt qu'elles tombent à glace, assaisonnez de bon goût. Additionnez un jus de citron, un peu de persil, et placez-les dans le puits formé par les cervelles que vous aurez dressées en couronne sur plat; ajoutez quelques quartiers de citron autour et servez au plus tôt.

DES COTELETTES PAPILLOTES.

On fait en papillotes les côtelettes de veau et d'agneau. On fait également des filets de volaille ou gibier auxquels on donne la forme de côtelettes. Des côtelettes de boucherie, on ne peut guère servir comme hors-d'œuvre que celles d'agneau. Les côtelettes de volaille et de gibier peuvent toujours se servir. Ces deux catégories se trouvent décrites au chapitre des *Entrées*. Nous n'avons autre chose à faire que d'y renvoyer pour les détails, nous bornant à dire ici que les côtelettes de viande ou de filet ne doivent jamais être volumineuses. Les formes mignonnes les rendent plus gracieuses et plus faciles à dresser.

DES SAUCISSES, PIEDS, BOUDINS ET ANDOUILLES GRILLES.

Les préparations de ces hors-d'œuvre se trouvent décrites au chapitre de *Charcuterie*. On les fait tout simplement griller et on les dresse sur plat; mais nous devons dire que, dans un dîner tant soit peu somptueux, ils ne peuvent y entrer qu'exceptionnellement.

392. — BOUDINS BLANCS DE VOLAILLE.

Faites imbiber dans du lait froid 250 gr. de mie de pain à potage; quand elle est bien imbibée, exprimez le lait, pilez le pain, additionnez-lui 12 jaunes d'œufs et passez au tamis. Coupez en dés 250 gr. de tétine de veau blanchie et parée, et 450 gr. de blancs de volaille également coupés en dés; hachez 2 gros oignons, blanchissez-les, passez-les au beurre sur un feu modéré et faites-les tomber à glace avec un peu de bouillon blanc pour les attendrir à point; retirez la casserole du feu et mêlez-leur le pain, la volaille et la tétine, avec 1 décil. de béchamel bien réduite et succulente; assaisonnez avec épices et muscade; emplissez ensuite des boyaux de porc bien dégorgés et bien propres; ficelez-les de la longueur de 7 à 8 centim., et tous égaux; faites-les pocher à l'eau tiède mêlée avec un quart de lait que vous amenez graduellement jusqu'à l'ébullition; retirez la casserole du feu avant qu'elle soit bien développée; couvrez-la, laissez-leur le temps de prendre consistance et de se pocher à point; aussitôt qu'ils sont raffermis, égouttez-les sur un tamis, couvrez-les d'un linge et laissez-les refroidir. Quand vous voulez les cuire, divisez-les, piquez-les avec l'aiguille à brider et faites-les griller à feu doux sur une feuille de fort papier huilé. Il est naturel qu'on peut ajouter à ces boudins un petit salpicon de truffes cuites ou champignons.

393. — BOUDINS BLANCS A LA GAUDRECOURT.

Imbibez et pilez la même quantité de mie de pain que ci-dessus; pilez également la tétine et la volaille; mêlez ces corps ensemble avec 12 jaunes d'œufs; passez au tamis, incorporez à cette purée 1 décil. de soubise à la crème et 400 gr. de truffes noires cuites et coupées en dés réguliers; assaisonnez de bon goût, coulez ensuite dans des boyaux de porc, étroits et parfaitement lavés; liez-les à petite distance et faites-les pocher comme nous venons de le dire; piquez et cuisez de même.

394. — BOUDINS BLANCS A LA POLONAISE.

Hachez, épongez dans un linge et passez au beurre sur feu modéré, deux beaux oignons; dès qu'ils sont cuits sans être colorés, ajoutez 400 gr. de mie de pain blanc coupée en dés; passez-les quelques minutes avec les oignons, puis mouillez-les et délayez l'appareil avec 3 décil. de crème simple, de manière qu'en le travaillant et en le réduisant quelques minutes, on en fasse une panade légère ; ajoutez alors la moitié de son volume de gruau blanc passé à l'œuf et cuit consistant dans du bouillon de champignons secs ; assaisonnez avec sel et muscade, étendez avec 7 ou 8 œufs entiers, et en dernier lieu, un demi-décil. de crème double ; mêlez à l'appareil un petit salpicon de truffes ou champignons ; introduisez-le dans des petits boyaux bien propres ; ficelez-les à distance égale, faites-les pocher à l'eau coupée avec du lait, comme il est indiqué précédemment. Quand ils sont raffermis, égouttez-les sur un tamis, placez-les dans une casserole avec 300 gr. de beurre fondu ; couvrez la casserole et placez-la à la bouche du four pour les chauffer tout doucement dans le beurre, en ayant soin de les retourner de temps en temps. Ces boudins conviennent pour les dîners maigres et aussi pour garniture.

DES COQUILLES.

Les coquilles de table dans lesquelles on dépose et on sert l'appareil, sont ou en argent ou coquilles naturelles, avec une anse historiée et s'appuyant sur trois pieds pour les maintenir droites. Les appareils avec lesquels on peut les garnir sont à peu près les mêmes que ceux des croquettes et salpicons que nous avons décrits ; c'est-à-dire qu'on peut indistinctement les garnir avec de la volaille, du gibier, du poisson et, au besoin, avec des légumes.

395. — COQUILLES DE VOLAILLE MARQUISE.

Beurrez légèrement 18 coquilles ; émincez en monglas les blancs d'une poularde cuite, froide ; additionnez un quart de son volume de monglas de truffes, tenez cet appareil au chaud. Ayez dans une petite casserole 2 décil. de sauce à la crème finie au moment avec beurre et un peu de glace de volaille fondue. Cinq minutes avant de servir, emplissez à moitié les coquilles avec la monglas ; ajoutez à l'appareil un peu de sauce à la crème, et finissez d'emplir, avec le restant de cet appareil que vous masquez également de sauce et saupoudrez de parmesan ; glacez à la salamandre, dressez autour et au-dessus d'un petit fond de pâte de la hauteur de 3 ou 4 centimètres.

On peut confectionner ainsi des coquilles d'écrevisses, de crevettes, de homards ou de légumes.

396. — COQUILLES DE PERDREAU A L'ESPAGNOLE.

Taillez deux estomacs de perdreau en petits dés, ajoutez un quart de ce volume de champignons cuits, également taillés en dés ; vingt minutes avant, chauffez-les sans ébullition avec un décil. de sauce de gibier ; emplissez enfin les coquilles avec cet appareil, recouvrez-les de farce à gratin, saupoudrez-les de mie de pain sèche, poussez-les à four doux dix minutes seulement, pour les gratiner très-insensiblement, et servez.

397. — COQUILLES D'HUITRES A L'ANGLAISE.

Ouvrez les huîtres, égouttez-les de leur eau, rangez-les dans des coquilles en argent placées sur un plafond et appuyées sur une couche de cendres, saupoudrez-les de fines herbes et de mie de pain fraîche, ajoutez un peu de poivre et un morceau de beurre, faites cuire huit minutes à four chaud.

398. — COQUILLES D'HUITRES AU VELOUTÉ.

Blanchissez sans ébullition et avec 1 décil. de vin blanc léger 5 à 6 douz. d'huîtres, égouttez et parez-les de leurs barbes pour ne laisser que les noix, saucez-les avec un peu d'allemande bien réduite dans laquelle vous aurez fait entrer un peu de leur cuisson, emplissez les coquilles, saupoudrez-les de pain frit, humectez-les de beurre fondu, glacez à la salamandre et dressez.

DES PETITES CAISSES DE VOLAILLE ET GIBIER.

On vend à Paris des petites caisses très-correctement faites; les cuisiniers allant à l'étranger devraient en faire provision. A défaut de celles-là, on peut les confectionner rondes soi-même avec des moules en buis. A défaut de l'un et de l'autre, on est forcé de les faire carrées, par les moyens que tout le monde connaît. On peut garnir les caisses avec des appareils à soufflés, gras ou maigres. Ces appareils sont décrits au chapitre des *Entrées*. On peut donc les consulter pour leur préparation; quant à leur cuisson, nous dirons qu'il faut les cuire à four très-doux pour ne pas colorer le papier, et surtout les pousser juste au temps voulu pour qu'elles arrivent cuites au moment de les servir : ces hors-d'œuvre ne peuvent pas attendre, sans souffrir et perdre le plus souvent leurs avantages les plus précieux, c'est-à-dire leur légèreté.

399. — PETITS SOUFFLÉS AU PARMESAN — FONDUS.

Beurrez très-légèrement 24 petites caisses; faites-les sécher à l'étuve; cuisez un petit appareil de 200 gr. de fécule, 5 décil. de crème simple, 100 gr. de beurre et un grain de sel. Quand il est bien lié, additionnez une pointe de muscade et une pincée de parmesan; laissez refroidir à moitié, incorporez-lui 12 jaunes d'œufs à peu près; quinze minutes avant de servir, faites prendre 8 ou 10 blancs d'œufs bien fermes, incorporez-les à l'appareil avec précaution et en même temps que 200 gr. de parmesan râpé; emplissez les petites caisses, rangez-les sur plaque à distance et poussez au four bien atteint, mais tombé et très-doux; douze minutes à peu près suffisent à leur cuisson; dressez sur serviette, couvrez-les d'une cloche chaude et envoyez-les à l'instant même où ils doivent être mangés.

On peut également les dresser dans le genre que représente le dessin n° 6 de la planche 2°.

400. — SOUFFLÉS AU PARMESAN A L'ALLEMANDE.

Faites bouillir 3 décil. de crème, emplissez-la peu à peu, et hors du feu, avec 150 gr. de mie de pain blanche et légèrement séchée, tenez cet appareil un peu ferme; quand il est à moitié refroidi, étendez-le avec deux cuillerées de béchamel réduite et 12 jaunes d'œufs, ajoutez une pointe de sucre et muscade; à ce moment, faites prendre les blancs bien fermes, incorporez-les à l'appareil en même temps que 200 gr. de parmesan, avec précaution; emplissez les caisses beurrées, cuisez comme les précédents.

401. — FLANCS SUISSES.

Foncez 2 douz. de moules à tartelettes ovales avec des rognures de feuilletage très-minces; placez dans une petite casserole une cuillerée à bouche de farine, 4 de parmesan râpé et 6 jaunes; mêlez ensemble, étendez avec 2 décil. de crème simple; additionnez 80 gr. de beurre, un grain de sel, une pointe de sucre, poivre et muscade; placez la casserole sur feu modéré et tournez l'appareil à la spatule, seulement jusqu'à ce que le beurre soit fondu. Alors retirez-le du feu, incorporez-lui les 4 blancs fouettés bien fermes, emplissez les moules rangés sur plaque, et poussez au four modéré; douze à quinze minutes suffisent pour les cuire; dressez sur serviette et servez de suite.

402 — CAILLES EN PETITES CAISSES.

Désossez 15 à 18 cailles d'après les règles, beurrez et faites sécher à l'étuve le même nombre de petites caisses rondes et plissées. Farcissez les cailles avec une farce de volaille crue mêlée avec la moitié de son volume de farce gratin de foies gras, dans laquelle vous additionnez un salpicon de truffes cuites; cousez-les rondes et enveloppez-les séparément dans une bande de papier beurré et soudée à l'œuf; cuisez-les dans un peu de fonds de poêle et couvertes avec du lard. Garnissez le fond des petites caisses avec une cuillerée de farce gratin, la même que vous avez mélangée à celle de volaille; sur la farce de chaque caisse, placez une caille débridée et parée; couvrez-les d'une petite bande de lard; rangez les caisses sur plafond et poussez à four doux;

douze minutes après, retirez le plafond, puis le lard, masquez les cailles au pinceau avec un peu de sauce salmis et remettez-les au four deux minutes seulement pour les glacer; dressez-les ensuite sur le gradin représenté au dessin n° 6.

Les caisses de grives, bécassines et mauviettes se préparent de même.

403. — CAISSES DE RIS D'AGNEAU.

Faites dégorger et blanchir suivant la règle 24 petits ris d'agneaux, cloutez-les aux truffes, rangez-les dans un sautoir et faites-les glacer; alors retirez-les et ajoutez au fonds du sautoir quelques cuillerées à bouche de fines herbes, que vous liez avec un demi-décil. d'espagnole réduite au vin. Préparez 350 gr. de farce-gratin de volaille, dans laquelle vous faites entrer la moitié des fines herbes; foncez avec cette farce 24 petites caisses beurrées; placez les ris d'agneau en dessus, et glissez le restant des fines herbes dans les interstices; masquez les ris avec une légère bande de lard et poussez au four; douze minutes après, glacez-les au pinceau, après avoir retiré le lard; dégraissez et dressez. On peut également les saucer légèrement.

404. — CAISSES DE FILETS DE ROUGETS.

Levez les filets d'une douzaine de moyens rougets; s'ils étaient petits, il faudrait en augmenter le nombre; parez-les et divisez-les chacun en deux parties; mettez les foies de côté; préparez 500 gr. de farce de poisson, à laquelle vous adjoignez 4 ou 5 cuillerées à bouche de fines herbes, les foies de rougets et 500 gr. de beurre d'anchois; assaisonnez et sautez légèrement les filets à l'huile pour les raidir; en retirant la casserole du feu, vous saupoudrez dessus une petite pincée de persil et additionnez le jus d'un citron.

Prenez 18 à 20 petites caisses carrées et légèrement allongées, huilées; foncez-les chacune avec une petite partie de farce; rangez dessus trois morceaux de filets, que vous arrosez avec le fonds de leur cuisson; rangez les caisses sur un plafond; poussez-les au four doux une douzaine de minutes avant de servir; dix minutes après, sortez et glacez-les avec une solution de glace et beurre d'écrevisses; remettez-les deux minutes au four pour les glacer et dressez-les comme il est dit précédemment. — On peut traiter ainsi tous les filets de petits poissons.

405. — CAISSES DE LAITANCES.

Les laitances de carpes, maquereaux et harengs sont les seules qui aient vraiment du mérite. Dégorgez et plongez-les une minute à l'eau bouillante fortement acidulée; égouttez et épongez-les sur un linge; passez-les ensuite dans un sautoir avec quelques cuillerées de fines herbes passées à l'huile, que vous égouttez, et mouillez avec un peu de vin : elles doivent être bouillantes; roulez quelques secondes les laitances dedans et retirez-les du feu; foncez les petites caisses, beurrées et séchées, avec une petite farce-gratin, puis rangez les laitances coupées en les entremêlant avec les fines herbes; saucez-les en dessus avec un petit suprême lié au beurre d'écrevisses, et dressez sur serviette ou sur gratin.

406. — HUITRES EN CAISSES.

Faites blanchir 5 à 6 douzaines d'huitres sans ébullition avec addition de vin blanc; à peine raffermies, égouttez-les, parez-les pour ne laisser que les noix. Réduisez d'un tiers 3 décil. de sauce veloutée dans laquelle vous aurez fait entrer un peu de leur cuisson. Finissez-la au moment avec 2 truffes noires, pilées et passées au tamis, puis un peu de beurre d'anchois. Au moment, saucez les huitres, tenues au chaud, emplissez les caisses, masquez-les en dessus avec un peu de mie de pain frite au beurre, et dressez sur plat ou sur gradin.

DES HORLY.

On compose des horly avec tous les filets de poissons délicats et propres à être frits; on les sert pour hors-d'œuvre, souvent pour garnitures et quelquefois pour entrées.

407. — HORLY DE FILETS DE SOLE A LA FRANÇAISE.

Parez les filets de 4 soles auxquelles vous aurez retiré les peaux des deux côtés, divisez-les en deux par le milieu, placez-les dans une terrine avec oignon émincé, persil en feuilles, sel, 2 cuillerées à bouche d'huile et une de vinaigre ou le jus d'un citron. Faites-les macérer dans cet assaisonnement pendant une heure. Vers le moment du service, égouttez-les sur un linge, passez-les à la farine, en petite partie, et jetez-les dans la friture chaude; quand ils sont de belle couleur claire, bien raffermis et atteints à point, égouttez-les sur un linge, salez et dressez-les sur une serviette, avec un bouquet de persil frit dessus, et des citrons en quartiers à part.

En partant de ce principe, on peut préparer ainsi tous les filets de poisson.

408. — HORLY DE FILETS DE TRUITE A LA PROVENÇALE.

Levez les filets de 7 à 8 petites truites, parez-les régulièrement de toutes leurs arêtes, assaisonnez et faites macérer pendant une heure dans une marinade crue, comme la précédente. Égouttez-les ensuite, épongez-les, trempez-les dans une pâte à frire légère et jetez-les à mesure dans la friture chaude, retirez-les de belle couleur, salez et dressez en couronne ou en buisson, sur serviette, avec un bouquet de feuilles de persil frit sur le milieu, servez des citrons à part. — Tous les filets de poissons fins peuvent se préparer ainsi.

409. — HORLY DE FILETS DE SAUMON A LA SAINT-FLORENTIN.

Levez les peaux et les arêtes d'un tronçon de saumon, divisez-le sur sa longueur en lames de l'épaisseur et des dimensions d'un filet de sole; parez-les, faites-les mariner à cru. Épongez-les ensuite, farinez-les un à un et jetez-les à mesure dans une omelette salée et bien battue; avant de les cuire, égouttez-les des œufs, plongez à friture bouillante, et dressez sur serviette comme il est dit dans les précédentes formules. — Tous les autres filets de poissons propres à la friture peuvent se préparer ainsi.

410. — HORLY DE FILETS DE MAQUEREAU A L'ANGLAISE.

Retirez les filets de 7 à 8 petits maquereaux, parez-les suivant la règle, donnez-leur une jolie forme, faites-les macérer une heure dans une marinade crue. Vingt minutes avant de servir, égouttez-les, farinez-les légèrement, jetez-les dans une omelette bien battue, égouttez-les des œufs, pour les passer dans la panure fraîche et blanche, égalisez-les avec la lame d'un couteau, rangez-les dans un sautoir avec du beurre clarifié et faites-leur prendre une jolie couleur des deux côtés; égouttez, salez, et dressez sur serviette. — Tous les filets de poissons à chair ferme peuvent se préparer ainsi.

411. — HORLY DE FILETS DE MERLANS A L'ITALIENNE.

Parez les filets de forme ordinaire, assaisonnez et faites-les mariner avec huile et jus de citron; seulement en dernier lieu additionnez-leur une cuillerée de persil haché, retirez-les de là pour les tremper dans une pâte claire, composée avec de la farine, œufs entiers et un peu de vin blanc. Roulez-les bien dans cette pâte, plongez-les un à un dans la friture chaude, égouttez, salez et dressez sur serviette, avec des moitiés de citrons dans le puits. Tous les filets de poissons, en général, peuvent être frits de cette manière.

412. — HORLY DE FILETS DE ROUGETS A LA DAUPHINE.

Levez les filets d'une douzaine de beaux rougets, parez-les, faites-les mariner quelques minutes seulement dans l'huile et sel, farinez-les ensuite très-légèrement, passez-les à l'œuf, puis dans la panure, égalisez-les, et jetez-les au dernier moment dans la friture bouillante. Quand ils sont de belle couleur, égouttez, salez et dressez sur serviette. — Les filets de poissons dont les chairs sont faciles à pénétrer peuvent se préparer par cette méthode. On les frit aussi dans un plat à sauter avec du beurre clarifié.

DES RELEVÉS.

Les relevés sont de plusieurs espèces. Nous avons cru devoir les diviser en trois catégories que leur nature même rend parfaitement distinctes : ce sont ceux de *poisson*, de *boucherie*, de *volaille* et *gibier*, qui se confondent.

Les relevés gras ou maigres jouent un rôle considérable dans la cuisine moderne et sont d'une rigoureuse nécessité dans un dîner distingué. Dans l'ordre culinaire, les deux espèces ont une égale importance, et ne sont inséparables que dans les cas d'absolue nécessité.

Les relevés ont le privilége exclusif sur les autres mets de pouvoir être servis sous des formes exceptionnellement volumineuses, tout en restant cependant dans les limites du bon goût. C'est une prérogative que l'usage leur accorde, qu'il serait inutile de leur contester, par ce puissant motif qu'elle a fini par entrer dans la conformité des règles et être acceptée comme un signe rationnel de confortable, d'élégance et de richesse. On ne s'explique cette particularité qu'en faisant la part de la nature des éléments mêmes qui les constituent, dont la plupart s'y prêtent fort bien, et semblent pour ainsi dire réclamer cette abondance, frisant de si près la prodigalité. D'un autre côté, il est très-naturel que les relevés diffèrent des entrées chaudes, non-seulement par la forme des plats dans lesquels ils sont dressés, mais encore par le cachet distinctif de leurs mâles proportions.

Les relevés d'un dîner bien compris, outre qu'ils sont copieux, doivent encore être somptueux, élégants, et surtout rehaussés par un entourage aussi abondant que recherché et luxueux : c'est une conséquence inséparable de leur genre. Un beau relevé sans garniture, sans ornement, perd beaucoup de son mérite aux yeux des gourmets experts et compétents.

Les relevés, en général, supportent l'ornement des hâtelets ; cependant, à l'égard de ceux de poisson, on doit en être sobre. Les hâtelets sont beaucoup mieux à leur place, et produisent certainement plus d'effet sur les pièces de boucherie et de volaille ; mais il faut convenir que, pas plus avec les uns qu'avec les autres, ils ne sont d'une nécessité absolue. Nous ajouterons qu'un relevé, pour qu'il mérite l'honneur des hâtelets, doit être riche par lui-même et par sa garniture. Cette dernière surtout est indispensable ; les pièces elles-mêmes l'exigent. On ne saurait donc les en priver sans nuire à leur élégance ; les garnitures de relevés varient à l'infini, puisqu'on peut leur assimiler en grande partie les hors-d'œuvre et même un certain nombre des éléments qui constituent les entrées, pourvu que le choix soit fait avec discernement.

Dans le service à la Russe, il est de rigueur que les relevés soient découpés ; ils ne se distinguent pas autrement de ceux du service à la Française. Cette différence provient de ce que les premiers ne vont pas sur table et qu'ils sont passés tour à tour à chacun des convives. Le découpage est une opération qui demande une certaine dextérité, car il n'a lieu qu'au moment de servir, et le plus souvent il doit s'exécuter sans altérer la forme des pièces : là est la difficulté. Les différentes méthodes adoptées à cet effet seront minutieusement détaillées à chaque formule.

Sauf de rares exceptions, les relevés se dressent sur fond, appui ou support adoptés. On les dresse aussi directement sur plat; avec cette simplicité, il est peu d'usage de les orner de hâtelets, à moins que la pièce soit assez forte pour être découpée en entailles. Dans le cas contraire, ces hâtelets ne se maintiendraient pas assez solidement. Mais quand bien même on dresserait les relevés sur plat sans les hâtelets, on pourrait toujours les orner de petites coupes, les garnir richement et même les border.

Ces différents genres se trouvent ou démontrés par les dessins ou expliqués dans les descriptions des formules. Nous n'étendrons pas plus loin des détails qui ne peuvent être que généraux ; d'ailleurs, chaque catégorie est précédée par des renseignements relatifs et directs qui seront plus explicites.

DES HATELETS GARNIS POUR RELEVÉS.

Les hâtelets sont les garnitures les plus luxueuses, les plus élégantes des relevés. Il faut pourtant se garder d'en abuser; mais, employés avec à-propos, avec goût, leur effet est certain. Les hâtelets des entrées ne diffèrent de ceux des relevés que par leur forme, qui est nécessairement plus mignonne et plus en rapport avec les dimensions du plat. D'ailleurs les éléments sont les mêmes, et ils se composent d'après le même ordre. Les hâtelets accompagnent les pièces plus souvent comme un ornement accessoire que comme garniture effective; nous dirons même qu'ils doivent être et qu'ils sont interprétés dans ce sens, aussi bien par les cuisiniers que par les convives, qui n'y touchent pas. S'ils sont abordés, ce n'est jamais par les personnes habituées aux réserves tacites de la table dans le grand monde. Il n'y a là aucune nécessité, attendu que les pièces qu'ils accompagnent sont toujours garnies et souvent avec les éléments mêmes qui composent les hâtelets.

Quant au procédé adopté pour dresser les hâtelets, il serait superflu d'entrer ici dans de longs détails, qui persuaderaient moins sans doute que les indications de nos dessins. Nous dirons seulement que les hâtelets peuvent être montés d'avance, si on craignait qu'au dernier moment cette opération pût apporter quelque confusion dans le service. Cela est d'autant plus indifférent qu'il n'est pas du tout nécessaire qu'ils soient piqués chauds ; en ce cas, on les dresse et on les pique sur un pain, en attendant le moment de servir, pour les placer dans l'ordre et à la place qui leur est assignée.

Le cadre de la planche ne nous permet pas de traiter les hâtelets d'une manière très-étendue ; c'est là, pour ainsi dire, un simple spécimen de genre que nous avons voulu produire. Les dessins des relevés et entrées compléteront les variétés.

413. — DESCRIPTION DES HATELETS GRAS.

Le n° 13 est composé d'une quenelle ovale et perlée à cru au cornet ; elle est surmontée d'une petite coupe cannelée, taillée sur un morceau de langue écarlate légèrement évidé ; elle est soutenue par une boule de truffe noire tournée.

SOMMAIRE DE LA PLANCHE N° 3.

N°ˢ 13, 14, 15, 16, 17, 18. — Hâtelets garnis pour entrées et relevés chauds.
N°ˢ 19, 20, 21, 22, 23, 24. — Hâtelets de légumes pour entrées et relevés chauds.
N°ˢ 25, 26, 27. — Hâtelets garnis en maigre.
N°ˢ 28, 29, 30. — Hâtelets à la gelée pour grosses pièces et entrées froides.

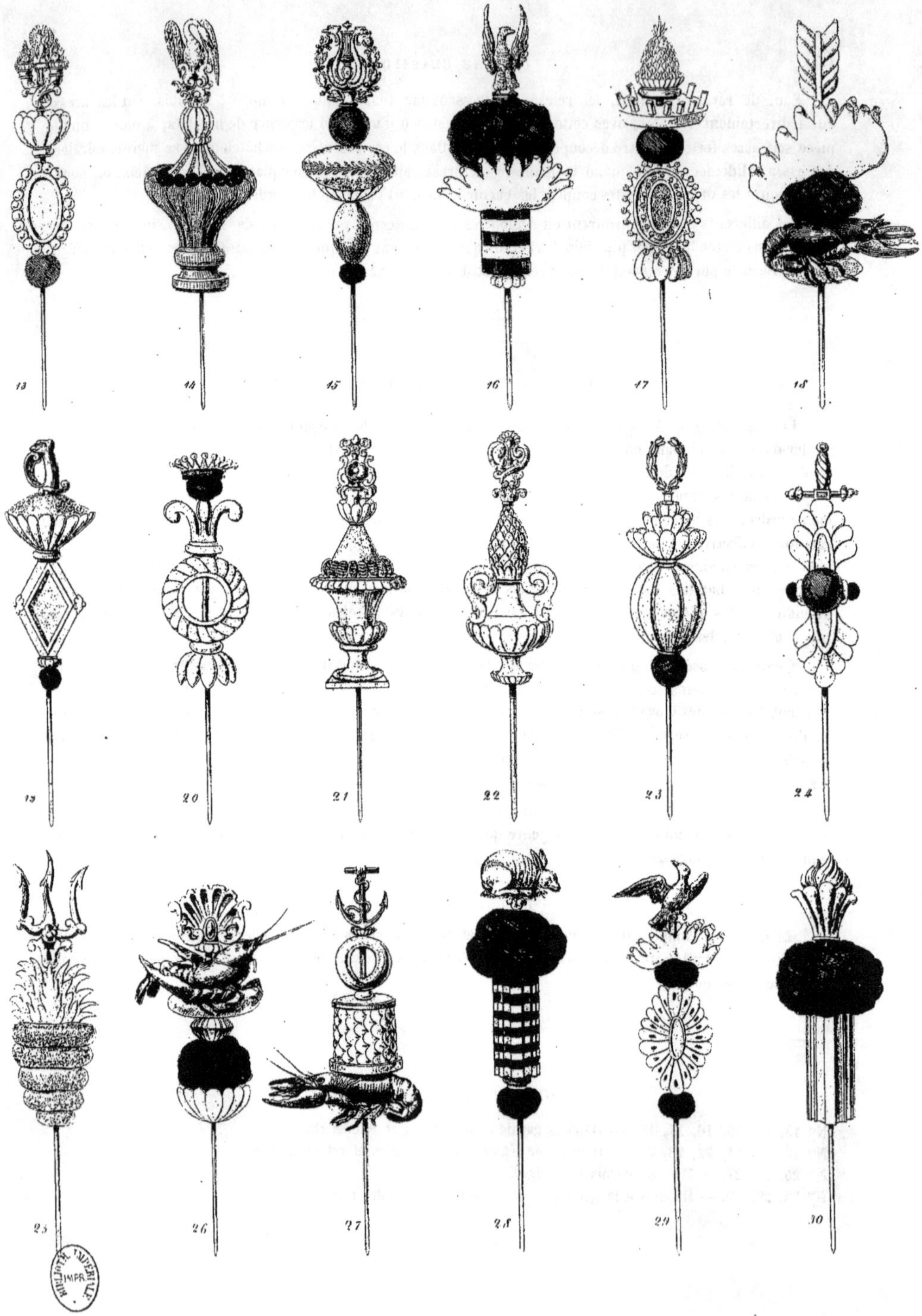

RELEVÉS ET GARNITURES.

Le n° 14 représente un hâtelet piqué dans une petite croustade en pain frit, en trois pièces et à gros cannelons. Cette croustade est garnie d'une petite chaine de boules rondes de truffes et de petites aiguillettes de filet de volaille et de langue à l'écarlate.

Le n° 15 se compose de deux quenelles de la forme d'un œuf, l'une un peu plus grosse que l'autre, la plus petite panée et frite, la grosse pochée et décorée avec de la truffe après sa cuisson. Le décor s'applique à l'aide de glace ou même d'un peu de farce, dont vous humectez les quenelles. Celle du milieu se trouve soutenue et appuyée sur un champignon cannelé. Aux deux extrémités sont placées 2 truffes tournées, bien rondes, de dimensions différentes et glacées au moment.

Le n° 16 porte en dessus une grosse truffe, aussi ronde que possible, glacée au moment; au-dessous de la truffe est une belle crête imitée en langue écarlate, qui se trouve soutenue par 5 ronds de truffes et filets de volaille régulièrement taillés et alternés; et en dessous des ronds se place un champignon cannelé en forme de bobèche renversée.

Le n° 17 est formé d'un petit ris de veau bien blanc, clouté, puis décoré avec farce et langue écarlate; sur ce ris on place une petite truffe ronde, et sur celle-ci un rond épais de blanc de volaille ou farce à quenelles, paré au coupe-pâte et clouté en dessus avec une petite chaine de tiges de langue écarlate. Le tout est appuyé sur un beau champignon cannelé.

Le n° 18 se compose d'une belle crête de volaille double et bien blanche, sous laquelle on met une truffe ronde. La crête et la truffe sont soutenues par une belle écrevisse bien rouge, au-dessous de laquelle est placée une quenelle moulée à la cuiller et pochée.

Les six numéros qui suivent sont composés uniquement avec des légumes. C'est un genre qui produit bon effet; il a de plus l'avantage de ne pas être coûteux. Pour les obtenir dans tout leur éclat, il faut avoir soin de varier les nuances des légumes, en les maintenant chacun dans leur teinte aussi pure que possible. Ces légumes doivent être légèrement blanchis et laissés dans l'eau jusqu'au dernier moment.

Le n° 19 est composé d'une petite coupe en navets cannelés, emplie avec des petits pois blanchis bien verts, et d'un losange également en navets, historié, et dont le centre, légèrement creusé, contient une petite couche d'épinards verts, hachés et passés au tamis. Entre la coupe et le losange se trouve un petit bouton en carotte bien rouge; à l'extrémité inférieure est placée une petite boule de truffe très-noire et glacée.

Le n° 20 est composé d'une petite truffe ronde qui vient aboutir immédiatement sous la couronne du hâtelet. L'ornement de dessous est en carottes, la couronne cannelée en navets bien blancs; au-dessous, un rond de carotte, puis une demi-boule en navet cannelé, en forme de bobèche renversée.

Le n° 21 représente un petit vase garni. Il peut être taillé en deux ou trois pièces. Il est rempli avec de la purée de pommes de terre, bordée d'une petite couronne de truffes ou carottes; au-dessus de la pyramide s'appuie une petite coupe, forme bobèche, taillée en carotte ou en betterave.

Le n° 22 représente également un vase en navets, à anses, historié et surmonté d'une petite carotte imitant la pomme de pin ou l'ananas. Le vase peut être en plusieurs pièces et les anses rapportées et maintenues avec des petites chevilles.

Le n° 23 est composé de trois petites bobèches en navets, cannelées et de grosseurs différentes. La boule, en forme de petit melon, est blanche, c'est-à-dire en navets; elle s'appuie sur une petite truffe tournée.

Le n° 24 se compose de deux palmettes en navet, taillées de forme exactement semblables. Placées toutes les deux dans un sens contraire, elles viennent aboutir, par le côté taillé, droit sur l'épaisseur d'une petite boule de carotte ronde; aux deux côtés de celle-ci sont deux demi-boules, une en navet et l'autre en truffe. Elles sont maintenues dans cette position par des petites chevilles.

Le n° 25 est formé avec cinq boudins de farce, ronds et plats, de dimensions différentes et graduées. Ces boudins sont panés, frits et enfilés au hâtelet dans l'ordre qu'indique le dessin. Sur la surface du boudin le plus large, se dressent debout six fleurons en feuilletage à blanc, que vous maintenez avec un peu de farce. Ce hâtelet peut également se composer en gras et en maigre.

Le n° 26 est fait d'une grosse écrevisse cuite, dont les deux pattes sont recourbées et piquées dans la queue ; d'une quenelle méplate, pochée à blanc ; de deux petits champignons accouplés, au-dessous desquels arrive une moyenne truffe, appuyant sur un gros champignon cannelé.

Le n° 27 est formé avec un éperlan pané et frit en anneau, qui vient s'appuyer sur un petit pain de farce ferme, poché dans un moule à dariole et décoré de petites lames de truffes formant écailles. Le pain lui-même s'appuie sur une écrevisse bien rouge. Ce hâtelet est spécial aux relevés maigres.

Les hâtelets nos 28, 29, 30 sont expliqués dans la partie du *Froid*.

DES PETITES COUPES POUR RELEVÉS.

Ces coupes se confectionnent en pain, en riz ou en gros navets blancs. On les taille ovales, rondes, demi-rondes et aux trois quarts, suivant le genre et les dimensions des relevés. On procède à leur confection par les mêmes moyens employés pour les croustades, en leur donnant le plus d'élégance et de relief possible. Les coupes en pain se colorent à la friture ; on les vide avant ou après. Celles en riz et en navets se laissent blanches, dans leur état naturel ; les premières se conservent à couvert ; les secondes doivent aller dans l'eau aussitôt taillées, afin que l'action de l'air n'altère pas leur blancheur. Un quart d'heure avant de servir, on les couvre d'eau chaude et on les laisse autour du fourneau. Les unes et les autres se fixent aux relevés en les traversant avec un hâtelet d'argent, dont la pointe pénètre profondément dans les viandes. On emplit ces coupes avec une petite garniture dont la nuance tranche avec la leur. Elles sont en général d'un joli effet, et donnent aux relevés, quels qu'ils soient, un aspect qui flatte l'œil. Pour s'en rendre compte, on doit consulter les dessins qui en sont ornés.

DES BORDURES DE PLATS POUR RELEVÉS ET ENTRÉES.

Les bordures de plats s'appliquent également aux relevés et aux entrées ; nous avons jugé convenable de les comprendre dans la même description. On trouvera la description des autres genres dans les chapitres subséquents qui leur sont consacrés. Les bordures d'entrées ou de relevés se composent en pain, en feuilletage à blanc, en pâte à nouille, pâte anglaise ou pâte cuite. Ces différents genres sont représentés dans leur ensemble par les dessins de la planche 37me. On ne peut guère s'attendre à y rencontrer toutes les variétés qu'on obtient, car elles sont infinies. Nous ferons remarquer ici que dans les dessins représentant les entrées nous n'avons pu y faire intervenir aucune bordure, de crainte que cette complication les rende moins explicites.

414. — BORDURE EN PAIN. (Dessins Nos 178 et 180.)

Prenez un pain ou partie de pain demi-rassis ; après l'avoir écroûté, parez-le carrément et taillez-le en lames de 3 à 4 millimètres d'épaisseur. Enlevez à l'emporte-pièces, ou taillez au couteau sur ces lames les différents détails d'ornements qui doivent composer la bordure.

Le n° 178 figure des croûtons triangulaires taillés au couteau, évidés ensuite au moyen d'un coupe-pâte rond proportionné aux dimensions des croûtons.

Le n° 180 figure des croûtons enlevés à l'emporte-pièces rond, puis évidés avec un coupe-pâte de dimension plus étroite, afin d'en former un anneau. Cette bordure est toute simple et fait néanmoins très-bien.

Une fois ces différents détails terminés, il faut ou les frire immédiatement, ou les enfermer dans un vase quelconque pour les tenir au frais ; le mieux, c'est de ne les tailler qu'au moment le plus rapproché de celui où on peut les frire. On les plonge à grande friture ; l'huile, le saindoux et le beurre conviennent également à cet usage : il s'agit simplement que la friture soit abondante et neuve. A ces conditions on obtient de beaux croûtons. On en frit de plusieurs nuances, c'est-à-dire des blonds et des bruns, selon qu'on le juge convenable. Quand ils sont frits, il faut les bien éponger et les coller sur plat; cela se fait une heure ou deux tout au plus avant de servir. Vous procédez à cette opération en plaçant le plat que vous désirez border sur un petit réchaud ou simplement sur des cendres chaudes; puis trempez très-délicatement les croûtons, du côté sur lequel ils doivent s'appuyer, dans du *repaire** un peu ferme, et appliquez-les sur la lisière qui sépare le fond des bords du plat. On les colle régulièrement à côté les uns des autres, en les penchant un peu vers les bords du plat, et de manière à ce qu'ils se prêtent entre eux un appui nécessaire à leur solidité. Le plat bordé, placez-le à l'étuve douce, en attendant le moment de servir.

415. — BORDURE DE FEUILLETAGE A BLANC. (Dessin N° 179.)

Étendez une abaisse de feuilletage de 2 millim. au plus d'épaisseur; enlevez sur cette abaisse des détails avec un moule à feuilles, un tiers plus grand que la forme effective que vous désirez, attendu que la pâte se retire considérablement à la cuisson ; parez carrément ces feuilles d'un bout, afin qu'elles puissent être collées droites ; évidez-les alors avec un moule plus petit, placez-les à mesure sur un plafond légèrement fariné, et laissez-les reposer pour les pousser à four doux, car elles doivent sécher sans se colorer. Quand elles sont sèches et refroidies, dressez-les debout sur la lisière du fond du plat, en les humectant à mesure, du côté où elles doivent s'appuyer, avec du repaire. On comprend combien il est facile de varier les formes de ces bordures, soit avec le coupe-pâte, soit avec le couteau. Quoi qu'il en soit, l'essentiel est de les obtenir de belle couleur et de les poser exactement droites sur plat, parce qu'une bordure incorrectement appliquée est toujours disgracieuse.

416. — BORDURE DE PATE ANGLAISE. (Dessins N°° 181 et 183.)

La pâte anglaise est celle qui convient le mieux pour les bordures détachées. Elle se maintient très-blanche, très-légère et se rétrécit moins que toutes les autres. La détrempe de cette pâte se fait dans les proportions suivantes : 250 gr. de farine, 125 gr. de sucre en poudre mouillée avec du lait ou de l'eau tiède et détrempée très-ferme. Faites-la bien reposer à couvert, abaissez-la ensuite en petites parties de l'épaisseur de 2 millim., détaillez-la ensuite sur papier avec un coupe-pâte dans le genre du dessin n° 181 ou 183 ; évidez les bordures avec un coupe-pâte plus petit, rangez-les sur plaques farinées, et poussez-les à four très-doux, comme le feuilletage à blanc ; mais veillez-les attentivement, pour qu'elles ne prennent pas couleur. Aussitôt que la pâte a produit un peu d'effet, retirez-les pour les faire sécher à l'étuve. Elles doivent être très-blanches et légèrement bombées d'un côté. Quand elles sont froides, poussez au cornet un petit cordon de repaire, sur la lisière du fond du plat, que vous placez sur un réchaud très-doux, et collez les bordures tout autour en les inclinant un peu en dehors.

417. — BORDURE EN PATE A DRESSER CUITE, DITE A L'ANGLAISE.

Cette pâte est décrite au chapitre des détrempes. Quand elle est tournée à point, abaissez-en une bande de la même longueur que la circonférence mesurée du plat; donnez-lui l'épaisseur de 3 millim. et la hauteur proportionnée; taillez-la bien droite, d'un égal diamètre et de la même épaisseur sur toute son étendue ; rou-

---

* Le repaire est composé de farine et de blancs d'œufs qu'on délaye ensemble à consistance de pâte liquide. On peut lui donner plus de corps en lui mélangeant de la gomme adragante pulvérisée.

lez-la ensuite sur elle-même sans la presser; poussez avec le cornet un cordon de repaire sur la lisière du fond du plat; déroulez la bande dessus et dressez-la d'abord tout simplement; soudez les deux bouts ensemble, puis, lorsqu'elle est un peu raffermie, donnez-lui l'évasement nécessaire; pincez très-délicatement la partie supérieure et décorez-la extérieurement, dans toute son étendue, avec de petits détails de la même pâte, enlevés au petit coupe-pâte et disposés avec goût; dorez-la ensuite dans son entier et faites sécher à l'étuve douce pendant trois ou quatre heures. Ces bordures sont employées pour les entrées largement saucées; elles sont commodes en ce qu'elles peuvent être préparées longtemps d'avance.

418. — BORDURE EN PATE A NOUILLES. (Dessins N°s 176 et 177.)

La pâte à nouilles pour bordures est indiquée au chapitre des détrempes. Avec 6 ou 7 jaunes, on peut faire deux bordures d'entrées. Quand la pâte est bien reposée, abaissez-la en une bande proportionnée en longueur à la circonférence du plat. Elle doit avoir 5 millim. d'épaisseur; divisez-la en 2 parties dont la hauteur ne doit pas excéder, pour entrée, 3 centim. 1/2. Parez ces deux parties très-droites d'une égale largeur sur toute leur étendue; mettez-en une à part et roulez l'autre sur elle-même; laissez-la reposer quelques minutes; placez-la sur une feuille de papier blanc, déroulez-la peu à peu pour la denteler, dans le genre des dessins reproduits n° 176. Aussitôt que vous en avez une certaine partie de découpée, roulez-la de cé côté afin d'empêcher l'air de la sécher trop promptement, ce qui la rendrait cassante. Pour éviter ce désagrément, il faut opérer vivement. Après que la bande est découpée, poussez sur la lisière du fond du plat un cordon de repaire, déroulez la bande sur le cordon même, avec dextérité, et posez-la régulièrement; soudez les deux extrémités; donnez-lui un peu d'évasement pour lui faire prendre plus de grâce, et clochez immédiatement le plat. Ces bordures sont d'un très-bel effet, quand elles sont correctes et découpées avec goût. Si la bordure est appliquée à un plat rond, on se rend compte de la longueur qu'elle doit avoir, en mesurant trois fois et un septième le diamètre du plat, à partir de l'endroit où elle doit être placée.

Les bordures levées à la planche sont représentées n° 177. Ce genre est très-expéditif; il faut choisir des planches profondément gravées et assez longues pour ne pas être obligé de les sonder plus d'une fois.

On fait encore des bordures en tenant les bandes du double plus épaisses que d'ordinaire, les dentelant et les perçant avec des emporte-pièces un peu plus forts que ceux des précédentes bordures; on les soude exactement droites contre les parois du fond du plat; puis on présente le plat vers la bouche du four en le tournant incessamment; à mesure qu'on lui donne avec les mains l'évasement convenable, l'action du feu assouplit la pâte et la dispose à sécher aussitôt qu'elle ressent l'action de l'air. Ces bordures conviennent surtout pour les grands plats de relevés, mais elles sont également applicables aux entrées chaudes.

419. — BORDURE EN ARGENT OU PLAQUÉ.

Ce genre de bordures, quoique en dehors des attributions des cuisiniers, ne les intéressent pas moins. Elles ont le double mérite de ne donner aucune peine et de remplir exactement le but qu'on se propose. Ces bordures ne sont plus maintenant d'une acquisition coûteuse, attendu qu'on peut les faire exécuter en plaqué. Elles peuvent être aussi légères que celles que nous faisons nous-mêmes; leur régularité ne saurait être contestée, et leur confection même est une garantie certaine de solidité. Il n'en faut pas davantage pour que nous les recommandions, sinon comme règle, tout au moins comme variété, et pouvant parfaitement trouver place dans des moments de presse où chaque minute est comptée et où les aides manquent.

DES GARNITURES SIMPLES.

En faisant ce chapitre, nous avons voulu mettre chacun à portée de venir s'y renseigner, soit à l'égard des garnitures simples, comme on les emploie quelquefois, soit sur celles qu'on appelle composées, qui se constituent ordinairement en tout ou en partie avec les premières. Ceci nous paraît d'autant plus utile que leur préparation n'est, le plus souvent, que superficiellement indiquée dans les formules qui les réclament. Pour les apprêts et la cuisson des légumes, on peut consulter le chapitre des *Entremets de légumes*.

420. — DESCRIPTION DES GARNITURES SIMPLES.

Truffes noires. — Le premier soin qu'exigent les truffes, c'est d'être brossées attentivement. Elles s'emploient, pour relevé, presque toujours entières, tournées, et quelquefois dans leur état naturel; alors on les cuit à la Mirepoix; et celles qui sont tournées peuvent tout simplement être cuites au moment dans du bon vin blanc et du fonds corsé. Voilà pour les truffes crues. Pour celles qui sont en conserve, on n'a qu'à les chauffer et à les glacer, qu'elles soient tournées ou qu'elles se trouvent encore enveloppées de leurs pellicules.

Les seuls vins qui conviennent à la cuisson des truffes sont les vins blancs secs, tels que le chablis, le sauterne, le madère, les vins du Rhin et de Champagne; ce dernier cependant conserve trop de principes sucrés, qui affadissent les truffes au lieu de relever leur arome; c'est pourquoi il convient de ne le faire entrer que mêlé au vin du Rhin. Si les truffes ne sont pas tournées, on ne peut éviter de les glacer; si elles sont tournées, on peut les saucer, et même les faire cuire ou finir de cuire dans la sauce. Après leur cuisson, les belles truffes peuvent être vidées et emplies avec un salpicon quelconque, ainsi que nous l'avons indiqué au chapitre des *Hors-d'œuvre*.

Truffes blanches. — Ces truffes, que le Piémont seul a le privilége de produire, s'emploient rarement comme garniture spéciale des relevés; mais on les sert souvent comme auxiliaires. Elles se lavent bien et ne se tournent pas, car elles n'ont à leur superficie aucune aspérité susceptible de blesser la délicatesse du palais. Elles ont même cela de particulier qu'elles ne se cuisent jamais : on les chauffe simplement, en les masquant avec la sauce qui doit les accompagner. Elles conviennent aussi dans le riz et les macaronis; mais il ne faut les mêler qu'en dernier lieu. On peut les émincer ou les couper en petits dés.

Champignons comestibles. — Ils s'emploient pour garniture avant d'être ouverts; c'est un point essentiel, à moins de vouloir les farcir. On les tourne, soit unis ou cannelés, en les jetant à mesure dans de l'eau citronnée; on les lave pour les sortir de l'eau, le plus tôt possible, et placer dans une casserole avec du beurre et du jus de citron, quelques cuillerées d'eau et du sel; on les cuit ainsi pendant dix minutes.

Les champignons se dressent entiers et en groupes. On peut toujours les saucer au moment, avec la sauce blonde ou brune destinée au relevé; dans quelques cas, on les émince et on les passe au beurre à cru; mais ces cas, quoique très-rares, se trouvant décrits dans les formules, nous n'en parlerons pas ici. Nous ne nous occuperons pas non plus des champignons farcis, qui donnent également de très-bonnes garnitures, et qui sont aussi décrits au chapitre des *Légumes*.

Oronges. — Elles ne se servent guère pour garniture que farcies; mais on les fait également sauter au beurre vivement et tomber à glace, en les sauçant très-légèrement. Il faut les choisir bien fraîches, égales de formes et les cuire entières.

Cèpes. — Les cèpes pour garniture se préparent et se cuisent comme les champignons comestibles. On les choisit bien égaux et on les sauce au moment. On peut également les émincer et les sauter au beurre, mais on ne les farcit pas. Les gros peuvent être coupés par morceaux panés et frits.

Morilles. — On supprime les queues pour enlever les parties terreuses; on les lave à l'eau tiède; on les fait blanchir à l'eau salée et bouillante pour les retirer au bout de deux minutes; on les égoutte bien, on les saute au beurre pour leur faire réduire un peu de vin, puis les saucer à court avec une espagnole ou une sauce blonde. Les petites se cuisent entières ; les grosses se coupent en deux ou en plusieurs parties.

Petits Pois. — Pour garniture de relevé, on les cuit tout simplement à l'anglaise, c'est-à-dire à l'eau salée et bouillante. On ne doit les cuire qu'au moment, afin de les avoir plus verts et plus savoureux. On les finit avec un morceau de beurre et une pointe de sucre, ou on les sauce légèrement à l'allemande. Dans les deux cas la garniture est toujours bien accueillie.

Haricots verts. — Il faut d'abord les choisir très-tendres et les cuire entiers à l'eau salée et bouillante, pour les obtenir aussi verts que possible. Il faut aussi, autant que cela se peut, les cuire au moment, puis les sauter une minute, les assaisonner ; et une fois sautés, on peut ou les lier avec une cuiller de sauce allemande ou veloutée, ou les servir simplement tels qu'ils sont, en leur additionnant quelques cuillerées de glace fondue. Quand ils sont gros, on les taille aussi en filets sur leur longueur ou bien en losanges et en petites tiges.

Concombres. — Divisez-les en tronçons, puis en quartiers, et parez-les tous d'une manière uniforme, en arrondissant les angles ; faites-les blanchir et sautez-les quelques minutes au beurre ; assaisonnez et laissez-les s'attendrir à point, égouttez-les ensuite sur un linge, roulez-les avec quelques cuillerées de glace blonde fondue. On les fait également réduire quelques minutes avec du velouté, pour les lier avec quelques jaunes. Au lieu de les parer en quartiers, on peut les tailler au coupe-pâte rond, ou en petites tiges a la colonne pour les cuire de même.

On sert aussi pour garniture les concombres farcis, puis coupés en lames épaisses ou laissés en tronçons. Cette préparation étant longuement décrite au chapitre des *Entremets de légumes*, nous n'ajouterons rien de plus à ces renseignements.

Choux de Bruxelles. — Il faut les parer, les blanchir dans un poêlon, à l'eau bouillante et le plus vivement possible ; les égoutter ensuite pour les parer de nouveau et les arrondir, puis les sauter au beurre au moment même pour leur conserver la couleur. On peut les finir avec une cuillerée de sauce allemande et veloutée ou de glace et un petit beurre maître d'hôtel.

Céleris. — Ils s'emploient pour garniture, poêlés ou braisés. Les procédés de cuisson sont décrits au chapitre des *Légumes*. Il s'agit simplement de les parer régulièrement, de les glacer ou les saucer. On sert aussi les pieds de céleri à la Villeroy ; mais alors ils doivent être parés de toutes leurs tiges ; pour cet emploi, les céleris-raves sont les plus convenables. On les divise, on les pare en gousses et on les glace par les procédés ordinaires. Quand ils sont froids, on les masque de sauce pour les paner et les frire.

Choux-raves. — Les choux-raves tendres se divisent en quartiers et se parent en gousses, pour les blanchir et les faire glacer. On peut même les tirer à la cuiller d'acier, en boules rondes, et les cuire d'après les règles habituelles, ou encore les poêler ou les braiser pour les masquer de sauce Villeroy et les frire.

Carottes. — Les petites carottes nouvelles se tournent entières, rondes d'un côté et pointues de l'autre. On les blanchit fermes et on finit de les cuire au consommé, avec une pointe de sucre et beurre. Au moment, on les fait tomber à glace. On peut les servir ainsi ou les saucer légèrement.

Les carottes déjà avancées se coupent en tronçons, puis en quartiers, ou se parent uniformément, se blanchissent et se cuisent de même. En dernier lieu, on les fait tomber à glace. Au lieu de les parer en quartiers, on peut les tailler rondes ou ovales avec des cuillers à racines de toutes formes. On les pousse aussi à la colonne. Les grosses carottes se taillent en rouelles épaisses, se blanchissent et se braisent dans un bon fonds, pour les faire tomber à glace au dernier moment.

Asperges. — Pour les relevés, les petits bottillons conviennent fort bien. On emploie à cet usage les petites asperges vertes qu'on taille à la même hauteur : il faut les effeuiller, les lier par petites bottes et les blanchir un peu fermes, à feu violent, pour les obtenir aussi vertes que possible. On les passe dans un ou deux anneaux de carottes légèrement blanchies. Les pointes d'asperges sont plus à l'usage des entrées ; mais on sert des grosses pointes, c'est-à-dire des asperges épointées de 4 à 5 centimètres de long, on les blanchit, on les saute au beurre sans les briser, puis on ajoute une pointe de sucre et quelques cuillerées de sauce suprême. On les sert aussi modestement sautées au beurre avec une pointe de sucre.

POINTES DE HOUBLONS. — Elles se tiennent de 3 ou 4 centimètres de long, s'effeuillent, se blanchissent comme les asperges. On les saute également au beurre ou on les sauce à court.

PETITS ET GROS OIGNONS. — On les choisit autant que possible d'égale grosseur. On les blanchit vivement à l'eau salée, pour les égoutter, les rafraîchir et les cuire au bouillon, avec un morceau de beurre et une pointe de sucre. Quand ils sont cuits et tombés à glace, on les dresse sans les saucer. Les gros oignons se farcissent et se font glacer. Leur apprêt est décrit au chapitre des *Entremets de légumes*.

ARTICHAUTS. — Les fonds d'artichauts constituent une élégante garniture. Parez-les d'abord grossièrement, faites les blanchir à l'eau acidulée et égouttez-les à l'eau froide. Dès que vous pouvez détacher le foin avec la main, parez-les de nouveau, tournez-les bien ronds et cuisez-les dans un fonds composé de bouillon blanc, jus de citron et beurre; couvrez-les de lames de lard minces et dressez-les en les sauçant d'une allemande légère. On peut les glacer simplement.

Les artichauts se servent encore en quartiers, autour d'un relevé; alors on doit les choisir plus tendres et les couper en quatre ou par moitié. Il faut leur laisser adhérer quelques feuilles tendres, les blanchir et les cuire comme les fonds. S'ils sont bien tendres, on peut les cuire au beurre et au jus de citron.

MARRONS. — Fendez-les, sautez-les au beurre jusqu'à ce qu'ils soient ouverts; parez-les sans les laisser refroidir, et bien entiers; placez-les dans un sautoir avec du consommé. Quand ils sont cuits, vous les faites tomber à glace et les dressez ainsi autour des relevés.

POMMES DE TERRE. — On les tourne rondes ou en grosses olives pour les cuire simplement à l'eau salée. Quand elles ont acquis les trois quarts de leur cuisson, on égoutte l'eau, on recouvre la casserole, qu'on tient à la bouche du four pendant dix minutes afin de les pénétrer à point. On peut aussi placer les pommes de terre ainsi tournées dans une casserole avec de la bonne graisse clarifiée, pour les faire cuire à moitié, puis les égoutter et remplacer cette graisse par du beurre, dans lequel on leur laisse achever leur cuisson. Quand elles sont bien atteintes et de belle couleur, on les égoutte et on les sale pour les dresser.

Avec de la purée de pommes de terre cuite au four, à laquelle on ajoute un morceau de beurre, quelques jaunes et un peu de crème double, on forme des petites croquettes méplates, rondes ou ovales, en les roulant sur le tour fariné; puis on les fait frire tout doucement dans un sautoir, avec du beurre clarifié. On peut les tremper dans une omelette bien battue, avant de les ranger dans le sautoir et leur faire prendre une belle couleur des deux côtés. L'essentiel est qu'elles soient conduites très-doucement. C'est ce qu'on appelle des pommes de terre *duchesse*. On les confectionne encore avec des pommes de terre tournées à cru, cuites à l'eau salée, et ressuyées à sec à la bouche du four, avant qu'elles soient entièrement cuites.

On fait aussi, par le même procédé, des croquettes en boules ou méplates, qu'on pane pour les plonger au moment dans la friture chaude.

LAITUES. — Les laitues simples ou farcies se servent pour garniture, alternées avec une carotte glacée. On les sert également seules. Leur préparation est décrite au chapitre des *Entremets de légumes*.

TOMATES. — Les tomates ne s'emploient guère pour garniture que farcies, entières ou par moitié, préparées au gratin. Voyez ces deux apprêts au chapitre des *Entremets de légumes*.

AUBERGINES. — Les aubergines destinées aux garnitures ne peuvent guère se servir que farcies. Pour cette préparation, nous renvoyons au chapitre des *Légumes*.

CHOUX. — Les choux verts ou frisés se braisent après avoir été blanchis et parés, en petits quartiers bien ronds et surtout bien exprimés de leur eau. Quand ils sont cuits, on égoutte leur graisse sur une passoire, on les pare et on les sert par bouquets; on les broie aussi à la spatule, dans une casserole, pour en former une pâte qui s'étale sur un linge, et dont on forme un gros boudin sur toute la longueur de ce linge, que vous roulez sur lui-même étroitement. Faites refroidir avec un poids léger dessus, puis déballez les choux pour les distribuer en petits tronçons égaux, que vous rangez dans un sautoir mouillé de quelques cuillerées de demi-glace avec laquelle vous les chauffez. On farcit les feuilles blanches de choux après les avoir croisées, on garnit chacune d'elles avec une cuillerée de farce fine; on les ploie en forme de petits pains pour les ranger à mesure dans un plat à sauter avec quelques cuillerées de fonds, et on les glace à la bouche du four.

On peut également farcir les choux à la milanaise, en les blanchissant presque à fond. On sépare les feuilles, qu'on élargit sur un linge, et on les garnit avec les cœurs de choux hachés très-fin et desséchés dans une casserole avec beurre et velouté, assaisonnés de sel, poivre, parmesan râpé et quelques jaunes d'œufs. Formez des petits pains; rangez-les dans un sautoir, les uns contre les autres, mouillez-les de bon consommé, couvrez-les de lard, faites-les partir et finissez de les cuire au four. Il faut à peu près une heure et demie. Égouttez-les ensuite, parez-les et glacez-les en dernier lieu.

On prépare aussi les choux en choucroute fraîche, c'est-à-dire cisclés en julienne, passés au lard ou au beurre avec un petit oignon; on mouille avec du bouillon blanc, en laissant cuire tout doucement, et après les avoir fait tomber à glace, on leur fait réduire quelques cuillerées de vinaigre.

Choucroute. — La choucroute ne doit ni être lavée ni blanchie à moins qu'elle ne soit vieille; on la cuit dans une casserole épaisse de fond avec du bon dégraissis ou mieux encore de la graisse d'oie; on la couvre avec un verre de vin blanc et du bouillon simple; on ajoute une feuille de laurier, un morceau de petit lard fumé et blanchi, un petit saucisson ou cervelas qu'on retire aussitôt cuits. Donnez à peu près quatre heures de cuisson, pendant laquelle vous la retournez souvent; en dernier lieu égouttez-la sur une passoire, desséchez-la ensuite sur le feu quelques minutes, additionnez quelques cuillerées de velouté. On dresse la choucroute avec les viandes qui ont cuit dedans, mais on peut la servir seule pour garniture. La choucroute de rave se prépare de même.

Coucoucelles. — La manière la plus simple, c'est de les cuire à l'eau salée à fond, les distribuer en tronçons, si elles sont grosses, et les sauter au beurre; on les finit avec une cuillerée de velouté et une pincée de persil lavé et bien épongé. Lorsqu'elles sont petites, on peut les tourner, les blanchir et les cuire avec du consommé beurré et une pointe de sucre: on les fait tomber à glace au moment.

Choux-fleurs et brocolis. — Il faut les choisir bien fermes et bien blancs, les parer en petits bouquets, tourner et arrondir les tiges, les cuire à l'eau bouillante et salée, à laquelle vous additionnez un morceau de beurre. Autant que possible, il faut les cuire au moment le plus rapproché du service, les égoutter et les dresser en bouquets. On peut les laisser au naturel ou les saucer d'allemande, velouté ou sauce au beurre, suivant la nature de la pièce qu'ils accompagnent. En outre des préparations qui précèdent, les choux ou brocolis se sautent au beurre, mais très-légèrement; et dans ce cas on leur additionne une pincée de persil blanchi. On les sert également à la Villeroy; pour cela, il s'agit simplement de les cuire à fond et à l'eau, de les masquer de sauce et de les paner d'après les règles ordinaires.

Olives. — On choisit les plus belles, vertes et surtout pas trop salées; on les tourne pour en retirer les noyaux, en laissant après ces noyaux le moins de chair possible. Ces premiers soins donnés, on les fait dégorger à l'eau tiède, le temps nécessaire pour les dessaler suffisamment, mais sans ébullition. Les olives ne doivent d'ailleurs jamais bouillir. On les égoutte et on les mêle au moment à la sauce qu'on leur destine: c'est habituellement l'espagnole. On peut les emplir avec de la farce ou du beurre d'anchois, mais seulement quand elles sont blanchies.

Cornichons. — S'ils sont petits, ils se servent quelquefois entiers; quand ils sont gros, on les tourne en boules; on les additionne au moment, sans les faire bouillir ni même les chauffer dans la sauce.

Crêtes, rognons et embryons. — De préférence, on choisit les crêtes doubles, grosses, bien rosées et tendres. Écourtez le bout des pointes d'une manière très-insensible, pour ne pas faire perdre à la crête sa véritable physionomie, et parez droit la partie qui adhérait à la tête de la volaille. Plongez-les à l'eau bouillante, en petite quantité, trois ou quatre au plus, que vous placez dans une écumoire, pour les retirer dès que l'épiderme superficiel se détache sous la pression des doigts. Aussitôt à ce point, vous les frottez avec un linge pour leur enlever soigneusement tout cet épiderme, et les plongez immédiatement dans un vase d'eau à peine tiède pendant que vous blanchissez les autres. Faites-les dégorger jusqu'à ce qu'elles soient très-blanches. Pour les obtenir ainsi, il faut les tenir autour des fourneaux, afin que l'eau qui les baigne ne soit ni froide, ni chaude; et pour l'entretenir à ce degré mixte, il est nécessaire de les changer très-souvent. Quand elles sont arrivées au point de blancheur voulu, placez-les avec un bon morceau de beurre, sel et jus de citron abondant dans une casserole, mouillez-les à couvert avec de l'eau tiède, couvrez-les de bandes de lard ou de papier beurré, faites partir et retirez-les sur l'angle pour les cuire tout doucement. Quand les crêtes servent pour hâtelets, il faut seulement les cuire à moitié. Pour garniture, elles doivent être bien atteintes, mais cependant toujours conservées un peu fermes. On les dresse en groupes autour des relevés; on peut ou les laisser telles ou les masquer légèrement d'une sauce suprême, qui doit nécessairement être blonde. On les conserve dans leur cuisson jusqu'au moment de servir.

Les rognons se font tout simplement raffermir à l'eau bouillante. On peut les dresser en groupe et les saucer à blanc. Dans certains cas, on les mêle avec les crêtes.

L'Italie est le seul pays où les embryons soient employés à l'usage de garnitures : ce sont les œufs non éclos et encore attachés à l'ovaire des volailles. On les blanchit sans ébullition, afin de les amener simplement à une densité superficielle, tandis que l'intérieur demeure mollet : c'est là le véritable point de leur cuisson. En les sortant, on les plonge à l'eau froide pour les parer de leur pellicule et les enfermer dans une casserole couverte, à l'abri de l'air. Au moment, on les chauffe au bouillon blanc, sans les tenir sur le feu. On peut les dresser en groupe au naturel ou les saucer.

AILERONS DE VOLAILLE. — Ceux de dindonneaux ou de poulardes s'emploient indifféremment. Ils se servent ou farcis, ou simplement, et dans les deux cas, ils sont bien parés, blanchis et cuits dans un bon fond de poêle. On peut ensuite les glacer. Leur cuisson, comme leur apprêt, est décrite au chapitre des entrées.

FILETS MIGNONS. — On les emploie souvent comme garniture, entiers, contis ou sablés, avec truffes ou langue; on les poche au beurre en forme d'anneau ou de croissant. Avant tout il faut les parer, leur retirer le nerf central sans les déchirer, les égaliser en battant légèrement leur surface avec le manche d'un couteau humide. Quand on veut les contir en écailles, on enlève à la colonne de petits ronds, sur des lames de truffes noires ou de langues écarlates, qu'on sépare ensuite en deux parties par le milieu et en biais; puis on opère, sur la surface des filets et à distance d'un centimètre environ, de légères incisions dans lesquelles on introduit les demi-lames de truffes qu'on laisse sortir à demi. Alors on les range dans le sautoir, en les couvrant d'un papier beurré, et en attendant leur emploi. Si on veut les sabler, après les avoir parés on les humecte de blancs d'œufs battus, et on les place sur des truffes hachées; on les appuie afin de masquer complètement leur surface, puis on les poche au beurre avec les soins ordinaires.

QUENELLES. — Les quenelles pour garniture ne diffèrent pas de celles pour entrées ou ragoûts. Les grosses quenelles sont presque toujours décorées, et quoique nous soyons, en principe, d'avis qu'on ne doit rien décorer de ce qui est destiné à être mangé, il y a cependant des exceptions dont on doit tenir compte. Ainsi ces quenelles peuvent être formées sur des morceaux de papier beurrés et découpés de la forme et des dimensions qu'on veut leur donner; en général elles doivent être mâles, de forme ovale ou méplate. Quand elles sont formées, lissez-les avec la lame d'un couteau humide, masquez-les légèrement avec du blanc d'œuf, puis appliquez-leur dessus un décor marquant composé de lames de truffes cuites taillées symétriquement; appuyez bien ces détails, puis pochez-les à l'eau quelques minutes avant de servir. Ces truffes peuvent être remplacées par un décor de langue écarlate ou même de queues d'écrevisses, mais surtout il faut observer de ne jamais barioler leur surface avec trop de couleurs. Un décor uni, saillant et d'une seule espèce et nuance est encore ce qui convient le mieux. On peut aussi décorer ces quenelles avec de la farce simplement d'une autre nuance, verte ou rouge, avec laquelle on forme au cornet un joli décor enfermé dans une bordure qui fait le tour de la quenelle.

QUENELLES A LA MOELLE. — Hachez très-fin 250 grammes de moelle de bœuf parée et dégorgée, placez-la dans une terrine avec 300 grammes de mie de pain râpée, sel, muscade et 7 jaunes d'œufs; travaillez le tout ensemble, formez de petites quenelles moulées à la farine, pochez-les vivement à l'eau salée et égouttez-les. On peut les servir saucées ou frites au beurre dans un plat à sauter, avec une poignée de mie de pain.

Amourettes. — Ce sont les moelles épinières des gros quadrupèdes; celles de bœuf et de veau sont les seules employées. On les limone, c'est-à-dire qu'on les dégage entièrement, sans les briser, des pellicules sanguins qui les enveloppent. On les fait dégorger, blanchir sans ébullition et cuire à l'eau salée et acidulée. Quand elles sont cuites, on les égoutte pour les tailler en tronçons réguliers; on les tient dans leur cuisson pour les maintenir blanches. Au moment, on les éponge bien pour les rouler dans quelques cuillerées d'allemande et les dresser en groupe.

Quand elles sont ainsi cuites, on peut les masquer d'une sauce Villeroy, les paner et les frire. On peut aussi les frire en les trempant dans une pâte à frire ou simplement dans l'œuf, après qu'elles sont farinées. Dans les deux cas, il convient de les mariner avec huile, jus de citron et persil haché au moment.

Cervelles. — Les cervelles décrites au chapitre des hors-d'œuvre s'appliquent toutes aux garnitures. On peut également les parer en ronds ou en lames épaisses, les tenir chaudes dans leur cuisson, puis les égoutter, les dresser en groupe autour des relevés et les saucer à l'allemande.

Rognons de Veau et de Mouton. — Ceux de veau et de mouton peuvent seuls être employés comme garniture. Les premiers, on les saute au beurre pour réduire leur humidité et on les finit avec une sauce madère. Une fois saucés, ils ne doivent plus bouillir. Les seconds se cuisent non-seulement comme les précédents, mais encore fendus par le milieu et grillés.

Foies gras. — On sert souvent pour garniture des foies gras de poularde; on les blanchit légèrement, on les cloute, puis on les poêle. On peut les laisser entiers ou les diviser en deux; on les dresse en groupe, on les glace ou on les sauce. Les foies d'oies se traitent comme ceux des poulardes, mais on les émince en lames à cru ou poêlées. On sert également des escalopes de foies de veau sautées ou panées et frites au beurre.

Ris. — Ceux de veau, s'ils sont très-petits, peuvent être servis entiers, pour garniture, piqués ou cloutés d'après les règles ordinaires; s'ils sont gros, on les escaloppe pour les sauter, les glacer ou les frire. Ceux qui sont décrits dans les hors-d'œuvre s'appliquent tous aux garnitures. Les ris d'agneau se servent entiers, glacés ou poêlés, et se dressent en groupes pour être saucés.

Pieds. — Ceux d'agneau, de mouton, de veau et de porc frais peuvent être employés comme garnitures. La meilleure méthode à l'égard des premiers, c'est de les frire ou de les griller. Dans les deux cas, il faut les cuire à point dans un blanc, les désosser, les parer, les faire mariner, puis les tremper dans une pâte à frire ou simplement à l'œuf, quand ils sont farinés. On les frit aussi après les avoir masqués de sauce Villeroy et panés deux fois. Si on les grille, on peut les farcir, ceux d'agneau et de mouton entiers, ceux de veau en morceaux bien parés; on les pane et on les grille à feu doux. Les pieds de porc se servent grillés ou en crépinettes; s'ils doivent être grillés, on les partage en deux quand ils sont cuits, sans retirer les os; on les humecte de beurre pour les paner. On peut également les farcir. Quels qu'ils soient, ce sont de bonnes garnitures, qui se trouvent décrites au chapitre des hors-d'œuvre.

Lard fumé. — On n'emploie guère que celui des poitrines, dégorgé, blanchi et cuit au bouillon ou simplement à l'eau. Une fois cuit, on le pare et on le fait glacer; au moment, on le découpe en travers par petites lames.

Saucisses, Boudins et Andouilles. — Les saucisses se grillent ou se cuisent dans une casserole, au beurre ou au bouillon. Cuites, on leur retire les peaux et on pare les deux bouts. Les boudins se piquent et se grillent tout simplement; on leur pare aussi les bouts. Les andouilles se cisèlent, se grillent et se divisent en tronçons.

Côtelettes. — Les plus petites, celles de mouton et d'agneau, et quelquefois même celles de veau de moyenne grosseur, se servent pour garniture. Les unes et les autres se trouvent décrites dans le chapitre des hors-d'œuvre ou celui des entrées. Les plus distinguées sont naturellement celles de volaille ou de gibier.

ÉCREVISSES. — Les écrevisses se cuisent au court-bouillon. On pare les queues de leurs coquilles, pour les dresser en groupe ou en couronne autour des relevés. On peut également, quand elles sont cuites, les masquer en dessus avec un peu de farce, puis d'un filet mignon Conti aux truffes, que vous recouvrez d'une petite bande de lard et faites pocher ainsi à la bouche du four. Ces écrevisses s'emploient également pour hâtelets. On sert très-souvent pour garniture les queues d'écrevisses châtrées et parées une fois cuites.

ÉCREVISSES MAISON D'OR. — Émincez en julienne très-fine une carotte, un oignon et persil en branche, mettez ces légumes dans un plat à sauter avec une bouteille de sauterne, placez en plein feu et réduisez de moitié; ajoutez alors 20 belles écrevisses châtrées et bien lavées, assaisonnez avec sel, mignonnette, un petit bouquet de thym laurier et 2 clous de girofle. Cuisez vivement et faites tomber presque à glace. Arrachez alors les petites pattes des écrevisses, supprimez les coquilles des queues sans les détacher des écrevisses, remettez-les à mesure dans le plat à sauter, roulez-les dans leur fonds, auquel vous ajoutez un morceau de beurre, un jus de citron et 2 cuillerées de glace. Ces écrevisses s'emploient chaudes comme garniture. Si on veut les servir pour entremets de légumes, on les dresse en casserole.

ÉCREVISSES A LA BORDELAISE. — Lavez des écrevisses, placez-les dans une casserole avec un morceau de beurre, jambon cru coupé en dés, un oignon émincé et un fort bouquet de persil garni; assaisonnez de sel, mignonnette, mouillez avec un ou deux verres de vin de Bordeaux, couvrez la casserole et cuisez vivement pendant 10 à 12 minutes.

ÉCREVISSES A LA POLONAISE. — Lavez à plusieurs eaux une trentaine de belles écrevisses, placez-les dans une casserole avec un fort bouquet de fenouil frais et une forte poignée de sel; couvrez avec de l'eau pour qu'elles baignent, faites-les partir en ébullition, puis égouttez-les aussitôt; arrachez les petites pattes, remettez les écrevisses à sec dans une casserole avec 125 gr. de beurre; sautez-les à feu vif jusqu'à ce que le beurre commence à frire, ajoutez alors une forte cuillerée de chapelure blanche, laissez-les cuire encore un moment pour frire la chapelure, puis mouillez avec 4 décilitres de bonne crème aigre bien épaisse, ajoutez une pincée de feuilles de fenouil hachées. Servez à l'instant. La sauce doit être légèrement liée; dans le cas contraire il faudrait l'alléger avec de la cuisson des écrevisses, si elle n'est pas trop forte de sel.

HUITRES ET MOULES. — Pour les employer comme garniture de ragoût ou sauce, il faut nécessairement les blanchir avec leur eau et une addition de vin blanc; on les fait raidir simplement sans les faire bouillir, puis on les enlève à l'écumoire afin de laisser tomber au fond de l'eau les quelques grains de sable ou parcelles de coquille qu'elles pourraient contenir. Cela fait, on les pare de leurs barbes pour ne leur laisser absolument que les noix. L'eau de cuisson, déposée et tirée à clair, peut toujours être additionnée en partie aux sauces.

RAMEQUINS. — C'est un mets piémontais qui se sert pour garnitures et même pour hors-d'œuvre maigres. Cuisez la poulainte d'après les règles ordinaires; finissez-la avec beurre, fromage et une pointe de sucre; prenez ensuite cet appareil avec une cuiller à bouche, et couchez-le de forme ronde et à distance sur une plaque humide; à mesure qu'ils sont couchés, faites placer au centre de chacun d'eux une petite partie de fromage *fontine*, ou tout simplement du parmesan frais et râpé. Aussitôt le fromage placé, couvrez-le du même appareil, laissez refroidir, et parez-les tous uniformes avec le coupe-pâte; panez et faites frire au beurre clarifié : on les dresse en couronne autour des relevés.

LAITANCES. — Celles de carpes, maquereaux et harengs sont les préférées. On les fait bien dégorger, puis blanchir dans de l'eau salée et acidulée; on les dresse ainsi en petits groupes et saucées, en petites caisses ou frites. Ces préparations sont décrites au chapitre des hors-d'œuvre.

FOIES DE LOTTES. — Ils remplacent les foies gras dans les relevés maigres. On les dégorge, on les blanchit légèrement pour les poêler à court mouillement, car quelques minutes suffisent à leur cuisson. On les sert entiers, escalopés ou simplement divisés en deux parties, saucés et glacés.

SUBRICS. — C'est encore un mets piémontais très-convenable pour les garnitures maigres. On les confectionne avec divers appareils de riz, de semoule, et même avec des épinards.

Pour ceux de riz, on blanchit celui-ci et on le cuit à la crème, en le tenant un peu consistant; finissez-le avec un morceau de beurre, une pointe de sucre parmesan et quelques jaunes d'œufs pour les lier. Placez dans un plafond du beurre clarifié chaud, couchez à petites distances des cuillerées d'appareil, pour les mouler en petits ronds, et faites-les colorer sur feu très-modéré; retournez-les, et quand ils sont fermes de l'autre côté, on les dresse en couronne autour des relevés.

Pour ceux d'épinards, on blanchit ceux-ci et on les hache pour les passer au beurre et les mouiller avec une béchamel consistante. On les finit avec quelques jaunes d'œufs, puis on les fait pocher au beurre comme ceux de riz.

Palais de bœuf. — Les palais de bœuf s'emploient, pour garniture, en crépinettes ou farcis de toute autre matière. Si c'est pour relevé, on les sert coupés en ronds à l'emporte-pièces, et saucés à blanc ou à brun. On peut aussi, une fois ces ronds pochés, les saucer à la Villeroy pour les paner et les frire.

DES RELEVES DE POISSON.

Les relevés de poisson sont ceux qui, parmi tous les autres, réclament le moins d'apprêts; leur luxe tout entier consiste surtout dans la grosseur des poissons, dans l'excellence de l'espèce et dans la recherche de leur qualité. A l'égard de certaines espèces, rechercher par de coûteux apprêts à en rehausser le mérite, n'est pas toujours le moyen de les distinguer davantage; plusieurs espèces n'en comportent même que de très-simples. D'ailleurs, dans les dîners les plus somptueux, on admet sans difficulté des poissons simplement bouillis. Mais cette simplicité, tout agréable qu'elle puisse être, ne peut pas être donnée comme règle; car il faut varier l'ordre des dîners, et alors on retombe forcément dans les préparations travaillées et succulentes.

Par exception à la règle du service à la Russe, les relevés de poisson se servent indifféremment entiers ou découpés; cela n'influe en rien sur le service lui-même, les poissons se composant de chairs molles, que les convives prennent sans difficulté à l'aide d'une cuiller ou truelle à poisson. Seulement il est utile de remarquer que l'action de cuire les poissons entiers ou découpés constitue, en fait, deux principes différents, dont nous parlerons plus loin, et pour faire ressortir cette différence, et pour en comparer les résultats; car ces deux principes font encore dissidence, et ne sont pas également appréciés au même point de vue par les praticiens.

Les relevés de poisson, quoique constituant par eux-mêmes un aliment maigre, n'en sont pas moins très en usage dans les dîners gras; nous pouvons même ajouter qu'il n'est pas de dîner gras élégant où l'absence d'un relevé de poisson ne laisse une lacune que rien ne comblerait. Cette règle n'a pas d'exception dans toute l'Europe culinaire. C'est donc à ce point de vue que nous traitons des relevés, et l'on ne doit pas s'étonner de rencontrer, dans leur préparation, des éléments gras qui paraissent en contradiction avec l'espèce. Il est évident que si des relevés devaient servir à des dîners absolument maigres, il serait nécessaire et en même temps très-facile de supprimer tous les ingrédients gras qu'on emploie comme simples auxiliaires.

Les relevés de poisson se dressent directement sur plat ou sur serviette, suivant qu'ils sont cuits à l'eau ou en cuissons succulentes ou même rôtis. Dressés sur plat, ils comportent presque toujours une addition de sauce quelconque, et alors les serviettes deviennent impossibles. Leurs garnitures dépendent aussi beaucoup de la nature de leur cuisson : aux poissons bouillis à l'eau, celles de légumes ou fritures sont à peu près les seules adoptées, en compagnie des bouquets de feuilles de persil, qui sont un accessoire pour ainsi dire absolu; aux poissons glacés ou cuits dans des fonds succulents, il faut des garnitures composées.

Ces relevés ne comportent pour ornement que des hâtelets, toutefois quand leur volume s'y prête sans inconvénient. Ces hâtelets peuvent être composés avec des légumes, fritures et écrevisses, c'est-à-dire qu'ils doivent se distinguer de ceux des autres relevés par la nature des éléments et leur simplicité.

Les sauces qui accompagnent ces relevés suivent naturellement les principes de leur cuisson : s'ils sont bouillis, il leur faut des sauces simples et légères ; cuits dans des fonds succulents, il faut nécessairement leur appliquer des sauces travaillées ; dans tous les cas, on les accompagne de deux sauces, dont une peut être simple.

La fraîcheur des poissons, nous n'avons pas besoin d'insister sur ce point, est une des conditions indispensables contre lesquelles il n'y a aucune objection sérieuse à opposer, sauf quelques espèces exceptionnelles qui réclament une certaine mortification ; mais encore mieux vaut-il s'exposer à les servir coriaces que trop mortifiés. En général, les poissons employés vivants ont toujours des qualités supérieures.

Les relevés de poissons cuits entiers, moins ceux cuits à l'eau de sel, peuvent toujours être emplis d'une farce ordinaire. Cette addition les maintient plus ronds et mieux entiers, et s'adapte souvent avec avantage aux poissons de petite apparence. N'étaient ces motifs, il n'y a aucune raison qui rende cette farce nécessaire.

CUISSON A L'EAU DE SEL.

Il y a deux méthodes bien distinctes pour cuire le poisson de mer à l'eau de sel. La première est celle que tout le monde connaît, et qui consiste à cuire la pièce entière, à l'eau froide, salée et acidulée ; la seconde consiste à le cuire dépecé en rouelles ou en tronçons, plongé à l'eau fortement salée et bouillante. Par ce dernier procédé, la cuisson est plus rapide, plus violente, en raison de ce que les tronçons sont nécessairement plus faciles à atteindre que le poisson entier. Au premier abord, on pourrait croire qu'un poisson découpé à cru devrait perdre de ses qualités essentielles ; pourtant il n'en est rien, et non-seulement il ne perd pas, mais il gagne comparativement tout ce qu'une côtelette peut gagner à être cuite détachée du carré, qui, en raison même de son exiguïté, a l'avantage incontestable d'être parfaitement saisie par la cuisson dans toutes ses parties et cuite en peu de temps. Elle peut donc, par ce moyen, conserver tous ses sucs nutritifs. Le poisson découpé à cru et cuit à l'eau bouillante se trouve dans le même cas ; entier, il exige une cuisson qui varie depuis une heure jusqu'à trois, tandis que celui qui est dépecé, si volumineux qu'il soit, peut toujours cuire en quelques minutes. Or, si l'on compare la différence énorme qui existe entre les deux cuissons, il est impossible de ne pas entrevoir, du premier coup, l'avantage qui résulte pour celui qui reste le moins de temps dans l'eau, tout en atteignant le même degré. A des hommes pratiques, cette différence ne peut pas échapper. Nous ne contestons pas la possibilité de cuire une grosse pièce entière ; mais n'est-il pas évident pour tout le monde que les chairs externes d'un gros poisson trop longtemps exposé à l'action de l'eau bouillante sont forcément trop cuites avant même que celles de l'intérieur soient chaudes ? Par la cuisson violente, au contraire, toutes les parties se trouvant surprises et atteintes en même temps, elles sont nécessairement plus succulentes, puisque leurs sucs essentiels peuvent se conserver intacts. Il faut donc en conclure, d'après ces considérations, que la cuisson des gros poissons entiers est naturellement défectueuse, tandis que celle des poissons dépecés est toute rationnelle et conséquente avec les principes raisonnés de la cuisine.

Dès qu'il peut être prouvé, en effet, que la cuisson d'un poisson, momentanée, rapide, exacte, précise, peut entrer pour quelque chose dans sa qualité ou sa succulence, la supériorité de cette méthode n'est plus contestable, à moins de soutenir, en dehors de tout principe, qu'un poisson qui exige une cuisson vingt fois plus longue qu'un autre du même volume puisse être mangé dans l'état le plus parfait de perfection culinaire.

Mais cette supériorité reconnue d'une méthode sur une autre n'implique pas qu'on doive désormais renoncer à cuire les poissons entiers. Nous émettons une opinion appuyée sur l'expérience, le raisonnement et la pratique, opinion qui ne peut laisser de doute dans l'esprit de ceux qui ont été à même de l'étudier et de s'en rendre compte. En dehors des limites qu'elle nous trace, nous n'avons nullement l'intention de la donner comme souveraine et absolue. Ce n'est pas nous qui chercherons jamais à imposer nos préférences ou nos sympathies à l'égard de tel ou tel principe variable ; il nous appartient de faire ressortir les avantages ou de signaler les inconvénients de toutes les méthodes où la théorie peut s'aventurer ; mais nous n'avons pas plus l'intention que le droit d'aller plus loin. A notre avis, quand on prend sur soi la tâche aride et difficile de mettre au service d'autrui son expérience et ses études, on s'oblige tacitement à combattre les erreurs par des arguments persuasifs, et non par la violence d'une opposition systématique.

Les gros poissons cuits à l'eau de sel, entiers ou dépecés, se dressent le plus communément sur serviettes posées quelquefois sur un fond en bois, entourés de leur garniture et la sauce à part. On peut néanmoins, dans certains cas, les masquer de leur sauce. Alors il faut nécessairement les dresser sur plat même. Les bouquets de feuilles de persil vert sont les garnitures obligées des poissons cuits à l'eau de sel et non saucés auxquels on ne voudrait pas adjoindre d'autres garnitures. On peut même les employer nonobstant celles-ci, si elles se composent de légumes ou fritures.

DES SAUMONS.

Si les saumons sont à peu près communs dans toutes les contrées du Nord, ils sont inconnus dans le Midi. L'Angleterre, la Hollande et la Russie en fournissent abondamment; mais ils ne sont pas également estimés partout. Ceux de Russie n'ont aucune valeur, tandis que ceux qu'on tire du Rhin et des fleuves de la Hollande jouissent d'une grande renommée, surtout s'ils ne sont pas bécards. Ces derniers, qu'on distingue à leur museau crochu, sont sans prix aux yeux des gourmets. Les saumoneaux constituent d'élégants relevés.

Habillage du saumon : Le saumon s'écaille sur les deux faces; on lui retire les ouïes et on le vide par cette ouverture, si faire se peut; dans le cas contraire, on lui fait une petite incision au bas du ventre. Si les saumons doivent être dépecés à cru, on peut éviter de les vider, et surtout de leur faire aucune ouverture.

421. — SAUMON DÉPECÉ A LA CLAREMONT. (Cuisson à l'eau de sel.)

Garniture : 24 petites tiges de chou-fleur parées bien égales et cuites à l'eau, 56 moyennes pommes de terre tournées rondes et cuites à l'eau, 16 belles écrevisses entières, auxquelles vous parez les queues sans les séparer. — Sauce au beurre liée, avec addition de câpres entières et persil haché, lavé et épongé.

Apprêts : Aussitôt après avoir habillé le saumon, détaillez-le transversalement, en tranches proportionnées à la grosseur du poisson et taillées égales, autant que possible, afin qu'elles puissent cuire dans le même laps de temps. La tête doit rester entière, taillée exactement au-dessous des ouïes. Placez les tranches seulement dans une terrine, avec quelques poignées de sel fin et 2 décil. d'eau; laissez-les macérer quarante minutes. Cette opération ayant pour but surtout de raffermir les chairs, elle deviendrait superflue si le poisson était vivant.

Emplissez aux trois quarts la poissonnière avec de l'eau, ajoutez quelques poignées de sel de cuisine, de manière que l'eau soit beaucoup plus salée que pour les cuissons ordinaires, attendu que le poisson plongé à l'eau bouillante est difficile à se saler. Au moment de servir le potage, c'est-à-dire huit à dix minutes avant de servir le poisson, rangez-le sur la feuille percée de la poissonnière, et plongez-le dans celle-ci pendant que l'eau est en pleine ébullition; laissez-lui reprendre le bouillonnement, et retirez-la aussitôt sur l'angle; couvrez et laissez-la dans cet état, sans ébullition, mais seulement l'eau maintenue toujours frémissante. Le moment

---

SOMMAIRE DE LA PLANCHE N° 4.

N° 31. — Saumon à la Richelieu, garni.
N° 32. — Grosse carpe à la Chambord.
N° 33. — Poitrine de thon à la Piombino
N° 34. — Turbot à la Hollandaise.

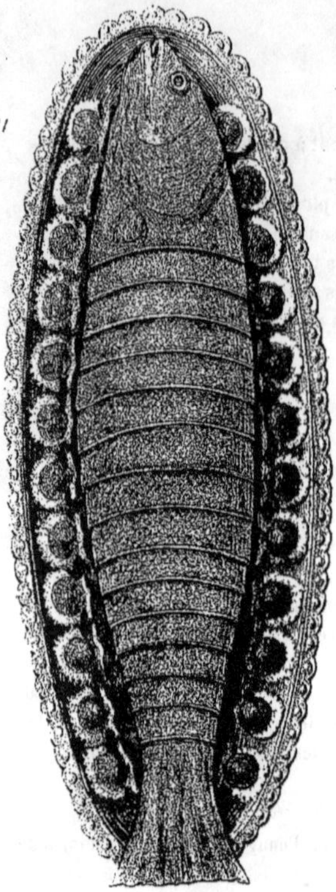

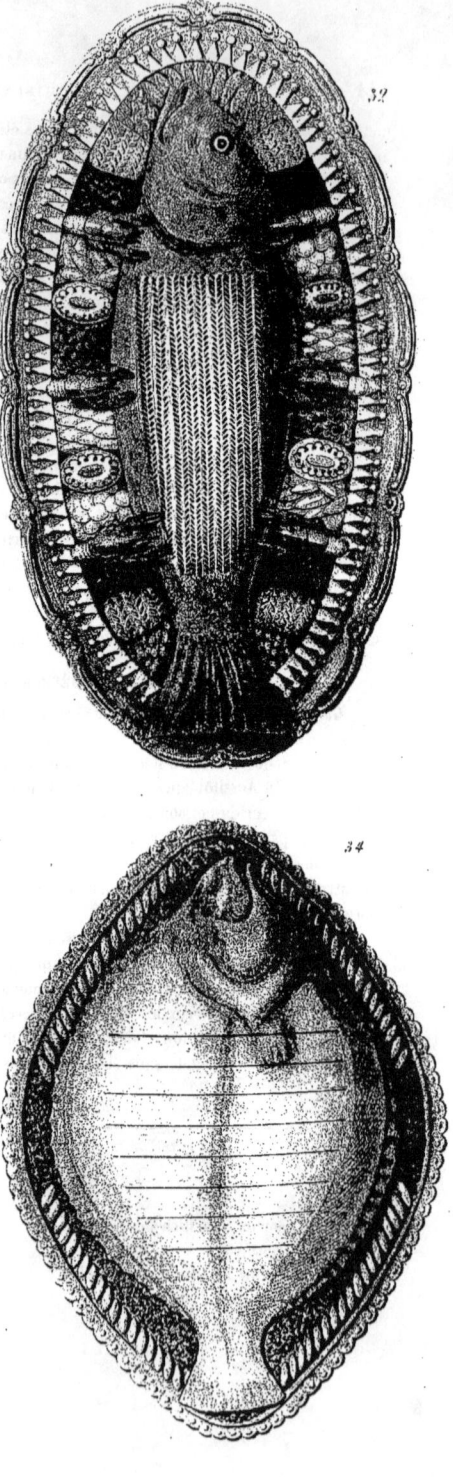

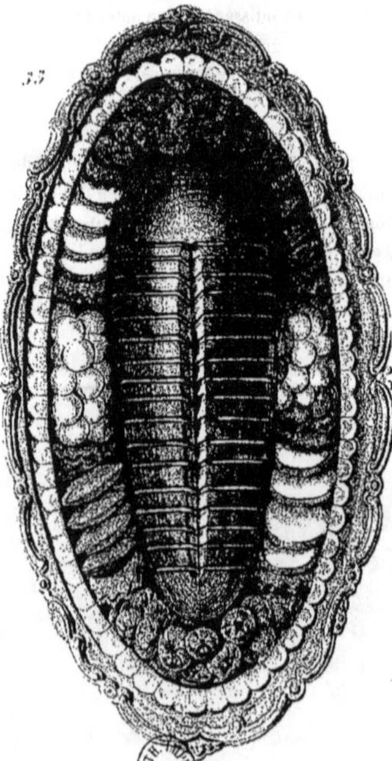

venu, enlevez la feuille sur une plaque, laissez égoutter l'eau, puis dressez le poisson en plaçant la tête sur un bout du plat, et les tranches une à une, suivant leur dimension graduelle et toujours dans le sens naturel de la forme du saumon, afin qu'une fois toutes les parties rassemblées celui-ci se trouve avoir repris à peu près sa forme première et paraisse encore entier. Couvrez-le aussitôt d'une serviette pliée dans les dimensions du poisson, afin de le conserver bien chaud. Cette serviette ne doit être retirée qu'au moment d'entrer dans la salle à manger. Dressez la moitié des écrevisses dans les deux centres, en bouquets, et de chaque côté un bouquet de choux-fleurs et de pommes de terre. Versez la sauce dans une saucière et servez.

422. — SAUMON ENTIER. (A l'eau de sel.)

Quand le saumon est habillé, écourtez les nageoires et bridez la tête avec quelques tours de ficelle ; placez-le dans la poissonnière ; semez dessus quelques poignées de sel et quelques légumes émincés ; couvrez-le d'un linge et mouillez-le en plein avec de l'eau froide et 1 décil. de vinaigre ou le double de vin blanc ; placez la poissonnière sur le feu pour amener graduellement l'eau jusqu'au point de l'ébullition, mais avant même qu'elle se développe retirez le vase sur feu plus modéré, pour que l'eau se maintienne toujours au même degré sans passer à l'ébullition ; laissez-le ainsi une heure et quart ou une heure et demie, suivant la grosseur du poisson. Il convient toujours de calculer le temps de manière que sa cuisson concorde avec l'heure du dîner. Garnissez-le comme précédemment ou avec toute autre garniture.

423. — SAUMON A LA RÉGENCE. (Glacé entier.)

Garniture : 12 grosses quenelles de poisson décorées, 16 écrevisses entières avec les queues épluchées, 12 filets de merlans ou de soles de dimension et forme de celles des quenelles, 36 moyennes truffes tournées à cru et cuites au madère, au dernier moment. — 2 hâtelets. — Sauce régence.

Apprêts : Habillez le saumon, lavez-le bien, emplissez-lui le ventre avec une farce ordinaire pour le maintenir rond et le conserver entier ; bridez la tête avec quelques tours de ficelle ; foncez une poissonnière garnie de sa feuille, avec lard, jambon et légumes ; posez le saumon dessus, salez très-modérément, couvrez-le de bandes de lard, mouillez-le à moitié de sa hauteur avec une bouteille et demie de vin blanc de Sauterne et quelques parties de fond ; ajoutez un fort bouquet garni, faites partir en ébullition et réduire quelques minutes ; couvrez-le ensuite d'une forte feuille de papier et poussez au four doux pour qu'il ne fasse que mijoter. Au bout d'une heure, retirez la poissonnière, égouttez et retournez le saumon avec soin, à l'aide d'un grand plat. Remettez-le dans la poissonnière et poussez de nouveau au four ; laissez-le encore une heure, pendant laquelle vous aurez soin de l'arroser souvent, et faites réduire sa cuisson à glace. Alors égouttez-le bien, retirez-lui toute la peau de la partie supérieure, glissez-le sur le plat de relevé à poisson, glacez-le au pinceau, avec une glace dans laquelle vous aurez mis un morceau de beurre d'écrevisses ; poussez-le à la bouche du four, glacez-le de nouveau, puis garnissez-le ainsi qu'il suit : placez trois écrevisses de chaque côté des deux extrémités ; deux buissons de truffes au centre, dans chaque intervalle 4 filets et 4 quenelles ; piquez les hâtelets inclinés immédiatement au-dessous de la jointure de la tête. Glacez les truffes ; envoyez la sauce à part. Les saumons cuits d'après cette méthode peuvent être entourés avec n'importe laquelle des garnitures appliquées aux relevés subséquents, et les hâtelets peuvent être supprimés.

424. — SAUMON A LA BORDELAISE ENTIER. (Cuisson au court-bouillon.)

Garniture : 8 douzaines d'huîtres blanchies et parées, 16 laitances de carpes entières, 24 beaux champignons. — Deux hâtelets garnis. — Sauce génevoise.

Apprêts : Le saumon habillé, placez-le dans une poissonnière, mouillez-le à couvert avec un bon court-bouillon au vin de Bordeaux, passé et refroidi ; couvrez d'un fort papier, faites partir en ébullition et retirez aussitôt sur feu plus modéré pour qu'il ne fasse que frissonner ; donnez une heure et demie à deux heures de cuisson. Au bout de ce temps, égouttez le poisson, enlevez la peau supérieure, glissez-le sur son plat, masquez-le au pinceau avec la sauce préparée, poussez une minute à la bouche du four, puis distribuez les garnitures ainsi qu'il suit : 2 grands bouquets de champignons au centre, 4 laitances dans les deux bouts, les huîtres dans les intervalles et saucées à blanc. Glacez les laitances, piquez les hâtelets au-dessous de la tête, envoyez la sauce à part. Ce poisson peut être cuit dépecé, en suivant les indications de la cuisson à l'eau de sel.

425. — SAUMON A LA VICTORIA, ENTIER. (Cuisson à la Matignon.)

Garniture : 6 douzaines de queues d'écrevisses parées, 4 douzaines de moules blanchies et parées, 4 douzaines de quenelles de poisson au cayenne. — 2 hâtelets. — Sauce velouté finie au beurre de Cayenne. — Sauce au beurre d'écrevisses.

Apprêts : Habillez le saumon, fendez-le sur le dos, depuis la tête jusqu'à une petite distance de la queue; placez-le dans un grand plat à gratin largement beurré. A défaut de plat à gratin, on peut employer une lèchefrite ou grande plaque à rebords. Salez-le modérément, recouvrez-le d'une bonne matignon, puis de larges bandes de lard et d'un papier beurré, poussez-le au four modérément chaud, deux heures environ avant de servir; arrosez-le de temps en temps avec de bon fonds et laissez-le tomber à glace en dernier lieu. Au moment de servir, glissez-le sur le plat, glacez-le au beurre d'écrevisses mêlé de quelques parties de glace; dressez ensuite les garnitures par bouquets divisés, saucez-les à court avec de la sauce veloutée. Envoyez le reste dans une saucière, et aussi une sauce au beurre. Piquez les hâtelets en les inclinant. Ce poisson peut être cuit et servi dépecé, il lui faut alors vingt-cinq à trente minutes à four chaud; la tête y sera mise vingt minutes plus tôt.

426. — SAUMON A LA RICHELIEU. (Découpé et grillé, voir le dessin N° 31.)

Garniture : 24 petites coquilles composées avec un salpicon de foie de lottes, champignons et truffes, saucées avec la sauce à la crème indiquée au n° 276, et glacé à la minute avec la salamandre.

Apprêts : Habillez le saumon sans le vider ; dépecez-le, ainsi que nous l'avons dit précédemment, en rouelles ; placez ces rouelles dans une terrine, salez et marinez-les avec huile, lames de citron, persil en branches et oignon émincé. Vingt-cinq à trente minutes avant de servir, rangez les rouelles sur le gril chauffé d'avance et huilé (la tête sera cuite à part) ; faites-les partir sur une paillasse unie, carrée, et le feu régulier ; humectez-les avec un pinceau huilé, retournez-les au bout de douze à quinze minutes. A mesure que les plus minces sont cuites, retirez-les ; puis dressez-les toutes sur plat, en reformant le saumon dans son entier et en plaçant chaque rouelle à la hauteur qu'elle occupait dans son sens naturel, et dans le genre que représente le dessin. Glacez entièrement, entourez avec les coquilles, et envoyez la sauce à part.

427. — SAUMON GLACÉ AU FOUR.

Après avoir habillé et dépecé le saumon, ressuyez-le bien, faites-le mariner quelques heures dans un grand plat avec huile, sel et persil en branches. Une demi-heure avant de servir, rangez les tranches sur une plaque à rebords, couverte au fond avec une feuille de papier et grassement beurrée; poussez ainsi à four un peu chaud, humectez-les de temps en temps. En dernier lieu, couvrez-les avec une feuille de papier beurrée, la hure sera cuite à part et un peu plus tôt. Au dernier moment, détachez les tranches avec soin, glacez-les tour à tour, et dressez-les sur un plat dans l'ordre qu'elles doivent être pour reformer entièrement le poisson. Entourez-le d'une garniture légère et envoyez la sauce à part.

428. — HURES ET QUEUES DE SAUMON.

Dans l'espèce, on entend par *hure* la tête non détachée d'une certaine partie du corps de tous les gros poissons ; les queues forment également une autre partie. Il est évident que l'un et l'autre de ces tronçons doivent être d'un fort volume ; ce n'est qu'à cette condition qu'on leur accorde quelque mérite et qu'ils n'ont pas l'air de révéler une pensée économique. Les hures et les queues peuvent subir les apprêts qui sont décrits aux formules précédentes ; elles comportent les mêmes garnitures et sauces.

DES TRUITES.

Il y a deux espèces de grosses truites : les *blanches* et les *saumonées*. Ces dernières sont, dans certains pays, les plus estimées, tandis que, dans d'autres, les blanches leur sont préférées. En Allemagne, par exemple, les petites truites sont aussi très-appréciées, et, en nombre suffisant, constituent un relevé distingué. Les apprêts du saumon peuvent, en général, s'appliquer à la cuisson des grosses truites. Les petites sont sujettes à des préparations spéciales que nous indiquerons plus loin. La fraîcheur est une de leurs premières qualités. Quand on peut les avoir vivantes, cela n'en vaut que mieux ; car, pour certains amateurs, une truite morte est sans aucune valeur.

Habillage de la Truite : On procède à son égard comme pour le saumon. Autant que possible, il ne faut pas leur faire d'incision au ventre, et les vider par les ouïes.

429. — GROSSE TRUITE SAUMONÉE AU BLEU.

Autrefois on n'écaillait pas les truites quand on voulait les cuire au bleu ; cette méthode est tombée en désuétude et ne se pratique guère qu'à l'égard des petites. Pour les obtenir bien bleues, il n'y a que deux moyens : c'est d'avoir le poisson vivant ou de les cuire au vin rouge ; avec cela le but est facile à atteindre.

Garniture : 3 douzaines de belles écrevisses avec les queues épluchées ; 3 douzaines de pommes de terre tournées en grosses olives et cuites à l'eau. — Sauce hollandaise.

Apprêts : Conservez la truite vivante dans l'eau jusqu'au moment de la cuire ; écaillez-la vivement ; retirez les ouïes, videz-la par cette ouverture ; bridez la tête avec quelques tours de ficelle ; placez-la dans une poissonnière ; couvrez-la entièrement avec du vin rouge ; salez en proportion ; ajoutez quelques légumes émincés ; couvrez d'une épaisse feuille de papier et faites partir à feu violent. Au moment où l'ébullition menace de se prononcer, retirez la poissonnière sur feu plus doux et suffisant pour la maintenir au même degré sans bouillir. La cuisson varie d'une heure et demie à deux, suivant le poids de la truite. Au moment de servir, égouttez-la bien ; dressez-la sur serviette, sans retirer la peau ; entourez-la de ses garnitures, avec quelques bouquets de feuilles de persil frais, et servez la sauce à part.

Ces truites peuvent être dépecées et plongées au vin bouillant : on peut les entourer avec toutes sortes de garnitures.

430. — GROSSE TRUITE A LA CAMBACÉRÈS.

Habillez une grosse truite bien fraîche et vivante ; attachez la tête avec quelques tours de ficelle ; placez-la sur la feuille de la poissonnière foncée de larges lames de lard et jambon ; ajoutez un bon bouquet garni ; salez modérément en dessus ; recouvrez-la aussi de bandes de lard, puis d'une feuille de papier beurrée ; mouillez avec 2 bouteilles de vin du Rhin ; fermez hermétiquement la poissonnière ; faites-la partir en ébullition sur feu modéré, et laissez-la mijoter pendant une heure. Ce temps écoulé, retirez-la sur un plafond pour la retourner et la laisser bien égoutter ; passez le fond ; dégraissez-le bien ; parez la truite de toutes les parties de lard et remettez-la dans la poissonnière, toujours sur la feuille, appuyée du côté opposé où elle était avant ; puis additionnez 3 douzaines de moyennes truffes crues, parées en boules, et 3 douzaines de champignons également crus, 3 douzaines de petits oignons bien blanchis et 4 décil. de demi-espagnole réduite. Couvrez la poissonnière ; faites-la de nouveau partir en ébullition et poussez-la à four modéré, toujours recouverte de papier ; arrosez-la souvent avec sa cuisson, et laissez-la ainsi pendant une heure environ. Quelques minutes avant de servir, égouttez bien le poisson ; enlevez la garniture à l'écumoire pour la placer dans un petit sautoir ; passez et dégraissez exactement le fonds de cuisson ; réduisez-le quelques minutes, en plein fourneau, avec 1 décil. de sauce tomate ; finissez-le avec un petit beurre de Cayenne ; additionnez à la garniture 4 douzaines d'olives tournées et blanchies ; saucez-la légèrement ; dressez le poisson sur plat et la garniture autour ; glacez la truite et servez la sauce dans une saucière.

431. — GROSSES TRUITES A LA PIÉMONTAISE.

Écaillez une grosse truite; versez dessus de l'eau acidulée presque bouillante et râclez la surface pour enlever tout le limon et les parties noires; ensuite habillez la truite et dépecez-la d'après les indications données pour les saumons; mettez en ébullition une poissonnière d'eau bouillante, salée et acidulée; beurrez autant de feuilles de papier que vous avez de lames ou tronçons de poisson (la tête sera cuite à part); salez-les légèrement et pliez séparément celles-ci dedans : rangez-les sur la feuille de la poissonnière; sept à huit minutes avant de servir, plongez-les dans l'eau en ébullition; retirez-les du feu au moment où cette ébullition recommence de nouveau; couvrez la poissonnière et retirez-la sur l'angle pour la maintenir au même degré modéré; laissez arriver ainsi leur cuisson. Au moment, égouttez et déballez-les; reformez le poisson sur un plat couvert de deux serviettes; entourez-le de feuilles de persil ou d'une garniture quelconque; servez à part une sauce au beurre, à laquelle vous additionnez en dernier lieu quelques cuillerées de câpres.

N. B. Nous ne produirons pas d'autres formules pour les grosses truites, attendu qu'elles peuvent subir toutes les préparations prescrites pour les saumons et qu'on pourra consulter.

432. — PETITES TRUITES A LA WOLF-BRUNNEN.

Habillez une douzaine de petites truites, ou six seulement, si elles sont marquantes : dans tous les cas, elles doivent être vivantes. Tenez une poissonnière d'eau bouillante, salée et vinaigrée; cinq minutes seulement avant de servir, ayez un vase contenant du vinaigre; retirez les ouïes et l'intérieur des truites; trempez-les une à une dans ce vinaigre et jetez-les à mesure dans la poissonnière; faites partir en ébullition; donnez quelques bouillons seulement; couvrez et retirez-la sur feu plus modéré. Au bout de quelques minutes, retirez les truites pour les dresser sur serviette; entourez-les de feuilles de persil; servez à part une sauce au beurre et des pommes de terre cuites à l'eau salée.

Ces truites, ainsi préparées, sont d'un très-beau bleu. Cela vient surtout du limon superficiel qui les enveloppe et dans lequel elles cuisent; en les trempant au vinaigre, ce limon se coagule et ne se sépare pas du poisson.

433. — PETITES TRUITES A L'HOTELIÈRE.

Habillez, suivant la règle, une douzaine de petites truites vivantes; fendez-les sur le dos, selon l'usage mis en pratique à l'égard des maquereaux; rangez-les, les uns à côté des autres, sur une plaque à rebord foncée de feuilles de papier minces et grassement beurrées; assaisonnez et couvrez-les également avec du papier beurré; poussez-les au four chaud dix à douze minutes avant de servir. Au bout de quelques instants, retournez-les, humectez-les de beurre fondu pendant leur cuisson; en dernier lieu, glacez-les à la glace de cuisine, puis dressez-les sur plat, en introduisant dans l'ouverture du dos une petite partie de beurre maître d'hôtel assaisonné. Glacez de nouveau et servez à part une sauce au beurre liée, dans laquelle vous incorporez le fonds de cuisson des truites, quelques cuillerées de glace et une pincée de persil blanchi. On peut également griller et frire ces petites truites, à l'instar des autres petits poissons.

DES TURBOTS.

Le turbot est un poisson de luxe dans toute l'expression du mot. Qu'il soit entier ou découpé, on le sert aussi gros que possible; l'épaisseur de sa chair en relève le mérite et les qualités. Il doit toujours être très-blanc. Lorsqu'il est entier, le turbot se prête peu au service à la Russe, qui veut que tous les plats soient passés autour de la table. La difficulté est tout entière dans cette objection. C'est là, en effet, un office peu commode pour les maîtres d'hôtel aussi bien que pour les convives; car les plats qu'on a adoptés pour les turbots sont larges et très-lourds, par conséquent difficiles à manœuvrer autour d'une table.

Nous avons longtemps étudié, réfléchi à cette difficulté, et nous nous sommes arrêté aux deux méthodes suivantes : le turbot qu'on voudrait passer, non dépecé, autour de la table, serait partagé à cru en deux parties, sur sa longueur ; ces deux parties se cuiraient ensemble d'après les règles ordinaires, et on les dresserait sur deux plats différents. Si, au contraire, on voulait le cuire découpé, il serait dressé en buisson sur un seul plat de relevé ordinaire, en écartant la tête et les parties minces les moins estimées.

Ces deux méthodes obvient autant que faire se peut à l'inconvénient de faire circuler un plat monstrueux qui, par l'exagération de sa forme, est d'un transport embarrassant.

Aux yeux de certains amphitryons, c'est presque un sacrilége que de découper un turbot et de ne point le servir entier ; ceci n'est qu'un préjugé dont les trois quarts de l'Europe ont déjà fait justice. La méthode que nous préconisons ne saurait guère blesser que ceux qui ne mangent que des yeux. Les vrais gourmets, les appréciateurs sérieux, s'attachent moins à l'ampleur des formes qu'aux qualités acquises par une cuisson soignée. Et d'ailleurs, un turbot entier est toujours bien difficile à cuire et à servir sans être endommagé, surtout s'il est cuit vivant ; dépecé, on n'a à redouter aucun de ces désagréments.

Habillage du turbot : Ratissez-le des deux côtés ; retirez les ouïes ; au-dessous de celles-ci, pratiquez une petite incision transversale, par laquelle vous retirez les intestins, ainsi que cela se pratique à l'égard des soles.

434. — TURBOT DÉPECÉ GARNI A L'ANGLAISE.

Garniture : 2 douzaines de grosses pommes de terre tournées en olives et cuites à l'eau par les procédés ordinaires, puis séchées au four ; persil vert. Une saucière de beurre fondu et une de sauce au beurre.

Apprêts : Séparez la tête du corps du poisson ; divisez-le en deux parties sur sa longueur, en passant le couteau sur l'arête et deux côtés, afin de pouvoir enlever celle-ci sur toute sa longueur, mais simplement la partie la plus forte, qui forme le corps de l'arête, laissant adhérer aux chairs les arêtes secondaires ; divisez ensuite chaque moitié en carrés longs, réguliers et proportionnés ; s'ils étaient trop épais, divisez-les en deux, parez les parties minces des bords, jetez-les à mesure dans un vase contenant quelques poignées de sel et un verre d'eau ; faites-les macérer une demi-heure ; égouttez, épongez-les bien et rangez-les sur la feuille de la poissonnière. Huit à dix minutes avant de servir, plongez-les dans l'eau bouillante fortement salée et légèrement acidulée. Une fois le poisson dedans, ramenez l'eau à l'ébullition, donnez quelques bouillons violents, couvrez la turbotière et retirez-la sur l'angle pour apaiser le bouillonnement ; laissez-les arriver ainsi à cuisson parfaite. Égouttez-les enfin, dressez-les en buisson sur le centre d'un plat de relevé ordinaire, dont le fond est couvert d'une serviette ; dressez deux gros bouquets de persil aux bouts extrêmes du plat et les pommes de terre autour du buisson. Clochez le relevé et envoyez les saucières à part. Le turbot cuit ainsi peut se servir avec toute autre garniture sèche, en légumes, poissons ou fritures.

Si on voulait servir le poisson en deux plats, il faudrait, une fois l'habillage opéré, diviser la pièce en deux parties égales, sur sa longueur, retirer également le gros de l'arête, faire dégorger toutes les parties à l'eau coupée de lait, puis les citronner, les ranger sur la feuille d'une turbotière, les mouiller en plein à l'eau froide et quelques décil. de vin blanc, ajouter quelques légumes émincés et le sel nécessaire, faire partir et terminer la cuisson d'après les règles que nous décrirons dans l'article qui va suivre. Une fois cuites, dressez les deux moitiés sur deux plats différents, entourez-les des mêmes garnitures, et servez également les sauces à part.

435. — TURBOT ENTIER CUIT A LA FRANÇAISE.

Après avoir habillé le turbot ainsi que nous l'avons dit plus haut, faites-lui sur le dos une incision longitudinale, jusqu'à la profondeur de l'arête ; dégagez les chairs latérales, écartez-les pour briser ses arêtes inférieures des deux côtés ; puis, avec la pointe d'un gros couteau, brisez deux ou trois joints de l'arête principale. Cette opération faite, le turbot reste plus droit à la cuisson ; mais elle ne s'applique qu'aux grosses pièces. Aux turbotins, une seule incision suffit. Après cela bridez-lui l'ouverture de la gueule, reliez la tête et le corps par un double point de ficelle passé à l'endroit le plus susceptible d'écartement ; faites-le dégorger ainsi quelques heures, si la saison le permet, dans de l'eau fraîche coupée avec un quart de lait.

Deux heures avant de servir, égouttez-le de son eau et citronnez-le des deux côtés, placez-le sur une feuille de turbotière, le côté gris en dessous; couvrez-le avec de l'eau froide léguminée et acidulée; ajoutez du sel en proportion, quelques grains de poivre, deux feuilles de laurier et un bouquet de persil; couvrez-le entièrement d'un linge et faites-le partir en ébullition. Aussitôt que cette ébullition se prononce, retirez la turbotière sur l'angle, de manière à l'entretenir toujours au même degré de chaleur, sans que le bouillonnement soit marqué. Au bout de ce temps, le turbot doit être bien atteint. Alors enlevez-le sur la feuille, égouttez-le sur un large plafond et glissez-le sur son plat recouvert d'une serviette et d'un double fond, puis entourez-le de feuilles de persil vert seulement; couvrez-le d'un linge plié en quatre et humecté avec de l'eau de cuisson. Cette serviette se retire au moment d'entrer dans la salle à manger. Envoyez les garnitures et sauces à part.

Dans un dîner servi à la russe, où on pourrait servir ce poisson entier, tel que nous venons de le dire, il faudrait, par exception à la règle, poser le plat sur table au moment où les convives vont s'y mettre, et le laisser pendant le temps qu'ils mangent le potage; puis, lorsqu'on sert les hors-d'œuvre, le distribuer sur des assiettes chaudes et le passer ensuite chaque convive.

436. — TURBOT A LA HOLLANDAISE — GEKVOKTE-TURBOT. (Dessin n° 34.)

Cet apprêt exige que le turbot soit vivant; ce n'est qu'à cette condition qu'on l'emploie en Hollande. La garniture consiste uniquement en pommes de terre parées et cuites à l'eau. La sauce persil est de rigueur.

Placez le turbot sur une table inclinée, après lui avoir coupé transversalement l'arête, immédiatement au-dessous des barbes de la queue, et afin de le laisser saigner quelques instants. Cela fait, sillonnez la surface d'incisions transversales de 2 à 3 centimètres de largeur, traversant de part en part, sans cependant que les bandes soient séparées sur les contours du turbot, de telle sorte qu'il demeure encore entier et conserve sa forme. Alors videz-le, lavez et faites-le dégorger une couple d'heures à l'eau bien froide. Après cette opération, les chairs doivent se trouver crispées : c'est ce qu'on appelle en hollandais, *krimp*. Les poissons qui ne possèdent pas cette qualité sont considérés, en Hollande, comme s'ils n'avaient aucun mérite. On peut encore les obtenir *krimp*, malgré que le poisson ne fasse plus de mouvements, si la vie n'est pas précisément éteinte. Quand le turbot a dégorgé le temps voulu, ce qui doit toujours concorder, autant que possible, avec l'heure du service, placez-le sur une feuille de turbotière et plongez-le à l'eau bouillante fortement salée et acidulée; donnez-lui de dix à douze minutes d'ébullition continue, suivant sa grosseur; mais l'immersion ne doit avoir lieu que juste au moment d'envoyer le potage sur la table. C'est l'unique moyen de le manger avec toutes les qualités que ce procédé de cuisson lui donne. Au moment précis, égouttez-le, glissez-le sur un plat suffisant, sur le fond duquel vous aurez placé une grille; la serviette n'est pas nécessaire; entourez-le avec les pommes de terre, également cuites à la minute et bien ressuyées à la bouche du four; ajoutez quelques bouquets de feuilles de persil vert, et envoyez la sauce à part. Si le plat se trouvait étroit, on pourrait également envoyer les pommes de terre dans une casserole d'argent.

437. — TURBOT A LA MAINTENON. (Grillé.)

Garniture : 12 petites caisses de filets rouges, 2 douz. de belles écrevisses dont les queues sont parées de leurs coquilles, bouquets de feuilles de persil. Sauce ravigote au beurre de homards, sauce au beurre.

Apprêts : Le turbot habillé, taillez-lui la tête juste à son point de jonction avec le corps; puis divisez celui-ci sur la longueur, en deux parties, et subdivisez chacune de ces deux moitiés en carrés réguliers et proportionnés au volume convenable dont un convive peut se servir; épongez bien chaque partie, marinez-les avec sel, huile, jus de citron, oignon émincé et persil en branches; couvrez-les de papier huilé et conservez-les dans un lieu bien frais pendant une heure ou deux.

Trente-cinq à quarante minutes avant de servir, écartez les ingrédients de la marinade, essuyez chaque partie, trempez-les tour à tour dans du beurre fondu et refroidi, saupoudrez-les à mesure avec de la panure blanche et fraîche, chauffez et huilez le gril en rangeant dessus les tronçons, et placez-le sur une paillasse douce, mais bien fournie et soigneusement entretenue pendant toute la durée de la cuisson. Les morceaux les plus minces et les plus faciles à atteindre seront mis les derniers, afin que leur cuisson s'accorde avec celle des autres. Humectez-les souvent à l'huile; retournez-les à temps et dressez-les enfin en buisson, directement appuyés sur plat de relevé ordinaire, les morceaux inférieurs en dessous. Aux deux bouts du plat, placez deux bouquets de persil sur chacun desquels vous dressez une douzaine de belles écrevisses; sur les centres, dressez les petites caisses de rougets; servez les sauces à part.

438. — TURBOT À L'AMIRAL.

Garniture : 4 douzaines de moules à la Villeroy, 6 douz. de queues d'écrevisses cuites et parées, 4 douz. de champignons cuits, 4 douz. de cornichons tournés en boules et bien verts. Sauce espagnole réduite au vin du Rhin et finie au cayenne.

Apprêts : Choisissez un moyen turbot. Après l'avoir habillé, taillez droites les parties latérales du corps, pour n'y laisser que les plus épaisses; pratiquez tout le long de l'arête principale, sur la face noire, une incision profonde, salez très-modérément. Placez le côté blanc en haut, sur une feuille de turbotière ou caisse carrée, masquée de larges bandes de lard; ajoutez 300 gr. de beurre et mouillez avec une bouteille de champagne et un demi-litre de fonds de poêle. Beurrez le dessus du turbot et couvrez-le d'un grand papier beurré, et faites-le partir deux heures environ avant l'heure de servir, d'abord sur le fourneau, puis dans le four modéré. Arrosez-le souvent avec sa cuisson. Si le mouillement ne suffisait pas, étendez-le encore avec quelques parties de fonds de poêle. En dernier lieu, égouttez le turbot, passez et dégraissez complétement le fonds, et faites-le réduire en demi-glace; additionnez-lui un bon morceau de beurre d'écrevisses, remettez le turbot dans la caisse et glacez-le entièrement avec le fonds. Au moment de servir, glissez le turbot sur un plat, dressez les garnitures autour, divisées en groupes : aux angles les moules frites, au centre les écrevisses, champignons et cornichons; additionnez le fonds de cuisson à la sauce.

439. — TURBOT À LA CRÈME.

Après avoir habillé le turbot, levez les quatre filets, faites-les mariner avec deux verres de sauterne, oignons émincés, persil en branches et un peu de sel, en les laissant ainsi une heure ou deux.

Préparez 6 décil. de sauce à la crème n° 276, que vous tenez un peu serrée, et finissez au moment avec du beurre. Préparez également une émincée de champignons passés au beurre et tombés à glace, en les finissant avec quelques cuillerées de glace. Il en faut à peu près 4 décilitres.

Vingt à vingt-cinq minutes avant de servir, beurrez largement un sautoir et rangez les filets dedans avec la marinade; couvrez le sautoir, faites-le partir vivement, retournez les filets avec précaution et faites-les tomber à glace. A ce point, mettez le plat de relevé sur un feu doux; masquez le fond avec un tiers des champignons, que vous masquez d'un peu de sauce. Sur cette émincée, vous dressez deux filets de turbot, l'un contre l'autre; vous emplissez les interstices avec un second tiers de l'émincée, et vous saucez entièrement avec la sauce à la crème. Rangez ensuite les deux autres filets dessus, entourez et masquez-les avec le restant des champignons, saucez de nouveau toutes les faces, et saupoudrez avec une poignée de mie de pain fine et blanche, mêlée à la même quantité de parmesan râpé. Ayez la salamandre toute rouge, passez-la sur toute la surface, et servez sitôt qu'elle a pris belle couleur.

440. — TURBOT À LA DIPLOMATE.

Après avoir levé les filets du turbot, comme il est dit dans l'article qui précède, marinez et cuisez-les de même. Préparez 6 décil. de sauce diplomate, que vous finirez à l'instant. Blanchissez 7 à 8 douz. d'huîtres, parez-les, émincez en ronds quelques lames de foies de lottes. Rangez les filets sur plat de 2 en 2, avec les garnitures, saucez et glacez à la salamandre.

441. — TURBOT AU GRATIN.

Habillez un turbot moyen ; tracez avec le couteau, au milieu du côté blanc, et d'un bout à l'autre, une incision qui pénètre jusqu'à la profondeur de l'arête principale ; dégagez les chairs latérales, brisez les arêtes inférieures des deux côtés, afin de pouvoir retirer la grosse arête après la cuisson, sans briser le turbot. Assaisonnez et placez-le, le côté fendu en dessus, sur la feuille d'une turbotière beurrée ; ajoutez une bouteille de vin du Rhin ; masquez la surface avec de larges bandes de lard ou tout au moins d'un fort papier beurré.

Maintenant préparez 2 décil. de fines herbes que vous mouillez à court avec quelques cuillerées d'espagnole réduite. Une heure et demie avant de servir, faites partir le turbot en plein fourneau, donnez quelques minutes d'ébullition, poussez ensuite au four bien atteint, mais pas trop chaud ; ayez soin de l'humecter souvent pendant sa cuisson, avec son propre fonds, et au bout d'une heure sortez-le du four, dégagez les deux filets de dessus avec la pointe d'un grand couteau, brisez l'arête juste à sa jonction avec la tête, et enlevez-la dans toute sa longueur. Emplissez aussitôt ce vide avec la moitié des fines herbes chaudes ; rassemblez les deux filets aussi bien que possible ; puis, avec l'autre moitié des herbes, emplissez les interstices et masquez la surface entière. Arrosez avec un peu d'espagnole, saupoudrez légèrement de mie de pain en dessus, essuyez le plat et poussez au four modéré jusqu'au moment d'envoyer. La surface du turbot doit se trouver légèrement glacée, servez à part une sauce demi-espagnole.

DES BARBUES.

Les barbues peuvent subir les mêmes cuissons que les turbots. Elles sont moins estimées que ceux-ci, bien qu'elles les égalent quelquefois en qualité.

442. — BARBUE AU BEURRE NOIR.

Habillez la barbue et divisez-la en carrés proportionnés et réguliers, ainsi que nous l'avons dit à l'égard du turbot. Placez-les sur la grille d'une petite turbotière ; au moment, plongez-les à l'eau bouillante et salée, donnez quelques bouillons, puis retirez la turbotière sur l'angle, couvrez-la pour la maintenir au même degré jusqu'au moment de servir, c'est-à-dire sept à huit minutes au plus, sans ébullition. Ensuite, égouttez-les sur un linge, dressez-les sur plat en buisson, entourez les morceaux de quelques bouquets de persil frit, saupoudrez avec une bonne poignée de câpres, et masquez d'un beurre noir indiqué au n° 249.

DES ESTURGEONS.

Ce poisson est sans écailles ; il est couvert d'une peau épaisse et cuirassé de plusieurs rangées de plaques osseuses et saillantes. Son corps est cartilagineux et sa chair sans arêtes ; les parois intérieures du ventre sont garnies d'une peau résistante qu'il faut retirer avant la cuisson. Les esturgeons de plus petite espèce sont les meilleurs ; on en trouve à Rome une variété qu'on nomme *porcelleto*. Ils sont rares, mais très-estimés. Les esturgeons les plus petits peuvent se cuire entiers, mais dès qu'ils arrivent à une certaine longueur on les divise en tronçons, et quand le poisson se trouve très-fort, on peut partager ces tronçons en long et par le milieu.

Habillage : Retirez les plaques saillantes de la peau, retirez l'épiderme nerveux des parois du ventre et lavez-le avec soin.

RELEVÉS ET GARNITURES. — POISSONS.

443. — PETIT ESTURGEON A LA RÉGENCE.

Choisissez un petit esturgeon, habillez-le suivant la règle, enveloppez-lui le corps de larges bandes de lard, ficelez-le et bridez-le en spirale, c'est-à-dire en lui donnant la forme d'une S. Placez-le dans une poissonnière, mouillez-le à moitié dans un bon fonds de mirepoix, faites-le partir tout doucement en ébullition, poussez ensuite à la bouche du four et laissez-le cuire ainsi à petits bouillons en l'arrosant souvent avec son fonds. Aussitôt qu'il est bien atteint, égouttez et déballez-le, faites-le glacer à la bouche du four en le masquant à plusieurs reprises avec de la glace mêlée avec du beurre; quand il est de belle couleur, dressez-le sur plat et entourez-le d'une garniture régence. On peut l'orner avec quelques hâtelets, si on a le soin de les piquer sur des croûtons de pain frits collés au fond du plat.

444. — TRONÇON DE MOYEN ESTURGEON A LA BARRAS.

Garniture : 3 douz. de sardines farcies, 6 douz. de moules à la Villeroy, 16 écrevisses entières avec les queues parées, bouquets de feuilles de persil. — Sauce tortue avec une garniture d'olives dedans.

Apprêts : Faites tailler sur le milieu d'un moyen esturgeon un tronçon de 60 à 70 cent. de long, suivant son épaisseur ; retirez les peaux qui l'entourent et celles de l'intérieur, retirez également les parties cartilagineuses qui tiennent lieu d'arête ; cloutez l'épaisseur des filets avec de gros lardons de truffes crues et anchois, bridez-le bien droit avec quelques tours de rubans de fil, afin de ne point couper les chairs, puis enveloppez-le de bandes de lard que vous fixez avec de la ficelle, placez-le dans une poissonnière et mouillez-le à moitié de sa hauteur avec un bon fonds de mirepoix succulent, couvrez-le d'un papier épais et beurré, faites partir la casserole en ébullition, retirez-la sur un feu modéré ou même à la bouche du four, laissez-le cuire tout doucement en le retournant de temps en temps. Quand il est cuit égouttez-le sur un plafond, déballez, débridez et parez-le aussi bien que possible. Passez le fonds, dégraissez-le attentivement, étendez-le avec un peu de vin et de bon fonds, faites-le réduire en demi-glace; placez l'esturgeon dans une casserole longue ou une poissonnière un peu plus étroite que la première, mouillez avec le fonds, placez-le ensuite à la bouche du four, pour lui faire prendre couleur et le glacer entièrement. Alors si le poisson est assez ferme, découpez les filets, sinon dressez-le sur plat entier, placez les moules aux deux bouts, les écrevisses au milieu, deux petits bouquets de feuilles de persil aux deux côtés, et les sardines en quatre groupes dans les intervalles ; servez la sauce à part. On peut orner ce relevé avec quelques hâtelets.

445. — TRONÇON DE MOYEN ESTURGEON A LA ROMAINE.

Marquez et cuisez le tronçon comme nous venons de le dire. Quand il est bien attendri, mettez-le sous presse et laissez-le refroidir, puis déballez-le, parez-le avec soin et découpez-le bien régulièrement en entaille de chaque côté des filets. Étendez le fonds de sa cuisson avec un peu de demi-glace, passez et dégraissez-le attentivement, puis placez-le avec l'esturgeon dans une casserole plus étroite ; humectez bien celui-ci et chauffez-le tout doucement à la bouche du four pour le glacer. En dernier lieu, égouttez-le, dressez-le sur plat et masquez avec une sauce romaine telle qu'elle est indiquée au n° 300.

446. — TRONÇON D'ESTURGEON A LA MONTYON.

Garniture : 12 petites timbales de riz à la Valenciennes, 3 queues de langoustes en lames épaisses, 12 fonds d'artichauts entiers ou coupés en quartiers, 60 petits oignons glacés. — Sauce espagnole réduite et finie au beurre de Valence.

Apprêts : Désossez et ficelez l'esturgeon, piquez-le de truffes et d'anchois, faites-le mariner quatre ou cinq heures ; masquez sa surface avec une matignon réduite, que vous maintenez avec des lames de lard, puis une large feuille de papier ; deux heures avant de servir, couchez-le sur broche et faites-le partir à feu modéré, arrosez-le souvent d'huile ou de beurre pendant sa cuisson ; vingt-cinq minutes avant de servir, déballez-le pour le glacer avec soin, puis débrochez-le sur un plafond et débridez-le pour le découper d'après les indications que nous venons de donner ; dressez sur plat de relevé, placez au centre les petites timbales, aux deux bouts les homards, dans les intervalles les oignons et les artichauts; saucez légèrement toutes les garnitures et aussi l'esturgeon; envoyez la sauce à part.

447. — TRONÇON D'ESTURGEON A L'INDIENNE.

Garniture : 2 douz. de quenelles de poisson moulées dans une cuiller à potage, un petit ragoût avec d'escalopes de soles, champignons entiers et queues d'écrevisses. — Sauce veloutée finie avec un beurre de Kari.

Apprêts : Préparez l'esturgeon d'après les règles, cuisez-le comme il est décrit au n° 444, laissez-le refroidir sous presse, découpez-le à froid, puis faites-le glacer tout doucement à la bouche du four, avec son fonds de cuisson étendu, passé et dégraissé. Dressez-le ensuite sur plat, placez deux bouquets de quenelles au centre et le ragoût des deux côtés. On peut également orner ce relevé avec des hâtelets.

448. — TRONÇON D'ESTURGEON A L'ANGLAISE.

Désossez et ficelez l'esturgeon, placez-le dans une casserole, couvrez-le d'eau froide et une demi-bouteille de vin blanc, ajoutez du sel en proportion et des légumes émincés, faites partir, écumez ; une heure et demie d'ébullition suffit ; quand il est cuit, dressez sur plat avec deux bouquets d'épinards entiers blanchis et sautés au beurre, des deux côtés une friture de petits merlans et pommes de terre à l'eau dressées par bouquets. Masquez très-modérément l'esturgeon avec une petite sauce aux câpres ; servez à part le restant et une saucière de beurre fondu.

On sert encore l'esturgeon bouilli avec une purée d'oseille à part.

Les différentes cuissons de l'esturgeon étant indiquées, nous dirons pour être brefs qu'on peut le garnir en général avec toutes les garnitures applicables et décrites aux *Relevés de poisson.*

DES GROS STERLETS.

Le sterlet est une variété d'esturgeon, sa chair est plus recherchée. Ce poisson se trouve principalement dans le nord ; il doit être employé vivant, ce qui contribue beaucoup à sa qualité. Les Russes en font un grand cas.

Habillage : Retirez les petites écailles rocailleuses du sterlet, retirez les ouïes et videz-le par une incision que vous lui faites au ventre, retirez le gros nerf qui lui tient lieu d'arête ; il le ferait tordre et briser à la cuisson. On extirpe ce nerf de deux manières : la première en introduisant les pointes d'une fourchette dans la jointure de la tête avec le corps, sur le dos du poisson ; la seconde consiste à lui faire une incision dans la partie mince de la queue du côté du ventre, c'est-à-dire en dessous, pour le dégager avec le doigt et l'arracher.

449. — STERLET A LA RUSSE.

Beurrez grassement la feuille d'une poissonnière proportionnée aux dimensions du sterlet, placez celui-ci dessus, entourez-le par égales parties avec concombres marinés (ogurci) parés à cru en petites gousses, racines de persil poussées à la petite colonne, de la longueur de 5 centim., puis des racines de céleri taillées d'égales formes et blanchies séparément ; mouillez le poisson à la hauteur de 5 centim. à peu près, avec moitié jus de concombres et moitié vin blanc, pas de sel ; couvrez la poissonnière, faites partir et cuire à feu modéré pendant une heure et demie, suivant la grosseur du poisson ; en dernier lieu, les légumes doivent se trouver cuits à point, et le fonds se trouver naturellement lié et réduit juste au volume nécessaire ; il doit de plus être succulent, gélatineux et sensiblement coloré en rouge. Alors égouttez et dressez le sterlet sur le plat de relevé, entourez-le de sa garniture, versez le fonds dessus, étalez sur sa surface des lames de citron parées et épépinées, puis servez.

450. — STERLET A L'ESTOUFADE.

Beurrez grassement la feuille d'une poissonnière longue et étroite, placez le sterlet dessus, mouillez à la hauteur de 2 ou 3 centim. avec champagne et koas; ce dernier pour un tiers seulement; couvrez la poissonnière, faites partir et cuire sur feu réglé de manière à ce que quand le sterlet se trouvant cuit, le fonds soit réduit en demi-glace; dressez le poisson, arrosez-le de sa cuisson tout simplement.

451. — STERLET A LA DEMIDOFF.

Cuisez le sterlet comme nous venons de le dire; quand le fonds est réduit et le poisson cuit à point, ajoutez au fonds 2 décil. de sauce financière, donnez un seul bouillon. Dressez le serlet sur plat, entourez-le d'un petit ragoût composé de truffes, champignons, foies gras, olives et petites quenelles, versez la sauce dessus; envoyez à part des lames de citrons tournées à vif et égrenées.

On peut entourer les sterlets avec toutes les garnitures indiquées aux relevés de poisson, quand ils sont cuits dans les conditions qui précèdent; mais il faut toujours observer d'incorporer le fonds de leur cuisson à la sauce, ou tout au moins les en arroser.

DES THONS ET BONITES.

Le thon est sans écailles, recouvert d'une peau lisse, avec laquelle il peut être cuit, mais non servi. Ce poisson est très-abondant au printemps sur les côtes de la Méditerranée; on le taille en tronçons ou plutôt en rouelles qui varient de 2 à 5 centim. d'épaisseur; le ventre est la partie la plus estimée de ce poisson. Les chairs de la queue et celles près de la tête sont plus sèches. Les poitrines sont appelées *ventresques*. Dans l'intérieur de l'Europe, on ne le reçoit guère qu'en état de conservation, c'est-à-dire mariné, ou en pâtés et terrines. Ces diverses préparations se trouvent indiquées ailleurs. La bonite est un diminutif du thon, mais elle n'a pas les mêmes qualités; ou lui applique cependant, en partie, les mêmes cuissons.

452. — ROUELLES DE THON A LA MARINIÈRE.

Garniture : Ragoût de moules et huitres blanchies et parées; sauce espagnole au vin, finie avec un petit beurre d'anchois et une pointe de cayenne.

Apprêts : Prenez 2 rouelles de thon bien frais de l'épaisseur de 4 à 5 centim. et taillées dans l'épaisseur du ventre; faites-les dégorger une heure dans de l'eau acidulée, sans leur retirer les peaux. Égouttez, épongez et cloutez-les ensuite avec des filets d'anchois crus et de lard blanchis, traversant de part en part; placez-les sur la feuille de la poissonnière que vous aurez masquée de débris de lard et quelques lames de légumes; couvrez également les rouelles avec du lard, et mouillez d'une mirepoix, qu'elles en soient presque recouvertes; faites partir en plein fourneau et réduire le mouillement à moitié; retirez-les alors sur un feu plus modéré et terminez ainsi leur cuisson; aussitôt atteintes à point, égouttez-les, retirez le lard et les peaux, placez-les sur une plaque à rebords, passez le fonds de cuisson, dégraissez et réduisez-le en demi-glace, avec laquelle vous humectez les rouelles et poussez à la bouche du four pour les glacer. Dressez ensuite sur plat; entourez-les de leurs garnitures saucées.

Les rouelles de thon ainsi cuites peuvent se garnir avec toutes les garnitures composées applicables aux relevés.

453. — ROUELLES DE THON A LA PROVENÇALE.

Piquez les rouelles avec des filets d'anchois seulement, placez-les dans une braisière, couvrez-les de l'eau, placez-les sur un feu doux pour les faire dégorger, amenez l'eau jusqu'à l'ébullition. Alors égouttez les rouelles, rafraîchissez, égouttez-les bien, puis rangez-les dans une autre braisière dont le fond sera couvert de bandes de lard minces; mouillez-les avec une sauce veloutée légère; faites-les partir et retirez-les sur feu modéré, laissez-les mijoter ainsi bien doucement jusqu'à ce qu'elles soient bien cuites. Alors égouttez-les de la sauce, retirez leurs peaux, dressez sur plat, étendez la sauce avec un verre de sauterne, passez-la dans une casserole à réduction avec 2 décil. de velouté et réduisez-la à consistance voulue; liez-la avec 4 ou 5 jaunes, passez à l'étamine, finissez-la avec un petit beurre d'anchois et une cuillerée de persil bien lavé à l'eau tiède et épongé. Avec la moitié de la sauce, masquez les rouelles, sur lesquelles vous saupoudrez 4 cuillerées à bouche de câpres épongées. Servez le restant dans la saucière.

454. — ROUELLES DE THON A LA REMOULADE.

Les rouelles taillées, faites-les mariner avec de l'huile, les chairs de 2 citrons, branches de persil, oignons émincés et sel, sans les dégorger ni leur retirer les peaux. Elles doivent macérer dans cet assaisonnement au moins deux heures. Une heure avant de servir, sortez-les de la marinade pour les paner à peine et les placer sur un gril, chauffé et huilé; cuisez-les doucement en les arrosant souvent et les retournant quand elles sont cuites d'un côté. Au moment de servir, dressez-les sur plat, retirez les peaux, arrosez-les avec un peu d'huile et servez à part la sauce remoulade.

455. — ROUELLES DE THON A LA CHARTREUSE.

Piquez les rouelles de thon avec des filets d'anchois traversant de part en part, faites-les blanchir comme nous l'avons dit plus haut, placez-les les unes à côté des autres dans une casserole foncée de larges lames de lard; assaisonnez-les légèrement; recouvrez-les de lames de lard, mouillez-les avec un demi-litre de vin du Rhin, faites-les partir sur feu modéré, placez-les à la bouche du four et laissez-les mijoter jusqu'aux trois quarts de leur cuisson. Retirez-les, passez et dégraissez le fonds, remettez-les dans la casserole bien lavée, avec leur même fonds et 4 décil. de velouté; ajoutez 2 douzaines de moyens champignons crus coupés par le milieu, faites-les partir de nouveau, donnez-leur dix minutes d'ébullition vive et additionnez encore 7 à 8 moyennes truffes tournées et coupées en lames un peu épaisses, passez la casserole sur feu modéré et laissez cuire doucement jusqu'à parfaite cuisson des rouelles. Alors dressez celles-ci sur plat, retirez-leur les peaux, entourez-les de leur garniture, réduisez la sauce au point voulu, finissez-la avec un morceau de beurre d'écrevisses, additionnez-lui 3 ou 4 douzaines de queues, saucez le relevé et placez le restant de la sauce dessus.

456. — POITRINE DE THON A LA PIOMBINO. (Dessin n° 33.)

Garniture : 4 douzaines d'oignons glacés, 4 douzaines de champignons, 12 filets de soles, 12 laitances Villeroy.

Apprêts : Faites couper une poitrine de thon de 40 à 50 cent. de long, retirez-lui la peau, faites-la dégorger une heure ou deux dans l'eau acidulée, épongez-la ensuite et placez-la sur la feuille de la poissonnière, sur laquelle vous aurez étalé quelques bandes de lard; salez légèrement et masquez aussi avec du lard; mouillez aux trois quarts de sa hauteur avec un fonds de mirepoix et un décilitre de vin de Madère; faites partir vivement en ébullition pendant une quinzaine de minutes, couvrez la poitrine d'une large feuille de papier et la poissonnière de son couvercle, retirez-la sur un feu modéré; quand elle est cuite aux trois quarts, égouttez-la sur une plaque, passez, dégraissez et réduisez le fonds en demi-glace, placez-le avec la poitrine dans une autre casserole longue et finissez de la cuire à la bouche du four, en la glaçant avec soin, soit sur le fourneau au-dessus du feu, soit à découvert à la bouche du four; quand elle est bien glacée et atteinte à point, dressez-la sur plat, découpez-la sans détacher les morceaux, placez deux bouquets d'oignons dont un à chaque bout, deux groupes de champignons dans les flancs, puis deux petits buissons de laitances de harengs à la Villeroy, et deux escalopes de filets de soles rangés en face l'un de l'autre dans les contre-flancs, collez une crête en pain frit entre chaque garniture, passez le fonds, dégraissez-le encore, mêlez-le avec la sauce, donnez deux bouillons, finissez avec un petit beurre d'écrevisses et une petite purée d'anchois.

DES GROSSES CARPES.

Les carpes doivent être choisies de forme bien pleine et ronde; celles qui ont l'écaille brune sur le dos et dorée sur les côtés sont ordinairement les meilleures ; pour être bien conservées entières à la cuisson, elles peuvent être emplies d'une farce ordinaire. Les laitances de carpes ont un mérite très-apprécié, soit qu'on les emploie dans les préparations spéciales, ou simplement comme garnitures.

Habillage : On écaille les carpes en passant la lame d'un couteau entre celles-ci et la peau, en partant de la queue et continuant d'un trait jusqu'à la tête, on retire les ouïes, on les vide par le ventre en pratiquant deux ouvertures aussi courtes que possible ; ces ouvertures sont ensuite cousues.

457. — GROSSE CARPE A LA CHAMBORD. (Dessin n° 32.)

Garniture : 12 morceaux de laitances à la Villeroy, 4 grenadins de brochets glacés, 4 grosses quenelles décorées, 6 écrevisses dont la queue doit être épluchée, 500 gr. de truffes émincées, le même volume de champignons tournés, 60 queues d'écrevisses parées, 8 foies de lottes glacés, 40 très-petites quenelles blanches, le même nombre panées et frites.

Apprêts : La carpe habillée, bridez-lui la tête, emplissez-lui le ventre avec une farce ordinaire, pour la maintenir ronde, cousez ensuite les ouvertures du ventre, retirez la peau à l'endroit où elle doit être piquée, c'est-à-dire sur tout un côté, à quelque distance de la tête et de la queue. Cela fait, piquez-la transversalement en lignes serrées avec des truffes cuites et coupées en filets, placez-la ensuite sur la feuille d'une poissonnière foncée de bandes de lard, salez légèrement en dessus et couvrez-la d'un fort papier beurré ; mouillez jusqu'à moitié de son épaisseur, avec un bon fonds de court-bouillon au vin rouge et faites-la partir deux heures avant de servir, donnez quelques minutes d'ébullition vive, puis retirez la poissonnière sur un feu modéré, ou à la bouche du four ; arrosez-la souvent avec son fonds pendant toute la durée de sa cuisson. Une heure et demie après, égouttez-la sur une plaque, retirez le lard, passez et dégraissez le fonds, réduisez-le à demi-glace et remettez-le dans la poissonnière avec la carpe ; faites-la partir, puis glacez-la au four un peu vif ; au moment de servir, glissez-la sur son plat de relevé, débridez-la, dressez les garnitures en bouquets autour de la carpe, dans le style que le dessin représente. Servez la sauce à part.

On remplace le piquage par 2 ou 3 rangs de truffes cloutées sur les parties les plus épaisses des filets. Quelquefois on les pique aussi avec du lard, mais cette méthode n'est plus guère pratiquée.

Une carpe ainsi cuite peut être accompagnée de toutes les garnitures applicables aux relevés de poisson ; elle prend alors naturellement le nom de ces garnitures.

458. — CARPE A LA MATELOTE.

Garniture : 12 tronçons bien égaux de petites anguilles, cuits au court-bouillon ; 6 moyens foies de lottes poêlés et cloutés, 4 douz. de queues d'écrevisses, 6 douz. d'olives farcies avec une farce finie au beurre d'anchois, 3 douz. de petites quenelles au beurre d'écrevisses, 4 douz. de petits oignons glacés. — Sauce matelote.

Cuisez la carpe absolument de la même manière que nous venons de l'indiquer, puis distribuez les garnitures en petits bouquets tout autour. Saucez légèrement le dessus de la carpe, les tronçons d'anguilles, les olives et les quenelles, envoyez le restant de la sauce à part. On peut toujours orner le poisson avec des hâtelets.

459. — GROSSE CARPE AU BLEU.

Habillez la carpe comme il est dit plus haut, cousez les ouvertures du ventre, placez-la sur la feuille d'une poissonnière, puis mouillez-la entièrement avec du court-bouillon au vin rouge , faites-la partir sur feu modéré et au moment où l'ébullition tend à se prononcer retirez-la pour la placer sur feu modéré, donnez-lui ainsi deux heures de cuisson, en maintenant le liquide toujours au degré de chaleur le plus élevé, mais sans jamais le laisser bouillir. Au moment, égouttez la carpe, glissez-la sur son plat de relevé couvert d'une serviette, entourez-la d'une garniture quelconque, mais de préférence choisissez dans les fritures; les sauces de haut goût conviennent le mieux.

460. — CARPE FARCIE A L'ANCIENNE.

Cette préparation convient surtout dans des circonstances où la grosseur du poisson ne répond pas à la quantité voulue.

Apprêts : Taillez la tête de la carpe à 4 ou 5 cent. au-dessous de l'ouïe, laissez à la queue une longueur de 12 à 15 cent. dans son entier. Cuisez ces deux extrêmes dans un bon court-bouillon. Détachez les chairs du tronçon qui reste, mêlez-le avec un égal volume de chair de brochet, pour en faire une farce à quenelle très-ferme. En premier lieu préparez un fort ragoût composé de truffes, champignons, laitances, queues d'écrevisses et filets de poisson, saucez-le à l'espagnole réduite mais bien à court, puis laissez-le refroidir jusqu'au moment de l'employer. Maintenant étalez sur le tour une abaisse de pâte à dresser de l'épaisseur d'un centimètre à peu près. La largeur et la longueur seront réglées sur les proportions que vous entendez donner au relevé ; dans tous les cas elle doit prendre le profil d'un poisson ; piquez-la avec la pointe d'un couteau, faites-la cuire au four et refroidir sous presse, afin de l'obtenir droite; parez-la plus correctement, placez-la sur un plafond sans rebords et masquez-la avec une couche de farce d'un centimètre d'épaisseur ; placez sur une extrémité la tête, et sur l'autre la queue de la carpe ; puis dans la distance qui les sépare, formez avec la farce une espèce de caisse, en la relevant sur les parties latérales à la hauteur du poisson, et lui faisant prendre tous les contours de sa forme naturelle ; dans cette caisse placez le ragoût saucé devenu consistant, recouvrez-le de farce dans tout son entier, de manière que celle-ci, se joignant aux deux extrémités du poisson, donne à l'ensemble la forme exacte de la carpe entière ; cela n'est nullement difficile. Alors lissez cette surface, dorez-la, puis ornez-la avec quelques détails de truffes et queues d'écrevisses. Quel que soit le dessin, il doit être correct et voyant. Cela fait, bordez-la à sa base avec des bandes de papier beurrées et collées à l'œuf pour empêcher l'écartement de la farce, quand celle-ci subira l'influence de la chaleur ; couvrez-la d'une feuille de papier beurrée et poussez dans ces conditions à four modéré, une heure avant le moment de servir ; en dernier lieu glissez-la sur son plat de relevé, glacez au beurre d'écrevisses mêlé avec un peu de glace et entourez le relevé avec des filets de poisson horly, ou toute autre garniture composée, si vous le préférez.

Ainsi préparée, une carpe médiocre peut fournir un relevé très-copieux et aussi volumineux qu'on peut le désirer ; mais, nous le répétons, ce sont là des relevés d'expédients qui ont leur mérite au moment donné, et pourraient ne pas être accueillis avec autant de faveur dans un pays fourni en beaux poissons et dans un temps normal.

461. — CARPE A LA POLONAISE.

Habillez une belle carpe, placez-la sur la feuille beurrée de la poissonnière, entourez-la de quelques légumes et bouquets garnis, salez-la légèrement, couvrez-la d'un fort papier beurré, mouillez-la avec 2 bouteilles de vin blanc et rouge et 4 décil. de consommé ou fonds de poisson ; faites-la partir en ébullition deux heures avant de servir, puis retirez-la sur l'angle ou plutôt à la bouche du four pour la cuire tout doucement ; aux trois quarts de sa cuisson, égouttez-la, passez et dégraissez le fonds, faites-le tomber à demi-glace et remettez-le dans la poissonnière avec la carpe, finissez de cuire celle-ci à la bouche du four en l'arrosant à chaque minute. Au moment, glissez-la sur plat et masquez-la d'une sauce romaine, en remplaçant les *pignoli* par des amandes en filets, et l'espagnole par une panade de pain d'épices qu'on étend avec la sauce avant l'addition des fruits et qu'on passe ensuite à l'étamine. Les Polonais servent ce relevé la vieille de la Noël.

DES GROS BROCHETS.

Les gros brochets constituent dans beaucoup de pays des relevés très-distingués; dans d'autres, on n'en fait pas beaucoup de cas, surtout dans le Nord. Les gros brochets cuits vivants sont coriaces et se déforment à la cuisson.

Habillage : On retire l'écaille des brochets par bandes longues en passant la lame d'un couteau bien effilé entre celles-ci et la peau ; on ébarbe les nageoires et l'extrémité de la queue, on le vide par les ouïes après avoir premièrement détaché les intestins en pratiquant au ventre une ou deux incisions.

462. — BROCHET A LA TAYLOR.

Garniture : 6 douz. de pommes de terre, enlevées à la grosse cuiller ou tournées en olives et frites au beurre; 18 belles écrevisses avec les queues parées; 18 croquettes de foies de lottes et champignons. — Sauce Béchamel réduite et finie avec un beurre marseillais.

Apprêts : Habillez le brochet et dépecez-le en tranches, ainsi que nous l'avons indiqué à l'égard du saumon. Faites macérer une demi-heure dans quelques poignées de sel et un peu d'eau. Sept à huit minutes avant de servir, lavez et épongez les tranches, rangez-les sur la feuille de la poissonnière et plongez-les à l'eau bouillante fortement salée. Aussitôt que le bouillonnement a lieu, retirez la poissonnière sur l'angle pour la maintenir toujours au même degré, sans ébullition jusqu'au dernier moment. La tête sera cuite séparément. Égouttez enfin les tranches et la tête, reformez le poisson dans son entier sur le plat; dressez les écrevisses aux deux extrêmes, deux bouquets de croquettes au centre, et les pommes de terre finies au moment, dans les intervalles. Saucez le brochet très-légèrement et envoyez le reste dans une saucière.

463. — GROS BROCHET A LA MONTEBELLO.

Garniture : 12 filets de merlans Conti, aux truffes; 12 croûtons de pain ovales, garnis de purée de champignons; 12 belles truffes cuites entières, vidées en rond et garnies d'un salpicon de queues de crevettes. — Sauce veloutée aux huîtres, finie avec un petit beurre d'anchois.

Apprêts : Habillez un beau brochet; enlevez deux larges bandes de la peau, d'un côté seulement, pour le piquer avec des lardons de truffes et lard. Cela fait, emplissez son intérieur avec une farce de poisson ordinaire; bridez la tête et placez le brochet sur la feuille d'une poissonnière foncée de larges bandes de lard; mouillez-le à moitié de sa hauteur, avec un court-bouillon blanc; couvrez-le d'une feuille de papier beurrée et faites-le partir deux heures avant de servir. Après quelques minutes d'ébullition, couvrez la poissonnière et retirez-la sur feu modéré. Arrosez souvent le poisson avec son fonds. Vingt-cinq minutes avant de servir, retirez la feuille et le brochet sur une plaque, enlevez le lard, passez et dégraissez le fonds, faites-le réduire en demi-glace, remettez-le dans la poissonnière avec le brochet, poussez à la bouche du four pour glacer celui-ci tout doucement, en l'arrosant souvent au pinceau. Le moment venu, glissez-le sur le plat du relevé, débridez-le et divisez la garniture en petits bouquets parallèles, de chaque côté. Glacez les truffes, les croûtons et le brochet; envoyez la sauce à part.

On peut toujours supprimer le piquage du lard surtout, et le remplacer par de gros clous de truffes. Ainsi préparé, on garnit ce relevé avec toutes les garnitures composées et indépendantes des cuissons, que nous avons indiquées.

464. — GROS BROCHET A LA KRASINSKI.

Garniture : 12 petites caisses de laitances de carpes aux champignons, 6 coquilles de pattes de grosses écrevisses, 6 paupiettes de sandach à la Villeroy. — Sauce Béchamel, finie au moment avec 3 cuillerées de raifort râpé et le jus d'une orange.

Apprêts : Ayez un brochet vivant; la veille du jour où vous voulez le cuire, fendez-lui la tête et emplissez l'ouverture avec 3 poignées de sel roussi à la poêle et encore tout chaud; puis tenez-le au frais.

heures avant de servir, habillez-le, videz-le par les ouïes, lavez-le bien et bridez la tête avec quelques tours de ficelle, ciselez-le profondément des deux côtés, placez-le dans une poissonnière, mouillez-le à l'eau froide, ajoutez quelques légumes émincés, un fort bouquet de persil, le sel nécessaire et 2 décil. de vinaigre : faites-le partir en ébullition et tenez sur l'angle du fourneau jusqu'au moment de servir. Ce moment arrivé, dressez-le sur serviette, débridez-le, rangez d'un côté les caisses de laitances, de l'autre les coquilles et les paupiettes, et deux bouquets de feuilles de persil des deux côtés de la tête.

L'action d'introduire du sel grillé dans la tête du brochet en vie fait crisper les chairs qui, une fois cuites, se défont en feuillets comme celles de morue ou de cabillaud.

465. — BROCHET A LA CLERMONT.

Garniture : 12 laitances de maquereaux frits, 12 coquilles garnies d'huîtres au gratin, 24 rissoles de homards. Sauce suprême, finie avec un beurre maître d'hôtel et une pointe de muscade.

Apprêts : Le brochet habillé, séparez la tête du tronc et découpez celui-ci en tranches proportionnées ; faites-les mariner avec sel, huile, jus de citron, oignon émincé et persil en branches. Vingt-cinq minutes avant de servir, sortez les tranches de la marinade, saupoudrez-les légèrement de mie de pain fraîche, rangez-les sur le gril chauffé et huilé, et faites-les partir sur une paillasse. La tête étant beaucoup plus longue à pénétrer, sera cuite séparément et mise sur feu avant les tranches. Arrosez souvent celles-ci pendant leur cuisson, retournez-les au bout de douze à quinze minutes, et aussitôt cuites, dressez-les sur plat, en reformant le brochet dans son entier, entouré de ses garnitures. Servez la sauce à part.

466. — BROCHET A LA JUDÉENNE.

Enlevez à la cuiller à racine une macédoine de légumes, composée de carottes, pommes de terre, racine de persil et céleri, à peu près par parties égales ; faites-les blanchir séparément à l'eau salée. Ciselez deux œufs de pâte à nouilles en filets longs, du double plus épais que la julienne. Vous les blanchissez au moment ; habillez et ciselez le brochet des deux côtés, emplissez-le avec une farce ordinaire, bridez la tête, et placez-le sur la feuille beurrée de la poissonnière ; ajoutez 2 décil. de vin blanc avec le double de consommé de poisson, salez modérément, couvrez le brochet d'un rond de papier beurré et la poissonnière de son couvercle ; faites partir deux heures avant de servir. Après dix minutes d'ébullition, retirez la poissonnière sur feu modéré, et une demi-heure plus tard, ajoutez les légumes, moins les pommes de terre, que vous n'additionnez qu'une heure après. Dix minutes avant de servir, égouttez le brochet et glissez-le sur le plat de relevé ; retirez les légumes à l'écumoire et rangez-les autour du poisson ; passez le fonds au tamis, dans un sautoir ; dégraissez-le et réduisez vivement quelques minutes, afin de lier la sauce à point. Pendant ce temps, vous blanchissez les nouilles et les mêlez par groupes à la garniture du poisson tenu au chaud. La sauce réduite, liez-la avec 3 jaunes d'œufs, passez à l'étamine et versez-la sur le poisson et la garniture.

467. — BROCHETONS.

A défaut de gros brochets, les brochetons peuvent quelquefois être employés comme relevés. On les laisse entiers ; leur nombre est subordonné à leur grosseur. On les traite d'après tous les procédés que nous venons d'indiquer ; il faut seulement avoir le soin de modifier le temps de cuisson. D'ailleurs, à peu d'exceptions près, les mêmes sauces et garnitures leur sont applicables.

DES POISSONS-LOUPS, OU LUPINS ET BARS.

Le *loup* est un des poissons les plus estimés de la Méditerranée, et surtout très-apprécié dans le Midi. La délicatesse de sa chair et la finesse de son goût en font un relevé de premier choix. Le *loup*, connu en Italie sous le nom de *spigola*, y est également très-estimé et se traite à l'égal des truites et saumons, avec cette différence qu'on le cuit sans le découper, à cause de la légèreté de sa chair. Du reste, on peut le bouillir, le glacer et le griller. Les bars sont susceptibles des mêmes apprêts.

Habillage : Ratissez le loup des deux côtés, retirez les ouïes, videz-le sans lui faire d'ouvertures et écourtez les nageoires.

468. — GROS LOUP A LA CASTELLANE.

Garniture : 4 douz. de petites crevettes frites, 12 boudins maigres à la Richelieu, 2 douz. de beaux champignons farcis à la provençale. — Sauce aux crevettes.

Apprêts : Quand le loup est habillé, bridez la tête avec quelques tours de ficelle ; placez-le ensuite sur la feuille beurrée d'une poissonnière ; salez modérément ; couvrez-le avec une feuille de papier également beurrée, et mouillez-le au tiers de sa hauteur, avec un fonds de court-bouillon blanc. Une heure et demie avant de servir, faites-le partir, retirez-le à feu doux et finissez-le de cuire en le glaçant à la bouche du four, après avoir passé le fonds. Lorsqu'il est cuit, glissez-le sur plat et débridez-le. Dressez les crevettes en bouquet, aux deux centres des côtés ; divisez les boudins et les champignons par moitié sur chaque partie du plat. — Le loup glacé ainsi peut être servi avec toutes les garnitures, simples ou composées.

469. — LOUP A LA ROSAMEL.

Garniture : 6 douz. d'huîtres blanchies et parées, 3 douz. de quenelles au beurre d'écrevisses, moulées à la cuiller à bouche ; 3 douz. de ronds de truffes émincées, et 3 douz. de moyens champignons fendus par le milieu. Tous ces éléments, les quenelles exceptées, doivent, au moment, être placés dans un sautoir et saucés à court par un velouté travaillé avec la cuisson des huîtres, finis avec une liaison et un beurre de Cayenne.

Apprêts : Habillez le loup, bridez la tête, ciselez-le légèrement, placez-le sur la feuille d'une poissonnière, mouillez-le à couvert avec un bon fonds de court-bouillon au vin de Sauterne, couvrez-le d'une longue feuille de papier beurré, et faites-le partir une heure et demie avant de servir. Quand le fonds entre en ébullition, retirez-le sur l'angle. Au dernier moment, égouttez le loup, débridez-le, entourez-le de sa garniture en dressant 2 bouquets de quenelles aux deux centres, de chaque côté du plat ; glacez ces quenelles au beurre d'écrevisses mêlé de glace, et envoyez la sauce à part. — Cette garniture étant indépendante de la cuisson du poisson, peut être remplacée par toute autre.

DES GROS MERLANS.

Les meilleurs merlans sont ceux que fournit la Méditerranée ; ils y deviennent assez gros pour constituer des relevés très-distingués. Leur chair est blanche et très-délicate, mais ils doivent surtout être employés très-frais, car ils perdent vite les qualités qui caractérisent leur état de fraîcheur première. Celle des cuissons liquides qui convient le mieux aux merlans est sans contredit l'eau de sel.

Habillage : Écaillez le merlan sur toutes ses faces ; retirez les ouïes et videz-le par cette ouverture ; écourtez les nageoires et lavez-le bien intérieurement.

470. — GROS MERLAN A L'EAU DE SEL.

Après avoir habillé le merlan, séparez la tête du corps ; divisez-le en tranches proportionnées, que vous placez dans une terrine avec quelques poignées de sel fin et 2 décil. d'eau, pour les faire macérer une heure dans un lieu frais. Sept à huit minutes avant de servir, rangez-les sur la feuille de la poissonnière, plongez-les à l'eau bouillante fortement salée et légèrement acidulée. Aussitôt que l'ébullition reprend, retirez la poissonnière hors du feu violent, couvrez-la pour qu'elle se maintienne au même degré de chaleur, sans ébullition ; puis égouttez et reformez le merlan sur plat recouvert d'une serviette. La tête, trop volumineuse pour cuire en si peu de temps, sera mise quelques minutes avant. Entourez-le d'une garniture de pommes de terre à l'eau, légumes, fritures ou simplement de feuilles de persil. Servez une hollandaise à part.

471. — GROS MERLAN GRILLÉ.

Dépecez le merlan en tranches ; marinez-les avec huile, sel, chairs de citrons, oignons émincés et branches de persil ; faites-les macérer une heure en un lieu frais, puis sortez-les une à une, prenez-les à mesure et rangez-les sur le gril chaud et huilé, pour les cuire sur une paillasse bien réglée, et donnez vingt-cinq minutes de cuisson. La tête sera cuite à part. Dressez ensuite sur plat, en reformant le poisson ; entourez d'une garniture sèche ou composée, choisie parmi les garnitures qui s'appliquent aux autres relevés.

472. — GROS MERLAN AU GRATIN.

Après avoir habillé le merlan, séparez la tête du corps ; fendez-le du côté du ventre, depuis la queue jusqu'à l'extrémité du corps, pour dégager l'arête et la couper à quelques centimètres de la queue ; assaisonnez-le des deux côtés, placez-le ensuite, dans toute sa largeur, sur une plaque à rebords ou un plat à gratin suffisant et largement beurré, la surface de la peau appuyée contre le plat ; arrosez-le en dessus avec du beurre fondu, mouillez avec 2 décil. de vin de Sauterne, couvrez d'un papier beurré et poussez au four modéré une heure avant de servir. Au bout de vingt-cinq à trente minutes il sera raffermi ; alors retirez-le du four pour le glisser sur son plat de relevé, au fond duquel vous aurez étalé quelques cuillerées de fines herbes, mêlées à la moitié de leur volume de farce de poisson et étendues avec un peu d'espagnole réduite au vin. Masquez avec le même appareil la surface du merlan, arrosez-le également avec un peu de sauce, saupoudrez-le enfin avec une poignée de mie de pain fraîche et poussez-le de nouveau au four pour le laisser mijoter jusqu'au moment de servir. Ce relevé se sert sans autre accompagnement.

473. — GROS MERLAN A L'INTENDANTE.

Habillez un merlan sans lui ouvrir le ventre, ciselez-le des deux côtés, emplissez-le avec une farce ordinaire de poisson aux fines herbes, bridez-lui la tête, placez-le sur une feuille de poissonnière bien beurrée, ajoutez quelques légumes, mouillez avec une bouteille de sauterne et la même quantité de fonds de court-bouillon blanc, couvrez d'une feuille de papier beurrée et faites partir en ébullition une heure à peu près avant de servir. Poussez-le ensuite au four doux, laissez-le cuire tout doucement en l'arrosant de temps en temps, et trois quarts d'heure après, retirez-le du four, égouttez-le bien et glissez-le sur son plat de relevé, pour le masquer vivement et dans son entier avec une couche de farce de poisson peu beurrée ; unissez les surfaces, égalisez-les avec la lame d'un couteau humectée de blanc d'œuf, et disposez dessus un décor formé de queues d'écrevisses et quelques détails de truffes ; mais cette opération doit se faire promptement, c'est là une condition essentielle. Alors couvrez-le avec un papier beurré, poussez-le à four gai pour pocher à point la farce, et cela obtenu, retirez le plat du four, épongez le beurre, entourez le poisson d'une garniture de croquettes ou rissoles maigres ; glacez en dessus avec du beurre d'écrevisses mêlé d'un peu de glace. Servez à part une sauce vénitienne. — Ce relevé est loin, à notre avis, d'être très-distingué ; mais il peut être utile dans certaines circonstances. C'est donc tout simplement à titre d'expédient que nous le reproduisons. Le défaut de grosses pièces pouvant obliger à y recourir, le procédé ci-dessus est aussi un moyen de donner à ce relevé plus de volume ; il serait encore très-utile dans le cas où une pièce serait brisée et dont les formes auraient été altérées à la cuisson ; on peut ainsi lui faire reprendre une physionomie convenable. Dans ces exceptions, on prépare ainsi les brochets, les carpes, cabillauds, et enfin tous les poissons susceptibles de se déformer à la cuisson.

474. — MOYENS MERLANS A LA DIPLOMATE.

Préparez d'abord une monglas de truffes crues, que vous ferez cuire et tomber à glace avec du vin du Rhin. — Levez les filets de 6 moyens merlans, parez-les de toutes les épines qui adhèrent aux chairs intérieures et laissez-leur les peaux ; quinze à vingt minutes avant de servir, sautez-les vivement au beurre, assaisonnez-les modérément et retournez-les sans les briser. Lorsqu'ils sont cuits, retirez-les sur un plafond, réduisez vivement le fonds de leur cuisson avec un verre de vin du Rhin que vous faites tomber à glace, et mêlez avec la sauce diplomate, toute prête et finie au moment. Ensuite masquez le fond du plat de relevé d'une couche de cette sauce, sur laquelle vous dresserez la moitié des filets ; versez sur ces filets moitié de la monglas de truffes, que vous masquez aussi avec une partie de la sauce. Dressez les autres filets sur les premiers, masquez-les également, tour à tour, avec la monglas et la sauce ; saupoudrez d'une poignée de parmesan et glacez à la salamandre. — Cette opération doit se faire vivement et au moment même d'envoyer le relevé sur la table. Sans ce soin, le relevé perd beaucoup de son mérite. — Les cabillauds, sandachs et schiles peuvent se préparer d'après les formules données pour les merlans.

475. — GROS CABILLAUDS A LA HOLLANDAISE — GEKOOTE KABELJAAW MET GESMOLTE BOTER SAUS.

Le cabillaud est très-commun en Hollande, et il n'en est pas moins très-estimé. Sa chair, sa forme, son teint ont quelque ressemblance avec le merlan, et s'en rapprochent même par le goût. — Il faut l'avoir vivant, autant que possible, l'habiller, le dépecer en tranches et le plonger à l'eau bouillante fortement salée et acidulée. Donnez-lui six à sept minutes de cuisson par les procédés ordinaires, et glissez-le ensuite sur le plat couvert d'une serviette ; entourez-le de pommes de terre cuites à l'eau, au moment, et de quelques bouquets de persil. — Envoyez à part un beurre fondu, non clarifié et fouetté à blanc. — Relativement aux autres préparations, on peut suivre en tous points celles qui sont applicables et décrites aux relevés de merlans, tant sous le rapport de la cuisson que pour les garnitures.

476. — GROS EGLE-FIN A L'EAU DE SEL.

Les egle-fins à la hollandaise se servent ciselés jusqu'à l'arête, mais entiers. On les cuit à l'eau de sel en les plongeant à l'eau bouillante. Donnez de douze à quatorze minutes d'ébullition vive ; entourez-les de bouquets de persil et de pommes de terre cuites à l'eau. Servez à part un beurre à peine fondu et fouetté à blanc. Quant aux autres préparations, on peut consulter la série des sandachs, schiles, etc.

DES SANDACHS, SCHILES ET SANDRES.

Ces trois dénominations de poissons sont appliquées à une seule espèce. Le Danube, l'Elbe, la Vistule et la Newa les fournissent en abondance. Ils sont connus sous le nom de *schill, sandascz, sudak* et *zandre*. D'ailleurs ils sont également bons et estimés partout. — Ces poissons peuvent subir toutes les préparations décrites à l'égard des merlans, des loups et des cabillauds. Nous en indiquerons, en outre, quelques-unes qui leur sont particulières, et qui donnent d'excellents mets.

Habillage : Écaillez-les sur toutes les faces, par les moyens ordinaires ; videz-les par les ouïes, écourtez les nageoires et lavez-les bien à l'intérieur.

477. — GROS SANDACH A LA VARSOVIENNE.

Habillez le sandach et taillez-le en tranches proportionnées. Si le poisson n'est pas vivant, faites-le macérer au sel pendant vingt minutes, rangez-le ensuite sur la feuille d'une poissonnière et plongez-le dans l'eau bouillante bien salée et acidulée, six à sept minutes seulement avant de servir, et finissez de le cuire d'après les règles ordinaires. — Faites durcir une quinzaine d'œufs que vous maintenez dans l'eau chaude; hachez-les grossièrement et jetez-les dans une casserole dans laquelle vous aurez fait fondre 500 gr. de beurre; chauffez-les bien et finissez-les avec une pointe de muscade, quelques cuillerées de persil haché et lavé à l'eau tiède, et le jus d'un citron. Aussitôt le poisson cuit, égouttez-le et reformez-le sur le plat de relevé. Dressez les œufs autour, et servez à part une sauce hollandaise. Les schiles, sandachs et merlans se préparent de même.

478. — GROS SCHILE A LA RADZEWIL.

Garniture : Une cervelle de veau cuite, divisée en petites parties parées en ronds; 4 foies gras de volaille, poêlés et divisés en deux ou plusieurs parties; 5 belles truffes cuites, tournées et émincées en lames de toute leur largeur; 12 beaux champignons fendus par le milieu, 12 petits cornichons entiers, 24 petites quenelles au beurre d'écrevisses et 3 douz. d'olives tournées et blanchies. — Sauce genevoise.

Procédé : Beurrez la feuille d'une poissonnière, juste de la dimension du poisson; placez ce poisson dessus, salez-le modérément, mouillez avec une bouteille de sauterne et la même quantité de court-bouillon blanc, couvrez d'un papier beurré, faites partir en ébullition et poussez au four modéré une heure et demie avant de servir; arrosez-le souvent pendant sa cuisson, et en dernier lieu faites-le tomber à glace. Au dernier moment, égouttez-le, dressez-le sur le plat, entourez-le avec les garnitures que vous aurez mêlées ensemble et saucées. Saucez également le poisson et servez le restant de la sauce à part. — Les sandachs, cabillauds et merlans se prêtent aux mêmes préparations.

479. — GROS SANDACH A LA BALABINE.

Garniture : 6 douz. de queues d'écrevisses, 12 moyennes truffes tournées et coupées en petits dés. — Sauce diplomate.

Procédé : Fendez le sandach du côté du ventre, sur toute sa longueur, pour retirer d'un trait l'arête principale et ensuite celles qui sont adhérentes aux chairs du ventre, sans détacher la tête. — Préparez 600 gr. de farce de poisson au beurre d'écrevisses un peu ferme; mettez-en de côté une petite partie, et mêlez-lui quelques cuillerées de salpicon de queues d'écrevisse et fines herbes; finissez-la avec un peu de sauce et un petit beurre d'anchois. Avec cette farce, emplissez le sandach, rapprochez les parois du ventre et fixez-les avec 4 ou 5 tours de ruban en fil, afin de ne point les couper; masquez le centre du fond d'un plat de relevé avec une étroite couche de farce ordinaire; placez le poisson dessus, le ventre appuyé sur le fond du plat. Maintenant, fixez tout autour du poisson, appuyé sur le plat, une bande de pâte à dresser, très-ferme et capable de maintenir le poisson dans sa forme. Cela fait, salez et masquez le sandach avec de larges bandes de lard taillées minces, de manière que celles-ci l'enveloppent complètement; couvrez le tout d'une large feuille de papier beurré, que vous soudez contre la pâte, et poussez au four doux une heure et demie avant de servir. Quinze minutes avant, sortez le plat du four, taillez les rubans de fil pour les retirer, enlevez avec soin la bande de pâte, dégraissez le plat, et poussez au cornet un épais cordon de farce, entre le poisson et le plat, afin de le maintenir d'aplomb. Masquez cette farce avec les queues d'écrevisse, en les changeant les unes à côté des autres; glacez le dessus du sandach, puis poussez de nouveau le plat à la bouche du four afin seulement de pocher la farce à point; sortez enfin le poisson et masquez toute sa surface avec une sauce diplomate finie au moment, que vous saupoudrez avec les truffes en dés. Servez à l'instant même. — Les chiles, cabillauds et merlans se préparent de même.

480. — MOYENS SANDRES A LA CRÈME.

Levez les filets de 6 moyens sandres, parez-les bien, salez-les modérément et sautez-les au beurre vingt minutes seulement avant de servir. Quand ils sont cuits, retirez-les sur un plafond, réduisez le fonds de leur cuisson avec 1 décil. de sauterne et passez-le dans la sauce à la crème finie au moment. — Masquez le fond du plat avec une légère couche de farce et dressez dessus la moitié des filets. Mettez le plat sur des cendres chaudes; masquez les filets avec la sauce et dressez dessus l'autre moitié, pour les masquer également; saupoudrez toute la surface avec une poignée de parmesan râpé, glacez à la salamandre et servez. — Les merlans, cabillauds, sandachs et chiles se préparent de la même manière.

481. — MOYENS SOUDACS A L'IMPÉRIALE.

Faites d'abord 4 ou 500 gr. de farce de poisson à la crème, telle qu'elle est indiquée au n° 311. Levez ensuite les 4 filets de 2 soudacs suffisants; parez-les bien, assaisonnez-les et sautez-les très-légèrement au beurre, pour les raffermir. Masquez tout le fond du plat d'une couche de farce étendue à point avec la crème, et dressez à plat les 4 filets dessus; masquez-les également avec la farce, de manière à les envelopper entièrement. Mêlez 150 gr. de beurre d'écrevisses à quelques cuillerées de glace, humectez toute la surface de la farce avec ce mélange, et poussez le plat à la bouche du four, quelques minutes seulement avant de servir. Aussitôt la farce pochée, envoyez le relevé avec une sauce crevettes à part. — Les merlans, cabillauds, chiles et sandres se traitent aussi comme les soudacs.

482. — MOYENS SANDACHS A LA PÈRE HEURTEUX.

Pour l'apprêt de ce mets, les sandachs doivent être vivants ou tout au moins d'une extrême fraîcheur : c'est une de ces conditions impérieuses auxquelles la science ne supplée pas. Il faut 4 moyens sandachs pour un bon relevé.

Procédé : Habillez le poisson, supprimez les têtes et les parties minces des queues, et distribuez le reste en tronçons. Beurrez grassement un grand plat à sauter, rangez les tronçons les uns à côté des autres, salez-les modérément, additionnez 2 ou 3 décil. de vin blanc de Hongrie, couvrez le sautoir et faites-le partir vivement pendant douze ou quinze minutes au plus. Au bout de ce temps, retirez-le du feu, dressez les tronçons en buisson sur le plat de relevé, ajoutez 1 décil. de bon velouté chaud, 200 gr. de beurre, quelques cuillerées de glace, une de persil haché et le jus d'un citron ; mélangez bien ces éléments hors du feu, et dès que le beurre est fondu, masquez les tronçons. — Ce relevé, que nous recommandons comme un excellent mets et d'une exécution facile, peut être employé dans des circonstances où les gros poissons feraient défaut. — Les merlans, cabillauds et chiles se préparent également d'après la description qui précède.

DES DAURADES.

Ce poisson est encore très-rare à Paris ; il est plus commun sur les côtes de la Méditerranée, où il est fort estimé ; sa chair est en effet d'un arome exquis. Sa préparation la plus convenable et la plus généralement appliquée, c'est le grillage. — Il doit être aussi frais que possible ; après l'avoir habillé d'après les règles connues, on le cisèle et on le fait macérer quelques heures dans de l'huile, avec sel et branches de persil ; on le fait ensuite griller à feu très-modéré, en l'arrosant souvent avec de l'huile pendant la durée de sa cuisson. Quand il est cuit, on l'arrose avec de l'huile mélangée au jus d'un citron. On sert aussi ce poisson bouilli à l'eau de sel.

483. — PAGEL.

C'est un poisson à chair blanche et rouge à l'extérieur, assez délicat et estimé. Dans le Midi, on l'emploie souvent dans la bouillabaisse ; mais on le sert grillé entier et ciselé, en l'accompagnant d'une persillade ou de toute autre sauce. On peut suivre à son égard les préparations indiquées dans l'article qui précède.

DES SOLES.

Les soles ne sont pas très-grosses dans tous les pays. Les côtes d'Espagne en fournissent d'une beauté remarquable, mais cette grosse espèce n'est pas toujours la meilleure. Ce poisson, estimé par tous les gourmets, se sert pour rôt comme pour relevé.

Habillage : Retirez les peaux des deux faces, coupez les têtes à la hauteur des ouïes, videz les soles par cette ouverture, sans crever les intestins ; lavez-les attentivement, et coupez les barbes.

484. — SOLES A LA HOLLANDAISE — GEKOOKTE TURGER MET PETERSELIE SAUS.

Habillez de belles soles vivantes, en leur retirant les peaux des deux faces pour les ciseler transversalement jusqu'à l'arête. Faites-les dégorger une heure à l'eau bien froide ; plongez-les, au moment de servir, dans une eau bouillante, salée et acidulée ; donnez-leur sept à huit minutes d'ébullition, puis égouttez et dressez-les sur serviette ou sur une grille de plat de relevé ; entourez-les de pommes de terre tournées à cru, cuites à l'eau, et aussi de quelques bouquets de feuilles de persil. On envoie à part une sauce persil à la Hollandaise. Si l'on emploie des soles de moyenne grosseur, il faut les parer carrément, en supprimant les parties minces, les dégorger, les cuire et les servir de même que les grosses pièces.

485. — SOLES A LA CHIVRY.

Garniture : 12 petites bouchées d'huîtres à la ravigote, 3 douz. de belles crevettes frites, 12 bouquets de choux-fleurs, 2 douz. de petites croquettes rondes, de pommes de terre à la duchesse. — Sauce régence.

Apprêts : Habillez et divisez les soles en morceaux, faites-les mariner une couple d'heures avec sel, huile, chair de citron, feuilles de persil et oignons émincés. En les sortant de la marinade, saupoudrez-les légèrement avec de la mie de pain fraîche, rangez-les sur un gril chauffé et huilé, faites-les partir sur un feu bien réglé vingt-cinq minutes avant de servir, arrosez-les souvent pendant leur cuisson et retournez-les à temps. Quand elles sont cuites, dressez-les en buisson sur plat, entourez-les de garnitures divisées seulement en 4 bouquets. Envoyez la sauce à part.

486. — SOLES EN MATELOTE NORMANDE.

Garniture : 5 douz. d'huîtres et moules, blanchies au vin et avec leur eau, puis parées ; 4 douz. de queues d'écrevisses parées, 3 douz. de champignons fendus en deux parties et 4 douz. de petites quenelles au beurre d'écrevisses. — Sauce normande.

Apprêts : Préparez 300 gr. de farce de poisson avec la moitié de son volume de fines herbes. Après avoir habillé 4 belles soles, fendez-les en droite ligne, dégagez un peu les filets de la grosse arête, assaisonnez-les modérément, placez-les dans un grand plat à gratin beurré, mouillez-les avec 3 décil. de vin de Sauterne et quelques cuillerées de demi-glace, faites-les partir vivement sur le fourneau et poussez-les au four chaud. Arrosez-les souvent pendant leur cuisson, et retirez-les aussitôt qu'elles sont atteintes, pour leur enlever l'arête principale, en écartant un peu les filets du côté fendu. A la place de l'arête, introduisez la farce préparée, que vous divisez en quatre parties égales. Cela fait, rangez-les sur le plat de relevé, dont le fond aura été masqué de sauce. Emplissez les cavités que laissent les soles entre elles avec une partie de la garniture préparée, parsemez le reste en dessus, moins les quenelles, que vous réservez pour ne les dresser qu'en sortant du four. Masquez les soles avec la sauce réduite, et poussez quelques minutes au four vif pour colorer légèrement la surface du relevé. En le sortant du four, dressez le long des parties latérales du plat une chaîne de quenelles que vous saucez très-légèrement de beurre d'écrevisses fondu avec un peu de glace.

487. — SOLES AU GRATIN.

Habillez, cuisez et désossez les soles comme nous venons de le dire ; emplissez la cavité que laisse l'arête avec quelques cuillerées de fines herbes mêlées avec la moitié de leur volume de farce ; rangez les soles sur le plat de relevé, le côté ouvert appuyé contre le fond; masquez-les aussi en dessus avec de fines herbes, saucez légèrement avec de l'espagnole réduite au vin, saupoudrez-les d'une poignée de mie de pain, poussez quelques minutes au four chaud, retirez-les du four, ressuyez bien les bords du plat, et servez une demi-espagnole à part.

488. — SOLES JULES-JANIN.

Garniture : 3 douz. de petites truffes crues tournées en olives, 3 douz. de queues d'écrevisse parées, 3 douz. de moules blanchies et parées. — Sauce tortue.

Habillez 3 belles soles, faites-leur une incision sur le ventre et dégagez légèrement les filets; placez-les sur la feuille d'une poissonnière grassement beurrée, le côté de l'ouverture en dessus; placez les truffes dans les vides qu'elles laissent entre elles, mouillez-les à hauteur avec un bon fonds de mirepoix au vin du Rhin et faites-les partir violemment, en continuant l'ébullition jusqu'à réduction du fonds. Poussez alors la poissonnière à la bouche du four et laissez-les mijoter encore cinq minutes, en les arrosant de temps en temps; retirez enfin les soles, égouttez-les, désossez-les et emplissez le vide des filets avec quelques cuillerées de fines herbes; dressez-les sur le plat du relevé, le côté ouvert en dessous. Étendez le fonds avec un verre de vin du Rhin, passez-le dans une petite casserole, dégraissez-le; additionnez-lui un quart de la sauce et donnez quelques minutes d'ébullition; ajoutez les truffes, les queues d'écrevisse et les moules bien parées; finissez avec un morceau de beurre d'écrevisses et masquez les soles avec ce ragoût. Servez le restant de la sauce à part.

489. — SOLES A LA CASTILLANE.

Garniture : 3 queues de langoustes cuites et émincées en rouelles, 2 douz. d'olives tournées et blanchies, 18 petites quenelles de merlan au beurre d'écrevisses, 8 moyennes truffes cuites, tournées et émincées en lames un peu épaisses. — Sauce aux huîtres, finie avec un beurre de Valence. — Toutes ces garnitures seront mises ensemble dans une petite casserole, saucées à point et tenues au bain-marie.

Apprêts : Habillez 4 moyennes soles, fendez-les sur le dos, placez-les sur la feuille d'une poissonnière beurrée, mouillez-les avec 4 décil. de vin blanc de Sauterne et quelques cuillerées de glace; faites partir en ébullition et poussez au four pour les faire tomber à glace. Cela fait, égouttez-les pour retirer l'arête, que vous remplacez par un beurre d'anchois. Dressez-les sur plat, le côté de l'ouverture en dessous; entourez-les avec les garnitures, saucez légèrement, et envoyez la sauce à part. — On peut masquer ces soles avec une sauce Colbert.

DES GROS ROUGETS.

Parmi les poissons de mer, le rouget est un des plus savoureux et des plus délicats. La Méditerranée en fournit d'excellents; ceux dits *de roche* sont supérieurs à ceux que l'on pêche en pleine mer. En général, le rouget n'atteint pas de grandes dimensions; les plus gros arrivent rarement à un kilogramme. — Le rouget est une exception dans l'espèce; il ne se vide pas. Pour l'avoir dans des conditions parfaites, il doit être d'une extrême fraîcheur; la moindre mortification détruit ou altère son arome, ses chairs se défont à la cuisson et ne conservent de leurs qualités que des nuances imparfaites.

490. — ROUGETS A LA PROVENÇALE.

Habillage : Retirez les ouïes, écaillez-les des deux côtés. Ébarbez et ressuyez-les bien avec un linge.

Apprêts : Après avoir habillé 6 beaux rougets auxquels vous avez retiré les foies, marinez-les au moment avec huile et sel; chauffez et huilez le gril; rangez-les les uns à côté des autres; faites-les partir trente-cinq minutes avant de servir, sur une paillasse bien réglée; arrosez-les souvent avec de l'huile et retournez-les au bout de douze à quinze minutes. Passez leurs foies à l'huile, dans une petite casserole, et faites-les passer à travers un tamis; étendez-les ensuite avec un peu d'huile d'olives, quelques cuillerées de glace, un peu de sauce suprême et le jus d'un citron; additionnez une cuillerée de persil haché et lavé à l'eau tiède dans le coin d'un linge. Quand les rougets sont cuits, dressez-les sur plat et masquez-les avec la sauce préparée.

491. — ROUGETS AU GRATIN.

Habillez les rougets en leur laissant le foie, et salez-les légèrement; beurrez le fond d'un plat à gratin, rangez les rougets dessus, les uns à côté des autres, mouillez-les avec 2 décil. de vin blanc et 4 cuillerées de glace, couvrez-les d'une large feuille de papier beurré; faites partir sur le fourneau et poussez au four modéré. Pendant leur cuisson, humectez-les souvent; vingt-cinq à trente minutes suffisent. Alors égouttez leur fonds, que vous mêlez avec 2 décil. d'espagnole; passez et donnez-lui quelques minutes de réduction. Garnissez le fond du plat de relevé avec quelques cuillerées de fines herbes, et dressez les rougets dessus; masquez-les aussi de fines herbes, saucez-les avec l'espagnole réduite, saupoudrez-les de mie de pain fraîche, poussez dix minutes au four vif et servez-les avec une sauce crevettes à part.

492. — ROUGETS A LA COLBERT.

Habillez les rougets et mettez leurs foies de côté; beurrez un plat à gratin, masquez-le d'une couche de fines herbes, salez très-modérément les poissons et rangez-les sur un plat les uns à côté des autres; couvrez-les d'un papier beurré, ajoutez 1 décil. de vin du Rhin et quelques cuillerées de glace; faites partir tout doucement, poussez au four modéré et laissez arriver à mi-cuisson. — Vous aurez d'avance dressé et séché à l'étuve une petite croustade en pâte à dresser à l'anglaise, mince et bien pincée. Lorsqu'elle est raffermie, masquez-la intérieurement avec une farce de poisson peu beurrée, et faites-la pocher quelques minutes à la bouche du four, au moment même de la garnir. Sur cette farce, placez une couche de fines herbes saucées et rangez les rougets dessus, les uns à côté des autres; emplissez les interstices avec des fines herbes, saucez modérément avec un peu de sauce Colbert, saupoudrez de mie de pain, arrosez avec un beurre d'écrevisses fondu avec de la glace et poussez au four. Une quinzaine de minutes avant de servir, faites légèrement glacer la surface et servez le restant de la sauce à part.

493. — POISSON DE SAINT-PIERRE — DORÉE.

Ce poisson est rarement servi sur les tables distinguées, à cause de sa difformité et de sa nature osseuse; mais sa chair est d'une délicatesse exquise. On en trouve de très-beaux sur les côtes d'Italie. Néanmoins, un seul ne peut pas suffire pour un dîner de dix à douze personnes, parce qu'il ne fournit pas assez de chair en raison de sa grosseur. Ce poisson ne peut être que bouilli à l'eau de sel légèrement acidulée, avec quelques légumes émincés. On peut l'entourer avec une garniture quelconque de légumes et servir à part une sauce au beurre.

DES GROSSES PERCHES.

La perche est un poisson à chair fine et très-délicate. Elle est très-estimée dans certains pays, et celles que fournit la Seine jouissent d'une grande réputation. Celles qui sont nourries dans les étangs sont moins bonnes. — Les perches peuvent recevoir toutes les préparations applicables aux poissons d'eau douce, mais les cuissons légères leur conviennent mieux.

Habillage: Les perches s'écaillent à l'aide d'une râpe ou bien on les gratte au couteau en jetant dessus quelques cuillerées d'eau chaude, mais non bouillante. On les vide par les ouïes et on les ébarbe.

494. — PERCHES A LA WATERFISH.

Cisclez une julienne copieuse, composée de carottes, porreaux, oignons et racines de persil, ce dernier légume en quantité moindre ; passez-les ensemble au beurre pendant dix à douze minutes, mouillez avec 2 décil. de bouillon et faites-le tomber à glace tout doucement. Alors bridez la tête de 3 belles perches habillées, et rangez-les sur la feuille de la poissonnière ; mouillez-les juste à couvert, avec du bouillon léger de poisson ; ajoutez un bon bouquet de persil vert et une feuille de laurier ; couvrez-les d'une feuille de papier beurrée, et faites partir vivement pendant vingt-cinq minutes. Les perches devront se trouver cuites et le fonds réduit aux trois quarts, et par conséquent, bien succulent. Dressez-les sur plat, passez le bouillon dessus, entourez-les de légumes émincés. — On peut servir à part une sauce au beurre, mais ordinairement on mange le poisson avec le fonds et les légumes, auxquels on ajoute du beurre. — Les perches cuites au court-bouillon ou eau de sel peuvent s'entourer d'une garniture de légumes ou autre.

495. — GROSSES PERCHES AU GRATIN.

Après avoir habillé 3 belles perches, placez-les dans un plat à gratin beurré, ajoutez 2 décil. de vin de Sauterne, salez modérément, couvrez-les d'un papier beurré, faites-les partir sur le fourneau, puis poussez-les au four et arrosez-les souvent. Quand elles sont cuites, masquez le fonds d'un plat de relevé avec quelques cuillerées de fines herbes, rangez les perches dessus et masquez-les également avec des fines herbes ; mêlez le fonds de leur cuisson à quelques cuillerées d'espagnole, arrosez les perches, saupoudrez-les avec de la mie de pain et poussez dix à douze minutes à four chaud. Servez une demi-espagnole à part.

DES GROSSES ALOSES.

C'est un poisson à chair délicate, mais très-osseuse, ce qui l'éloigne des dîners recherchés.

Habillage : Écaillez les aloses, retirez les ouïes et videz-les par cette ouverture ; ébarbez et lavez-les comme les autres poissons.

496. — GROSSE ALOSE A LA RAVIGOTE.

Quand elle est habillée, ciselez-la des deux côtés, marinez-la avec sel, huile et jus de citron ; placez-la sur un gril chauffé et huilé, cuisez-la sur une paillasse douce et bien réglée, arrosez-la souvent, retournez-la à temps, dressez-la sur plat de relevé, masquez-la d'un maître-d'hôtel et envoyez la sauce ravigote à part. On peut également servir ce poisson avec une purée d'oseille ou de tomates. On le servira aussi avec une des sauces appliquées aux autres relevés de poisson.

497. — GROS POISSON — HIRONDELLE.

Ce poisson se pêche en été dans la Méditerranée. Sa chair est ferme et d'un bon goût. Il en faut un gros ou deux pour un relevé. Le court-bouillon est l'apprêt qui lui convient le mieux. On peut l'entourer avec toutes les garnitures connues. — Ce poisson se cuit sans être écaillé ; on lui retire les ouïes, on le vide par le ventre pour le cuire entier. En le sortant de sa cuisson, on retire la peau avec les écailles, on l'éponge bien pour le dresser sur plat, le garnir et même le saucer dessus. Ce poisson n'ayant pas de cuissons particulières, nous ne donnerons pas d'autres détails.

DES GROS MAQUEREAUX.

Les maquereaux ne constituent réellement pas un relevé très-distingué dans les pays où ils sont abondants ; mais, dans certains cas, on les emploie avec avantage, surtout dans les premiers temps qu'ils apparaissent, ou dans les endroits où la marée n'est pas fréquente. La fraîcheur de ce poisson est une de ses qualités essentielles. Les laitances sont très-recherchées des amateurs et très-utiles en cuisine, soit comme garniture, soit même comme emploi direct. — Les maquereaux n'ont pas d'écailles ; on retire les ouïes en même temps que les intestins, sans faire aucune ouverture. On les lave à plusieurs eaux.

498. — MAQUEREAUX A LA MAITRE D'HOTEL.

Les maquereaux habillés, fendez-les sur le dos et dans toute la direction de l'arête principale ; salez-les et marinez-les à l'huile. Vingt-cinq minutes avant de servir, rangez-les les uns à côté des autres, sur un gril chauffé et huilé ; placez ce gril sur une paillasse carrément établie, et faites-les cuire en les retournant et les humectant. Lorsqu'ils sont cuits, dressez-les sur plat, écartez les chairs entr'ouvertes à l'endroit de l'incision, et introduisez dans la cavité une partie proportionnée de beurre maître d'hôtel ; ajoutez le jus d'un citron. On peut nonobstant servir à part une sauce au beurre liée.

499. — MAQUEREAUX A LA BOULONAISE.

Dépecez les maquereaux en 2 ou 3 tronçons. Sept à huit minutes avant de servir, plongez-les dans une casserole d'eau bouillante salée et mêlée avec un quart de son volume de vin blanc ; additionnez-lui un fort bouquet de persil. Aussitôt que l'ébullition reprend, retirez-les sur l'angle, et quand ils sont cuits, égouttez-les sur un linge, dressez-les sur un plat de relevé et saucez-les avec un bon ragoût d'huîtres, dans lequel vous additionnez au moment une cuillerée de feuilles d'estragon hachées. — Les Anglais servent les maquereaux bouillis, avec une sauce au fenouil ou aux groseilles vertes. Mais soit grillés ou bouillis, on peut les entourer de garnitures ou les saucer avec toutes les sauces voulues.

DES GROSSES ANGUILLES ET CONGRES.

Ce dernier poisson n'est autre que l'anguille de mer, peu estimée en général et beaucoup moins succulente que l'anguille d'eau douce. Elle peut d'ailleurs recevoir les mêmes apprêts. L'anguille est un poisson auquel toutes les cuissons ne conviennent pas. Sa chair ne convient pas à tout le monde ; mais on ne peut pas lui contester un certain mérite. Elle est extrêmement fade et demande à être relevée par des fonds de cuisson savoureux et de haut goût. A Paris, les anguilles sont très-estimées ; les grosses sont les plus recherchées. A une certaine époque de l'année, on en vend sur les marchés de Naples d'un calibre surprenant. — L'anguille est un poisson difficile à dresser, si on veut le servir entier, avec une certaine apparence. Pour éviter tout inconvénient, on la cuit en tronçons, et c'est en effet le procédé le plus sûr. C'est d'ailleurs la méthode que nous avons adoptée. Néanmoins, nous décrirons toutes celles qui leur sont applicables.

Habillage : Coupez à peine l'épaisseur de la peau dans toute sa rondeur, immédiatement au-dessous des ouïes ; dégagez cette peau et détachez-la des chairs, en appuyant fortement dessus avec un linge pour la tirer du côté opposé. Aussitôt qu'elle donne prise, saisissez d'une main l'anguille par la tête, avec un linge, de l'autre main, ramenez violemment la peau jusqu'à la queue. Quelques cuisiniers retirent encore le second épiderme adhérent immédiatement à la chair ; mais cela n'est pas rigoureusement nécessaire. Si on voulait pratiquer ainsi, on n'aurait qu'à plonger l'anguille dans de l'eau presque bouillante, et elle cède aussitôt sous la pression d'un linge. Dans tous les cas, lorsqu'elle est dépouillée, on l'ébarbe de très-près, on lui tranche la tête et on la vide par deux ouvertures faites au ventre.

500. — ANGUILLE A LA SEMILLANTE.

Garniture : 6 foies de lottes poêlés, 12 filets de soles parés et contis aux truffes, 4 douz. de petits oignons glacés, 2 douz. de champignons tournés, 12 écrevisses bigarrées, c'est-à-dire couvertes de petits filets de soles bigarrés, appuyés sur une petite couche de farce et sur toute la longueur des écrevisses. — Sauce génevoise. — Deux hâtelets garnis.

Apprêts : Choisissez 2 belles anguilles, habillez-les et taillez sur leur longueur, dans les parties les plus épaisses, 3 tronçons de 35 à 40 centim. de long. Les parties minces seront écartées. Fendez tous ces tronçons, désossez, salez-les modérément, pour les emplir à l'instar des galantines, avec une farce de poisson un peu ferme et dans laquelle vous aurez incorporé quelques cuillerées de truffes crues et coupées en dés ; cousez-les, enveloppez-les dans des bandes de lard, puis dans un petit linge, tous les trois séparément ; ficelez les deux bouts et le parcours de leur épaisseur avec quelques tours de ficelle ou rubans en fil pour les maintenir droits. Cela fait, rangez-les sur la feuille d'une casserole longue, couvrez-les entièrement avec un bon fonds de mirepoix et donnez-leur deux heures de cuisson douce et continue ; sondez-les, et quand elles sont atteintes, retirez-les sur un plafond, les unes contre les autres, pour les laisser refroidir sous presse légère. Déballez-les ensuite, retirez le fil des coutures, parez-les pour leur donner la même longueur, puis découpez-les en tranches de 2 centim. à peu près, mais sans passer de part en part, c'est-à-dire que chaque galantine se maintienne entière. Ensuite, rangez-les de nouveau sur la feuille d'une casserole longue pouvant juste les contenir, soutenez leurs extrêmes avec quelques légumes pour maintenir les tranches serrées, baignez-les avec leur fonds dégraissé et réduit en demi-glace, couvrez la casserole et poussez-la à la bouche du four pour les chauffer tout doucement. — Vous aurez taillé et frit un appui ou petit socle en pain ou en riz, suivant ce qui vous sera le plus commode. Ce socle doit avoir de 3 à 4 centim. de hauteur ; il doit être de la longueur des tronçons ou à peu près, et sa largeur de deux épaisseurs de ces mêmes tronçons. Sa surface doit être taillée de manière à pouvoir retenir solidement les deux tronçons qu'il est destiné à supporter, le troisième devant être posé et appuyé sur les deux premiers. Au moment de servir, collez ce socle sur le plat de relevé, égouttez les galantines, qui seront bien glacées, dressez les deux premières appuyées dessus et la troisième sur ces deux autres, saupoudrez-les avec quelques cuillerées de truffes hachées pour les masquer entièrement ; entourez-les avec les garnitures préparées dans l'ordre qui suit : 3 foies de lottes de chaque côté, et sur le milieu du plat ; au pied du socle, des deux côtés des foies, 3 filets contis, 6 écrevisses bigarrées aux deux bouts ; les petits oignons et champignons divisés en quatre bouquets à côté des écrevisses. Glacez les foies et les oignons, saucez légèrement les champignons à blanc et piquez les hâtelets sur les deux bouts de la croustade. Envoyez la sauce à part.

501. — ANGUILLE A LA COMMODORE.

Garniture : 12 paupiettes de filets de soles, 12 belles truffes non pelées, cuites au madère ; 4 douz. de petits cornichons tournés en ronds, 3 douz. de moules Villeroy, 24 écrevisses entières, les queues épluchées. — Sauce matelote.

Apprêts : Habillez une belle anguille, désossez et farcissez-la comme pour galantine, cousez et enveloppez-la de lard, puis d'un linge, ficelez-la aux deux extrémités et sur toute son étendue, bridez-la de manière à la maintenir ronde, placez-la dans un sautoir profond, couvrez-la avec un bon fonds de mirepoix ou court-bouillon blanc, faites-la cuire tout doucement, sondez-la pour la retirer quand elle est cuite, égouttez-la ensuite sur un plafond et faites-la refroidir en plaçant une casserole sur son puits afin de la maintenir ovale. — Taillez une croustade en pain, de forme aussi ovale, de la hauteur de 5 à 6 centim. et des dimensions de la galantine. Vous la frirez une demi-heure seulement avant de servir, et la collerez sur le plat de relevé. Cette croustade doit être taillée sur sa surface de manière à relever l'anguille, que vous appuierez sur une petite couche de farce. — Un quart d'heure avant de servir, déballez l'anguille, parez et découpez-la en biais, sans traverser de part en part, afin qu'elle se maintienne en forme ; placez-la sur un plat d'argent ovale, arrosez-la d'une demi-glace que vous aurez tirée du fonds de sa cuisson et poussez-la à four doux pour la chauffer tout doucement. Le moment venu, glissez-la sur sa croustade, au pied de laquelle vous dressez les garnitures ainsi qu'il suit : les paupiettes par moitié sur chaque centre, les truffes aux deux extrêmes du plat, les cornichons, moules et champignons en bouquets dans les intervalles. Les écrevisses entières seront dressées en buisson dans le puits. Glacez l'anguille, les paupiettes et les truffes ; saucez légèrement les champignons à blanc et servez la sauce à part.

502. — ANGUILLE A LA MARÉCHALE.

Taillez une douz. de tronçons d'anguille, autant que possible d'une égale grosseur ; cuisez-les dans un bon court-bouillon blanc ; faites-les refroidir sous presse légère, pour les avoir bien droits, et parez-les. Passez-les ensuite dans du beurre fondu et de là dans de la panure blanche et fine. Quarante minutes avant de servir, rangez-les sur un gril beurré, faites-les colorer sur un feu très-doux. Au moment dressez l'anguille sur plat et servez avec une ravigote ou tartare à part. — On peut servir cette anguille entière en la bridant en couronne ovale. Le procédé est le même pour la paner et la griller.

503. — GROSSE ANGUILLE A LA NAPOLITAINE.

Habillez une grosse anguille, coupez-lui la tête et la partie mince de la queue, distribuez-la en tronçons réguliers, mouillez-les à couvert avec moitié mirepoix et moitié vin de Sauterne ; cuisez-les d'après les règles. Au moment de servir, masquez le fond du plat de relevé d'une légère couche de farce, faites-la sécher à la bouche du four ; puis égouttez les tronçons, parez et dressez-les en buisson sur le fond du plat, additionnez-leur 5 douz. d'huîtres blanchies et parées, avec le même nombre d'olives tournées ; masquez d'une sauce napolitaine maigre, finie avec un beurre d'écrevisses. Une anguille cuite de cette manière peut être entourée ou masquée avec n'importe quelle sauce ou garniture applicable aux relevés de poisson.

504. — MATELOTE D'ANGUILLE.

Après avoir coupé la tête à une belle anguille déjà habillée, coupez également les parties minces de la queue et dépecez-la en tronçons réguliers ; placez ces tronçons dans une casserole, couvrez-les avec un bon court-bouillon au vin rouge, puis d'un rond de papier et faites-les cuire à point. — Montez à la main une petite croûte de pâté chaud, de forme basse et ovale, avec une pâte à foncer à l'anglaise ; décorez-la avec goût et faites-la sécher à l'étuve. Quelques minutes avant de servir, placez au fond de cette croûte une couche de farce de poisson et faites-la pocher à la bouche du four. Cela fait, égouttez les tronçons, parez-les et dressez les plus minces dans la croûte à pâté ; parsemez dessus quelques lames épaisses de truffes et champignons, et aussi quelques queues d'écrevisses parées ; masquez avec une sauce matelote finie au moment et continuez à dresser les tronçons en pyramide ; masquez-les également de sauce et dressez sur les contours de la croûte une couronne de petits croûtons de pain ovales, masqués d'un côté avec une couche de purée soubise bien réduite, afin qu'elle se maintienne sans couler. Pour couronnement des tronçons, dressez un beau bouquet de truffes au centre ; servez à part le surplus de la sauce, dans laquelle vous additionnez au moment quelques douz. d'olives et de petits oignons glacés.

SOMMAIRE DE LA PLANCHE N° 5.

N° 35. — Filet de bœuf à la Godard.
N° 36. — Longe de veau à la Monglas.
N° 37. — Selle de mouton à la Chartreuse.
N° 38. — Pièces de bœuf à la jardinière.

Pl. 5.

35

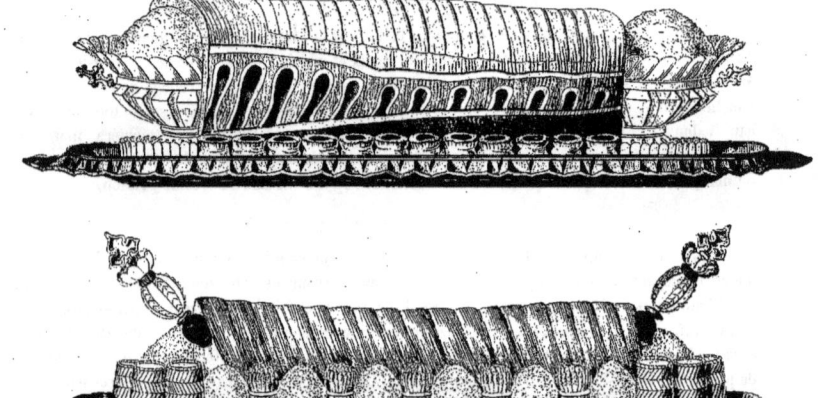

36

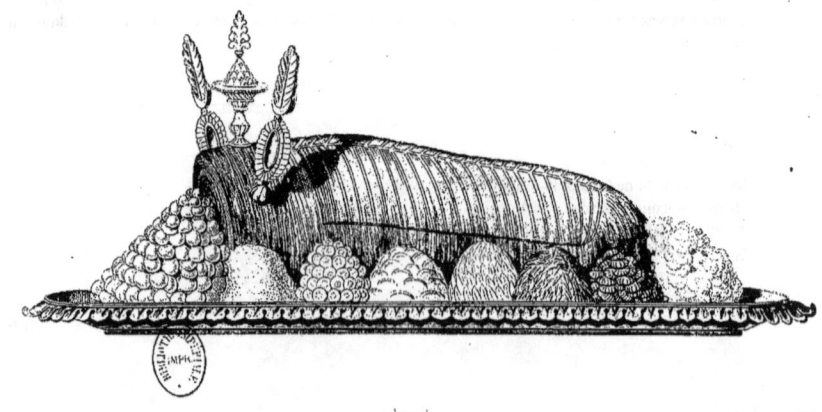

37

38

DES HOMARDS ET LANGOUSTES.

Ces crustacés se servent plus communément pour entrées ou pour second rôt. On peut pourtant les utiliser comme relevés, s'ils sont accompagnés d'un autre poisson.

505. — HOMARDS À LA PISANE.

Choisissez 4 beaux homards vivants, ficelez les queues et les pattes, plongez-les à l'eau bouillante trente-cinq à quarante minutes avant de servir ; ajoutez à cette eau un peu de sel, un bouquet de persil et demi-bouteille de vin blanc ordinaire ; couvrez la casserole et faites-la marcher rondement. Aussitôt cuits, laissez-les égoutter quelques minutes, détachez les coffres des queues, retirez les chairs de celles-ci sans briser le dessus des coquilles ; dressez ces dernières sur un plat de relevé, couvert d'une serviette, appuyez-les sur un fort bouquet de persil, les parties rouges en haut, et disposées en croix, deux sur la longueur du plat, les deux autres en travers, de manière qu'elles laissent un petit vide au centre, que vous emplissez d'un petit buisson de crevettes. Consolidez ces coquilles et dressez dans l'intervalle qu'elles laissent entre elles deux bouquets de pommes de terre tournées à cru et cuites à l'eau, puis deux bouquets de filets de soles Horly. Les coquilles se trouvent ainsi avoir un appui de tous côtés ; alors découpez les chairs des queues en trois ou quatre lames, sur leur longueur, et disposez-les immédiatement sur les coquilles en les maintenant bien en forme. Envoyez à part une sauce normande finie avec une pointe de cayenne et les parties crémeuses des homards passées au tamis. — On peut aussi servir ce relevé en partageant les homards par le milieu ; détachez les chairs des queues sans briser les coquilles ; émincez et remettez-les en place, pour servir les moitiés entières. On peut alors servir la garniture et la sauce à part. Les langoustes se traitent de même.

DES RELEVÉS DE BOUCHERIE.

Nous avons compris, dans cette catégorie, toutes les viandes fraîches ou salées qui peuvent entrer dans l'ordre normal d'un dîner. En dehors des apprêts de cuisson, la seule difficulté que présentent ces relevés est sans contredit le découpage. C'est là, en effet, une opération qui réclame les soins d'un homme compétent ; car la plus belle pièce perd beaucoup de sa physionomie, si elle est découpée sans ordre ou sans méthode. On découpe les relevés de boucherie d'après les besoins commandés par la nature même des pièces. Ces règles seront décrites avec soin à chaque catégorie.

Les relevés de boucherie sont, avec ceux de poisson, indispensables dans l'ordonnance d'un dîner. Outre que la règle le commande, ils sont d'une grande ressource pour les cuisiniers, sous le rapport de la diversion, et d'un autre côté, leurs belles formes relèvent par leur contraste les mets d'une exiguïté naturelle.

Les relevés de boucherie sont de deux genres : ceux de *viandes blanches* et ceux de *viandes noires*, qui ont des exigences souvent opposées. Les premiers se servent en général saignants, ou tout au moins vert-cuits, s'ils sont rôtis, tandis que les seconds exigent toujours d'être parfaitement atteints.

Même dans l'ordre du service à la Russe, alors que le découpage oppose certaines difficultés, les relevés peuvent toujours comporter des ornements. Les coupes, les hâtelets, les croustades même leur sont généralement applicables. Les garnitures contribuent aussi à augmenter leur élégance. Une partie de ces relevés peuvent être servis sur fonds de plat, croustades ou supports. Nous renvoyons pour ces détails aux formules et surtout aux dessins, pour s'en rendre compte d'une manière plus précise. Il est inutile de dire que tous nos relevés s'appliquent également au service à la Française et peuvent ne pas être découpés, tout en étant dressés dans l'ordre de nos dessins.

506. — CULOTTE DE BŒUF A LA JARDINIÈRE. (Dessin n° 38.)

Garniture : 4 douzaines de petites croquettes de pommes de terre rondes, 1 douzaine de bouquets de choux-fleurs arrondis et bien blancs, 3 douzaines de moyens oignons, uniformes et bien glacés, 3 douzaines de carottes cannelées et glacées, haricots verts et petits pois cuits à l'anglaise, 2 douzaines de laitues braisées. — 3 hâtelets. — Sauce tomate et demi-glace.

Apprêts : Choisissez une culotte mortifiée à point, de bonne qualité, à la chair marbrée et dont le dessus soit recouvert d'une couche épaisse de graisse; désossez-la, parez-la régulièrement; donnez-lui une forme bien égale, bridez-la avec de la ficelle, en anneaux réguliers, de manière à la maintenir bien ronde sur toute sa longueur; placez-la dans une braisière avec ses parures en dessous, couvrez-la largement avec de l'eau froide, salez, faites partir en plein fourneau; écumez avec soin jusqu'à l'ébullition; alors retirez la braisière sur l'angle du fourneau, plongez dedans un fort bouquet de légumes et quelques clous de girofle, et laissez cuire la pièce d'un bouillon régulier. Si la culotte est forte, il lui faut de cinq à six heures de cuisson; dans tous les cas, il lui faut quatre heures au moins; autant que faire se peut on doit se régler en sorte que la pièce se trouve atteinte au point précis, peu de temps avant de servir. Elle n'en sera que plus délicate et plus savoureuse, mais surtout qu'elle soit bien cuite. Le moment venu, retirez-la sur un plafond; parez le dessous pour qu'elle se tienne d'aplomb ; parez ensuite les deux extrémités, la plus épaisse surtout; dressez-la sur un plat de relevé, puis marquez sur sa surface une forte entaille arrivant à quelques centimètres des bouts et la traversant à peu près vers le milieu de son épaisseur. Enlevez cette partie, divisez-la en tranches transversales. L'épaisseur de ces tranches est naturellement subordonnée à la largeur de la partie que vous découpez. Cela fait, remettez-la après l'avoir reformée dans l'entaille, en son lieu et place primitifs, de manière que la culotte reprenne sa forme exacte et paraisse entière autant que cela est possible; séparez les tranches sur le milieu sans les déranger, et dressez les bouquets de légumes autour, dans le genre que représente le dessin. Glacez-la entièrement, glacez aussi ceux des légumes qui peuvent supporter cette adjonction; ayez soin de varier les nuances et de dresser les espèces parallèlement des deux côtés, pour donner de l'harmonie au relevé. Piquez alors les trois hâtelets de légumes sur le gros bout non découpé de la pièce de bœuf, un de chaque côté et le plus grand au milieu.

Les garnitures que nous décrivons peuvent, sans aucun inconvénient, être modifiées suivant la saison et le goût : c'est la garniture la plus élastique. Elle conserve sa dénomination, même en dépit de toutes les modifications qu'on lui fait subir. D'ailleurs, une pièce de bœuf cuite ainsi peut être garnie, soit d'une seule espèce de légume, soit de plusieurs ensemble, ou même d'une garniture de friture. Les sauces peuvent également être changées, les hâtelets supprimés.

Nous avons voulu conserver à ce relevé le mot technique et consacré de *culotte*; mais nous ferons observer ici que ce mot, quoique très-logique à nos yeux, doit néanmoins être écarté des menus et indiqué sous ce titre moins explicite peut-être, mais à coup sûr plus décent de : *pièce de bœuf*. Pour servir cette pièce glacée, il faut l'égoutter et la parer vingt minutes avant de la servir, la placer sur un plafond à la bouche du four et la glacer plusieurs fois, jusqu'à ce qu'elle ait une belle couleur. On peut aussi la laisser blanche.

507. — CULOTTE DE BŒUF BRAISÉ A LA FLAMANDE.

Garniture : 750 gr. de poitrine de porc fumée, à peu près le volume de 4 décil. de petites carottes tournées à la cuiller à racine, une quinzaine de bouquets de choux braisés, puis roulés dans la serviette et taillés bien égaux. — Sauce. — Trois hâtelets de légumes et une coupe demi-circulaire pour le bout.

Apprêts : Foncez une braisière avec lard, jambon et gros légumes; sur ce fonds, placez la culotte mortifiée à point, parée et bridée comme la précédente; mouillez la hauteur avec du grand bouillon; ajoutez un bouquet garni de quelques clous de girofle et poivre en grains; masquez d'un rond de papier; couvrez la braisière, faites-la partir cinq à six heures avant de servir, suivant la grosseur. Au bout d'une demi-heure d'ébullition, placez-la sur un feu modéré ou plutôt sur une paillasse douce et bien régulière, afin que le bouillonnement soit réglé et constant; surveillez et arrosez souvent la culotte. Si elle est bien conduite, le fonds doit se trouver réduit à peu près à glace quand celle-ci est cuite à point; vingt minutes avant de servir, retirez-la pour l'égoutter sur une plaque, débridez-la, parez-la d'aplomb, taillez droite la partie extrême la plus épaisse, et placez-la sur la grille d'une casserole longue. Étendez le fonds de sa cuisson avec 2 ou 3 décil. de vin blanc léger et un peu de bon fonds, passez et dégraissez-le, puis versez sur la culotte et faites partir en ébullition; poussez à la bouche du four, arrosez-la souvent avec sa cuisson, qui doit être à peu près à consistance de glace, et faites-lui prendre une belle couleur tout doucement. Au moment de servir, retirez-la de nouveau sur une plaque pour la découper, ainsi que nous l'avons dit à l'article qui précède; dressez sur plat; placez la coupe en navets ou en riz au gros bout, en la piquant contre la culotte à l'aide d'un ou deux petits hâtelets d'entrées non garnis; emplissez-la avec les petites carottes bien rouges et glacées; dressez ensuite sur les deux parties latérales les bouquets de choux alternés avec une lame de lard; glacez-les, ainsi que les carottes, piquez les hâtelets et envoyez la sauce à part. — Une culotte ainsi braisée peut être entourée de toutes les garnitures des relevés. Il est inutile d'ajouter qu'on supprime les hâtelets et la coupe quand on le juge à propos. — Toutes les parties du bœuf, telles que noix, rouelles, peuvent se cuire ainsi que nous venons de le dire à l'égard des culottes.

508. — CULOTTE DE BŒUF A LA MODE.

Choisissez une culotte de bœuf bien mortifiée; désossez, parez et bridez-la comme nous venons de le dire; piquez-la ensuite en long, dans les parties maigres, avec des filets de lard et jambon; faites-la mariner ensuite un jour ou deux avec quelques grains de poivre, girofle, laurier, oignons et quelques verres de vin blanc; retournez-la de temps en temps, puis ficelez-la. Sept à huit heures avant de servir, foncez une braisière avec des lames de lard, jambon, quelques couennes de lard, des carottes et oignons entiers, une gousse d'ail, un fort bouquet garni; placez la culotte dessus; mouillez-la à mi-hauteur avec moitié vin blanc et moitié grand bouillon; couvrez-la de larges bandes de lard et d'un fort papier; faites-la partir en ébullition; retirez-la ensuite sur une paillasse très-douce; couvrez la braisière et placez des cendres chaudes sur le couvercle; continuez ainsi la cuisson en entretenant toujours le feu au même degré, afin que le fonds ne cesse pas de bouillir, mais toujours d'une manière insensible. Trois quarts d'heure avant de servir, retirez la culotte sur une plaque, parez-la suivant la règle, posez-la sur la feuille d'une braisière proportionnée, passez et dégraissez le fonds, additionnez-lui à peu près son même volume de sauce espagnole, donnez quelques bouillons et versez dessus la culotte; ajoutez une forte garniture de grosses carottes tournées, uniformes, blanchies et cuites au bouillon, puis 5 douzaines de moyens oignons blanchis, cuits de même et tombés à glace; faites partir en ébullition, couvrez la braisière et tenez-la à la bouche du four jusqu'au moment de servir. Découpez alors la culotte d'après la règle indiquée, dressez-la sur plat, entourez-la des carottes et des oignons, dégraissez la sauce, masquez-en légèrement la culotte et envoyez le restant à part.

509. — BŒUF A LA MODE A LA PROVENÇALE.

Prenez 4 ou 5 kilog. de noix de bœuf, détaillez-la en morceaux carrés de 200 gr. environ, piquez-les avec lard et jambon, placez-les dans une terrine, assaisonnez avec sel, poivre en grains, clous de girofles, 1 décil. de vin blanc et 1/2 décil. de vinaigre, couvrez de papier et laissez macérer cinq ou six heures. Faites fondre ensuite 4 ou 500 gr. de lard haché dans une marmite en terre; aussitôt fondu, mêlez-lui les morceaux de bœuf avec tout leur assaisonnement; faites-les revenir vingt-cinq à trente minutes sur un feu modéré; ajoutez quelques gousses d'ail entières, 2 feuilles de laurier, un petit bouquet d'aromates, un brin d'écorce d'orange et 3 décil. de vin de Bordeaux. Aussitôt que l'ébullition reprend, couvrez la marmite avec un plat creux dans lequel vous mettez de l'eau tiède; retirez-la sur des cendres chaudes, entourez-la bien, de manière qu'elle reçoive la chaleur sur tous les côtés et que le bouillonnement soit presque insensible; retournez les viandes de temps en temps et donnez-leur sept à huit heures de cuisson. Au moment de servir, dressez les morceaux sur un plat de relevé, passez et dégraissez le fonds, avec lequel vous les saucez modérément, et servez une sauce tomate à part. Ce relevé ne peut guère aller seul.

510. — ROND DE BŒUF A L'ANGLAISE — BOILET ROUND OF BEEF.

Ce relevé ne se sert guère qu'en Angleterre. On entend par *round* une large tranche coupée sur la plus grande largeur de la cuisse du bœuf. Dans la Grande-Bretagne, ces pièces pèsent souvent jusqu'à 25 kilog. : il est évident qu'on peut toujours en diminuer le poids. — Désossez cette rouelle sans retirer aucune partie des graisses qui y sont adhérentes, et faites-la macérer huit à dix jours dans la saumure. — Quand vous voulez la cuire, lavez-la bien, traversez-la en croix avec 2 gros hâtelets en fer, bridez et plongez-la dans une grande braisière, couvrez-la avec de l'eau froide, faites partir en plein fourneau, écumez. Aussitôt que l'ébullition se développe, retirez-la sur l'angle, ajoutez quelques gros légumes et donnez-lui cinq heures environ d'ébullition modérée. Quand elle est à point, égouttez-la sur un plafond, retirez les hâtelets en fer pour les remplacer par 2 hâtelets en argent, qui servent à maintenir les viandes pendant qu'on les découpe ; émincez quelques lames fines que vous laissez à l'endroit même où elles sont, dressez sur plat de relevé ; entourez la pièce avec les légumes cuits dans sa propre cuisson ou à part. Ces légumes se composent de carottes et navets : ils doivent être tournés une seconde fois avant de les servir. — Accompagnez le relevé d'un pudding moulé dans une serviette et cuit à l'eau. Ce pudding est composé avec le même poids de farine et graisse de rognons de bœuf hachée et étendue avec quelques œufs et du lait : c'est ce qu'on appelle *seg-pudding*.

511. — ROND DE VEAU A L'ANGLAISE — ROLLED ROUND OF VEAL.

Taillez une rouelle sur le plus large diamètre d'un beau cuissot de veau, en lui donnant 15 à 16 centim. d'épaisseur ; retirez l'os du milieu, que vous remplacerez par une farce faite avec de la graisse de rognons de bœuf, mie de pain, œufs entiers, sel, poivre et persil haché ; tenez cette farce un peu ferme. Maintenez la rouelle avec 2 hâtelets en fer, disposés en croix, à travers son épaisseur ; enveloppez-la d'un fort papier beurré et légèrement salé, ficelez-la avec soin en lui donnant une forme correcte ; couchez-la alors sur broche à l'anglaise, pour ne pas la percer davantage, et faites-la partir deux heures et vingt minutes avant de servir, en l'arrosant avec soin pendant sa cuisson. Au bout de deux heures et quart, déballez-la pour la colorer à point. En dernier lieu, salez et débrochez-la sur un plafond, débridez et découpez-la à plat, sur l'une des superficies, en tranches minces. Dressez le relevé, glacez-le entièrement, entourez-le d'un côté avec une garniture de petits pois, et de l'autre de haricots verts, cuits à l'anglaise tous les deux et sautés au moment, hors du feu, avec un morceau de beurre. Envoyez une demi-espagnole à part.

512. — ALOYAU ROTI — ROAST-BEEF.

Il faut choisir un aloyau de qualité supérieure, gras et à la chair cramoisie, le laisser mortifier à point. Les Anglais ne trouvent jamais cette pièce trop grosse et font pour ainsi dire un luxe de ses proportions souvent exagérées.

Parez-le d'abord carrément aux deux extrémités et le long de la bavette, que vous tiendrez courte, de manière qu'en la repliant sur le filet, elle ne le couvre qu'imparfaitement ; dégagez légèrement le filet mignon de la chaîne épinière ; par ce moyen vous taillez celle-ci avec facilité, à l'aide d'une scie ou d'un gros couteau. Enlevez également le nerf du gros filet et la coquille placée vers le haut du gros bout ; écourtez les palettes intérieures qui viennent aboutir au-dessous du filet mignon, et presque à la hauteur de la bavette ; vous pourrez ainsi donner une forme ronde à l'aloyau sans aucune difficulté. Levez les peaux supérieures du filet mignon et recouvrez-le de lames de graisses du rognon, aplaties avec quelques coups de batte mouillée ; masquez de même les parties de l'aloyau qui sont privées de graisse, puis ficelez-le d'un bout à l'autre, en anneaux serrés et réguliers ; emballez-le d'une large feuille de papier beurrée, sans fermer les extrémités d'où s'échappent la vapeur de la viande ; couchez-le sur broche à l'anglaise (*) si c'est possible, afin de ne

---

* Les broches à l'anglaise sont celles sur lesquelles on couche un rôti quelconque sans le traverser avec le fer ; la pièce se trouve maintenue par quatre soutiens qui se resserrent à volonté avec des vis.

point le percer, et faites partir à feu bien réglé, quatre heures à peu près avant de servir. Conduisez-le avec soin en vous attachant à régler le feu doux en commençant, et plus ardent à mesure que la chaleur pénètre la pièce; arrosez-le de temps à autre avec du bon dégraissis, et modérez le feu vers la fin de la cuisson. Une demi-heure avant de servir, déballez le rosbif pour le saisir à la flamme et en colorer les parties externes. Au dernier moment, glacez-le au pinceau, débrochez et salez.

La manière de dresser les rosbifs dépend beaucoup du goût des amphitryons. D'abord, il en est qui ne mangent que le filet mignon, d'autres qui préfèrent le gros filet: de ces deux goûts différents naissent naturellement deux manières de servir le rosbif, c'est-à-dire qu'on le retourne et qu'on le découpe d'un côté ou de l'autre, suivant la face qui doit être entamée ; ce qui n'exclut jamais, cependant, pour les convives, la facilité de faire couper la partie qu'ils préfèrent; mais, en général, on ne découpe qu'un côté, afin de conserver les formes de la pièce sans trop en diminuer l'apparence. Nous avons vu des amphitryons qui exigeaient, même en servant à la Russe, que les rosbifs ne fussent découpés que dans la salle à manger : ceci n'est qu'une affaire d'habitude, car le rosbif, découpé au moment à la cuisine, par le chef même, avec tous les soins et la célérité désirables, n'en est que plus apparent, et au fait, il n'en conserve pas moins ses qualités. Quant à nous, le procédé que nous avons toujours employé consiste à détacher une partie du centre, du côté du gros filet, qu'on découpe en tranches minces pour les remettre dans l'entaille, et détacher en même temps une partie du filet qu'on découpe également en tranches pour les dresser aux deux bouts du plat sans les étaler. Les convives ont ainsi le choix des deux parties de l'aloyau, et chacun peut trouver à satisfaire son goût.

En Angleterre, on garnit les rosbifs avec des pommes de terre tournées à cru en grosses olives et frites au beurre; mais, indépendamment de cette garniture, on fait une espèce de pouding de farine étendue avec un peu de lait, œufs entiers et graisse du rosbif, qu'on cuit au four dans un moule grassement beurré. Quand ce pouding est cuit, on le renverse sur un petit plat et on le passe en même temps. Nous préférons cuire cet appareil au moment même, dans de petits moules à brioches, et en entourer le rosbif, concurremment avec les pommes de terre. Dans tous les cas, on sert à part une saucière de jus et une assiette de raifort râpé.

543. — ROSBIF A LA FRANÇAISE.

Garniture : 3 douz. de croquettes de pommes de terre en poire, 6 douz. de petites pommes de terre en moyennes boules, enlevées avec une grosse cuiller à racine. — Jus clair.

Procédé : Prenez une pièce d'aloyau dans les conditions que nous venons d'indiquer, retirez la coquille, tenez la bavette très-courte, désossez l'aloyau du côté de la chaîne, sans détacher le filet, parez celui-ci, salez et couvrez-le entièrement avec de fortes lames de graisse des rognons battue et aplatie, ficelez et emballez-le, en laissant les deux extrémités ouvertes ; couchez sur broche comme nous l'avons dit à l'article qui précède. Trois heures et demie avant de servir, faites-le partir à feu modéré, en conduisant le feu de broche avec soin ; arrosez-le de temps en temps avec de la graisse pure et fraîche ; déballez-le vingt-cinq minutes avant d'envoyer, pour lui faire prendre la couleur nécessaire; salez au dernier moment, et débrochez sur une plaque ; détachez le filet mignon ; découpez-le entièrement et dressez-le sur le rosbif renversé, de manière que le filet se trouve en dessus; glacez toute la pièce au pinceau ; entourez-la de garnitures, que vous distribuez en bouquets, et servez le jus dans une saucière.

544. — ALOYAU BRAISÉ A LA NIVERNAISE.

Garniture : Petites carottes nouvelles, tournées, entières, blanchies et glacées.—Sauce demi-espagnole. — Prenez une pièce d'aloyau du volume ordinaire, enlevez-lui le filet, désossez-le complètement, retirez le nerf qui longe le gros filet, parez-le carrément, salez à l'intérieur, roulez et ficelez en anneaux serrés. Marquez un bon fonds de braise dans une casserole longue, avec lames de lard et jambon, carottes et oignons émincés en lames épaisses, puis un bouquet garni ; placez l'aloyau dessus ; couvrez-le avec du bon bouillon blanc, faites partir en ébullition ; recouvrez d'une forte feuille de papier, puis de son couvercle et retirez-la sur une paillasse, pour la faire marcher régulièrement, mais d'un bouillonnement insensible. Arrosez de temps en temps l'aloyau avec le fonds de sa cuisson. Au bout de quatre heures, il doit être cuit. Retirez-le sur un plafond pour l'égoutter et le parer ; passez, dégraissez et réduisez son fonds en demi-glace ; placez-le avec l'aloyau dans une casserole plus étroite ; faites partir pour glacer celui-ci de belle couleur, soit à la bouche du four doux, en l'humectant au pinceau, soit sur une paillasse avec de la braise sur le couvercle. Au moment de servir, sortez l'aloyau ; il doit être entièrement glacé ; découpez-le en tranches minces traversant de part en part ; enlevez-le ainsi taillé avec un couvercle de casserole ou simplement en vous aidant d'un couteau à large lame, et dressez-le sur la longueur du plat, en lui faisant reprendre sa forme première, autant que possible ; entourez-le avec les carottes finies et glacées au moment, glacez l'aloyau, et servez la sauce à part.

515. — FILET DE BŒUF BRAISÉ A LA GODARD. (Dessin n° 35.)

Garniture : 4 grandes quenelles décorées aux truffes, 2 beaux ris de veau cloutés de langue et truffes, 24 petites quenelles moulées à la cuiller à bouche, 24 croûtons ovales de langue écarlate et de la dimension des quenelles, 5 ris d'agneau glacés et 5 crêtes de langue écarlate pour garnir la coupe, 1 kil. de moyennes truffes parées rondes, un bon ragoût de foies gras et ris en escalopes rondes, avec des champignons entiers. — Sauce espagnole réduite au vin du Rhin. — Trois hâtelets garnis d'après les indications données, dont deux composés avec des écrevisses bigarrées.

Apprêts : Parez deux moyens filets mortifiés à point, des graisses superflues et de leurs épidermes ; tenez-les courts et piquez-les sur toute leur surface avec des lardons de lard proportionnés ; foncez une casserole carrée avec des débris de lard et des lames de jambon, oignons, carottes entières, un bouquet garni, quelques grains de poivre et girofle. Placez les filets dessus ; mouillez-les aux trois quarts de hauteur avec une bonne mirepoix. Deux heures à peu près avant le moment de servir, faites-les partir sur un feu ardent, couvrez-les d'une épaisse feuille de papier beurré, et après quinze minutes d'ébullition vive, couvrez la casserole, placez-la sur un feu modéré afin qu'elle ne fasse que mijoter. Humectez souvent les filets avec leur fonds pendant leur cuisson ; quand ils sont bien cuits, faites-les glacer superficiellement à la bouche du four ou sous le couvercle même de la casserole recouverte de cendres chaudes, pour leur faire prendre une belle couleur. Vous aurez taillé un support et une croustade en pain de la forme que représente le dessin, ou toute autre ; faites-la frire et videz-la ; collez le support sur le plat de relevé et fixez la petite croustade dessus avec un hâtelet, après l'avoir masquée intérieurement d'une petite couche de farce ferme. Le moment du service venu, égouttez les filets sur une plaque pour les parer avec soin, et les mettre de longueur avec les pans du support, sur lesquels ils doivent s'appuyer, et coupez-les en entaille ouverte du bout le plus mince, ainsi que l'indique le dessin ; découpez la partie enlevée sur chaque filet en tranches régulières et un peu en biais ; puis dressez chacun d'eux sur un pan incliné de l'appui, la pointe en haut, les tranches inclinées en bas. Masquez avec un peu de farce le fond des extrémités du plat en avant des têtes de filets, et dressez dessus deux beaux bouquets de truffes ; aux deux flancs de ces truffes, dressez une chaîne de 6 quenelles alternées avec 6 croûtons de langue écarlate ; placez la moitié du ragoût (non saucé) de chaque côté, placez au centre un beau ris de veau clouté, glacé et découpé, sans qu'il perde sa forme ; aux deux flancs de ces ris, placez deux grosses quenelles ovales et décorées ; garnissez la croustade avec un peu de ragoût, afin de faire appui aux 3 ris d'agneau, et 5 crêtes de langue alternées et groupées sur son milieu. Piquez deux hâtelets sur les bords de la coupe et un troisième sur le centre. Saucez modérément le ragoût, glacez les ris, les truffes et les filets ; envoyez la saucière à part. — La garniture de ce relevé étant indépendante des filets, elle peut toujours être remplacée par une autre moins compliquée. Au besoin un seul filet peut suffire pour ce relevé.

516. — FILET DE BŒUF GLACÉ A LA VARIN.

Garniture : 12 ris d'agneau piqués et glacés, 12 croquettes de pieds d'agneau aux truffes, 2 douz. de tronçons d'amourettes de veau saucées à la Villeroy, 2 douz. de moyens oignons farcis et glacés, 12 ronds de cervelles et le même nombre de cornichons tournés en grosses boules. — Sauce veloutée finie avec un beurre de Cayenne.

Apprêts : Parez un beau filet de bœuf d'après les règles, détachez le faux-filet du côté, arrondissez les deux extrémités, puis cloutez-le intérieurement avec de gros lardons de tétine, jambon et truffes. Enveloppez-le de bandes de lard fixées avec quelques tours de ficelle, placez-le dans une casserole carrée adaptée à sa forme, mouillez-le aux trois quarts de sa hauteur avec une bouteille de vin du Rhin et le reste de bon consommé ; faites-le partir sur feu vif ; donnez vingt minutes d'ébullition pour réduire son fonds d'un tiers ; retirez-le ensuite sur feu plus modéré avec des cendres chaudes sur le couvercle, et conduisez-le tout doucement. Quand il est cuit, le fonds doit se trouver réduit en demi-glace ; alors, retirez le filet, parez-le, passez et dégraissez le fonds, remettez celui-ci dans la casserole avec le filet et faites réduire à peu près à glace ; placez alors cette casserole à la bouche du four, et glacez complétement le filet. Au dernier moment, retirez celui-ci sur une plaque, faites-lui deux entailles à quelques centimètres des bouts, glissez le couteau en dessous, pour détacher d'un trait toute la partie centrale, en ne laissant en dessous qu'une faible bande. Cela fait, découpez la partie détachée en tranches minces régulières et légèrement en biais ; reformez la pièce et placez-la, à l'aide d'un large couteau, dans la cavité de l'entaille, c'est-à-dire à l'endroit même d'où vous l'avez retirée, en ayant soin de la remettre dans son sens primitif et de rendre à la pièce sa forme entière. Alors, dressez-le sur plat, entourez-le des garnitures finies au moment et divisées en groupes symétriques ; glacez-le entièrement. Envoyez la sauce à part, dans laquelle vous aurez fait entrer une partie du fonds de cuisson du filet, passée et dégraissée. — Ce filet ainsi cuit, peut être entouré de toute autre garniture et orné de hâtelets ou coupes.

517. — FILET DE BŒUF ROTI A LA NAPOLITAINE.

Garniture : 12 petites timbales de macaroni, 10 paupiettes de veau glacées, 12 foies gras de poulardes cloutés, 12 coucoucelles farcies et braisées. — Sauce napolitaine, 3 hâtelets garnis.

Procédé : Parez un beau filet de bœuf et arrondissez-en les deux extrémités ; faites-le macérer deux ou trois jours dans une marinade cuite. Quelques heures avant de servir, sortez-le, épongez-le bien et piquez-le entièrement avec de moyens lardons de lard : cela fait, couchez-le sur broche, emballez-le avec une forte feuille de papier bien beurré, et faites-le partir une heure et quart à peu près, à feu modéré au début, en l'augmentant à mesure ; arrosez-le souvent avec du bon dégraissis. Au bout d'une heure, déballez-le pour le saisir superficiellement ; en dernier lieu, salez et débrochez-le sur une plaque ; faites-lui une entaille profonde, partant à quelques centim. seulement des extrémités et ne laissant en dessous qu'un mince soutien ; taillez la partie enlevée en tranches régulières et replacez-la dans son sens naturel ; enlevez le filet entier à l'aide d'un couvercle ou d'un large couteau, et glissez-le sur un petit fonds en riz solide et taillé à peu près dans les dimensions du filet, et d'avance disposé sur le centre du plat de relevé. Égalisez bien les tranches pour que le filet reprenne entièrement sa forme première, dans le style de celui que représente le dessin n° 86 ; piquez sur la tête même, et légèrement inclinés vers les bouts du plat, trois hâtelets garnis : ils doivent traverser le filet et aboutir sur le fonds en riz.

Maintenant, dressez en bouquet sur les deux bouts du plat les foies gras cloutés ; aux deux côtés des foies, placez 3 petites timbales ; à côté de celles-ci 4 bouquets de coucoucelles, et aux deux centres 5 paupiettes dressées en pyramides ; glacez ces paupiettes, glacez également les foies et le filet dans son entier ; saucez légèrement les timbales, et envoyez une saucière à part. On dresse aussi ce relevé directement sur plat, on l'orne alors de 2 petites coupes en légumes. La garniture peut être modifiée, et les hâtelets supprimés.

518. — FILET DE BŒUF ROTI A LA MATIGNON.

Choisissez un beau filet mortifié, parez-le avec soin et faites-le mariner à cru toute une journée. Deux heures avant de servir, prenez 1 kilog. 1/2 de graisse de rognons de bœuf, distribuez-la en lames épaisses que vous battez entre un linge plié pour la rendre plus ferme et en diminuer l'épaisseur ; préparez une bonne matignon réduite à glace ; appliquez-la tour à tour sur chacun des côtés du filet, en la maintenant aussitôt avec des lames de graisse, que vous fixez au moyen d'une chaîne de ficelle ; couchez le filet sur broche. Une heure et vingt-cinq minutes avant de servir, faites-le partir à feu un peu vif, dont vous maintiendrez l'ardeur, et arrosez souvent la pièce pendant sa cuisson. Dix minutes avant d'envoyer, retirez les lames de graisse en coupant la ficelle, augmentez la vivacité du feu pour colorer le filet à point, glacez-le au pinceau, salez et débrochez-le sur plaque pour le découper en entailles, ou simplement en tranches; dressez sur plat; entourez-le d'une garniture quelconque choisie dans la série de celles indiquées aux autres relevés. On peut l'orner de hâtelets et de coupes, suivant l'importance du dîner.

519. — FILET DE BŒUF ROTI AU FOUR, GARNI A LA PROVIDENCE.

Garniture. — 18 truffes parées rondes, 25 rognons de coqs, 3 douz. de champignons tournés, égaux et cuits bien blancs, 2 douz. d'escalopes de foies gras taillés au coupe-pâte rond, 12 petits boudins blancs ficelés très-courts, 24 petits oignons glacés, 4 douz. d'olives tournées. — Sauce veloutée, essence de champignon. Ces garnitures, moins les boudins et les truffes, seront placées ensemble dans un sautoir et légèrement saucées au moment.

Apprêts : Parez, suivant la règle, un beau filet mortifié à point; piquez-le entièrement en lignes serrées; assaisonnez et faites-le macérer quelques heures dans une marinade à cru; égouttez-le ensuite pour le placer dans une casserole carrée, que vous aurez préalablement foncée avec des débris de lard, quelques lames de jambon cru, légumes et un bouquet garni; couvrez-le également de lard, puis d'une feuille de papier; mouillez-le avec 3 décil. de consommé et un peu de bon dégraissis. Une heure et quart avant le moment de servir, faites-le partir vivement, en plein fourneau, pendant huit à dix minutes; recouvrez-le d'une feuille de papier beurrée, et poussez la casserole à four modéré, mais pourtant bien entretenu; arrosez souvent le filet avec sa cuisson. Au bout d'une heure, il doit se trouver cuit à point, c'est-à-dire vert-cuit, ayant les chairs rosées et juteuses, tel enfin que doit être un filet non braisé. Alors, retirez-le dans une casserole plus petite; étendez le fonds avec 2 décil. de bon madère, passez et dégraissez complétement, versez dans la casserole du filet et faites-le tomber à glace vivement. Aussitôt réduit, masquez-en bien le filet, poussez-le à la bouche du four pour l'imprégner de la glace; à ce point, retirez-le sur une plaque, découpez-le d'après l'une des méthodes décrites plus haut, et dressez-le sur un petit fonds en riz taillé à froid; placez à chaque bout du plat, appuyées et fixées contre le fonds en riz, deux petites coupes dans le genre du dessin n° 56; emplissez ces coupes avec les truffes; aux centres latéraux du plat, dressez les boudins blancs et divisez les garnitures modérément saucées, dans les intervalles. Glacez les truffes et le filet; servez la sauce à part. — Le filet cuit d'après cette méthode peut être entouré avec toutes les garnitures possibles; il peut aussi être orné de hâtelets à l'instar du précédent. Dans d'autres cas, on supprime les coupes et on dresse tout bonnement sur plat.

520. — FILET DE BŒUF A L'ANDALOUSE.

Garniture : 2 petits saucissons d'estramadure (*chorisos*), 400 gr. de lard fumé, 2 choux de Milan, 12 belles laitues, 2 douzaines de marrons, 300 gr. de pois pointus d'Espagne (*garbanços*), le volume de 3 décil. de petites boules de carottes tirées à la cuiller à racine. — Sauce espagnole finie avec une pointe de poivre rouge et doux d'Espagne.

Apprêts : Blanchissez les choux, laitues, pois pointus et carottes séparément; le lard et les saucissons ensemble. Marquez ces derniers dans une casserole avec les choux divisés en quartiers et leur eau bien exprimée; mouillez au grand bouillon et laissez cuire ensemble. Braisez également les laitues; cuisez les marrons épluchés avec du consommé, en les conservant entiers. Les pois pointus cuiront à l'eau salée, après les avoir fait dégorger vingt-quatre heures à l'eau de rivière. — Quand les choux sont cuits, égouttez-les de leur graisse; parez-les et placez-les dans une casserole avec les saucissons divisés en tranches marquantes; mouillez-les avec un peu de la sauce préparée, et laissez mijoter une heure sur des cendres chaudes. Parez les laitues, rangez-les également dans une petite casserole, mouillez-les avec un peu d'espagnole et tenez-les sur un feu très-doux. — Avant tous ces détails, vous aurez paré et clouté intérieurement un beau filet, macéré pendant quelques heures dans une marinade crue, composée d'oignons, huile, jus de citron et branches de persil. Deux heures et demie avant de servir, placez-le dans une casserole très-étroite, avec tout le fonds de sa marinade; ajoutez 2 décil. de vin de Porto, une feuille de laurier, poivre et girofles, un fort bouquet garni avec persil, aromates et une gousse d'ail. Couvrez d'une forte feuille de papier huilé, faites partir en plein fourneau.

Aussitôt le fonds en ébullition, retirez la casserole sur des cendres chaudes, couvrez-la et masquez également le couvercle avec des cendres, et donnez-lui deux heures d'ébullition modérée et presque insensible. Au bout de ce temps, retirez le filet, détachez le fonds avec un peu de vin, passez et dégraissez-le pour faire tomber à glace avec le filet. Au moment, glacez-le à la bouche du four, découpez et dressez sur plat. Rangez les garnitures autour, distribuées en bouquets et symétriquement disposées ; glacez-les bien ; envoyez le relevé avec la sauce préparée et une autre saucière de tomates.

521. — FILET DE BŒUF A LA HUSSARDE.

Hachez et exprimez dans un linge 4 gros oignons, faites-les revenir au beurre sur feu modéré. Quand ils sont de belle couleur, égouttez le beurre, ajoutez 2 décil. de sauce espagnole et laissez-les tomber à glace tout doucement. — Cuisez un bon filet de bœuf d'après les prescriptions données au n° 519. Quand il est cuit, découpez-le en lames transversales, passant de part en part. — Retirez la casserole contenant les oignons, auxquels vous incorporez une assiettée de raifort râpé et haché, puis, sans les remettre sur feu, reformez le filet coupé par tranches, sur la feuille d'une casserole carrée, en les alternant tour à tour avec une cuillerée de ragoût et d'oignons. Placez la feuille dans la casserole, arrosez largement le filet avec 2 décil. de demi-espagnole réduite au madère, et laissez-le mijoter ainsi pendant une demi-heure à la bouche du four. Dix minutes avant de le retirer, arrosez-le avec le fonds de sa cuisson et saupoudrez-le d'une poignée de mie de pain. Au moment, glissez-le sur le plat de relevé, en lui conservant bien sa forme ; entourez-le de son fonds, et envoyez une espagnole à l'essence de raifort, dans laquelle vous faites entrer une cuillerée de persil haché.

522. — FILET DE BŒUF — LADISLAS.

Émincez 5 ou 6 douz. de champignons comestibles ou des cèpes ; passez-les au beurre, assaisonnez et faites-les tomber à glace ; étendez-les avec quelques cuillerées de velouté, et laissez-les cuire à fonds ; tenez la sauce un peu consistante ; finissez avec quelques cuillerées de glace et deux de crème double, douce ou aigre.

Braisez un filet dans les conditions indiquées plus haut. Quand il est cuit à point, découpez-le en tranches transversales. Aussitôt découpé, reformez-le sur le plat de relevé, tranche par tranche, que vous alternez à mesure avec une cuillerée à bouche de ragoût de champignons ; donnez-lui, autant que possible, sa forme naturelle ; masquez-le ensuite entièrement avec ce qui reste des champignons émincés ; saupoudrez-le d'un peu de mie de pain blanc ; essuyez bien le plat et tenez-le dix à douze minutes à la bouche du four, pour colorer légèrement la superficie du filet ; puis servez à part avec une sauce veloutée à l'essence de champignons.

523. — FILET DE BŒUF A LA POLONAISE.

Garniture : 2 ou 3 douz. de champignons farcis et légèrement gratinés au four. — Sauce demi-espagnole ou sauce tomate.

Apprêts : Parez un bon filet de bœuf d'après les règles ; faites-le macérer dans une marinade cuite, pendant trois ou quatre jours, suivant la saison. En dernier lieu, piquez-le entièrement de moyens lardons ; une heure et quart avant de servir, couchez-le sur broche et faites-le rôtir sans l'emballer ; passez 1 décil. de la marinade dans la lèchefrite, mêlez-lui 2 décil. de crème aigre et arrosez le filet de ce mélange pendant sa cuisson. Quand il est bien atteint, découpez-le en entailles ou de part en part, reformez-le sur le plat de relevé, entourez-le de champignons farcis, passez le fonds de sa cuisson dessus, et servez la sauce à part.

524. — LONGE DE VEAU MONGLAS. (Dessin n° 36.)

Garniture : 2 douz. de petites bouchées à la reine, ragoût Monglas de blancs de volaille, langue écarlate et truffes. — Sauce duchesse. — Deux coupes aux trois quarts rondes.

Apprêts : Choisissez une belle longe de veau, grasse et bien blanche, taillée jusqu'à la hauteur de la sixième côte ; retirez-lui les os saillants de la chaîne à côté du filet mignon ; parez carrément la bavette ; piquez-la avec la pointe d'un couteau pour l'éventer ; tenez-la assez longue pour la faire arriver jusqu'au filet mignon ; retirez la graisse et le rognon ; roulez et ficelez-la en anneaux réguliers, couchez-la sur broche à l'anglaise, si c'est possible, sans traverser les filets; fixez-la solidement avec un ou deux hâtelets en fer, appuyant sur la bavette et non sur le filet supérieur ; emballez-la dans de fortes feuilles de papier huilées ou beurrées et légèrement salées, sans fermer les bouts. — Deux heures et demie avant de servir, faites-la partir par un feu réglé et bien entretenu ; arrosez-la de temps en temps de beurre seulement, que vous prenez à la cuiller ou avec un pinceau fixé au bout d'un petit bâton. Cette méthode doit être suivie à l'égard de toutes les viandes blanches, pour éviter le goût de graisse de lèchefrite. Au bout de deux heures, déballez la longe hors du feu ; assurez-vous de son degré de cuisson, et suivant qu'elle est avancée, faites-la glacer précipitamment à feu modéré. En dernier lieu, glacez-la au pinceau, salez et débrochez-la sur un plafond, débridez et découpez-la en pratiquant une entaille carrée sur l'étendue du filet supérieur, c'est-à-dire que vous tirez deux lignes parallèles, sur toute sa longueur à peu près, l'une immédiatement contre les os, ainsi que l'indique le dessin, et l'autre à distance, sur l'épaisseur du gros filet ; arrêtez carrément les lignes à quelques centim. des extrémités, et faites-les pénétrer jusqu'à l'os, afin d'enlever le gros filet dans toute son épaisseur jusqu'aux palettes, et en glissant le couteau en dessous d'une extrémité à l'autre. Enlevez cette partie, découpez-la en tranches minces et remettez-les ensemble dans la caisse vide de l'entaille, et dans le sens qu'elles avaient auparavant, afin que la longe reprenne sa forme naturelle et paraisse encore entière. Alors, transportez-la sur son plat de relevé et taillez-la en dessous pour lui donner de l'aplomb. — Aux deux extrémités de la longe, placez les deux coupes en riz ou en navets, élégamment taillées ; fixez-les contre les bouts de la longe, avec un hâtelet simple ; garnissez-les avec la Monglas préparée et saucée à court avec de la sauce allemande ; entourez-la avec les bouchées ; glacez entièrement la longe et envoyez la sauce à part. — La garniture de cette pièce peut toujours être modifiée et la sauce également. La longe elle-même peut être ornée de hâtelets, de même qu'au besoin on la dresse sans coupe.

525. — LONGE DE VEAU ROTIE A LA JUSSIEU.

Parez, désossez en partie une belle longe, dans les conditions que nous venons d'indiquer ; bridez et emballez-la sans fermer les bouts ; faites-la partir deux heures avant de servir ; conduisez le feu d'une manière régulière et arrosez-la pendant sa cuisson avec du beurre fondu. Deux heures après, déballez-la hors du feu pour lui faire prendre couleur. Au dernier moment, glacez-la, salez, débrochez et débridez-la ; enlevez le filet mignon du dessous, que vous émincez vivement, et roulez sur un sautoir hors du feu, avec à peu près le même volume de champignons émincés, que vous saucez immédiatement avec une sauce à la crème finie au moment. Enlevez la partie supérieure au moyen d'une entaille carrée, par le procédé décrit dans l'article qui précède ; emplissez à moitié le vide de la caisse avec le ragoût préparé ; taillez la partie enlevée en tranches minces ; reformez-la, autant que possible, et placez-la dans le même sens, appuyée sur le ragoût. Dressez la longe sur plat, entourez-la de 2 litres de petits pois cuits à l'anglaise et sautés à la minute, hors du feu, avec 200 gr. de beurre. Envoyez une saucière d'allemande à part. — Ce relevé, quoique garni simplement, est d'une finesse incontestable. On peut, d'ailleurs, changer sa garniture et l'orner de hâtelets et de coupes.

526. — LONGE DE VEAU A LA CHAMBELLANE.

Garniture : 2 décil. à peu près de purée Soubise, 750 gr. de moyennes truffes. — Sauce demi-espagnole à l'essence de truffes.

Apprêts : Parez carrément et désossez complètement une longe de veau choisie ; retirez le rognon et une partie des graisses adhérentes ; salez légèrement l'intérieur ; roulez-la et ficelez-la bien ronde et droite. Foncez une petite braisière avec des débris de lard et lames de jambon cru, quelques légumes émincés et un bouquet garni ; mouillez avec un fonds de poêle au quart de sa hauteur ; couvrez d'une épaisse feuille de papier beurré ; faites partir en ébullition et retirez la braisière sur une paillasse modérée, pour qu'elle ne fasse que mijoter pendant toute la durée de la cuisson ; arrosez souvent la longe avec son fonds. Une demi-heure avant de servir, retirez-la sur une plaque, débridez-la ; étendez le fonds avec un verre de sauterne ; passez, dégraissez et mettez-le avec la longe parée et débridée dans la même braisière, pour la faire réduire à glace et glacer entièrement la longe à la bouche du four, d'une couleur égale et claire. Découpez-la ensuite en tranches minces, passant de part en part; dressez-la sur le plat de relevé, en masquant le fond avec de la farce un peu ferme, afin de maintenir la longe en forme; collez à chaque bout du plat une petite coupe en pain frit, pour mieux la soutenir; aux deux centres de ce plat, placez les truffes émincées à cru dans toute leur largeur, passées au beurre vivement, et auxquelles vous faites réduire un verre de vin du Rhin; finissez avec quelques cuillerées d'espagnole et une pointe de cayenne. Dans les coupes, dressez la purée Soubise, glacez la longe et servez la sauce à part. — Cuite d'après cette méthode, la longe peut être entourée de toutes les garnitures possibles; on peut aussi la découper à l'instar de la *longe à la Jussieu*.

527. — LONGE DE VEAU A LA MONTANSIER.

Choisissez une longe un peu plus courte que les précédentes, désossez-la complétement, parez et bridez-la bien ronde, cuisez-la comme il est indiqué au n° . — Émincez en lames très-fines 600 gr. de petites truffes crues et tournées; assaisonnez et faites-les cuire à casserole couverte, avec un verre de vin du Rhin. Quand le vin est réduit, retirez la casserole du feu, ajoutez quelques cuillerées de glace de volaille et mouillez avec 3 ou 4 décil. de sauce à la crème finie au moment, dans laquelle vous les roulez sans ébullition nouvelle. — Quand la longe est cuite et glacée, découpez-la en lames de part en part; masquez le fond du plat avec quelques cuillerées de farce ferme, sur les points seulement où doit s'appuyer la longe; faites-la sécher une minute à la bouche du four. Cela fait, dressez les tranches dessus, une à une, en les alternant tour à tour avec une cuillerée de ragoût de truffes, et reformez complétement la longe. Lorsqu'elle est ainsi dressée, masquez-la bien régulièrement avec le restant des truffes et une poignée de parmesan et pain râpé; essuyez bien le plat et glacez à la salamandre. — On peut masquer aussi cette longe avec une émincée de champignons en procédant de même.

528. — LONGE DE PORC FRAIS A L'ANGLAISE.

Enlevez le lard superflu d'une longe de porc; désossez et parez-la carrément; roulez et ficelez-la bien égale; couchez-la sur broche; emballez-la d'une simple feuille de papier beurrée; faites partir à feu modéré une heure et demie avant de servir; arrosez-la souvent pendant sa cuisson; une demi-heure avant, déballez-la et laissez-la légèrement sécher à la superficie; salez, débrochez et découpez de part en part; dressez directement sur plat; masquez d'un peu de farce ferme séchée au four, pour la maintenir en forme; entourez-la de quelques douzaines de pommes de terre tournées en grosses olives, frites dans la graisse, puis sautées au beurre et salées; servez à part une saucière de purée de pommes, d'après les indications du n° 252.

DES SELLES.

Les selles sont les deux parties de longe non divisées. On sert des selles de mouton, de chevreuil et d'agneau. Il y a deux procédés différents pour les cuire, entières et désossées. Dans le premier, il faut de grands soins pour les obtenir droites à la cuisson, attendu que la chaîne de l'épine dorsale a toujours une tendance naturelle à se raccornir et à se tordre sous l'action violente du feu; dans le second, les selles sont plus petites, mais elles s'obtiennent plus droites et plus correctes. — En étudiant attentivement ces deux méthodes, nous avons pesé tous les avantages et toutes les difficultés qu'elles présentent, et l'expérience nous a démontré que la dernière était celle qu'on devait préférer, en dépit même des préjugés. Nous donnons là notre opinion, mais elle ne nous dispensera pas de produire les deux procédés de préparation.

529. — SELLE DE MOUTON A LA CHARTREUSE. (Dessin n° 37.)

Garniture : 10 bottillons d'asperges vertes, 12 petites chartreuses, une forte macédoine de petits légumes choisis et variés, poussés à la colonne ou enlevés à la cuiller à racine, 1 litre de petits pois blanchis au moment. — Sauce tomate et béchamel. — 2 hâtelets.

Apprêts : Choisissez une selle de mouton mortifiée et bien tendre, partant du point de jonction des gigots avec les longes jusqu'à la hauteur des épaules ; enlevez les rognons et les graisses adhérentes au filet mignon ; désossez-la entièrement sans la percer ; taillez carrément les bavettes ; enlevez la peau qui recouvre les graisses des parties supérieures ; salez-la légèrement ; roulez et ficelez-la bien ronde, régulière et droite. Foncez une poissonnière avec quelques débris de lard et de légumes émincés ; placez la selle dessus, avec les os brisés et les parures ; comblez les interstices, afin qu'il reste le moins de vide possible ; mouillez avec du bouillon ordinaire, jusqu'au quart à peu près de la hauteur de la pièce ; faites partir à feu violent et tomber directement à glace, sans prendre couleur : ceci est nécessaire pour corriger l'odeur naturelle du mouton. Quand ce mouillement est réduit, mouillez la selle presque à hauteur, couvrez-la d'une feuille de papier beurré et la braisière de son couvercle, faites partir de nouveau et retirez-la sur une paillasse modérée pour qu'elle cuise tout doucement ; arrosez-la souvent avec son fonds, et donnez-lui environ deux heures de cuisson, suivant la tendreté de la viande. Vingt-cinq minutes avant de servir, retirez la selle sur une plaque, débridez et parez-la ; passez et dégraissez le fonds, étendez-le avec 2 décil. de vin blanc, faites-le réduire en demi-glace et placez-le avec la selle dans une casserole longue proportionnée ; imbibez bien la selle au pinceau et placez-la à la bouche du four pour la glacer avec tous les soins voulus ; alors retirez-la pour la découper en tranches un peu épaisses et légèrement en biais. Sur le centre du plat, fixez un fonds en pain frit ou en riz raffermi et coloré au four, taillé dans les proportions exactes de la selle, enlevez celle-ci avec un couvercle de casserole, tout à la fois, et dressez-la sur ce socle très-bas ; maintenez-la dans sa forme exacte, puis divisez-la en deux parties sur sa longueur, afin que les tranches, tenues plus épaisses que d'ordinaire, se trouvent, par ce fait, coupées en deux et du volume convenable. — Maintenant dressez 6 petites chartreuses dans chaque bout de plat, de manière à laisser un petit creux entre elles et les extrémités de la selle : ce vide sera rempli avec des petits pois blanchis et sautés au beurre ; aux deux parties latérales, vous alternez les bottillons avec un bouquet de macédoine, comme le représente le dessin ; piquez les deux hâtelets sur les extrémités de la selle, en les faisant aboutir par la pointe jusqu'au socle de dessous ; glacez bien la selle ; servez les sauces à part. — La garniture de ce relevé peut être remplacée par une autre et disposée dans un autre ordre ; ainsi on peut placer deux coupes aux extrémités, ranger les garnitures autour et supprimer les hâtelets ; on peut encore dresser cette selle dans le genre des filets de bœuf représentés au dessin n° 35. On la sert aussi entière.

530. — SELLE DE MOUTON ROTIE A LA DUCHESSE.

Garniture : 3 douz. de rissoles de légumes ; 3 douz. de croquettes de pommes de terre duchesse. — Sauce demi-espagnole.

Apprêts : Choisissez une belle selle de mouton mortifiée à point et dans les proportions précédemment indiquées ; écourtez l'os des côtes, enlevez les rognons et une partie des graisses adhérentes aux filets mignons, retirez les peaux superficielles des gros filets, parez carrément les deux bouts, taillez les bavettes droites et assez longues pour les croiser en dessous. Avec la pointe d'un grand couteau, brisez, de distance en distance, les joints de la chaîne dorsale, cela afin de l'empêcher, autant que possible, de se tordre à la cuisson ; ficelez-la ensuite ; emballez-la dans une feuille épaisse de papier beurré ; enfilez-la avec un hâtelet de cuisine, tout le long de la chaîne ; puis, couchez-la sur broche ordinaire, fixée sur celle-ci par les deux bouts du hâtelet. On peut en placer un second, directement appuyé sur le milieu de la selle, en dessus, fixé aussi à la broche par les deux bouts. — Deux heures environ avant le dîner, faites-la partir à feu réglé et continu ; arrosez-la souvent pendant sa cuisson ; déballez-la vingt minutes avant de servir, pour lui faire prendre couleur ; salez et débrochez ensuite sur un plafond ; cernez et enlevez les filets supérieurs des deux côtés, aussi profondément que possible ; découpez-les vivement, en tranches proportionnées et un peu en biais, pour les remettre aussitôt

RELEVÉS ET GARNITURES. — BOUCHERIE.   185

sur la selle, dans leur sens naturel; placez-la sur le centre du plat de relevé. Aux deux bouts, dressez les rissoles en bouquets et les croquettes en chaîne sur les deux côtés latéraux. Glacez et envoyez la sauce à part. — Ce relevé peut recevoir les ornements appliqués à ceux qui précèdent. La garniture peut aussi être changée.

531. — SELLE DE MOUTON A L'ANGLAISE.

Désossez la selle comme nous l'avons dit au premier article; ficelez-la régulièrement et plongez-la dans une braisière pleine d'eau bouillante salée et dans laquelle vous aurez mis quelques légumes émincés. La selle doit être largement couverte. Faites-la bouillir vivement pendant une heure et demie environ; au bout de ce temps, elle doit être atteinte, quoique la viande soit encore bien rosée. Alors, retirez-la sur une plaque, débridez et découpez-la vivement en tranches minces; dressez directement sur plat de relevé, masquez-la d'une sauce au beurre au consommé ou bouillon blanc; saupoudrez le dessus avec une poignée de câpres, 2 ou 3 œufs durs, coupés en petits dés, et une cuillerée de persil. La selle peut être cuite non désossée et servie sans être découpée.

532. — SELLE DE MOUTON A LA BRETONNE.

Garniture : Purée de haricots blancs, mêlée avec un quart de son volume de purée Soubise. — Sauce bretonne.

Apprêts : Cuisez une selle de mouton d'après la méthode indiquée au n° 529. Au moment de servir, découpez-la en tranches minces sur toute sa largeur; masquez le fond du plat de relevé avec un peu de farce ferme que vous faites sécher au four; dressez la selle dessus, en lui faisant reprendre sa forme; versez la purée dans une poche en toile garnie d'une douille, et couchez, tout autour de la selle, une chaîne de ronds de purée de la forme d'une meringue. Glacez la selle au pinceau. Servez la sauce à part.

533. — SELLE D'AGNEAU A LA BOURDONNAYE.

La selle proprement dite de l'agneau ne suffirait certainement pas à faire un relevé convenable, à moins qu'il ne soit de taille gigantesque. C'est pourquoi on laisse ordinairement adhérer les deux gigots, sans pour cela lui changer sa dénomination. On sert aussi un seul quartier avec toute la longe.

Garniture : 12 fonds de gros artichauts entiers, emplis d'une purée de champignons, 18 laitues farcies, 18 croûtons de langue écarlate.

Apprêts : Il faut choisir une selle de belle qualité, à chair bien blanche; parez le bout des gigots, brisez-leur l'os de la seconde jointure, cousez les bavettes, enfilez la selle avec un hâtelet, emballez et couchez-la sur broche, fixez-la solidement pour la faire partir une heure et demie avant le moment de servir; arrosez-la souvent; déballez-la quelques minutes seulement avant le service, pour lui faire prendre couleur; glacez, salez et débrochez-la sur une plaque; enlevez les deux filets, découpez-les et remettez-les dans le même sens; enlevez les deux noix des gigots; découpez-les aussi pour les remettre dans le même sens qu'elles étaient; papillotez les deux manches; dressez la selle sur plat; entourez-la des deux côtés avec les laitues alternées avec un croûton de langue, et les fonds d'artichauts aux deux bouts; glacez et servez la sauce à part. — Les selles d'agneau, ainsi cuites et découpées, sont susceptibles d'être entourées avec toutes les garnitures applicables aux autres relevés.

DES GIGOTS DE MOUTON ET DE PRÉ-SALÉ.

Les gigots de mouton ou de pré-salé se préparent de la même manière. Pour relevés, s'ils ne sont pas trop gros, on peut toujours les faire couper avec une partie de la longe; ils sont ainsi plus faciles à découper et représentent mieux. Quels qu'ils soient, ils doivent être choisis tendres et mortifiés à point. Les viandes les plus savoureuses, et même celles qui sont tendres, sont toujours coriaces, si on les cuit trop fraîches.

534. — GIGOT DE MOUTON A LA FERMIÈRE.

Garniture : Une forte macédoine de légumes, aussi complète que possible, enlevée à la cuiller d'acier, saucée à l'Espagnole et finie au moment avec beurre et glace. — Sauce tomate claire.

Apprêts : Choisissez un gigot de bonne qualité; dressez la longe et la noix jusqu'à la jointure du manche; sciez le bout de ce manche, enlevez le rognon et la graisse autant que possible, car elle communique toujours à la viande le goût du suif; cela fait, salez-le légèrement, ficelez-le en lui donnant une forme allongée bien arrondie. Foncez une braisière longue et étroite, avec des débris de lard, quelques lames de jambon et légumes émincés; placez le gigot dessus, mouillez-le au quart de sa hauteur avec du simple bouillon, faites partir et tomber à glace directement sans prendre couleur; alors, mouillez-le à peu près aux trois quarts de sa hauteur avec du même bouillon, et aussitôt qu'il entre en ébullition, placez-le sur une paillasse modérée pour que l'ébullition continue d'une manière lente, mais incessante, pendant deux heures au moins, suivant la grosseur et la tendreté du gigot. Quand il est atteint à point, retirez-le sur une plaque, débridez-le, étendez le fonds qui doit être en demi-glace, avec 2 décil. de vin blanc; passez et dégraissez-le complétement, faites-le réduire presque à glace; puis placez-le avec le gigot dans une casserole plus étroite; arrosez le gigot avec ce fonds, et poussez à la bouche du four doux pour le glacer entièrement et de belle couleur. — Au moment de servir, égouttez le gigot sur une plaque; découpez la longe en lames régulières et proportionnées; enlevez toute la noix que vous taillez également en tranches de la dimension des premières : le tout ensemble doit vous en donner de 15 à 18. Alors, placez la partie du manche non découpée à l'extrémité du plat de relevé et dressez les tranches en couronne tout autour des bords du plat, dans le genre qu'indique le dessin; cela fait, papillotez le manche, dressez la macédoine dans le puits, glacez toutes les parties; envoyez la sauce à part. — Un gigot cuit et dressé de cette manière peut recevoir l'application de toutes les garnitures grasses des relevés. Elles subissent seulement quelques légères modifications dans la manière de les dresser.

535. — GIGOT DE MOUTON A L'ÉCOSSAISE.

Garniture: 2 gros choux fendus en 4 parties, blanchis et cuits dans du bouillon blanc, avec 500 gr. de poitrine de porc fumée et blanchie; 2 douz. de pommes de terre tournées rondes et cuites à l'eau. — Sauce au beurre au consommé, avec addition de persil haché.

Apprêts : Parez un beau gigot sans longe, retirez-lui seulement l'os saillant du casy; enveloppez-le dans un linge, serrez-le bien aux deux extrémités et plongez-le dans une braisière aux trois quarts pleine d'eau bouillante et salée; donnez deux heures d'ébullition vive. La viande doit rester rosée et conserver tout son suc. Quand le gigot est cuit, égouttez-le sur une plaque; déballez-le, enlevez la noix et la fausse noix, que vous découpez en tranches minces et proportionnées pour les remettre dans leur sens naturel, à l'endroit d'où elles ont été retirées; dressez le gigot sur plat, papillotez le manche, égouttez et parez les quartiers de choux, dressez-les en deux bouquets; à côté des choux dressez deux groupes de lames de lard, puis deux bouquets de pommes de terre au centre du plat. Saucez légèrement; servez le restant de la sauce à part. — On peut entourer le gigot cuit d'après ce procédé avec toutes sortes de garnitures de légumes.

536. — GIGOT DE MOUTON BRAISÉ A LA PROVENÇALE.

Garniture : 12 tomates farcies au gras, 12 petites timbales de pilau à la marseillaise, 12 oignons farcis, 2 douzaines de cervelles frites à cru. — Purée d'ail étendue avec le fonds de cuisson.

RELEVÉS ET GARNITURES. — BOUCHERIE.   187

Apprêts : Désossez entièrement un beau gigot coupé rond, c'est-à-dire sans longe ; piquez-le entièrement avec des filets crus de lard, jambon et truffes, assaisonnés avec sel et poivre; assaisonnez-en également les chairs intérieures ; cousez-le en mettant au centre 2 gousses d'ail entières, enveloppées dans un bouquet de persil, avec une feuille de laurier; donnez-lui en le cousant une forme un peu allongée. — Masquez le fond d'une casserole ovale des dimensions exactes du gigot, avec des débris de lard et des lames de jambon, légumes émincés ou entiers, un bouquet d'aromates, quelques clous de girofle et poivre en grains; posez le gigot dessus; brisez les os pour remplir les vides que laisse le gigot; salez légèrement le dessus, couvrez-le de larges bandes de lard et d'un fort papier beurré; mouillez-le de 3 décil. de grand bouillon et faites-le tomber à glace; ajoutez ensuite une bouteille de vin de Sauterne. Aussitôt l'ébullition prononcée, couvrez hermétiquement la casserole, placez-la sur des cendres chaudes dont vous masquez aussi le couvercle, afin que le mouillement ne fasse pour ainsi dire que frissonner. Au bout de quatre heures ou quatre heures et demie, le gigot doit être cuit : il faut qu'il soit tendre. Alors, retirez-le de la casserole sur un couvercle ; étendez le fonds avec 2 décil. de sauterne; passez et dégraissez-le, faites-le réduire en demi-glace, dont vous versez moitié dans la casserole contenant le gigot, et glacez-le avec soin à la bouche du four. Le restant du fonds servira à étendre la purée mentionnée. — Au moment de servir, retirez le gigot; parez-le d'abord en dessous, pour lui donner de l'aplomb ; puis, partagez-le en deux moitiés, dont l'une reste attachée au manche. Enlevez la partie supérieure ; divisez-la en deux, dans sa longueur, et découpez les deux parties transversalement en lames pour les remettre sur l'autre moitié. Dressez le gigot sur plat, papillotez le manche et rangez les timbales et les tomates aux flancs, les oignons et les cervelles aux deux bouts, la purée à part.

537. — GIGOT DE MOUTON A LA DUBOUZET.

Faites bouillir 15 à 18 grosses pommes de terre bien rondes ; cuisez-les un peu fermes, égouttez et laissez-les refroidir pour les tourner rondes de la grosseur d'une bille de billard. Il faut les obtenir le plus égales possible. Quand elles sont tournées, videz-les au moyen d'une cuiller à racines, en leur faisant un petit trou rond ; lorsqu'elles sont vidées, emplissez-les de fines herbes complètes, bien réduites, très-légèrement saucées et mêlées dans un cinquième de leur volume de farce crue. Quand elles sont pleines, fermez les ouvertures avec une purée de pommes de terre très-fermes, après les avoir humectées d'un peu de blanc d'œufs. Alors, rangez-les dans un sautoir profond, foncé de lard. Elles doivent se trouver serrées et laisser le moins de vide possible entre elles; couvrez-les également avec des bandes de lard, et mouillez-les à peu près à leur hauteur avec un bon fonds de veau; faites-les partir en ébullition; retirez-les ensuite sur un feu modéré pendant une heure; arrosez-les de temps en temps. — Braisez le gigot entier, d'après les prescriptions que nous venons d'indiquer à l'article qui précède. Quand il est bien glacé, découpez-le et dressez les pommes de terre autour; masquez-les légèrement avec une demi-espagnole; glacez les lames de gigot et servez à part une sauce tomate claire.

538. — GIGOT DE PRÉ-SALÉ A LA LORRAINE.

Garniture : 12 petits bouquets de choux farcis et braisés, 12 morceaux carrés de poitrine de porc fumé, cuite entière avec les choux, après avoir été blanchie ; 6 douz. de petites carottes enlevées à la cuiller d'acier. — Sauce napolitaine.

Apprêts : Choisissez un beau gigot avec sa longe bien mortifiée ; battez-le avec le plat du couperet pour l'attendrir ; dégagez les chairs du manche ; sciez celui-ci droit ; désossez la longe et la noix jusqu'à la première jointure ; ficelez-le bien serré et bien rond ; couchez-le solidement sur broche et faites-le cuire à feu réglé, une heure et demie environ. Les chairs doivent rester rosées : pour l'obtenir ainsi, il faut le mettre à temps et le servir aussitôt cuit. Salez et débrochez-le, découpez d'abord la longe, puis les noix, celle de dessus et celle de dessous; remettez chaque partie à sa place pour reformer le gigot ; papillotez le manche ; dressez les choux autour en les alternant avec une lame de lard. Les carottes glacées au moment seront placées au bout opposé au manche du gigot. Glacez les choux et le lard ; envoyez la sauce dans la saucière.

539. — GIGOT DE PRÉ-SALÉ EN CHEVREUIL.

Faites bien mortifier un gigot avec sa longe ; désossez-le en partie seulement et cousez-le en dessous ; faites-le macérer quelques jours dans une marinade cuite et bien aromatisée. Quelques heures avant de servir, égouttez-le sur un linge ; épongez-le bien, parez-le ensuite de son épiderme superficiel, et piquez-le à l'égal d'un quartier de chevreuil ; couchez-le ensuite sur broche, fixez-le solidement et faites-le partir à peu près deux heures et demie ; arrosez-le souvent avec du bon dégraissis ; en dernier lieu, salez-le légèrement, glacez et débrochez-le sur un plafond pour le découper d'après l'une des différentes méthodes décrites ; dressez-le directement sur plat, entourez-le d'une garniture quelconque ou masquez-le tout simplement de sauce poivrade, dont vous envoyez le surplus en saucière. — A la polonaise, on arrose ce gigot avec sa marinade mêlée à la même quantité de crème aigre.

DES CUISSOTS DE VEAU.

Les cuissots sont peu en usage, à cause de leur volume. Il se rencontre pourtant des cas où la nécessité oblige de les servir ainsi ; quand ils sont petits, ils peuvent sans difficulté aller avec un autre relevé ; il faut alors les choisir de bonne qualité, c'est-à-dire à chair blanche et grasse.

540. — CUISSOT DE VEAU A L'ITALIENNE.

Garniture : Cette garniture se compose entièrement avec les différentes fritures à l'Italienne, décrites sous le titre de *fritto-misto*. — Servez à part une sauce tomate.

Apprêts : Choisissez un gigot de moyenne grosseur ; désossez-le depuis le casy jusqu'à la première jointure de la gigue ; salez légèrement les chairs intérieures et remplacez les os par de la farce de veau ; cousez le cuissot en lui donnant une forme un peu allongée, puis mettez-le dans une braisière grassement beurrée ; salez modérément en dessus un bon morceau de beurre, recouvrez de papier et faites partir au four modéré. Deux heures environ suffisent, mais il ne doit pas être perdu de vue ; il faut le retourner toutes les dix minutes et le mouiller d'une cuillerée de consommé dans le cas où il cuirait trop vite. En dernier lieu, faites-le glacer en l'humectant au pinceau avec de la glace, puis retirez-le sur une plaque, débridez-le, enlevez la bonne noix que vous détaillez en tranches minces ; dressez le cuissot sur plat, appuyé sur le côté où la noix est enlevée ; découpez en entaille la sous-noix que vous remettez à sa place toute taillée ; dressez la bonne noix au bout du cuissot, les tranches rangées en couronne, et la garniture partie au milieu et partie au bout, divisée en petits bouquets ; papillotez le manche, glacez le gigot sur toutes ses parties, servez la sauce en saucière. — Ce cuissot ainsi préparé devient très-tendre et conserve toute la saveur de ses viandes. L'essentiel est qu'il soit toujours conduit à feu assez chaud pour que la viande ne rejette pas son humidité ; il faut cependant qu'il soit assez doux pour que le beurre ne noircisse pas. Cuit ainsi, on peut l'entourer avec toutes les garnitures voulues.

541. — CUISSOT DE VEAU A LA SAMARITAINE.

Garniture : Ragoût de concombres enlevés à la colonne, blanchis et tombés à glace, avec une pointe de sucre, saucés au dernier moment avec une béchamel bien réduite. — Escalopes de ris de veau, champignons et langue écarlate pour le puits. — Sauce demi-espagnole.

Apprêts : Désossez un moyen cuissot, remplacez les os par de la farce, bridez-le en forme un peu allongée et faites-le cuire au four d'après la méthode indiquée à l'article précédent. Quand il est cuit, retirez-le pour le laisser refroidir sous presse et lui faire prendre la forme ovale, légèrement aplatie et bien d'aplomb. Alors, débridez-le, parez bien le manche et ouvrez-le avec la pointe d'un couteau tout autour de sa surface, en pratiquant un vide au milieu, qui se rapproche des bords par sa largeur, et dont la profondeur atteint moitié de l'épaisseur du cuissot, de manière à en faire une caisse régulière. Une heure avant de servir, placez-le dans une casserole ovale avec un peu de demi-glace, humectez-le en dessus et poussez à la bouche du four, la casserole couverte de papier beurré; pendant qu'il chauffe, vous parerez les viandes retirées de la caisse, de toutes leurs parties nerveuses, et vous les taillerez en escalopes minces, de 3 à 4 cent. de large; vous aurez également escalopé 3 ou 4 moyens ris de veau, déjà blanchis, pour les faire cuire au beurre et tomber à glace avec du consommé. Escalopez également 2 douz. de champignons cuits et environ le même volume de langue écarlate, taillés en ronds, à peu près de la même dimension. — Dix à douze minutes avant de servir, placez dans un grand sautoir 4 décil. de velouté réduit au moment avec le fonds des champignons, et fini avec quelques cuillerées de glace de volaille; additionnez-lui les escalopes de veau, ris, champignons et langue; couvrez le sautoir et chauffez à feu doux, sans ébullition. — Avant d'envoyer, dressez le cuissot sur le plat de relevé, papillotez le manche, entourez-le de la garniture de concombres, glacez-le entièrement et emplissez le puits avec l'escalope préparée. Servez la sauce à part.

542. — QUARTIER DE PORC DEMI-SALÉ A LA VALENCIENNES.

Faites macérer dans la saumure, pendant cinq à six jours, un quartier de porc frais de bonne qualité et surtout jeune et tendre; au bout de ce temps, faites-le dégorger toute une journée, retirez l'os du casy seulement, bridez et placez-le dans une braisière foncée de légumes et aromates; mouillez-le avec une bouteille de sauterne et le restant de grand-bouillon; faites-le partir en plein fourneau et laissez-le réduire d'un quart environ; retirez ensuite la casserole sur feu modéré; couvrez le jambon d'un fort papier et la braisière de son couvercle; finissez de le cuire tout doucement. Il faut au moins deux heures de cuisson. Quand il est bien atteint, retirez-le sur une plaque, parez-le de sa couenne, arrondissez le manche, passez et dégraissez son fonds, que vous réduisez en demi-glace; placez-le avec le quartier dans une casserole longue et glacez-le, à découvert, à la bouche du four, en l'humectant au pinceau à chaque minute, jusqu'à ce qu'il soit d'une belle couleur; alors retirez-le pour le découper d'après le mode indiqué pour les jambons, papillotez et entourez-le d'un riz à la Valenciennes indiqué au n° 206; envoyez à part une demi-espagnole au madère. — On peut également entourer ces quartiers avec toute autre garniture de viande ou de légumes.

543. — QUARTIER DE PORC DEMI-SALÉ GARNI DE CHOUX DE BRUXELLES.

Après avoir dessalé et désossé le quartier comme nous venons de le dire, enveloppez-le dans un linge très-serré et cuisez-le à l'eau tout simplement avec quelques légumes dedans; donnez deux heures et demie environ d'ébullition continue, et quand il est cuit, déballez-le, parez-le de sa couenne, découpez-le d'après les règles indiquées plus haut, placez-le sur le plat de relevé et entourez-le avec les choux blanchis et sautés au beurre à la minute; saucez au moment avec un velouté léger, fini avec un beurre maître d'hôtel; envoyez le surplus en saucière. — On peut entourer ce relevé avec une purée, légumes ou toute autre garniture.

544. — PETITS COCHONS DE LAIT.

L'espèce dite des *Tonkins* est la plus recherchée, mais elle ne se rencontre pas partout; à son défaut, on emploie ceux dont on dispose. — En Italie et en Russie, on fait une grande consommation de cochons de lait; mais on ne les sert guère que dans les dîners d'ordinaire, et nous comprenons difficilement qu'on puisse les servir en toute autre circonstance. La meilleure et pour ainsi dire l'unique manière de les apprêter est celle de les rôtir à la broche, en les arrosant avec de l'huile pour les rendre croustillants. Cette qualité et celle de leur tendreté naturelle sont les seules qui leur donnent quelque mérite. — On saigne l'animal et on l'échaude pour lui enlever les soies; on le vide et on le fait dégorger quelques heures; on le ressuie bien, on lui met dans le ventre un fort bouquet de sauge et on le coud ensuite pour le brider; on le fait mortifier à l'air toute une nuit, suivant la saison. Dans ces conditions on le couche sur broche, en lui donnant une heure et demie de cuisson, et l'arrosant à chaque instant: il doit venir de belle couleur et la peau très-sèche.

545. — JAMBON GLACÉ A LA PORTE-MAILLOT.

Garniture : 12 tronçons de concombres farcis et braisés d'après les règles ; 12 petits bouquets de choux-fleurs bien blancs, blanchis à l'eau salée ; trois douzaines de boules de navets enlevés à la plus grande cuiller d'acier ; 12 rouelles de grosses carottes d'un centimètre d'épaisseur, blanchies et braisées avec lard, jambon et un bon fonds corsé. — Épinards à part. — 2 hâtelets de légumes. — Sauce demi-glace à l'estragon.

Apprêts : Parez d'abord le jambon sur tous les contours qui ont été les plus exposés à l'action du sel ou de la fumée ; retirez l'os du casy ; brisez celui de la première jointure aussi avant que possible, mais sans le retirer ; sciez l'os du manche et mettez-le à dessaler vingt-quatre ou trente-six heures, suivant qu'il est gros, vieux ou supposé abondamment chargé de sel ; on le dessale à l'eau simple et courante, si c'est possible ; dans le cas contraire, il faut renouveler souvent le bain. Quand il est dessalé, épongez-le, râclez la couenne avec un couteau, emballez-le dans un linge étroitement serré et plongez-le dans une braisière pleine d'eau froide ; ajoutez carottes, oignons, bouquet d'aromates et une bouteille de vin blanc ; faites partir en ébullition, écumez, retirez sur l'angle du fourneau et laissez-le cuire tout doucement. Si le jambon est salé depuis peu et de viande jeune et tendre, trois ou quatre heures peuvent suffire ; autrement, il peut exiger cinq et même six heures ; mais, pour ne pas s'y tromper, il s'agit d'essayer de temps en temps la fermeté de la viande en la sondant avec une aiguille à brider. Par ce moyen, il n'y a pas de surprise possible, car il serait aussi désagréable de le retirer trop dur que trop cuit. Quand vous êtes sûr qu'il est atteint à point, égouttez-le, déballez-le, retirez-lui l'os brisé de la cuisse, parez-le bien rond ; retirez la couenne en partie seulement, pour laisser vers le manche une partie circulaire que vous dentelez régulièrement. Quand il est bien paré, placez-le dans une casserole ovale, dans le fond de laquelle vous mettez un peu de bouillon pour le maintenir chaud jusqu'au moment de servir ; ce moment venu, sortez et découpez-le sur le dessus, c'est-à-dire du côté de la fausse noix, en lames transversales et minces, ce qu'on obtient sans difficulté, attendu que les chairs ne sont pas détachées et résistent par conséquent davantage. Il faut en découper seulement une quinzaine de tranches et éviter d'aller trop bas du côté opposé au manche ; car, vers le bout, les viandes sont plus minces et ne résisteraient pas. Quand les lames sont toutes taillées, divisez-les par le milieu, passez le couteau en dessous, du côté du manche, à quelques centimètres de profondeur, et glissez-le jusqu'à l'autre extrémité des lames coupées, afin de les détacher entièrement du jambon. En opérant ainsi, on est sûr de le maintenir bien entier. Dressez-le alors sur le plat ; glacez et poussez une minute au four ; retirez-le à l'instant pour le papilloter ; entourez-le de ses garnitures dans l'ordre suivant : les navets au bout du plat opposé au manche ; aux deux côtés des navets, deux bouquets de carottes ; après les carottes les bouquets de choufleur et les concombres ensuite ; saucez les navets à la crème, les carottes à l'espagnole légère, glacez le jambon en entier, piquez les deux hâtelets sur la partie mince de la couenne, et envoyez la sauce et les épinards séparément.

546. — JAMBON BRAISÉ A LA CAMÉRANI.

Garniture : 750 gr. de truffes noires que vous parez et émincez en lames de l'épaisseur d'une pièce de cinq francs ; 12 petits tendrons de veau Villeroy. Six heures avant de servir, lavez à l'eau froide à peu près 2 kil. de bonne choucroute de Strasbourg, placez-la dans une casserole avec 500 gr. de petit salé paré et blanchi, une perdrix, un verre de vin du Rhin, et couvrez la choucroute avec du bon bouillon un peu gras, faites partir en ébullition, puis placez la casserole sur un feu modéré, afin qu'elle ne fasse que mijoter pendant tout le temps de la cuisson. Une heure avant de servir, égouttez-la dans une passoire, de manière à la séparer de toute la graisse et la laisser refroidir ; passez-la ensuite dans une casserole, ajoutez les truffes émincées et 2 décil. de vin de Champagne sec ; faites partir à casserole fermée et laissez tomber à glace tout doucement, en remuant souvent. — 2 hâtelets ; sauce veloutée claire finie au moment avec petit beurre de Cayenne.

Apprêts : Après avoir paré et dégorgé proportionnellement un bon jambon, enveloppez-le dans un linge et faites-le cuire tout simplement à l'eau, tenez-le un peu plus ferme que le précédent ; quand il est cuit, déballez-le, retirez l'os brisé de la cuisse et renfermez-le de nouveau dans le linge rafraîchi, ficelez-le et faites-le refroidir sous presse légère; au bout de quelques heures, déballez-le, parez-le bien rond autour, en dessous, ainsi que le manche auquel vous laissez adhérer une petite partie de la couenne, que vous cisèlerez ensuite. Le jambon étant paré, faites-lui une entaille partant d'un bout à l'autre à quelques centimètres des extrêmes, et arrivant aussi profondément que possible; émincez-la régulièrement en tranches minces que vous divisez ensuite par le milieu; rassemblez-les, reformez les tranches dans leur sens primitif, enlevez-les toutes ensemble sans les déformer et à l'aide d'un couvercle de casserole pour les remettre dans l'entaille, et dissimulez leur coupure; cela fait, placez le jambon dans une petite casserole ovale, avec une demi-bouteille de madère et 2 décil. de demi-glace; couvrez la casserole et faites-la partir; laissez réduire de moitié, puis laissez mijoter sur feu modéré pendant une heure à peu près. Vingt minutes avant de servir, glacez-le au pinceau avec son fonds, poussez la casserole découverte à la bouche du four modérément chaud, et faites-le colorer tout doucement d'un beau glacé. Au moment de dresser, enlevez-le avec soin, placez-le directement sur le plat de relevé, papillotez-le, dressez les tendrons en bouquet à l'extrême opposé du manche, et dressez tout le long des deux côtés du jambon la choucroute aux truffes, piquez les hâtelets. — Saucière à part.

547. — JAMBON BRAISÉ A LA PUCKLER-MUSKAU.

Garniture : 12 petites bouchées à la macédoine taillée à la cuiller d'acier; 12 petites croustades aux épinards; 12 belles laitues farcies, blanchies et glacées; 2 hâtelets — Sauce espagnole claire au vin et aux truffes.

Apprêts : Parez et désossez le jambon comme nous l'avons dit précédemment, placez-le pendant vingt-quatre à trente heures dans un bain de lait coupé avec un quart d'eau, changez souvent le bain; en dernier lieu, placez-le avec le jambon dans une braisière, et faites-le partir en ébullition pendant quarante minutes; au bout de ce temps, retirez le jambon, rafraîchissez-le, parez-le des superficies jaunes ou altérées, emballez-le d'un linge et jetez-le dans une braisière avec 6 bouteilles de vin du Rhin, et le reste du bouillon blanc pour le couvrir tout juste; ajoutez beaucoup de légumes, carottes, oignons, céleri et aromates; faites partir en ébullition, fermez hermétiquement la braisière et poussez-la au four doux afin qu'elle ne fasse que mijoter; au bout de deux heures, retournez le jambon, sondez-le pour vous assurer de son degré de cuisson, et laissez-le finir de cuire dans les mêmes conditions; il faut seulement surveiller sa cuisson. Quand il est atteint, déballez-le pour retirer l'os de la cuisse; emballez-le de nouveau d'un linge rafraîchi et laissez-le refroidir sous presse; pendant ce temps, passez et dégraissez le fonds, réduisez-en une partie en demi-glace pour glacer le jambon, et une autre partie, c'est-à-dire 3 décil. que vous faites réduire d'un quart avec 5 décil. d'espagnole et 4 poignées de parures de truffes. Quand le jambon est refroidi, parez-le et découpez-le comme nous venons de le dire; puis, trois quarts d'heure avant de servir, placez-le dans une casserole ovale, mouillez avec la demi-glace, faites partir et chauffez doucement; en dernier lieu, glacez-le à la bouche du four. Au moment venu, quand il est de couleur mâle, dressez-le sur plat de relevé, dressez les laitues en bouquets sur le bout du plat opposé au manche, les bouchées et croustades tout autour; saucez légèrement les laitues, papillotez le manche, piquez les deux hâtelets; saucière à part. — Un jambon cuit ainsi peut être entouré avec toutes les garnitures voulues.

548. — JAMBON GLACÉ AUX RACINES.

Garniture : 4 douz. de petites pommes de terre nouvelles, cuites avec du beurre dans un sautoir, et finies au moment avec une cuillerée de persil haché; 12 petites racines de céleris-raves, parées, rondes, blanchies, vidées modérément avec une cuiller à racine, et cuites dans un fond de poêle couverte de lard, pour les maintenir blanches en les dressant sur les glaces et emplies de purée de champignons; 4 douz. de beaux choux de Bruxelles blanchis et sautés au beurre; 4 douz. de petites carottes nouvelles blanchies et sautées au beurre, avec une pointe de sucre; 2 hâtelets de légumes; sauce demi-espagnole, finie au moment avec un maître d'hôtel.

Apprêts : Cuisez le jambon d'après l'une des méthodes décrites; découpez-le, glacez et dressez sur plat comme nous l'avons dit plus haut, puis rangez aux deux extrêmes les carottes et les choux de Bruxelles; les céleris et les pommes de terre seront placés aux deux côtés; papillotez et piquez les hâtelets. — Saucière à part.

549. — JAMBONS DE MARCASSINS ET OURSONS.

Les jambons de marcassins fumés sont assez communs en Europe ; ceux d'oursons le sont moins ; la Russie et l'Amérique en fournissent qui n'entrent pas dans le commerce, mais qui circulent par circonstance. Les uns et les autres se désossent et s'enveloppent dans des boyaux ou vessies avant d'être fumés. Les viandes de ces deux animaux n'ont rien de remarquable que leur rareté, celle du dernier surtout ; quant au goût, à la succulence, on comprend qu'une fois dominées par l'action du sel et de la fumée elles ne donnent plus qu'une idée incertaine de leur goût particulier : c'est en effet ce qui en résulte ; et pour peu qu'on néglige de les cuire dans un fonds succulent et substantiel, on ne leur trouve plus qu'un goût médiocre si, comme il arrive quelquefois, la viande se rencontre dure, ou que la salaison leur ait été appliquée d'une manière imparfaite. — La seule cuisson qui convienne est une bonne mirepoix au vin, succulente et aromatisée : c'est l'apprêt le plus propre à corriger leur défaut de nature et l'arome exalté de sauvage qu'ils exhalent presque toujours et qui les rend désagréables au goût de beaucoup de monde.

DES NOIX DE VEAU ET BOEUF.

Les noix les plus usitées comme relevés sont celles de bœuf et de veau ; les premières, à cause de leur volume, sont beaucoup moins en usage que les secondes, tandis que celles de veau sont très-usitées et supportent toutes les préparations applicables à cette qualité de viande.

550. — NOIX DE BŒUF A L'ÉCARLATE.

Il faut que la noix ait séjourné dans la saumure de vingt à vingt-cinq jours. Le procédé de salaison du bœuf est indiqué dans la partie des conserves. Après avoir retiré et rafraîchi une noix salée, placez-la dans une marmite proportionnée, couvrez-la d'eau fraîche, ajoutez un bouquet de légumes et faites-la partir en ébullition en plein fourneau ; retirez-la ensuite sur l'angle et laissez-lui achever sa cuisson par une ébullition modérée et continue ; quatre ou cinq heures au plus, suivant son volume, doivent suffire à la pénétrer à point ; il faut avoir soin de la sonder avant de la retirer pour vous assurer de son degré de coction. — Quand elle est cuite, parez-la aussi bien que possible et découpez-la en entailles que vous pratiquez sur la partie supérieure et découpez en tranches minces. Placez-la sur un plat de relevé, glacez-la entièrement et entourez-la d'une garniture de légumes mêlés ou simplement d'une seule espèce, tel que : épinards, chicorée, petits pois, choux bouillis ou braisés. — C'est là une grosse pièce qui ne saurait figurer seule comme relevé dans un dîner recherché.

551. — NOIX DE BŒUF A LA DAUBE PROVENÇALE.

Deux jours avant, en hiver, et vingt-quatre heures en été, cloutez intérieurement une rouelle de belle noix de bœuf mortifiée à point, avec des filets de truffes, lard et jambon crus. Placez-la dans un grand vase verni, avec sel en proportion, grains de poivre, clous de girofles, un décil. d'huile d'olives et autant de vinaigre ; ajoutez un oignon émincé et quelques feuilles de laurier, couvrez-la d'un rond de papier et laissez-la macérer dans ces ingrédients en la retournant de temps en temps. — Neuf ou dix heures avant le moment de servir, égouttez-la de la marinade, ficelez-la en lui donnant une forme un peu allongée, enveloppez-la entièrement avec des bandes de lard que vous fixez avec quelques tours de ficelle ; faites fondre dans une marmite en terre de dimension à contenir la noix, 200 gr. de lard haché ; aussitôt fondu retirez-en les grappes avec l'écumoire et ajoutez la noix avec deux pieds de veau blanchis, un oignon entier, une carotte, 2 feuilles de laurier, un bouquet garni, quelques grains de poivre et clous de girofle, un morceau d'écorce d'orange sèche et quelques gousses d'ail entières, puis un verre de vin rouge de Bordeaux et un décil. de bonne eau-de-vie ; alors faites-la partir; aussitôt que l'ébullition se prononce, couvrez la marmite avec son couvercle autour duquel vous collez une bande de papier pour intercepter l'évaporation ; placez la marmite sur de la cendre chaude, entourez-la avec cette cendre jusqu'à moitié de sa hauteur, et laissez-la bouillir d'une manière insensible jusqu'au moment de servir. Il faut néanmoins avoir soin d'entretenir la chaleur des cendres par des additions opportunes de braise ; il ne faut pas oublier de la retourner, ceci est évident. Il faut alors remettre de l'autre papier. — Au bout du temps indiqué, cette noix doit se trouver bien cuite et pour ainsi dire fondue ; c'est ainsi qu'elle doit être. Retirez-la avec soin, débridez et placez-la sur son plat de relevé, sans la découper, attendu qu'on peut la servir à la cuiller. Passez son fonds de cuisson, dégraissez-le attentivement, placez-en un quart dans le plat et faites suivre le reste dans la saucière ; dans une autre vous enverrez de la sauce tomate ou une garniture de légumes quelconque. — On braise également cette pièce, en suivant le même procédé qu'à l'égard des aloyaux et culottes.

552. — NOIX DE VEAU A LA SUZERAINE.

Garniture : 12 crépinettes de pied de porc aux truffes, 12 petites saucisses chipolata, une petite noix de jambon, 16 tomates coupées en deux et cuites au four avec beurre, persil et mie de pain sèche, 4 concombres taillés en tiges, blanchis, sautés et légèrement saucés à la béchamel. — Espagnole finie avec un petit beurre de Cayenne. — 2 hâtelets.

Apprêts : Choisissez une belle noix de veau de grosse forme ; parez-la en tous sens des peaux nerveuses qui la recouvrent, sans lui retirer la tétine ; cloutez-la intérieurement avec des filets de lard et jambon ; bridez-la en dessous, afin de lui donner une forme ovale et régulière ; piquez-la ensuite sur toute sa surface, en dehors de la tétine, que vous bridez aussi ; masquez-la d'une matignon sèche, en dessus et en dessous ; emballez-la dans une grande feuille de papier beurrée, serrez-la sans efforts, couchez-la sur un hâtelet, puis sur broche, et faites-la partir à feu doux, deux heures avant de servir. Douze ou quinze minutes avant, déballez-la, glacez-la pour lui faire prendre couleur, puis salez et débrochez. Découpez-la en entailles que vous enlevez sur sa plus forte épaisseur, et dressez-la sur un plat de relevé au centre duquel vous aurez placé un fonds en riz des dimensions de la noix. Cela fait, entourez-la de ses garnitures dans l'ordre qui suit : la noix de jambon émincée et les saucisses aux deux bouts, les crépinettes au centre, la moitié des tomates et concombres de chaque côté des crépinettes ; glacez la noix et le jambon. Envoyez la sauce à part. Ainsi cuite, la noix peut être garnie de toute autre manière.

553. — NOIX DE VEAU BRAISÉE A LA LYONNAISE.

Garniture : 2 douzaines de marrons cuits au consommé et glacés, 12 moyens oignons farcis suivant les règles ordinaires, 15 lames de cervelas cuit, d'un centimètre d'épaisseur, 15 ronds de choux braisés comme ils sont décrits à l'article des garnitures, 2 cuillerées à ragoût de purée de champignons, 2 coupes taillées aux trois quarts de rondeur. — Sauce demi-espagnole. — 2 hâtelets.

Apprêts : Parez une belle noix de veau, ainsi que nous venons de le dire plus haut ; cloutez-la intérieurement avec des filets de lard et jambon, et en dehors avec des filets de truffes noires ; bridez-la pour la maintenir en forme ; salez légèrement ; masquez-la de bandes de lard que vous ficelez ; placez-la dans une casserole longue et proportionnée, préalablement foncée de lard, jambon, légumes et bouquets garnis ; mouillez-la avec 4 décil. de mirepoix, couvrez d'un rond de papier et couvrez également la casserole ; faites partir en plein fourneau ; placez ensuite sur feu modéré et très-doux ; arrosez-la souvent de son fonds en l'augmentant quand il se trouve réduit. Au bout de deux heures et demie ou trois heures au plus tard, la noix doit se trouver atteinte à point. Alors, retirez-la sur un plafond, déballez et débridez-la ; parez-la légèrement pour l'arrondir et lui donner de l'aplomb, et découpez-la en entailles d'après le procédé décrit ; allongez le fonds avec un peu de madère, passez et dégraissez attentivement, faites-le réduire à demi-glace, placez-le ensuite avec la noix dans une casserole plus étroite que la première et glacez-la doucement à la bouche du four, en l'humectant à chaque minute avec le fonds. Quand elle est glacée sur toute la surface, dressez-la sur un fonds de riz solide de 3 ou 4 centim. d'épaisseur, que vous aurez découpé et placé au centre d'un plat de relevé ;

aux deux bouts, placez les deux coupes que vous fixez contre le riz avec un hâtelet simple; à côté des deux coupes des bouts, placez la moitié des marrons et oignons farcis; dressez en couronne, aux deux parties latérales, les tranches de cervelas et choux; emplissez les coupes avec la purée de champignons; piquez les hâtelets sur la partie la plus mince de la noix; glacez les choux, cervelas, oignons et la noix aussi. Envoyez la sauce à part. Toutes les garnitures de relevés conviennent à cet apprêt.

554. — NOIX DE VEAU GLACÉE ET PIQUÉE A LA CHATAM.

Garniture: 12 petites croustades de nouilles garnies au moment avec une petite monglas de truffes; escalopes d'un petit estomac de dinde cuit à la broche au moment et taillées à la minute, pour les jeter dans un sautoir avec à peu près 2 décil. de sauce à la crème aux champignons; poussez à la colonne le même volume des escalopes des ronds de langue écarlate, 2 cuillers à ragoût de purée Soubise, 8 belles truffes cuites au vin et non parées. — 2 coupes de riz ou légumes. — 2 hâtelets, dessin n° 16. — Sauce tomate légère.

Apprêts : Parez suivant la règle une belle noix de veau; cloutez-la intérieurement avec quelques filets de truffes et jambon; piquez-la extérieurement avec du lard fin et en lignes serrées; bridez-la; placez-la ensuite dans une casserole foncée avec lard, jambon, légumes et bouquets; mouillez-la avec 2 décil. de fonds de mirepoix; couvrez-la de lames de lard et d'un rond de papier; couvrez la casserole et faites-la partir doucement sur un feu doux et modéré; humectez-la de temps en temps avec son fonds; au bout de deux heures et demie, égouttez-la, débridez-la, parez et découpez-la ainsi que nous venons de le dire pour la dresser sur un fonds de riz. Fixez les 2 coupes avec 2 hâtelets simples; emplissez-les avec la purée Soubise; dressez 4 belles truffes sur chaque centre; à chaque côté des truffes, 3 croustades; puis divisez les escalopes de volaille et de langues par moitié dans les quatre intervalles; glacez la noix, les truffes et les langues; piquez les 2 hâtelets à un bout de la pièce; envoyez la sauce à part. — Les noix de veau cuites d'après le mode que nous venons de décrire se servent aussi avec toutes les garnitures grasses et de légumes applicables aux relevés gras.

555. — NOIX DE VEAU A LA CRÈME.

Après avoir paré une belle noix, cloutez-la intérieurement et extérieurement avec des petits filets de lard, jambon et truffes; faites-la légèrement blanchir à l'eau; rafraîchissez et finissez de cuire, comme précédemment, dans un bon fonds de poêle et à court mouillement. Quand elle est bien cuite, parez-la et glacez-la à blanc, découpez-la en tranches minces traversant de part en part, puis dressez-la sur le plat en la reformant autant que possible et en alternant chaque tranche avec une bonne cuillerée à bouche de sauce à la crème. Quand elle est reformée, masquez-la aussi de sauce, saupoudrez en dessus avec un peu de mie de pain très-fine mélangée de parmesan et glacée à la salamandre; entourez-la ensuite d'une garniture de navets taillés à la cuiller, blanchis et glacés; envoyez une saucière à part, avec une demi-glace.

On remplace cette garniture de navets par des concombres, petits pois, choux de Bruxelles, champignons, croquettes, quenelles, petites bouchées, etc.

556. — POITRINE DE VEAU FARCIE ET GLACÉE AUX CONCOMBRES.

Ce relevé ne fait pas au même degré l'admiration de tous les gourmets, mais il est des cas où il peut être servi; cependant il ne faut pas perdre de vue qu'il rentre dans la catégorie de ceux qui ne peuvent pas être servis seuls dans un dîner fin; mais, en compagnie d'un autre, soit comme diversion, soit comme expédient, on peut l'employer. — Choisissez donc une belle poitrine de veau grasse et bien blanche, détachez les chairs de la poitrine adhérentes aux os des côtes jusqu'à la jointure des tendrons, sans les percer ni en dessous ni sur les côtés; quand elle est ainsi ouverte, faites-la dégorger une heure à l'eau tiède, puis égouttez, épongez et emplissez-la avec une farce de veau ou de volaille crue, dans laquelle vous faites entrer la même quantité de lard frais et un quart de panade de riz. Lorsqu'elle sera passée, incorporez-lui persil haché, jambon, truffes et champignons coupés en dés; assaisonnez-la de haut goût, et additionnez des jaunes d'œuf en proportion. Quand la poitrine est farcie, cousez-la avec l'aiguille à brider, de manière à ce que la farce ne puisse s'échapper à la cuisson, puis placez-la dans une braisière, couvrez-la d'un bon fonds de mirepoix et faites-la cuire tout doucement; donnez trois heures à peu près de cuisson, suivant sa grosseur; quand elle est cuite à point, retirez-la sur un plafond, débridez-la, parez-la carrément, découpez et glacez-la à la bouche du four; dressez la poitrine sur un plat de relevé, entourez-la d'une garniture de concombres glacés ou saucés à blanc ou à brun, servez de la même sauce à part.

557. — TÊTE DE VEAU TORTUE.

Garniture : 12 quenelles de volaille méplates décorées aux truffes, 12 belles écrevisses bigarrées, 18 truffes noires tournées, autant de beaux champignons, 2 douzaines de crêtes, le même nombre de rognons, une vingtaine de boules de cornichons bien verts. — Sauce tortue. — 2 hâtelets dans le genre du dessin n° 18.

Apprêts : Choisissez une tête de veau bien blanche; désossez-la, faites-la dégorger quelques heures en la changeant souvent d'eau; placez-la enfin dans une casserole largement mouillée et amenez-la à l'ébullition. Au moment où celle-ci se développe, sortez la tête de l'eau bouillante pour la plonger et la laisser refroidir dans un grand vase d'eau froide; égouttez et épongez-la ensuite pour la détailler en parties égales de grosseur et proportionnées, que vous parez, arrondissez et flambez chacune en particulier, afin de ne leur laisser aucuns vestiges de poils; rafraîchissez chaque morceau, épongez-les bien, retirez-leur les parties grasses et maigres pour ne conserver que la peau épaisse de la tête; citronnez-les, jetez-les dans une marmite ou casserole, couvrez-les d'un fonds de cuisson blanc n° 213; faites partir en ébullition; quand elle se développe, retirez sur l'angle du fourneau; couvrez la tête d'un rond de papier beurré et la marmite de son couvercle; surveillez la cuisson, afin qu'elle arrive au point voulu, à peu près à l'heure du service. Ce moment venu, égouttez les morceaux sur un tamis, épongez-les ensuite sur un linge; parez les oreilles, que vous traversez avec un tube à colonne, afin d'enlever toutes les membranes intérieures très-susceptibles de conserver quelques poils dans leur cavité; ciselez-en le pavillon ou tuyau saillant, de manière qu'il retombe et forme une espèce de papillote; collez sur le milieu d'un plat de relevé une moyenne croustade de forme basse et ovale élégamment taillée; placez les oreilles debout aux deux parties latérales de la croustade; aux deux côtés du plat, dressez un bouquet de truffes et un de champignons; garnissez le pavillon des oreilles avec quelques boules de cornichon; aux deux extrémités du plat, dressez deux bouquets d'écrevisses, les queues en dehors; entourez-les avec 3 quenelles décorées; dans les intervalles de ces groupes, dressez les ronds de tête, saucez-les légèrement, ainsi que les oreilles; rangez les crêtes sur les bords de la croustade et les rognons au milieu; glacez les truffes; piquez les hâtelets aux deux extrémités de la croustade et envoyez le restant de la sauce à part.

Les têtes de veau, cuites comme nous venons de l'indiquer, se servent aussi sur plat au naturel, entourées de quelques garnitures sèches avec la sauce séparée; elles peuvent encore être entourées et saucées, à peu d'exceptions près, avec toutes les garnitures composées, applicables aux relevés de viande. Les sauces doivent être choisies parmi celles de haut goût.

558. — TÊTE DE PORC FRAIS A LA PURÉE DE POIS VERTS.

Garniture : Une purée de pois bien verts, un peu consistante, chauffée au moment et finie hors du feu, avec une pointe de sucre et un bon morceau de beurre.

Apprêts : Désossez, taillez en ronds et parez une tête de porc frais, jeune et bien tendre; faites-la partir dans un bon fonds de mirepoix, couverte d'une feuille de papier; retirez-la sur l'angle du fourneau pour la cuire tout doucement, pendant quatre heures au moins, si elle est très-tendre. Au moment de servir, égouttez-la sur un tamis, puis sur un linge; videz-les oreilles avec un tube à colonne pour les ciseler et les dresser avec les autres parties, autour d'une petite croustade en pain collée au centre d'un plat de relevé, en les alternant avec quelques petites quenelles et champignons, ou tout autre ragoût; masquez légèrement avec une demi-espagnole; versez la purée dans la croustade, et envoyez une saucière d'espagnole. — Ces têtes, ainsi cuites, peuvent être dressées sur croustades et accompagnées d'une garniture quelconque, ou simplement dressées sur plat.

559. — PASCALINES D'AGNEAU.

C'est un relevé à la façon de la vieille école; il n'offre rien de bien extraordinaire, mais il peut, dans certaines circonstances, trouver son emploi et produire son effet, ne serait-ce qu'au point de vue de l'originalité. On peut constituer des pascalines avec de l'agneau, du veau et même du porc frais. Ces pièces conviennent surtout à l'étranger, où la pénurie des pièces de choix se fait trop souvent sentir; néanmoins, on ne peut guère les servir seules dans un dîner de luxe, et nous, nous ne le reproduisons qu'à titre de diversion, car dans certains cas, l'originalité même de ces mets peut leur donner quelque mérite.

Désossez deux épaules d'agneau; enlevez la palette et moitié de l'os intérieur; farcissez-les d'un salpicon de ris d'agneau, foies de volaille, truffes et champignons; mêlez avec la moitié de son volume de farce à quenelles un peu ferme; cousez-les en leur donnant une forme allongée; parez le bout de la farce du bout de la crosse à 2 centim. de la jointure, et bridez-les en forme de caneton; blanchissez-les une minute à l'eau bouillante, égouttez et rafraîchissez-les, piquez-les sur la partie qui forme le dos du caneton, placez-les ensuite dans une casserole foncée de débris de lard et légumes, serrez-les l'une contre l'autre et mouillez jusqu'à la hauteur du piquage avec un fonds de mirepoix; couvrez d'un rond de papier, fermez la casserole et faites partir en ébullition pour terminer leur cuisson sur un feu doux. Au moment de dresser, glacez-les au four. Flambez et cuisez 12 pieds d'agneaux dans un blanc ordinaire; quand ils sont cuits, égouttez, désossez-les et tenez-les hors du feu couverts de papier; quand ils ont perdu leur première chaleur, farcissez-les avec de la farce aux fines herbes et trempez-les dans une sauce Villeroy pour les paner. Blanchissez et cuisez également une douz. d'oreilles d'agneaux que vous parez, farcissez et passez à l'œuf. Blanchissez, cloutez de truffes et poêlez ensuite une douz. de beaux ris d'agneaux. Cuisez 2 douz. de beaux champignons tournés, et enlevez à la colonne le même nombre de ronds de langue écarlate de 2 cent. de large. Les différentes viandes devront être cuites et préparées suivant leur exigence, et autant que possible concorder avec l'heure du service. Maintenant, dressez sur un plafond une petite croustade de riz de 6 à 7 cent. de hauteur, de forme ovale et tout juste assez longue pour supporter les deux canetons d'agneau; façonnez-la avec goût, beurrez-la au clarifié et poussez-la à four chaud vingt-cinq minutes avant de dresser pour la colorer légèrement. A ce point, retirez-la pour la vider et l'emplir avec de bon riz fini au moment; dressez sur un plat de relevé, bordez-la avec les ris glacés; placez aux deux bouts les canetons glacés, découpés en entaille et tournés l'un d'un côté, l'autre de l'autre des extrêmes du plat. Immédiatement au-dessous, placez d'un côté les champignons, de l'autre les ronds de langue. Les pieds farcis et les oreilles seront frits au moment et dressés en chaîne aux deux parties latérales du plat. Glacez et envoyez une saucière de sauce tomate à part.

560. — PASCALINES DE VEAU.

Farcissez une petite poitrine de veau d'après les prescriptions données; cuisez-la dans un bon fonds, en réglant sa cuisson de manière qu'elle arrive juste au moment de servir. Alors, vous la glacerez entièrement. Cuisez d'avance 4 pieds de veau, désossez-les et faites-les refroidir sous presse, parez-les ensuite en demi-cœur, saucez-les à la Villeroy pour les passer et les faire frire ensuite au moment. Taillez 6 côtelettes de veau, cloutez et braisez-les d'après les règles ordinaires, pour les parer et glacer en dernier lieu. Parez 10 belles escalopes de foie de veau, assaisonnez et masquez-les dans un sautoir pour les sauter à l'Italienne. Ayez 3 langues de veau à l'écarlate cuites, sur lesquelles vous taillez 12 croûtons uniformes. Blanchissez et faites braiser une douz. de belles laitues que vous parez et maintenez au chaud dans une demi-glace. Blanchissez 2 petites cervelles pour les distribuer en 12 parties, que vous arrondissez et maintenez au bain-marie dans leur cuisson, ensemble avec une douz. de tronçons d'amourettes taillés régulièrement. Maintenant taillez un fond en riz de forme ovale, du plat, de la hauteur de 5 à 6 cent. et de la longueur à peu près de la poitrine, que vous chaufferez au moment sur le plat même de relevé. Taillez également 2 petites croustades en pain, à trois quarts de rondeur, que vous frirez une demi-heure d'avance. Au moment, placez la poitrine parée et découpée; sur le fond de riz, fixez aux extrêmes de ce fond, à l'aide de deux petits hâtelets, les deux croustades frites; garnissez-les, l'une avec les cervelles, l'autre avec les amourettes, bien égouttées; à côté des coupes, dressez d'une part les côtelettes papillotées, et de l'autre les langues; à l'extrême opposé, placez les escalopes de foie et les laitues; aux centres, dressez deux bouquets de pieds de veau Villeroy. Glacez la poitrine, les laitues et les côtelettes. Saucez très-légèrement au velouté les amourettes et cervelles. Envoyez une sauce tomate à part.

DES RELEVÉS DE VOLAILLE ET GIBIER.

Les deux genres que nous comprenons dans la même catégorie ne diffèrent entre eux que par la nature de leur viande. D'ailleurs, ils sont sujets aux mêmes opérations, et leur mode de préparation est identique. C'est pourquoi nous n'avons pas cru devoir les diviser. Pour que les relevés de cette catégorie ne se trouvent pas déplacés dans un dîner, il faut qu'ils soient accompagnés d'un relevé de boucherie. Ce n'est qu'à cette condition que leur rôle a surtout une véritable importance.

Les relevés de volaille ou gibier peuvent être servis entiers ou découpés; mais nous dirons tout d'abord que ce découpage est très-difficile, surtout si on veut conserver les formes des pièces et les servir avec toute l'élégance et le relief que réclame nécessairement un dîner distingué. Néanmoins, les procédés que nous indiquerons à chaque série obvieront à cet inconvénient. Ce sont d'ailleurs ceux que nous avons pratiqués jusqu'ici et qui nous ont toujours bien réussi. Les relevés que représentent nos dessins sont tous découpés : ceci est la conséquence obligée du service à la Russe; mais, à cela près, ils peuvent sans inconvénient être servis ainsi dans le service à la Française; le dressage se trouve alors simplifié. Quant à nous, notre but étant de préciser au lieu d'éluder la méthode du découpage, il est tout naturel que nous ayons voulu faire plus que de le décrire, mais encore le démontrer.

Outre les garnitures particulières que nous décrirons à chaque relevé, il est évident qu'on pourra toujours choisir, pour les remplacer, celles des relevés de boucherie qui paraîtraient plus propres ou mieux à portée du praticien. Cela ne peut exercer aucune influence sur le relevé lui-même, attendu que ces garnitures sont ici, comme dans nos autres formules, à peu près indépendantes de leur cuisson.

Les relevés de volaille ou gibier peuvent être ornés de hâtelets; mais nous devons dire que tous ne se prêtent pas à cet ornement. Par conséquent, nous conseillons à nos confrères d'en être sobres, à moins d'avoir pris toutes les précautions de sûreté nécessaires, en ne les piquant que sur des croustades ou croûtons frits et disposés à cet effet. Ces relevés subissent à peu près les mêmes cuissons, dont la durée est naturellement subordonnée au degré de tendreté ou de grosseur des pièces.

Ainsi que ceux de boucherie, les relevés de volaille ont souvent besoin d'un appui ou fond de plat. Cet accessoire varie dans sa formule et diffère quelquefois des premiers.

564. — CHAPONS POÊLÉS.

Bridez les chapons pour entrée, frottez-leur l'estomac avec les chairs d'un citron, recouvrez-les de larges bandes de lard, que vous maintenez avec 4 ou 5 tours de ficelle; placez-les dans une casserole proportionnée à leur volume et baignez-les avec un fonds de poêle, jusqu'aux trois quarts de leur hauteur ; faites-les partir en plein fourneau et bouillir rondement pendant un quart d'heure, retirez ensuite la casserole sur un feu plus modéré et finissez de les cuire ainsi doucement pendant une heure et demie à peu près, en ayant soin de les arroser de temps en temps ; quand ils sont cuits, égouttez, déballez et débridez-les. En général, si la volaille est de bonne qualité et de chairs tendres, elle doit être tenue vert-cuite, elle conserve mieux ainsi son onctuosité. Comme principe, on doit toujours régler la cuisson de ces pièces de manière qu'elles soient cuites à point, à peu près à l'heure du service.

562. — CHAPONS BRAISÉS.

Troussez les chapons comme pour entrée, bardez les estomacs seulement, rangez-les dans une casserole foncée avec quelques lames de lard et jambon crus, mouillez-les à moitié de leur hauteur avec un fonds de mirepoix. Couvrez la casserole et faites partir vivement pour réduire leur fonds de moitié et le faire tomber en demi-glace. Laissez cuire ainsi les chapons à mi-cuisson sur un feu plus modéré, retirez-les ensuite sur un plafond ; passez et dégraissez la cuisson, étendez-la avec un blond de veau, et remettez-la avec les chapons dans une casserole étroite ; couvrez d'un papier beurré ; finissez-les de cuire et glacez-les à la bouche du four modéré, en les arrosant à chaque minute avec leur fonds. Les chapons ainsi braisés peuvent être préalablement piqués ou cloutés. Dans le premier cas on ne les barde pas, mais on les couvre seulement d'un papier beurré.

563. — CHAPONS A LA MATIGNON.

Préparez une matignon bien réduite et sèche, laissez-la refroidir ; troussez les chapons comme pour entrée, taillez de larges bandes de lard ; étalez la matignon dessus et enveloppez-en les chapons ; emballez-les ensuite dans des feuilles de papier beurrées, ficelez et couchez sur broche pour les faire partir une heure et demie à peu près avant le moment de servir. Quand ils sont cuits, débrochez-les, retirez le papier, le lard et la matignon pour les découper et dresser.

Les cuissons que nous venons de donner sont seulement indicatives ; en les décrivant, nous avons eu pour but d'abréger, autant que possible, l'étendue des formules ; nous éviterons par là de donner à chaque article de chapons, dindons ou poulardes, les procédés de cuisson qui leur sont applicables. Nous renverrons tout simplement à ceux-ci, nous réservant de traiter à fond les cuissons spéciales en dehors des principes généraux. Des volailles cuites d'après l'une de ces méthodes peuvent être garnies ou saucées avec toutes les préparations applicables aux relevés et même aux entrées.

564. — CHAPONS BOUILLIS A L'ANGLAISE.

Garniture : Deux douz. de petites pommes de terre nouvelles, 500 gr. de haricots verts nouveaux, 12 bouquets de choux-fleurs, petits pois 800 gr., tous ces légumes cuits séparément à l'eau salée. — Deux saucières : suprême et sauce au beurre.

Apprêts : Hachez très-fin 500 gr. de graisse de rognons de bœuf épluchée ; placez-la dans une terrine avec une cuillerée de persil haché, 4 poignées de mie de pain, sel, poivre et 3 œufs entiers ; mélangez le tout pour en faire un appareil ferme et emplissez 2 chapons auxquels vous aurez brisé le bréchet ; cousez les peaux de l'estomac en dessous et retroussez les chapons de forme bien ronde. Beurrez deux serviettes, saupoudrez-les avec de la farine ; enveloppez ensuite les chapons dedans et ficelez-les bien ronds. Une heure et quart avant de servir, plongez-les dans une marmite d'eau bouillante, ajoutez une poignée de sel et continuez l'ébullition à grand train ; au moment de servir, déballez-les pour les découper ainsi : détachez d'abord les cuisses, puis les carcasses ; parez celles-ci et dressez-les l'une à côté de l'autre sur le plat ; découpez les estomacs ; dressez les cuisses coupées en deux à plat sur les carcasses, puis les estomacs et les filets dessus en buisson ; divisez et dressez les garnitures en petits bouquets autour des chapons. Servez les sauces à part.

565. — CHAPONS AU RIZ. (Dessin n° 40.)

Garniture : 4 douzaines de champignons, ragoût de crêtes et rognons, 14 petites timbales de riz cuit à blanc et fini au moment avec beurre et suprême ou velouté. Ces timbales seront farcies avec un petit salpicon de truffes. — Sauce suprême.

Apprêts : Il faut tout d'abord cuire 1 kilog. de riz comme il est indiqué pour les casseroles au riz ; quand il est cuit et réduit en pâte, moulez-le sur une plaque pour lui donner la forme, laissez-le refroidir et taillez-le ensuite en support cannelé et incliné des deux côtés, d'après le dessin 207 de la planche 38 ; fixez-le au centre d'un plat de relevé ; à chaque bout du support, collez deux coquilles en pain taillées et frites ; taillez également une croustade de forme ronde représentant une couronne vide, en dedans, et frite de belle couleur. Les pointes et décors de cette couronne sont en petits croûtons frits détachés et collés au repaire. La couronne est fixée sur le support au moyen de petits bâtelets invisibles. Une demi-heure avant de servir, vous placez le plat à l'étuve tiède. Maintenant désossez l'estomac de deux chapons, sans abîmer les filets, et en laissant les peaux du cou aussi longues que possible ; taillez les ailerons, coupez les pattes au-dessus de la première jointure de la cuisse ou pour mieux dire le jarret, afin de désosser la moitié de la cuisse sans l'ouvrir ; écourtez les pattes en ne leur laissant qu'une longueur de 5 centim., enfoncez-les à la place de l'os enlevé : le dessin donne une idée de leur position. Cela fait, emplissez l'estomac des chapons avec de la farce très-ferme, faites-les bomber en les bridant bien ronds, enveloppez-les avec des bandes de lard et faites-les poêler pendant une heure et demie environ. L'instant du service arrivé, déballez, débridez les chapons, découpez chaque estomac sur place en 8 filets sur la longueur de l'estomac, arrêtez-le par un ail aux deux extrémités, passez le couteau en dessous sur toute l'étendue des parties découpées : les filets se trouveront ainsi détachés sans que les chapons se soient déformés. Alors dressez les chapons sur le support, en les soutenant contre les coquilles, afin de les maintenir droits; garnissez la croustade avec une partie des champignons, crêtes et rognons peu saucés ; démoulez et dressez, sur chaque côté du plat, 7 des timbales de riz préparées ; sur chacune d'elles, placez un champignon cannelé, versez le restant des champignons et ragoût derrière les timbales, contre le support en riz; servez la sauce à part. — On peut ajouter à la garniture quelques cuisses de volaille pour les personnes qui préfèrent cette partie aux filets. Dans ce relevé, celles des chapons n'étant pas découpées, on y supplée ainsi par d'autres.

566. — CHAPONS A LA CHIPOLATA.

Garniture : 12 petites saucisses chipolata, auxquelles vous parerez les bouts, 2 douzaines de marrons cuits au consommé et glacés, 12 moyennes truffes parées rondes et cuites au vin, 18 champignons égaux et bien blancs, 2 douzaines de petits oignons glacés, quelques cuillerées de petites carottes enlevées à la cuiller à racine et glacées. — Sauce espagnole au madère.

Apprêts : Désossez et farcissez l'estomac de deux beaux chapons, bridez-les suivant la règle, piquez-les au lard en lignes serrées et régulières, faites-les braiser une heure et demie avant l'heure de servir ; quand ils sont cuits et bien glacés, égouttez, débridez et découpez leur estomac sur place sans les déformer; masquez le fond du plat de relevé avec une couche de farce ferme, que vous faites sécher à la bouche du four ; rangez les chapons sur le centre, les estomacs en dehors, et dressez autour les garnitures finies au moment et groupées en bouquets variés ; saucez légèrement les saucisses et les champignons, glacez les oignons et les truffes. Servez la sauce à part. Ce relevé tout simple est cependant distingué.

567. — CHAPONS A LA PÉRIGORD.

Garniture : 3 kilog. de truffes, fraîches si la saison le permet, 12 grosses quenelles de volaille. — Sauce espagnole avec du vin du Rhin.

Apprêts : Deux ou trois jours avant de les servir, videz 2 beaux chapons par la poche; parez les truffes, pilez leurs parures avec un demi-kilog. de lard frais également pilé et passé au tamis ; passez cette farce sur le feu pour fondre le lard, ajoutez les truffes, assaisonnez avec sel et muscade, ajoutez une échalotte hachée ; passez-les ainsi 2 minutes, en ayant soin de tenir la casserole couverte, avec cet appareil ; emplissez les chapons par la poche; cousez les peaux du cou sur les reins, bridez-les comme pour entrées, ainsi qu'il a été dit précédemment. Le jour de leur cuisson, couvrez-les de larges bandes de lard, enveloppez-les ensuite dans des feuilles de papier beurrées, couchez sur broche et faites-les partir une heure et demie avant de servir. Aussitôt cuits, déballez et débridez-les pour les découper par membres ; parez les carcasses en les laissant entières, rangez-les toutes les deux sur le centre du plat, placez le milieu de l'estomac dessus, les filets à côté et les cuisses au bout pour leur donner à peu près leur forme naturelle; dressez aux deux bouts du plat 2 beaux bouquets de truffes, rangez les quenelles des deux côtés, saucez-les légèrement et les chapons aussi ; sauce à part. — Les chapons cuits d'après l'un des procédés précédemment décrits peuvent se garnir avec toutes les garnitures déjà indiquées dans le chapitre des *Relevés de boucherie*. On peut également les orner de hâtelets, si l'on sert les chapons avec support en riz ou en pain.

568. — DINDONNEAU A LA REINIÈRE.

Garniture : 12 petites escalopes de jambon glacées au madère, 12 petites timbales de truffes, 2 douzaines de petites quenelles, un bon ragoût de crêtes et rognons, 500 gr. de riz cuit à blanc, fini avec beurre et velouté. — Sauce tomate et demi-espagnole.

Apprêts : Choisissez 2 dindonneaux bien tendres, emplissez-leur le creux de l'estomac avec un morceau de beurre, bridez-les comme pour entrée, piquez-les de lard fin et faites-les braiser d'après les règles ordinaires. Si les dindonneaux sont bien tendres, une heure ou une heure et un quart suffit à leur cuisson. Quand ils sont bien glacés, enlevez-leur les cuisses, séparez la carcasse des estomacs, divisez les cuisses en deux morceaux et rangez-les toutes les quatre au centre du plat, sur lequel vous aurez placé un petit fonds de riz chaud et fini au moment ; parez les estomacs et faites-en cinq ou six morceaux, mais sans les détacher complétement de l'os ; placez les estomacs sur les cuisses, l'un contre l'autre, les pointes tournées vers les bouts des plats, où vous aurez collé 2 petites coupes en pain. Dressez les escalopes de jambon, 6 d'un côté et 6 de l'autre les timbales également, le ragoût dans les coupes par moitié, et les quenelles en petits bouquets. Saucez légèrement les dindonneaux et le ragoût avec un velouté clair ; glacez le jambon et les timbales. Servez les sauces à part. — Les dindonneaux peuvent se farcir comme les chapons, se dresser sur support comme le représente le dessin n° 40, et être accompagnés de toutes les garnitures qu'on voudrait leur adjoindre.

569. — DINDE A L'IMPÉRIALE. (Dessin n° 41.)

Garniture : 2 douzaines de petites truffes tournées, 18 escalopes de foie gras, 12 truffes parées et émincées en lames rondes, 4 douzaines de beaux champignons, un fort ragoût de crêtes et rognons, 20 quenelles de volaille. — Sauce veloutée à l'essence de champignons.

Apprêts : Taillez d'abord un fonds ovale en riz froid, cuit comme pour casserole ; cet apprêt doit avoir à peu près les dimensions de la dinde et 5 à 6 centim. de haut ; taillez également en riz froid deux jolies coquilles, ainsi que le représente le dessin n° 41 ; placez le fonds de riz sur le centre du plat et les coquilles aux deux bouts. Désossez l'estomac d'une belle dinde, que vous emplissez avec une farce ferme dans laquelle vous faites entrer quelques truffes ; bridez la dinde bien ronde et piquez-la de lardons fins. Trois heures avant de servir, braisez-la, glacez-la avec soin. Quelques minutes avant le dîner, égouttez et débridez-la ; retirez les cuisses, que vous taillez en trois ou quatre parties ; alors, enlevez l'estomac entier, détaillez-le en tranches et remettez-le, sans le déformer, dans son sens primitif ; placez-le sur le fonds en riz ; appliquez les cuisses chacune à l'endroit où elles étaient, en les soutenant avec la garniture ; emplissez les coquilles avec les truffes tournées, bordez-les avec les escalopes de foie gras ; dressez les champignons, les crêtes et les truffes émincées autour de l'appui, afin de le masquer complétement ; saucez au suprême les crêtes, champignons et les truffes avec de l'espagnole au vin ; glacez les escalopes et la dinde, dressez les quenelles de chaque côté. Servez la sauce à part. — La dinde peut être cloutée avec des filets de truffes au lieu d'être piquée au lard, et les garnitures variées.

SOMMAIRE DE LA PLANCHE N° 6.

N° 39. — Poulardes à l'Écossaise.
N° 40. — Chapons au riz.
N° 41. — Dinde à l'impériale.
N° 42. — Estomacs de dindes à l'ambassadrice.

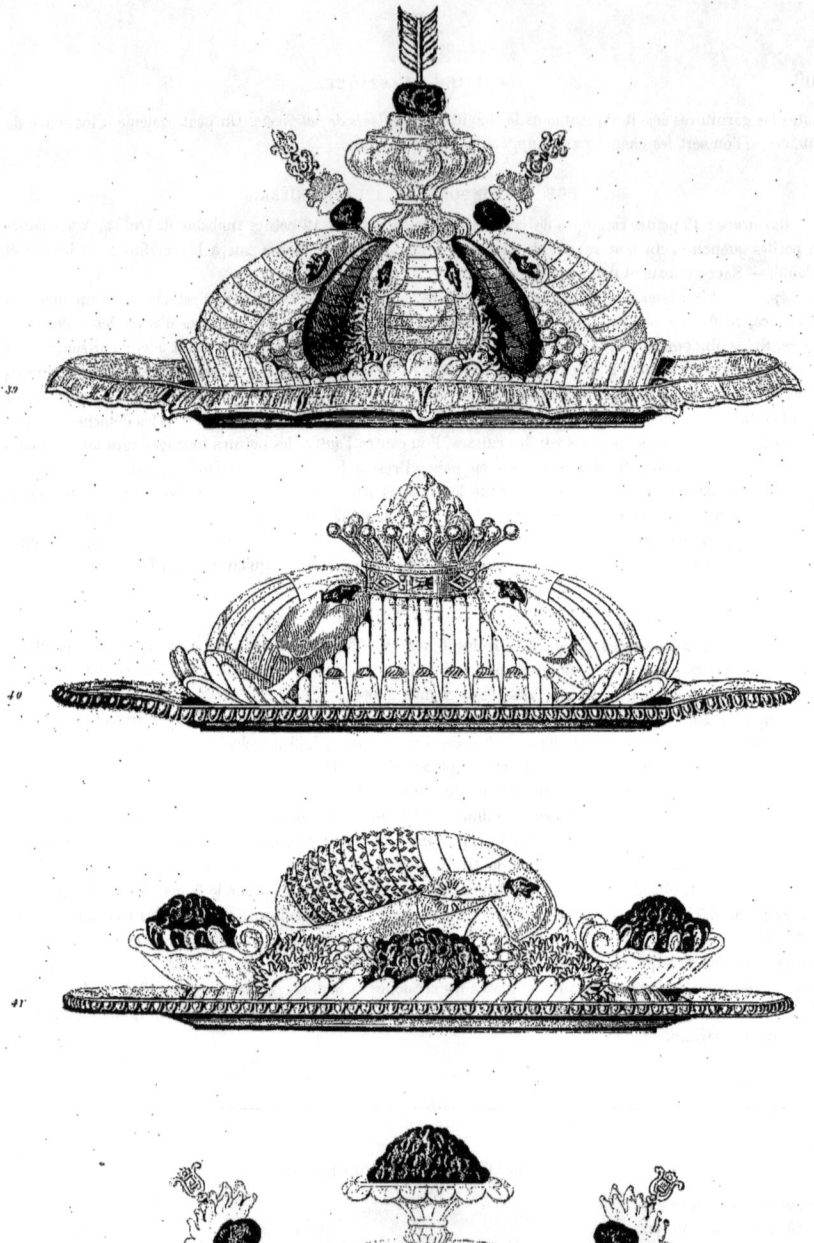

RELEVÉS ET GARNITURES. — VOLAILLE ET GIBIER. 201

570. — ESTOMACS DE DINDES A L'AMBASSADRICE. (Dessin n° 42.)

Garniture : 5 ou 6 douz. de petites croquettes rondes, faites avec deux cuisses de dinde, et quelques foies gras de volaille; 3 douz. de petites truffes tournées. — 2 hâtelets. — Sauce suprême, finie avec un beurre ravigote.

Apprêts : Taillez un support en riz froid, dans le genre du dessin n° 207, sur le centre du plat de relevé; taillez aussi en riz une croustade en forme de corbeille, comme le représente le dessin, et tenez-la couverte. Un quart d'heure avant de servir, piquez-la sur le support, à l'aide d'un hâtelet, et tenez le plat à l'étuve jusqu'au dernier moment. Détachez les cuisses de deux belles dindes; taillez les ailerons à la naissance des ailes; désossez les uns et les autres, pour les farcir d'après les règles ordinaires, les coudre, les blanchir quelques secondes à l'eau bien chaude pour les piquer, et enfin les braiser et les glacer au moment. — Maintenant, séparez les carcasses des estomacs, en laissant adhérer à ceux-ci toutes les peaux des cous et des reins; brisez les os de la charpente sans les retirer qu'en partie; alors, emplissez le dessous de l'estomac avec une farce commune, car elle n'est employée que pour maintenir les estomacs plus droits et leur donner plus de volume; cousez les peaux dessous pour maintenir la farce; cloutez les estomacs avec de gros clous de truffes, disposés en deux lignes droites, ainsi que le dessin l'indique; masquez-les ensuite avec une matignon sèche, puis enveloppez-les avec de larges bandes de lard que vous fixez avec quelques tours de ficelle; couchez-les sur broche et faites-les partir une heure à peu près avant de servir; ce moment venu, égouttez et parez les ailerons ainsi que les cuisses; découpez ces dernières en tranches ou en entailles, si elles sont grosses; débrochez les estomacs, débridez-les, parez-les carrément et en dessous pour les tenir d'aplomb; détachez les filets de chaque estomac; coupez-les en grosses escalopes que vous remettez sur la charpente dans leur sens naturel; placez chaque estomac sur l'un des pendants du support, la pointe en haut; montez les petites croquettes contre le support et autour des estomacs; dressez 2 cuisses debout et papillotées sur chaque centre avec 2 ailerons aux côtés; emplissez la coupe avec les truffes; piquez les hâtelets sur le centre des estomacs et dans le joint des charpentes, afin qu'ils les traversent et arrivent jusqu'au support en riz; glacez les truffes et les cuisses, servez la sauce à part. — On emploie aussi les estomacs de dindes entiers, désossés et farcis, mais toujours séparés du reste des dindes; on leur laisse en dessous le plus de peau possible, pour maintenir la farce; on les enveloppe dans des bandes de lard, et on les fait cuire avec une légère presse dessus, afin de les maintenir à la cuisson. On les découpe et on les dresse comme il est indiqué ci-dessus; on les entoure avec toutes les garnitures de relevés gras.

571. — CUISSES DE DINDES A LA MILANAISE.

Garniture : Un fort ragoût composé de foies gras de poularde, poêlés et coupés en moitiés; crêtes et rognons; quenelles de godiveau rondes, roulées à la farine; ris d'agneau entiers glacés; amourettes en tronçons blanchies à l'eau acidulée; champignons dits *Boulets* ou ceps; truffes en gros filets; 12 petits anneaux de filets mignons, dont le cylindre est masqué d'un rond de truffe appuyé sur un point de farce, pochés au beurre. — Sauce espagnole au madère.

Apprêts : Désossez 4 cuisses de dindes, en leur laissant un bout de l'os pour former un manche; emplissez-les avec une farce de volaille ferme, dans laquelle vous faites entrer quelques dés de truffes et jambon; bridez-les bien rondes; faites-les braiser. Vingt minutes avant le moment de servir, marquez un risot à la milanaise. Quand les cuisses sont cuites, égouttez-les, débridez, parez et taillez-les en 5 tranches sans les déformer; enlevez-les, en passant la lame d'un couteau dessus, et placez-les sur un plafond; glacez-les au pinceau avec de l'espagnole; semez dessus un peu de chapelure mêlée avec du parmesan; humectez le plafond avec quelques cuillerées à bouche de jus et poussez à four chaud, pour leur faire prendre une légère couleur; saucez le ragoût avec une petite partie de la sauce chaude et tenez-le au bain-marie. — Le riz étant cuit à point et bien succulent, finissez-le comme d'habitude, laissez-le raffermir quelques minutes hors du feu et versez-le sur un plat de relevé, montez-le en dôme en l'unissant avec la lame du couteau; pochez les filets mignons;

dressez les cuisses bien glacées, deux vers les bouts et deux sur les côtés du plat, appuyées contre le riz ; papillotez-les et dressez entre chacune d'elles une partie de ragoût ; dressez les filets mignons en couronne sur le sommet du riz ; envoyez la sauce à part.

572. — POULARDES A L'ÉCOSSAISE. (Dessin n° 30.)

Garniture: 4 douzaines de champignons, un bon ragoût de crêtes et rognons, 4 langues de veau à l'écarlate, 2 hâtelets garnis d'une crête de langue, quenelle et truffe. — Sauce à l'anglaise.

Apprêts: Taillez un appui en pain, en carré un peu allongé, que vous ferez frire et collerez sur le plat de relevé une demi-heure avant de servir ; taillez aussi une petite croustade en pain telle que la représente le dessin, ou tout autre, que vous fixerez sur l'appui du milieu avec des hâtelets : il ne faut pas la frire trop d'avance. Taillez également 4 coquilles en pain en forme de diadème, que vous ferez frire et collerez au fond du plat à distance voulue de l'appui : ces coquilles servent à maintenir les poulardes quand elles sont dressées sur plat. Désossez et farcissez l'estomac de 2 grosses et 2 moyennes poulardes, bridez-les bien rondes, bardez et faites-les poêler. La cuisson est un peu moins longue que celle des chapons. Les langues seront cuites à part ; mais il faut tâcher qu'elles achèvent leur cuisson en même temps que les poulardes, c'est-à-dire à peu de chose près à l'heure du service. Le moment venu, égouttez les poulardes et les langues, retirez les peaux à ces dernières et découpez-les en entailles, ainsi que l'indique le dessin ; débridez les poulardes, enlevez-leur l'estomac et découpez-le en tranches transversales ; appuyez-les ensuite d'un bout sur les coquilles, de l'autre contre l'appui central aboutissant au pied même de la coupe ; les deux plus grosses poulardes seront dressées sur la longueur du plat, les deux autres sur son travers ; entre chacune d'elles, dressez debout une langue bien rouge et glacée ; dans les interstices des langues et poulardes, dressez de petits bouquets de champignons et crêtes ; piquez 2 hâtelets au pied de la coupe, sur l'appui central, et légèrement inclinés vers les bouts du plat, et un plus simple au centre ; saucez légèrement les champignons, glacez les langues et envoyez la sauce à part.

573. — POULARDES A LA NAPOLITAINE.

Garniture: Préparez un ragoût suffisant composé de foie gras en escalopes, avec crêtes et rognons, ris d'agneau et champignons fendus par le milieu, petits macaronis coupés égaux en tiges de 2 centim. environ de longueur. Toutes ces garnitures doivent être à peu près en parties égales. Elles seront préalablement préparées et cuites suivant leurs exigences, placées dans un sautoir, mouillées à court avec de l'espagnole à l'essence de gibier, truffes et madère ou marsala. La garniture saucée, laissez-la refroidir sur glace.

Apprêts: Désossez comme pour galantine 2 belles poulardes bien en chairs, mais pas très-grosses ; masquez-les à l'intérieur d'une légère couche de farce et emplissez-les chacune avec moitié de l'appareil mis à refroidir, que vous recouvrez également avec de la farce ; rapprochez ensuite les peaux, cousez-les à petits points, afin qu'à la cuisson la farce et la sauce soient bien contenues ; placez les poulardes dans une casserole étroite, foncée avec des débris de lard et lames de jambon cru, quelques légumes émincés, un bouquet de persil avec aromates et aussi quelques parures de champignons ; enveloppez les poulardes de bandes de lard et d'un rond de fort papier beurré ; mouillez-les au quart de leur hauteur avec du bouillon blanc de volaille et faites partir vivement une heure et quart environ avant de servir ; laissez réduire le mouillement jusqu'à ce qu'il tombe à glace ; alors mouillez-les de nouveau à la même hauteur, puis placez la casserole sur une paillasse avec des cendres chaudes dessus, ou à la bouche du four ; arrosez-les de temps en temps avec leur cuisson. Au bout d'une heure, le fonds doit se trouver réduit en demi-glace ; alors retirez les poulardes, passez et dégraissez le fonds pour le remettre avec celles-ci dans une autre casserole ; faites-les glacer tout doucement à la bouche du four et à découvert, en les humectant à chaque minute ; au dernier moment, débridez-les et découpez-les en entailles, dressez sur plat, entourez-les avec 2 douzaines de petites quenelles moulées à la cuiller à café, 2 douzaines de truffes tournées en olives et du gros macaroni coupé de la longueur de 2 centim. ; saucez légèrement avec une sauce napolitaine et envoyez le surplus dans une saucière.

574. — OISONS A LA VIENNOISE.

Garniture : Fritot de poulet à la viennoise, 2 douzaines d'oignons glacés, 4 douzaines de choux de Bruxelles. — Sauce allemande.

Apprêts : Désossez l'estomac de 2 oisons, que vous emplirez avec une farce de mie de pain desséchée avec du bouillon et à laquelle vous ajoutez sel, poivre, persil et œufs; bridez-les comme pour entrée; masquez-les d'une matignon, puis de larges bandes de lard et faites-les partir à la broche une heure à peu près avant de servir. Quand ils sont cuits, déballez-les, découpez-les comme il est indiqué aux articles des chapons, dressez sur plat, entourez-les avec le fritot; dressez un bouquet de choux de Bruxelles d'un bout et les oignons glacés de l'autre, saucez très-insensiblement les oisons; envoyez la sauce à part. La garniture de ce relevé peut être remplacée par une de celles décrites aux autres formules.

575. — ESTOMACS D'OIES FUMÉS A L'ALLEMANDE.

Garniture : 12 petites paupiettes de veau piquées et glacées, 4 bouquets de choucroute cuite avec petit lard et cervelas, 12 quenelles à la moelle. — Sauce demi-glace et une assiette de raifort râpé à part.

Apprêts : Faites dessaler vingt-quatre heures à l'eau froide 2 beaux estomacs d'oie fumés; changez-les souvent d'eau; égouttez, parez et enveloppez-les dans un linge; faites-les cuire à grande eau avec un cervelas, quelques légumes, 2 verres de vin blanc et aromates. Quand ils sont cuits, retirez les filets, découpez-les en escalopes et remettez-les sur les charpentes des estomacs dans leur sens ordinaire; placez une partie de la choucroute au centre du plat, dressez les estomacs dessus, dressez 2 groupes de paupiettes et 2 de quenelles autour ; dans les deux bouts, le restant de la choucroute, avec le cervelas coupé en tranches dessus; sauce et raifort à part.

576. — PINTADES A LA CRACOVIENNE.

Garniture : 12 quenelles décrites n° 368, 12 paupiettes de filet de bœuf, 2 douz. de cèpes farcis.— Sauce demi-glace.

Apprêts : Désossez 2 pintades comme pour galantine; prenez un kilog. de farce à quenelles à laquelle vous incorporez une garniture de foie gras de volaille, champignons, truffes et langue écarlate coupée en gros dés; emplissez-les avec cet appareil, cousez-les en long comme les galantines, couvrez-les de bandes de lard que vous fixez avec quelques tours de ficelle, placez-les dans une casserole foncée avec lard, jambon et légumes, mouillez à moitié de leur hauteur avec une mirepoix et faites-les braiser, pour les glacer au moment. Une heure et quart doit suffire à leur cuisson. Quand elles sont cuites, égouttez-les, débridez et découpez-les en tranches égales ; dressez-les sur plat de relevé sans les déformer ; dressez les champignons farcis aux deux bouts du plat, les quenelles et les paupiettes par moitié sur les parties latérales ; glacez les pintades, saucez légèrement les paupiettes; envoyez la sauce à part. — Les pintades se traitent aussi comme les chapons, ou comme les poulets, c'est-à-dire l'estomac seulement désossé et conservant leurs formes. Toutes les garnitures des autres relevés leur sont applicables.

DES POULETS ET POUSSINS.

Les poulets et les poussins s'emploient rarement comme relevés ; il est pourtant des cas où cela devient nécessaire et possible, suivant la constitution du dîner. Pour être brefs nous dirons qu'on peut préparer, cuire et garnir les poulets d'après toutes les formules décrites pour les relevés de chapons, dindonneaux et poulardes, en modifiant la durée de leur cuisson suivant leur grosseur et leur tendreté. On sert également les relevés de poulets en pâtés chauds ou en croustades et garnis de hâtelets.

577. — PATÉ CHAUD DE POULETS A L'ANCIENNE.

Garniture : 3 douz. de petites truffes tournées rondes. — Sauce espagnole à l'essence de volaille.

Apprêts : Dépecez par membres 4 poulets, en leur laissant le moins d'os possible, salez-les légèrement ; placez dans un plat à sauter 100 gr. de lard râpé et autant de beurre ; faites-les fondre ensemble, ajoutez quelques cuillerées de fines herbes crues, composées de champignons, truffes, échalottes et persil hachés ; passez-les jusqu'à ce qu'elles aient perdu leur humidité ; alors ajoutez les poulets pour les faire roidir seulement, retirez-les aussitôt ; dégraissez les fines herbes, ajoutez un décilitre de sauce Madère réduite, et ajoutez enfin quelques cuillers à bouche de glace de volaille ; retirez du feu et laissez refroidir. — Montez une croûte de pâté ovale, d'après les règles ordinaires. Mêlez les fines herbes froides avec un kilog. de farce de godiveau ; garnissez le fond et les parois de la caisse à pâté avec le godiveau, dressez au centre les poulets découpés, entremêlés avec la moitié des truffes crues (si c'est possible) et quelques parties de farce ; couvrez avec la farce, masquez le dessus avec une bande de lard, ajoutez une feuille de laurier et couvrez le pâté avec une abaisse de pâte que vous soudez et pincez suivant l'usage. Deux heures avant de servir, dorez et poussez au four pour le cuire de belle couleur. — Avec les carcasses et parures de poulets, marquez une bonne essence au vin et jambon, que vous passerez, dégraisserez et réduirez avec 5 décil. d'espagnole ; en dernier lieu ajoutez les truffes tournées et faites-les bouillir quelques minutes ensemble ; tenez la sauce au bain-marie. — Quand le pâté est cuit, cernez le couvercle pour le retirer, enlevez le lard et le laurier, dégraissez bien l'intérieur, soulevez tant soit peu les morceaux de poulets, ajoutez les truffes, saucez modérément, envoyez le reste de la sauce à part.

578. — POUSSINS GRILLÉS A LA CRAPAUDINE.

Brisez le bréchet de 10 très-petits poulets nouveaux, troussez-leur les pattes en dedans. Passez au beurre trois poignées de mie de pain blanc râpé, jusqu'à ce qu'elle soit de couleur blonde, ajoutez une cuiller à bouche de persil, quelques cuillerées de champignons hachés, ces derniers cuits d'avance ; ajoutez encore les foies des poulets hachés fins, mêlez et laissez refroidir ces ingrédients pour les amalgamer ensuite avec la moitié de leur volume de farce de volaille ; avec cet appareil, farcissez les poulets et bridez-les. — Pour entrée, taillez une croustade en pain de forme ovale et de la hauteur d'un moule à bordure, faites-la frire pour la colorer, une demi-heure seulement avant de servir ; alors videz-la à 2 centim. de profondeur et garnissez l'intérieur d'une couche de repère ou de farce. Vous aurez frit en même temps une petite colonne en pain, devant servir d'appui ; vous la fixez au centre de la croustade avec un petit hâtelet. Collez la croustade au centre du plat de relevé et tenez-la à l'étuve. Vingt-cinq minutes avant de servir, faites roidir les poulets dans un sautoir beurré, salez légèrement, retirez-les du beurre pour les saupoudrer de panure fraîche, placez-les à mesure sur un gril, à feu modéré mais soutenu, et faites-leur prendre couleur sur toutes les faces en les arrosant avec du beurre. Quand ils sont atteints à point, débridez et dressez-les dans la croustade, appuyés d'un côté sur le fond, de l'autre contre la colonne du milieu ; placez entre eux quelques groupes de champignons ; saucez modérément, piquez 5 hâtelets sur le milieu et envoyez une sauce crapaudine ou demi-glace à part. S'ils étaient trop gros pour une personne, on pourrait les couper en deux.

579. — PIGEONS A MOLDAVIENNE.

Les pigeons ne s'emploient en cuisine que lorsqu'ils sont jeunes et tendres. Ils sont quelquefois bien utiles dans les saisons où le gibier fait défaut ; dans les circonstances normales, on y a recours rarement.

Garniture : 3 douz. de champignons, 4 douz. d'oignons glacés, 8 croûtons de langue écarlate, forme de crêtes, ragoût de crêtes et rognons, macédoine de légumes saucée à l'allemande très-serrée, les légumes taillés à la cuiller à racine. — Sauce Toulouse.

Apprêts : Avec 1 kilog. à peu près de riz cuit comme pour casserole, dressez sur plaque un fond ovale de l'épaisseur de 5 centim. ; quand il est froid, ciselez les bords pour lui donner de la grâce ; creusez autour de sa surface 8 petites niches peu profondes, pour faire appui aux pigeons; dorez ce fond avec du beurre fondu et poussez à four vif pour lui faire prendre une légère couleur blonde. — Troussez pour entrée 8 jeunes pigeons, supprimez les ailerons, marquez-les dans une casserole foncée avec lard, jambon et légumes; couvrez-les avec des bandes de lard, ajoutez un bouquet garni et mouillez avec 3 verres de vin de sauterne. Trente-cinq minutes avant de servir, faites-les partir en plein fourneau et laissez-les tomber à glace, retournez-les dans leur cuisson et laissez-les finir de cuire tout doucement sans autre addition de mouillement. Quand ils sont cuits, débridez-les, séparez les estomacs des trains de derrière, coupez-les par le milieu et remettez-les à la même place. Placez le fond en riz sur le centre du plat, dressez les 8 pigeons appuyés sur les niches avec l'estomac en dehors, garnissez le puits qu'ils forment avec la macédoine, placez entre chacun d'eux une crête de langue écarlate; dressez les champignons en 2 bouquets aux extrêmes du plat, des deux côtés; dressez 2 bouquets de crêtes et rognons, et dans les intervalles 4 bouquets d'oignons glacés; saucez les pigeons au pinceau; glacez les crêtes écarlates; envoyez la sauce à part. — Les pigeons ainsi cuits peuvent se dresser simplement sur plat ou sur bordure de riz mangeable; on les braise et on les poêle pour les garnir indifféremment avec toute autre garniture.

580. — CANARDS OU CANETONS A LA BADOISE.

Les canetons sont préférables aux canards et donnent de bons relevés : toutes les garnitures des relevés de volaille leur sont applicables.

Faites cuire pendant quatre heures 2 kilog. de bonne choucroute avec un morceau de poitrine de porc fumée et blanchie, et d'après les règles données à l'article spécial. Aussitôt cuite, retirez le lard, égouttez la choucroute de son fonds, placez-la dans une autre casserole avec une demi-bouteille du vin du Rhin et faites partir à bon feu, en la tournant jusqu'à ce que le vin soit réduit; alors moulez-la dans un grand moule à bordure ovale et laissez-la à la bouche du four. — Troussez 3 ou 4 canetons comme pour entrée, les pattes en dedans, emplissez la poche avec un morceau de beurre, couvrez-les de bandes de lard et placez-les dans une casserole foncée avec lard, jambon, légumes, bouquet garni, quelques parures de truffes et champignons; mouillez-les avec 4 décil. de blond de veau, autant de vin du Rhin, faites partir vivement et finissez de cuire à feu doux. Quand leur cuisson est à point, retirez les canetons, déballez-les, étendez le fonds avec 3 cuillerées de blond de veau, passez et dégraissez-le, ajoutez-lui son même volume d'espagnole et une pointe de cayenne, réduisez à point, passez à l'étamine dans une casserole où vous aurez déjà placé 400 gr. de truffes noires émincées en julienne. Au moment de servir, renversez la bordure de choucroute sur le plat de relevé, découpez les canetons par membres, séparez les estomacs en 4 parties, dressez les cuisses au fond de la bordure et les filets en dessus, saucez largement avec la sauce aux truffes sur les canetons et sur la bordure, envoyez le restant de la sauce à part.

Les canetons cuits ainsi, en entrée de broche, poêlés ou braisés, peuvent se servir avec toute autre garniture, sur fond de riz ou croustade, ainsi que nous l'avons indiqué précédemment à l'égard des autres relevés de volaille.

581. — SELLE DE CHEVREUIL ROTIE A L'INFANTE.

Garniture : 8 petites timbales de riz à la purée de perdreau, 8 petites timbales montagnardes, une petite noix de jambon bouillie et glacée, une garniture de truffes rondes, 5 à 6 douz. d'olives tournées et blanchies. — Sauce madère.

Apprêts : Vous aurez fait macérer la selle dans la marinade, pendant quarante-huit heures au moins, suivant la saison; ressuyez-la sur un linge, parez les deux extrêmes, rognez les os des côtes, retirez tout l'épiderme qui recouvre les filets supérieurs, et piquez les filets avec du lard fin, dans le sens du fil de la chair; cela fait, couchez-la sur broche après l'avoir traversée tout le long de la chaîne avec un hâtelet de cuisine que vous fixez sur la broche par les deux bouts; on peut aussi en mettre un en dessus même de la selle, s'il y avait nécessité, mais il faut avoir soin de bien l'appuyer sur le centre, afin de ne pas écraser le lard. Une heure et quart avant de servir, faites rôtir la selle à feu modéré sans l'emballer ; arrosez-la au beurre pendant sa cuisson ; dix minutes avant d'envoyer, glacez-la au pinceau, puis débrochez et découpez-la en enlevant les 2 filets pour les escaloper et les replacer sur la chaîne des os dans leurs positions naturelles ; dressez-la ensuite sur plat, aux deux extrêmes duquel vous aurez collé 2 petites coupes en pain frites, légèrement vidées et masquées d'une couche mince de farce ; emplissez-les avec les olives saucées d'une cuillerée d'espagnole ; sur les deux centres latéraux, dressez les lames de noix de jambon bien glacées ; dans les intervalles entre les coupes et le jambon, dressez les timbales de riz et de foie de 4 en 4, saucez-les au pinceau, celles de riz avec du velouté, celles de foies à l'espagnole ; glacez entièrement la selle et envoyez la sauce à part. — Les selles de chevreuil se servent aussi entourées avec toutes les garnitures applicables aux relevés de gibier ou venaison. Les chamois et les daims se préparent de même. On peut aussi ne les mariner que quelques heures.

582. — QUARTIER DE CHEVREUIL SAUCE POIVRADE.

Après avoir fait macérer un bon quartier de chevreuil dans une marinade cuite, retirez-le du bain, ressuyez-le bien, retirez l'os saillant du casy, parez-le du côté de la sous-noix sur toute sa longueur jusqu'à la jointure du manche ; traversez-le avec un fort hâtelet ou couchez-le directement sur broche à l'anglaise ; faites-le partir à feu doux, une heure et demie environ avant de servir ; arrosez-le souvent pendant sa cuisson avec de la marinade mêlée de beurre fondu ; mais surtout réglez le feu de manière à ce qu'il cuise sans noircir ; pour cela le feu doit être modéré et soutenu ; en dernier lieu vous le glacez et débrochez. Le point précis de cuisson est une chose essentielle pour un quartier de chevreuil rôti ; il faut donc y veiller attentivement ; les chairs doivent rester rosées seulement et bien juteuses ; trop sèches, elles n'ont plus de saveur ; mais trop saignantes, elles sont insupportables pour beaucoup de monde ; il faut se tenir entre les deux extrêmes ; pourtant il vaudrait mieux l'avoir un peu vert-cuit que sec, car on peut toujours remédier à ce manque de cuisson, ce qui est impossible, si la viande est desséchée. En sortant le quartier de la broche, découpez la longe en lames, enlevez la bonne noix que vous émincez dans toute son épaisseur en lames transversales pour les remettre dans leur sens naturel ; découpez également le dessus en entailles et reformez le quartier dans son entier ; papillotez le manche ; dressez sur plat, glacez, masquez-le avec de la sauce poivrade dont vous envoyez le surplus à part.

583. — QUARTIER DE CHEVREUIL BRAISÉ A LA RAGLAN.

Garniture : 12 quenelles de gibier, moulées dans une petite cuiller à ragoût, 12 escalopes de foie gras de la dimension des quenelles, 400 gr. de truffes cuites, tournées, émincées en julienne et saucées avec 4 décil. de sauce espagnole réduite au fumé de gibier.

Apprêts : Désossez en partie et piquez comme précédemment un bon quartier de chevreuil déjà mariné ; placez-le dans une casserole ou braisière de sa dimension et foncée d'avance avec des débris de lard, jambon, légumes émincés et bouquet garni d'aromates ; mouillez au tiers de sa hauteur avec moitié bouillon et moitié marinade dans laquelle on aura macéré le quartier ; faites partir vivement pendant un quart d'heure et retirez la casserole sur feu modéré ; laissez cuire le quartier tout doucement pendant une heure et demie. En dernier lieu, c'est-à-dire quand il est atteint à point, glacez-le à la bouche du four ; cela fait, retirez-le de nouveau sur un plafond, parez le manche, enlevez la noix de dessous que vous coupez en tranches minces ; découpez ensuite la longe et la bonne noix, reformez le quartier, entourez-le avec les quenelles et lames de foie gras alternées ; masquez le quartier avec la moitié de la sauce et truffes émincées ; papillotez le manche et envoyez le superflu de la sauce à part. — Les quartiers de chevreuil cuits d'après l'une des méthodes précédemment décrites, peuvent être entourés avec une grande partie des garnitures applicables aux autres relevés.

584. — QUARTIER DE MARCASSIN A LA MATIGNON.

Dans la famille des sangliers, le marcassin est seul digne d'être servi sur une table élégante. En vieillissant, la chair des sangliers devient dure et sèche. Les quartiers de marcassin doivent macérer dans une marinade cuite, au moins aussi longtemps que ceux de chevreuil ; on peut ne pas les piquer alors, on leur retire seulement la couënne; quand ils sont jeunes, on peut toujours les rôtir; mais dès qu'ils sont tant soit peu avancés, on doit de préférence les braiser.

Après avoir fait mariner le quartier de marcassin, ressuyez-le bien, désossez la longe et le casy jusqu'à la première jointure; cloutez-le intérieurement avec des filets de truffes et jambon crus; cousez-le, masquez-le d'une bonne matignon réduite; enveloppez-le dans une forte feuille de papier; couchez sur broche et donnez-lui deux heures à peu près de cuisson, pendant laquelle vous l'arrosez souvent avec du beurre fondu et du madère. Quand il est cuit, débrochez et découpez-le, dressez-le sur plat, papillotez le manche, et entourez-le de fonds d'artichauts glacés. Vous aurez passé et dégraissé un décil. de la marinade que vous mêlez avec 2 décil. de vin de Bordeaux rouge ou blanc et 6 décil. de sauce espagnole; réduisez d'un quart, puis saucez légèrement le sanglier; envoyez le surplus de sauce à part.

585. — QUARTIER DE SANGLIER A LA ROMAINE.

Après l'avoir fait mariner, désossez le quartier comme précédemment, puis placez-le dans une braisière proportionnée, déjà foncée de lard et de jambon, légumes et bouquet d'aromates; mouillez-le à moitié de hauteur, par parties égales, avec le fonds de sa marinade et consommé. Couvrez d'un fort papier beurré et faites réduire tout de suite de moitié; puis placez sur feu modéré, jusqu'à ce que le quartier soit cuit; alors retirez-le sur une plaque, passez et dégraissez le fonds, faites-le réduire en demi-glace, que vous placez avec le quartier dans une casserole plus étroite, et faites-le glacer à la bouche du four. Découpez-le ensuite comme nous l'avons dit précédemment, à l'égard du chevreuil, papillotez-le et masquez-le entièrement avec une sauce romaine. — Un quartier cuit d'après cette méthode peut être entouré de toute autre garniture. — Les quartiers d'oursons, quand ils sont jeunes et tendres, se traitent de la même manière que ceux de sanglier, soit à la broche, soit braisés.

586. — FAISAN A LA CHARTREUSE.

Blanchissez 7 à 8 choux de Milan, coupez-les en quartiers, parez et faites-les braiser dans un bon fonds, avec 6 saucisses et un bon morceau de poitrine de porc fumé et blanchi. Blanchissez et braisez ensuite 18 belles laitues. Montez d'après les règles indiquées 12 petites chartreuses de légumes fourrées intérieurement avec un salpicon de foie gras. Troussez comme pour entrée deux faisans légèrement mortifiés, couvrez-les avec des bandes de lard et faites-les braiser dans un bon fonds étendu avec deux verres de vin blanc du Rhin. Quand ils sont cuits, retirez-les sur un plafond, déballez-les pour les glacer tout doucement au four; passez, dégraissez leur cuisson, réduisez avec le même volume de sauce espagnole et quelques parures de truffes et champignons; quand cette sauce est à point, passez à l'étamine dans une petite casserole. Vingt-cinq minutes avant de servir, vous aurez égoutté les choux sur une passoire pour en extraire toute la graisse; épongez-les bien et moulez-les dans un moule à timbale ovale, pressez-les bien et laissez-les hors du feu afin qu'ils puissent se raffermir et être démoulés sur le centre d'un plat de relevé; débridez les faisans, découpez-les par membres et dressez en buisson sur les choux; parez et taillez le lard en carrés longs, parez également les saucisses et dressez-les aux deux extrêmes du plat; démoulez les timbales, rangez-les par moitié sur les deux parties latérales du plat. Saucez à peine les faisans et les choux, envoyez le reste de la saucière à part. — On sert ainsi des faisans avec de la choucroute ordinaire. Ce relevé est très en usage en Prusse.

587. — PERDREAUX A L'ESPAGNOLE.

Brisez le brechet de 4 perdreaux, désossez-leur les reins et l'estomac seulement, et emplissez-les avec un salpicon de truffes parées, coupées en gros dés et mêlées avec la moitié de leur volume de farce de gibier; cousez et bridez-les bien ronds, piquez avec des lardons l'estomac seulement, placez-les dans une casserole, mouillez-les à moitié de leur hauteur avec une bonne mirepoix, couvrez d'un rond de papier beurré et faites-les partir; quand ils seront atteints, le fonds de leur cuisson doit se trouver réduit en demi-glace; alors retirez-les dans un plafond pour les glacer tout doucement au four; étendez, passez, dégraissez leur cuisson et réduisez-la avec le même volume à peu près de sauce espagnole ; quand la sauce est à point, ajoutez une pincée de poudre de piment doux d'Espagne et passez à l'étamine. — Vous aurez par avance taillé un fond carré en pain de 3 ou 4 centim. d'épaisseur ; faites-le frire pour le coller sur le centre du plat de relevé, et piquez sur ce fond une petite coupe ovale taillée avec goût en une ou plusieurs pièces, et frite quelques instants seulement avant de la piquer. Vous aurez préparé d'avance une garniture de champignons farcis, de fonds d'artichauts glacés, crêtes, rognons, petites quenelles et foies gras en escalopes. Au moment de servir, taillez les estomacs des perdreaux en 3 parties sur leur longueur sans séparer les morceaux ; dressez-les 2 de chaque côté du fond en pain, en les appuyant dessus et contre la coupe ; emplissez celle-ci avec un petit ragoût de crêtes et rognons ou bien avec une douz. de petites quenelles moulées à la cuiller à café et décorées. Dressez les autres garnitures autour de la croustade avec ordre et symétrie. Saucez légèrement les perdreaux et envoyez le restant de la sauce à part. — Préparés et cuits de cette manière, les perdreaux se dressent et se garnissent par tout autre procédé, et avec une grande partie des garnitures décrites aux *Relevés de boucherie et de volaille*.

588. — GÉLINOTTES A LA BOHÉMIENNE.

Désossez 4 gélinottes comme pour galantine, étalez et assaisonnez-les modérément. Faites réduire un verre de madère avec quelques cuillerées à bouche de glace ; quand ce fonds est réduit, ajoutez un salpicon de truffes, champignons et langue écarlate en gros dés ; laissez refroidir et mêlez-le avec la moitié de son volume de farce de gibier, moitié à quenelles et moitié à gratin ; avec cet appareil, emplissez les gélinottes et roulez-les en long : leur forme ne doit pas être trop volumineuse. Cousez-les bien serrées et faites-les revenir au beurre quelques minutes seulement pour les roidir ; retirez-les ensuite du feu pour leur faire perdre entièrement leur chaleur. Vous aurez détrempé 1 kilog. de pâte à coulibiacs ; deux heures avant de servir, divisez-la en 4 parties, abaissez-les tour à tour sur un linge fariné en carrés longs, de l'épaisseur de 6 à 8 millim. ; placez sur chaque carré une gélinotte refroidie et enveloppez-la avec la pâte en forme de rouleau, et d'un tour seulement ; rabattez les deux extrémités de l'enveloppe sur le côté où la pâte est soudée ; placez-les aussitôt sur une plaque et à distance, appuyés sur les jointures ; passez-les à température douce, couvrez-les avec un linge et laissez-les revenir une demi-heure à peu près ; au bout de ce temps, dorez-les et poussez à four modéré ; donnez une heure et demie de cuisson ; couvrez-les de papier aussitôt que la pâte prend couleur. Pendant leur cuisson, marquez un bon fumet de gibier avec les parures et carcasses des gélinottes. Quand il est prêt, passez, dégraissez et réduisez avec 5 décilitres d'espagnole, 2 dés de vin de Hongrie sec et quelques parures de truffes. Quand la sauce est à point, passez à l'étamine et divisez-la en deux parties, que vous placez au bain-marie dans deux casseroles différentes. Au moment de servir, retirez les gélinottes du four, humectez la pâte avec du beurre fondu, puis divisez les tranches et dressez-les à mesure sur le plat de relevé, en long et par deux, l'une à côté de l'autre. Dans l'une des sauces, incorporez un bon morceau de beurre et masquez-en les gélinottes : l'autre partie de sauce sera envoyée à part. — Les perdreaux, les jeunes faisans se servent ainsi préparés.

DES ENTRÉES CHAUDES.

Si nous n'eussions voulu produire dans ce chapitre que les entrées qui composent habituellement les grands dîners, un nombre restreint de formules nous eût suffi, car le choix roulerait sur certaines catégories que les cuisiniers adoptent volontiers et que les amphitryons acceptent toujours avec empressement. Ces entrées seraient d'ailleurs élégantes, recherchées, délicates, et, pour tout dire, exécutables dans toutes les cuisines. En nous renfermant dans ce cercle étroit, notre tâche eût été plus simple ou plus commode, mais en fait nous eussions manqué notre but, parce que notre première pensée a été de donner à cette partie essentielle les développements les plus étendus, sans sortir des bornes de l'utilité. Il était donc naturel de quitter la route facile pour aborder franchement les difficultés. En adoptant ces principes, il est peut-être nécessaire d'expliquer les motifs qui nous dirigent.

Dans la grande cuisine, nous distinguons deux genres d'entrées chaudes. Les premières sont celles auxquelles la rareté ou la finesse des éléments donne d'avance un certain prestige et les place au premier rang dans l'ordre d'un dîner ; celles-ci ne réclament généralement qu'une préparation très-simple, car moins elles reçoivent d'apprêts mieux elles conservent ce caractère précieux de simplicité originelle qui tranche ostensiblement avec l'élégance travaillée des autres productions : c'est ce qu'on appelle des *entrées fines*. Les secondes se constituent pour ainsi dire avec tous les éléments culinaires, mais on n'arrive le plus souvent à leur donner un caractère distingué que par des apprêts minutieux qui leur font subir une certaine transformation : ce sont celles que nous appellerons des *entrées travaillées*, tandis que d'autres s'obstinent à ne voir en elles que des entrées secondaires. Pour notre compte, nous ne comprenons dans cette dernière catégorie que celles qui manquent d'élégance ou de qualités, celles enfin qui sont marquées au coin de la médiocrité. Du reste, tous les éléments constitutifs, quelque vulgaires qu'ils soient, s'ils ne sont entachés d'un vice radical, et si l'on veut faire à leur égard tous les sacrifices de temps et de soins qu'ils réclament, peuvent être appliqués à la confection des entrées. Seulement, plus leur origine est vicieuse, plus il faut chercher à les corriger, à en rehausser le mérite avec les auxiliaires que l'art et la pratique nous enseignent à appliquer à propos. Ces conditions remplies, on verra disparaître bien vite les ridicules préventions qui s'attachent à certains produits n'ayant souvent pour tout défaut que celui d'être trop faciles à se procurer. A l'appui de notre opinion, nous pourrions apporter bien des faits persuasifs, nous pourrions en un mot citer bien des entrées qui sont aujourd'hui reçues et acceptées sur les tables les plus distinguées et qu'on eût autrefois hésité à admettre dans le cadre d'un dîner recherché ; elles soulevaient alors de certaines préventions, parce que la cuisine ne possédait pas les ressources ni les moyens réactifs dont les praticiens habiles l'ont dotée à force de recherches et de persévérance.

Si l'on s'arrête à ces considérations, on n'aura pas de peine à comprendre qu'il dépend de la volonté du cuisinier instruit, laborieux, persévérant, de faire admettre dans la série des *entrées* distinguées une infinité d'éléments qui ont toutes les qualités requises pour en obtenir d'excellents résultats. C'est en nous plaçant à la hauteur de ce point de vue que, dans ce chapitre, nous en avons décrit certaines que beaucoup de cuisiniers regardent comme inférieures, mais dont le succès est certain, toutes les fois qu'elles sont traitées par des hommes intelligents. Cette pensée, nous l'espérons, sera appréciée à sa juste valeur. Elle nous est inspirée par le désir sincère de voir s'agrandir le domaine de la science culinaire, à laquelle nous apportons notre modeste part de créations nouvelles. Le titre et le genre d'une *publication classique* nous en faisaient d'ailleurs un devoir impérieux ; il ne pouvait entrer dans nos vues une intention plus louable que celle de pousser l'art moderne vers le progrès, de lui ouvrir un champ plus vaste et plus fertile à explorer, en brisant les barrières qui semblent vouloir limiter son action ou l'immobiliser.

Il ne viendra sans doute à l'esprit de personne que des hommes sérieux, dévoués à la profession qu'ils ont embrassée, et dont ce labeur même atteste les sacrifices personnels, n'aient point sondé les côtés faibles de la pratique, mis à profit leur expérience, et trouvé quelques perfectionnements utiles à mettre en vigueur. Nous serions, d'autre part, en opposition directe avec nos principes, si nous négligions bon nombre d'entrées qui, sous divers prétextes, sont délaissées ou dépréciées. Car enfin, même sur les tables fastueuses, on ne peut pas toujours servir les éternels filets de volaille ou de gibier. La variété, loin d'en être exclue, est au contraire fort bien accueillie, et souvent indispensable. Dans un dîner où les entrées se multiplient, il est assez difficile de les concilier et d'harmoniser les menus ; il faut alors au cuisinier un répertoire complet, inépuisable, qui le mette à même d'utiliser, n'importe à quel prix, des matières qu'on hésiterait à appliquer dans une situation normale, mais qu'on est heureux d'avoir sous la main dans les circonstances d'urgence. Nous ne croyons rien exagérer en avançant que tous les hommes du métier, dans le cours de leur carrière, se sont trouvés maintes fois aux prises avec de semblables perplexités, et surpris par cette alternative qui ne laisse d'autre choix que l'insuffisance dans la diversité et l'excès dans les productions médiocres. L'économie, l'inexorable économie de certaines maisons rend d'ailleurs trop souvent ces expédients nécessaires ; et, d'un autre côté, ceux qui, comme nous, ont sillonné l'Europe dans tous les sens, ont pu se convaincre que le *Marché des Innocents* et *la Vallée* n'existent pas dans toutes les capitales, ni même dans les cités qui jouissent d'une juste renommée gastronomique.

Nous concluons de là qu'un cuisinier ne possède jamais trop de connaissances, et qu'en tout cas la variété de ses études et les ressources de ses créations personnelles, loin de lui nuire, sont un titre à la faveur du grand monde. Nous avons vu nos premiers maîtres à l'œuvre ; nous avons attentivement étudié toutes les écoles, approfondi les méthodes diverses, et de ces observations il résulte, pour nous, que les hommes les plus éminents visent au moins autant à *l'effet pratique* et *travaillé* qu'au luxe attrayant de la richesse. Quand un cuisinier inscrit sur ses menus une entrée de filets de faisans ou de bécasses, il est certain qu'il enrichit la table d'un mets qui produit toujours une douce sensation ; mais en résumant les avis, on arrive à se demander si cette entrée ne fait pas plus d'honneur à l'amphitryon qu'au cuisinier ; car, en définitive, elle ne réclame de ce dernier que la somme assez minime d'un talent qu'on suppose naturellement à la portée de tous les gens du métier.

Louis Haas, l'homme dont nous consultions avec une pieuse vénération l'autorité chaque fois qu'il s'agissait pour nous de discuter une règle, répétait souvent que le génie d'un grand cuisinier se révélait surtout dans les productions les plus secondaires, et qu'avoir le talent de les faire accepter, c'était déjà un succès, sinon un triomphe. Nous ne voulons pas inférer de cette maxime qu'il faut ou négliger ou exclure les entrées fines, le cadre de ce livre ne permet pas cette supposition ; mais nous persistons à soutenir qu'il est absolument nécessaire à un cuisinier de s'initier aux secrètes ressources que le travail et le goût peuvent lui faire découvrir, en l'aidant à sortir d'un embarras dans les situations critiques. Les hommes consciencieux qui commenteront l'opinion émise par l'habile praticien, notre maître, comprendront qu'elle n'est rappelée ici que pour combattre cette fausse théorie de la science, qui voudrait accorder une préférence constante à ces entrées luxueuses, par cette raison toute spécieuse qu'elles sont d'un prix élevé. Leur prix, leur mérite et leur importance ne sont pas plus niés que mis en question ; mais nous tenons à constater que si les amphitryons acceptaient de semblables raisons sans examen, l'art de la cuisine tomberait bientôt en désuétude ou se réduirait à des fonctions purement machinales. Que peut-on, en effet, servir de plus simple et de plus succulent qu'un poulet rôti ou une côtelette grillée à point? Il serait, certes, étrange que l'on voulût controverser à ce sujet, sans se mettre en contradiction avec l'universalité des personnes qui savent manger. S'ensuit-il qu'on doive adopter aveuglément ce principe, renoncer aux entrées travaillées et se conformer strictement à des règles traditionnelles pour ne rien laisser à la fantaisie raisonnée, bâillonner l'enthousiasme et anéantir les conceptions péniblement élaborées du penseur? Non, car alors, cuisiniers, que feriez-vous de votre science? Où aboutiraient vos recherches et vos créations fructueuses? Amphitryons et gourmets, où trouveriez-vous cette variété stimulante et féconde, ces apprêts splendides, ces compositions ingénieuses, ces agréables surprises qui réveillent, aiguisent et surexcitent les appétits, réjouissent les palais, embellissent vos festins et font enfin les délices gastronomiques de vos hôtes?

Tout le monde sait que, sans être un Crésus, on peut avoir à sa disposition un poulet rôti, mais qu'il faut être grand seigneur pour avoir un savant praticien à la tête de sa cuisine. Toute la question se résume dans ces deux points de comparaison.

En soumettant à nos confrères ces réflexions que l'intérêt du métier nous suggère, nous croyons être aussi conséquents avec nous-mêmes qu'avec l'enseignement que cet ouvrage a pour but de répandre. Si elles rencontrent des incrédulités systématiques, ou si, par une fausse interprétation de notre pensée, certaines susceptibilités s'en trouvaient froissées, nous nous consolerions aisément avec la persuasion que nous avons été compris par tous les hommes compétents et réfléchis.

Maintenant, si de ces considérations nous passons à un autre ordre d'idées, nous dirons que les *entrées chaudes* n'ont pas précisément de règles fixes, ni quant à la complication de leur luxe, ni quant à la manière de les dresser. Les méthodes diverses employées à cet égard n'en changent pas du tout le caractère particulier. Un suprême de volaille, n'importe comment il est dressé ou garni, n'en demeure pas moins un suprême. S'il n'en était ainsi, il faudrait les subdiviser de telle sorte qu'il y aurait un ordre sériaire pour les grands dîners et un ordre pour les dîners familiers. Avec ces modifications, une entrée simple peut se transformer tout à coup en un mets dont la richesse attirera l'attention sur la table la mieux servie.

Si, dans le service à la Russe, les entrées ne diffèrent pas sensiblement de celles du service à la Française, c'est que dans celui-ci elles sont le plus communément *détachées*, c'est-à-dire détaillées; c'est ainsi qu'en général nous entendons le service des entrées, quel que soit le mode de service adopté. Il est, en effet, plus naturel d'introduire dans cette catégorie des plats qui, par leur genre autant que par leur physionomie, diffèrent essentiellement des relevés; en d'autres termes, il faut éviter de servir des pièces entières, quand le besoin de varier et les espèces dont on dispose n'en font pas une obligation.

Dans un dîner de luxe, les entrées détachées se dressent sur fonds de plats, en bordures ou sur croustades. Ces trois ornements ne sont pas d'une nécessité rigoureuse et ne conviennent même pas à tous les genres; quelques-unes des entrées ne s'y prêteraient nullement, et toutes celles d'un grand dîner ne pourraient jamais être dressées de la même manière. Dans le service français, où elles se rangent parallèlement, il est indispensable d'en dresser deux dans le même style. Ce soin est complètement inutile dans le service à la Russe, où les plats ne vont pas sur table.

Les fonds de plats, dont nous parlerons plus loin, sont d'un grand secours pour dresser les entrées avec symétrie et régularité. C'est une ornementation simple, peu dispendieuse et d'une exécution facile. Nous la recommandons sous ce triple avantage. On leur adapte souvent, sur le centre même, des coupes ou petites croustades destinées à recevoir une partie des garnitures. Des entrées ainsi dressées ont une grâce toute particulière. Les hâtelets servent également d'ornementation aux entrées et leur donnent beaucoup de relief, lorsqu'on juge convenable de les employer et que l'entrée elle-même s'y prête.

Il y a un autre ornement, qui est en quelque sorte spécialement affecté aux entrées, qui a eu une grande vogue autrefois et qu'on néglige un peu de nos jours: nous voulons parler des *bordures*. Elles sont d'une élégance qu'on ne saurait nier et dont un dîner d'étiquette ne devrait jamais être privé. La difficulté et le temps que ces bordures réclament pour les exécuter et les coller autour des plats, s'opposent le plus souvent à leur application. Cette opération exige, sinon une certaine capacité, du moins quelques instants de tranquillité difficile à trouver aux heures qui précèdent le service. Pourtant, les moyens actuels sont si simplifiés qu'on peut, en partie, les préparer plusieurs jours à l'avance pour les coller au moment. Bien des cuisiniers objectent à cet égard que les bordures conviennent mal aux entrées, et les repoussent parce qu'elles sont, dit-on, susceptibles de se briser et de se mêler à la sauce du plat. Cette objection a pu être fondée, mais elle ne l'est plus avec la nouvelle manière de dresser les entrées, qui sont généralement mises sur fond, peu saucées, ayant les garnitures placées dans des coupes ou dans le puits qu'elles forment, et dont les sauces se servent à part.

Tous ces *ornements*, combinés avec discernement, donnent à une table un cachet de coquetterie que les hommes les moins favorables au décor ne cherchent pas à contester. Mais si nous insistons, en les encourageant, sur leur maintien dans les diners de luxe, nous sommes d'avis qu'il ne faut pas les prodiguer. Les appliquer sans motif c'est presque les déprécier ; car il n'est pas d'endroit où le goût s'émousse et se blase aussi promptement qu'à table.

L'importance que nous mettons aux *décors* des productions culinaires s'exprime plus éloquemment par les magnifiques planches de ce volume que par notre langage. Il serait donc superflu d'ajouter à ces exemples démonstratifs des descriptions qu'on ne saurait traduire d'une façon plus expressive ; mais, avant de terminer, nous désirons faire observer que la plupart de ces décors s'appliquent aux objets non mangeables. C'est une remarque que nous tenons à signaler, surtout à propos du chapitre qui nous occupe. Si le décors et le coquet agencement d'une entrée peuvent avoir un véritable mérite, c'est sans contredit alors que cette ornementation se présente comme un accessoire indépendant de l'entrée elle-même. S'il y a d'autres cas où ces ornements sont tolérés, on doit en être très-sobre ; mieux vaut reporter cette préoccupation sur des objets indépendants de l'entrée ; là le champ est ouvert à tous les caprices, à toutes les fantaisies : c'est du moins notre avis.

Les *sauces* sont le complément naturel et inséparable des entrées ; c'est par leur concours tout-puissant que celles-ci acquièrent leur degré de finesse et de perfection ; toute la coquetterie et l'élégance dont on les entoure ne sauraient les en dispenser ; rien ne remplace la sauce d'une entrée. Si c'est l'accessoire qu'on aperçoit le moins, il ne faut pas se dissimuler que c'est celui que les gourmets et les hommes habitués aux bonnes tables remarquent le plus. Dans le chapitre qui leur est consacré, nous en avons fait assez sentir la prépondérance pour ne pas y revenir. Qui donc ignore que tout le prestige d'un mets disparait avec une sauce manquée ?

Après les sauces, les *garnitures* ont aussi une haute importance dans l'ordre des entrées. Nous avons décrit en particulier les plus simples, comme celles dont l'application est générale et qui n'ont aucune destination fixe. Nous avons également indiqué à chaque formule les garnitures composées qui ont un caractère spécial : c'était l'unique moyen de les rendre plus saisissables et d'en faire ressortir toutes les nuances délicates, sans perdre de vue qu'en changeant d'emploi la même garniture peut prendre une dénomination différente, si la sauce n'était pas la même.

Le chapitre des *entrées chaudes* est divisé en deux catégories. La première se subdivise en séries que nous traitons par ordre de genre et de confection, sans distinction d'origine. Ainsi, dans la série des *filets*, nous passons successivement en revue ceux de viande, de volaille, de gibier et de poisson. Il en est de même des *côtelettes*, des *timbales*, des *pains* et enfin de toutes les divisions qui offrent assez de variétés pour être réunies et former un groupe suffisant, afin qu'on puisse les embrasser d'un coup d'œil.

Dans la seconde partie, sous le titre d'*entrées diverses*, nous avons classé toutes celles qui ont avec les premières une différence sensible et demandent à être dressées d'après une méthode particulière. Cette distinction n'est qu'une mesure observée en vue de ne point interrompre ou intervertir le classement des séries qui précèdent ces entrées diverses. Pour être plus complets, nous donnerons aussi un petit chapitre d'*entrées d'ordinaire*.

DES HATELETS D'ENTRÉES.

Les hâtelets d'entrées ne diffèrent de ceux de relevés que par leur volume; ils sont plus petits mais non moins élégants: ils se composent avec les mêmes éléments. L'application des hâtelets aux entrées leur apporte une élégance incontestable; ils ne sont pas également applicables à toutes, mais pour celles qui les comportent, c'est presque une faute que de les priver d'un ornement si facile à improviser. Les entrées sont moins susceptibles que les relevés de supporter un grand nombre de hâtelets; à de rares exceptions, un seul suffit, surtout quand elles sont détaillées. Le point essentiel dans leur application, c'est de savoir leur donner l'appui nécessaire pour qu'ils ne soient pas exposés à tomber lorsqu'on passe l'entrée. L'unique moyen d'éviter ces graves inconvénients, c'est de les fixer sur des appuis indépendants des entrées elles-mêmes, c'est-à-dire sur des croûtons de pain frits et collés au fond du plat.

Une description des hâtelets contenus dans la planche 3 a été donnée au chapitre des *relevés*; nous n'entrerons donc pas ici dans de plus longs détails sur leur confection; nous ajouterons simplement que, pour se rendre un compte exact de leur application, on doit consulter les dessins des entrées qui en sont ornées.

589. — BORDURES DE PLAT POUR ENTRÉES.

Les bordures, nous l'avons déjà dit, sont un des plus riches éléments d'ornementation appropriés aux entrées; nous avons donné dans le chapitre des *relevés* les détails de leur confection et les méthodes différentes de les appliquer. La planche n° 37 les représente en partie; nous n'avons donc plus à les traiter particulièrement. Nous dirons seulement que l'exécution des bordures est un travail très-minutieux, auquel il convient d'apporter beaucoup de soins, mais que la manière de les fixer sur le bord des plats en réclame au moins autant, sinon plus; car une bordure collée de travers ou sans régularité, ne rend aucun effet et donne presque à l'entrée qu'elle a mission d'embellir un cachet vulgaire et choquant. Si, au contraire, elle est collée avec soin, elle lui donne de la légèreté et en fait ressortir l'élégance.

590. — FONDS DE PLAT POUR ENTRÉES.

Ces accessoires ont une immense portée dans la cuisine moderne; ils servent à relever les formes élégantes des entrées en leur donnant plus de relief. La belle physionomie d'une entrée, les praticiens le savent, dépend presque toujours de la manière dont elle est dressée; or, une entrée détaillée, si elle n'est pas dressée sur croustade, réclame un fond quelconque, pour peu qu'on tienne à lui donner du relief. C'est dans ce but qu'ils ont été créés. On les confectionne indifféremment avec du riz, du pain, de la pâte, et même de la farce, suivant la constitution de l'entrée elle-même. Ils sont généralement d'une seule pièce, de dimension proportionnée au fond du plat dans lequel on veut dresser l'entrée, et formés avec une seule abaisse pleine ou évidée dans le centre; mais ils sont quelquefois divisés en plusieurs pièces symétriquement disposées, suivant l'ordre dans lequel l'entrée doit être dressée; dans tous les cas, ils doivent être solidement construits, surtout si on se disposait à leur fixer une coupe au centre, ainsi que cela se pratique souvent. Les fonds en riz sont formés avec le même appareil que celui employé à l'usage des croustades. On le fait refroidir en lui donnant l'épaisseur voulue dans un sautoir ou moule uni conforme aux dimensions, ou même encore dans un moule à flanc cannelé. Si l'entrée le comporte, quand le riz est bien raffermi, on le pare d'abord bien lisse, puis on le cannelle ou on le taille légèrement, en lui donnant tout le relief possible. On peut encore les laisser dans leurs formes premières, après les avoir lissés et légèrement vidés en dessus, pour donner plus de facilité à dresser l'entrée; dans tous les cas, on peut les laisser à blanc ou les dorer pour les colorer au four vif. Les fonds en pain sont taillés d'après le même ordre que ceux de riz; ils sont colorés à grande friture et collés ensuite sur plat; leur épaisseur varie de 3 à 4 centim. Il faut, pour les obtenir, cuire le pain en casserole proportionnée; lorsqu'il est rassis, le tailler de la forme qu'on veut leur donner. Les fonds en pâte sont de deux espèces : simples ou garnis. Les premiers se composent tout simplement d'une abaisse de pâte à dresser, pleine ou évidée au centre, qu'on cuit au four après l'avoir taillée dans les dimensions voulues; en ce cas, on ne leur donne guère que l'épaisseur de 12 à 15 millim. Les seconds sont à la fois élégants et profitables; ils se font dans de petits plats à sauter de dimension voulue. On peut les décorer de pâte à nouilles légèrement sucrée et les foncer de pâte fine comme les timbales; on les garnit de nouilles, riz ou macaroni préparés d'avance; on les cuit ensuite au four; on les cuit aussi à blanc, c'est-à-dire pleins de farine ou de graine, pour les vider et les garnir au moment avec le riz ou macaroni, et les renverser sur plat. Les fonds de farce se dressent simplement sur plat avec de la farce ferme; après l'avoir lissée et recouverte d'un papier beurré, on passe le plat au four doux pour la pocher; s'il y a danger que la farce s'élargisse, une bande de papier beurré, placée droite autour, suffit pour la soutenir. Cette farce peut aussi être pochée au bain-marie dans un moule bas du diamètre du fond du plat; on démoule sur plat pour dresser l'entrée dessus. Ces fonds ont l'avantage d'être mangeables et de maintenir d'aplomb les entrées.

591. — BORDURES CHAUDES POUR ENTRÉES.

Les bordures sont une perfection des fonds de plats, qui conviennent parfaitement à toutes les entrées détaillées; elles ont, sur ces derniers, l'avantage de faire partie intégrante de l'entrée et quelquefois même de la constituer; en un mot, c'est une création dont les cuisiniers ont tiré un parti immense dans toutes les parties du service. Ces bordures se confectionnent dans des moules qui portent leur nom, et qui sont trop connus pour en faire ici la description. Les moules plats et unis sont ceux qu'on doit choisir de préférence, toutefois que l'entrée doit être dressée en couronne dessus; mais si elle pouvait se dresser dans le puits, alors ceux historiés rempliraient encore mieux l'office. Nous avons fait exécuter des moules à bordure dont le fond était légèrement concave, pour dresser les entrées de filets ou quenelles, et ils ont parfaitement rempli le but que nous nous proposions.

592. — BORDURE DE FARCE HISTORIÉE.

Beurrez un moule à bordure uni; préparez un décor saillant et bien prononcé avec des lames de truffes ou langue écarlate; ces éléments combinés ensemble ou employés séparément; appliquez ce décor contre les parois du moule beurré, à l'aide d'un lardoire, et tenez-le au frais. Vingt-cinq minutes avant de servir, emplissez-le avec de la farce à quenelles grasse ou maigre; massez-le légèrement sur un linge; placez le moule dans une casserole d'eau bouillante arrivant jusqu'aux trois quarts à peu près de sa hauteur; couvrez la casserole; placez deux charbons ardents sur le couvercle, ou poussez-la à la bouche du four pour la maintenir au plus haut degré de chaleur sans ébullition. Au moment de dresser, essuyez bien le moule et renversez la bordure sur le plat pour dresser dessus.

593. — BORDURE DE RIZ.

Lavez 3 ou 400 gr. de riz caroline, suivant la grosseur du moule; blanchissez et égouttez-le après quelques bouillons; placez-le dans une casserole proportionnée; mouillez-le au double de sa hauteur avec du bouillon blanc; ajoutez 50 gr. de beurre; couvrez la casserole, faites-la partir et laissez cuire le riz doucement pendant une demi-heure; alors il doit avoir absorbé tout le bouillon; retirez-le du feu; incorporez-lui quelques cuillerées d'allemande, 100 gr. de beurre et une pointe de muscade; beurrez grassement un moule à bordure; emplissez-le avec le riz que vous appuyez bien en dessus; laissez-le ressuyer quelques minutes; renversez-le ensuite sur plat et dressez l'entrée dessus au centre. Le moule à bordure peut être décoré avec des truffes ou langues, ou plutôt mêlez ces ingrédients dans le riz après les avoir émincés ou coupés en petits dés. Au lieu de cuire le riz à blanc, on le cuit quelquefois d'après les règles prescrites au riz à la piémontaise.

594. — BORDURE DE MACARONI.

Cuisez à l'eau salée 3 ou 400 gr. de macaroni de bonne qualité, gros ou moyen; égouttez-le sans le rafraichir; étendez-le sur une serviette pour lui laisser perdre sa chaleur; beurrez un grand moule à bordure uni; garnissez le fond avec une partie du macaroni que vous disposez en colimaçon; coupez le reste en petites tiges de 12 à 15 millim. de long, et rangez-les horizontalement sur le fond déjà couvert, rangs par rangs superposés jusqu'à la hauteur des bords, toujours dans le même ordre et de façon que la bordure démoulée ne laisse de visible que l'épaisseur du macaroni, ainsi que le représente le dessin n° 45. Une fois la bordure montée, finissez de l'emplir avec de la farce à quenelles ; pochez-la d'après les règles ordinaires, trente-cinq minutes avant de servir. Le moment venu, démoulez-la, glacez ou masquez-la d'une sauce claire et dressez l'entrée. Cette bordure peut être entièrement montée en colimaçon, ou même en petites tiges égales qu'on dresse debout contre les parois du moule, en les inclinant un rang à droite et l'autre à gauche, ainsi qu'on opère à l'égard des chartreuses ; dans tous les cas, on emplit le vide du moule avec une farce et on le poche d'après les règles ordinaires. Ce genre de bordure convient pour faire des sautés de volaille ou gibier. On confectionne encore des bordures de macaroni en fonçant un moule avec de la pâte fine ; on le remplit avec du macaroni fini dans les conditions voulues et on le pousse au four chaud une demi-heure avant de servir. On peut aussi, après avoir grassement beurré le moule, le paner, couler sur cette panure des œufs battus et salés, renverser et égoutter le moule une minute pour le paner de nouveau, l'emplir ensuite avec du macaroni et le pousser au four vif couvert de papier ; faites-lui prendre couleur pour le démouler sur plat au moment.

595. — BORDURE DE LÉGUMES.

Il faut tailler des carottes et navets en tiges à la colonne, en petites boules, losanges ou carrés ; cela dépend surtout du goût ; blanchissez ces légumes séparément et finissez de les cuire avec du consommé blanc et une pointe de sucre ; laissez-les refroidir et montez-les autour et au fond d'un moule à bordure beurré, dont le fond est masqué de papier. En les montant, formez un dessin quelconque par le mélange des nuances, suivant la coupe des légumes ; disposez-les avec goût et précision ; emplissez le vide de la bordure avec de la farce ou simplement de la purée de légumes, tels que pommes de terre, marrons, pois verts, haricots, etc., auxquels vous additionnez des jaunes d'œufs en proportion de la consistance ; cela fait, masquez-les avec un fond de papier et pochez-les au bain vingt-cinq à trente minutes avant de servir. Ces bordures doivent rester le moins longtemps possible sur le feu ; le séjour du bain altère la nuance des légumes. On fait aussi des bordures montées avec des légumes printaniers, tels que pointes d'asperges, petits pois, haricots verts, etc. On procède de la même manière, c'est-à-dire qu'on les monte autour du moule avec le plus de variété possible. Outre ce mélange de légumes qui donne de la variété à la bordure, on peut néanmoins les monter avec une seule espèce, et elles n'en sont pas moins agréables ; on en monte ainsi avec des haricots flageolets, des petites truffes, etc.; autant que possible, il faut que les légumes aient une nuance un peu distincte. Ces bordures, ainsi montées, s'emplissent également avec de la farce ou des purées de légumes. En dehors de ces genres différents, on confectionne encore des bordures toutes simples avec les purées de légumes seulement. Toutes les espèces aptes à faire des purées peuvent s'appliquer à ce genre ; il s'agit seulement de leur donner assez de corps avec les œufs pour les solidifier ensuite par la cuisson du bain-marie. Les bordures ne doivent être pochées qu'au moment. Les purées d'oignons, marrons, céleri, pois verts, épinards, pommes de terre, etc., s'adaptent parfaitement à cet emploi.

DES CROUSTADES EN PAIN ET EN RIZ.

Les croustades conviennent pour les entrées détaillées ; c'est un ornement dont un dîner distingué ne saurait guère se passer, si les entrées sont multipliées. Une d'entre elles, dressée sur cet appui élégant, devient, par ce fait, entrée de premier ordre, pour peu qu'il y ait quelque recherche dans les apprêts et quelque mérite dans l'exécution. Les détails que nous allons donner seront précis et pratiques, mais ne peuvent guère être utiles qu'à ceux qui ont déjà une certaine connaissance de ce travail, et insuffisants à donner les moyens d'exécution à celui qui y est absolument étranger. Nous n'essayerons donc pas de tenter l'impossible. En ajoutant à ces descriptions des modèles bien compris, raisonnés et faciles à saisir, nous croyons avoir produit le possible. S'il ne s'agissait, pour exécuter, que de lire un article descriptif ou de jeter les yeux sur un dessin, la chose serait facile ; mais indépendamment de la difficulté qu'il y a d'acquérir la science par la théorie, nous dirons tout d'abord que les moyens d'exécution de ces pièces ne sont pas donnés à chacun, et personne ne contestera qu'il ne faille pour les rendre, même dans des conditions limitées, un certain degré d'intelligence et de dextérité réunies. Cependant, il ne faut pas s'effrayer des difficultés qui en surgissent, au point de n'oser les entreprendre dans la crainte de ne pas réussir ; il faut un commencement à tout ; en faisant marcher de pair l'étude et la pratique, on est sûr d'arriver au bien, car la science n'est le privilége de personne ; les hommes, quels qu'ils soient, n'arrivent à la perfection que sous la tutelle du travail et de la pensée. En général, tout ce qu'on exécute avec hésitation porte plus ou moins l'empreinte de la médiocrité ; or, les hommes qui débutent dans ces opérations, doivent se prémunir contre cette fatale timidité qui est toujours un écueil, et aborder résolûment l'opération avec aplomb et sang-froid ; car, au résumé, la crainte ne fait qu'augmenter les difficultés, et bien souvent les obstacles qui paraissent insurmontables diminuent et s'amoindrissent dès qu'on se met à l'œuvre et qu'on a le courage de les regarder en face. Notre avis est qu'un homme du métier, avec quelques notions de ce travail, le goût déterminé et du courage, peut exécuter de lui-même après un premier essai. Il est naturel que son premier produit sera imparfait ; mais dès qu'il s'apercevra que l'exécution ne lui est pas impossible avec l'aide de la pratique, il prendra cette assurance indispensable, ce coup d'œil et cette précision qui sont au fond les qualités requises. En principe, il faut d'abord se rendre bien compte de ce qu'on veut reproduire, l'étudier attentivement, mais surtout avoir le bon esprit de ne pas entreprendre ce qu'on sent au-dessus de ses forces ; dans les débuts, rien n'est dangereux comme les illusions : trop de hardiesse et de prévention sont toujours pernicieux. On commence par des exécutions simples et faciles ; lorsqu'on arrive à les rendre correctes, on se lance dans des productions plus compliquées ; c'est ainsi qu'on arrive sans beaucoup d'efforts à se perfectionner.

Les croustades en riz que nous décrirons sont d'une élégance qui ne le cède en rien à celles de pain, et sont aussi faciles à travailler ; elles ont, de plus, un cachet qui les distingue ; aussi les recommandons-nous avec empressement. Comme moyens démonstratifs, nous joignons à ces descriptions une planche spéciale de croustades taillées en pain et en riz. Pour arriver à une démonstration plus précise, les unes sont garnies et d'autres telles qu'elles sont après l'exécution. En dehors de cette planche spéciale, on trouvera d'autres croustades taillées et garnies ; dans les dessins, elles sont appliquées à des emplois divers et n'en sont pas moins utiles à consulter ; d'ailleurs, tous les genres sont acceptables dès qu'ils sont bien traités ; et les modèles les plus insignifiants peuvent donner de fort bonnes idées. Il se trouve dans les dessins de socles d'entrées froides, des genres différents utiles à consulter. La qualité du pain entre pour beaucoup dans la réussite des croustades confectionnées avec cet élément. S'il est formé avec une pâte trop levée, s'il est mal cuit ou trop frais, il est difficile qu'il donne des résultats convenables. Quand on veut tailler une croustade, le pain doit être cuit au moins quarante-huit heures d'avance. Tous les boulangers peuvent le confectionner, avec plus ou moins de perfection il est vrai. Dans beaucoup de pays, on trouve les pains tout cuits ; alors, on n'a qu'à choisir ; dans le cas contraire, on les fait mouler et cuire dans des casseroles de la dimension voulue, en recommandant aux boulangers de les emplir aussitôt la détrempe de la pâte terminée. Quand le pain est refroidi, on l'enveloppe dans un linge pour le tenir au frais. Nous donnerons plus loin la manière de cuire et préparer le riz pour croustades ; nous dirons seulement que s'il est dans les conditions voulues, il donne de plus beaux résultats que le pain ; il se taille avec bien plus de précision et les ornements ont plus de relief. Les croustades pour relevés, taillées de forme ovale, s'exécutent d'après les mêmes procédés que ceux que nous allons décrire à l'égard des croustades d'entrées ; la forme seule en fait la différence. Ce genre, du reste, n'est pas communément employé. La cannelure, le travail qui en apparence paraît le plus simple, est pour ainsi dire le plus essentiel ; car une fois la forme obtenue, les reliefs bien marqués, il ne reste plus que les cannelures, et ceci n'est au fond qu'une affaire de détail, si on est resté dans les proportions exactes et précises ; là est en réalité l'écueil, car si ces proportions sont fausses, mal étudiées, l'ensemble de la croustade s'en ressent forcément, et on n'y remédie qu'au détriment de son élégance ; voilà pourquoi il est urgent de ne point s'aventurer au hasard, et prendre toutes les précautions possibles pour ne pas être pris au dépourvu et arrêté court dans le courant de l'opération, par le défaut de matière ou d'irrégularité de la forme. Une fois le profil obtenu, donnez la dernière main à la croustade, en commençant d'abord par la base, et continuez ainsi jusqu'à la coupe principale. Une fois la croustade terminée, cernez le dessus et faites-la frire en la plongeant à grande friture bien chaude, en la piquant d'un côté avec un hâtelet ; il ne faut pas la quitter et la retirer aussitôt qu'elle a atteint la belle couleur blonde et claire.

595. — CROUSTADE EN PAIN. (Dessin n° 67.)

Quelques heures avant de servir, prenez un pain de mie de la hauteur de 20 cent. sur 26 de diamètre ; retirez-lui toute sa croûte, puis taillez correctement le profil de croustade avec la même régularité que si elle ne devait pas être cannelée. Il faut nécessairement tenir compte des détails en relief et laisser la matière suffisante, mais sans vous occuper pour le moment des ornements. Une fois bien correctement ébauchée, placez-la debout pour vous assurer qu'elle est bien d'aplomb ; puis commencez par découper le boudin de la base en lignes courbes et arrondies formant cordon ; pratiquez de petites échancrures en forme de fleurons renversés, au dessous du second boudin, que vous laissez rond ; alors renversez la croustade et cannelez la coupe et la frise du dessus dans l'ordre représenté, en ayant soin de mesurer les distances, pour marcher régulièrement, et de donner les coups de couteau justes, précis et assurés ; car si le coup n'est pas ferme, le pain se hache et le tail ne sort pas correct. Le dessus se termine en dernier lieu. Cernez la surface à 1 cent. et demi des rebords avec une légère incision autour, afin de pouvoir l'évider en partie après la cuisson. Aussitôt la croustade taillée, enfermez-la dans une grande casserole, afin de la garantir de l'action de l'air, car elle ne doit être frite qu'une demi-heure environ avant de servir, et il ne faut pas qu'elle sèche. Quand vous voulez la frire, vous la piquez sur le centre de la surface avec un ou deux hâtelets en fer, pour la plonger dans une grande casserole de friture blanche et bien chaude. Aussitôt qu'elle atteint une jolie couleur blonde, sortez-la, piquez les hâtelets sur l'autre surface, et plongez de nouveau, dans la friture, les parties non encore frites. Si la friture est suffisante, on la colore d'un seul coup. Il ne faut pas la quitter, pour la retourner sans cesse en la maintenant toujours dans le liquide. Aussitôt colorée, égouttez-la sur un linge ; enlevez le couvercle cerné ; évidez-la légèrement ; masquez la superficie de ce creux avec une petite couche de farce ferme ou de repaire, et collez-la aussitôt sur le fond d'un plat d'entrée ; tenez-la quelques minutes à la bouche du four, après l'avoir enveloppée de papier, jusqu'à ce que la farce soit bien ferme. Le modèle que nous donnons peut être simplifié, quoique conservant toujours les mêmes formes ; ces petits détails ne sont pas absolus et peuvent être en partie modifiés. D'ailleurs, si le pain n'est pas d'une parfaite cuisson, on est forcé de renoncer aux fines cannelures pour s'en tenir aux mâles détails, aux ornements qui ont du relief. Ceux minutieux, s'ils ne sont pas corrects, bien nets et détachés, disparaissent à la cuisson. Cette croustade peut être exécutée en riz.

596. — DOUBLE CROUSTADE EN PAIN. (Dessin n° 69.)

Cette croustade, quoique moins compliquée que la précédente, n'en est pas moins très-élégante ; elle convient surtout quand on rencontre des pains d'une façon défectueuse. Le pain doit être cuit dans une casserole de 26 à 28 centim. de largeur sur 12 de hauteur. Laissez-le rassir à point, retirez toute la croûte, et donnez à la croustade un profil légèrement évasé et surtout bien régulier ; taillez-la ensuite en gros cannelons arrondis et inclinés, dont vous faites rentrer la rotondité en dedans jusqu'à la profondeur de 2 centim. ; unissez bien la surface, tenez au frais et à couvert. D'un autre côté, taillez une petite croustade dans le genre que représente le dessin, en observant les mêmes règles qu'à l'égard de la première ; enfermez-la également, et tenez-les au frais pour les frire toutes les deux successivement, d'après la méthode indiquée précédemment. Quand elles sont colorées et bien égouttées, collez la plus grande sur le fond d'un plat avec du repaire, faites-la sécher à l'étuve ; dans l'intervalle videz la plus petite, traversez-la par le centre avec un hâtelet, et fixez-la solidement sur celle du fond, que vous n'aurez pas évidée après cuisson, afin de lui conserver plus de solidité.

597. — CROUSTADE EN PAIN MONTÉE EN TROIS PIÈCES.

Ces croustades ont cela de commode qu'elles ne nécessitent pas un pain aussi volumineux que les précédentes, et par conséquent on est plus sûr de l'obtenir dans de meilleures conditions. En travaillant séparément les pièces, il est plus facile et moins dangereux de leur donner de la légèreté; elles sont aussi d'une exécution moins compliquée et mieux à portée de tout le monde; mais il faut surtout s'attacher à les tenir dans les proportions les plus justes : dans ces conditions elles sont d'un effet très-flatteur. Taillez d'abord un rond de pain de l'épaisseur de 4 centim. sur 14 de diamètre ; unissez bien les surfaces pour le mettre d'aplomb ; enfermez-le dans une casserole; taillez ensuite un montant de 7 à 8 centim. de hauteur; évasez-les vers les deux extrêmes en les tenant du diamètre de 10 à 11 centim.; enfermez-le également et taillez la pièce du dessous représentant la coupe; donnez-lui 8 à 10 centim. d'épaisseur sur 22 à 24 de large. Évidez légèrement les contours de son épaisseur en ménageant aux angles des côtés un liseron plat; évidez également les deux faces de cette coupe de 1 centim. seulement de profondeur. Alors ajustez les trois pièces pour vous rendre compte de l'aplomb et des proportions ; assurez-vous qu'elles se rapportent bien ensemble; puis enfermez-les encore pendant que vous taillerez à l'emporte-pièce et au couteau les petits anneaux évidés et les croûtons triangulaires. Les uns et les autres doivent être corrects et de l'épaisseur seulement de 3 à 4 millim. Trois quarts d'heure avant, plongez tour à tour chaque pièce dans une casserole de friture chaude et neuve, autant que possible, pour leur donner une belle couleur égale, toujours d'après la méthode indiquée. Après les pièces faites frire les détails d'ornement; égouttez-les sur un linge; collez d'abord le pied sur le fond d'un plat d'entrée avec du repaire; placez dessus le montant après l'avoir masqué aussi avec du repaire et placez le plat à l'étuve; alors posez la coupe sur un moule à timbale et bordez-le d'un côté. En donnant un peu d'évasement aux croûtons et en les fixant aussi avec du repaire, laissez sécher; quand ils sont consolidés, retournez la coupe et collez les autres croûtons que vous laissez également sécher : dans l'intervalle, bordez les angles de sa base, puis enfin, placez la coupe sur son pied bien raffermi, et fixez-les ensemble en les traversant avec quelques hâtelets ou tiges de bois aboutissant jusqu'au fond du plat et rendus invisibles.

598. — PETITES CROUSTADES EN PAIN POUR MILIEU D'ENTRÉES.

Les modèles de ces croustades se trouvent reproduits dans toutes les planches ; nous en avons varié le genre autant que possible. Ces croustades, plus petites que celles que nous venons de décrire, se taillent par les mêmes procédés. On peut les obtenir d'une ou plusieurs pièces en les rapportant ; elles sont destinées à ne porter que de faibles garnitures ; on peut donc leur donner beaucoup de légèreté; l'essentiel est de les fixer solidement au lieu où on les applique, après les avoir frites de belle couleur. On les évide avant ou après leur cuisson ; mais, dans tous les cas, si la garniture était capable de leur donner de l'humidité, on doit les masquer intérieurement avec une couche de farce ferme. On fait également des croustades pour milieu d'entrée avec des petites coupes légères en fer-blanc, la coupe et son pied soudés ensemble, puis dorée et masquée d'une mince enveloppe de pâte à l'anglaise blanche ou de pâte à nouilles. On peut orner ces coupes avec une petite bordure ou simplement une petite chaine de perles en farce poussées en cornes. Dans tous les cas, elles sont très-élégantes et conviennent beaucoup pour les entrées dressées sur fond de plats.

599. — CROUSTADE EN RIZ.

Avant d'entrer dans la description de cette pièce, nous donnerons d'abord la cuisson du riz pour les croustades en général, les fonds et les coupes auxquels on veut donner de la solidité. Pour une croustade ordinaire, lavez 3 kilog. de beau riz de Caroline, placez-le dans une casserole plus large que profonde et un peu forte; mouillez-le un peu plus qu'au double de sa hauteur avec de l'eau froide; ajoutez 150 gr. de beurre et du sel ; faites partir en ébullition. Au bout de quelques minutes, retirez la casserole, couvrez-la et poussez-la à la bouche du four; à défaut, placez un poids quelconque sur le couvercle et la casserole sur des cendres rouges; au bout de quarante à cinquante minutes, découvrez la casserole, le riz doit être à sec et entièrement atteint; alors retirez la casserole et pilez vivement le riz, soit à l'aide d'un rouleau, dans la même casserole, soit dans un mortier à l'aide d'un pilon. Quand il est réduit en pâte lisse et élastique, relevez-le sur un plafond légèrement humecté, travaillez-le quelques minutes avec les mains humides pour lui donner du corps, moulez-le vivement et placez-le d'un seul trait dans une casserole beurrée, ayant 24 centim. à peu près de diamètre; appuyez-la pour lui faire prendre la forme, unissez la surface et placez la casserole sur glace, ou dans un lieu très-froid, pour l'y laisser jusqu'au lendemain ou au moins sept à huit heures, afin que le riz soit non-seulement froid, mais bien raffermi, formant un corps solide et bien serré. Un point essentiel, c'est le mouillement précis du riz et sa cuisson parfaite; le riz trop mouillé colle au couteau et se coupe difficilement; s'il ne l'est pas assez, il reste toujours dur et graineux à l'intérieur, se lie mal, résiste au couteau et s'émiette au lieu de céder. Quelques heures avant de servir, démoulez le riz en chauffant légèrement la casserole; unissez les surfaces, donnez-lui la hauteur de 14 à 15 centim. ou moins si cela est nécessaire; marquez d'abord le profil de la croustade; taillez le pied, cannelez le boudin, puis renversez la croustade; découpez la frise de forme octogone; évidez le dessus de 1 centim. et demi de profondeur, suivant l'entrée qu'elle doit supporter. Aussitôt taillée, enfermez-la dans une casserole couverte et tenez-la en un lieu frais en attendant de servir. Le genre qui convient le mieux à ces croustades est, suivant nous, de les laisser dans leur état naturel, c'est-à-dire à blanc; néanmoins on peut les colorer en les humectant avec du beurre clarifié dans lequel on fait dissoudre un peu de sucre fin; on les pousse à four rouge en les laissant douze à quinze minutes. Alors les parties angulaires prennent une légère teinte, mais suffisante : il ne faut pas en désirer davantage; d'abord, parce que cette simple nuance est beaucoup plus élégante, et ensuite parce que le riz étant très-long à se colorer, les ciselures de la casserole entière finiraient par souffrir d'un trop long séjour à la chaleur. Dans d'autres cas, après l'avoir servie à blanc, on peut la dorer, la paner et lui faire prendre couleur à la friture.

600. — DOUBLE CROUSTADE DE RIZ. (Dessin n° 70.)

Cuisez comme précédemment 4 kilog. de riz; quand il est cuit et réduit en pâte, remplissez d'abord un bainmari beurré, de 10 à 12 cent. de diamètre environ; moulez le restant dans une casserole de 24 à 26 cent. de diamètre; laissez-les refroidir toute une nuit, puis démoulez-les pour tailler séparément chaque pièce dans le genre que représente le dessin, c'est-à-dire qu'avec le riz de la casserole à bain-marie vous formez la petite coupe supérieure, avec celui de la grande vous taillez la coupe principale qui fait le fond, en opérant d'après les règles décrites plus haut; donnez-lui un peu d'évasement; marquez bien les cannelures en leur donnant le plus de relief possible; évidez-la en dessus, de la profondeur de 2 cent. à peu près; arrondissez bien les angles des fleurons; fixez la petite coupe sur le centre de la grande, à l'aide de deux hâtelets, que vous rendez invisibles en les faisant arriver jusqu'au fond du plat.

601. — PETITES CROUSTADES DE RIZ.

Les petites croustades de riz servent, comme celles du pain, pour milieu d'entrée; elles doivent rester blanches; c'est le genre qui convient le mieux. On opère à leur égard d'après les méthodes décrites; on les moule dans les formes les plus rapprochées de la coupe qu'on veut leur donner; on trouvera des modèles très-variés dans les entrées ornées, car ce genre est très-gracieux. Ce qu'on ne doit pas négliger, c'est de leur donner un appui solide. Le moyen le plus sûr est de les fixer, avec un hâtelet, sur un croûton de pain frit et collé au fond du plat, car le riz se colle difficilement. On emploie quelquefois ces croustades pour bout de relevé; alors on les taille en coupe, à trois quarts de leur rotondité.

602. — CROUSTADES DE POULAINTES.

La *pulenta*, connue aujourd'hui dans toute l'Europe, est le nom qu'on donne en Italie à la farine de maïs cuite. Cette préparation qui, à la cuisson, durcit considérablement, s'applique fort bien au travail des croustades, surtout celles de forme basse; elle est facile à faire, peu coûteuse, et peut être préparée en quelques heures, avantage qu'on ne rencontre ni dans le pain ni dans le riz. Faites bouillir 3 litres d'eau dans une casserole avec un peu de sel et beurre. A l'ébullition, emplissez cette eau avec de la farine indiquée, jusqu'à ce qu'elle arrive à consistance solide ; travaillez-la dix minutes à la spatule pour bien la lier et la cuire ; versez-la ensuite dans une casserole beurrée dans les dimensions que vous voulez donner à la croustade ; laissez-la raffermir quelques heures, puis démoulez et découpez-la d'après les mêmes indications données plus haut ; donnez-lui une jolie forme, mais sans beaucoup de détails minutieux, car cet appareil ne s'y prête pas ; dorez-la ensuite sur toutes les parties, panez à l'œuf et faites-la frire de belle couleur.

DES PURÉES POUR GARNITURES D'ENTRÉES.

Les purées grasses ou maigres s'emploient indistinctement comme garniture ; elles ne sont pas toutes appréciées au même degré ; il en est en effet qui sont plus considérées les unes que les autres ; mais, en résumé, toutes sont utiles et trouvent chacune leur application en temps opportun ; c'est pourquoi nous les traiterons en général. En nous occupant moins de la forme que du fond, nous nous attacherons surtout à les rendre bonnes et acceptables en toute circonstance, laissant aux praticiens le soin de leur distinction.

Les purées faites d'avance doivent être maintenues hors du feu et chauffées au moment ; ceci s'applique surtout aux purées grasses. Dans tous les cas, nous donnons cette règle comme principe absolu.

Purée de Volaille. — Parez et pilez très-fin 400 gr. de blanc de volaille, de préférence poêlée ; additionnez-lui 100 gr. de tétine de veau cuite ; à défaut de celle-ci, 50 gr. de beurre et 2 décil. de béchamel réduite, avec quelques champignons émincés ; assaisonnez d'une pointe de muscade et passez à l'étamine. Si la purée ne doit être employée de suite, placez-la sur glace dans une petite terrine recouverte d'un papier beurré ; au moment de la servir, versez-la dans une casserole pour la chauffer en la travaillant à la spatule, sans la quitter ni la laisser bouillir, ce qui la ferait infailliblement tourner ; amalgamez-lui alors un morceau de beurre frais et une cuillerée de béchamel. La purée de volaille aux truffes se fait de même, seulement il faut piler avec les chairs une ou deux truffes crues ou cuites, mais épluchées.

Purée de Perdreaux. — Passez et pilez 400 gr. de chairs de perdreaux déjà cuites ; ajoutez-leur 100 gr. de farce de gibier pochée et refroidie avec les parures de perdreaux ; tirez une bonne essence que vous passez et réduisez avec le même volume d'espagnole. Cette sauce doit être réduite à extinction et refroidie à demi ; ajoutez-la aux chairs dans le mortier, incorporez-les ensemble et passez à l'étamine ; placez cette purée dans un bainmari et tenez-la au frais pour la chauffer doucement sans ébullition. Au moment de servir, additionnez-lui quelques cuillerées de glace et un peu de beurre. Les purées de bécasses, pluviers, lapereaux, levrants se traitent de même, en substituant les chairs de ceux-ci aux autres.

Purée de Champignons. — Épluchez sans les tourner 400 gr. à peu près de champignons bien frais ; retirez les feuillets de ceux qui seraient couverts, afin qu'il ne reste aucune partie susceptible de noircir la purée ; lavez-les bien à plusieurs eaux, égouttez et émincez-les, passez-les immédiatement au beurre, salez légèrement, couvrez la casserole et faites-les marcher rondement en les remuant de temps en temps pour qu'ils n'attachent pas ; lorsque leur fonds est réduit, ajoutez 2 décil. de velouté ; réduisez au moment le tout ensemble et laissez-les refroidir, pour les piler ensuite le mieux possible avec 100 gr. de farce à quenelles pochée et refroidie, 1 décil. d'allemande réduite et une pointe de muscade ; passez à l'étamine ; placez ensuite cette purée dans une casserole à sauce proportionnée ; recouvrez-la avec une cuillerée de consommé et tenez-la au frais. Cinq ou six minutes avant de servir, chauffez-la doucement, additionnez-lui un peu de beurre et quelques cuillerées de sauce allemande bien corsée. Dans le cas où elle serait trop liée, la sauce allemande peut être remplacée par la béchamel.

Autre procédé de purée de champignons.

Lavez et hachez les champignons ; passez-les au beurre en les tournant à la spatule ; lorsqu'ils sont prêts à tomber à glace, mouillez-les avec 2 décil. de béchamel, 2 de velouté et 1 d'essence de volaille ; réduisez à la spatule jusqu'à ce que l'appareil soit serré ; versez-le alors dans le mortier pour le réduire en pâte avec moitié de son volume de purée de riz ; passez à l'étamine et terminez comme ci-dessus. — On opère de même pour les purées de mousserons et morilles.

Purée de Truffes noires. — Réduisez de moitié 3 décil. d'espagnole avec 2 décil. de vin du Rhin, ajoutez 500 gr. de truffes crues épluchées et émincées, donnez deux minutes d'ébullition et jetez-les toutes chaudes dans le mortier pour les piler avec 100 gr. de mie de pain, imbibée au consommé et desséchée quelques minutes avec un peu de beurre, 50 gr. de farce à quenelles pochée ; pilez bien le tout ensemble et passez à l'étamine ; placez la purée dans un bainmari ; tenez-la au froid jusqu'au moment de servir ; alors chauffez-la en la tournant à la spatule, additionnez 3 cuillerées de glace de volaille et 50 gr. de beurre.

Purée de Truffes blanches du Piémont. — Étalez 200 gr. de farce de volaille sur une feuille de papier beurrée, faites-la pocher aux trois quarts dans de l'eau salée, mais sans ébullition, égouttez-la pour la laisser refroidir et la piler ensuite avec 400 gr. de truffes blanches crues et bien épluchées. Lorsque l'appareil est bien pilé, additionnez-lui de l'allemande en quantité suffisante pour l'amener au point de liquidité voulue ; passez à l'étamine et mettez la purée en ligne dans une petite casserole, pour la chauffer au moment et sans ébullition. Finissez-la avec quelques cuillerées de glace de volaille et un morceau de beurre.

Purée de Concombres. — Épluchez et retirez les semences de plusieurs concombres, la quantité dépend de leur grosseur ; coupez-les en petits tronçons, blanchissez-les deux minutes à l'eau bouillante, égouttez-les et finissez de les cuire avec un peu de beurre et de consommé. Lorsqu'ils sont attendris, réduisez-les avec leur fonds et 4 décil. de béchamel ; quand l'appareil est assez consistant, passez-les à l'étamine ; rangez cette purée dans une petite casserole, pour la chauffer et finir au moment avec beurre et glace.

Purée d'Artichauts. — Parez une quinzaine de moyens fonds d'artichauts, plus ou moins, selon leur grosseur ; citronnez-les à mesure et faites-les blanchir dans l'eau acidulée, afin de les obtenir le plus blancs possible ; égouttez-les dès qu'ils fléchissent sous la pression des doigts ; masquez-les dans une casserole avec du consommé blanc, un morceau de beurre et un morceau de persil ; lorsqu'ils sont tendres, passez-les au tamis ainsi que leur fonds ; réduisez-les ensuite dans un plat à sauter avec 4 décil. de velouté ; lorsque l'appareil est réduit à point, liez-le avec 4 jaunes d'œufs délayés à la crème ; passez à l'étamine ; mettez la purée dans une petite casserole avec un morceau de beurre dessus, pour la chauffer avec quelques cuillerées de glace, au moment de l'employer.

Purée de Cardons. — Après avoir épluché et blanchi les tiges tendres et le cœur d'un ou deux pieds de cardons, parez-les de nouveau et faites-les cuire dans un blanc, d'après le procédé décrit au chapitre des *légumes*. Lorsqu'ils sont tendres, égouttez-les et passez-les au tamis ; réduisez la purée avec 3 décil. de béchamel, passez à l'étamine, additionnez 2 cuillerées de glace et un morceau de beurre au moment. — Pour la purée de cardons brune, on réduit la purée avec de l'espagnole au lieu de béchamel.

Purée d'Asperges. — Cassez les tiges de 2 bottes d'asperges vertes, ratissez-les et cuisez-les à l'eau de sel dans un poêlon, égouttez-les un peu fermes pour les jeter de suite dans 4 décil. de béchamel en ébullition, réduisez le tout ensemble à la spatule, additionnez une pointe de muscade et sucre, en dernier lieu une liaison de 3 jaunes d'œufs, passez à l'étamine. Placez la purée dans un bainmari, pour la chauffer au moment et lui amalgamer 2 cuillerées de glace et de beurre au vert d'épinards.

Purée de Topinambours. — Épluchez et émincez quelques topinambours suivant leur grosseur, sautez-les un moment au beurre, additionnez du consommé et une pointe de sucre pour les cuire doucement ; lorsqu'ils sont atteints, laissez tomber le mouillement presque à glace et passez le tout ensemble au tamis ; réduisez cette purée avec de l'espagnole ou du velouté, selon qu'elle doit être brune ou blanche, passez-la à l'étamine, placez-la dans un bainmari avec un morceau de beurre dessus.

Purée d'Oignons Soubise. — Émincez une douz. de gros oignons blancs, blanchissez-les à l'eau bouillante jusqu'à mi-cuisson, égouttez et exprimez toute l'eau qu'ils contiennent, marquez-les alors dans une casserole avec un morceau de beurre, 2 décil. de consommé et une pointe de sucre, laissez-les cuire très-doucement jusqu'à ce qu'ils soient bien attendris, réduisez-les avec 4 décil. de velouté, passez à l'étamine et marquez la purée dans un bainmari; chauffez et finissez-la au moment avec un morceau de beurre.

Purée d'Oignons a la Bretonne. — Coupez de gros oignons en quartiers, sautez-les au beurre dans un plat à sauter avec une pointe de sucre; lorsqu'ils commencent à prendre couleur, mouillez-les avec du consommé et placez le sautoir sur un feu doux, pour les faire tomber à glace. Lorsqu'ils sont cuits, égouttez le beurre et mouillez avec 3 décil. d'espagnole; réduisez le tout ensemble et passez à l'étamine; tenez la purée dans une petite casserole, chauffez et amalgamez-lui 2 cuillerées de glace au moment.

Purée de Carottes Crécy. — Émincez le rouge de 8 belles carottes bien tendres, blanchissez-les pendant quelques minutes dans l'eau bouillante, égouttez-les ensuite pour les marquer dans une casserole avec du consommé, un morceau de beurre et une pointe de sucre; laissez-les cuire doucement lorsqu'elles sont tendres; placez la casserole en plein fourneau, pour réduire le mouillement presque à glace; passez alors les carottes au tamis, réduisez-les quelques minutes avec 2 décil. de béchamel, passez à l'étamine; rangez la purée dans une casserole pour la chauffer et finir au moment avec un morceau de beurre.

Purée de Céleris. — Épluchez quelques pieds de céleris longs ou de céleris-raves, émincez-les et blanchissez-les à fond à l'eau bouillante; lorsqu'ils sont tendres, égouttez-les et passez-les au beurre avec un petit bouquet de persil, quelques lames de jambon et une pointe de sucre; mouillez-les avec un peu de consommé et laissez finir de cuire très-doucement; retirez le bouquet et le jambon, passez les céleris au tamis et réduisez la purée avec de l'espagnole ou de la béchamel; passez à l'étamine pour la finir, comme de coutume.

Purée de Navets. — Émincez et blanchissez de bons navets dans de l'eau bouillante et salée; lorsqu'ils sont tendres, égouttez et finissez de les cuire avec du consommé blanc, du beurre et une pointe de sucre. Lorsqu'ils sont bien cuits, faites-les tomber presque à glace, sans leur laisser prendre couleur, et passez au tamis; réduisez-les ensuite avec quelques cuillerées de béchamel, une pointe de muscade; passez cette purée à l'étamine; finissez-la au moment avec un morceau de beurre. — Pour la purée brune de navets, il faut d'abord les glacer, les réduire à l'espagnole et passer à l'étamine.

Purée de Tomates. — Coupez par le milieu une vingtaine de tomates bien mûres, pressez-les pour en extraire les semences et l'eau, jetez-les sur un tamis; passez au beurre un petit oignon émincé, avec quelques dés de jambon cru; ajoutez les tomates, une pointe d'ail, un clou de girofle, un petit bouquet de persil garni avec thym et laurier, puis quelques parures de champignons émincés; laissez-les cuire doucement jusqu'à réduction complète de l'humidité; additionnez 2 décil. de velouté, 2 cuillerées de glace, réduisez le tout ensemble et passez à l'étamine.

Purée de Pommes de terre. — Vingt-cinq minutes avant de servir, épluchez et coupez par quartiers 7 à 8 belles pommes de terre; faites-les cuire vivement dans de l'eau salée; au moment même où elles sont cuites, égouttez l'eau, couvrez la casserole et poussez-la un moment au four pour sécher les pommes de terre; après quelques minutes, passez-les au tamis pendant qu'elles sont bien chaudes : il faut les passer peu à la fois pour éviter qu'elles ne se cordent. Remettez de suite la purée dans une casserole, étendez-la peu à peu avec de la crème double jusqu'au degré de liquidité voulu; incorporez-lui alors un bon morceau de beurre fin, une pointe de sel et sucre, travaillez-la vivement à la spatule pour la blanchir et la rendre lisse. Cette purée doit être plus consistante que les autres purées de légumes. On fait aussi de la purée en blanchissant d'abord les pommes de terre et les finissant de cuire avec du bon jus, un bouquet de persil et une tranche de jambon; on passe la purée au tamis au moment de servir et on la chauffe avec un morceau de beurre.

Purée de Pommes de terre a l'Anglaise. — Cette purée n'est autre chose que des pommes de terre cuites vivement à l'eau de sel, égouttées au moment, séchées une minute au four et travaillées avec une grosse fourchette pour les broyer avec un morceau de beurre et quelques cuillerées de crème. Elle ne se passe pas; elle doit être faite au moment de la servir.

Purée de Marrons. — Faites griller à blanc 50 beaux marrons, plus s'ils sont petits, épluchez et masquez-les de suite dans une casserole avec du consommé pour finir de les cuire très-doucement ; lorsqu'ils sont tendres, passez-les au tamis, remettez la purée dans une casserole, pour la chauffer avec un morceau de beurre, étendez-la avec quelques cuillerées de bon fonds ou simplement de crème double ; ajoutez une pointe de sucre et passez-la à l'étamine ; finissez-la en la chauffant au moment avec un bon morceau de beurre fin.

Purée de Pois verts. — Mettez de l'eau salée en ébullition dans un poêlon, en suffisante quantité pour blanchir 1 litre à peu près de gros pois sucrés et fraîchement cueillis ; lorsqu'ils sont cuits bien verts, égouttez-les et passez-les au tamis ; chauffez alors la purée dans une casserole avec 3 cuillerées de velouté, un morceau de beurre et une pointe de sucre ; passez-la à l'étamine ; tenez-la au frais pour la chauffer au moment avec 2 cuillerées de glace de volaille ; finissez-la en lui amalgamant un peu de beurre au vert d'épinards.

Purée de Lentilles. — Cuisez des lentilles dans de l'eau avec un bouquet complet de légumes et un morceau de jambon blanchi. Lorsque les lentilles seront cuites, égouttez et passez-les au tamis. Au dernier moment, chauffez la purée avec un morceau de beurre et un peu de glace ; finissez-la avec quelques cuillerées d'espagnole en la travaillant vivement à la spatule pour la rendre lisse.

Purée de Haricots blancs. — Cuisez les haricots doucement dans de l'eau de rivière avec un bouquet de légumes ; lorsqu'ils sont tendres, passez-les au tamis ; desséchez ensuite la purée dans une casserole avec un morceau de beurre ; finissez-la au moment avec 2 cuillerées de béchamel et de crème double ; ajoutez une pointe de muscade, un morceau de beurre et 3 cuillerées de glace. La béchamel et la crème peuvent être remplacées par du bon fonds de braise bien dégraissé ou de l'espagnole ; si la purée n'était pas très-liée, il faudrait la passer à l'étamine. Toutes les purées de légumes secs se traitent à peu près de même ; l'addition d'un peu de sauce au dernier moment contribue à leur donner du moelleux.

Purée d'Épinards — Après avoir épluché et bien lavé des épinards nouveaux, s'il est possible, plongez-les dans un grand poêlon ou bassine, contenant de l'eau salée en ébullition ; égouttez-les dès qu'ils sont tendres ; rafraîchissez-les pour les presser et les hacher de suite ; desséchez-les un instant dans une casserole avec un morceau de beurre ; faites-les passer au tamis au moment ; placez cette purée dans une casserole pour la réduire avec quelques cuillerées de velouté, un morceau de beurre et un peu de glace. Le velouté peut être remplacé par de la béchamel et de l'espagnole.

Purée de Chicorée. — Retirez les feuilles vertes et les parties dures d'une dizaine de têtes de chicorée tendre et bien blanche ; lavez et blanchissez-la à grande eau, jusqu'à ce qu'elle soit bien attendrie ; égouttez-la, exprimez-en avec soin toute l'eau et hachez-la aussi fine que possible ; passez-la un moment au beurre. Lorsqu'elle est bien desséchée, mouillez-la avec 4 décil. de béchamel ou velouté, réduisez le tout ensemble ; finissez-la au moment avec un morceau de beurre, une pointe de muscade, sans la passer ; le pourpier se traite de même que la chicorée.

Purée d'Oseille. — Après avoir blanchi à l'eau une quantité d'oseille suffisante, égouttez-la le mieux possible et passez-la au tamis ; faites un petit roux blanc dans une casserole avec un morceau de beurre et une cuillerée à bouche de farine. Lorsqu'il est cuit, mêlez-lui l'oseille, desséchez-la bien en la travaillant à la spatule ; mouillez-la alors avec 2 décil. de velouté et assaisonnez à point avec sel et muscade, réduisez-la quelques minutes et passez à l'étamine au moment ; finissez-la avec une liaison de 6 jaunes délayés avec quelques cuillerées de crème ; ajoutez aussi quelques cuillerées de glace et une pointe de sucre.

DES COTELETTES DE VEAU.

Il en faut de 12 à 14 pour une entrée; ne prenez que les premières de deux carrés de veau ; coupez les os courts et supprimez ceux de la chaîne; parez les côtelettes de façon à ne leur laisser que la noix et la côte ; aplatissez-les un peu avec la batte mouillée ; parez de nouveau le contour des côtelettes afin de leur donner la même forme. Les chairs doivent être coupées net à 2 cent. du bout de l'os, et le bout de celui-ci dégarni des peaux et chairs inutiles; salez de suite les côtelettes si elles ne doivent pas tarder à être cuites. Dans le cas contraire, il ne faudrait les saler qu'au moment de les mettre au feu, car le sel les sèche et les rougit. Cette observation s'applique à toutes les viandes détaillées, soit biftecks, filets, escalopes ou autres.

603. — COTELETTES DE VEAU GRILLÉES A LA MACÉDOINE.

Taillez 12 côtelettes comme il est décrit ci-dessus ; saupoudrez-les de sel fin et trempez-les légèrement dans du beurre fondu; si vous voulez les côtelettes panées, en les sortant du beurre, recouvrez-les de panure blanche; arrondissez-les, rangez-les sur le gril et faites-les cuire doucement pendant un quart d'heure, plus ou moins, selon leur épaisseur. Les côtelettes de veau doivent être cuites à fond sans être sèches ; il faut avoir soin de les retourner lorsqu'elles sont à moitié cuites, et quand elles le sont presque à point, glacez-les au pinceau et laissez-les achever de cuire; dressez-les alors en couronne, soit sur le plat ou sur une bordure de légumes ; garnissez le puits d'une petite macédoine finie avec un morceau de beurre et 3 ou 4 cuillerées de béchamel; posez sur chaque côtelette un petit morceau de beurre maître d'hôtel, glacez-les légèrement et servez une demi-glace à part. La macédoine peut être remplacée par une purée ou toute autre garniture.

604. — COTELETTES DE VEAU PANÉES A LA MILANAISE, GARNIES D'UNE PURÉE DE MARRONS.

Taillez 14 côtelettes de veau comme il est décrit ci-dessus ; tenez-les minces; trempez-les dans des œufs battus avec du sel ; passez-les ensuite dans la mie de pain très-sèche à laquelle vous incorporez le quart de parmesan râpé; égalisez ensuite les côtelettes avec le plat du couteau. Dix minutes avant de servir, chauffez du beurre clarifié dans un grand plat à sauter, et rangez les côtelettes ; dedans retournez-les lorsqu'elles ont pris couleur d'un côté et laissez-les finir de cuire ; égouttez-les ensuite sur un linge ; glacez-les légèrement et dressez-les en couronne ; garnissez le puits avec une purée de marrons plutôt ferme, à laquelle vous mêlez un morceau de beurre au dernier moment. Cette purée peut être remplacée par toute autre.

605. — COTELETTES DE VEAU PANÉES A L'ALLEMANDE.

Parez 14 côtelettes de veau, battez-les avec le dos du couteau, afin qu'elles soient presque hachées ; remettez les bords sur le milieu et aplatissez-les légèrement en leur donnant la forme de côtelettes ordinaires ; panez-lez sans fromage et faites-les cuire comme il est indiqué ci-dessus pour les côtelettes à la Milanaise ; dressez-les ensuite en couronne sur un bord de pommes de terre ; glacez-les et versez dans le puits une purée de pommes de terre à la crème; envoyez une saucière d'espagnole à part.

SOMMAIRE DE LA PLANCHE N° 7.

N° 43. — Épigramme d'agneau à la jardinière.
N° 44. — Filets de volaille aux truffes.
N° 45. — Sauté de poulets Haas.
N° 46. — Escalopes de volaille bordure de riz.
N° 47. — Turban de poisson à la parisienne.
N° 48 — Grives à la Médicis.
N° 49. — Soufflé de foie de volaille à la Mukanoff.
N° 50. — Purée de volaille à la Talleyrand.

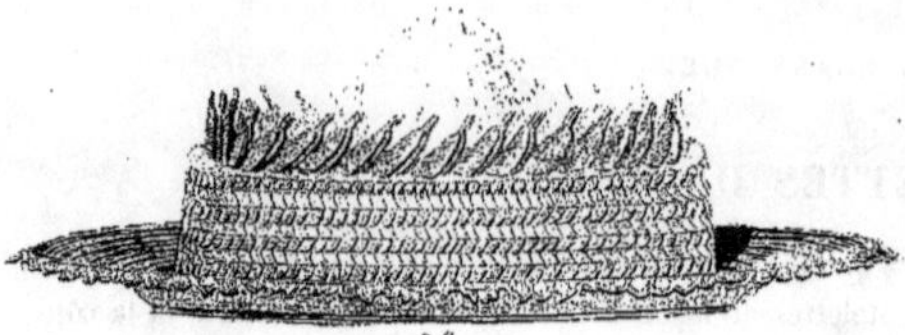

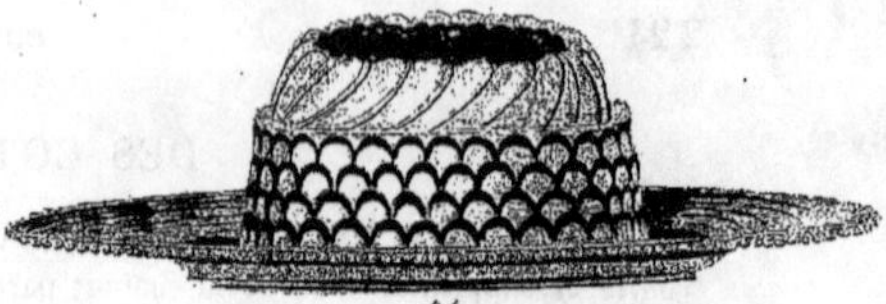

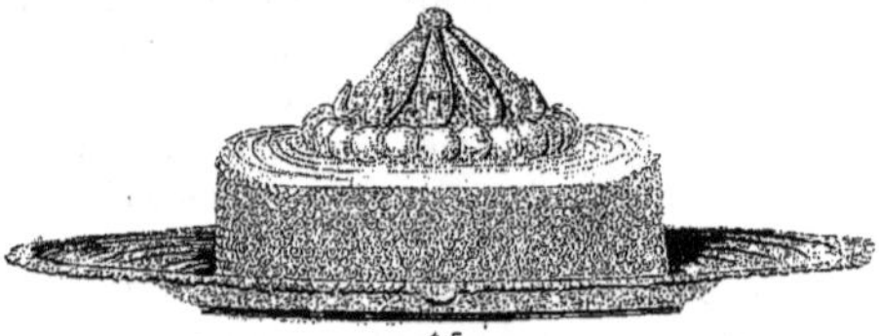

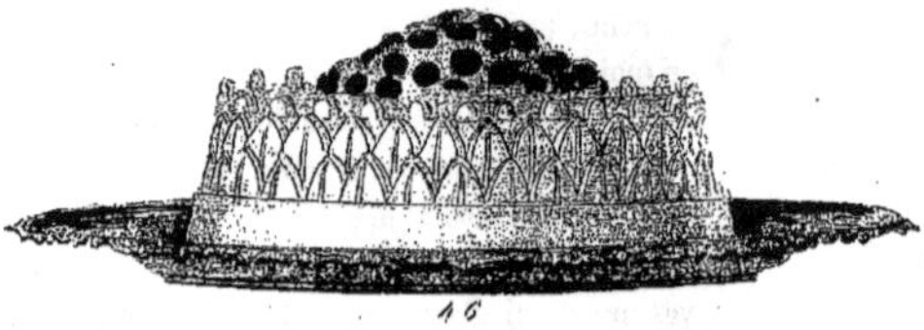

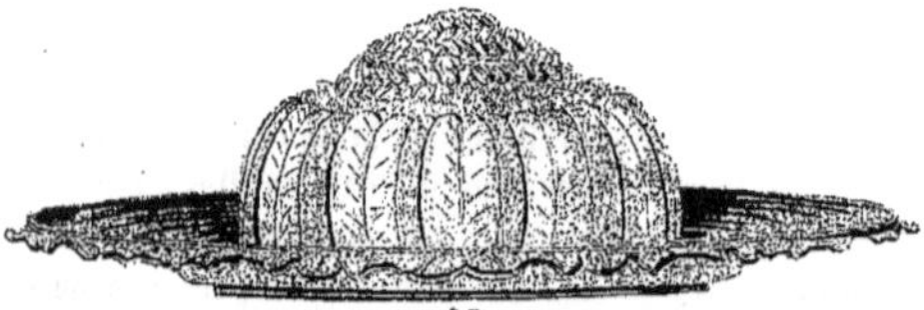

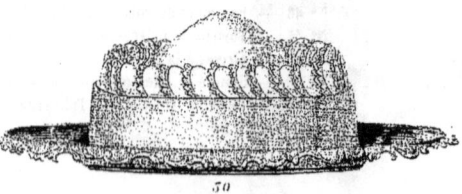
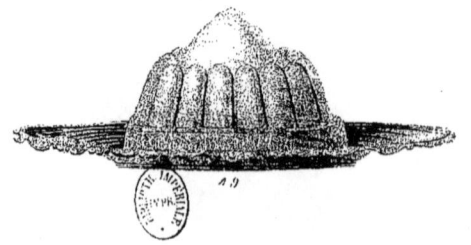

606. — COTELETTES DE VEAU A LA SINGARAT.

Coupez 14 côtelettes de veau dont 7 un peu plus épaisses; parez ces dernières et préparez-les pour les faire griller au moment; aplatissez les autres, parez-les de même grandeur que les premières, saupoudrez-les légèrement de farine, trempez-les dans des œufs battus, sablez-les complètement avec des truffes crues hachées très-fines et fixez-les en appuyant dessus avec le plat d'un couteau. Un quart d'heure avant de servir, mettez les premières côtelettes sur le gril; faites cuire doucement les autres dans du beurre clarifié, retournez-les avec précaution pour ne pas faire tomber les truffes. Vous aurez collé une petite croustade de pain frit au milieu d'un plat d'entrée; aussitôt que les côtelettes sont cuites, dressez-les en couronne autour de la croustade, en mettant successivement une côtelette grillée et une truffe; dressez sur le bord de la croustade une couronne d'escalopes de ris de veau glacés, et au milieu une émincée de truffes sautées au madère et glace. Envoyez une demi-espagnole à part. — On peut orner chaque os de côtelettes d'une petite papillote.

607. — COTELETTES DE VEAU PIQUÉES AUX HARICOTS VERTS.

Taillez 12 côtelettes de veau épaisses, parez-les sans les battre et piquez-les de lard fin, toutes dans le même sens pour n'éprouver aucune difficulté à les dresser le lard en dessus; mettez au fur et à mesure ces côtelettes dans l'eau fraîche pour les laisser dégorger; une heure et demie avant de servir, beurrez un grand plat à sauter, de dimension à les contenir; foncez-le avec quelques lames de lard et rangez les côtelettes dessus les unes contre les autres; mouillez-les à hauteur avec du fonds de veau ou du consommé; recouvrez-les d'un rond de papier beurré et faites-les partir à grand feu pour les faire tomber presque à glace. Arrivées à ce point, remouillez-les moitié avec du même fonds et laissez-les cuire doucement pendant une heure; rangez-les alors dans un autre plat à sauter; passez leur fonds; dégraissez-le et mouillez les côtelettes avec; tenez le plat à sauter au four et glacez les côtelettes avec ce fonds; lorsqu'elles ont une belle couleur, dressez-les en couronne sur un plat d'entrée, garnissez le puits avec des haricots verts blanchis à la minute et sautés avec glace, beurre, persil haché et jus de citron; envoyez une sauce demi-espagnole à part. — Les haricots verts de primeur se laissent entiers; quand ils sont avancés on les coupe en losanges.

608. — COTELETTES DE VEAU A LA RACHEL.

Faites sauter d'un côté seulement 12 côtelettes de veau taillées un peu minces; lorsqu'elles sont aux trois quarts cuites, retournez-les toutes sur un plafond, et posez sur chacune quelques lames de truffes et champignons; masquez-les de sauce allemande très-serrée et saupoudrez dessus de la panure fraîche; arrosez-les de beurre clarifié et mettez-les quelques minutes au four très-chaud, afin qu'elles prennent vivement couleur; dressez-les ensuite en couronne autour d'une petite croustade dans laquelle vous servez un buisson de petites truffes rondes chauffées dans une demi-glace; servez à part une sauce suprême à laquelle vous additionnez un beurre de cari. On prépare de même toutes les espèces de côtelette. Les truffes et champignons peuvent être remplacés par une purée de truffes, de champignons, une purée soubise ou un salpicon quelconque.

609. — COTELETTES DE VEAU A LA DREUX. (Dessin n° 61.)

Pour bien confectionner cette entrée, il faut avant tout avoir des côtelettes de belle qualité. — Taillez 12 côtelettes de veau très-épaisses; tenez les côtes courtes et supprimez l'os de la chaîne du carré; ne battez pas les côtelettes et parez-les très-peu; piquez-les de part en part avec 3 filets de langue à l'écarlate, 3 filets de truffes et 3 de tétine de veau déjà cuite ou de lard. Ces filets doivent être disposés en forme de couronne sur chaque noix de côtelettes; marquez-les à mesure dans un plat à sauter foncé d'après les règles; recouvrez-les de quelques bandes de lard; mouillez-les aux trois quarts avec du bon fonds et un demi-verre de vin de Madère; couvrez-les d'un papier beurré et faites-les cuire doucement pendant une heure et quart; égouttez-les ensuite et placez-les sur un plafond en prenant soin de ne pas détacher les os; recouvrez les côtelettes avec un autre plafond et laissez-les refroidir sous presse. Ajoutez du consommé au fonds dans lequel ont cuit les côtelettes et passez-le à la serviette ; dégraissez-le bien et faites-le réduire à demi-glace. — Les côtelettes étant bien refroidies, parez-les grandement ; parez à blanc le bout des os et rangez les côtelettes dans un plat à sauter ; mouillez-les avec leur fonds déjà réduit et faites-les chauffer doucement, afin de bien les glacer sans les laisser bouillir. Au moment de servir, dressez-les en couronne autour d'une petite croustade taillée en riz, plantée sur un croûton collé au centre d'un plat d'entrée ; garnissez-la d'un ragoût composé de crêtes, truffes, petites quenelles et ris d'agneaux ; le tout masqué légèrement d'une sauce madère ; glacez les côtelettes et mettez une papillote au bout de chaque os ; envoyez une sauce madère à part. — On peut piquer au milieu de la croustade un ou plusieurs hâtelets garnis.

610. — COTELETTES DE VEAU A LA BALBI.

Choisissez 2 carrés de veau mortifiés et très-blancs ; taillez 8 côtelettes en donnant à chacune 4 centim. d'épaisseur ; tenez-les courtes et ne retirez des os du filet que juste ce qu'il faut pour les arrondir ; battez-les à peine. Une heure avant de servir, marquez-les avec du beurre dans un plat à sauter, faites-leur prendre couleur des deux côtés ; égouttez alors le beurre et mouillez les côtelettes aux trois quarts avec moitié demi-glace, moitié espagnole et 2 cuillerées de consommé ; laissez-les cuire doucement en les retournant de temps en temps ; lorsqu'elles le sont à point, dégraissez la sauce et faites-la réduire à grand feu ; passez-la ensuite à l'étamine sur une garniture de petits champignons tournés et cuits au beurre et citron ; dressez les côtelettes en couronne ; mettez les champignons au milieu ; saucez légèrement. Envoyez le surplus de la sauce à part.

611. — COTELETTES DE VEAU EN PAPILLOTES.

Taillez 12 petites côtelettes de veau, battez-les bien et parez-les ; saupoudrez-les de sel fin et faites-les sauter au beurre ; lorsqu'elles sont fermes, retirez-les sur un plat et laissez-les refroidir ; ajoutez 100 gr. de lard râpé dans le sautoir où elles ont cuit, ainsi que deux oignons hachés et pressés dans un linge ; laissez-les revenir un moment ; puis, ajoutez-leur des champignons, des truffes et persil haché. Après deux minutes ajoutez 2 cuillerées de glace, versez les fines herbes sur un plat pour les faire refroidir. Ployez transversalement 12 demi-feuilles de papier et coupez-les en forme de demi-cœur ; huilez-les légèrement ; taillez avec un coupe-pâte rond 24 lames minces de tétine déjà cuite ou de lard blanchi ; placez un de ces ronds sur le côté droit d'une des feuilles de papier ; placez dessus des fines herbes sur lesquelles vous rangez une côtelette ; couvrez-la aussi avec une cuillerée de fines herbes et un rond de tétine ; replicz le papier, plissez les bords très-serrés afin de maintenir la côtelette dans le papier le plus étroitement possible et sans laisser de jour. Toutes les côtelettes étant ainsi préparées, rangez-les sur une plaque au fond de laquelle sera étalée une feuille de papier ; vingt minutes avant de servir, poussez-les au four ou cuisez-les sur le gril à feu très-doux et dressez-les en couronne à sec. Si on voulait confectionner les côtelettes au moment, laissez les enveloppes doubles, car la vapeur les ramollit vite. Chaque feuille doit être aux trois quarts plissée d'avance ; ne laissez qu'une ouverture juste assez grande pour passer les côtelettes et les fines herbes ; terminez de les plier vivement et poussez-les au four pendant dix minutes seulement pour les finir de cuire. — Toutes les côtelettes en papillotes se préparent de même. On peut envoyer une sauce à part. Un point à observer, c'est que le papier soit collé et n'ait pas de mauvaise odeur.

612. — COTELETTES DE MOUTON.

Pour une entrée, il ne faut pas moins de 2 beaux carrés bien mortifiés. Avant de tailler les côtelettes, coupez le bout des côtes de la longueur qu'elles doivent avoir ; taillez 7 ou 8 côtelettes dans chaque carré, selon leur grosseur ; si les carrés sont petits, taillez-les de l'épaisseur de 2 ou 3 côtes. Dans les beaux carrés on les taille de façon à ce que le filet se trouve coupé un peu en biais, afin de lui laisser plus de largeur. Ceci est urgent, surtout pour les côtelettes grillées qui doivent être moins dégarnies que les autres ; retirez les peaux ; ne laissez que l'os de la côte dont vous parez le bout ; aplatissez les côtelettes avec la batte et parez-les de nouveau à mesure qu'elles sont battues ; dressez-les en couronne sur une assiette ; couvrez-les d'un papier beurré et mettez-les au frais. Il faut les saler au moment de les cuire.

613. — COTELETTES DE MOUTON GRILLÉES AUX POMMES DE TERRE.

Parez les côtelettes comme il est décrit ci-dessus, grillez-les comme celles de veau, seulement ne leur donnez que six à sept minutes de cuisson pour les obtenir saignantes ; dressez-les en couronne ; placez dans le puits une garniture de pommes de terre enlevées à la cuiller à racine, de la grosseur d'une moyenne noisette, et tenues dans l'eau fraîche jusqu'au moment de les cuire. Alors épongez-les et faites-les frire doucement dans du beurre clarifié, égouttez-les ensuite pour les sauter et les finir avec un peu de glace et un beurre maître-d'hôtel ; réglez-vous à ce que les pommes de terre soient cuites juste au moment de servir ; glacez le tout et servez une demi-glace dans une saucière à part. — La garniture de ces côtelettes peut être variée à l'infini.

614. — COTELETTES DE MOUTON BRAISÉES A LA SOUBISE.

Parez grossièrement 14 à 15 côtelettes de mouton très-épaisses, aplatissez-les légèrement (on peut les piquer transversalement avec quelques lardons) ; mettez-les dans un plat à sauter foncé de lames de lard ; recouvrez-les de même ; mouillez-les avec un fonds de braise, qu'elles en soient juste recouvertes ; placez un rond de papier dessus et faites-les cuire jusqu'à ce qu'elles soient bien tendres ; égouttez-les ensuite et mettez-les refroidir sous presse, entre deux plafonds ; passez leur fonds, dégraissez et faites-le réduire à demi-glace. Les côtelettes refroidies, parez-les grandement et rangez-les à mesure dans un plat à sauter ; mouillez-les avec leur fonds et faites-les chauffer très-doucement, de manière à ce qu'elles soient bien glacées ; au moment de servir, dressez ces côtelettes sur une bordure de légumes, glacez-les et versez au milieu une purée d'oignons Soubise, à laquelle vous incorporez au moment un morceau de beurre ; servez une sauce demi-espagnole à part. — On peut aussi servir ces côtelettes braisées et glacées sans les laisser refroidir pour les parer, mais elles sont très-susceptibles de se déformer à la cuisson.

615. — COTELETTES DE MOUTON A LA POMPADOUR.

Parez 16 petites côtelettes de mouton ; faites-les cuire et refroidir comme il est décrit ci-dessus ; parez-les ensuite petites et bien rondes ; masquez-les d'une sauce Villeroy à la purée de champignons ; laissez raffermir la sauce, puis panez les côtelettes à deux fois ; égalisez bien la panure avec le plat du couteau ; rangez-les dans un sautoir avec du beurre clarifié, et poussez à four vif pour les colorer des deux côtés ; dressez-les alors en couronne autour d'une petite croustade, emplissez celle-ci d'une garniture de petits champignons saucés à la tomate, mettez une petite papillotte au bout de chaque côtelette et servez une sauce tomate à part. Pour toutes les entrées de côtelettes dressées sur plat, il faut mettre une couche de farce mince au fond de celui-ci pour en faciliter le dressage.

616. — COTELETTES DE MOUTON MARINÉES SAUCE POIVRADE.

Taillez 14 côtelettes de mouton, parez-les petites et bien dégraissées, mettez-les à mesure dans une terrine, mouillez-les d'une marinade cuite et laissez-les macérer au moins vingt-quatre heures ; dix minutes avant de servir, égouttez-les sur un linge, épongez-les bien, mettez un morceau de beurre dans un plat à sauter avec quelques cuillerées d'huile, placez-les sur un feu ardent, rangez les côtelettes dedans et faites-les sauter vivement ; lorsqu'elles sont colorées des deux côtés et fermes sous le doigt, égouttez le beurre, mouillez-les avec quelques cuillerées de sauce poivrade, dressez de suite en couronne, mettez entre chacune d'elles un croûton de pain taillé en demi-cœur et frit au beurre ; garnissez le puits avec des olives farcies et saucées à l'Espagnole ; glacez les côtelettes et servez de la sauce poivrade à part.

617. — COTELETTES D'AGNEAU SAUTÉES AUX POINTES D'ASPERGES.

Ayez 3 beaux carrés d'agneau sur lesquels vous coupez 18 petites côtelettes ; aplatissez-les et parez-les de nouveau, afin de ne leur laisser que la noix, sans peaux ni parties nerveuses ; faites chauffer un morceau de beurre dans un plat à sauter, rangez-les dedans, salez-les légèrement et faites-les sauter ; lorsqu'elles sont atteintes et raffermies, égouttez le beurre, mouillez-les à point avec une demi-glace, dressez-les en couronne sur les bords d'une croustade, en plaçant entre chacune d'elles une escalope de langues à l'écarlate que vous aurez fait chauffer dans du consommé ; garnissez le puits de l'entrée avec des pointes d'asperges blanchies et sautées à la minute avec un peu de beurre et une pointe de sucre, et mouillées avec 2 cuillerées d'allemande ; envoyez une saucière de velouté à part.

618. — COTELETTES D'AGNEAU VILLEROY GARNIES A LA TOULOUSE.

Taillez et faites sauter 16 côtelettes d'agneau comme ci-dessus, laissez-les refroidir et parez-les de nouveau, trempez-les dans une sauce Villeroy réduite à point, placez-les à mesure sur un plafond et laissez-les refroidir, panez-les ensuite une fois sur la sauce et une fois à l'œuf, faites-les frire au moment de les servir, dressez-les en couronne autour d'une moyenne croustade d'entrée, mettez une petite papillote au bout de chacune d'elles, dressez symétriquement dans la croustade un ragoût composé de crêtes, rognons, foies gras et ris d'agneau ; saucez avec quelques cuillerées d'allemande : même sauce à part.

619. — COTELETTES D'AGNEAU A LA MARÉCHALE.

Parez 16 côtelettes d'agneau, faites-les sauter au beurre, qu'elles soient seulement fermes, mais peu cuites ; égouttez-les sur un plat et laissez-les refroidir. Pendant ce temps, réduisez à fond une bonne duxelle à laquelle vous mêlez 2 cuillerées de truffes hachées, laissez-la refroidir ; ouvrez alors chaque côtelette par le milieu sans séparer les morceaux, farcissez chacune d'elles avec une petite cuillerée de duxelle, masquez l'ouverture des côtelettes ainsi que les deux faces avec une couche très-mince de farce à quenelles, passez-les dans la mie de pain très-fine, ensuite dans des œufs battus, puis de nouveau dans la panure, égalisez ensuite leur surface avec le plat du couteau ; dix minutes avant de servir, faites-leur prendre couleur dans un plat à sauter avec du beurre clarifié, dressez-les alors en couronne sur une croustade de riz taillée bien blanche ; versez dans le puits une garniture de petites truffes en boules tenues chaudes dans une sauce madère, et envoyez de la même sauce à part.

620. — COTELETTES DE PORC FRAIS A LA LYONNAISE.

Faites légèrement revenir au beurre 12 petites côtelettes de porc *tonkin*, s'il est possible ; égouttez-les pour les laisser refroidir ; mettez dans le même plat à sauter 4 oignons blanchis et hachés ; faites-les passer un moment au beurre ; ajoutez 2 cuillerées de persil haché, poivre et muscade ; égouttez le beurre et additionnez 2 cuillerées d'allemande serrée ; masquez les côtelettes des deux côtés avec cet appareil ; laissez-les refroidir ; panez-les une fois sur la sauce et une seconde fois après les avoir trempées dans des jaunes d'œufs fouettés avec du beurre fondu ; douze minutes avant de servir, placez les côtelettes sur une feuille de papier beurrée et étalée sur le gril ; faites-leur prendre couleur sur la cendre rouge ; lorsqu'elles sont colorées à point, dressez-les en couronne et garnissez le puits de marrons glacés au consommé. Servez à part une sauce demi-espagnole finie avec une pointe de Cayenne.

621. — COTELETTES DE CHEVREUIL.

Les côtelettes de chevreuil doivent être coupées petites et courtes. On doit retirer les peaux sur le contour, mais en laisser en haut et en bas de la côte, afin de soutenir les filets à la cuisson, attendu qu'ils quittent quelquefois les côtes, surtout si le chevreuil a été mariné. Il faut les aplatir avec précaution ; la même observation s'applique aux côtelettes de marcassin.

622. — COTELETTES DE CHEVREUIL AU CHASSEUR.

Taillez 14 côtelettes de chevreuil, marinez-les pendant un jour dans une marinade cuite ; un quart d'heure avant de servir, égouttez-les et marquez-les dans un plat à sauter avec du beurre clarifié ; quelques minutes avant d'envoyer, faites-les sauter à grand feu, égouttez le beurre et mouillez-les avec 2 cuillerées de sauce poivrade, réduite avec du fumet tiré des parures des côtelettes ; roulez les côtelettes dans la sauce, dressez-les en

ENTRÉES CHAUDES ET GARNITURES.

couronne sur une bordure de farce à gratin, pochée au bain-marie et renversée sur le plat au moment de servir ; garnissez le puits d'un ragoût composé de petites quenelles de gibier, truffes émincées et escalopes de foie gras, le tout saucé d'une sauce mancelle ; placez entre chaque côtelette un croûton de langue écarlate de la même dimension. Servez une sauce poivrade à part. — Dans un dîner distingué, cette entrée peut être bordée. On peut aussi servir ces côtelettes piquées de lard fin ; elles doivent être piquées toutes dans le même sens ; une demi-heure avant de servir, on les marque dans un plat à sauter beurré, on les mouille avec quelques cuillerées de marinade et de bon fonds, on les fait cuire à grand feu, on les pousse au four on les arrosant de temps en temps pour les glacer. Ces côtelettes peuvent être servies aux champignons, aux olives, à la financière, à la Périgueux, et autres garnitures comportant des sauces un peu relevées.

623. — COTELETTES DE SANGLIER.

On ne fait des côtelettes qu'avec des marcassins ; elles se marinent et se cuisent comme celles de chevreuil. Les unes et les autres se préparent sans être marinées ; mais une sauce un peu relevée est de rigueur, attendu que ces chairs sont toujours fades.

624. — COTELETTES DE LIÈVRE A LA VARENNE.

Levez les gros filets de 3 lièvres, parez-les et coupez chacun d'eux en trois parties et en biais, ce qui fera dix-huit morceaux, aplatissez et parez-les en forme de filets de volaille un peu épais, salez légèrement et marquez-les dans un plat à sauter avec du beurre ; tenez-les un peu courbés d'un côté, faites-les sauter un moment afin qu'ils ne soient que raffermis extérieurement ; égouttez-les sans les mettre les uns sur les autres, afin qu'ils refroidissent vite et qu'ils conservent mieux leur jus. Avec les parures, vous aurez fait une petite farce à quenelles très-ferme ; incorporez-lui une bonne duxelle bien réduite ; piquez un petit os de poitrine au bout de chaque filet, pour imiter la côtelette ; masquez entièrement ces côtelettes avec une couche mince de farce ; panez-les à mesure, une fois sur la farce et une fois à l'œuf ; égalisez la panure avec la lame d'un couteau. Dix minutes avant de servir, faites colorer les côtelettes, placées dans un sautoir, avec du beurre clarifié. Vous aurez préparé quelques petites escalopes avec les filets mignons de lièvre ; faites-les sauter une minute avec les rognons, quelques truffes et champignons émincés. Dressez les côtelettes en couronne autour d'une petite croustade de riz taillée à blanc ; égouttez le beurre des escalopes, mouillez-les avec de la sauce espagnole réduite au fumet de gibier et madère ; emplissez la croustade avec ces escalopes, et servez le reste de la sauce dans une saucière. On peut orner chaque côtelette d'une petite papillote. Cette entrée peut être bordée.

625. — COTELETTES DE CUISSES DE LAPEREAUX AUX MORILLES.

Désossez complétement 14 petites cuisses de lapereaux en les ouvrant le moins possible ; pour cela il faut faire une incision tout le long de la cuisse, du côté où l'os est le moins profond dans les chairs ; les cuisses étant toutes désossées, salez-les et faites-les raffermir en les sautant quelques minutes avec du lard râpé et beurre ; lorsqu'elles sont sautées, placez-les sur un plafond et laissez-les refroidir sous presse ; mettez les os des bouts de côté, pour les piquer ensuite à chacune des cuisses ; parez celles-ci en forme de côtelettes, trempez-les au beurre fondu, panez et faites-les griller tout doucement ; dressez-les en couronne et emplissez le puits avec des petites morilles saucées à l'espagnole ; finissez avec un morceau de beurre maître-d'hôtel. Sauce à part.

626. — COTELETTES DE VOLAILLE A LA REINE.

Videz et flambez 6 petits poulets à la reine ; coupez le cou, les pattes et ailerons ; séparez-les sur leur longueur en deux parties égales ; désossez chaque moitié en ne laissant que le bout de l'os de la cuisse ; arrondissez les contours des peaux, faufilez-la tout autour avec une aiguille et du fil, serrez celui-ci pour que les peaux se rétrécissent en dedans, afin de diminuer la largeur des demi-poulets et les régulariser autant que possible, en leur donnant la forme de côtelettes. Ainsi préparées, faites-les raidir un moment dans un plat à sauter avec du beurre et mettez-les refroidir en presse ; débridez et parez-les avec soin, masquez le côté de l'intérieur avec une couche mince de farce aux fines herbes, passez-les sur de la panure de ce côté seulement, puis dans l'œuf et la panure; égalisez-les avec la lame d'un couteau. Dix minutes avant de servir, placez ces côtelettes dans un sautoir avec du beurre clarifié déjà chaud, faites-les colorer du côté pané, égouttez le beurre, glacez le dessus et poussez-les au four chaud pendant deux minutes; dressez-les en couronne; garnissez le puits avec un ragoût de petites crêtes et rognons de coq cuits au blanc et saucés à l'allemande; additionnez une pincée de persil haché et blanchi, un demi-jus de citron, et servez une demi-glace dans la saucière.

627. — COTELETTES DE VOLAILLE A LA POMPADOUR.

Levez 14 cuisses de volaille en leur laissant les peaux larges et parées rondes, désossez-les en ne leur laissant que le petit bout de l'os qui se joint à la patte : celle-ci sera supprimée; aplatissez-les, salez-les légèrement et mettez au milieu de chacune gros comme une noix de farce à galantine aux truffes; faufilez les peaux tout autour avec du gros fil, serrez-les de manière à ce que la farce ne puisse fuir à la cuisson; placez-les dans une casserole avec du lard râpé et un demi-litre de bon fonds, couvrez-les d'un papier et faites-les cuire doucement, en les retournant de temps en temps jusqu'à ce qu'elles soient tendres ; égouttez-les alors et placez-les sous presse, afin de les obtenir droites et plates; étant froides, essuyez et parez-les en dessous. Alors masquez légèrement chaque côtelette d'une farce à quenelles de volaille aux truffes, très-ferme; rangez-les dans un plat à sauter où vous aurez fait refroidir du beurre clarifié, glacez également le dessus avec du beurre. Quinze minutes avant de servir, poussez le sautoir au four, afin que la farce se poche sans prendre couleur ; quand elles sont bien chaudes, égouttez-les sur une serviette, dressez-les en couronne sur une croustade, en les alternant avec un large rond de truffe noire; glacez-les, et garnissez le puits avec de petits champignons saucés au suprême réduit au moment; servez de la même sauce dans une saucière, et piquez une petite papillote au bout de chaque os de côtelette. Les côtelettes de mouton et d'agneau se préparent de même.

628. — COTELETTES A LA SÉVIGNÉ.

Préparez 600 gr. de farce à quenelles de gibier peu beurrée et très-ferme, divisez-la en 14 parties, auxquelles vous donnerez la forme de petites côtelettes en les roulant et aplatissant sur le tour fariné ; placez-les toutes du même sens dans un sautoir grassement beurré au beurre clarifié. Cela fait, piquez au bout de chacune d'elles un petit os de cuisse ou d'aile de volaille bien blanc et placé de manière à imiter l'os d'une côtelette; retirez les nerfs à 14 filets mignons de volaille, roulez-les en anneaux, humectez le dessous avec du blanc d'œuf, placez-en un sur chaque côtelette, en appuyant légèrement dessus pour qu'il entre dans la farce; placez un rond de truffe dans le vide de chaque filet, recouvrez-les avec une petite couche de beurre clarifié, que vous coulez dessus avec un pinceau ; recouvrez le tout d'un rond de papier beurré. Huit à dix minutes avant de servir, poussez le plat à sauter au four chaud ; dès que la farce est raffermie, égouttez le beurre ; glacez les côtelettes, remettez-les au four un moment et dressez-les en couronne sur une petite bordure de riz, emplissez le puits avec une garniture de truffes coupées en grosse julienne, et saucez à point avec du velouté. Servez une saucière à part.

629. — COTELETTES DE PIGEON A LA NOAILLES. (Dessin N° 67.)

Videz et flambez 7 jeunes pigeons, taillez-leur le cou, les pattes et ailerons ; coupez-les en deux sur leur longueur, retirez les os en ne laissant que celui du bout de la cuisse, que vous piquez dans la peau pour le faire ressortir en dessous et imiter l'os de la côtelette; marquez-les à mesure dans un grand plat à sauter que vous placez sur le feu avec du beurre pour les faire roidir. Cela fait, mettez-les sous presse pour les refroidir, parez-les ensuite bien égales, trempez-les dans du beurre fondu avec 5 cuillerées de glace et fouetté avec 2 jaunes d'œufs ; panez-les à mesure et rangez-les sur un gril beurré ; douze minutes avant de servir, faites-les griller à feu modéré, retournez-les dès qu'elles sont colorées d'un côté, glacez et dressez-les en couronne dans une croustade ou fonds de pâte ; versez dans le puits une garniture d'olives farcies avec de la farce de volaille et pochées dans de l'espagnole, glacez derechef et servez à part une bonne sauce espagnole réduite.

630. — COTELETTES DE GÉLINOTTES A LA PAJARSKI.

Levez les filets de 6 gélinottes, retirez-leur les peaux et les nerfs, hachez les chairs très-fines, assaisonnez avec sel, poivre et muscade ; étendez cet appareil avec de la crème double et moulez sur le tour fariné des boudins en forme de côtelettes, de la grosseur d'un beau filet de volaille, passez-les dans de la mie de pain très-fine, puis dans des œufs battus et une autre fois dans la panure ; mettez un petit os de gélinotte au bout de chaque côtelette. Quelques minutes avant de servir, faites-leur prendre couleur vivement dans un plat à sauter où vous aurez fait chauffer du beurre clarifié ; dressez-les ensuite en couronne, garnissez le puits avec des champignons sautés au beurre et mouillés avec de l'espagnole réduite au fumet de gélinottes ; mettez une petite papillote au bout de chaque côtelette et servez dans une saucière, le surplus de la sauce au fumet de gibier. Les gélinottes peuvent en outre subir toutes les préparations décrites pour les perdreaux.

631. — COTELETTES DE HOMARD A LA VICTORIA. (Dessins N°s 79.)

Retirez les chairs de 3 homards déjà cuits, parez les deux bouts des queues, tenez celles-ci dans une petite casserole ; coupez les chairs des pattes et les parures en petits dés ; coupez de même des truffes et des champignons cuits, mêlez le tout avec de la sauce allemande réduite très-serrée, à laquelle vous additionnez une pointe de cayenne ; laissez refroidir cet appareil et formez-en 16 croquettes auxquelles vous donnez la forme de côtelettes ; panez-les deux fois et faites-les frire dix minutes avant de servir ; dressez-les en couronne sur le tour d'une petite croustade ; masquez le fond avec champignons et truffes émincés, et saucez d'un bon velouté lié au beurre d'écrevisse ; piquez au bout de chaque côtelette une pointe de patte de homard coupée de manière à imiter l'os. Vous aurez chauffé les queues de homards ; coupez-les en tranches et dressez-les dans le puits des côtelettes sans les saucer ; servez à part dans une saucière du velouté également fini au beurre d'écrevisse. On prépare ainsi des côtelettes d'écrevisses, crevettes et langoustes.

632. — COTELETTES DE VIVE A LA DAUPHINE.

Habillez 18 moyennes vives, coupez-leur les piquants, levez les filets, auxquels vous retirez les peaux ; doublez-les, battez-les légèrement avec le plat d'un couteau, marquez-les à mesure dans un plat à sauter avec du beurre clarifié, saupoudrez-les de sel fin et faites-les revenir un moment sur le feu ; dès qu'ils sont fermes, placez-les sous presse entre deux feuilles de papier et un poids léger ; dès qu'ils seront froids, parez-les en forme de petites côtelettes, masquez-les avec une duxelle aux truffes, laissez raffermir la sauce et panez-les ensuite à deux fois. Dix minutes avant de servir, faites-leur prendre couleur dans la friture ; piquez au bout de chacune une petite tige de pâte à dresser roulée et cuite au four, passez-leur une papillote, et dressez-les en couronne autour d'une petite croustade collée au fond d'un plat d'entrée ; garnissez le puits avec un ragoût composé de petites quenelles, champignons et queues d'écrevisses, le tout saucé avec de l'espagnole réduite au vin blanc et finie au moment avec une pointe de cayenne et un beurre d'écrevisses. Servez le surplus de la sauce à part.

633. — COTELETTES DE BROCHET A LA DUBARRY.

Levez les filets de 4 brochetons, parez-les et retirez-en les arêtes autant que possible ; enlevez sur ces filets une trentaine de petites escalopes que vous marquez à mesure dans un plat à sauter avec du beurre ; hachez le reste des chairs, avec lesquelles vous faites une farce à quenelles très-ferme, à laquelle vous ajoutez les filets d'un anchois salé et 2 cuillerées de fines herbes ; passez cette farce et placez-la ensuite à la glace pour la laisser raffermir ; pendant ce temps, marquez une essence au vin avec les têtes et arêtes de poissons ; employez ce fonds pour réduire 4 décil. de velouté avec 1 décil. de vin de Sauterne. Cette sauce étant liée à point, passez-la à l'étamine ; dès que la farce sera raffermie, divisez-la en 14 parties, placez-les sur le tour, saupoudré de farine ; roulez-les d'abord en forme de boudins, pour les aplatir et leur donner la forme de côtelettes, rangez-les dans un plafond à rebords, grassement beurré au beurre clarifié ; piquez dans chaque côtelette un petit morceau de pâte à dresser cuite au four afin d'imiter l'os. Dix minutes avant de servir, faites partir les côtelettes sur un feu doux, retournez-les dès qu'elles commencent à prendre couleur d'un côté. Pendant ce temps, faites aussi sauter les escalopes de brochet ; dès qu'elles sont fermes, égouttez le beurre et mouillez-les avec de la sauce mentionnée plus haut, joignez aux escalopes quelques truffes émincées, et dressez-les dans le puits des côtelettes que vous aurez dressées sur bordure. Finissez la sauce avec un morceau de beurre fin et envoyez-la dans une saucière.

634. — COTELETTES DE TANCHE A LA MILANAISE.

Après avoir levé les filets à 8 moyennes tanches, retirez-leur les peaux et aplatissez-les légèrement, parez-les en forme de côtelettes, passez-les dans la farine, puis dans des œufs battus, salez et panez-les à mesure ; faites-les frire de suite dans un plat à sauter avec du beurre clarifié. Quand elles sont de belle couleur, égouttez-les sur un linge et dressez-les en couronne sur un plat légèrement masqué de farce au fond ; garnissez le puits avec des nouilles très-fines, blanchies une minute et finies avec du beurre et du fromage de Parme fraîchement râpé. Avec les carcasses des tanches, vous aurez tiré une essence ; servez-la en saucière, après l'avoir réduite à consistance de demi-glace avec addition d'une cuillerée de purée de tomates.

635. — COTELETTES DE SAUMON A LA DARTOIS.

Coupez 14 filets de saumon dans le sens des fils de la chair, donnez-leur la forme et la grosseur d'un filet de volaille, faites-les roidir dans un plat à sauter avec du beurre, masquez-les ensuite d'une sauce allemande très-réduite, à laquelle vous aurez incorporé 3 truffes crues, pilées et passées au tamis ; placez les filets ainsi saucés sur un plafond pour les laisser refroidir, panez-les ensuite une fois sur la sauce et une autre fois après les avoir trempés dans des œufs battus. Au moment de servir, faites-les frire en deux fois dans de la friture neuve ; piquez-leur à chacun une petite tige, à laquelle vous passez une petite manchette. Dressez-les en couronne sur une bordure basse de farce ; garnissez l'intérieur avec des truffes émincées et sautées au beurre, glace et madère. Servez à part une saucière de velouté réduit au vin du Rhin.

636. — COTELETTE DE FILETS DE SOLES A LA CHEVREUSE.

Levez les filets de 4 belles soles auxquelles vous aurez retiré les peaux ; aplatissez-les, étalez sur chacun d'eux une petite couche de farce de poisson très-ferme, reployez-les sur eux-mêmes afin que les deux bouts se rejoignent, appuyez bien dessus avec le plat du couteau, et faites-les sauter très-doucement au beurre. Dès qu'ils sont fermes, placez-les sous presse ; quand ils sont froids, parez-les en forme de côtelettes, trempez-les dans de l'œuf battu avec un peu de sel fin et beurre, roulez-les à mesure dans des truffes crues hachées très-fin, appuyez sur les truffes avec le plat du couteau, placez les filets dans un plat à sauter grassement beurré au beurre clarifié et coulez-leur un peu de beurre dessus. Dix minutes avant de servir, tenez le plat à sauter au four jusqu'à ce que les filets soient chauds, égouttez le beurre, glacez et dressez-les en couronne sur une bordure de farce de merlan bien blanche ; piquez au bout de chaque filet une imitation d'os formé en pâte ferme et dressez dans le milieu une garniture d'huîtres et petites quenelles saucées d'une vénitienne. Servez le surplus de la sauce dans une saucière.

637. — COTELETTES DE FILETS DE MERLAN A LA D'ORLÉANS.

Levez les filets de 8 moyens merlans bien frais, retirez les peaux et les arêtes du ventre, battez-les légèrement et parez-les en forme de filets de volaille ; avec les parures, faites une farce à quenelles très-ferme dans laquelle vous remplacez le beurre ordinaire par du beurre d'écrevisses ; la farce étant essayée et passée au tamis, masquez-en les filets d'une légère couche, donnez-leur la forme de côtelettes, arrondissez-les bien avec la lame d'un couteau en les retournant sur le tour saupoudré de farine, rangez-les à mesure dans un grand plat à sauter avec du beurre clarifié ; piquez au bout de chaque filet une moyenne patte d'écrevisse afin d'imiter les os des côtelettes. Dix minutes avant de servir, faites partir les côtelettes sur un feu doux, retournez-les dès qu'elles sont pochées d'un côté sans leur laisser prendre couleur, égouttez et dressez-les en couronne sur une croustade de riz taillée à blanc, garnissez le puits avec des queues d'écrevisses, petits champignons et quenelles poussées au cornet de la grosseur d'une queue d'écrevisse ; saucez légèrement le tout avec de la sauce veloutée travaillée à l'essence de poisson et finie au moment avec du beurre d'écrevisses ; envoyez à part de la même sauce.

638. — ESCALOPES.

On appelle ainsi des tranches de filets de volaille, gibier, foies gras, ris de veau, poissons ou autres plus ou moins épaisses et parées rondes de différentes grandeurs. Les escalopes pour garnitures ne doivent pas être beaucoup plus grandes qu'une pièce de 2 francs ; celles pour entrées se font quelquefois de la forme d'un petit bifteck ; les escalopes se taillent dans des viandes crues ou cuites, selon l'emploi qu'on leur destine ; ces différentes méthodes se trouvent décrites aux articles qui les concernent.

639. — ESCALOPES DE FILET DE BŒUF.

Parez un filet de bœuf bien mortifié ; ne prenez que le milieu que vous séparez en deux sur sa longueur ; coupez ensuite ces moitiés transversalement en petites escalopes de 1 centim. d'épaisseur, aplatissez-les avec la batte et parez-les en ronds d'égale grandeur ; masquez-les à mesure dans un plat à sauter avec du beurre clarifié, humectez-les également en dessus et couvrez-les avec un rond de papier. Au moment de servir, saupoudrez-les de sel fin et faites-les partir à grand feu, retournez-les dès qu'elles commencent à pincer d'un côté, laissez-les encore un moment jusqu'à ce qu'elles soient fermes au toucher ; égouttez alors le beurre ; mouillez-les avec quelques cuillerées de la sauce que vous leur destinez ; agitez le plat à sauter sans le remettre sur le feu, seulement pour masquer les escalopes. On emploie généralement pour cette entrée des sauces brunes un peu relevées, telles que les sauces madère, poivrade, périgueux, tomate, italienne et autres. Cette entrée se sert sur une bordure de légumes, pommes de terre ou chartreuse, ou bien encore en couronne sur le fond d'une croustade en garnissant le puits avec des truffes, champignons, olives, macédoine, purées ou ragoût quelconque.

640. — ESCALOPES DE VEAU A LA MILANAISE.

Parez 3 ou 4 filets de veau selon leur grosseur, coupez-les transversalement en escalopes que vous aplatissez de 6 à 8 millim. d'épaisseur, trempez-les dans des œufs battus, égouttez et passez-les à la panure blanche, sèche et très-fine. Cinq minutes avant de servir, faites-les frire de belle couleur avec du beurre clarifié et dressez-les en couronne sur un plat d'entrée au milieu duquel vous dressez une garniture de risot à la milanaise fini à la minute et bien corsé ; servez du beurre cuit à la noisette dans une saucière. On fait aussi ces escalopes pour hors-d'œuvre ; à cet effet, il faut les tenir minces et larges, les paner comme ci-dessus, après avoir mélangé un peu de parmesan râpé à la panure, ensuite les faire frire dans un grand plat à sauter très-mince avec du beurre clarifié : lorsqu'elles sont de belle couleur, dressez-les en couronne sur un plat, arrosez-les de beurre et garnissez le puits avec une friture de foie à la Milanaise. Envoyez des citrons séparément. Les escalopes de veau non panées se préparent comme les escalopes de filet de bœuf, de l'article précédent.

641. — ESCALOPES DE VOLAILLE DANS UN BORD DE RIZ. (Dessin N° 46.)

Faites cuire 400 grammes de riz dans du bouillon blanc de volaille, ne le mouillez que juste ce qu'il faut pour le cuire, finissez-le avec un morceau de beurre et quelques cuillerées de sauce allemande, versez-le dans un moule à bordure beurré et laissez-le raffermir un moment. Pendant ce temps, faites sauter au beurre 8 filets de volaille auxquels vous aurez retiré l'épiderme ; dès qu'ils sont fermes, coupez chacun d'eux transversalement en quatre escalopes, que vous placez à mesure dans un plat à sauter dans lequel vous aurez tenu au chaud des truffes, champignons et langue écarlate, coupés en petites escalopes ; mouillez le tout avec de la sauce allemande bien chaude; cela fait, démoulez la bordure dans un plat d'entrée, saucez légèrement et dressez les escalopes en dôme dans le milieu.

642. — ESCALOPES DE LEVRAUT A LA VERNON.

Levez les gros filets et les filets mignons de 2 levrauts bien en chair, parez-les en petites escalopes de 3 centim. de diamètre, masquez-les à mesure dans un plat à sauter avec du beurre clarifié; faites une farce à quenelles avec les parures, les chairs des cuisses et une truffe crue que vous pilez ensemble et passez au tamis; emplissez-en aux trois quarts 14 petits moules à darioles beurrés, enfoncez dans chaque moule et au milieu de la farce une petite truffe tournée ronde. Vingt-cinq minutes avant d'envoyer, rangez ces moules dans un plat à sauter avec un peu d'eau et faites-les pocher; quatre ou cinq minutes avant d'envoyer, placez les escalopes sur le feu; sitôt qu'elles sont fermes, égouttez le beurre, ajoutez une garniture de petits champignons tournés et cuits; saucez sans faire bouillir avec un peu d'espagnole réduite au fumet de gibier, à laquelle vous amalgamez un petit beurre de Cayenne. Démoulez les petites timbales, placez-les en couronne au fond d'un plat d'entrée, versez les escalopes dans le puits, saucez-les légèrement et envoyez le surplus de la sauce séparément.

643. — ESCALOPES DE LANGOUSTE A LA BEAUHARNAIS.

Retirez les chairs de 4 moyennes langoustes déjà cuites, retirez le nerf des queues, parez-les des deux bouts et mettez-les entières dans une petite casserole; coupez les chairs des pattes en petits dés et mêlez-les avec assez de farce de poisson pour emplir 14 petites timbales de macaroni, en procédant d'après les indications mentionnées à l'article spécial; une demi-heure avant de servir, faites pocher ces petites timbales au bain-marie; tenez les queues de langoustes au chaud; cuisez en même temps 100 gr. de petits macaronis, coupés en tiges de 2 centim. de longueur. Dès que ces tiges seront cuites, égouttez-les, remettez-les dans la même casserole avec quelques cuillerées d'allemande, un peu de glace et de beurre d'écrevisse. Démoulez les petites timbales et dressez-les en couronne autour du plat; versez le macaroni au milieu; dressez dessus les queues des langoustes, coupées en 5 ou 6 parties sans les déformer; saucez légèrement avec du velouté fini au beurre d'écrevisse, dont vous envoyez le surplus dans une saucière.

644. — ESCALOPES DE SAUMON A LA SULLY.

Escalopez une petite darne de saumon, parez ces escalopes bien rondes et sautez-les dans une petite terrine avec un peu de sel fin; dix minutes après, essuyez-les et marquez-les dans un plat à sauter avec du beurre clarifié; couvrez-les d'un rond de papier beurré. Un instant avant de servir, faites-les sauter, retournez-les avec précaution, afin de ne pas les briser; dès qu'elles sont fermes, égouttez le beurre et placez dans le même sautoir 4 douzaines d'huîtres blanchies et parées avec autant de belles queues de crevettes; mouillez le tout avec du velouté réduit à l'essence de poisson, auquel vous aurez ajouté au moment un morceau de beurre et le jus d'un citron. Renversez sur le plat d'entrée une bordure de riz finie au beurre d'écrevisse; dressez les plus belles escalopes en couronne sur les bords et le surplus de la garniture dans le puits.

645. — ESCALOPES DE BARBUE A LA MARINIÈRE.

Levez les filets d'une moyenne barbue ou de 2 petites, parez-les en grosses escalopes que vous marquez à mesure dans un sautoir beurré, ajoutez un peu de vin blanc sec, un demi-jus de citron, sel, poivre et muscade. D'un autre côté, marquez une essence de poisson avec les parures et arêtes de barbue; mouillez avec moitié vin blanc et moitié bouillon; après une demi-heure de cuisson, passez et réduisez-le avec du velouté en suffisante quantité pour saucer l'entrée; passez cette sauce à l'étamine, versez-en une partie dans le plat à sauter des escalopes; faites-les tomber vivement à glace, dressez-les ensuite en couronne sur un plat d'entrée; dressez entre chacune d'elles un croûton de pain frit au beurre et de la même forme; placez dans le plat à sauter où ont cuit les escalopes 2 laitances de carpes blanchies et coupées en quatre, 2 douzaines d'huîtres blanchies et parées, autant de queues d'écrevisses, quelques champignons et truffes émincées, additionnez encore quelques cuillerées de la sauce à laquelle vous aurez incorporé un petit beurre d'écrevisse ; roulez ce ragoût hors du feu et dressez-le en pyramide dans le puits des escalopes. Envoyez le surplus de la sauce à part.

646. — ESCALOPES DE FILETS DE SOLE A LA PÉRIGUEUX.

Levez les filets de 3 belles soles, parez-les en grosses escalopes, marquez-les dans un plat à sauter grassement beurré. Avec les parures et les chairs d'un merlan, préparez une farce à quenelles peu beurrée, à laquelle vous incorporez 2 cuillerées de purée de champignons ; essayez la farce pour vous assurer si elle est délicate et de bon goût ; moulez avec elle une quinzaine de moyennes quenelles à la cuiller ; faites-les pocher et égouttez-les sur un linge ; lorsqu'elles seront froides, humectez-les avec du blanc d'œuf battu ; masquez-les de truffes hachées très-fin, reformez-les avec le plat du couteau, et placez-les sur un petit plafond dans lequel vous aurez fait refroidir du beurre clarifié ; arrosez-les au pinceau avec un peu du même beurre. Dix minutes avant de servir, poussez-les au four pour les faire chauffer tout doucement. Placez en même temps les escalopes sur le feu après les avoir salées et mouillées avec une goutte de vin blanc et du consommé, retournez-les au bout de quelques minutes ; lorsqu'elles seront cuites à point, égouttez le beurre et saucez avec une périgueux blanche réduite avec une essence tirée des arêtes de soles et merlans ; dressez les quenelles en couronne sur le bord d'une croustade ou bordure et les escalopes dans le puits. Envoyez la sauce à part.

647. — ESCALOPES DE GRONDIN A LA BENVENUTO.

Levez les filets de 6 moyens grondins, retirez-leur les peaux et parez-les tous en forme de grosses escalopes ; mettez-les dans une terrine avec une poignée de sel et un verre d'eau ; faites une farce à quenelles avec les parures et 2 filets d'anchois salés ; la farce étant passée au tamis, mêlez-lui 2 cuillerées de fines herbes aux champignons et versez-la dans un grand moule à bordure uni et beurré d'avance ; faites-la pocher au bain-marie. Un quart d'heure avant de servir, épongez bien les escalopes ; marquez-les dans un plat à sauter avec un morceau de beurre, un peu d'oignon émincé, persil en branche, sel, poivre, un jus de citron et quelques cuillerées de consommé ; couvrez-les avec un papier beurré et faites-les cuire tout doucement. Réduisez à peu près d'un tiers 6 décil. de velouté avec de l'essence de poisson ; finissez la sauce avec un peu de beurre d'écrevisse pour la rougir ; démoulez la bordure de farce sur un plat d'entrée ; dressez dans le puits une quinzaine de petites escalopes de rougets sautées au moment au beurre avec leur foie et légèrement saucées avec la sauce mentionnée ci-dessus ; égouttez les escalopes de grondin et dressez-les en couronne sur la bordure sans les saucer. Servez le surplus de la sauce à part.

648. — ESCALOPES DE MAQUEREAU A LA PALOMBELLE.

Levez les filets de 4 maquereaux, retirez-leur les peaux le mieux possible, coupez chaque filet transversalement en trois parties dont vous arrondissez les angles, placez-les dans une terrine avec une poignée de sel, une goutte de vinaigre et un verre d'eau ; un quart d'heure après, égouttez et faites-les tremper dans du lait pour les dégorger, les éponger ensuite et les marquer dans un plat à sauter avec du beurre ; préparez de la farce à quenelles de merlans en suffisante quantité pour emplir 14 petits moules à darioles, beurrez et faites-les pocher au bain-marie. Quelques minutes avant de servir, faites partir très-doucement les escalopes de maquereaux ; sitôt qu'elles sont fermes au toucher, égouttez le beurre et saucez-les légèrement avec une sauce italienne brune, bien corsée, à laquelle vous aurez additionné en dernier lieu un peu de beurre d'anchois et le jus d'un demi-citron ; démoulez les petites timbales, rangez-les en bordure dans un plat d'entrée, dressez sur chacune d'elles un moyen champignon cannelé et cuit bien blanc ; versez les escalopes dans le milieu et servez une sauce italienne à part.

649. — ESCALOPES DE VIVE A LA DÉGENET.

Levez les filets de 6 belles vives, retirez-leur les peaux et parez-les en petites escalopes que vous marquez à mesure dans un plat à sauter beurré; ajoutez quelques poissons ordinaires aux parures et marquez une petite essence d'après les règles; lavez un cent de belles clovisses bien fraîches, placez-les dans une casserole et sur feu, sautez-les de temps en temps pour les faire ouvrir, égouttez une partie de l'eau qu'elles ont rendue et passez-la dans l'essence de poisson. Une demi-heure avant de servir, cuisez 500 gr. de riz de Piémont d'après les indications données au *Rizot*, en le mouillant avec l'essence de poisson; finissez le riz, lorsqu'il est cuit, avec beurre, fromage et une cuillerée d'allemande; beurrez un moule à pâté chaud d'entrée, emplissez-le avec le riz, en ayant soin de réserver un vide au milieu, au moyen d'un petit moule uni et beurré que vous placez sur une couche de riz disposée au fond; laissez-le raffermir ainsi quelques minutes à l'étuve; pendant ce temps, mouillez les escalopes avec un peu de fonds et vin blanc, sel et muscade; faites partir et réduire vivement, de manière que les escalopes se trouvent cuites alors que le fonds est tombé à glace. Additionnez-leur les clovisses que vous aurez tirées de leurs coquilles et 3 douz. de champignons cuits; mouillez ce ragoût avec de l'allemande réduite. Retirez le moule qui maintient le riz, ouvrez les charnières du moule à pâté sur le plat même, emplissez le cylindre avec le ragoût; dressez en dessus les plus belles escalopes et les clovisses au milieu. Saucez légèrement et envoyez le surplus de la sauce à part.

650. — ESCALOPES DE CARPE A LA CHAMBORD.

Levez les filets de 6 petites carpes, retirez-leur les peaux, coupez chaque filet en deux parties, que vous arrondissez; quelques minutes avant de servir, saupoudrez-les de sel fin, passez-les dans la farine et faites-les frire dans un plat à sauter avec du beurre clarifié. Dès que les escalopes sont cuites, égouttez-les sur un linge, remettez-les dans un plus petit plat à sauter pour les tenir chaudes avec un peu de sauce normande. Vous aurez aussi tenu chaud un ragoût composé de laitances blanchies et coupées en deux, truffes émincées, champignons et petites quenelles, le tout saucé avec la sauce indiquée ci-dessus. Versez moitié de ce ragoût dans une croustade d'entrée, dressez les escalopes en couronne dessus et le reste du ragoût dans le milieu; placez entre chaque escalope un belle tranche de truffe noire parée ronde; saucez légèrement et envoyez de la même sauce à part.

651. — ÉMINCÉE DE FILET DE BŒUF A LA ROHAN.

Ayez un filet de bœuf braisé et refroidi dans son fonds, divisez-le en tranches coupées en biais de 5 millim. d'épaisseur, parez ces tranches rondes avec un coupe-pâte de 8 centim. de diamètre, placez-les à mesure dans un plat à sauter, mouillez cette émincée avec le fonds même du filet que vous aurez d'avance dégraissé, clarifié et fait réduire à demi-glace; au moment, faites tomber à glace tout doucement et dressez-les en couronne sur une bordure de farce un peu ferme; mettez entre chaque morceau une tranche de langue à l'écarlate très-mince et un peu moins large que les tranches de filet; versez dans le puits une garniture de petits champignons à la sauce italienne; servez de la même sauce à part. On peut remplacer les champignons par une Soubise ou macédoine de légumes.

652. — ÉMINCÉE DE POULARDE A LA MAINTENON.

Parez 12 filets mignons de poulardes, marquez-les dans un plat à sauter avec un peu de beurre clarifié, donnez-leur la forme de croissants; faites pocher 12 petits boudins de farce de volaille auxquels vous aurez donné la grosseur et la même forme des filets; égouttez-les sur un linge; dès qu'ils seront froids, vous les tremperez dans des œufs battus et les roulerez dans des truffes hachées très-fin; égalisez-les avec le plat du couteau et rangez-les dans un plat à sauter beurré. Quelques minutes avant de servir, faites sauter 6 filets de volaille déjà parés; dès qu'ils sont fermes, égouttez-les du beurre, émincez-les très-fin, mettez-les à mesure dans une petite casserole avec des champignons émincés et quelques cuillerées de sauce suprême; placez au bain-marie; poussez les boudins au four pour les chauffer à fond, et faites sauter les filets mignons; égouttez le beurre dès qu'ils sont fermes, roulez-les avec 2 cuillerées de sauce suprême, dressez-les en couronne sur un plat avec un boudin entre chacun d'eux; garnissez le puits avec l'émincée; envoyez la sauce à part.

653. — ÉMINCÉE DE CHEVREUIL AUX TRUFFES.

Coupez une petite selle de chevreuil, depuis la première côte jusqu'au casy; retirez les filets mignons et parez les gros filets en les laissant sur l'os; marinez la selle pendant quelques heures avec un peu de vin blanc sec, poivre, carottes, oignons émincés et persil en branche; couvrez les filets avec du lard, et trois quarts d'heure avant de servir, faites partir la selle à la broche; après l'avoir emballée d'une feuille de papier beurrée, arrosez-la avec sa marinade pendant la cuisson. Au moment de servir, déballez la selle, détachez les gros filets et coupez-les transversalement en biais et en lames régulières, que vous placez à mesure dans un sautoir pour les rouler avec un peu de sauce poivrade et les dresser en couronne sur un bord de farce poché d'avance; garnissez le puits avec des truffes émincées, sautées une minute au vin de Madère et finies avec quelques cuillerées de glace; masquez avec la sauce poivrade, dont vous servez le surplus à part.

654. — ÉMINCÉE D'ESTURGEON A LA CLERMONT.

Faites braiser un tronçon d'esturgeon auquel vous aurez retiré toutes les parties cartilagineuses; laissez-le refroidir dans son fonds; pendant ce temps, émincez 8 oignons blancs, faites-les blanchir, égouttez et remettez-les dans une casserole avec un morceau de beurre, une pointe de sucre et un peu de bon consommé; faites-les cuire doucement; dès qu'ils sont tendres, faites-les tomber à glace, mouillez-les de rechef avec un peu d'espagnole. Égouttez et parez l'esturgeon, coupez-le transversalement en tranches très-minces que vous dressez en couronne sur le fond du plat; placez une petite cuillerée d'oignon entre chaque tranche; la couronne doit être un peu élevée; masquez-la complètement avec le reste des oignons; égalisez la surface et poussez au four modéré; glacez de temps en temps avec le fonds du poisson passé, dégraissé et réduit en demi-glace; au moment, garnissez le puits avec de petits champignons cuits à blanc et servez une sauce matelote à part, à laquelle vous aurez ajouté le restant du fonds et un bon morceau de beurre.

655. — TÊTE DE VEAU SAUCE MADÈRE.

Après avoir taillé et cuit une tête de veau, comme il est décrit n° 557, vous l'égouttez un quart d'heure avant le moment du service; épongez chaque morceau, placez-les dans un sautoir où vous aurez fait réduire un verre de madère, ajoutez quelques cuillerées de sauce et tenez-la au chaud. Vous aurez taillé et fait une grande croustade en pain de forme ronde, d'après les modèles donnés à la planche 10; collez-la sur un plat, videz et masquez-la intérieurement d'une couche de farce à quenelles très-ferme que vous humectez avec un pinceau trempé dans l'œuf. Cette farce a pour but d'empêcher la sauce de pénétrer le pain. Tenez le plat au four pendant quelques minutes, pour chauffer la croustade et pocher la farce. Au moment de servir, égouttez les morceaux de tête; placez une oreille au fond de la croustade, ainsi que les morceaux les moins ronds, dressez les autres en couronne sur le bord de la frise; mettez un petit croûton rond et frit au beurre entre chaque morceau; ciselez le pavillon de l'oreille qui reste et placez-la sur le milieu de l'entrée. Saucez avec la moitié de la sauce madère préparée, et envoyez le surplus dans une saucière. — On peut toujours ajouter une garniture à cette entrée, selon qu'on le juge convenable, de même qu'un hâtelet un peu marquant, planté au centre, ou bien six plus légers piqués dans la frise de la croustade, pour lui donner plus de grâce.

656. — OREILLES DE VEAU.

Il faut choisir une douzaine d'oreilles de veau des plus petites; si elles étaient grosses, il faudrait n'en mettre que six et les couper par le milieu au moment de les dresser. Quand elles sont bien dégorgées, blanchissez et flambez-les attentivement; quand elles sont cuites, on les vide à l'intérieur avec un tube de la boîte à colonne; leur cuisson est la même que celle indiquée pour la tête de veau. On les sert dans une croustade avec une sauce un peu relevée. Les oreilles de veau se préparent aussi d'après les procédés décrits pour les oreilles d'agneau, au chapitre des hors-d'œuvre.

657. — CERVELLES DE VEAU A LA CARDINALE.

Après avoir enlevé les pellicules sanguines de 6 cervelles de veau, faites-les dégorger à l'eau froide et blanchir dans de l'eau salée et acidulée, ajoutez un oignon et un bouquet de persil ; au moment de l'ébullition, écumez avec soin et laissez-les cuire doucement pendant dix minutes ; versez le tout dans une terrine et laissez-les refroidir dans leur fonds, égouttez-les ensuite sur un linge ; divisez chaque cervelle en 2 parties, parez ces 12 moitiés en leur donnant la forme un peu plus grosse qu'un œuf et marquez-les dans une casserole foncée de lard et jambon, mouillez-les à moitié avec du bon fonds de veau et un peu de vin blanc, recouvrez-les avec des bandes de lard, faites-les cuire vivement pendant un quart d'heure, sortez-les de la casserole et rangez-les les unes à côté des autres sur un petit plafond beurré ; passez et dégraissez leur fonds, réduisez-le avec 2 décil. de sauce tomate et une cuillerée de fines herbes aux champignons ; cette sauce étant réduite et serrée, liez-la avec 2 jaunes d'œufs et masquez-en chaque moitié de cervelle ; semez dessus un peu de panure mêlée avec du fromage de Parme râpé ; arrosez-les avec du beurre fondu et faites-leur prendre couleur sous le four de campagne ou au four, en plaçant le plafond sur un trépied, afin que les cervelles ne gratinent pas dessous. Vous aurez travaillé 6 décil. d'espagnole avec 2 décil. de vin de Marsala ; ajoutez-lui 12 ris d'agneaux blanchis, cuits et parés, 2 truffes coupées en morceaux, quelques morilles blanchies, des petites crêtes et rognons de coqs déjà cuits, quelques queues d'écrevisses et des petites quenelles de godiveau. Cette garniture doit se trouver finie à point au moment où les cervelles seront assez colorées ; collez une petite croûte de pâté chaud au milieu du plat d'entrée, versez la garniture dedans et dressez les cervelles autour ; glacez et servez. Lorsque les cervelles sont poêlées, on peut les faire gratiner comme il est décrit ci-dessus et les dresser en couronne, en mettant un croûton de pain frit et glacé entre chaque morceau et une garniture dans le milieu. On les sert aussi aux sauces poulette, ravigote, provençale, italienne ou autres.

658. — LANGUES DE BŒUF A LA PROVENÇALE.

Après avoir dégorgé et échaudé 2 langues de bœuf, parez-les et faites-les cuire dans un fonds de poêle auquel vous additionnez une demi-bouteille de vin blanc sec, un fort bouquet garni, un peu de poivre en grain et 2 clous de girofle ; couvrez-les de lames de lard et d'un papier beurré, faites-les cuire doucement pendant quatre heures, sondez-les ensuite et, si elles sont tendres, égouttez-les. Dès qu'elles sont froides, taillez sur leur épaisseur 16 lames, dont la moitié de 12 millim. d'épaisseur et l'autre moitié de 8 seulement ; parez chaque lame de la forme d'un filet de volaille, rangez les 8 plus épaisses dans un plat à sauter légèrement beurré et masquez les 8 plus minces avec une duxelle bien réduite ; laissez-les raffermir, panez-les au pain et ensuite à l'œuf ; mouillez les filets de langue non panés avec une demi-glace, faites-les chauffer doucement. Cinq minutes avant de servir, faites frire les autres de belle couleur, dressez au milieu du plat un buisson de petites tomates farcies à la provençale, et dressez les 16 filets de langue en couronne, alternés autour entre eux ; glacez légèrement les tomates, envoyez aussi une sauce tomate à part. On peut encore servir les filets de langue tous panés ou simplement saucés. La sauce et la garniture peuvent être variées. Les langues de veau et de mouton se préparent de même : il faut en employer une quantité proportionnée à leur grosseur. Les langues en papillotes se taillent de même que celles décrites ci-dessus ; on les finit avec des fines herbes préparées comme les côtelettes à papillote : elles se plissent et se grillent de même.

659. — TENDRONS DE VEAU GLACÉS.

Levez les tendrons de 2 poitrines de veau, faites-les dégorger pendant quelques heures dans de l'eau tiède, blanchissez-les ensuite et mettez-les dans de l'eau froide ; essuyez-les bien et divisez chacun d'eux en lames de 15 millimètres d'épaisseur ; parez-les de forme ovale et donnez à toutes la même dimension ; marquez-les ensuite dans un plat à sauter, que vous aurez foncé de bandes de lard minces ; mouillez-les avec un bon fonds de veau, couvrez-les avec un papier beurré et faites-les cuire doucement jusqu'à ce qu'elles soient tendres. Placez-les ensuite en plein fourneau pour faire réduire leur cuisson, dans laquelle vous les retournez afin de bien les glacer. Vous aurez préparé une bordure de légumes, tenez-la chaude au bain-marie ; au moment de servir, renversez-la sur un plat d'entrée ; emplissez le puits avec des petits pois à l'anglaise et dressez les tendrons en couronne sur le haut de la bordure ; ajoutez encore quelques petits pois en dessus. Saucez légèrement le fond du plat avec un peu d'allemande, et servez le surplus à part. On peut remplacer les petits pois par de la chicorée, des haricots verts, des carottes nouvelles ou une macédoine de légumes. La sauce peut aussi être variée et finie avec un beurre maître-d'hôtel.

660. — TENDRONS DE VEAU A LA DUCHESSE.

Faites glacer les tendrons comme précédemment, parez-les correctement, dressez-les sur une bordure de pain de volaille, en les alternant avec une laitue farcie, et emplissez le puits avec un ragoût de concombres saucés au suprême.

661. — TENDRONS DE VEAU A LA VILLEROY.

Faites cuire 16 tendrons comme il est décrit plus haut, seulement tenez-les un peu plus minces. Égouttez-les lorsqu'ils sont bien tendres, faites-les refroidir sous presse très-légère, parez-les uniformes et trempez-les un à la fois dans la sauce allemande très-réduite ; placez-les à mesure sur un plafond, laissez-les refroidir et panez-les à la mie de pain très-fine ; puis, une seconde fois, après les avoir trempés dans des œufs battus. Égalisez la panure en appuyant légèrement dessus avec le plat d'un couteau ; rangez-les à mesure sur un plafond. Dix minutes avant de servir, plongez-les dans la friture chaude, par petite quantité à la fois ; égouttez-les sur un linge, dressez-les en couronne sur un plat d'entrée ; versez une purée de champignons au milieu, et servez une sauce tomate claire dans la saucière. La garniture peut être variée. Les tendrons d'agneau sont décrits à l'article des *Épigrammes*.

662. — APPRÊTS DES RIS DE VEAU ET D'AGNEAU.

Si les ris de veau doivent être servis entiers, il faut de préférence choisir ceux que l'on désigne sous le nom de *noix*. Quant aux *gorges*, elles ne sont guère employées que pour escalopes et garnitures. Quels qu'ils soient d'ailleurs, il faut d'abord les faire dégorger à l'eau froide. Lorsqu'ils sont blancs, il faut les placer dans une casserole d'eau tiède et les tenir sur feu jusqu'à ce qu'ils soient légèrement raffermis, surtout s'ils sont destinés à être piqués ; rafraîchissez-les et mettez-les sous presse entre deux linges et sous un poids léger ; quand ils sont bien refroidis, parez-les, arrondissez-les pour les clouter, les piquer ou les cuire tels qu'ils sont. Opérez de même à l'égard des ris d'agneau.

663. — RIS DE VEAU MONTPENSIER. (Dessin n° 63.)

Après avoir blanchi et paré 7 beaux ris de veau, ainsi que nous venons de le dire, piquez les 4 plus jolis avec du lard fin ; cloutez les 3 autres en couronne avec de la langue écarlate et un point de truffe au milieu ; enveloppez-les avec des bandes de lard, ficelez-les et masquez-les tous ensemble dans un plat à sauter foncé de débris de lard ou jambon et légumes ; couvrez-les d'un rond de papier beurré. Une heure avant de servir, mouillez-les jusqu'à la hauteur du piquage avec du bon fonds et faites-les partir sur un feu vif. Dès qu'ils entrent en ébullition, retirez-les à feu plus modéré ou à la bouche du four en les arrosant de temps en temps ; vers la fin de leur cuisson, glacez-les entièrement. Pendant leur cuisson, lavez et blanchissez 400 gr. de riz, mouillez-le avec du bouillon blanc de volaille et un morceau de beurre ; après 25 minutes d'ébullition, il doit être cuit et à sec ; finissez-le avec quelques cuillerées d'allemande et beurre ; beurrez un moule de forme pyramidale, décorez-le avec quelques ronds de truffes appliqués contre les parois à quelques centimètres du fond, versez le riz dedans jusqu'à moitié, appliquez-le contre les parois avec une cuiller et emplissez le vide du milieu avec une émincée de volaille aux truffes ; recouvrez ce ragoût avec du riz et laissez-le raffermir pendant dix minutes, après lesquelles vous le démoulez sur une croustade taillée à 6 cannelons ; dressez 6 ris de veau autour du riz et 1 en dessus, comme le représente le dessin n° 63 ; chaque ris doit être coupé en deux ou trois parties, sans séparer les morceaux ; glacez-les légèrement et envoyez une saucière d'allemande à part.

664. — RIS DE VEAU A LA PÉRIGUEUX.

Cloutez 6 moyens ris de veau avec des truffes, faites-les cuire comme il est décrit ci-dessus; faites pocher de la farce à quenelles dans un grand moule à bordure, démoulez-la sur le plat au moment de dresser; emplissez ensuite le puits avec un ragoût de crêtes et petites quenelles, saucé d'une périgueux; coupez les ris en deux ou trois parties, placez-les sur la bordure en leur conservant leur forme; rangez entre chacun d'eux et au milieu une garniture de petites truffes parées rondes, et envoyez de la sauce périgueux à part. On peut remplacer cette garniture par tout autre ragoût.

665. — RIS DE VEAU PIQUÉS ET GLACÉS.

Dégorgez et blanchissez 16 moyens ris de veau, piquez-les correctement sur toute leur surface, marquez-les dans un sautoir avec un fonds de mirepoix, couvrez-les de lames de lard et cuisez-les aussi blancs que possible; au dernier moment, passez et dégraissez le fonds pour le faire tomber à glace avec les ris; parez ceux-ci, fendez-les en biais par le milieu ou en trois parties, que vous remettez dans leur ensemble, de manière à ce que les coupures soient invisibles; dressez les ris séparément sur 6 petites croustades en pain ou 6 petits fonds de farce collés au fond du plat en couronne, et ayant à peu près la dimension des ris; dressez au milieu une garniture de petits pois, concombres, asperges, etc. Glacez et servez une sauce à part.

666. — RIS DE VEAU A LA TOULOUSE.

Après avoir blanchi et paré 4 beaux ris de veau, frottez-les avec un demi-citron et recouvrez chacun d'eux avec une bande de lard mince que vous maintenez avec quelques liens de ficelle; marquez-les dans une casserole foncée de lard, mouillez-les avec un fonds blanc de volaille ou poêlé ordinaire, et faites-les cuire doucement pendant une heure. Préparez un support en pain taillé en pyramide; après l'avoir fait frire, collez-le au milieu d'un plat d'entrée et posez dessus une petite coupe ou corbeille en fer-blanc masquée de pâte à nouilles. Au moment de servir, garnissez le pied de la pyramide avec un ragoût composé de crêtes, champignons et escalopes de foies gras, le tout saucé avec un peu d'allemande; débridez les ris de veau et dressez-en un debout contre chaque face du support; dressez un bouquet de petits champignons entre chacun, et un de petites truffes rondes dans la coupe du milieu; saucez légèrement et envoyez le restant de la sauce à part. La Toulouse peut être remplacée par des petits pois, pointes d'asperges, nivernaise ou autre garniture.

667. — RIS DE VEAU A LA CHIVRY.

Faites poêler 7 ris de veau moyens, après les avoir cloutés à l'écarlate; quand ils sont cuits, découpez-les en biais et rangez-les dans une croûte à pâté chaud, cuite à blanc et foncée ensuite avec une bonne couche de duxelle; entourez les ris avec une émincée de champignons, à sauce bien réduite; saupoudrez-les avec un peu de mie de pain fraîche, mêlée avec une petite partie de parmesan; arrosez-les avec un peu de glace fondue et poussez au four modéré, pour les colorer d'une manière très-sensible. Dressez ensuite la croûte sur plat et envoyez à part une sauce tomate.

668. — RIS D'AGNEAU A LA CHICORÉE.

Ayez 18 beaux ris d'agneau dégorgés et blanchis, parez-les tous et piquez-en la moitié avec du lard fin que vous marquez dans un petit plat à sauter pour les faire glacer; faites poêler l'autre moitié entre deux bandes de lard; veillez à les obtenir très-blancs. Vous aurez préparé une bordure de farce un peu large; démoulez-la sur le plat au moment même de dresser; égouttez les ris d'agneau, remettez ceux qui sont poêlés dans un petit plat à sauter avec un peu d'allemande; commencez à les dresser sur la bordure et finissez la couronne avec les ris de veau piqués; garnissez le puits avec de la chicorée finie au velouté; servez de cette sauce dans une saucière. — Les escalopes de ris de veau se servent de même; la bordure de farce peut être remplacée par une bordure de purée de pommes de terre, et la chicorée par n'importe quel autre légume.

ENTRÉES CHAUDES ET GARNITURES. 241

669. — GRENADINS DE VEAU AUX POINTES D'ASPERGES.

Parez une noix de veau très-blanche et surtout mortifiée ; coupez 15 tranches dans le sens de la viande, auxquelles vous donnez la forme d'un filet de volaille de 15 millim. d'épaisseur ; piquez le gros bout avec du lard fin, marquez les grenadins dans un plat à sauter légèrement foncé de bandes de lard, mouillez-les jusqu'au piquage avec un fonds de veau, couvrez-les d'un rond de papier et faites-les partir à grand feu, jusqu'à ce qu'ils soient presque à sec ; mouillez-les de nouveau à moitié de leur épaisseur et laissez-les cuire doucement jusqu'à ce qu'ils soient tendres ; passez et dégraissez le fonds, faites-le réduire en demi-glace ; ajoutez-le aux grenadins pour les glacer à point, à la bouche du four ou avec un couvercle chargé de feu, en les arrosant souvent avec leurs fonds ; égouttez-les alors et dressez-les sur une bordure de légumes ; garnissez le puits avec des pointes d'asperges blanchies et saucées au suprême. Envoyez une demi-glace à part.

670. — GRENADINS DE FILETS DE BROCHET A LA GOISSET. (Dessin n° 76.)

Parez 14 filets de brochets en forme de filets de volaille, mais du double plus épais ; piquez-en 7 avec du lard fin et les autres avec des truffes ; marquez-les dans un plat à sauter grassement beurré et foncé de débris de lard, jambon, carottes et oignons émincés ; mouillez-les avec un peu de bon fonds et couvrez-les d'un rond de papier ; avec les parures, faites une farce à quenelles, emplissez-en une bordure que vous aurez décorée avec des truffes ; trois quarts d'heure avant de servir, faites-la pocher au bain-marie sans la laisser bouillir. Vingt minutes avant d'envoyer, faites partir les grenadins à grand feu. Dès que le fonds commence à tomber à glace, mouillez-les avec 2 décil. de vin de Sauterne et poussez-les au four en les glaçant de temps en temps, jusqu'à ce qu'ils aient une belle couleur ; au moment, démoulez la bordure sur un fond de plat, placez au milieu une petite croustade de riz taillée à froid, que vous maintenez avec un hâtelet ; garnissez-la d'un petit ragoût de foies de lottes et truffes ; dressez les grenadins autour et glacez-les. Servez une sauce matelote à part.

671. — GRENADINS D'HIRONDELLE A LA JUSTINIAN.

Levez les filets à 2 poissons-*hirondelles*, retirez-leur les peaux et coupez-les transversalement en 3 parties, ce qui en donne 12 ; parez-les ronds en leur donnant la forme de petits ris de veau ; trempez-les vivement à l'eau bouillante et parez-les ensuite avec un couteau bien tranchant ; piquez sur chaque partie une couronne de 8 clous de truffes ; marquez ces grenadins dans un plat à sauter beurré, mouillez-les avec un demi-verre de marsala et un peu de cuisson d'huîtres, couvrez-les d'un papier beurré et faites-les tomber à glace vivement ; mouillez-les encore avec un peu de bon fonds et glacez-les au four. Avec les parures des grenadins, auxquels vous ajoutez 2 anchois dessalés, préparez une bordure de farce, faites-la pocher et démoulez-la au moment sur le plat ; dressez les grenadins dessus en couronne, et versez dans le puits une garniture d'huîtres et de truffes émincées ; saucez avec une vénitienne, finie avec le fonds des grenadins et beurre de homard.

672. — PAUPIETTES DE VEAU A LA PRIMATICE.

Parez 3 filets de veau et émincez-les chacun en trois parties sur leur longueur ; aplatissez-les jusqu'à 4 millimètres d'épaisseur, parez-les carrément ; hachez les parures avec la même quantité de lard frais, sel, poivre, muscade et une cuillerée de fines herbes ; placez une couche mince de cette farce sur chaque lame de veau ; roulez-les, sur leur longueur, en forme de petits barils, que vous arrondissez le mieux possible ; piquez-les ensuite avec du lard fin et marquez-les dans un petit plat à sauter, proportionné, foncé de lard, jambon et légumes ; mouillez avec quelques cuillerées de jus et faites-les partir à grand feu ; dès que ce jus est réduit, mouillez-les de nouveau avec un bon fonds et un peu de madère jusqu'à la hauteur du piquage. Couvrez les paupiettes d'un rond de papier beurré et faites-les cuire au four doux, en les arrosant de temps en temps avec leur fonds. Au moment de servir, débridez-les et parez les deux bouts de façon qu'elles aient toutes la même longueur; dressez-les debout sur le bord d'une croustade ou bordure, en tournant le piquage en dehors; garnissez le milieu de l'entrée avec des petites quenelles de godiveau et des morilles cuites dans de la sauce au madère, après les avoir blanchies. Glacez les paupiettes et placez sur chacune d'elles une truffe parée en forme de demi-boule.

673. — PAUPIETTES A LA POLONAISE.

Faites cuire 200 gr. de gruau ou semoule avec du bouillon blanc, sel et beurre, mais à court mouillement, afin que les grains restent entiers et ne se fondent pas; passez un oignon haché au beurre, et lorsqu'il est de couleur blonde, mêlez-le avec la semoule; assaisonnez avec persil, sel, poivre et muscade. Maintenant hachez très-fin un kilog. et demi de maigre de bœuf ou veau avec un peu de sel, étalez cette farce sur la table, aplatissez-la avec la lame d'un couteau, pour en faire une bande large et mince de 7 à 8 centim., sur laquelle vous étalez la semoule; roulez la bande sur elle-même pour former un rouleau de la grosseur d'un gros boudin et de la largeur de la bande, dans les plis de laquelle se trouve la semoule; coupez ce rouleau droit, soudez la bande, serrez un peu les bouts et rangez ces paupiettes dans un plat à sauter avec du beurre. Faites-les partir; dès qu'elles auront pris couleur et que le milieu sera bien atteint, égouttez et parez les bouts, dressez-les en pyramide, saucez-les abondamment d'une sauce demi-espagnole bien corsée et garnissez le tour de croquettes à la chevrette. Ces paupiettes se préparent aussi avec des tranches de filets de bœuf; on opère de même pour en faire de veau; on peut les fourrer seulement avec des fines herbes.

674. — PAUPIETTES DE FILETS DE LAPEREAU A LA RICHELIEU.

Après avoir habillé 6 beaux lapereaux, levez les 12 cuisses, faites-en rôtir la moitié et faites une farce à quenelles très-ferme avec l'autre moitié; levez ensuite et parez les filets mignons, roulez-les en anneaux, en les plaçant à mesure dans un petit plat à sauter beurré; poussez au cornet un petit cordon de farce au milieu de chaque anneau et placez dessus un rond de truffe; arrosez-les au pinceau avec du beurre clarifié et tenez-les au frais. Maintenant parez les 12 gros filets, aplatissez-les très-minces et sur toute leur longueur; étalez dessus une couche mince de farce, à laquelle vous aurez incorporé 2 truffes crues et hachées très-fines; roulez à mesure chaque filet sur lui-même, de façon que la farce se trouve enveloppée par les chairs; maintenez les paupiettes dans cette position en les entourant de quelques liens de fil; marquez-les ensuite dans une casserole entre des bandes de lard; mouillez-les au quart de leur hauteur avec 1 décil. de madère et du fonds de mirepoix; faites-les partir, pour les glacer à point à la bouche du four. Pendant ce temps, étalez le reste de la farce, en forme de couronne mince, au fond d'un plat d'entrée; dressez les paupiettes dessus, en les plaçant debout; mettez sur chacune d'elles un des filets mignons, que vous aurez pochés au four; glacez le tout et versez au milieu des escalopes tirées des cuisses rôties et des truffes émincées. Ces escalopes doivent être tenues chaudes, mais avec un peu de glace, et finies au moment avec du velouté travaillé au fumet de lapereau. Servez de la même sauce dans une saucière.

675. — PAUPIETTES DE MERLAN A LA GRÉGORIENNE. (Dessin n° 73.)

Levez les filets de 14 beaux merlans frais, retirez les peaux et aplatissez-les un peu minces, parez les contours sans diminuer leur longueur et tenez-les à part. Avec les parures et les chairs de 2 autres merlans, faites une farce à quenelles ferme; lorsqu'elle sera passée au tamis, incorporez-lui 3 cuillerées de champignons et truffes hachés et passés ensemble au beurre; étalez les filets de merlans sur un linge, recouvrez-les avec une couche mince de cette farce et roulez-les pour en former des paupiettes. Coupez 24 bandes de papier beurré, de la largeur des filets et assez longues pour en faire deux fois le tour; roulez chaque paupiette séparément dans une de ces bandes; serrez-les de manière à les rendre toutes d'égale grosseur; collez le bout de la bande avec du blanc d'œuf; égalisez la farce aux deux extrêmes des paupiettes avec la lame d'un couteau; beurrez grassement une casserole et rangez les paupiettes debout sur le fond, les unes à côté des autres; mouillez-les à moitié avec du bouillon de poisson et du vin blanc; ajoutez sel, poivre et un bouquet garni; faites-les cuire pendant vingt minutes et laissez-les refroidir dans leur fonds de cuisson ; lorsqu'elles seront froides, retirez les bandes de papier, parez-les toutes de même longueur ; beurrez un moule à cylindre uni ; rangez les paupiettes tout autour debout et superposées les unes sur les autres, comme l'indique le dessin ; finissez d'emplir le moule avec le reste de la farce ; recouvrez-le d'un papier beurré et pochez-le au bain-marie. Au moment de servir, renversez le moule sur une petite croustade très-basse, fixée sur un plat d'entrée ; piquez au milieu une coupe chinoise en fer-blanc, soudée sur une douille et recouverte de pâte à nouilles ; enfoncez bien la douille dans la croustade, afin que la coupe se trouve au niveau des paupiettes et s'y maintienne solidement ; garnissez la coupe avec des champignons tournés et cuits bien blancs ; saucez légèrement le tout d'une sauce vénitienne réduite avec le fonds des champignons et une essence de poisson que vous aurez tirée avec les débris de merlans. Servez le surplus de la sauce à part.

676. — ÉPIGRAMME D'AGNEAU A LA JARDINIÈRE. (Dessin n° 43.)

Taillez 10 petites côtelettes dans 2 carrés d'agneau, parez et marquez-les à mesure dans un plat à sauter avec du beurre clarifié, et couvrez-les avec un rond de papier beurré ; braisez les 2 poitrines, et lorsqu'elles seront cuites, désossez-les complétement pour les mettre refroidir sous presse. Conservez 10 des plus petits os que vous parez bien blancs, tenez-les de 4 centim. de long et mettez-les de côté. Dès que les poitrines seront froides, taillez dans chacune d'elles 5 petits filets que vous parez de la grandeur et de l'épaisseur des côtelettes ; piquez à chacun d'eux un des os conservés et masquez-les aussitôt avec une allemande réduite à laquelle vous aurez incorporé une petite purée de champignons ; laissez refroidir la sauce pour les paner ensuite à deux fois. Vous aurez monté des racines variées, et en forme de chartreuse, autour d'un moule à bordure uni ; trois quarts d'heure avant de servir, finissez de l'emplir avec de la purée de pommes de terre à la crème, à laquelle vous additionnez un œuf entier et 3 jaunes ; tenez la bordure au bain-marie jusqu'au moment de servir. Un instant avant, faites frire les tendrons et sauter les côtelettes séparément ; dès que celles-ci sont fermes, égouttez le beurre et ajoutez-leur un peu de bonne glace sans les remettre sur feu ; alors démoulez la bordure sur le plat et dressez les tendrons en couronne dessus, en plaçant une côtelette entre chacune ; garnissez le puits avec une macédoine de légumes finie à la minute, avec un morceau de beurre frais et du velouté ; envoyez le surplus de la sauce dans une saucière. — Cette entrée peut être servie sur une bordure de farce ou sur le premier gradin d'une double croustade ; la garniture peut être variée.

677. — ÉPIGRAMME DE VOLAILLE A LA TOULOUSE.

Après avoir vidé et flambé 4 poulets, levez les filets, parez-les courts et marquez-les dans un sautoir ; faites-les sauter à moitié et laissez-les refroidir. Bigarrez les filets mignons, placez-les dans un autre sautoir beurré, en leur donnant la forme d'anneaux ; couvrez-les d'un papier beurré et tenez-les au frais. Levez aussi les cuisses, auxquelles vous laissez adhérer une partie des peaux des reins et de l'estomac, désossez-les et laissez à chacune l'os de la patte, coupée à l'articulation de la jambe ; aplatissez les chairs avec la batte, élargissez la peau et placez au milieu de chaque cuisse gros comme une noix de farce mêlée avec truffes et jambon cuit en dés ; faufilez les contours de la peau avec une aiguille et du gros fil, serrez-les de manière que les chairs se trouvent maintenues par les peaux et prennent la forme d'un jambonneau. Les cuisses ainsi préparées, faites-les poêler dans une casserole entre deux bandes de lard ; lorsqu'elles seront tendres au toucher, égouttez-les sur un petit plafond et faites-les refroidir sous presse. Pendant ce temps, parez les filets de volaille déjà cuits, pour leur donner la forme de côtelettes ; piquez au bout de chacun un petit os de patte ou aile de volaille ; masquez-les avec une duxelle bien réduite, et laissez-les refroidir pour les paner ensuite une fois sur la sauce et une fois à l'œuf ; débridez et parez les cuisses en leur donnant la même forme qu'aux filets ; roulez-les dans un peu de glace fondue avec du beurre et faites-les griller à feu doux jusqu'à ce qu'elles soient chaudes à fond ; faites frire les filets panés et sauter les filets mignons ; cela fait, dressez les cuisses et les filets panés en couronne sur le bord d'une croustade très-basse, en mettant alternativement 2 cuisses et 2 filets.

Garnissez le puits avec un ragoût composé de petites quenelles, foies gras de poulardes, crêtes et truffes émincées; saucez avec une allemande travaillée à l'essence de volaille et dressez les filets mignons en dessus. Envoyez de la sauce à part.

678. — ÉPIGRAMME DE LEVRAUT AUX TRUFFES.

Levez les filets de 3 levrauts, parez-les et coupez-les chacun en trois parties, un peu en biais; aplatissez ces parties et parez-les de la forme d'un filet de volaille; marquez les 9 plus beaux dans un plat à sauter avec du beurre clarifié, faites sauter légèrement les autres, égouttez-les et masquez-les avec de la sauce allemande bien réduite avec une addition de fumet de gibier. Laissez-les refroidir, panez-les une fois sur la sauce et une fois à l'œuf. Cinq minutes avant de servir, faites frire les filets panés; sautez les autres, égouttez le beurre dès qu'ils sont fermes, et mouillez-les avec quelques cuillerées de sauce chasseur, liée au sang; dressez les filets en couronne sur le bord d'une croustade; garnissez le puits de petites truffes rondes, auxquelles vous ajoutez les filets mignons et les rognons émincés et sautés; saucez-les légèrement. Piquez au bout de chaque filet un petit os de poitrine blanchi et après lequel vous aurez roulé une très-petite papillote. Envoyez le surplus de la sauce dans une saucière. La croustade peut être remplacée par un bord de farce confectionnée avec les cuisses des levrauts. — Les lapereaux se traitent de même.

679. — ÉPIGRAMME DE PERDREAU A LA GRIMOD.

Levez les filets de 4 perdreaux, en laissant à chacun le filet mignon et le premier os de l'aileron; enlevez l'épiderme et marquez-les dans un plat à sauter avec du beurre clarifié. Désossez les cuisses en leur laissant le bout de l'os qui se joint à la patte, mais en supprimant celle-ci. Élargissez les peaux que vous aurez laissées très-longues autour de chaque cuisse; parez-en les contours en rond, garnissez-les avec de la farce à galantine de gibier et quelques dés de foie gras; cousez les peaux comme pour des ballottines et faites-les cuire doucement dans une mirepoix, mettez-les ensuite sous presse pour les laisser refroidir; débridez, parez et saucez-les avec une allemande très-réduite, à laquelle vous incorporez une truffe pilée et passée au tamis. La sauce étant refroidie, panez deux fois les cuisses et faites-les frire; sautez les filets; dès qu'ils sont fermes, égouttez le beurre et roulez-les avec un peu d'espagnole réduite au fumet de perdreau, sans les faire bouillir; dressez-les autour d'une petite croustade, en mettant les cuisses d'un côté et les filets de l'autre; garnissez la croustade d'une escalope composée de moitié foie gras d'oie et moitié truffes, le tout saucé de la sauce mentionnée plus haut.

680. — ÉPIGRAMME DE FILETS DE SOLE A LA CORÇOISE.

Levez les filets de 3 moyennes soles, battez-les et doublez-les en ramenant les deux bouts l'un sur l'autre; faites-les pocher un moment dans un plat à sauter avec beurre, sel et jus de citron. Dès qu'ils sont fermes, couvrez-les de papier, mettez-les en presse et laissez-les refroidir. Parez-les ensuite en forme de petites côtelettes, marquez-les dans un plat à sauter, couvrez-les d'un papier beurré et mettez-les en ligne; d'un autre côté,

---

SOMMAIRE DE LA PLANCHE N° 8.

N° 51. — Timbale de macaroni à la Chevrière.
N° 52. — Petites timbales de macaroni à la Palhen.
N° 53. — Casserole au riz à la Bassano.
N° 54. — Casserole au riz à la Jussienne.
N° 55. — Timbale de volaille à la Parisienne.
N° 56. — Timbale de queues d'écrevisses à la Maréchale.
N° 57. — Chartreuse de perdreau à l'ancienne.
N° 58. — Timbale de ravioles au parmesan.

Pl. 8.

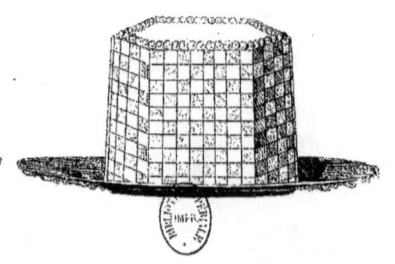

préparez une petite farce à quenelles maigre et un peu ferme, roulez-en 12 petits boudins sur le tour saupoudré de farine, en leur donnant aussi la forme de côtelettes; pochez-les à l'eau de sel, égouttez et panez-les deux fois. Escalopez les queues de 2 moyennes langoustes et tenez-les au chaud avec du consommé, ainsi que les filets de soles; au dernier moment, faites frire les boudins panés dans un plat à sauter avec du beurre clarifié; masquez légèrement les filets et les escalopes avec une sauce aux moules; dressez les escalopes dans une petite croustade collée au fond d'un plat d'entrée; piquez au bout de chaque filet une petite patte de langouste et dressez-les en couronne autour de la croustade, en les alternant avec les boudins panés. Servez le surplus de la sauce dans une saucière.

681. — ÉPIGRAMME DE FILETS DE MERLAN A LA RISTORI.

Levez les filets de 6 beaux merlans, retirez-en les peaux et parez-les de la grosseur d'un beau filet de volaille; trempez-les à mesure dans des œufs battus avec sel et muscade; sablez-les avec des truffes blanches du Piémont, hachées très-fin; égalisez-les avec la lame d'un couteau et marquez-les dans un plat à sauter beurré. Avec les parures des filets, faites une farce à quenelles au beurre d'écrevisse; moulez 12 boudins de la même forme que les filets, mais un peu plus petits, faites-les pocher et refroidir pour les masquer ensuite avec une allemande à la purée de champignon; parez-les une fois sur la sauce et une fois à l'œuf. Dix minutes avant de servir, faites sauter doucement les filets aux truffes et frire ceux qui sont panés. Vous aurez collé un croûton de pain frit au milieu d'un plat d'entrée; cachez-le sous une garniture de queues de crevettes et piquez dessus 3 hâtelets préparés comme celui que représente le dessin n° 25; dressez les filets autour; piquez au bout de chacun une patte d'écrevisse, ornée d'une petite papillote; servez à part une sauce suprême, travaillée à l'essence de champignon et finie au moment avec du beurre de crevette.

682. — CUISSES DE VOLAILLE A LA DUCHESSE.

Prenez 14 cuisses de volaille; retirez l'os de l'intérieur après l'avoir brisé, avec le dos du couteau, près de la jointure; mettez-les dans un plat à sauter avec un peu de beurre, de lard râpé et une cuillerée de bon fonds et faites-les cuire doucement; lorsqu'elles sont tendres, laissez-les refroidir et recouvrez-les d'une couche de farce à quenelles de volaille aux truffes; passez-les dans la mie de pain, ensuite dans des œufs battus, et panez-les une seconde fois. Dix minutes avant de servir, faites-leur prendre couleur dans un plat à sauter, où vous aurez fait chauffer du beurre clarifié; retournez-les lorsqu'elles seront colorées d'un côté; égouttez-les ensuite sur une serviette et dressez-les en couronne sur un plat, au fond duquel vous aurez étalé un petit cercle de farce; passez une petite papillote au bout de chaque os; versez dans le puits une garniture de belles crêtes cuites bien blanches, et saucez avec du velouté réduit à l'essence de champignon; envoyez-en aussi dans une saucière.

683. — CUISSES DE VOLAILLE EN PAPILLOTES.

Désossez à moitié 12 cuisses de volaille bien tendres, marquez-les dans un plat à sauter avec beurre et lard râpé, faites-les cuire doucement en leur ajoutant 6 cuillerées de fines herbes, mouillez-les avec du velouté et un demi-verre de vin du Rhin; couvrez le plat à sauter et laissez-les finir de cuire tout doucement; retirez-les ensuite sur un plat; dégraissez ce fonds, additionnez-lui 4 cuillerées de farce à quenelles et laissez refroidir le tout ensemble. Coupez des feuilles de papier en cœur, huilez-les légèrement, mettez sur chacune une lame très-mince de tétine de veau déjà cuite, posez une cuisse de volaille dessus avec des fines herbes et plissez les bords du papier le plus étroitement possible. Un quart d'heure avant de servir, rangez les papillotes sur un plafond où vous aurez étalé une feuille de papier huilé; poussez-les au four; lorsqu'elles sont bien chaudes, dressez-les en couronne. — Ces cuisses se préparent aussi d'après la méthode des côtelettes.

684. — CUISSES DE VOLAILLE EN BALLOTTINES.

Désossez 14 cuisses de volaille, auxquelles vous laissez un petit manche; parez les peaux en rond; faufilez-en les contours avec une aiguille et de gros fil; serrez suffisamment, afin que les cuisses soient bien rondes; marquez-les dans une casserole, entre des bandes de lard; faites-les poêler ou braiser, selon que vous leur destinez une sauce brune ou blanche, et dès qu'elles sont cuites, égouttez-les, retirez le fil et dressez-les en couronne sur une bordure ou croustade. — Cette entrée peut recevoir toute espèce de sauces ou de garnitures grasses.

685. — CUISSES DE CANETON A LA CHARTRES.

Préparez, comme pour les ballottines de volaille, 14 cuisses de caneton ; laissez-leur la peau très-longue, car elle se retire à la cuisson ; marquez-les dans un plat à sauter, foncé de bandes de lard ; mouillez-les avec un peu de mirepoix et un demi-verre de vin blanc sec ; recouvrez-les également de lard et faites-les cuire doucement ; dès qu'elles sont tendres, rangez-les dans un plat à sauter, passez leur fonds, dégraissez-le et faites-le réduire à glace ; versez-le sur les cuisses pour les glacer à la bouche du four ; arrosez ces dernières à chaque moment, jusqu'à ce qu'elles prennent une belle couleur, et dressez-les en couronne sur le premier gradin d'une double croustade ; garnissez la croustade du milieu avec des navets enlevés à la cuiller à racine, en forme de petites olives et glacés ; cette croustade doit être vidée profondément, afin que la garniture soit abondante. Glacez les cuisses, mettez une petite papillote au bout de chaque os et servez une espagnole réduite à part. On peut supprimer la croustade et servir les cuisses sur une bordure ou même directement sur le plat masqué d'un peu de farce au fond.

686. — CUISSES DE LAPEREAU A LA BRETONNE.

Désossez 8 cuisses de lapereau, farcissez-les avec du godiveau, cousez et mettez-les dans une casserole entre des bandes de lard, mouillez et faites-les braiser jusqu'à ce qu'elles soient bien tendres ; alors égouttez-les sur un plafond ; lorsqu'elles sont froides, débridez et coupez-les en deux sur leur épaisseur ; parez chaque moitié de la forme d'une petite côtelette ; masquez-les ensuite d'une espagnole bien réduite avec quelques cuillerées de soubise et liée avec 3 jaunes d'œuf ; laissez-les refroidir et panez-les deux fois. Quelques minutes avant de servir, faites-les frire de belle couleur et dressez-les en couronne sur un plat d'entrée ; garnissez le puits d'une purée d'oignon à la bretonne ou d'une autre garniture ; servez à part une espagnole au fumet de gibier. Les levrauts se préparent de même.

687. — FRITOT DE POULET A LA FRANÇAISE.

Prenez 3 beaux poulets nouveaux, bien en chair et un peu mortifiés, afin qu'ils soient plus tendres ; après les avoir vidés et flambés, dépecez-les par membres, que vous parez. Supprimez les carcasses et les ailerons ; retirez à moitié l'os intérieur des cuisses ; mettez ces membres sur un plat, marinez-les avec sel, poivre, persil en branches, oignons émincés, quelques tranches de citrons épluchés à vif et de l'huile fine ; sautez ces membres dans cet assaisonnement, où vous les laissez macérer deux heures. Dix minutes avant de servir, égouttez-les sur une serviette, essuyez-les et saupoudrez-les abondamment de farine ; faites-les frire en deux fois dans une quantité suffisante de friture neuve et chaude, afin que la volaille cuise vivement sans bouillir ; dès que les membres des volailles sont frits à point, égouttez-les sur un linge et rangez-les dans un plat à sauter que vous tenez une minute au four chaud, afin que les membres les plus forts soient saisis à fond et rendent le peu de friture qu'ils ont absorbée à la cuisson. Dressez-les en buisson sur un plat d'entrée ; saucez-les avec une poivrade et entourez-les avec une couronne de 12 œufs frits bien ronds ; servez aussi de la poivrade à part.

688. — FRITOT DE POULET A LA VIENNOISE.

Vingt minutes avant de servir, faites saigner 4 jeunes poulets et trempez-les à mesure dans de l'eau presque bouillante ; les plumes quittent alors facilement les peaux en passant la main dessus. Essuyez bien ces poulets ; aussitôt qu'ils sont plumés, retirez la poche et découpez-les par membres ; parez et farinez-les pour les passer aux œufs battus et salés, les paner et les plonger immédiatement dans la friture bien chaude. Quand ils sont cuits, égouttez et dressez-les en buisson sur une serviette ; servez une demi-glace dans une saucière et des citrons coupés à part. Il faut surtout observer que les poulets ne doivent être saignés qu'au moment de les cuire ; c'est un moyen de conserver la tendreté des chairs ; l'effet ne serait plus le même s'ils étaient tués une heure d'avance. Dans le cas où cette opération ne pourrait se faire en temps opportun, il serait préférable d'employer des poulets très-jeunes et mortifiés.

689. — FRITOT DE PERDREAU A LA PROVENÇALE.

Après avoir vidé et flambé 4 beaux perdreaux rouges, levez-en les cuisses que vous parez comme pour sauter ; trempez les estomacs entiers, une minute, dans un consommé bouillant et laissez-les refroidir. Ceci a pour but d'empêcher la peau et les filets de se retirer à la friture. Divisez ensuite les ailes d'avec les poitrines et placez-les dans une terrine. Dix minutes avant de servir, faites sauter vivement les cuisses avec un peu d'huile et une pointe d'ail et saupoudrez-les de sel. Dès qu'elles sont atteintes, ajoutez les autres membres pour les chauffer, égouttez et trempez-les tour à tour dans une pâte à frire à l'italienne, et plongez-les à mesure dans de la friture bien chaude ; égouttez-les aussitôt que la pâte est sèche et dressez-les en buisson ; garnissez le tour avec un cordon de demi-tomates farcies, et servez une sauce tomate bien corsée dans une saucière.

690. — FRITOT DE GRONDIN A LA NIÇARDE.

Levez les filets de 6 moyens grondins, retirez-en les peaux et partagez chaque filet en deux, dans leur longueur. Marinez-les pendant deux heures avec de l'huile, du jus de citron, sel, poivre, persil en branche et oignons émincés ; essuyez-les ensuite pour les passer à la farine et les frire de belle couleur dans de l'huile d'olive ; dressez-les en buisson sur plat et arrosez-les avec de l'huile chaude, dans laquelle vous aurez fait frire un moment un peu de sauge, de persil haché et une gousse d'ail ; ajoutez un filet de vinaigre, sel et poivre.

691. — POULETS SAUTÉS A LA MARENGO.

Dépecez 3 poulets gras par membres, parez-les et marinez-les ; vingt-cinq minutes avant le moment de servir, placez 100 gr. de beurre dans un plat à sauter mince avec 4 cuillerées d'huile d'olives et faites partir sur le feu. Dès que le beurre est fondu, rangez les membres de volaille dedans, salez légèrement et faites-leur prendre couleur sur un feu vif ; retournez-les tour à tour et retirez les filets aussitôt atteints. Quand les cuisses seront bien pénétrées, additionnez une pointe d'ail, laissez frire encore une seconde, égouttez le gras, mouillez avec 2 décil. d'espagnole réduite et 2 cuillerées de sauce tomate ; au premier bouillon retirez le sautoir du feu, ajoutez les filets, et finissez avec une cuillerée de persil et le jus d'un citron ; dressez ces membres en buisson sur un plat d'entrée, saucez-les et garnissez le tour avec une couronne de croûtons en demi-cœur. Cette entrée n'exige pas beaucoup de sauce, mais on peut toujours lui adjoindre une garniture de truffes, de champignons, de petits pois, de concombres ou autres légumes déjà cuits. Il faut, en ce cas, supprimer la tomate et mettre un peu plus d'espagnole. On peut dresser sur une petite croûte mangeable.

692. — SAUTÉ DE POULET HAAS. (Dessin n° 45.)

Dépecez 4 poulets bien tendres, comme pour fricassée, rangez-les dans un large sautoir grassement beurré. Les filets exceptés, arrondissez bien les cuisses auxquelles vous avez brisé l'os de la deuxième jointure ; ajoutez un petit oignon, un bouquet garni et une gousse d'ail ; salez légèrement et faites partir à feu violent. Au bout de quelques minutes, retournez les membres, additionnez les filets, couvrez le sautoir, placez des cendres rouges sur le couvercle et retirez-le sur une paillasse modérée ; laissez bien attendrir tous les membres ; quand ils sont à point, égouttez-les du beurre pour les dresser dans une bordure de macaroni, montée comme l'indique le dessin n° 45 ; masquez d'une espagnole réduite au vin du Rhin, à laquelle vous additionnez une quinzaine de truffes tournées, le même nombre de champignons cuits et le double de grosses olives tournées et blanchies.

693. — SAUTÉ DE FAISAN A LA HONGROISE.

Dépecez 2 jeunes faisans par membres, que vous parez et tenez à part. Dix minutes avant de servir, placez un plat à sauter sur le feu avec un morceau de beurre; ce beurre une fois chaud, rangez les cuisses dedans, en y ajoutant le sel nécessaire, et faites-leur prendre couleur vivement. A moitié cuisson, ajoutez les filets et les poitrines. Dès qu'ils sont tendres, égouttez le beurre et mouillez-les avec de l'espagnole réduite; laissez lever un bouillon et ajoutez 3 cuillerées de marmelade de pommes sans sucre et passée à l'étamine; agitez le sautoir et dressez les faisans dans une bordure de crépinettes de porc frais, grillées et dressées en couronne. Masquez les faisans avec la sauce et servez.

694. — SAUTÉ DE LEVRAUT AUX CHAMPIGNONS.

Après avoir dépouillé et vidé 2 levrauts, coupez-les par morceaux et n'employez que ceux des reins, des cuisses et des épaules bien parés; mettez 150 gr. de lard râpé avec un morceau de beurre dans un plat à sauter, faites-le fondre sur un feu vif, et dès qu'il est chaud, rangez les morceaux de levrauts dedans, faites-les sauter vivement en les retournant jusqu'à ce qu'ils aient pris couleur et qu'ils soient bien atteints; égouttez alors le gras, mouillez-les avec 4 décil. d'espagnole réduite, ajoutez une trentaine de champignons tournés et leur fonds, une cuillerée de persil haché et blanchi, avec une pointe de cayenne. Dressez cette entrée en pyramide, dans une bordure de petites croquettes.

695. — SAUTÉ DE TURBOT A LA DUPERRÉ.

Levez les filets d'un demi-turbot, coupez-les en carrés longs, farinez-les et faites-les sauter avec moitié beurre, moitié huile et une pointe d'échalottes hachées; ajoutez sel et poivre; couvrez le plat à sauter et laissez cuire à feu vif, jusqu'à ce que les filets de turbot soient bien atteints; joignez-leur une pointe d'ail, laissez frissonner un moment, égouttez le beurre et mouillez avec quelques cuillerées de sauce poivrade, à laquelle vous aurez mêlé une cuillerée à bouche de fines herbes aux champignons. Dressez les filets en couronne sur un plat d'entrée, en les arrosant avec leur sauce; garnissez le tour avec des croûtons taillés en forme de bouchons et frits à l'huile. Saucière à part.

696. — FRICASSÉE DE POULET A L'ANCIENNE.

Levez les cuisses, les ailes et les estomacs de 4 poulets bien en chair; parez ces membres et faites-les dégorger à l'eau fraîche; lavez les parures et les carcasses, mettez-les dans une casserole avec une quantité d'eau suffisante pour en faire du bouillon; placez-la sur feu, ajoutez une carotte, un oignon, un bouquet de persil garni, sel, gros poivre, deux clous de girofle et quelques gros dés de maigre de jambon cru; faites écumer, laissez cuire pendant douze minutes et passez à la serviette. Mettez ensuite une casserole sur le feu avec 200 gr. de beurre et les membres de volaille que vous aurez essuyés; faites-les revenir jusqu'à ce qu'il n'y ait plus d'humidité dans la casserole, mais sans attendre que la volaille prenne couleur. Singez avec 2 cuillerées à bouche de farine, sautez encore une minute et mouillez avec le bouillon des carcasses et 1 décil. de vin blanc léger; laissez-les cuire tout doucement pendant une petite demi-heure. Enlevez le beurre qui vient à la surface de la sauce, passez-la ensuite au tamis dans une casserole à réduction, ajoutez une trentaine de champignons avec leur fonds, placez la casserole sur feu et faites réduire vivement jusqu'à la consistance voulue. Alors additionnez les membres bien parés, donnez encore deux bouillons et ajoutez une liaison de 4 jaunes étendus avec quelques cuillerées de crème double et passés à l'étamine; agitez la casserole afin que la sauce se lie. Ajoutez un peu de persil haché très-fin et un demi-jus de citron. On peut ajouter à cette fricassée quelques belles crêtes et quelques truffes coupées en lames. Elle peut être servie dans un vol-au-vent, une bordure de riz, une croûte de pâté chaud, une croustade ou simplement sur un plat et entourée de croûtons frits au beurre et glacés. En ce cas, le fond du plat doit être masqué avec une légère couche de farce séchée au four.

697. — FRICASSÉE DE POULET A LA MODERNE.

Après avoir habillé 3 ou 4 bons poulets, séparez l'estomac du train de derrière, détachez les cuisses, auxquelles vous brisez les os de la seconde jointure, et faites-les dégorger une demi-heure à l'eau tiède, ensemble avec les carcasses brisées, les ailerons, les cous et les pattes. Ce temps écoulé, égouttez-les et rangez les cuisses au fond d'une casserole, en ayant soin de les arrondir, afin qu'elles se roidissent bien en forme. Cela fait, couvrez-les avec du bouillon blanc de volaille, auquel vous ajoutez un oignon piqué d'un clou de girofle et un bouquet garni. Faites partir en plein fourneau, écumez et laissez cuire les viandes à peu près à point; alors égouttez, passez et dégraissez le mouillement avec lequel vous marquez une petite sauce d'après les prescriptions données au velouté; additionnez une poignée de parures de champignons; dégraissez bien et laissez cuire sur l'angle du fourneau pendant trois quarts d'heure. Maintenant plongez les estomacs entiers dans du bouillon blanc pendant quelques minutes seulement, afin de faire roidir les chairs; quand ils sont froids, dépecez-les en trois parties : 2 filets et 1 estomac, que vous parez avec goût; donnez-leur deux bouillons dans la sauce, et rangez-les au fond d'une casserole avec les cuisses déjà cuites et parées; tenez-les ainsi au bain-marie couvertes de bouillon et d'un rond de papier; quand la sauce est bien dépouillée, réduisez-la à la spatule, liez et passez-la à l'égal d'une sauce allemande pour la tenir également au bain-marie. Au moment de servir, égouttez les membres de volaille, dressez-les avec goût et en pyramide dans une petite croûte de pâte fine; garnissez avec quelques beaux champignons cannelés et masqués à peine avec la sauce préparée, finie au moment avec un demi-jus de citron, et dont vous envoyez le surplus dans une saucière. On dresse aussi sur plat ou fond de riz.

698. — FRICASSÉE DE POULET A LA CHEVALIÈRE.

Videz et flambez 3 beaux poulets bien tendres, coupez-leur les pattes et les ailerons, détachez-les cuisses en tenant les peaux un peu larges, et désossez-les en laissant à chacune l'os attenant à l'articulation de la patte. Mettez une petite truffe ronde au milieu de chacune d'elles, bridez-les en forme de ballottine et faites-les poêler couvertes de bandes de lard; quand elles sont cuites, laissez-les refroidir sous presse. Pendant ce temps, vous levez les filets en laissant à chacun le moignon des ailerons; enlevez aussi les filets mignons, bigarrez-les de truffes et marquez-les dans un petit sautoir beurré en leur donnant la forme de croissant; recouvrez-les ensuite au pinceau avec du beurre fondu et d'un rond de papier; retirez l'épiderme qui recouvre les gros filets; dégarnissez bien les moignons et piquez-les avec du lard très-fin; marquez-les dans un plat à sauter, beurré et foncé de bandes de lard très-minces; mouillez-les avec très-peu de bon fonds de mirepoix, afin qu'ils soient prêts à être mis au four pour être glacés dix à douze minutes avant de servir. Débridez les cuisses, parez-les bien rondes pour les saucer d'une villeroy; panez-les ensuite une fois sur la sauce et une autre fois après les avoir trempées dans des œufs battus. Un quart d'heure avant d'envoyer, faites partir les filets au four en les glaçant souvent. Ils doivent recevoir plus de chaleur du haut que du bas, afin de cuire le lard le plus lestement possible sans les sécher. Faites ensuite frire les cuisses et sauter les filets mignons. Vous aurez préparé un ragoût composé de crêtes, rognons de coqs et petits champignons, saucé d'une allemande réduite avec une essence tirée des carcasses de volaille et avec un fonds de champignons. Mettez moitié de ce ragoût dans une croustade d'entrée, dressez les 6 cuisses de volaille autour et entre chacune d'elles une truffe tournée bien ronde; versez le reste du ragoût sur le milieu, dressez les filets piqués dessus, mettez un filet mignon entre chacun d'eux, glacez légèrement les filets et servez avec une saucière d'allemande à part. On peut aussi piquer sur le bord de la croustade, ou le milieu de l'entrée, un ou plusieurs hâtelets garnis de crêtes, truffes et champignons. On peut encore ne point paner les cuisses et les maintenir chaudes dans une petite casserole pour les saucer au moment.

799. — FRICASSÉE DE POULET A LA DAUPHINE.

Coupez les pattes et les ailerons à 3 petits poulets déjà vidés et flambés, retroussez-les pour entrée et bordez-les. Trois quarts d'heure avant de servir, marquez-les dans une casserole, faites-les poêler à court mouillement ; égouttez-les cinq minutes avant de dresser, découpez-les par membres que vous parez et marquez à mesure dans un plat à sauter ; ajoutez-leur quelques queues d'écrevisses et truffes émincées ; tenez au chaud et mouillez avec une sauce suprême, à laquelle vous additionnez un verre de crème double au dernier moment de la réduction. Dressez la fricassée ainsi préparée dans une bordure de riz très-blanc, cuit avec du consommé de volaille, et fini avec un bon morceau de beurre et une pointe de muscade. Garnissez le bas de la bordure avec une couronne de très-petites quenelles rondes, pochées, panées et frites. Saucez très-légèrement la volaille, et servez le surplus de la sauce à part.

700. — KARI DE VOLAILLE A L'INDIENNE.

Dépecez 3 poulets, faites-les sauter dans une casserole avec 100 gr. de beurre et 250 gr. de petit lard blanchi et coupé en gros dés. Dès qu'ils commencent à prendre couleur, égouttez le beurre, mouillez les poulets avec un demi-litre de velouté et autant de bon consommé ; ajoutez une forte pincée de poudre de Kari et laissez-les cuire doucement. Pendant leur cuisson, faites blanchir 300 gr. de riz Caroline, et après cinq minutes d'ébullition, égouttez-le bien et passez-le dans une casserole avec le beurre dans lequel ont sauté les poulets et le lard. Faites-le frissonner dedans pendant cinq minutes, mouillez-le avec du bouillon blanc de volaille ; après dix minutes d'ébullition, le riz doit être à sec. Couvrez alors la casserole et tenez-la à la bouche du four durant un quart d'heure, afin que le riz se gonfle et finisse de cuire sans prendre couleur. Les poulets étant cuits, dressez-les sur plat, ainsi que le lard ; passez la sauce à l'étamine, assurez-vous qu'elle est assez forte en kari, et versez-en une partie sur l'entrée dressée et le surplus dans une saucière. Servez aussi le riz à part, en le faisant tomber peu à peu avec une fourchette, afin que les grains soient bien détachés les uns des autres, ce qui dépend entièrement de la manière dont il a été mouillé.

701. — FRICASSÉE DE POULET A LA VILLEROY.

Faites poêler 3 petits poulets, laissez-les à moitié refroidir dans leur fonds, puis égouttez-les pour les laisser refroidir tout à fait. Dépecez-les, supprimez les ailerons et la peau, faites un petit manche aux cuisses et aux ailes, parez les estomacs et trempez tour à tour ces membres dans une sauce Villeroy. En les sortant de la sauce, rangez-les sur un plafond et laissez-les refroidir ; panez-les ensuite avec de la panure très-fine et blanche, passez-les à l'œuf battu et une autre fois à la panure. Plongez-les au moment à grande friture blanche et bien chaude. Ne mettez que moitié des membres à la fois, afin qu'étant mieux saisis, la sauce ne fuie pas dans la friture. Égouttez bien ces membres de volaille sur un linge, et dressez-les ensuite en buisson. Servez en même temps une sauce allemande très-claire dans une saucière.

702. — AILERONS DE DINDON GLACÉS AUX CONCOMBRES.

Épluchez 14 ailerons, tous du même côté, si c'est possible ; désossez-les en commençant par dégager le joint à l'aide d'un petit couteau ; vous saisissez la chair avec un linge et tirez l'os du côté opposé jusqu'à l'autre joint, duquel vous le détachez entièrement. Les ailerons ainsi préparés, rentrez les chairs et flambez-les légèrement ; cousez le bout de la peau avec du gros fil, afin qu'elle ne puisse se retirer à la cuisson. Trempez les ailerons à l'eau bouillante pendant quelques secondes, essuyez-les à mesure bien proprement, parez-les et piquez le dessus avec du lard fin, marquez-les ensuite dans un plat à sauter foncé de lard et légumes, mouillez-les à moitié avec du blond de veau, recouvrez-les d'un rond de papier beurré et faites-les partir très-doucement. Si le fonds se trouvait réduit avant que les ailerons ne fussent cuits, il faudrait les mouiller de nouveau dès qu'ils sont tendres. Dégraissez ce fonds, glacez et poussez les ailerons un moment au four pour les glacer entièrement. Au moment de servir, dressez-les en couronne sur le bord d'une croustade ; emplissez le puits avec une garniture de concombres à la béchamel ; servez de la même sauce à part ; mais sauce et garniture peuvent toujours être changées, puisqu'elles sont indépendantes.

ENTRÉES CHAUDES ET GARNITURES.

703. — AILERONS DE DINDE FARCIS A LA NIVERNAISE.

Après avoir désossé 14 ailerons de dinde, en suivant l'explication qui précède, flambez-les légèrement et emplissez-les avec de la farce de volaille ferme. A l'aide d'un cornet en toile armé d'une petite douille, farcissez-les modérément pour qu'ils ne se brisent pas à la cuisson ; cousez les bords de la peau, afin que la farce ne fuie pas ; rangez à mesure les ailerons dans une casserole, recouvrez-les de bandes de lard et faites-les poêler pendant une heure et demie, suivant leur tendreté ; égouttez-les ensuite, retirez le fil, parez et placez-les aussitôt dans un plat à sauter, en les masquant avec de la sauce allemande : vous aurez fait pocher une bordure de farce de volaille ; démoulez-la sur un plat d'entrée ; garnissez le puits d'un ragoût de crêtes, rognons, foies gras, champignons et truffes, que vous saucez d'une bonne allemande. Dressez les ailerons en couronne sur la bordure ; versez le reste du ragoût dans le milieu. Sauce à part.

704. — AILERONS DE DINDONNEAU A LA DORIA.

Faites cuire 14 ailerons de dindonneaux, d'après le mode ci-dessus ; laissez-les refroidir, parez-les avec soin et qu'ils ne soient pas trop longs, masquez-les d'une duxelle aux truffes bien réduite, laissez-les refroidir et panez-les ensuite. Quelques minutes avant de servir, faites-les frire dans du saindoux bien chaud ; dressez-les en couronne et garnissez le puits avec des escalopes taillées dans 10 filets mignons de dindonneau et sautées à la minute ; saucez-les avec une sauce Périgueux réduite au vin de Marsala ou Madère ; servez le surplus de la sauce à part.

705. — FILETS DE VEAU A LA NIVERNAISE.

Parez 4 beaux filets mignons de veau d'égale longueur, retirez les peaux et les faux filets, piquez-les entièrement avec du lard fin, faites-les braiser pendant une heure dans une casserole foncée de bandes de lard et jambon ; en dernier lieu, faites-les tomber à glace ; collez aussi au milieu d'un plat d'entrée un support en pain frit, taillé en forme de pyramide ; découpez les filets en tranches, en les laissant dans leur entier et dressez-les debout contre les quatre faces du montant ; placez une cuillerée de purée de pommes de terre très-ferme à la base de chacun, afin de les soutenir, et comblez les intervalles avec une garniture de petites carottes à la nivernaise ; glacez légèrement ces filets et piquez au milieu de l'entrée un hâtelet de légumes ; servez à part une sauce espagnole très-claire, réduite à l'essence de racines.

706. — FILETS DE MOUTON SAUCE POIVRADE.

Levez 14 beaux filets mignons de mouton et battez-les légèrement, parez-les tous d'égale grosseur, piquez-les à moitié avec du lard très-fin, faites-les mariner pendant vingt-quatre heures dans une marinade cuite ; égouttez-les ensuite sur un linge. Dix minutes avant de servir, faites-les sauter à grand feu, avec moitié beurre et moitié huile d'olive ; arrosez-les et mettez-les au four, afin que le lard cuise en même temps et le plus lestement possible ; égouttez le beurre ; mouillez-les avec quelques cuillerées de sauce poivrade et un peu de glace, roulez-les dans cette sauce pour les bien glacer, dressez-les en couronne sur une bordure de farce à gratin, pochée au bain-marie et renversée sur un plat d'entrée ; placez entre chaque filet un croûton de même forme, frit au beurre ; saucez modérément avec la sauce poivrade préparée et servez le surplus à part.

707. — FILETS DE MOUTON CONTI A LA PURÉE DE CÉLERI.

Après avoir paré 14 beaux filets de mouton bien mortifiés, aplatissez-les légèrement, parez-les tous d'égale longueur, faites-leur en dessus 16 petites entailles transversales, à égales distances et tout à fait en biais, arrivant jusqu'à moitié de l'épaisseur des filets ; enlevez à la colonne sur des lames de truffes des ronds de la largeur des filets ; coupez ces ronds en deux et mettez-en une moitié dans chaque entaille, la partie ronde en dehors ; marquez les filets dans un plat à sauter avec du beurre clarifié ; tenez-les un peu courbés, afin qu'ils soient plus gracieux étant dressés ; saupoudrez-les de sel fin et arrosez-les avec du beurre fondu. Six à huit minutes avant de servir, faites-les partir ; dès qu'ils sont fermes, égouttez le beurre, mettez un peu de glace dans le sautoir, roulez-les dedans et dressez-les en couronne; entre chacun d'eux, placez un un croûton de pain taillé en crête et frit au beurre, à la minute; versez au milieu une purée de céleri un peu ferme, qui peut d'ailleurs être remplacée par toute autre garniture; servez à part une demi-glace finie avec un beurre maître-d'hôtel.

708. — FILETS DE MOUTON A L'ÉCARLATE.

Aplatissez et parez 14 filets de mouton d'égale forme et marquez-les dans un plat à sauter avec du beurre clarifié. Six à sept minutes avant de servir, faites-les sauter, égouttez le beurre et saucez-les avec quelques cuillerées de sauce venaison; dressez-les en couronne sur une croustade basse, et mettez entre chacun de ces filets un croûton de langue à l'écarlate, taillée au moment pour l'obtenir bien rouge; garnissez le puits avec des rognons sautés aux champignons; servez une sauce venaison à part.

709. — FILETS DE MOUTON A L'ALLEMANDE.

Parez 14 filets de mouton, braisez-les entre des bandes de lard, jusqu'à ce qu'ils soient tendres; alors dégraissez le fonds et faites-le tomber à glace avec les filets; égouttez-les, masquez-les d'une sauce allemande très-serrée et laissez-les refroidir; panez-les ensuite une fois sur la sauce et une fois à l'œuf. Dix minutes avant de servir, faites-les frire, égouttez et dressez-les en couronne; garnissez le puits avec des pointes de houblon, blanchies et sautées au moment avec du beurre, de la sauce allemande et une pointe de sucre; envoyez de l'allemande dans une saucière à part. Le houblon peut être remplacé par des pointes d'asperges ou toute autre garniture.

710. — FILETS DE VOLAILLE.

Les filets de pigeons, perdreaux, faisans, se lèvent et se parent tous comme nous allons l'expliquer. Pour les filets de volaille, choisissez des volailles tendres, d'un estomac rond, et surtout que l'os du brechet n'ait pas été cassé, ce qui abime toujours un peu les filets; flambez légèrement les volailles, retirez-leur la poche et coupez le cou, les pattes et les ailerons; écartez les peaux sur toute la longueur de l'estomac, pour mettre les filets à découvert; passez ensuite le couteau de chaque côté de l'os principal de l'estomac, pour en dégager les filets d'un bout à l'autre; ceci doit se faire d'un seul coup de couteau; détachez ensuite les filets à la naissance des ailes, et enlevez-les ensemble avec les filets mignons. Alors trempez les gros filets dans de l'eau froide, posez-les à plat sur le bord de la table, la partie extérieure et couverte de l'épiderme en dessous; battez-les tant soit peu avec le manche d'un couteau; enlevez ensuite l'épiderme, en passant une lame mince et bien tranchante entre celle-ci et les chairs du filet; parez ensuite les contours de ceux-ci en les arrondissant régulièrement; coupez le bout, afin qu'ils ne soient pas trop longs et se trouvent d'égales dimensions.

Les filets mignons se parent en saisissant avec les deux doigts leur nerf principal, et en détachant les chairs qui l'entourent avec la pointe du couteau, pour les retirer sans abîmer les filets. On rassemble les chairs en passant dessus le plat du couteau mouillé, puis on retire les peaux superficielles. Si on veut laisser les filets mignons après les gros filets, il suffit, après avoir paré chacun d'eux, de les remettre à la place qu'ils occupaient sur les gros, et d'appuyer légèrement dessus afin qu'ils s'y maintiennent. Les filets, une fois parés, se rangent de suite dans des plats à sauter beurrés, ou entre des bandes de lard pour les employer plus tard.

711. — FILETS DE VOLAILLE A LA TOULOUSE.

Levez les filets de 7 volailles bien en chair, parez-les d'après le mode précédent et marquez-les à mesure dans un plat à sauter, dont le fond est masqué de beurre clarifié, en mettant la partie où était l'épiderme en dessous; ils sont ainsi moins exposés à perdre leur suc; recouvrez-les avec du beurre clarifié et d'un papier beurré. Parez aussi les 14 filets mignons, faites-leur 6 petites incisions en biais et à distance égale sur leur surface supérieure; bigarrez-en 7 avec des demi-ronds de truffes, et les 7 autres avec des demi-ronds de langues coupés très-minces et de la largeur des filets. Il faut une de ces moitiés dans chaque incision, la partie ronde en dehors; marquez à mesure ces filets dans un plat à sauter, en leur donnant la forme d'un croissant; arrosez-les avec du beurre fondu. Cinq minutes avant de servir, faites sauter les gros filets, en les retournant aussitôt qu'ils sont fermes d'un côté ; ils doivent être plutôt pochés que sautés, c'est-à-dire qu'ils doivent rester blancs et moelleux à l'intérieur ; une minute de cuisson de trop suffit pour les rendre secs. Surveillez de même les filets mignons et égouttez le beurre dès qu'ils seront pochés à point, sans les sortir du plat à sauter ; mouillez-les légèrement avec de la sauce allemande ; roulez-les dans cette sauce, afin qu'ils en soient bien recouverts ; glacez légèrement les filets mignons ; dressez les premiers en couronne sur le bord d'une croustade basse ; rangez un filet mignon entre chaque ; emplissez le puits avec un ragoût composé de champignons, foies gras, crêtes et rognons, le tout saucé d'une allemande ; piquez au milieu un hâtelet composé d'une crête, d'une truffe et d'une quenelle de volaille décorée. Servez une sauce à part.

712. — FILETS DE VOLAILLE AUX TRUFFES. (Dessin n° 44.)

Levez et parez d'après les règles 14 filets de poulardes ; remettez les filets mignons sur la partie la plus mince de chaque filet ; lissez les surfaces avec le plat d'un couteau et arrondissez les contours ; donnez-leur une jolie tournure et rangez-les à mesure dans un plat à sauter beurré ; recouvrez-les ensuite au pinceau avec du même beurre clarifié ; couvrez-les d'un rond de papier et tenez-les au frais jusqu'au moment de les pocher. Avec les cuisses et carcasses, marquez une sauce suprême telle qu'elle est décrite à l'article même ; dressez un moule à bordure beurré, avec des truffes, comme le représente le dessin ; emplissez-le avec de la farce de volaille à la crème, à laquelle vous aurez additionné un peu moins de crème, afin qu'elle soit ferme. Vingt-cinq minutes avant de servir, faites pocher cette bordure au bain-marie sans ébullition. Au moment même d'envoyer, faites sauter les filets et retournez-les, dès qu'ils commencent à blanchir d'un côté ; mettez le plat à sauter au four pendant une minute, égouttez ensuite le beurre et mouillez les filets avec un peu de sauce suprême ; aussitôt, dressez-les en couronne sur la bordure renversée sur le plat d'entrée ; saucez encore légèrement les filets, garnissez le puits avec une émincée de truffes saucée à la sauce suprême, et servez le surplus dans une saucière à part. — Cette entrée est riche par sa simplicité. Lorsque les filets de volaille sont beaux et en suffisante quantité, ils gagnent à ne pas être décorés ni travaillés. Des filets bien épais, sautés à point, servis avec une bonne sauce et mangés de suite, seront toujours appréciés, même par les palais les moins sensuels. Nous avons vu plusieurs fois sauter les filets de volaille quelques minutes d'avance pour les égoutter sur une serviette, les essuyer et les parer de nouveau : nous trouvons que ce mode nuit à leur qualité, parce qu'ils refroidissent toujours et perdent une partie de leur suc.

713. — FILETS DE POULET A LA CÉLINI.

Levez 14 filets de volaille, parez-les en leur laissant les filets mignons, marquez-les à mesure dans un plat à sauter avec du beurre clarifié. Avec les débris des volailles, marquez une essence que vous mouillerez avec du consommé sans sel et un peu de vin de Marsala ; ajoutez un petit bouquet garni et quelques champignons, laissez cuire doucement pendant vingt-cinq minutes, passez ensuite et dégraissez ce fonds ; servez-vous-en pour réduire 4 décil. de bonne espagnole, destinée à sauter l'entrée. Dix minutes avant de servir, coupez en lames 500 gr. de truffes blanches de Piémont ; faites sauter les filets, dressez-les dès qu'ils sont fermes sur une bordure de farce ; jetez les truffes dans le santoir même où les filets ont cuit, mais sans beurre ; versez dessus une partie de la sauce et gros comme une noisette de beurre d'anchois, avec le jus d'un citron ; roulez-les une minute dans la sauce, hors du feu, et dressez-les dans le milieu de l'entrée. Saucez les filets avec une partie de la sauce et envoyez le reste dans une saucière.

714. — FILETS DE VOLAILLE A L'IMPÉRIALE.

Levez les filets de 6 volailles, enlevez l'épiderme et parez-les de même grandeur, mais un peu plus petits que les précédents ; marquez-les à mesure dans un plat à sauter bien étamé et préalablement beurré ; recouvrez les filets de beurre fondu et clarifié. Avec les parures, les filets mignons et deux autres filets de volaille, préparez une farce à la crème ; beurrez 12 moules à tartelettes, de la forme et de la grandeur des filets de volaille ; emplissez-les avec la farce, marquez-les à mesure sur un petit plafond et recouvrez-les d'un papier beurré. Trois minutes avant de servir, poussez-les au four pour les pocher et les retirer sitôt qu'ils sont fermes; faites sauter les filets de volaille en même temps; égouttez le beurre et saucez-les d'une sauce suprême à laquelle vous additionnez une cuillerée de crème double au dernier moment. Démoulez les filets de farce sur une serviette, dressez-les en couronne sur le fond d'une croustade de riz taillée très-basse, en mettant alternativement un filet de farce et un filet de volaille; saucez légèrement et mettez un beau rond de truffe entre chacun d'eux; dressez dans le puits une garniture de champignons bien blancs, saucez avec la sauce mentionnée ci-dessus, dont vous servez le surplus dans une saucière.

715. — FILETS DE VOLAILLE EN LORGNONS.

Levez les filets de 6 volailles sans moignons, séparez-les des filets mignons, parez les uns et les autres de leur épiderme et battez-les légèrement; humectez les petits filets avec un peu de blanc d'œuf, et appliquez-les contre les gros en fer à cheval, sur leurs parties les plus larges, au niveau des bords; dans le vide qu'ils laissent, placez une belle lame de truffe taillée dans les dimensions de ces vides et également humectée à l'œuf; assaisonnez et rangez-les dans un sautoir dont le fonds est masqué avec du beurre clarifié; couvrez-les d'un rond de papier, et quelques minutes avant de servir, faites-les pocher d'après les règles, en les tenant vert-cuits; égouttez-les du beurre pour les placer dans un sautoir au fond duquel vous aurez disposé quelques cuillerées de sauce; roulez-les une minute, en évitant que la sauce masque le côté où se trouve la truffe. Dressez-les ensuite en couronne sur une bordure de farce pochée au moment; emplissez le puits avec une monglas de truffes, langue et champignons. Envoyez à part une saucière d'allemande.

716. — FILETS DE VOLAILLE A LA JAVANAISE.

Levez les filets de 6 volailles; si ces filets sont petits, laissez-leur adhérer les filets mignons, en les parant nécessairement d'après leurs exigences. Cela fait, enveloppez-les de bandes de lard en attendant de les cuire. La veille de servir cette entrée, mettez dégorger à l'eau froide 30 à 40 gr. de *nids d'hirondelles* salanganes; le lendemain, cette substance se trouve ramollie et son volume considérablement augmenté; alors enlevez avec la pointe d'une lardoire toutes les parties noires ou parcelles de plumes; émincez la matière en petits filets que vous faites blanchir à l'eau; égouttez-les aussitôt pour les faire pocher au consommé, vingt à vingt-cinq minutes avant de servir. Lavez 250 gr. de riz Caroline, faites-le passer quelques secondes avec du saindoux, mouillez du double de sa hauteur avec du bouillon blanc de volaille, et faites-le partir; après quelques minutes d'ébullition, couvrez et retirez la casserole sur les cendres chaudes ou contre la bouche du four. Il faut cuire ce riz bien entier et de manière qu'au bout de vingt à vingt-cinq minutes de cuisson il se trouve à sec et suffisamment atteint. On ne doit le mettre sur feu qu'une demi-heure avant de servir, et on le finit au moment avec quelques cuillerées de velouté et un morceau de beurre, en évitant surtout de le briser. Vous le moulerez ensuite dans une bordure plate. Au moment rangez les filets dans un plat, saupoudrez-les des deux côtés avec de la poudre de kari et un peu de sel, sautez-les au beurre d'après les règles ordinaires; aussitôt cuits, égouttez bien le beurre; roulez-les hors du feu avec quelques cuillerées de velouté et dressez-les en couronne sur la bordure renversée; égouttez l'émincée de nids d'hirondelles du consommé pour les mouiller avec quelques cuillerées de sauce, et dressez aussitôt dans le puits de la bordure. Envoyez une saucière de suprême à part.

717. — FILETS DE POULET AU VERTPRÉ.

Levez et parez les filets de 7 poulets nouveaux, en leur laissant les filets mignons. Après les avoir parés de leurs nerfs et épidermes, marquez ces filets dans un plat à sauter avec du beurre clarifié; avec les cuisses et carcasses, faites un consommé qui servira à tirer une sauce suprême, selon la règle, et à laquelle vous ajouterez, au dernier moment, un beurre printanier. Faites sauter les filets au point précis; égouttez aussitôt le beurre et saucez-les avec la sauce indiquée, en lui additionnant un demi-jus de citron. Dressez ces filets en couronne, sur un plat; mettez un croûton frit au beurre et glacé entre chacun d'eux. Versez dans le puits une garniture composée de petits pois, pointes d'asperges, haricots verts coupés en losanges, tous ces légumes blanchis, sautés au beurre et saucés au suprême. Servez aussi de cette sauce à part.

ENTRÉES CHAUDES ET GARNITURES.

748. — FILETS DE VOLAILLE A L'ÉCARLATE.

Levez et parez 14 filets de poulardes, d'après l'explication donnée au n° 712, et marquez-les à mesure dans un plat à sauter et dans du beurre clarifié. Ayez une langue à l'écarlate bien cuite et peu salée ; coupez-la en tranches que vous parez rondes avec un emporte-pièces de 5 centim. de diamètre ; rangez ces tranches dans une petite casserole pour les chauffer à la minute avec du consommé. Cinq minutes avant de servir, faites sauter les filets et égouttez le beurre dès qu'ils sont fermes ; mouillez-les avec un peu de velouté et dressez-les en couronne sur une bordure de farce. Placez un rond de langue entre chaque filet, et garnissez le puits avec une purée de champignons. La sauce et la garniture peuvent être changées.

749. — FILETS MIGNONS DE DINDE A LA ROMAINE.

A Rome on se procure très-facilement des filets mignons de dinde, attendu que presque tous les marchands de volaille vendent les gros dindes dépecés. Retirez les nerfs à 18 filets mignons de dinde ; aplatissez et parez les deux bouts en leur donnant une forme ovale ; marquez-en 10 dans un plat à sauter avec du beurre, trempez les 10 autres dans des œufs battus, et panez-les une seule fois à la mie de pain très-fine ; ajoutez 2 filets aux parures de ces derniers, pilez-les avec sel, muscade et 2 cuillerées d'allemande froide bien réduite ; passez cette farce au tamis, travaillez-la à la spatule dans une terrine pour la bien lisser, introduisez-la dans un cornet en toile, et poussez des quenelles de la grosseur d'un rognon de coq sur le fond d'un sautoir ; ces quenelles se font pocher à la minute avec du consommé bouillant. Au moment de servir, faites frire les filets panés dans un plat à sauter avec un peu de saindoux ou de beurre, faites sauter les autres à blanc ; dressez-les ensuite en couronne sur une bordure de riz à l'italienne, en mettant premièrement les 10 filets blancs et les filets panés à la suite ; versez au milieu les quenelles préparées, auxquelles vous ajoutez le même nombre de moyens champignons cannelés et de truffes en olives. Saucez ce ragoût avec du velouté réduit au blond de veau pour brunir légèrement la sauce, dont vous servez le surplus en saucière. Les filets de poularde se servent de même.

720. — FILETS MIGNONS DE DINDE A LA MACÉDOINE.

Retirez les nerfs de 16 filets mignons de dinde, rangez-les en anneaux dans un plat à sauter où vous aurez mis du beurre clarifié, saupoudrez-les de sel fin et mettez-les sur le feu pour les faire roidir des deux côtés. Laissez-les refroidir, parez-les ensuite et trempez-les dans une allemande très-réduite à laquelle vous mêlez quelques cuillerées de maigre de jambon cuit et haché très-fin ; laissez refroidir la sauce et panez les filets une fois sur la sauce et une autre fois après les avoir trempés dans des œufs battus. Au moment de servir, faites frire les filets dans de la friture neuve, peu à la fois, et lorsqu'ils sont tous frits de belle couleur, égouttez et dressez-les en couronne ; garnissez le puits d'une macédoine de légumes ou toute autre, et servez une sauce allemande à part. Si les filets mignons étaient très-gros, il conviendrait de les couper en deux sur leur largeur, avant de les ranger dans le sautoir.

721. — FILETS MIGNONS DE DINDE A LA MARINADE.

Retirez les nerfs de 16 filets mignons et coupez-les en deux sur leur longueur, mais un peu en biais, afin de les égaliser autant que possible ; mettez quelques cuillerées d'huile dans un plat à sauter avec un petit oignon émincé, carotte, persil en branche, laurier, romarin, sel et poivre ; laissez frire quelques minutes, mouillez avec quelques cuillerées de vinaigre et vin blanc, donnez quelques bouillons et versez sur les filets placés dans une terrine ; roulez-les bien dans cet assaisonnement, dans lequel vous les laissez macérer une couple d'heures. Au moment de servir, égouttez-les sur une serviette, trempez-les dans une pâte à frire un peu claire et faites-les frire de belle couleur ; égouttez-les sur un linge, dressez-les en buisson sur une serviette et couronnez le dessus d'un bouquet de persil frit. Servez des citrons coupés et une sauce tomate à part.

722. — FILETS DE DINDE A LA LÉOPOLD.

Levez les filets de 2 dindes; écartez-en les filets mignons; parez les gros filets et piquez-les avec du lard fin; marquez-les dans un plat à sauter, foncé de lard, et faites-les braiser, d'après les règles ordinaires, dans un bon fonds et couverts de lard ou de papier beurré. Au dernier moment, glacez-les de belle couleur à la bouche du four, après avoir passé, dégraissé et réduit le fonds. Alors retirez les nerfs des 4 filets mignons, parez et battez-les légèrement; rangez-les dans un sautoir beurré, posés à plat sur toute leur longueur; humectez leur surface avec du blanc d'œuf et décorez-les avec de petits détails de truffes préparés d'avance. Au moment de servir, faites-les sauter à point; collez au centre d'un plat d'entrée un montant de pain frit, carré, de 7 à 8 cent. de haut; dressez autour de ce montant une garniture de nouilles un peu fermes, afin de pouvoir les maintenir en dôme, en les faisant arriver au-dessus du montant lui-même; sur ces nouilles, dressez les 4 filets piqués, coupés en trois sur leur travers, sans cependant les déformer; appuyez-les sur les nouilles en faisant converger les pointes vers le centre et au-dessus du montant; dressez dans les intervalles un filet mignon également debout et la pointe en haut, de manière que les nouilles se trouvent entièrement cachées; piquez un joli hâtelet sur l'extrémité du montant; dressez au pied de l'entrée une petite chaîne de quenelles moulées à la cuiller à bouche; saucez-les très-insensiblement, et glacez les filets. Par cette manière de dresser, l'entrée, toute simple qu'elle est, prend du relief et de la grâce. Envoyez une saucière d'espagnole au vin, dans laquelle vous additionnez 5 à 6 cuillerées de truffes émincées en julienne.

723. — FILETS DE PIGEON A LA POMPADOUR.

Levez les filets de 8 jeunes pigeons, retirez-leur l'épiderme, mais laissez les filets mignons attachés; rangez-les dans un plat à sauter avec du beurre clarifié, faites-les sauter légèrement; dès qu'ils sont fermes, égouttez-les et laissez-les refroidir; masquez-les ensuite avec de la farce de volaille ferme, à laquelle vous additionnez 2 truffes crues, pilées et passées au tamis; marquez à mesure les filets dans un sautoir, dans lequel vous aurez fait refroidir du beurre clarifié; faites-les partir sur le feu, un peu avant de servir, sans leur laisser prendre couleur. Lorsque la farce est pochée d'un côté, retournez les filets, puis égouttez et dressez-les en couronne sur le bord d'une croustade basse; saucez-les avec une sauce au madère, et garnissez le puits avec une escalope de foies gras aux champignons. Servez le surplus de la sauce à part.

724. — FILETS DE PIGEON A LA DUXELLE.

Parez 16 filets de pigeons et faites-les sauter, masquez-les d'une duxelle réduite et laissez-les refroidir; panez-les deux fois. Dix minutes avant de servir, faites-leur prendre couleur dans un plat à sauter avec du beurre clarifié; égouttez-les ensuite et dressez-les en couronne; garnissez le puits d'une émincée de champignons à la provençale.

725. — FILETS DE CANETON A LA PÉRIGORD.

Retroussez 6 canetons pour entrée, masquez-les avec une matignon et recouvrez-les de bandes de lard; emballez-les dans 6 grandes feuilles de papier beurrées; couchez-les sur broche et faites-les rôtir trois quarts d'heure à peu près. Quelques minutes avant de servir, débridez les canetons, enlevez-leur les cuisses, desquelles vous retirez les peaux, pour émincer les chairs en petites escalopes très-minces, que vous rangez à mesure dans un plat à sauter avec une émincée de truffes et un peu de sauce Périgueux, pour les tenir chaudes; levez les filets des canetons, parez-les sans retirer la peau et dressez-les en couronne sur une bordure de farce; garnissez le puits avec l'émincée des cuisses. Saucez le tout d'une sauce Périgueux, et servez le surplus à part.

726. — FILETS DE CANETON AUX CONCOMBRES.

Videz et flambez 5 beaux canetons, séparez l'estomac d'avec les cuisses en coupant les canards en deux, sur le côté des reins; bridez la peau de l'estomac en dessous, afin qu'elle ne se retire pas à la cuisson; marquez les estomacs dans une casserole, les filets en dessous; couvrez-les de bandes de lard et d'un fonds de mirepoix;

faites-les partir à grand feu pendant quelques minutes et poussez-les ensuite à la bouche du four pour les finir de cuire tout doucement; retirez-les enfin et laissez-les refroidir aux trois quarts dans leur fonds; égouttez-les ensuite et levez les filets, que vous séparez en deux et un peu en biais; donnez à chaque morceau la forme d'un filet de volaille; remettez-les à mesure dans un plat à sauter; jetez les os et parures dans la casserole où vous avez fait cuire les canards; ajoutez un peu de blond de veau et laissez cuire pendant quelques minutes, puis passez le fonds, dégraissez et faites-le réduire à consistance de demi-glace; versez-le sur les filets de canards, pour les glacer avec soin à la bouche du four; dressez-les ensuite en couronne sur une bordure, et versez une garniture de concombres dans le milieu; servez une demi-glace à part.

727. — FILETS DE FAISAN A LA LONDONDERRY.

Levez et parez les filets de 6 faisans, marquez-les à mesure dans un plat à sauter avec du beurre clarifié; humectez le gros bout de chaque filet avec du blanc d'œuf et posez sur chacun un beau rond de truffe tiré à la colonne; salez-les et recouvrez-les avec du beurre clarifié. Bigarrez les filets mignons avec de la langue écarlate, marquez-les à mesure dans un petit sautoir beurré, en leur donnant la forme de croissant; faites rôtir les cuisses de faisan, parez et taillez les chairs en grosse julienne, taillez de même des truffes et des champignons; avec les carcasses et parures, tirez une essence que vous mouillez avec moitié vin de Champagne et moitié blond de veau. Passez cette essence, après une demi-heure de cuisson; dégraissez-la bien, et mettez-la dans un plat à sauter avec un demi-litre d'espagnole; réduisez cette sauce comme de coutume, et passez-la à l'étamine; saucez légèrement les viandes et truffes émincées, et tenez-les au bain-marie. Cinq minutes avant de servir, faites sauter les gros filets, ainsi que les filets mignons; égouttez-les dès qu'ils seront fermes, dressez-les en couronne sur un plat d'entrée. Saucez-les avec la sauce mentionnée ci-dessus. Mettez un filet mignon entre chaque filet; garnissez le puits avec le ragoût que vous avez tenu au chaud. Servez une sauce au fumet dans la saucière.

728. — FILETS DE PINTADE A LA FINANCIÈRE.

Levez les filets de 7 jeunes pintades, parez-les et remettez les filets mignons sur chaque gros filet; marquez-les dans un plat à sauter avec du beurre clarifié; faites-les sauter seulement quelques minutes avant de servir; égouttez ensuite le beurre et mouillez-les avec une sauce madère réduite au fumet tiré avec les carcasses de pintades; dressez les filets en couronne sur un plat ou une croustade, placez une belle crête bien blanche entre chaque filet; garnissez le puits avec un ragoût composé de petits champignons, queues d'écrevisses, foies gras, rognons de coq et petites truffes rondes; dressez dessus 6 petites quenelles de gibier décorées aux truffes. Saucez légèrement et envoyez une saucière à part.

729. — FILETS DE GELINOTTE A LA POLONAISE.

Videz et flambez 7 gelinottes, coupez-les transversalement par le dos, séparez le train de derrière d'avec l'estomac; bridez les peaux pour les maintenir en dessous; couvrez-les avec des bardes de lard minces que vous fixez par quelques tours de ficelle. Une demi-heure avant de servir, faites cuire les estomacs à la broche; dès qu'ils seront cuits, débridez-les, levez les filets et parez-les sans retirer les peaux; mettez-les à mesure dans un plat à sauter avec quelques cuillerées de glace et de sauce au pain à la polonaise, finie avec le jus de deux citrons; dressez ces filets en couronne sur le plat; mettez un petit croûton de pain frit entre chacun d'eux; garnissez le puits avec un ragoût de foies gras de poulardes santés au beurre; saucez légèrement avec la sauce au pain à la polonaise et servez le surplus en saucière.

730. — FILETS DE PERDREAU A LA RAGUSE.

Levez les filets de 7 perdreaux, retirez l'épiderme qui les recouvre et marquez-les à mesure dans un plat à sauter beurré au beurre clarifié; retirez le nerf des filets mignons, parez-les légèrement et placez-les à mesure en forme de croissant sur le bout des gros filets que vous aurez humecté au blanc d'œuf; placez un rond de truffes au milieu du croissant formé par le filet mignon et arrosez-les avec du beurre clarifié. Faites rôtir les cuisses de perdreau, retirez les chairs aussitôt qu'elles sont cuites ; pilez-les avec 2 truffes, un morceau de beurre et 2 cuillerées à bouche d'espagnole ; ajoutez 4 jaunes d'œufs et passez à l'étamine ; délayez cette purée dans une terrine avec 4 cuillerées de farce à quenelles de gibier ; mettez-en une petite partie dans un moule à tartelette beurré, que vous tenez à la bouche du four pour l'essayer et la rectifier au besoin ; placez cette farce dans un petit moule d'entremets à cylindre, beurré et recouvert d'un papier ; quarante minutes avant de servir, faites-la pocher au bain-marie. Au moment de servir, faites sauter les filets ; démoulez alors le moule de farce sur une croustade de riz basse et peu vidée ; dressez les filets de perdreau autour. Piquez dans le puits de l'entrée une coupe en ferblanc, soudée sur son pied et masquée d'une abaisse très-mince de pâte à nouilles ; fixez-la solidement au milieu de la croustade : la coupe doit arriver juste au niveau de la farce ; emplissez cette coupe avec une garniture de petites truffes rondes, tournées en olives ; saucez modérément les filets avec une sauce réduite au fumet de perdreau et vin de Madère ; servez le surplus de cette sauce dans la saucière.

731. — FILETS DE PERDREAU A LA MARÉCHALE.

Levez et parez les filets de 6 perdreaux ; préparez une duxelle aux truffes bien réduite, à laquelle vous incorporez 2 cuillerées à bouche de farce à quenelles, et masquez-en les filets des deux côtés ; passez-les à la panure très-fine, puis aux œufs battus avec 100 gr. de beurre fondu ; égalisez-les avec la lame d'un couteau, et rangez-les sur un gril recouvert d'une feuille de papier grassement beurré ; retirez les nerfs des filets mignons, ouvrez-les en deux dans leur épaisseur, sans séparer les deux moitiés ; farcissez-les intérieurement avec de la duxelle ; trempez-les dans du blanc d'œuf et sablez-les avec des truffes crues hachées très-fin ; égalisez-les au couteau et marquez-les à mesure dans un plat à sauter avec du beurre clarifié, en leur donnant une forme demi-circulaire. Douze minutes avant de servir, faites griller les gros filets sur une paillasse de cendres rouges ; humectez-les, retournez-les à temps, et enfin dressez-les en couronne autour d'une petite croustade collée au milieu d'un plat d'entrée ; placez un filet mignon entre chaque gros filet ; emplissez la croustade avec un ragoût à la financière saucé avec une espagnole réduite au fumet de perdreau ; glacez les filets. Servez le surplus de la sauce à part.

732. — FILETS DE BÉCASSE A LA ROYALE.

Levez les filets de 7 bécasses, laissez-leur l'os de l'aile, que vous coupez en dessous de la première articulation de l'aileron ; parez les gros filets sans détacher les mignons, auxquels vous retirez le nerf ; marquez-les dans un plat à sauter avec du beurre clarifié ; retirez l'intérieur des bécasses, supprimez les gésiers ; mettez 50 gr. de beurre dans une casserole avec une cuillerée de mie de pain râpée ; faites légèrement revenir celle-ci, ajoutez une échalotte hachée, sel et épices, puis les intestins des bécasses pour les cuire une minute ; pilez-les avec une truffe, 2 jaunes d'œufs et passez au tamis. Taillez 14 croûtons de la grandeur des filets, faites-les frire au beurre d'un côté seulement ; masquez-les de ce côté avec de la farce mentionnée ; lissez leur surface avec un couteau trempé dans de l'eau tiède ; remettez à mesure les croûtons dans le plat à sauter où ils ont frit et couvrez-les d'un papier beurré ; quelques minutes avant de servir, faites sauter les filets, poussez en même temps les croûtons au four chaud ; dès que les filets sont à point, égouttez le beurre, saucez-les avec une bonne espagnole réduite au fumet de bécasse ; dressez-les en couronne autour d'une petite croustade collée au fond d'un plat ; commencez d'un côté avec les filets de droite et de l'autre avec les filets de gauche, en observant de mettre les os en dedans ; placez un croûton entre chaque filet ; garnissez la croustade du milieu avec de petites quenelles et truffes mouillées avec la sauce au fumet ; servez aussi de la même sauce à part. Piquez sur les bords de la croustade 3 petits hâtelets garnis chacun de 2 truffes glacées.

733. — FILETS DE PLUVIER A LA PRINCESSE.

Levez les filets de 8 pluviers, parez-les, faites-les roidir pendant une seconde dans du beurre ; ressuyez et masquez-les de farce de volaille très-ferme, à laquelle vous incorporez une truffe crue, pilée et passée au tamis ; donnez à ces filets la forme de ceux de volaille, en les tenant un peu plus épais ; marquez-les à mesure dans un plat à sauter où vous aurez fait refroidir du beurre clarifié ; dix minutes avant de servir, mettez le plat à sauter sur le feu, retournez les filets dès qu'ils sont fermes sans leur laisser prendre couleur ; dressez-les en couronne sur le bord d'une croustade; garnissez le puits avec une purée de champignons. Servez à part une sauce suprême réduite au fumet de gibier.

734. — FILETS DE CAILLE A LA LUCULLUS.

Après avoir vidé et flambé 15 cailles, bardez-les ; un quart d'heure avant de servir, faites-les rôtir à la broche ; pendant ce temps, taillez 15 croûtons ovales un peu épais, cernez le dessus et faites-les frire de belle couleur dans du beurre, évidez-les ensuite, garnissez-les avec une purée de truffes et tenez-les au chaud ; débrochez alors les cailles, enlevez-leur l'estomac d'un seul coup de couteau ; parez-les sans retirer la peau ni l'os qui unit les deux filets et rangez à mesure chaque estomac sur un des croûtons farcis aux truffes ; glacez-les et tenez-les un moment à la bouche du four. Démoulez sur un plat d'entrée un pain de gibier et dressez les croûtons de filets de cailles autour. Masquez légèrement les estomacs et le pain avec une bonne sauce madère, dont vous servez le surplus à part.

735. — FILETS DE SARCELLE A LA PROVIDENCE.

Videz et flambez 7 sarcelles, détachez les estomacs des trains de derrière ; bridez la peau des estomacs en dessous. Masquez les filets avec une matignon réduite au vin de Madère; recouvrez-les d'une barde de lard mince, que vous maintenez avec quelques tours de ficelle; piquez-les ensuite sur un gros hâtelet, et couchez-les sur broche. Quarante minutes avant de servir, faites-les rôtir ; débridez-les au moment, levez lestement les filets, sans retirer les peaux et placez-les dans un plat à sauter avec un peu de glace et d'espagnole réduite ; faites-les chauffer une seconde, ajoutez quelques gouttes de jus de citron et dressez-les sur une bordure de riz, auquel vous incorporez quelques truffes coupées en petits dés, placez enfin une petite escalope de truffes entre chaque filet ; emplissez le puits avec un ragoût composé de petits ronds de palais de bœuf, olives tournées, champignons, queues d'écrevisses, petites quenelles, foies de poulardes et petites crêtes ; réservez un peu de sauce madère pour l'envoyer à part. — Les filets de canards sauvages se préparent de même et s'adaptent à toute sorte de sauces et garnitures ; mais on les sert plus communément à la sauce bigarrade, ou avec les sauces mancelle et salmis.

736. — FILETS DE LEVRAUT A LA RICHELIEU.

Levez les gros filets et les filets mignons de 4 levrauts, retirez les peaux des gros filets, aplatissez-les, coupez-les de 12 centim. de longueur, arrondissez les bouts, faites le long de chaque filet 10 petites incisions et introduisez un demi-rond de truffe dans chacune d'elles ; à mesure que les filets seront bigarrés, marquez-les dans un plat à sauter beurré, en les courbant légèrement pour plus de facilité à les dresser en couronne. Avec les parures et les chairs de 4 cuisses bien énervées, faites une farce à quenelles ; prenez 3 cuillerées de cette farce, à laquelle vous incorporez 2 cuillerées de fines herbes aux truffes; retirez les peaux des filets mignons ; chaque filet se trouve naturellement séparé en deux ; aplatissez chaque moitié, mettez une couche de la farce mentionnée sur une de ces moitiés et recouvrez-la avec l'autre. Les filets ainsi préparés, masquez-les d'une couche légère de la farce qui vous reste pour leur donner à peu près la grosseur des filets bigarrés ; panez-les ensuite une fois sur la farce et une fois à l'œuf ; égalisez-les avec le plat du couteau, marquez-les à mesure sur une plaque mince, en les courbant de même que les filets bigarrés ; placez le reste de la farce dans un moule à bordure uni et bien beurré, pour la faire pocher vingt-cinq minutes avant de servir. Au moment, faites frire les filets panés dans du beurre clarifié; sautez les autres filets, égouttez le beurre et glacez-les avec soin ; démoulez la bordure sur un plat d'entrée, dressez les filets en couronne dessus en les alternant; garnissez le puits avec un ragoût financière, saucé d'une espagnole réduite au fumet de lièvre liée au sang et finie au moment avec une pointe de cayenne ; servez de la même sauce dans la saucière.

737. — FILETS DE LIÈVRE GLACÉS A LA SAINT-HUBERT.

Levez les filets de 3 lièvres, retirez les peaux, aplatissez-les légèrement, coupez chaque filet en trois parties et en biais, parez ceux-ci en leur donnant la forme de filets de volaille, tenez-les un peu plus épais, piquez le gros bout d'une seconde en lard très-fin, marquez-les dans un plat à sauter beurré et foncé de quelques bardes de lard minces, placez au milieu un petit oignon et un bouquet de persil garni, couvrez-les enfin avec un papier beurré. Une heure avant de servir, mouillez-les avec un peu de bon fonds, faites-les partir à grand feu; lorsque ce fonds est réduit, mouillez-les de nouveau à moitié de leur épaisseur avec du blond de veau et un peu de vin de Madère; laissez-les cuire doucement. Dix minutes avant de servir, poussez-les à la bouche du four, arrosez-les de leur fonds pour les glacer. Il est essentiel de bien surveiller les filets au dernier moment, afin qu'ils ne sèchent pas; alors dressez-les en couronne sur une bordure de farce faite avec les cuisses et 2 bécassines entières; coupez les filets mignons et les rognons des lièvres en petites escalopes, faites-les sauter à la minute dans du beurre, ajoutez-leur la même quantité de truffes émincées et une cuillerée de persil haché, égouttez le beurre, mouillez-les avec le fonds des filets bien dégraissé, ajoutez un demi-jus de citron et versez dans le puits; servez dans une saucière une bonne sauce madère réduite au fumet de gibier.

738. — FILETS DE LAPEREAU AUX TOMATES.

Levez les filets de 7 lapereaux, battez-les légèrement après en avoir retiré les peaux; roulez-les tour à tour sur eux-mêmes, en commençant par le petit bout jusqu'aux trois quarts de leur longueur; rangez-les à mesure dans un plat à sauter avec du beurre clarifié; au moment de servir, sautez-les; lorsqu'ils sont fermes des deux côtés, égouttez le beurre et mouillez-les avec un peu d'espagnole réduite au fumet de lapereau. Dressez ces filets en couronne, le côté rond en haut; saucez-les de leur fonds; placez un petit croûton frit entre chaque filet et versez dans le puits une purée de tomate réduite; servez à part dans une saucière du velouté réduit au fumet de lapereau auquel vous aurez incorporé un peu de beurre de piment.

739. — FILETS DE LAPEREAU SAUTÉS AUX FINES HERBES.

Parez 14 filets de lapereaux, aplatissez-les et doublez-les en rejoignant les deux bouts; appuyez-les très-légèrement avec le plat du couteau; parez-les régulièrement d'égale grosseur et marquez-les à mesure dans un plat à sauter avec du beurre clarifié; énervez les chairs de 8 cuisses, pilez-les pour en faire une farce à la crème; lorsque cette farce est finie, versez-la dans un moule à bordure beurré, faites-la pocher au bain-marie. Quelques instants seulement avant de servir, faites sauter les filets, égouttez le beurre, saucez-les avec de l'espagnole à laquelle vous additionnez un peu de glace de gibier et 2 cuillerées de fines herbes aux champignons; démoulez la bordure sur le plat d'entrée; dressez les filets en couronne dessus, ajoutez 2 décil. d'espagnole à la sauce restante dans le plat à sauter; saucez légèrement les filets et envoyez le reste dans une saucière à part; versez dans le puits un garniture de petits champignons.

740. — FILETS DE LAPEREAU A LA SOUBISE.

Levez les filets de 5 lapereaux, énervez-les, aplatissez-les et coupez chaque filet transversalement en deux parties, assaisonnez et faites-les roidir un moment dans un plat à sauter avec du beurre; égouttez-les sur un linge, parez-les également, saucez-les d'une allemande réduite à laquelle vous incorporez 2 cuillerées de purée soubise; laissez refroidir; panez-les une fois sur la sauce, et une fois aux œufs battus. Quelques minutes avant de servir, rangez-les dans un sautoir avec du beurre clarifié au fond, et faites-leur prendre couleur; dressez-les ensuite en couronne, et garnissez le puits avec une purée d'oignon soubise.

ENTRÉES CHAUDES ET GARNITURES.

741. — FILETS DE CHEVREUIL, SAUCE VENAISON.

Ayez une douzaine de filets mignons de chevreuil ; à défaut de ceux-ci, escalopez une noix ; aplatissez-les modérément et parez-les d'égale dimension dans la forme des filets de volaille, piquez le gros bout jusqu'au milieu avec du lard très-fin, placez-les à mesure dans une terrine, mouillez-les à couvert avec une marinade cuite, et laissez-les en cet état pendant vingt-quatre heures au moins ; dans un moment pressé, on peut diminuer ce temps en mouillant les filets avec de la marinade un peu chaude. Un quart d'heure avant de servir, égouttez les filets sur un linge, rangez-les dans un sautoir avec quelques cuillerées d'huile et faites-les partir à grand feu ; quand ils sont atteints, égouttez l'huile ; glacez-les, versez quelques cuillerées de marinade dans le plat à sauter, et poussez au four chaud pour cuire le lard et glacer les filets le plus vivement possible. Au moment de servir, égouttez-les ; le fonds doit alors se trouver réduit à glace ; mouillez les filets avec quelques cuillerées seulement de sauce venaison ; dressez-les en couronne avec un croûton glacé entre chaque filet ; versez dans le puits une garniture de petits cornichons tournés en boule et blanchis ; saucez légèrement avec la sauce venaison et envoyez le surplus à part.

742. — FILETS DE SANGLIER A LA PAMPHILI.

Parez 6 filets mignons de sanglier, coupez-les transversalement un peu en biais, aplatissez chaque partie, et parez-les en leur donnant la forme d'une petite côtelette ; piquez le gros bout d'une seconde, placez-les dans un plat de terre, arrosez-les avec un peu de vinaigre et vin blanc, ajoutez sel, poivre, oignons, carottes émincées, persil en branche, thym, romarin, sauge et genièvre ; laissez-les mariner pendant vingt-quatre heures en les retournant de temps en temps. Une heure un quart avant de servir, marquez-les dans un plat à sauter foncé de lard, mouillez-les à moitié avec de bon fonds de braise et quelques cuillerées de leur marinade ; couvrez-les d'un papier et laissez-les cuire pendant une heure ; dès qu'ils sont tendres, rangez-les dans un autre sautoir, passez et dégraissez leur fonds, ajoutez-lui 5 décil. de sauce romaine et 2 cuillerées de gelée de groseille ; aussitôt celle-ci fondue, dressez les filets en couronne sur un petit fond en farce, en les alternant avec des croûtons de pain frits au saindoux ; ajoutez une pointe de cayenne à la sauce. Masquez-en très-légèrement les filets et servez le surplus dans une saucière à part.

743. — FILETS DE POISSON.

Une partie des formules décrites ci-dessous s'appliquent à presque toutes les variétés de poissons desquels on emploie les filets. Nous ne mentionnons à chaque espèce que le mode de préparation le plus communément appliqué. Mais on peut varier le genre en les traitant d'après les principes des formules appliquées aux différentes espèces et ayant quelques rapports entre elles. Les filets horly sont décrits au chapitre des *Hors-d'œuvre chauds*.

744. — FILETS DE TRUITE A L'ALLEMANDE.

Levez les filets de 4 truites de 4 à 500 grammes chacune, retirez les peaux et les arêtes du ventre, coupez chaque filet transversalement en deux, ce qui donne 16 demi-filets que vous parez de la forme d'un filet de volaille ; faites-les sauter légèrement au beurre ; quand ils sont cuits, égouttez ce beurre et saucez-les avec de la sauce allemande bien réduite, puis retirez-les tour à tour à l'aide d'une fourchette sur un plafond pour les laisser refroidir ; lorsqu'ils sont à ce point, passez-les dans de la panure très-fine, panez-les ensuite une seconde fois après les avoir trempés dans des œufs battus ; plongez-les au moment de servir dans de la friture chaude par moitié à la fois ; la sauce est ainsi moins susceptible de fuir dans la friture. Aussitôt de belle couleur, égouttez-les sur un linge, dressez-les en couronne sur un plat d'entrée et garnissez le puits avec des haricots verts coupés en losanges préparés d'après les règles ordinaires et finis au moment avec une cuillerée de sauce allemande, un morceau de beurre, un peu de persil haché et la moitié d'un jus de citron. Si les truites sont petites, il faut laisser les filets entiers.

745. — FILETS DE TRUITE A LA VENITIENNE.

Ayez un tronçon de grosse truite de 2 kil. à peu près, enlevez entièrement les chairs du dos en passant le couteau sur le milieu de la truite et suivant le long de l'arête, supprimez les peaux et tirez sur ces deux parties 16 à 18 filets que vous coupez dans le sens du fil de la chair et les parez en carrés longs, les angles abattus ; marinez-les avec le jus d'un citron, sel, mignonnette et persil en branche ; au moment de servir, égouttez et essuyez les filets, marquez-les dans un plat à sauter avec du beurre, faites-les partir sur feu vif, retournez-les dès qu'ils sont fermes d'un côté, laissez-les finir de cuire et dressez-les en couronne sur une bordure de farce avec beaucoup de précaution pour ne pas les briser ; garnissez le puits avec un ragoût d'huîtres, moules et queues de crevette, saucez avec une vénitienne réduite à l'essence de truite et finie au moment avec un peu de beurre de crevette ; servez de la même sauce à part.

746. — FILETS DE TRUITE A LA SAVARIN.

Levez les filets de 3 truites de 1 kilo à peu près chacune, retirez-leur la peau et coupez-les en deux, ce qui vous donne 12 morceaux ; arrondissez-les, saupoudrez-les de sel fin et passez-les légèrement au beurre. Dès qu'ils sont fermes, égouttez et trempez-les tour à tour dans de la béchamel bien réduite à laquelle vous aurez mêlé quelques truffes coupées en julienne et un peu de beurre d'écrevisse ; rangez-les à mesure sur une plaque et tenez celle-ci sur glace jusqu'à ce que la sauce soit bien raffermie ; panez-les alors une fois sur la sauce et une fois à l'œuf ; au moment de servir, faites-les frire de belle couleur, dressez-les en couronne et dressez dans le puits une garniture de mousserons saucés au velouté et finis comme pour garnir les croûtes.

747. — FILETS DE SAUMON A LA DAUPHINE.

Levez les chairs d'une darne de saumon ; divisez-les en 15 tranches minces, en suivant le fil de la chair ; parez ces tranches en forme de filets de volaille ou demi-cœur ; faites-les roidir des deux côtés dans du beurre clarifié et laissez-les refroidir. Avec les parures des filets, faites une petite farce à quenelles très-ferme, dans laquelle vous remplacerez le beurre ordinaire par du beurre d'écrevisse en moins grande quantité que d'ordinaire, attendu que la chair du saumon est déjà très-grasse par elle-même. Une fois la farce passée, placez-la sur la glace pour la raffermir ; alors, masquez-en les filets de saumon, et posez-les à mesure sur le tour saupoudré de farine ; égalisez bien la farce avec le plat du couteau ; rangez les filets dans un plat à sauter largement beurré au beurre clarifié. Huit à dix minutes avant de servir, faites-les partir tout doucement sur feu modéré, afin que la farce se trouve pochée sans prendre couleur. Lorsqu'elle est ferme d'un côté, retournez les filets ; égouttez-les sur une serviette pour les dresser en couronne sur le bord d'une croustade de riz taillée très-basse ; versez au milieu une garniture de queues d'écrevisse parées, sautées au moment avec un peu de sauce suprême et finie au beurre d'écrevisses ; servez de la même sauce dans une saucière, glacez les filets et servez.

748. — FILETS DE SAUMON A LA CÉRITO.

Coupez dans un tronçon de saumon 14 tranches minces que vous parez en forme de filets de volaille ; trempez-les dans des œufs battus avec un peu de sel ; sablez-les avec des truffes crues hachées très-fin ; appuyez sur les truffes avec le plat d'un couteau, et marquez-les à mesure dans un plat à sauter avec du beurre clarifié. Dix minutes avant de servir, faites-les sauter ; retournez-les aussitôt que ces filets sont fermes d'un côté, égouttez le beurre, glacez-les, dressez-les en couronne sur une bordure de farce de merlans bien blanche et pochée au moment ; garnissez le puits avec un ragoût de laitances de carpe saucé avec une sauce veloutée à la Périgueux ; envoyez de la même sauce dans une saucière.

749. — FILETS DE TURBOT A LA CRÈME.

On ne fait des filets qu'avec de petits turbotins ; on les enlève comme les filets de soles, en les fendant sur le milieu pour faire glisser le couteau le long de l'arête ; la peau se retire ensuite. Après avoir levé et paré les filets d'un ou deux turbotins, selon leur grosseur, coupez-les en long et parez-les en forme de filets de volaille ; mettez-les dans une terrine avec un peu d'eau et de sel pour les raffermir ; un quart d'heure avant de servir, lavez et égouttez-les sur un linge. Beurrez grassement un plat à sauter, rangez les filets dedans, mouillez-les avec quelques cuillerées d'eau d'huîtres, un demi-jus de citron et 1 décil. de consommé ; faites-les cuire doucement. Dès qu'ils sont fermes, égouttez-les et réduisez leur fonds ; dressez les filets en couronne sur un plat ; saucez-les d'une béchamel bien réduite, à laquelle vous aurez mêlé le fonds réduit, en tout ou en partie, suivant ses qualités ; dressez dans le puits une garniture d'huîtres et laitances ; placez un petit croûton frit au beurre entre chaque filet ; servez une sauce béchamel à part. Si le turbot était vivant, il faudrait le cuire entier, comme il est décrit ci-dessous pour les filets de barbue, et le laisser refroidir avant d'enlever les filets. Sans ce soin, ils se déforment trop à la cuisson.

750. — FILETS DE BARBUE A LA DANTZICK.

Faites cuire une moyenne barbue entière, comme il est décrit au chapitre des relevés ; égouttez et laissez-la refroidir. Levez ensuite les filets, retirez-leur les peaux, parez-les en carrés longs, et rangez-les à mesure dans un plat à sauter. Un quart d'heure avant de servir, chauffez-les très-doucement avec du velouté réduit au vin blanc. Au moment de servir, dressez ces filets dans une croustade ; garnissez le puits avec une belle queue de langouste escalopée et quelques huîtres blanchies et parées ; saucez avec un bon velouté travaillé au consommé de poisson, et auquel vous mélangez une cuillerée de persil haché et le jus d'un citron au dernier moment.

751. — FILETS DE CARRELET A LA NORMANDE.

Levez les filets de 2 carrelets, retirez-leur les peaux, coupez chacun de ces filets en deux parties, parez-les en demi-cœur, assaisonnez et marquez-les dans un plat à sauter beurré, mouillez-les avec 1 décil. d'eau d'huîtres tirée à clair et autant de fonds bien corsé ; ajoutez le jus d'un demi-citron. Vingt minutes avant de servir, poussez-les au four, arrosez-les de temps en temps avec leur fonds, afin qu'ils se trouvent glacés au dernier moment ; dressez-les alors en couronne, entourez-les d'une bordure de très-petites quenelles de poisson et garnissez le puits avec une garniture composée d'huîtres, moules, queues de crevettes ou d'écrevisses et petits champignons ; toutes ces garnitures cuites séparément, suivant leurs exigences ; saucez avec une sauce normande ; masquez légèrement les quenelles de glace fondue avec un peu de beurre d'écrevisse ; servez le surplus de la sauce dans une saucière.

752. — FILETS DE LIMANDE A LA BERTHOLET.

Levez les filets de 5 belles limandes, retirez les peaux, laissez-les entiers et sautez-les au beurre ; égouttez-les, parez-les en 20 petits filets d'égale dimension ; saucez-les avec une bonne béchamel bien réduite et à laquelle vous additionnez 3 moyennes truffes crues, pilées avec un peu de beurre et passées au tamis ; laissez refroidir la sauce sur les filets pour les paner ensuite une fois sur la sauce et une fois à l'œuf. Au moment de servir, faites-les frire de belle couleur ; dressez-les en couronne autour d'une petite croustade garnie avec de petites quenelles de merlans, légèrement saucées d'une allemande réduite à l'essence de truffes. Envoyez le surplus de la sauce à part.

753. — FILETS DE SOLE A LA MOGADOR.

Levez les filets de 4 belles soles, essuyez-les bien, battez-les légèrement ; étalez sur chacun d'eux une couche mince de farce à quenelles au beurre d'écrevisse ; doublez les filets, afin que les deux bouts se rejoignent, et de manière que la farce se trouve maintenue intérieurement ; appuyez chaque filet avec le plat du couteau, et marquez-les dans un sautoir avec du beurre et le jus d'un demi-citron ; saupoudrez-les de sel, poussez-les au four, retournez-les après un moment, et quand ils sont roidis, retirez-les pour les mettre en presse entre deux feuilles de papier blanc, chargées d'un poids léger ; dès qu'ils sont froids, parez-les d'égale forme, trempez-les dans de l'huile ; saupoudrez-les de panure très-fine, et rangez-les sur un gril. Douze minutes avant de servir, faites-les griller de belle couleur et dressez-les en couronne ; garnissez le puits avec des cornichons blanchis, émincés et sautés au beurre avec un peu de persil haché et glace. Servez à part une sauce tartare froide, à laquelle vous additionnez quelques douzaines de queues d'écrevisse parées et coupées en petits dés.

754. — FILETS DE SOLE A LA SIMÉON.

Levez les filets de 6 moyennes soles, battez-les légèrement et parez-les en les laissant dans toute leur longueur. Préparez une farce de merlan très-ferme, à laquelle vous mêlez 2 truffes crues, hachées très-fin ; étalez une couche mince de cette farce sur chaque filet et roulez-les sur eux-mêmes, le plus gros bout en dedans, afin d'en former de petites paupiettes d'égale grosseur ; rangez-les debout sur un petit plafond grassement beurré, en les appuyant les unes contre les autres, afin qu'elles ne puissent se déformer à la cuisson ; ainsi rangées, égalisez-les en dessus, glacez et arrosez-les avec du beurre fondu ; entourez-les d'une forte bande de papier beurré, dont vous soudez les deux bouts avec du repère. Recouvrez-les avec un rond de papier, et faites-les cuire au four pendant vingt-cinq minutes, en les humectant de temps en temps ; aussitôt cuits, déballez et parez-les, glacez-les légèrement et dressez-les, ainsi debout, en pyramide ; saucez-les au pied avec une purée de tomates bien corsée.

755. — FILETS DE SOLE GLACÉS A LA TOURVILLE.

Levez les filets de 3 grosses soles, retirez les peaux, divisez les filets du dos en deux parties ; laissez ceux du côté du ventre entiers, ce qui vous donne 18 filets ; parez-les également et bien réguliers ; marquez-les dans un plat à sauter grassement beurré ; mouillez-les à moitié de leur hauteur avec demi-glace et vin de Sauterne réduit de moitié. Vingt-cinq minutes avant de servir, faites-les partir sur le fourneau et poussez le sautoir au four, pour glacer les filets en les arrosant de temps en temps avec leur fonds ; au moment de servir, le fonds doit être réduit et les filets bien glacés ; alors dressez-les en couronne sur une bordure de farce de merlan au beurre d'écrevisse ; garnissez le puits avec un ragoût composé de laitances de carpes, foies de lottes, queues d'écrevisses et quelques truffes émincées ; saucez avec une petite sauce madère réduite à l'essence de poisson, et finie au moment avec un peu de beurre d'anchois ; envoyez une saucière à part.

756. — FILETS DE SOLE A LA MARÉCHALE.

Levez les filets de 4 soles, battez-les légèrement et assaisonnez-les ; doublez et faites-les revenir dans un plat à sauter avec du beurre ; égouttez et farcissez-les intérieurement avec une sauce duxelle très-réduite, à laquelle vous aurez incorporé à froid 2 cuillerées de farce à quenelles ; parez et masquez-les d'une couche mince de la même sauce ; panez-les deux fois, et rangez-les sur un plafond. Dix minutes avant de servir, faites-leur prendre couleur des deux côtés, dans un plat à sauter, avec du beurre clarifié ; dressez-les en couronne ; garnissez le puits avec un ragoût de truffes, champignons et petites quenelles mêlés ensemble et saucés avec un velouté réduit à l'essence de poisson. On pane aussi ces filets au beurre seulement, pour leur faire prendre couleur sur le gril recouvert d'un papier huilé ; mais il arrive quelquefois que la sauce fuit, ce qui nuit naturellement à la physionomie et à la bonté de cette entrée.

757. — FILETS DE SOLE A LA BAUDIN.

Habillez 3 belles soles, supprimez-leur la tête, la queue et la partie du ventre ; mettez-les pendant deux heures dans une terrine avec un peu d'eau et 2 poignées de sel ; essuyez-les ensuite et marquez-les dans un plat à sauter beurré, avec 3 décil. d'eau, 2 jus de citron, sel et persil en branches ; lorsque les soles seront cuites, égouttez-les sur un linge et laissez-les refroidir ; retirez les peaux et levez les filets ; divisez ceux du dos en deux parties, laissez ceux du ventre entiers ; parez-les tous en forme de filets de volaille, et masquez-les d'un côté seulement, avec de la farce de merlans au beurre d'écrevisse, et rangez-les à mesure dans un plat à sauter beurré, le côté de la farce en dessus ; humectez cette farce avec un peu de blanc d'œuf, pour décorer le gros bout de chaque filet avec une jolie rosace de truffe ; humectez-les avec du beurre fondu et couvrez-les d'un rond de papier beurré. Dix minutes avant de servir, poussez le plat à sauter au four, pour chauffer la farce et les filets; vous aurez préparé un fond en pâte à dresser; renversez-le sur le plat et piquez au milieu une petite coupe en riz ou en pain, taillée avec goût et bien consolidée; dressez les filets en couronne sur le fond autour de la coupe; garnissez celle-ci avec de petites quenelles et des truffes tournées en olives; saucez très-légèrement les quenelles et les filets avec une sauce suprême, à laquelle vous aurez additionné du consommé de poisson pendant la réduction, et, en dernier lieu, un peu de beurre de piment. Servez de la même sauce dans une saucière.

758. — FILETS DE SOLE A LA VÉNITIENNE.

Levez les filets de 5 belles soles, battez-les légèrement, salez et doublez-les en joignant les deux bouts l'un sur l'autre; appuyez-les fortement avec le plat du couteau, parez-les de forme égale et marquez-les à mesure dans un plat à sauter beurré; humectez-les en dessus avec du beurre fondu et mouillez-les au quart de leur hauteur avec de l'eau d'huîtres et moitié vin blanc; couvrez-les d'un rond de papier et faites-les partir sur un feu vif ou au four. Lorsqu'ils sont cuits, égouttez-les sur un linge blanc et dressez-les aussitôt en couronne sur une petite croustade en pain; mettez une petite escalope de truffe noire entre chaque filet; garnissez le puits avec des queues de crevette d'abord, et un petit bouquet de truffe ensuite; saucez seulement les crevettes avec quelques cuillerées de sauce normande finie avec une pointe de cayenne et beurre de homard; mêlez quelques cuillerées du surplus de la sauce avec le fonds de la cuisson réduit en demi-glace; finissez-le avec un petit beurre maître-d'hôtel; saucez légèrement les filets et envoyez l'autre partie de sauce dans une saucière. On remplace aussi les queues de crevette par des queues d'écrevisse, des escalopes de homard, des huîtres, des moules ou des champignons.

759. — FILETS DE MERLAN A LA GIOBERTI.

Levez les filets de 8 moyens merlans bien frais, retirez les peaux ainsi que les arêtes du ventre; parez tous les filets de même forme et dimension, masquez-les à cru avec une sauce aux huîtres très-serrée, à laquelle vous aurez incorporé au dernier moment deux truffes blanches du Piémont pilées et passées au tamis avec un petit beurre d'anchois; placez les filets sur glace pour laisser raffermir la sauce; arrondissez-les bien, passez-les ensuite dans de la panure très-fine, puis dans une omelette battue avec un peu de sel et beurre, pour les paner une seconde fois. Dix minutes avant de servir, faites-leur prendre couleur dans un plafond à rebords avec du beurre clarifié; quand ils sont à point, égouttez-les sur un linge et dressez-les en couronne sur un petit fond de pâte à foncer cuite; glacez-les légèrement, emplissez le puits avec une garniture de moules à la poulette et d'huîtres mélangées ensemble, à laquelle vous amalgamez en dernier lieu une truffe blanche coupée en petits dés.

760. — FILETS DE MERLAN A LA D'ORLÉANS.

Levez les filets de 10 moyens merlans bien frais, retirez les peaux; parez les 16 plus beaux en forme de filets de volaille, en les tenant un peu plus épais et moins pointus; saupoudrez-les de sel et laissez les se ressuyer entre deux linges. Avec les filets restants et les parures de ceux-ci, faites une farce à quenelles au beurre d'écrevisse, avec laquelle vous formez une trentaine de petites quenelles moulées dans des cuillers à café, et posées à mesure sur le fond d'un petit sautoir beurré. Avec le reste de la farce, emplissez un moule à bordure uni, beurré et décoré avec des truffes. Une demi-heure avant d'envoyer, pochez la bordure au bain-marie. Marquez les filets dans un plat à sauter beurré, mouillez-les avec quelques cuillerées de consommé de poisson et le jus d'un citron. Dix minutes avant de servir, faites-les partir vivement sur un fourneau ardent; lorsqu'ils sont cuits et le fonds tombé à glace, mouillez-les avec du velouté travaillé à l'essence de poisson et fini avec un morceau de beurre d'écrevisse; lorsque les filets sont bien imbibés de sauce, démoulez la bordure sur le plat d'entrée et dressez les filets dessus en couronne; pochez les petites quenelles, placez-les dans le plat à sauter où étaient les filets, avec autant de petits champignons et de queues d'écrevisse parées; saucez cette garniture avec la sauce mentionnée plus haut et versez-la dans le puits de l'entrée. Servez le surplus de la sauce à part.

761. — FILETS DE MERLAN EN PAPILLOTES.

Levez les filets de 7 merlans, retirez les peaux et parez-les en forme de demi-cœur; coupez les parures en petits dés avec 2 ou 3 truffes et une dizaine de champignons déjà cuits; tenez cet appareil de côté. Placez un sautoir sur le feu avec 100 gr. de beurre, 4 échalotes hachées et bien pressées, 3 cuillerées de champignons crus et une cuillerée de persil également haché, sel, poivre et muscade; le tout étant bien revenu, additionnez les truffes, champignons et poissons en petits dés; une minute après, ajoutez les filets de merlan et 2 cuillerées de velouté; lorsque les filets sont presque cuits, versez le tout sur un plat et laissez refroidir; mettez ensuite chaque filet masqué de cet appareil sur une double feuille de papier huilée et taillée en cœur; plissez les contours comme pour les côtelettes de veau en papillotes et cuisez-les de même au moment, soit sur le gril, soit au four modéré.

762. — FILETS DE ROUGET A LA NELSON.

Levez les filets de 10 beaux rougets bien frais, ce qui doit vous en donner 20; parez-les sans retirer les peaux, marquez-les dans un grand plat à sauter avec du beurre, saupoudrez-les de sel et arrosez-les de beurre fondu. Cinq à six minutes avant de servir, placez le sautoir sur feu vif afin de pocher les filets; sitôt qu'ils sont fermes, dressez-les en couronne, le côté rouge en dessus, sur un plat d'entrée, dont le fond est couvert d'une abaisse en pâte à foncer cuite; dressez-les avec précaution afin de ne pas les briser; garnissez le puits avec des petits pois nouveaux blanchis à la minute dans l'eau de sel et sautés ensuite hors du feu avec un peu de beurre fin; servez dans une saucière du beurre fondu auquel vous aurez mêlé une cuillerée de feuilles de fenouil hachées très-fin, une pointe de cayenne et un demi-jus de citron.

763. — FILETS DE ROUGET AU SUPRÊME.

Parez 16 beaux filets de rouget et d'égale forme; marquez-les à mesure dans un plat à sauter avec beurre et sel; mettez les foies de côté; tirez une bonne essence avec les carcasses et arêtes, auxquelles vous ajoutez quelques parures de truffes et champignons; passez à la serviette, mêlez-la avec 4 décil. de sauce suprême et réduisez d'un tiers; à ce point, additionnez-lui une liaison de 2 jaunes et passez à l'étamine. Au moment de servir, faites sauter les filets, égouttez le beurre et dressez-les en couronne sur une croustade de riz taillée; saucez légèrement les filets; placez entre chacun d'eux un petit croûton mince, frit au beurre à la minute; garnissez le puits avec une émincée de truffes saucée avec la sauce mentionnée plus haut; envoyez le reste de la sauce à part, après lui avoir incorporé les foies de rouget cuits, pilés et passés au tamis.

764. — FILETS DE GRONDIN A L'ÉCOSSAISE.

Levez les filets de 7 moyens grondins, retirez les peaux et aplatissez-les tant soit peu; parez-les en demi-cœur sur toute leur dimension; saupoudrez-les de sel fin, roulez-les dans de la farine, puis dans une omelette battue, pour les rouler avec de la panure fraîche. Dix minutes avant de servir, faites-leur prendre couleur dans un plat à sauter avec du beurre clarifié; égouttez et dressez-les en couronne sur un plat d'entrée; versez au milieu une purée d'épinards un peu ferme; servez en même temps du beurre frais sur une assiette à part.

765. — FILETS DE GRONDIN A L'ITALIENNE.

Levez les filets de 7 moyens grondins; retirez-leur les peaux et les arêtes; parez-les de même grandeur et marinez-les avec sel, poivre, huile, persil en branches, oignons émincés et le quart d'une gousse d'ail écrasée. Un quart d'heure avant de servir, ressuyez bien les filets sur un linge, farinez-les des deux côtés et faites-les frire dans du beurre clarifié sans leur laisser prendre beaucoup de couleur; lorsqu'ils seront cuits, égouttez-les sur un linge, dressez-les en couronne, saucez-les avec une sauce italienne blanche; mettez un petit croûton frit et glacé entre chacun d'eux; garnissez le puits avec des champignons que vous aurez émincés et sautés pendant quelques minutes avec beurre, huile, persil haché, 2 filets d'anchois pilés, sel, poivre et 2 cuillerées de glace; servez une sauce italienne à part.

ENTRÉES CHAUDES ET GARNITURES. 267

766. — FILETS DE MAQUEREAU A LA CRÈME D'ANCHOIS.

Levez les filets de 6 beaux maquereaux, divisez-les en deux parties par le milieu, parez-les en demi-cœur, marinez-les avec un peu d'huile, sel et poivre; faites une grande caisse en fort papier, de forme basse et carrée, placez-la ensuite sur un plafond; rangez dedans les filets de maquereau à plat, appuyés sur le côté des peaux; faites-les cuire au four chaud pendant dix minutes; enlevez les filets un à un sans détacher les peaux attachées par la cuisson contre le fond de la caisse, et dressez-les en couronne sur le bord d'une croustade; garnissez le puits avec une petite queue de homard escalopée et les laitances des maquereaux que vous aurez blanchies et coupées en deux; glacez légèrement les filets; saucez le ragoût avec une sauce Béchamel réduite, sans sel, à laquelle vous incorporez au moment 200 gr. de beurre d'anchois; servez de la même sauce à part.

767. — FILETS DE VIVE A LA SCIPION.

Levez les filets de 8 belles vives, retirez les peaux, parez-les, battez-les et ramenez les deux bouts l'un sur l'autre; appuyez-les de nouveau avec le couteau et marquez-les à mesure dans un grand plat à sauter beurré; mouillez-les avec une cuillerée de consommé et un demi-jus de citron, faites-les partir sur feu pour les laisser roidir des deux côtés; mettez-les refroidir en presse; lavez les têtes et arêtes des poissons à l'eau chaude et tirez-en une bonne essence; passez et réduisez-la avec 5 décil. d'espagnole; ajoutez une pointe de poivre de Cayenne et passez-la à l'étamine; parez ensuite les filets et rangez-les dans un plat à sauter pour les chauffer tout doucement avec de la sauce décrite plus haut; pochez les petites quenelles, égouttez et placez-les dans une petite casserole pour les saucer et les rouler dans quelques cuillerées de la même sauce, à laquelle vous additionnez un morceau de beurre de homard ou d'écrevisse. Maintenant, dressez les filets en couronne sur le bord d'une croustade; saucez-les légèrement et versez les quenelles dans le puits. Rangez au pied de la croustade une chaîne de croûtons parés en forme de grosses olives et frits au moment au beurre clarifié; envoyez le surplus de la sauce en saucière.

768. — FILETS DE MULET A L'ITALIENNE.

Les mulets nourris dans les bas-fonds conservent souvent un goût de vase très-prononcé; mais ceux qui vivent dans les grandes eaux ont une chair d'un goût délicat qui permet de l'employer pour filets. Levez les filets de 4 beaux mulets ou de 6 moyens; retirez les peaux, coupez-les transversalement par le milieu, parez-les de toutes leurs petites arêtes et d'égale forme; mettez-les dans une terrine avec une poignée de sel et un peu d'eau pour les laisser macérer pendant une heure; égouttez et ressuyez-les entre deux linges; faites revenir au beurre 4 échalotes hachées dans un plat à sauter; dès qu'elles sont blondes; additionnez-leur 2 cuillerées de champignons hachés et de persil; passez-les quelques minutes ensemble; rangez les filets sur ces fines herbes, saupoudrez-les d'un peu de sel, poivre et muscade, et laissez-les cuire dans cet assaisonnement; dès qu'ils seront fermes d'un côté, retournez-les de l'autre; en dernier lieu, dressez-les en couronne sur un plat, au fond duquel vous aurez placé une petite couche de farce faite avec les parures des filets; égouttez le beurre des fines herbes, étendez-les avec 2 cuillerées d'espagnole au vin; réduisez vivement avec ensemble, finissez avec une liaison de 2 jaunes d'œufs et masquez-en les filets dressés sur plat; semez dessus une pincée de mie de pain et poussez-les au four vif pour les faire gratiner superficiellement; arrivés à ce point, retirez le beurre, versez dans le puits une garniture de petits champignons bien blancs et masquez-les légèrement avec une sauce italienne dont vous envoyez le surplus à part.

769. — FILETS DE POISSON-HIRONDELLE A L'ESPAGNOLE.

Levez les filets d'un ou deux de ces poissons, en commençant par le milieu, comme pour les filets de sole; supprimez les peaux, battez-les tant soit peu et parez-les de forme oblongue. Les filets du dos peuvent être coupés en deux sur leur épaisseur, afin de n'être pas plus épais que les autres. Marquez-les dans un plat à sauter beurré en les saupoudrant avec sel et poivre. Au moment de servir, mouillez-les avec un demi-verre de vin de Madère et une cuillerée de glace; faites-les partir à grand feu jusqu'à réduction complète; égouttez le beurre et mouillez les filets avec une bonne sauce espagnole réduite au vin; donnez un seul bouillon et retirez-les du feu; ajoutez un petit beurre d'anchois dans lequel vous incorporez et passez ensemble 2 ou 3 gousses d'ail blanchies à fond; dressez les filets en couronne, passez la sauce à l'étamine et placez un petit croûton frit à l'huile entre chaque filet. Vous aurez farci une trentaine de belles olives avec de la farce crue, après les avoir blanchies et pochées dans un peu de sauce claire sans ébullition; égouttez et dressez-les dans le puits; masquez-les légèrement avec la sauce préparée; envoyez le surplus à part.

770. — FILETS DE CABILLAUD A LA MALTAISE.

Après avoir habillé un moyen cabillaud, supprimez la tête, ouvrez-le par le ventre pour lui retirer l'arête et séparer les deux filets, auxquels vous retirez les peaux; placez-les dans une terrine avec demi-verre d'eau froide et quelques poignées de sel; laissez-les se raffermir pendant deux heures environ; ce temps écoulé, épongez-les bien et détaillez-en 16 filets de la forme à peu près de ceux de volaille; marquez-les aussitôt dans un plat à sauter grassement beurré et légèrement saupoudré de sel; ajoutez un jus de citron et 1 décil. de bon consommé; arrosez-les avec du beurre fondu et couvrez-les d'un rond de papier; alors, poussez le plat à sauter au four pour les cuire, arrosez-les de temps en temps, à l'aide d'un pinceau que vous trempez dans le fonds. Quand ils sont cuits, le mouillement doit être réduit à glace. Saucez légèrement chaque filet avec le pinceau trempé dans un peu d'allemande très-serrée; semez dessus un peu de panure mêlée avec du parmesan râpé; remettez le plat à sauter au four très-chaud; glacez-les dès qu'ils commencent à faire croûte, et enfin dressez-les en couronne; garnissez le puits avec des pommes de terre nouvelles parées rondes et finies à la maître-d'hôtel. Servez une sauce maître-d'hôtel liée dans une saucière à part.

771. — FILETS D'AIGREFIN A LA JAROSSET.

Levez les filets de 3 aigrefins de moyenne grandeur, retirez les peaux et divisez chaque filet en trois parties; parez-les de forme oblongue et mettez-les à mesure dans une terrine d'eau froide, avec deux poignées de sel; faites bouillir de l'eau bien salée dans un plat à sauter, au fond duquel vous aurez disposé une grille ronde. Quatre ou cinq minutes avant de servir, plongez les filets dedans pour les pocher, égouttez-les aussitôt pour les dresser en couronne; garnissez le puits avec des pointes d'asperges blanchies à la minute et sautées au beurre. Servez à part une sauce hollandaise, à laquelle vous mêlez une cuillerée de petites câpres.

772. — FILETS DE THON GRILLÉS A LA PROVENÇALE.

Ayez un tronçon de thon bien frais, dans lequel vous coupez une quinzaine de filets d'un centimètre à peu près d'épaisseur; faites-les dégorger une heure dans de l'eau coupée avec du lait; lavez-les ensuite, égouttez et faites-les blanchir une minute dans de l'eau presque bouillante; égouttez-les, dès qu'ils commencent à se raffermir, essuyez-les avec soin et rangez-les dans un plat; marinez-les avec du sel, un demi-verre d'huile d'olive, une feuille de laurier et quelques feuilles de persil; roulez bien les filets dans cet assaisonnement et faites-les macérer une heure. Dix minutes avant de servir, rangez-les sur un gril chauffé et huilé et faites-les griller à feu vif; glacez-les pendant leur cuisson; aussitôt cuits, dressez-les en couronne; garnissez le puits avec de petits fonds d'artichauts entiers, farcis aux fines herbes et glacés au four. Envoyez à part une sauce tomate peu liée, mais bien corsée.

773. — FILETS DE BROCHET A L'ARLEQUIN (Dessin n° 78).

Levez les filets de 5 petits brochets, retirez les peaux, battez-les légèrement et coupez-les en travers; parez-les en forme de demi-cœur; placez les 6 plus gros dans un petit plat à sauter avec du beurre clarifié; farinez-en 12 et trempez-les dans des œufs battus; vous en panerez 6 avec de la panure fraîche, et les 6 autres dans des truffes noires, hachées très-fin; marquez-les séparément dans deux petits sautoirs avec du beurre clarifié. Avec les 2 filets restants et les parures des premiers, faites une farce à quenelles très-

ENTRÉES CHAUDES ET GARNITURES.   269

ferme ; divisez-la en 12 parties, et moulez sur le tour fariné 12 petits boudins de la grosseur des filets mignons de volaille, tenus un peu plus courts ; marquez-les dans un plat à sauter avec du beurre clarifié, pour les faire pocher au moment. Collez sur un plat d'entrée une croustade de pain déjà frite et peu vidée, dans le genre que représente le dessin ; piquez au milieu de celle-ci un petit montant en pain, taillé en pyramide et également frit ; masquez ce montant ainsi que l'intérieur de la croustade avec une légère couche de farce et tenez le plat à la bouche du four. Dix minutes avant de servir, faites pocher les boudins et sauter les filets très-doucement, afin qu'ils se déforment le moins possible ; saupoudrez-les de sel fin ; dès qu'ils seront à point, égouttez le beurre ; glacez légèrement les filets truffés, masquez les blancs avec un peu de sauce suprême ; dressez-les en couronne sur la croustade, en mettant tour à tour un filet pané, un truffé et un blanc. Égouttez les 12 boudins de farce sur un couvercle, saucez-en 6 avec une ravigote chaude bien verte et les 6 autres avec une sauce au beurre d'écrevisse bien rouge ; dressez-les debout contre le support du milieu de la croustade, en alternant les nuances ; piquez au milieu un hâtelet garni comme le dessin le représente. Servez à part une sauce suprême au beurre d'écrevisse.

774. — FILETS DE BROCHET A LA VARSOVIENNE.

Levez les filets de 4 petits brochets, retirez-leur les peaux et divisez-les en deux parties ; parez-les de forme égale ; placez-les dans une terrine d'eau froide avec 2 poignées de sel ; taillez 2 poignées de julienne avec la même quantité de carottes et racines de persil, ajoutez la moitié d'un oignon ; passez ces légumes au beurre dans un plat à sauter ; mouillez avec une petite essence, tirée avec les têtes et arêtes des brochets et un verre de vin blanc sec de Hongrie ou du Rhin, un peu de sel, poivre et une demi-feuille de laurier ; laissez cuire ces légumes tout doucement ; quand ils sont tombés en demi-glace, rangez les filets dans le même sautoir, couvrez et faites partir vivement ; dès qu'ils sont cuits, dressez-les en couronne sur une abaisse de pâte à foncer cuite ; retirez le laurier de la garniture, ajoutez 200 gr. de nouilles émincées comme les légumes et blanchies, additionnez 1 décil. de sauce veloutée un peu claire et un morceau de beurre ; incorporez bien ces éléments et emplissez le puits des filets ; saucez très-légèrement ceux-ci avec de l'allemande et envoyez le surplus dans une saucière.

775. — FILETS DE BROCHET A LA MARINIÈRE.

Ayez 4 brochets de 5 ou 600 gr. chacun, levez les filets, supprimez les peaux et arêtes, autant que possible ; coupez chaque filet en deux parties sur le milieu ; parez-les tous uniformes, saupoudrez-les de sel fin et marquez-les dans un plat à sauter avec du beurre clarifié. Dix minutes avant de servir, faites-les sauter à feu vif. Dès qu'ils seront cuits, égouttez le beurre, additionnez 20 petits champignons, autant de queues d'écrevisse parées, quelques petites quenelles et laitances de carpe blanchies et coupées en deux ; saucez le tout avec un bon velouté réduit à l'essence de poisson, auquel vous incorporez au dernier moment un beurre maître-d'hôtel. Dressez les filets en couronne sur une bordure de farce préparée à cet effet, et versez la garniture dans le puits.

776. — FILETS DE TANCHE A L'ANGLAISE.

Levez les filets de 8 moyennes tanches, retirez les peaux et parez-les de forme oblongue ; saupoudrez-les de sel, farinez-les pour les tremper dans des jaunes d'œufs battus avec sel et beurre fondu, passez-les dans de la panure blanche, égalisez-les avec le plat du couteau. Douze minutes avant de servir, arrosez-les avec du beurre fondu et rangez-les sur un gril huilé et chauffé ; faites-les partir sur une paillasse de cendre rouge pour les colorer des deux côtés, en les humectant pendant leur cuisson ; dressez-les en couronne autour d'une petite coupe ; garnissez celle-ci de petites pommes de terre tournées en olives, cuites à la vapeur et arrosées à la minute avec un peu de beurre fondu ; servez à part une demi-glace, à laquelle vous additionnez le jus d'un citron et un morceau de beurre au moment.

777. — FILETS DE CONGRE A LA SAINTE-MENEHOULD.

Levez une quinzaine de filets sur un gros tronçon de congre; battez-les légèrement et parez-les de forme oblongue; salez et masquez-les de chaque côté avec une couche mince de farce de merlan très-ferme, à laquelle vous aurez mêlé 2 cuillerées de fines herbes aux truffes; passez à mesure les filets dans de la panure sèche et très-fine; trempez-les ensuite dans des œufs battus et de nouveau dans de la panure. Dix minutes avant de servir, faites-les frire dans un plat à sauter avec du beurre clarifié; égouttez-les aussitôt cuits sur un linge et dressez-les en couronne sur une petite abaisse de pâte à foncer, taillée en anneau; versez dans le puits une garniture de queues de crevette parées, sautées au beurre au moment et mouillées avec une sauce espagnole bien réduite, à laquelle vous aurez additionné en dernier lieu une pointe de cayenne et beurre de crevette; servez aussi de cette sauce à part.

778. — FILETS DE CARPE A LA RÉGENCE.

Levez les filets de 7 petites carpes laitées, retirez les peaux, parez les filets uniformes, salez et faites-les revenir dans du beurre, pour les faire refroidir sous presse quand ils sont cuits. Videz; placez les laitances dans une terrine d'eau froide pour les dégorger et les faire blanchir; foncez une casserole avec des lames de jambon cru, carottes et oignons émincés; mettez dessus les têtes et arêtes des carpes, après les avoir lavées à l'eau chaude; mouillez avec quelques cuillerées de consommé; couvrez la casserole et faites partir à grand feu jusqu'à ce que le liquide soit réduit; mouillez de nouveau avec une bouteille de vin de Sauterne et un demi-litre de bon consommé sans sel; ajoutez un bouquet de persil garni et quelques champignons; laissez cuire tout doucement pendant une demi-heure; passez ensuite à la serviette, dégraissez et faites réduire de moitié, ajoutez un demi-litre d'espagnole à ce fonds et réduisez-le à la spatule jusqu'à ce que la sauce ait acquis la consistance voulue; finissez-la avec une pointe de cayenne et passez à l'étamine dans un bain-mari. Lorsque les filets de carpe sont froids, masquez-les d'un côté avec une couche de farce à quenelles de poisson; posez une belle escalope de truffes sur chacun; rangez-les à mesure dans un plat à sauter beurré et poussez-les au four. Dès que la farce est pochée, glacez et dressez-les en couronne sur le premier gradin d'une double croustade; saucez-les légèrement; entourez-les avec une bordure de petites truffes en boules; garnissez la croustade supérieure avec un ragoût composé de laitances, petites quenelles, champignons et queues d'écrevisse légèrement saucés avec la sauce mentionnée ci-dessus. Piquez sur le centre de la croustade supérieure un hâtelet garni d'une truffe et d'une belle écrevisse. Servez le surplus de la sauce à part.

779. — GRATIN DE LEVRAUT AUX FINES HERBES.

Hachez 2 oignons blanchis avec une dizaine de champignons, quelques truffes et du persil; mettez le tout dans un plat à sauter avec 100 gr. de beurre et autant de lard râpé; faites-les revenir doucement jusqu'à ce qu'il n'y ait plus d'humidité; alors mouillez avec un demi-verre de vin de Sauterne, ajoutez sel, poivre et mus-

---

SOMMAIRE DE LA PLANCHE N° 9.

N° 59. — Pigeons aux petits pois.
N° 60. — Pluviers à la Dumanoir.
N° 61. — Côtelettes de veau à la Dreux.
N° 62. — Grenade de filets de poularde à la Rougemont.
N° 63. — Ris de veau à la Montpensier.
N° 64. — Turban de filets de lièvre à la Fontainebleau.
N° 65. — Caisse de filets de rouget à l'Infante.
N° 66. — Vol-au-vent à la Marinière.

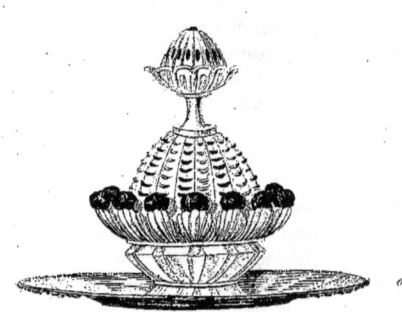
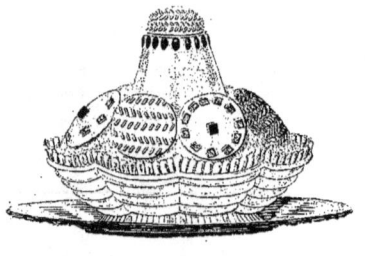
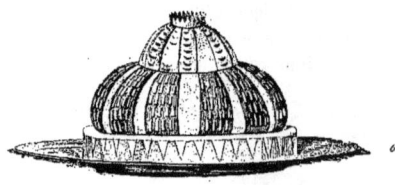
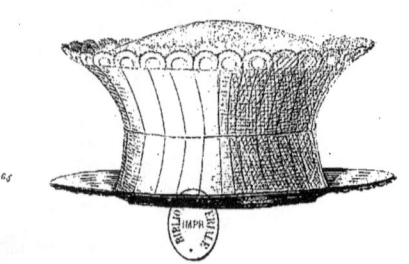

cade; laissez réduire de nouveau; ajoutez-leur ensuite les meilleures parties de 2 jeunes levrauts, dépecés et parés; sautez-les vivement à grand feu, jusqu'à ce que le beurre se sépare; laissez une minute hors du feu, afin de pouvoir égoutter ce beurre, et mouillez avec quelques cuillerées d'allemande; rangez les morceaux de levraut au fond d'une casserole d'argent, masquez-les avec les fines herbes dans lesquelles ils ont cuit, semez dessus une poignée de chapelure et tenez la casserole à la bouche du four pendant vingt minutes; glacez la surface et servez. Envoyez à part une saucière de velouté travaillé à l'essence de gibier.

780. — GRATIN DE BÉCASSINE A LA FAUVET.

Désossez 14 bécassines, farcissez-les avec un peu de farce à gratin, à laquelle vous aurez mêlé 2 truffes hachées; reployez les peaux sur la farce, pour leur faire prendre leur forme première; maintenez-les ainsi avec une bande de papier beurré, dont vous fixez le bout avec un peu de dorure. Les bécassines ainsi préparées, marquez-les dans un plat à sauter foncé de lard et de grandeur proportionnée, afin de les maintenir assez serrées pour que les peaux raccourcissent le moins possible à la cuisson; recouvrez-les de bandes de lard, mouillez-les avec un peu de bon fonds de braise, couvrez-les d'un papier beurré et faites-les cuire au four pendant quarante minutes; égouttez-les ensuite, parez légèrement le dessous et dressez-les sur un petit bord de farce crue à gratin, appliquée sur le fond d'un plat d'entrée; dressez les bécassines toutes chaudes dessus, l'estomac en haut, maintenez-les bien avec la farce; glacez-les et tenez le plat au four chaud pendant quelques minutes. Vous aurez retiré les peaux et les yeux aux têtes des bécassines, après leur avoir fait subir une légère cuisson; piquez une petite truffe tournée au bout de chaque bec, et une tête entre chaque bécassine, la truffe en haut; garnissez le puits avec un ragoût de crêtes, escalopes, foies gras et champignons, légèrement saucé avec une sauce madère réduite au fumet de gibier; glacez les bécassines et les truffes. Servez de la sauce à part.

781. — GRATIN DE HOMARD A LA MONTEBELLO.

Épluchez les queues et les pattes de 4 petits homards, parez les queues en escalopes et marquez-les dans un plat à sauter beurré; coupez les chairs des pattes et les parures en dés, ainsi que quelques truffes et champignons; saucez avec un peu de béchamel bien serrée, et dressez ce petit ragoût en dôme sur le fond d'un plat d'entrée; saucez légèrement les escalopes de homard, tenues au chaud; dressez-les en couronnes superposées, en plaçant une lame de truffe entre chacune d'elles; il doit y en avoir assez pour recouvrir entièrement le ragoût qui est au milieu du plat; glacez la surface avec un peu de glace à laquelle vous aurez mêlé du beurre d'écrevisse, et mettez gratiner doucement à la bouche du four, en glaçant de temps en temps. Au bout d'un quart d'heure, garnissez le tour avec des huîtres à la Villeroy, dressées en couronne. Servez à part une bonne sauce diplomate.

782. — TURBAN DE FILETS DE VEAU A L'ANCIENNE.

Parez 4 beaux filets de veau ou plus s'ils étaient petits, coupez-les en biais, afin d'en obtenir 14 parties égales, que vous parez en forme de filets de volaille, mais un peu plus gros; piquez 7 de ces filets avec du lard très-fin et salez-les modérément. Préparez 600 gr. de farce à quenelles de veau un peu ferme. Faites sauter quelques foies de volaille aux fines herbes; pilez, passez-les au tamis et mêlez-les ensuite à la farce, ainsi que 2 cuillerées de fines herbes aux champignons; faites une abaisse ronde en pâte à dresser, de 22 centim. de diamètre; étalez-la sur un petit plafond beurré et distribuez dessus la farce en couronne et en couche de 5 à 6 centim. de haut : elle ne doit arriver qu'à 1 centim. des bords de l'abaisse; lissez cette farce avec un couteau trempé dans du blanc d'œuf ou de l'eau tiède; salez un peu le dessous des filets, et commencez à en placer un piqué sur la farce, le côté pointu en haut, en faisant rentrer le gros bout en dessous de la farce; à côté de celui-là, placez-en un autre non piqué : il doit s'appuyer sur le premier; continuez ainsi jusqu'à la fin en les alternant, toujours un piqué et un simple; le quatorzième doit finir de former la couronne. Faites bien entrer la base des filets en dessous de la farce et rabattez le haut en dedans de la couronne; la farce doit être entièrement recouverte et invisible; arrosez les filets avec du beurre fondu; masquez-les complétement avec des bandes de lard très-minces et entourez-les avec quelques bandes de papier beurrées, que vous serrez et maintenez avec une autre bande humectée de dorure; placez dans le cylindre que laisse la couronne, afin de soutenir la farce intérieurement, un coupe-pâte de son calibre ou un tampon de pain enveloppé dans des feuilles de papier et des bandes de lard; recouvrez le tout avec un rond de fort papier beurré et poussez au four chaud pour l'y laisser trois quarts d'heure; veillez à ce que le papier ne brûle pas. Dix minutes avant de servir, enlevez ce papier et le lard, pour glacer le turban à plusieurs reprises. Au moment, parez l'excédant des bords de l'abaisse, qui ne doit pas dépasser le diamètre du turban; enlevez-les ensemble avec un couvercle, de casserole que vous passez sous l'abaisse, et posez-le sur un plat d'entrée; retirez le pain que vous avez mis dans le cylindre; dégraissez bien et versez dans le puits une purée de marrons succulente et un peu ferme, que vous dressez en dôme. Servez une espagnole très-claire dans une saucière à part. — La garniture et la sauce peuvent être changées.

783. — TURBAN DE FILETS DE MOUTON.

Le turban de filets de mouton se prépare tel qu'il est décrit ci-dessus, pour celui de filets de veau. On peut aussi le faire avec des filets de mouton marinés et remplacer la farce de veau par de la farce de gibier.

784. — TURBAN DE FILETS DE LIÈVRE A LA FONTAINEBLEAU. (Dessin n° 64.)

Levez les filets de 3 jeunes lièvres, retirez les peaux, coupez chaque filet en deux, un peu en biais, aplatissez-les et parez-les uniformément; piquez-les en osier, c'est-à-dire que vous placez chaque filet sur un petit rouleau; la lardoire doit traverser les chairs et rentrer à une petite distance; lorsque le premier rang est bien régulièrement piqué, recommencez-en un autre entre ceux-ci. Contrairement à la règle, c'est le dessous du piquage qui doit être vu. Avec les cuisses des lièvres, préparez une farce à quenelles très-ferme, à laquelle vous ajoutez des truffes coupées en petits dés; dressez cette farce en couronne sur une abaisse de pâte à dresser; placez les 12 filets piqués dessus à distance égale, rentrez le bas en dessous de la farce et terminez du reste comme il est décrit ci-dessus pour le turban de filets de veau. Après l'avoir emballé convenablement, tenez-le au four pendant trois quarts d'heure; retirez les bandes de papier, parez l'abaisse de façon qu'elle soit invisible en dessous des filets; enlevez le turban à l'aide d'un couvercle de casserole et glissez-le sur plat ou sur fond de plat; ce fond doit être un peu plus large que le diamètre du turban. Versez dans le puits de petites escalopes que vous aurez faites avec les rognons de lièvre et quelques truffes émincées; démoulez ensuite sur le centre une petite timbale de farce à gratin pochée dans un moule à dôme contre les parois intérieures duquel vous aurez placé d'avance quelques filets mignons de lièvre bigarrés. L'intérieur de ce moule est empli avec un ragoût de truffes; posez au sommet 2 filets mignons pochés en anneaux et dentelés avec des losanges de langue à l'écarlate, au centre desquels on peut toujours placer une belle truffe pour couronnement; glacez bien le tout et servez à part une sauce Périgueux réduite au fumet de gibier.

785. — GRENADE DE FILETS DE POULARDE A LA ROUGEMONT. (Dessin n° 62.)

Parez 14 beaux filets de poularde, battez-les légèrement avec le manche d'un couteau humide; bigarrez-en 7 avec des demi-ronds de truffe, et les 7 autres avec de la langue écarlate; faites pocher de la farce de volaille dans un moule à calotte beurré, au milieu duquel vous aurez disposé une boîte à colonne ou grosse carotte enveloppée de lard pour servir de douille et former cylindre au moule; lorsque cette farce sera refroidie, démoulez-la sur une abaisse en pâte à dresser ordinaire, cuite d'avance, parée bien ronde et évidée dans le milieu; parez légèrement la surface de la farce cuite et masquez-la avec une petite couche de farce crue; dressez les filets contre cette farce en plaçant le gros bout en bas et faisant rentrer le bout pointu dans le puits; beurrez le dessus des filets avec un pinceau, recouvrez-les de bandes de lard minces que vous maintenez avec quelques bandes de papier beurrées, ciselées et soudées avec de la dorure, à laquelle vous mêlez un peu de farine; mettez dans le puits un cylindre de la boîte à colonne entouré de lard; rognez l'abaisse de pâte, juste du diamètre de la grenade, et poussez-la au four pour l'y laisser pendant une demi-heure; vous aurez d'avance préparé une croustade de riz très-peu vidée, dans le genre que représente le dessin, dont vous aurez taillé la frise de manière à imiter 12 petites coquilles ; vous aurez préparé une coupe en fer-blanc soudée sur une douille également masquée avec de la pâte à nouilles très-mince. Quelques minutes avant de servir, déballez la grenade, enlevez-la avec l'abaisse en passant un petit couvercle de casserole en dessous, placez-la au milieu de la croustade, tenue au chaud sur un plat d'entrée ; dressez sur les coquilles 12 truffes tournées rondes ; enfoncez la douille qui supporte la coupe dans le puits de la grenade ; cette douille doit entrer assez profondément dans la croustade pour se maintenir solidement ; garnissez la coupe avec quelques filets mignons de volaille décorés et pochés au beurre ; glacez les truffes et saucez légèrement les filets avec une sauce suprême de laquelle vous envoyez le surplus dans une saucière.

786. — TURBAN DE FILETS DE LIMANDE A LA NORMANDE.

Levez les filets de 6 grosses limandes, retirez les peaux et parez-les de même grandeur ; faites une abaisse en pâte à nouilles, piquez-la avec une fourchette, et coupez-la ronde de 22 centim. de diamètre ; placez-la sur un petit plafond beurré. Vous préparerez de la farce à quenelles de merlan au beurre d'écrevisse, à laquelle vous additionnez 2 cuillerées de fines herbes aux champignons et disposez une couronne un peu élevée sur l'abaisse ; recouvrez la farce avec des filets de limande trempés dans du beurre fondu, avant de les mettre sur la farce. Le gros du filet doit entrer en dessous de la bordure et la partie supérieure se replier dans le puits ; les filets doivent tous être appuyés les uns sur les autres d'un côté seulement ; lorsqu'ils sont placés de manière à ce que l'on n'aperçoive plus la farce, arrosez-les de beurre fondu et entourez-les de bandes de papier beurré, placez au milieu un tampon de pain entouré de bandes de lard ; recouvrez le tout avec un autre rond de papier beurré, et faites cuire le turban au four pendant une demi-heure ; au moment de servir, déballez-le, rognez les bords de l'abaisse et glissez-le sur un plat d'entrée ; garnissez le puits avec des huîtres, queues de crevette, truffes et champignons ; saucez légèrement le tout avec une sauce normande, et servez de la même sauce à part.

787. — TURBAN DE POISSON A LA PARISIENNE. (Dessin n° 47.)

Levez les filets de 7 moyens merlans bien frais et d'autant de rougets ; retirez les peaux des filets de merlan seulement, parez les filets de ceux-ci un peu plus larges que ceux de rouget ; avec les parures et les chairs des 2 autres merlans, faites une farce à quenelles au beurre d'écrevisse et bien assaisonnée ; beurrez un moule à savarin de 18 centim. de diamètre, emplissez-le de farce et faites-la cuire au bain-marie ; démoulez-la ensuite sur une abaisse en pâte à dresser, tenue un peu plus large que le moule. Cette abaisse doit être placée sur un petit plafond beurré ; recouvrez la bordure avec de la farce crue, en lui donnant un peu plus de hauteur qu'elle n'en avait d'abord ; rangez les filets de merlan dessus, à distance égale, en faisant entrer le gros bout des filets entre la farce et l'abaisse ; replovez le bout mince en dedans du cylindre. Cela fait, introduisez de la farce dans un cornet, et poussez-en des cordons de l'épaisseur d'un macaroni entre la jointure de chaque filet de merlan ; sur cette farce, placez un filet de rouget, posé dans le même sens que ceux de merlan, mais la partie rouge en dehors, et ainsi de suite, jusqu'à ce qu'ils soient tous employés ; salez légèrement les filets et arrosez-les avec du beurre fondu ; recouvrez-les avec des bandes de lard minces et entourez-les de bandes de papier beurrées que vous maintenez avec quelques tours de ficelle ou de la dorure. Placez un tampon de pain paré rond et entouré de papier beurré pour combler le puits ; couvrez le turban d'un rond de papier et faites-le cuire au four pendant une demi-heure. Vous aurez d'avance préparé une timbale de queues de crevette montées dans un petit moule à dôme, comme la timbale d'écrevisse à la Maréchale. Au moment de servir, déballez le turban, parez les bords excédants de l'abaisse et glissez-le sur un plat d'entrée ; retirez le pain qui est au milieu ; emplissez le puits avec une garniture de petits champignons peu saucés et renversez dessus la petite timbale de queues de crevette ; alors saucez légèrement les filets blancs avec de la sauce suprême, et ceux de rouget et les queues de crevette avec de la même sauce, mais rougie avec du beurre d'écrevisse. Envoyez une saucière à part.

788. — GRENADE DE LAPEREAU A LA DIANE.

Levez les filets de 6 lapereaux, parez-les, battez-les tant soit peu, coupez-les tranversalement en deux, trempez les 10 plus petits morceaux dans des blancs d'œufs battus avec un peu de sel, roulez-les dans des truffes hachées très-fin, égalisez-en les surfaces avec le plat du couteau; beurrez grassement un moule à bordure à fond rond, dans le genre de ceux à Savarin, un peu haut; ce moule doit avoir à peu près 20 centim. de diamètre; maintenant, salez et trempez les autres filets, d'un côté seulement, dans du beurre fondu; posez-les de ce côté dans le moule en disposant alternativement un filet blanc et un truffé; les filets doivent être placés de manière à masquer complétement les parois du moule. Si celui-ci était trop bas, il faudrait coller autour quelques bandes de papier beurrées qui suffiraient pour soutenir le bout des filets pendant la cuisson. Finissez d'emplir le moule avec de la farce à quenelles, faite avec les cuisses des lapereaux, et à laquelle vous mêlez quelques cuillerées de sauce madère bien réduite; placez le moule sur un petit plafond, poussez au four vif et faites cuire pendant quarante minutes. Au moment de servir, démoulez la grenade sur un petit socle très-bas, en pain frit ou en riz taillé et coloré au four; garnissez le puits avec un ragoût d'escalopes et rognons de lapereau sautés aux truffes et morilles, et légèrement saucés avec une sauce madère, travaillée au fumet de lapereau; envoyez de la même sauce à part. Les escalopes de la garniture peuvent être remplacées par un ragoût à la Toulouse ou Financière.

789. — ENTRÉES DE QUENELLES.

Les quenelles, lorsqu'on ne leur épargne rien, sont toujours très-distinguées et justement estimées par les amateurs. Nous allons donner une série de celles qui nous paraissent les plus convenables, sans omettre de celles-ci les simples quenelles au consommé, qui, lorsqu'elles sont bien rendues, ont aussi leur mérite. Pour ne pas être obligés de nous répéter, nous dirons tout d'abord que, n'importe avec quelle espèce de farce on compose les quenelles, elles peuvent toutes subir les mêmes préparations. La sauce seule doit toujours être en rapport avec l'espèce des chairs qui les constitue. Les quenelles peuvent être dressées en couronne sur des casseroles au riz, bordures ou fonds de plats; la garniture se sert simplement dans le puits ou alors dans une petite croustade placée au milieu de l'entrée. Une manière de dresser qui les rend très-élégantes est celle de les placer en couronne sur le bord d'une croustade, au milieu de laquelle on fixe une coupe pour recevoir la garniture ou un croûton de pain frit, masqué de farce et décoré, sur lequel on peut piquer quelques hâtelets. Les quenelles ne doivent être pochées que quelques minutes avant de les servir; cette attention influe beaucoup sur leur qualité. On les poche en versant dessus du consommé bouillant, ou simplement de l'eau convenablement salée, ce qui est préférable au bouillon médiocre. Il faut cinq à six minutes pour les atteindre à fond, en observant que le liquide doit être au plus haut degré de chaleur, mais non bouillant; il en faut en suffisante quantité pour que les quenelles baignent grandement. On doit les retourner sitôt qu'elles sont assez raffermies pour être touchées avec une fourchette; aussitôt pochées, on les égoutte sur une serviette pour les dresser. — Si elles ne sont pas fourrées, on peut, après qu'elles sont égouttées, les rouler dans un sautoir avec un peu de sauce, à l'instar des filets de volaille.

790. — QUENELLES AU CONSOMMÉ OU ESSENCE DE VOLAILLE.

Levez les filets de 3 volailles bien en chair et blanches, retirez-en les peaux et nerfs, coupez-les en gros dés pour en confectionner une farce à quenelles délicate; lavez les carcasses et cuisses de ces volailles à l'eau chaude, placez-les dans une petite marmite, couvrez-les à peine avec de bon bouillon blanc de volaille et faites-les cuire d'après les règles ordinaires; au bout de trois quarts d'heure, passez leur fonds pour le dégraisser et clarifier, passez-le de nouveau et faites-le réduire un peu plus liquide qu'une demi-glace et tenez-le au bain-marie dans une petite casserole. Dans l'intervalle vous aurez moulé une vingtaine de quenelles en procédant ainsi : beurrez le fond d'un grand sautoir, prenez une petite casserole d'eau chaude à côté de vous, dans laquelle vous placez une cuiller à bouche; emplissez de farce une autre cuiller semblable à la première, mais froide, prenez-

ENTRÉES CHAUDES ET GARNITURES.

la avec la main gauche, et, avec la lame d'un petit couteau, lissez attentivement le dessus de cette farce dans les limites de la cuiller, en la tenant bombée et lui donnant une jolie forme; la quenelle ainsi moulée, enlevez-la, dans toute l'étendue de sa forme, avec la cuiller tenue à l'eau chaude, et couchez-la immédiatement en la faisant glisser sur le fond du sautoir; opérez ainsi à l'égard des suivantes que vous moulerez, et rangez-les les unes à côté des autres sans qu'elles se touchent. Si ces quenelles ne doivent pas être pochées de suite, couvrez le sautoir de son couvercle et tenez-le sur glace, ou tout au moins au froid, jusqu'au dernier moment; à défaut de couvercle, masquez l'embouchure du sautoir avec une large feuille de papier sans que celle-ci touche aux quenelles, ce qui rendrait nulle la peine que vous auriez prise pour les lisser. Cinq minutes avant de servir, couvrez les quenelles avec du consommé bouillant pour les pocher sans ébullition, mais en les maintenant au plus haut degré de chaleur; aussitôt raffermies, égouttez-les sur un linge et rangez-les dans une casserole d'argent de forme basse, versez dessus l'essence de volaille tenue au chaud, et envoyez à part une saucière de suprême.

791. — QUENELLES DE VOLAILLE AU SUPRÊME.

Moulez 14 quenelles comme il est dit ci-dessus, mais seulement moulées dans des cuillers un peu plus grandes. Cinq minutes avant de servir, pochez-les d'après la méthode indiquée; aussitôt raffermies à point, égouttez-les et placez-les aussitôt dans un petit sautoir avec quelques cuillerées de sauce suprême pour les humecter légèrement et les rouler dans cette sauce; dressez-les ensuite en couronne régulière sur une bordure en riz de forme un peu élevée et unie, que vous aurez fini au moment. Ce riz doit se trouver un peu plus ferme que d'ordinaire, quoique bien nourri et succulent; mais aussitôt la bordure renversée, et avant de dresser les quenelles, vous aurez collé au centre du fond du plat une petite coupe en fer-blanc, masquée de pâte anglaise ou pâte à nouilles; puis quand les quenelles sont dressées, placez entre chacune d'elles un filet mignon de volaille contï aux truffes et poché en forme de fer-à-cheval; posez ces filets mignons en évidence, du côté extérieur de la bordure; leur nuance tranche fort bien avec les quenelles et produit bon effet. Alors garnissez la coupe avec une petite garniture de crêtes et rognons de volaille très-légèrement saucée; emplissez une saucière avec de la sauce suprême bien chaude et envoyez-la séparément.

792. — QUENELLES DE VOLAILLE A LA PÉRIGORD.

Coupez 4 truffes émincées en julienne très-fine, d'un centimètre de longueur à peu près; faites réduire à extinction un décilitre de sauce madère avec un peu de glace de volaille; au dernier moment additionnez les truffes et versez cet appareil sur une assiette pour le faire refroidir sur la glace; quand il est froid, divisez-le en parties égales que vous roulez de la grosseur et de la forme d'une belle olive; préparez environ 750 grammes de farce à quenelles de volaille, un peu ferme; prenez une petite casserole d'eau chaude et 2 cuillers à dresser, un peu plus grandes que des cuillers à bouche ordinaires; mettez une de ces cuillers dans l'eau chaude, emplissez l'autre avec de la farce, passez sur le milieu une petite cuiller afin de marquer sur cette farce une cavité analogue pour y introduire une des parties d'appareil de truffes refroidies, recouvrez-la aussitôt avec de la farce que vous lissez en la tenant un peu bombée, enlevez ensuite la quenelle avec la cuiller qui est dans l'eau chaude et glissez-la avec précaution dans un plat à sauter, beurré. Il faut observer que les truffes de l'intérieur doivent être maintenues sous une enveloppe de farce égale en épaisseur sur toute la surface; dans le cas contraire, la sauce, se dilatant sous l'action de la chaleur, s'échapperait évidemment. Continuez à mouler les autres quenelles par le même procédé, en ayant soin à chaque fois de tremper dans l'eau chaude la cuiller avec laquelle vous les enlevez; à mesure qu'elles sont moulées, couchez-les sur le fond d'un sautoir beurré et pochez-les d'après les procédés indiqués; vous aurez d'avance taillé une jolie croustade en riz, peu vidée, que vous dorez et faites colorer au four chaud; mettez-la sur un plat d'entrée; versez au fond de cette croustade un peu de riz cuit dans du bon bouillon et fini au moment avec du beurre et du velouté; égouttez les quenelles, dressez-les en couronne sur le riz et saucez-les avec un peu d'allemande; mettez entre chacune d'elles une lame de truffe glacée; garnissez le puits avec de belles crêtes saucées avec une périgueux blanche; servez à part de la même sauce. On fourre également ces quenelles avec une purée de truffes, champignons et soubise.

793. — QUENELLES DE DINDE A LA TOULOUSE.

Ayez 750 gr. de farce à quenelles faite avec des filets de dinde; avec cette farce moulez 12 à 14 quenelles dans des petites cuillers à dresser; posez-les à mesure sur des ronds de papier beurrés que vous aurez placés sur un plafond; piquez moitié de ces quenelles avec des petits filets de truffes et l'autre moitié avec des filets de langue à l'écarlate que vous enfoncez dedans très-régulièrement, de façon à imiter le piquage que l'on fait ordinairement au lard sur d'autres pièces; couvrez les quenelles d'un rond de papier et tenez-les au frais. Dix minutes avant de servir, ayez du consommé bouillant dans un plat à sauter, prenez chaque quenelle avec le papier et mettez-les dans le consommé, le piquage en dessous; vous ne retirerez le papier que lorsqu'elles seront fermes; égouttez-les alors sur un linge, rangez-les ensuite sur un plafond et tenez-les une minute à la bouche du four pour les ressuyer et les glacer; garnissez une petite croustade basse avec un ragoût à la Toulouse, saucé d'une allemande. Dressez les quenelles debout, en les plaçant tour à tour, une décorée aux truffes, et l'autre avec de la langue. La base de chaque quenelle doit reposer dans un cannelon vidé, ménagé à cet effet dans la cannelure de la croustade. Piquez sur le milieu un hâtelet orné d'une grosse crête taillée dans de la langue à l'écarlate, d'une truffe et d'une quenelle ronde; servez une sauce allemande à part.

794. — QUENELLES DE VOLAILLE A LA PELET.

Moulez 18 quenelles de volaille dans des cuillers à bouche et couchez-les à mesure sur le plat d'entrée dans lequel vous devez les servir, en les rangeant en couronne, à cheval les unes sur les autres; placez sur le haut de chacune une truffe parée ronde ou une lame épaisse taillée à l'emporte-pièce. Dix à douze minutes avant de servir, couvrez-les d'un papier beurré et poussez-les au four modéré; aussitôt raffermies, retirez-les pour dresser dans leur puits un ragoût ou toute autre garniture. Les quenelles de gibier et poisson se traitent ainsi.

795. — QUENELLES DE COQ DE BRUYÈRE A LA WINDSOR.

Levez les filets de 2 coqs de bruyère ou de bois, supprimez les parties nerveuses et faites avec ces chairs une farce à quenelles bien moelleuse; avec les cuisses et carcasses, marquez un fumet; lorsqu'il sera à peu près tombé à glace, mouillez-le avec du consommé et du vin de Porto, après trois quarts d'heure de cuisson, et passez-le à l'étamine; employez de ce fumet pour réduire du velouté en suffisante quantité pour saucer l'entrée. Lorsque la farce sera finie et essayée, moulez 16 quenelles dans des cuillers à bouche, rangez-les à mesure dans un plat à sauter beurré et faites-les pocher quelques minutes avant de servir; égouttez-les ensuite pour les dresser en couronne sur une petite couche de farce crue, que vous aurez étalée au fond d'un plat d'entrée et tenu celui-ci une minute à la bouche du four, afin de pocher la farce. Garnissez le puits avec des truffes, champignons, langue à l'écarlate et foies gras de poulardes, le tout coupé en escalopes et saucé avec la sauce mentionnée ci-dessus, à laquelle vous additionnez au dernier moment un peu de beurre de Cayenne. Saucez aussi les quenelles et envoyez le surplus à part.

796. — QUENELLES DE PERDREAU A LA GAUCHER.

Faites une farce à quenelles avec les gros filets de 7 perdreaux; parez les filets mignons et masquez-les avec une duxelle au fumet de gibier très-réduite; panez-les deux fois et marquez-les dans un sautoir, où vous aurez fait refroidir du beurre clarifié, en leur donnant la forme de croissant. La farce étant finie, moulez 14 quenelles dans des cuillers à bouche et couchez-les à mesure dans un sautoir beurré. Ayez 14 petites truffes tournées en olives; piquez-en une au bout le plus pointu de chaque quenelle, en l'enfonçant jusqu'à moitié, afin qu'elles s'y maintiennent. Avec les chairs des cuisses passées au beurre et quelques foies de poulardes, vous aurez fait une farce à gratin à laquelle vous mêlez le reste de la farce à quenelles. Distribuez cet appareil en forme de bordure plate et large sur le fond d'un plat d'entrée; tenez le dessus un peu concave pour avoir plus de facilité à dresser les quenelles. Un quart d'heure avant de servir, poussez le plat à la bouche du four afin de pocher cette bordure; faites alors pocher les quenelles à l'eau chaude; dès qu'elles sont fermes, égouttez-les et remettez-

ENTRÉES CHAUDES ET GARNITURES.   277

les dans le même plat à sauter pour les arroser avec une sauce madère réduite à l'essence de perdreau et truffes. Sortez ensuite la bordure du four ; masquez la surface avec une petite couche de farce crue réservée à cet effet et sur laquelle vous dressez les quenelles en couronne dessus, de façon à ce que les petites boules de truffes se trouvent en haut. Vous aurez fait sauter les filets mignons à la minute; égouttez-les et placez-en un entre chaque quenelle ; garnissez le puits avec un beau foie gras et quelques truffes coupées en escalopes, saucez légèrement avec une sauce duxelle ; servez une saucière à part.

797. — QUENELLES DE PIGEON A LA POMPADOUR.

Levez les filets de 7 jeunes pigeons bien en chair; retirez l'épiderme des gros filets, coupez-les en dés pour en faire une farce à quenelles, en procédant comme il est décrit pour la farce de volaille ; parez les filets mignons, battez-les légèrement et masquez-les avec une couche mince de farce que vous unissez avec un couteau trempé dans du blanc d'œufs. Posez ces filets sur de grosses carottes que vous aurez parées rondes et de même grosseur sur toute leur longueur ; masquez-les avec une bande de lard afin d'obtenir les filets courbés, le côté masqué de farce en dessus; poussez au cornet, sur la longueur de chaque filet, une chaîne de petits points de farce ; posez ensuite sur chacun de ces points une très-petite boule de truffe enlevée avec une cuiller à racine ; recouvrez-les d'un papier beurré avec la farce; moulez 14 quenelles dans des cuillers à bouche, pochez et égouttez-les sur une serviette, trempez-les ensuite dans une allemande réduite, à laquelle vous aurez mêlé 2 cuillerées de purée de truffes ; laissez-les refroidir et panez-les deux fois. Quelques minutes avant de servir, poussez les filets mignons au four pour les pocher sans qu'ils sèchent ; faites frire les quenelles de belle couleur et dressez-les ensuite sur une bordure de purée de chicorée pochée au bain-marie ; placez un filet mignon sur le bout de chaque quenelle, et versez au milieu une macédoine de petits légumes printaniers saucée au velouté. Servez de la même sauce réduite à l'essence de pigeon dans une saucière à part.

798. — QUENELLES DE LAPEREAU A LA SÉVIGNÉ.

Faites une farce à quenelles avec les chairs de 2 ou 3 lapereaux ; tenez-la un peu ferme; beurrez 14 moyens moules à tartelettes ovales, emplissez-les de farce, en ménageant un vide sur le milieu, que vous emplissez avec une cuillerée à café de purée de champignons bien corsée ; recouvrez-la avec la farce ; égalisez le dessus en donnant à la quenelle une forme un peu bombée; semez des truffes noires hachées très-fin sur chaque surface, appuyez légèrement dessus afin qu'elles y restent fixées ; rangez les moules dans un sautoir avec un peu d'eau au fond et recouvrez les moules d'un papier beurré. Dix minutes avant de servir, poussez-les au four ; dès que la farce est ferme, sortez les petits pains de farce des moules et dressez-les en couronne sur le bord d'une croustade, la surface truffée en dessus ; garnissez le puits avec des petites quenelles rondes poussées au cornet, blanchies et égouttées ; mêlez-les avec des champignons et des truffes coupées en lames ; saucez légèrement avec une allemande réduite au fumet de lapereau; placez les quenelles et servez à part le surplus de la sauce.

799. — QUENELLES DE LIÈVRE GARNIES D'UNE ESCALOPE.

Après avoir dépouillé et vidé un gros lièvre ou 2 levrauts, mettez le sang de côté, levez les gros filets et les filets mignons, distribuez-les en petites escalopes, parez-les rondes et marquez-les dans un plat à sauter avec du beurre clarifié ; recouvrez-les de beurre fondu et d'un rond de papier ; tenez-les au frais. Avec les chairs des cuisses bien énervées et les parures des escalopes, faites une farce à quenelles d'après les règles ordinaires ; lorsqu'elle sera finie et essayée, formez-en 14 quenelles moulées dans des petites cuillers à dresser ; rangez-les à mesure dans un plat à sauter beurré ; tirez un fumet avec les parures et os de lièvre concassés, passez-le à la serviette et réduisez-le avec 5 décil. d'espagnole et 1 décil. de madère ; lorsque cette sauce est réduite à point, liez-la avec le sang de lièvre et un petit beurre de Cayenne ; roulez bien la sauce dans le plat à sauter sans le remettre au feu, puis passez-la à l'étamine pour la tenir chaude au bain-marie. Cinq ou six minutes avant de servir, faites pocher les quenelles, égouttez-les dès qu'elles sont fermes et dressez-les en couronne sur une petite bordure en farce, que vous aurez pochée au moment sur le plat même, au centre duquel vous collez ensuite une petite coupe ou croustade ; saucez les quenelles avec la sauce au sang et placez entre chacune d'elles une belle crête formée en langue écarlate ; faites sauter une minute les escalopes, égouttez le beurre, adjoignez-leur quelques champignons émincés, un peu de glace et de sauce ; dressez ces escalopes en pyramide dans la croustade ; envoyez le surplus de la sauce mentionnée ci-dessus dans une saucière.

800. — QUENELLES DE CARPE A LA MARINIÈRE.

Faites 750 gr. de farce à quenelles un peu ferme avec des chairs de carpe ; avec cette farce, moulez 14 quenelles dans de petites cuillers à dresser, rangez-les à mesure dans un plat à sauter beurré, frappez légèrement le plat à sauter sur la table pour les aplatir tant soit peu ; placez sur chaque quenelle 4 queues d'écrevisse parées, disposées en croix ; entre chaque queue, placez une petite truffe tournée de même forme ; appuyez légèrement sur ce décor, et poussez au centre un gros point de farce à l'aide d'un cornet. Dix minutes avant de servir, faites pocher ces quenelles, égouttez-les, glacez le dessus et dressez-les en couronne sur le bord d'une croustade en riz taillée de forme basse ; garnissez le puits avec un ragoût composé de laitances, truffes, champignons, foies de lottes, modérément saucé avec un velouté réduit à l'essence de poisson et vin du Rhin ; envoyez la même sauce à part. Toutes les quenelles de poisson peuvent se servir ainsi.

801. — QUENELLES DE BROCHET FOURRÉES A LA SOUBISE.

Préparez selon la règle 750 gr. de farce à quenelles de brochet pour mouler 16 quenelles que vous fourrerez intérieurement avec de la purée soubise très-réduite et refroidie ; lorsque les quenelles seront toutes terminées, faites-les pocher ; égouttez-les dès qu'elles sont fermes et laissez-les refroidir pour les masquer avec une sauce Villeroy ; rangez-les sur un plafond et laissez raffermir ; panez-les ensuite une fois sur la sauce, et une fois après les avoir passées dans des œufs battus ; faites-les frire quelques minutes avant le moment de servir ; égouttez-les bien et dressez-les en couronne sur une petite bordure de farce formée sur plat, à cru et pochée au four ; arrosez-les au pinceau avec de la glace fondue ensemble avec du beurre d'écrevisse ; versez au milieu une garniture de queues d'écrevisse parées sautées au beurre au moment de servir et saucées à l'allemande.

802. — QUENELLES DE MERLAN A LA VÉNITIENNE.

Préparez 600 gr. de farce à quenelles de merlan, avec laquelle vous moulerez 16 quenelles dans des cuillers à bouche ; rangez-les dans un plat à sauter beurré, pour les pocher quelques minutes avant de servir ; égouttez-les dès qu'elles seront fermes et remettez-les dans le plat à sauter avec un peu de sauce vénitienne ; dressez-les en couronne sur le bord d'une croustade de forme basse ; placez entre chacune d'elles un petit croûton mince de pain frit au beurre et glacé ; garnissez le puits avec une escalope de queues de langouste, masquée modérément avec une sauce normande au beurre d'écrevisse. Les quenelles de sandres, schiles et soudaes se préparent de même. Au lieu de les coucher dans le plat à sauter, on les couche aussi directement sur plat en les dressant en couronne pour les pocher à la bouche du four. Couvertes d'un papier beurré, on peut les alterner avec des lames de truffes et emplir le puits quand elles sont pochées avec une garniture quelconque.

803. — QUENELLES A LA GRISI.

Préparez 60 gr. de farce à quenelles de poisson, finie avec un quart de son volume de purée Soubise au lieu de sauce ; avec cette farce, moulez une quinzaine de quenelles dans des cuillers à bouche, couchez-les sur des petits ronds de papier beurré, alignés sur un plafond ; préparez un cornet de fort papier, auquel vous coupez le petit bout ; emplissez-le à moitié avec de la farce réservée à cet effet ; poussez un rang de points sur les contours de chaque quenelle. Placez, à l'aide d'une lardoire, un petit rond de truffes sur chacun de ces points en farce, que vous humectez à mesure avec du blanc d'œuf ; sur le centre de ces quenelles, placez une petite truffe tournée de forme méplate, avec les mêmes précautions ; enfoncez-la un peu dans la farce,

ENTRÉES CHAUDES ET GARNITURES.

afin qu'elle s'y maintienne. Dix minutes avant de servir, pochez ces quenelles au consommé bouillant dans un plat à sauter; plongez-les ensemble avec le papier, la partie décorée en dessous; retournez-les un moment après; égouttez-les aussitôt raffermies et dressez-les en couronne sur le premier gradin d'une double croustade, masqué avec un peu de farce crue; garnissez la coupe supérieure avec des escalopes de filets de merlan saucés au suprême; entourez-les avec une bordure de petites truffes rondes; glacez-les, ainsi que les quenelles, avec un peu de beurre d'écrevisse fondu dans de la glace. Servez dans une saucière de la sauce suprême, à laquelle vous ajoutez quelques queues d'écrevisse. Cette entrée peut être simplifiée en dressant seulement les quenelles sur une bordure de riz cuit à blanc et fini au moment au beurre d'écrevisse; quant à la garniture, elle peut toujours être variée.

804. — BOUDINS DE FARCE.

Les boudins de farce ne sont autres que des quenelles de forme et d'apprêts différents; mais la matière qui les compose est exactement la même; on les sert le plus souvent comme hors-d'œuvre ou garniture; mais, en les garnissant convenablement, ils sont susceptibles de fournir de bonnes petites entrées qu'on peut orner et enrichir à l'égal des quenelles.

805. — BOUDINS DE FAISAN A LA PRINZ-KARL.

Incorporez 100 gr. de truffes coupées en très-petits dés avec 600 gr. de farce à quenelles de faisan peu beurrée; placez-la ensuite sur glace pour la laisser raffermir; saupoudrez le tour avec de la farine et distribuez la farce par parties de la grosseur d'un œuf, que vous roulez pour les aplatir légèrement et leur donner une forme ovale, ce qui constitue les boudins : ils doivent être tous uniformes; faites-les pocher à l'eau bouillante pour les égoutter et faire refroidir; trempez-les ensuite dans des œufs battus pour les sabler aussitôt avec du maigre de jambon cuit et haché très-fin; égalisez la surface avec le plat du couteau, rangez-les sur un plafond et couvrez-les de papier. Dix minutes avant de servir, marquez-les dans un plat à sauter avec du beurre clarifié; faites-les partir en plein feu, afin qu'ils chauffent à fond sans prendre couleur; lorsqu'ils sont bien chauds d'un côté, retournez-les, puis enfin égouttez-les sur un linge, glacez-les légèrement et dressez-les en couronne sur le bord d'une croustade légère; garnissez le milieu avec des escalopes de foie gras et truffes saucées avec une sauce madère réduite à l'essence de faisan. Sauce à part.

806. — BOUDINS DE VOLAILLE A LA MONGLAS.

Ayez quelques cuillerées de salpicon composé aux truffes, champignons, blancs de volaille et langue à l'écarlate, et auquel vous mêlez quelques cuillerées de glace; versez-le sur un couvercle, étalez-le carrément de 5 millim. d'épaisseur, placez-le ensuite sur glace pour le laisser raffermir. Beurrez 4 bandes de papier de 16 centim. de long sur 8 de large; masquez chaque papier avec de la farce de volaille, que vous abaissez avec le couteau, à 6 millim. d'épaisseur à peu près; coupez l'appareil, qui doit être refroidi, en 16 carrés oblongs de 6 centim. de long sur 2 de large; placez ces carrés sur chaque abaisse de farce, en laissant 2 centim. de distance entre chacun d'eux. Appuyez-les en dessus, recouvrez-les avec de la farce, afin que les 4 abaisses atteignent à peu près l'épaisseur de 12 millim.; pochez ces abaisses à l'eau de sel bouillante, sans retirer le papier; dès qu'elles seront raffermies, égouttez-les sur un linge et divisez chaque abaisse en 4 boudins : la coupure doit être faite juste sur le milieu des intervalles qui séparent les bandes de salpicon, ce qui donne dans l'ensemble 16 boudins de 8 centim. de long sur 4 de large, tous également fourrés. Panez-les une seule fois à l'œuf avec de la panure très-fine; cinq à six minutes avant de servir, faites-leur prendre couleur dans un plat à sauter avec du beurre clarifié; égouttez-les sur une serviette et dressez-les autour d'une petite croûte de pâté chaud, basse et étroite, collée sur un fond de plat également en pâte; garnissez cette croûte avec un salpicon à la Monglas légèrement saucé avec une allemande réduite à l'essence de champignons. Envoyez le surplus à part.

807. — BOUDINS DE VOLAILLE A LA CZARINE.

Pilez 500 gr. de chairs de filets de volaille pour en confectionner une farce à la crème ; versez-la dans une caisse de fort papier beurré, de 24 centim. sur 16, que vous aurez placée sur un plafond bien droit ; couvrez-la d'une feuille de papier qui ne doit porter que sur les bords de la caisse ; poussez-la au four doux pour la faire pocher, ce qui demande six à huit minutes au plus ; laissez-la refroidir et abaissez les parois de la caisse. Divisez l'appareil en deux parties sur sa longueur, et taillez-le transversalement en 8 bandes, ce qui doit donner 16 boudins de 8 centim. de long sur 3 de large ; masquez-les aussitôt avec une bonne béchamel réduite, que vous laissez refroidir avant de les paner deux fois. Au moment de servir, faites-les frire de belle couleur dans de la friture neuve ; dressez-les en couronne sur un fond de plat, au milieu duquel vous aurez collé une petite coupe en fer-blanc sur pied et masquée de pâte à nouilles ; décorez-la avec goût ; emplissez-la avec des escalopes de volaille parées à cru et sautées à la minute ; saucez avec une bonne béchamel finie au moment.

808. — BOUDINS DE FOIES GRAS A LA PÉRIGORD.

Marquez 500 gr. de farce à gratin de foie gras, beurrez une quinzaine de petits moules, genre tartelette, de forme ovale ; emplissez-les de farce, alignez-les sur un plafond, couvrez-les d'un papier beurré et poussez-les au four. Dès que la farce est atteinte, retirez et démoulez-les sur une feuille de papier, pour les laisser refroidir complétement ; parez-les ensuite et masquez-les avec une sauce allemande très-serrée, à laquelle vous aurez amalgamé un peu de truffe et jambon hachés très-fin ; laissez refroidir la sauce ; panez deux fois les boudins, faites-les frire au moment même de servir, égouttez et dressez-les autour d'une petite corbeille de pain frit, que vous emplissez de petites truffes tournées rondes et chauffées dans une bonne sauce madère. Servez à part une saucière de Périgueux.

809. — BOUDINS DE LAPEREAU A LA RICHELIEU.

Tenez sur la glace pendant trois quarts d'heure 600 gr. de farce à quenelles de lapereau, un peu moins beurrée que de coutume ; pendant qu'elle se raffermit, réduisez à extinction 1 décil. d'espagnole avec de l'essence de gibier ; à ce point, mêlez-lui quelques truffes taillées en julienne très-fine et versez l'appareil sur un couvercle de casserole pour le faire refroidir sur glace, en couche mince et carrée, que vous divisez ensuite en 16 petites bandes de 5 à 6 centim. de long ; saupoudrez le tour avec de la farine ; divisez également la farce en 16 parties, roulez-les tour à tour sous la main, de la longueur de 14 centim. ; aplatissez-les ensuite avec la lame d'un couteau, et placez sur la moitié de leur longueur une bande de truffe ; reployez aussitôt l'autre moitié de la farce dessus, appuyez sur les bords, afin de souder ensemble les deux bandes et que les truffes se trouvent ainsi enfermées entre une double épaisseur de farce. Alors pochez ces boudins à l'eau salée en ébullition ; égouttez-les dès qu'ils sont fermes, parez et panez-les ensuite à l'anglaise, placez-les sur un gril bien propre et légèrement beurré. Douze minutes avant de servir, faites-les griller à feu doux, en ayant soin de les retourner dès qu'ils seront colorés d'un côté ; glacez-les ensuite et dressez-les en couronne ; versez au milieu un ragoût composé de crêtes, foies gras, champignons et truffes, saucé avec une sauce madère réduite au fumet de gibier. Ces boudins peuvent ne pas être fourrés. On les confectionne aussi avec de la volaille.

810. — BOUDINS DE MERLAN A LA ROUENNAISE.

Préparez 600 gr. de farce à quenelles de merlan, peu beurrée, à laquelle vous additionnez 4 cuillerées de purée de champignons ; tenez-la au frais sur la glace ; préparez des fines herbes aux champignons bien réduites ; égouttez le beurre ; ajoutez-leur quelques cuillerées de glace fondue et faites-les refroidir ; saupoudrez le tour avec de la farine ; placez la farce dessus, divisée en 16 parties égales, que vous roulez en forme d'œuf ; trempez un couteau dans l'eau chaude et coupez chaque partie en deux, sans les séparer complétement ; introduisez dans ce milieu un peu de fines herbes refroidies ; rejoignez les deux moitiés ; aplatissez chaque boudin en leur donnant une forme longue, et placez-les à mesure dans un plat à sauter, dans lequel vous aurez fait refroidir du beurre clarifié ; tenez-les au frais. Dix minutes avant de servir, mettez le sautoir sur le feu, retournez les boudins dès qu'ils commencent à prendre couleur d'un côté, égouttez-les sur un linge, glacez et dressez-les en couronne. Versez au milieu un ragoût composé d'une queue de homard escalopée, laitances de carpe et champignons, très-légèrement saucé avec une sauce normande finie au moment avec du beurre de homard.

841. — SALMIS.

Les salmis peuvent être confectionnés avec tous les gibiers à plumes que l'on sert comme rôt; il y en a pourtant qui obtiennent la préférence. On les prépare de deux manières : la plus recommandée est celle par laquelle on procède en rôtissant le gibier au moment, pour ensuite le découper et dresser tout chaud avec une sauce salmis marquée à part. Le second procédé consiste à faire rôtir et refroidir le gibier d'avance pour le dépecer, parer les membres à froid et les mettre à mesure dans une casserole pour les chauffer tout doucement quelques minutes avant, avec la sauce essencée à leur fumet particulier. Cette méthode n'a qu'un avantage, c'est qu'elle donne la facilité de préparer les salmis d'avance, afin de ne plus avoir qu'à les chauffer et dresser au moment, ce qui est à considérer dans les grandes affaires. Mais, sous le rapport de la succulence, il existe une très-grande différence entre les chairs de gibier mangées en sortant de la broche et celles déjà refroidies. L'objection pourrait être notée en ce qui concerne les débris, dont on ne peut disposer pour essencer la sauce. Nous préférons agir pour les salmis comme cela se pratique pour les autres entrées, en marquant une sauce spéciale, toutes les fois que le manque de gibier ne se fait pas sentir. — Les salmis se servent habituellement dans des croustades, casseroles au riz, bordures de farce, de macaroni ou des croûtes de pâtés chauds très-basses.

842. — SALMIS DE BÉCASSE AUX TRUFFES.

Habillez 4 belles bécasses, couvrez-les d'une matignon que vous maintenez sur chaque bécasse à l'aide d'une barde de lard et quelques liens de ficelle; passez les foies et les intestins au beurre, après en avoir retiré les gésiers; pilez-les ensuite avec une truffe, un peu d'espagnole et un jaune d'œuf; passez cette petite farce au tamis, travaillez-la un moment avec un peu de sel et une pointe de cayenne, et masquez-en 12 petits croûtons en cœur légèrement frits au beurre; égalisez leur surface avec un couteau et rangez-les sur un petit plafond pour les glacer ensuite. Vingt-cinq minutes avant de servir, couchez les bécasses sur broche et faites-les rôtir vivement; cinq minutes avant de servir, poussez les croûtons au four, débridez les bécasses et dépecez-les par membres, dont deux cuisses, deux ailes, un estomac et la tête; parez-les convenablement; roulez-les vivement dans un plat à sauter avec un peu de sauce salmis bien chaude, à laquelle vous aurez mêlé 500 gr. de truffes parées en petites olives; ajoutez leur fonds aussi. Dressez les membres des bécasses dans une croustade, les estomacs et les têtes bien parées en dessus; entourez-les avec les petits croûtons; rangez les truffes par petits groupes dans les intervalles et saucez très-modérément. Envoyez le surplus de la sauce à part.

843. — SALMIS DE PERDREAU A LA ROYALE.

Videz et flambez 7 jeunes perdreaux, supprimez les trains de derrière, bardez les estomacs, ficelez-les; traversez la partie des reins avec un hâtelet et couchez-les sur broche pour les faire rôtir vivement, vingt minutes au plus, avant de servir. Levez les chairs des cuisses et celles d'un autre perdreau; pilez-les pour en faire une farce à quenelles selon la règle. Beurrez 14 petits moules à darioles, emplissez-les à moitié avec cette farce que vous appliquez contre les parois des moules à l'aide du doigt humecté au blanc d'œuf; comblez le vide avec un peu de salpicon royal; coupez 14 petits ronds de papier beurré et masquez-les avec une petite couche de farce; servez-vous-en pour couvrir les moules à darioles; rangez-les dans un plat à sauter pour les pocher au bain-marie quinze à vingt minutes avant de servir. Collez un petit montant de pain frit au milieu du plat d'entrée, et, au moment, démoulez les petites timbales autour du plat en forme de bordure; placez une petite truffe ronde sur chacune d'elles; débrochez les estomacs des perdreaux pour enlever les filets entiers, en ne laissant que l'os de l'aileron. Mettez-les à mesure dans un plat à sauter avec un peu de sauce salmis; roulez-les une seconde dans la sauce et dressez-les dans les puits que forment les petites timbales; piquez sur le milieu un hâtelet dans le genre de celui représenté dessin n° 14, en observant de le fixer sur le montant de pain. Servez le surplus de la sauce en saucière.

814. — SALMIS DE PLUVIER A L'ITALIENNE.

Foncez un moule à bordure, uni, un peu large, avec de la pâte à dresser très-mince; trois quarts d'heure avant de servir, emplissez-le avec du macaroni à la napolitaine fini à la minute et faites-le cuire au four modéré; retroussez et bardez 7 beaux pluviers. Vingt minutes avant de servir, traversez-les avec un hâtelet, couchez-les sur broche et cuisez à feu vif. Dès qu'ils sont cuits, débrochez, déballez et découpez-les en deux; parez bien les moitiés, rangez-les dans un plat à sauter avec un peu de sauce salmis; démoulez la bordure sur un plat d'entrée, glacez la pâte; emplissez le puits avec du petit macaroni cassé court et uniforme, blanchi et fini à la minute avec du parmesan râpé, glace et beurre; dressez les moitiés de pluvier en couronne sur la bordure; saucez-les légèrement et versez au milieu un ragoût de petites quenelles, crêtes, ris d'agneau et lames de truffes du Piémont très-fines; servez à part de la même sauce salmis, à laquelle vous aurez mêlé une truffe blanche émincée en julienne.

815. — SALMIS DE CANARD SAUVAGE A L'ANCIENNE.

Videz, flambez et troussez pour entrée 3 canards sauvages; laissez-leur les foies intérieurement; masquez-les avec une matignon que vous maintenez avec quelques bandes de lard ficelées, et faites-les cuire à feu vif; débrochez-les un peu *vert-cuits* pour les laisser refroidir; dépecez-les ensuite en faisant 2 cuisses, 2 ailes et 2 morceaux d'estomac de chacun. Parez bien ces parties et rangez-les à mesure dans une casserole. Hachez très-fin 4 échalotes, mettez-les dans une casserole avec une demi-bouteille de bon vin rouge de Bourgogne et faites réduire de moitié; ajoutez les débris des canards concassés, un demi-litre d'espagnole et autant de consommé; laissez cuire doucement pendant une demi-heure sur l'angle du fourneau; dégraissez ensuite et passez cette sauce dans une casserole à réduction, travaillez-la à la spatule sur un feu vif jusqu'à ce qu'elle soit bien liée, passez-la à l'étamine dans un bainmari et versez-en moitié sur les membres des canards; couvrez la casserole et faites-les chauffer doucement pendant vingt minutes sans les laisser bouillir; dressez-les ensuite dans une petite croûte à pâté chaud, les filets en dessus; placez autour quelques croûtons en demi-cœur, frits au beurre, et des champignons en dessus; arrosez avec une partie de la sauce; servez le reste à part. — Les sarcelles et poules d'eau se traitent de même.

816. — SALMIS DE FAISAN A LA MANCELLE.

Après avoir habillé et bardé 2 jeunes faisans mortifiés à point, placez-les dans une casserole avec un morceau de beurre, une cuillerée de bon fonds, 2 petites tranches de jambon cru et un petit bouquet garni; faites-les cuire doucement pendant trois quarts d'heure avec un peu de feu sur le couvercle, retournez-les de temps en temps; au moment de servir, faites tomber le fonds à glace, égouttez le beurre et mouillez encore les faisans avec un demi-décil. de vin de Madère; remettez-les en plein feu en les retournant souvent pour qu'ils se glacent sur toutes les parties. Vous aurez préparé une bordure ainsi composée: poussez au cornet tout autour du fond du plat une couronne de petites boules de farce grosses comme des noix, posez sur chacune une très-petite truffe tournée ronde, couvrez d'un rond de papier et faites pocher la farce à la bouche du four quelques minutes avant de servir; découpez alors les faisans par membres, séparez les estomacs et les cuisses en deux, parez ces parties et rangez-les au centre du plat bordé, en plaçant les cuisses en dessous; masquez avec une sauce Mancelle et envoyez le surplus à part. — Les gelinottes et perdreaux se traitent ainsi.

817. — CRÉPINETTE DE LAPEREAU A LA FAVORITE. (Dessin n° 69.)

Levez les filets de 2 ou 3 lapereaux, parez-les ainsi que les filets mignons, pour les diviser ensuite en 16 parties, que vous tenez de 5 centimètres de long sur 2 de large. Retirez les nerfs des chairs des cuisses, hachez celles-ci très-fin avec moitié de leur volume de lard râpé; assaisonnez avec sel, épices et 3 cuillerées de fines herbes aux champignons. Cela fait, relevez la farce dans une terrine pour lui amalgamer 2 jaunes d'œufs, 2 cuillerées d'espagnole réduite et 150 gr. de truffes coupées en très-petits dés; alors, étalez sur une serviette une crépine de porc bien dégorgée dans l'eau tiède, aplatissez les parties les plus grasses avec un rouleau, placez sur le bord une cuillerée de cette farce, étalez-la carrément, posez dessus un des petits filets mis à part, recouvrez-le avec l'excédant de la farce, arrondissez l'ensemble en lui donnant une forme oblongue, que vous enveloppez de crépine, et coupez celle-ci tout autour. Les crépinettes ainsi préparées, passez-les dans la mie de pain, ensuite dans des œufs battus avec 100 gr. de beurre fondu et un peu de sel; panez-les de nouveau. Serrez la panure avec le plat du couteau contre les crépinettes, et rangez-les à mesure sur un gril bien propre. Un quart d'heure avant de servir, faites-les partir sur une paillasse peu ardente, mais soutenue; retournez-les dès qu'elles sont colorées d'un côté, glacez légèrement le dessus et laissez-les achever de cuire. Dressez-les alors sur les premiers gradins d'une double croustade en pain ou en riz ; garnissez la coupe du milieu avec des truffes et de petites quenelles saucées avec une bonne espagnole réduite au fumet de lapereau ; envoyez de la même sauce à part. Les crépinettes décrites pour hors-d'œuvre peuvent être dressées de même.

848. — PAINS POUR ENTRÉES CHAUDES.

Les farces que l'on emploie pour la confection des pains chauds nécessitent un fini parfait; les moules à cylindres sont ceux qui conviennent le mieux pour leur cuisson. Le cylindre est surtout nécessaire en ce qu'il abrège le temps qu'ils doivent rester au bain-marie, ce qui contribue beaucoup à leur qualité. Les moules unis à aspic et ceux d'entremets à gros cannelons sont préférables à ceux qui n'ont que des cannelures peu saillantes et dont le relief disparaît presque entièrement lorsque l'entrée est saucée. Ces moules peuvent être décorés après avoir été beurrés; le décor se compose habituellement de truffes et langue à l'écarlate. Nous mentionnons cette méthode sans la recommander, attendu que nous la trouvons plus applicable aux timbales de farce; nous préférons orner les pains à leur base avec de jolies garnitures variées telles que : crêtes, rognons, truffes rondes ou en olives, de petits filets mignons de volaille décorés, bigarrés ou sablés de truffes, que l'on dresse dessus ou au pied de l'entrée lorsqu'elle est dressée. Pour donner plus d'élégance à cette entrée, il faut démouler le pain sur un socle bas en riz taillé à blanc; ces sortes de croustades non vidées conviennent en ce qu'elles élèvent l'entrée; et si on leur pratique un trou rond au centre concordant avec le cylindre du moule, une fois l'entrée dressée, on peut introduire dans ce vide central une colonne en pain frit ou autre, masquée de farce et pochée à la bouche du four; sur cette colonne, on pique alors un hâtelet garni ou une petite coupe également garnie, ce qui donne de l'élégance à cette entrée un peu lourde par elle-même.

Avant de cuire un pain quelconque, il faut pocher une cuillerée de l'appareil dans un moule à dariole afin de s'assurer de sa consistance, puis le rectifier au besoin d'après les procédés décrits au chapitre des *Farces*.

Les appareils à la crème donnent des pains très-délicats, qui n'ont rien de commun avec les pains de farce ordinaire. Nous ne mentionnons que celui de volaille, mais on peut en obtenir avec tous les appareils à la crème qui sont mentionnés au traité des *Farces*. Les moules unis qu'on emploie pour pains de farce doivent toujours être garnis au fond avec du papier beurré.

849. — PAIN DE VOLAILLE A L'IMPÉRIALE.

Beurrez un moule uni à cylindre, emplissez-le avec de la farce à la crème, couvrez-le d'un rond de papier beurré, placez le moule dans une casserole d'eau en ébullition que vous tenez à la bouche du four ou sur l'angle du fourneau avec du feu sur le couvercle, afin de maintenir l'eau au même degré de chaleur, sans la laisser bouillir. Vingt minutes après, sortez le moule de l'eau, la farce doit être assez ferme; essuyez le dessus avec une serviette et renversez le pain sur un socle en riz taillé à blanc, masquez-le légèrement avec une sauce suprême bien blanche, dressez au pied du pain 14 filets mignons de poulet que vous aurez humectés de blancs d'œufs et ornés d'un gros décor en truffes; ces filets doivent être sautés au beurre à la minute et légèrement glacés. Enfoncez une colonne en pain frit dans le puits de l'entrée, fixez-la solidement dans le riz de la croustade, piquez en dessus un hâtelet garni d'une belle crête, une quenelle et une truffe; envoyez une sauce suprême à part.

820. — PAIN DE VOLAILLE A LA D'ORLÉANS.

Préparez une farce à quenelles avec 10 filets de volaille dans laquelle vous incorporez moitié beurre frais et moitié beurre d'écrevisse ; la farce étant passée, mettez-la dans une terrine, travaillez-la à la spatule jusqu'à ce qu'elle soit bien liée ; additionnez encore 4 jaunes d'œufs et 2 décil. de purée de volaille un peu ferme et essayez-la dans un petit moule à dariole ; pendant ce temps, tenez le restant sur glace et beurrez le moule ; voyez ensuite si la farce est assez ferme, lisse et de bon goût ; travaillez-la encore une minute à la spatule et emplissez le moule ; frappez-le légèrement d'aplomb sur un linge ; une demi-heure avant de servir, pochez-le au bain-marie ; démoulez-le sur un socle en pain frit, et masquez-le insensiblement avec de l'allemande finie au beurre d'écrevisse ; enfoncez dans le puits, en traversant le pain du socle au point central, une colonne de fer-blanc sur laquelle sera soudée une coupe, le tout recouvert de pâte à nouilles ; emplissez la coupe avec des queues d'écrevisse ; rangez au pied de l'entrée une couronne de moyens champignons tournés ; servez une saucière d'allemande finie au beurre d'écrevisse.

821. — PAIN DE FAISAN A LA LUCULLUS.

Levez les gros filets et filets mignons de 2 faisans, avec lesquels vous faites une farce à quenelles selon la règle ; faites rôtir les cuisses ; dès qu'elles sont froides, enlevez les chairs que vous pilez avec un petit foie gras, 2 truffes crues, 6 jaunes d'œufs et 2 décil. de sauce madère bien réduite, un peu de sel et épices ; passez cette purée à l'étamine et mêlez-la à la farce ; travaillez-la à la spatule pendant quelques minutes ; faites-en pocher un peu dans un moule à tartelette pour vous assurer de sa consistance ; ajoutez quelques jaunes d'œufs si l'appareil était trop délicat ; versez-le ensuite dans un moule beurré, recouvrez d'un rond de papier, et faites-le pocher au bain-marie pendant quarante minutes à peu près. Vous aurez tiré un fumet avec les parures de faisan et quelque peu de volaille ; ce fumet, passé, dégraissé et réduit, sera incorporé dans une sauce madère destinée à saucer l'entrée. Au moment de servir, renversez le moule sur un socle en pain frit, dont la coupe doit être composée de 12 gros cannelons un peu saillants et vidés en dessus ; saucez très-insensiblement le pain et placez sur chaque cannelon une moyenne truffe ronde vidée, chauffée dans une demi-glace et emplie au moment avec une petite julienne de truffes saucée. Envoyez de la sauce madère à part.

822. — PAIN DE PERDREAU A LA NEMOURS.

Marquez une farce à quenelles avec les filets de 6 perdreaux ; parez les filets mignons, trempez-les dans du blanc d'œuf, puis sablez-les avec du maigre de jambon cuit et haché très-fin ; rangez-les dans un plat à sauter avec du beurre clarifié, en leur donnant la forme de fer à cheval ; pilez les chairs des cuisses des perdreaux que vous aurez fait rôtir ; ajoutez-leur un peu de sauce madère réduite et quelques jaunes d'œufs ; passez cette purée à l'étamine, incorporez-la à la farce, versez-la dans un moule beurré, couvrez d'un papier et faites pocher au bain-marie pendant trois quarts d'heure. Au moment de servir, faites sauter les filets mignons ; démoulez le pain sur un fonds d'entrée et saucez-le légèrement d'une périgueux réduite au fumet de perdreau ; dressez les filets mignons en couronne au pied de l'entrée, une belle crête de volaille bien blanche entre chacun, et placez sur le haut du pain une bordure de petites truffes rondes, sautées avec une cuillerée de glace. Sauce Périgueux à part.

823. — PAIN DE BÉCASSE A LA CUSSY.

Levez les gros filets de 4 bécasses et ceux d'une volaille, pilez-les ensemble pour en faire une farce à quenelles, selon la règle ; sautez les filets mignons de la volaille et des bécasses, et laissez-les refroidir. Levez les chairs des cuisses des bécasses déjà rôties, ainsi que les foies et intestins, desquels vous aurez retiré les gésiers ; pilez le tout ensemble avec une truffe, 2 décil. de sauce madère et 6 jaunes d'œufs ; passez à l'étamine, et mêlez cette purée à la farce. Travaillez cet appareil à la spatule et versez-le dans un moule cannelé et beurré ; faites pocher au bain-marie ; émincez les filets mignons en julienne, ainsi que des truffes, un peu de langue à l'écarlate bien cuite et des champignons; tenez le tout au chaud dans un petit bainmari; démoulez le pain sur un plat d'entrée, masquez-le très-légèrement de sauce Mancelle, additionnez-en un peu dans l'émincée qui est au chaud, versez-la dans le puits du pain et dressez au pied une bordure de petites quenelles rondes, panées et frites au beurre. Sauce Mancelle à part.

824. — PAIN DE FOIE GRAS A LA TRÉVISE.

Ayez 3 gros foies gras d'oie ou 4 moyens et séparez-les chacun en deux parties; faites fondre dans un sautoir un morceau de beurre et lard râpé; ajoutez échalotes émincées, persil en branche, jambon, truffes et champignons émincés; laissez-les passer au moment ensemble; mouillez avec un demi-verre de vin de Madère et d'un décil. de bon fonds et faites réduire aux trois quarts; ajoutez les foies, retournez-les dans cet assaisonnement, saupoudrez-les de sel et épices, couvrez-les de bandes de lard et d'un papier beurré, cuisez-les au four doux pendant un quart d'heure, retirez-les, placez-les dans un plat et recouvrez-les de leur assaisonnement. Dès qu'ils sont froids, coupez-les en tranches de 8 millim. d'épaisseur, dans lesquelles vous enlevez une quinzaine d'escalopes, à l'aide d'un coupe-pâte de 4 centim. de diamètre, que vous rangez dans un petit plat à sauter. Pilez bien toutes les parures des foies gras avec leur assaisonnement et la graisse de leur cuisson : le fonds doit être tout à fait réduit. Lorsque les foies sont bien pilés, retirez-les du mortier et passez-les au tamis; pendant ce temps, faites piler moitié de leur volume de panade très-ferme; joignez-lui peu à peu les foies passés, assaisonnez de sel, un peu d'épices et une pointe de cayenne : il ne faut ni beurre ni lard à cette farce, attendu qu'elle est très-grasse par elle-même et que le fonds de cuisson des foies en contient assez ; incorporez-lui un peu de glace fondue, 2 œufs entiers et 8 jaunes; passez de nouveau cette farce au tamis et faites un essai : elle ne doit pas être trop délicate, afin que le pain ne s'affaisse pas. Si, par hasard, elle était trop molle, il faudrait lui donner du corps en lui additionnant quelques cuillerées de farce à quenelles. Beurrez un moule à cylindre uni, foncé de papier, et versez la farce dedans. Couvrez d'un rond de papier et donnez une heure de bain-marie, pour le retirer de l'eau cinq minutes avant de servir; laissez le moule sur la table, afin que la farce retombe. Démoulez ensuite sur le milieu d'une petite croustade basse, peu vidée; masquez légèrement le pain avec une sauce madère, un peu liée; garnissez le tour avec 4 petits groupes de crêtes, et entre ceux-ci, quelques truffes émincées; dressez sur le pain les escalopes chauffées tout doucement dans de la sauce madère. Même sauce à part.

825. — PAIN DE MERLAN A LA CRÈME.

Prenez 1 kilog. de filets de merlan bien frais, desquels vous aurez retiré les peaux et arêtes ; faites-les piler, assaisonnez de sel et muscade et passez au tamis. Cela fait, placez cette farce dans une terrine et incorporez-lui peu à peu 2 décil. de crème et un blanc d'œuf ; après cette addition et un travail violent, elle doit devenir liée comme une mayonnaise; alors beurrez un grand moule à cylindre, versez l'appareil dedans, couvrez d'un papier beurré et faites pocher au bain-marie pendant une demi-heure; démoulez au moment sur un petit socle en pain; saucez légèrement d'une béchamel finie et beurrée au moment; dressez autour de petits filets de merlan à la Villeroy; enfoncez dans le puits une colonne en pain frit, sur laquelle vous piquez un hâtelet chaud. Sauce Béchamel à part. — On compose également des pains avec toutes les chairs blanches de poisson.

826. — PAIN DE CARPES A LA D'ARTOIS.

Préparez une farce de la manière suivante : pilez parfaitement 400 gr. de chair de carpe avec 100 gr. de chair de brochet, dont vous aurez retiré les peaux et arêtes; ajoutez 400 gr. de panade bien desséchée; pilez jusqu'à ce que l'ensemble soit très-lisse; additionnez 300 gr. de beurre fin, 2 filets d'anchois, un peu d'échalote et persil haché très-fin, sel, poivre, muscade, épices, 2 œufs entiers et 8 jaunes; ces derniers amalgamés peu à la fois, sans discontinuer de piler; passez cette farce au tamis, travaillez-la à la spatule dans une terrine, en incorporant peu à peu 1 décil. d'allemande bien réduite à l'essence de champignon, 2 cuillerées de soubise et beurre d'écrevisse; versez ensuite cet appareil dans un moule à cylindre beurré, et faites pocher au bain-marie. Dans l'intervalle, marquez une essence avec les carcasses et têtes des poissons; après un quart d'heure de cuisson, passez à la serviette, puis réduisez-la avec un demi-litre de bonne espagnole, un verre de vin du Rhin et un peu de fonds de truffes et champignons; passez cette sauce à l'étamine. Au moment de servir, démoulez le pain, garnissez le tour avec 12 moitiés de laitance de carpe à la Villeroy; emplissez le puits avec un petit ragoût de queues d'écrevisse et champignons; masquez avec la sauce mentionnée ci-dessus que vous aurez beurrée. Envoyez la même sauce dans une saucière.

827. — SOUFFLÉS POUR ENTRÉES EN CAISSES ET EN CASSEROLES.

Les soufflés gras se servent le plus souvent en petites caisses comme hors-d'œuvre chauds; lorsqu'on les sert pour entrée, c'est toujours dans des casseroles d'argent ou de grandes caisses en papier dans le genre de celle qui est représentée au dessin n° 65. On place la caisse sur un petit plafond et on l'entoure avec une bande de carton roulée pour la soutenir et l'empêcher de prendre couleur pendant la cuisson au four. Les caisses doivent toujours être beurrées intérieurement et séchées à l'étuve avant de recevoir l'appareil. Les casseroles d'argent doivent être simplement beurrées.

Les soufflés ne constituent pas des entrées très-élégantes; mais, dans les petits dîners, ils jouent un certain rôle. Les purées de volaille et gibier s'y appliquent avec un égal succès. Le premier mérite d'un soufflé, c'est d'être léger et cuit à point: pour cela, il doit être mangé aussitôt cuit. S'il reste au-dessous ou s'il passe son point précis de cuisson, ce n'est plus qu'un mets de peu de valeur.

828. — SOUFFLÉ DE VOLAILLE EN CASSEROLES.

Faites piler les chairs blanches de 2 volailles braisées ou poêlées; quand elles sont réduites en pâte, additionnez un quart de leur volume de béchamel réduite ou de panade frangipane, à défaut quelques cuillerées de farce de volaille crue et un peu de velouté; broyez-les bien ensemble, assaisonnez avec sel et muscade, passez au tamis et ensuite à l'étamine. Vingt-cinq à trente minutes avant de servir, versez la purée dans une casserole, pour la tiédir vivement sans la quitter; alors incorporez hors du feu 10 à 12 jaunes d'œufs, et en dernier lieu 6 blancs fouettés bien ferme; emplissez aussitôt jusqu'aux deux tiers de sa hauteur une casserole d'argent beurrée, et poussez-la au four modéré pour la cuire tout doucement. Il faut s'arranger de manière que la cuisson du soufflé arrive juste au moment d'être servi, car cet appareil perd toujours à attendre. Quand il est cuit à point, sortez la casserole pour la placer sur un plafond avec un peu de cendres chaudes dessous; couvrez-la avec une cloche chaude et envoyez-la ainsi jusqu'à la salle à manger. Là, on doit placer la casserole sur plat, pour passer le soufflé. Si un soufflé devait servir à plus de dix personnes, il conviendrait de mettre l'appareil en deux casseroles différentes: c'est la manière la plus avantageuse et la plus convenable de les servir. — On opère de même à l'égard des soufflés de gibier, c'est pourquoi nous ne donnerons pas d'autres formules qui nous obligeraient à nous répéter. Les soufflés en caisses se préparent d'après les mêmes principes. La préparation des caisses se trouve plus loin.

829. — SOUFFLÉS MOULÉS POUR ENTRÉES.

Tous les appareils décrits précédemment pour les pains de volaille, gibier, foie gras et poisson, hormis ceux à la crème, peuvent servir à faire des soufflés; il suffit, trois quarts d'heure avant de servir, d'y amalgamer 4 jaunes et 4 blancs d'œufs fouettés très-ferme. Cet appareil se cuit au four, dans un moule à timbale foncé de papier beurré et fariné; trois quarts d'heure de cuisson à four un peu gai suffisent habituellement. On démoule sur plat. Les sauces et garnitures peuvent être ajoutées de même qu'aux pains décrits aux articles qui précèdent.

830. — SOUFFLÉS DE FOIES DE VOLAILLE A LA MUKANOFF. (Dessin n° 49.)

Parez une quinzaine de beaux foies de volaille légèrement blanchis; coupez en dés le même volume de foie de veau bien blanc. L'addition de ce dernier est faite en vue de corriger une petite amertume que conservent toujours les foies de volaille. Placez sur le feu un sautoir mince avec un morceau de beurre, une échalote émincée, un peu de jambon cru et quelques champignons; additionnez les foies pour les faire sauter jusqu'à ce qu'ils soient atteints; assaisonnez avec du sel, poivre et muscade; laissez refroidir; pilez-les ensemble avec moitié du volume de panade frangipane bien ferme; ajoutez une cuillerée de persil haché, un décilitre de sauce madère bien réduite, 2 œufs entiers et 8 jaunes; passez au tamis et travaillez ensuite à la spatule dans une terrine, avec addition de 2 truffes crues hachées très-fin et 5 blancs d'œufs fouettés. Versez cet appareil dans un moule cannelé à cylindre, beurré et fariné; placez le moule sur un petit plafond que vous poussez au four sur un trois-pieds, et l'y laissez trente-cinq à quarante minutes. Démoulez au moment sur un plat d'entrée; garnissez le puits avec un ragoût de crêtes, escalopes de langues, champignons et truffes; masquez un peu le dessus du soufflé avec de la sauce financière finie au beurre d'écrevisse, et envoyez le surplus à part.

831. — PURÉE DE VOLAILLE A LA TALLEYRAND. (Dessin n° 50.)

Avec les chairs de 2 moyennes volailles, préparez une purée ainsi qu'elle est décrite au chapitre des garnitures; tenez-la au frais pour la chauffer seulement au moment de servir, en la travaillant à la spatule. Avec les chairs crues d'une autre volaille, préparez une petite farce à la crème d'après les indications données à ce sujet, et versez-la dans un moule à bordure beurré. Douze à quatorze minutes avant de servir, placez le moule au bain d'eau bouillante et faites pocher la farce à la bouche du four; choisissez 15 œufs bien frais et faites-les pocher à l'eau salée et acidulée; sortez-les de cette eau pour les passer à l'eau froide, les parer et les chauffer ensuite; taillez autant de crêtes de langue écarlate bien rouge que vous avez d'œufs, chauffez-les à la minute dans du consommé bouillant. Quelques minutes avant de servir, renversez la bordure sur le plat, glacez bien les crêtes, égouttez les œufs et dressez-les en couronne dessus en les alternant; observez que la ciselure des crêtes se trouve en dehors. Dressez la purée dans le puits de la bordure, saucez-la très-légèrement, ainsi que les œufs, et rangez au pied de la bordure une chaîne de moyennes truffes, parées rondes et uniformes; glacez-les et envoyez une sauce suprême à part. On remplace aussi les crêtes de langue par des filets mignons de volaille contis ou sablés, et posés à cheval sur les œufs. On peut également remplacer cette bordure par une bordure de riz ou par une croustade.

832. — PURÉE DE PERDREAU A LA D'ALAMBERT.

Préparez une purée de perdreau d'après les prescriptions données à l'article des garnitures; chauffez-la au moment avec quelques cuillerées de glace de gibier; emplissez 12 moules à tartelettes, de forme ovale, avec un appareil de pain de gibier; faites-les pocher au bain-marie; aussitôt les pains raffermis, démoulez-les, laissez-les refroidir et panez-les avec des truffes hachées, après les avoir passés aux blancs d'œufs battus de manière qu'ils en soient complètement masqués. Rangez-les à mesure dans un sautoir dans lequel vous aurez placé 250 gr. de beurre clarifié; ayez une petite noix de jambon cuite d'après les règles ordinaires et refroidie dans un linge pour lui donner une forme allongée et régulière; quand elle est froide, divisez-la en 12 escalopes ovales et uniformes, placez-les dans un petit sautoir pour les tenir au chaud avec une demi-glace et du madère. Vous aurez d'avance taillé à blanc une élégante croustade de riz. Le moment de servir venu, chauffez la purée à la spatule; pochez les petits pains de gibier et dressez-les en couronne sur la croustade, en les alternant chacun avec une escalope de jambon bien glacée; dressez la purée dans le puits, coulez dessus quelques gouttes de glace fondue; envoyez une sauce mancelle à part. On peut entourer cette purée avec des rissoles, des œufs, quenelles, boudins et filets de gibier; on peut également dresser sur bordure, dans le genre de l'article précédent, ou tout autre.

833. — TIMBALES POUR ENTRÉE.

Les timbales, ainsi que toutes les entrées composées, sont susceptibles d'être variées à l'infini, tant sous le rapport de leur physionomie que sous celui de la préparation des aliments que l'on emploie à leur confection. Nous allons donner une série de formules de celles qui ont le moins de rapport entre elles, tout en faisant observer d'avance que les garnitures qui s'adaptent aux unes peuvent, sans inconvénient, s'appliquer à d'autres dont les éléments fondamentaux sont de même nature. Les ragoûts et garnitures pourront, au besoin, être remplacés par d'autres, décrits aux chapitres précédents, soit comme garniture d'entrée ou de relevé. Cet aperçu doit suffire pour faire comprendre le parti qu'on peut en tirer pour les besoins du service. Ces entrées sont élégantes et réclament beaucoup de goût pour être rendues convenablement. A l'égard des timbales de farce, nous observerons qu'il ne convient pas de beurrer trop les farces destinées à les monter, de crainte qu'elles ne s'affaissent après avoir été démoulées, ce qui les dégrade complétement.

834. — TIMBALE DE VOLAILLE A LA PARISIENNE. (Dessin n° 55.)

Préparez 750 gr. de farce de volaille un peu ferme et tenez-la sur la glace jusqu'au moment de l'employer; beurrez grassement un moule à timbale; décorez les parois avec de la langue et des truffes dans le genre du dessin n° 55, ou tout autre que vous préféreriez. Placez le moule un moment sur la glace afin que le beurre se raffermisse et maintienne le décor solidement; travaillez la farce un moment à la spatule et versez-en les trois quarts dans le moule. Appuyez sur le milieu de la farce avec une cuiller trempée dans le blanc d'œuf pour la faire remonter doucement le long des parois du moule sans déranger le décor; cette couche de farce doit avoir de 2 à 3 centim. d'épaisseur, tant au fond que contre les parois du moule, selon la grandeur de celui-ci. Préparez un rond de papier beurré que vous placez sur un petit couvercle, recouvrez-le avec une couche de farce destinée à masquer plus tard l'ouverture de la timbale, quand elle est garnie. Coupez en petites escalopes 6 filets de volaille sautés ou rôtis; émincez de même quelques champignons et truffes; une heure avant de servir, faites-les chauffer et mouillez-les avec un peu d'allemande serrée. Versez ce ragoût dans le moule afin de l'emplir presque jusqu'au bord; recouvrez avec le rond de papier sur lequel est la farce, en évitant qu'il reste de l'air dans l'intérieur; maintenez le papier à l'aide d'une forte ficelle, que vous passez en la croisant deux fois dessus et dessous le moule; saisissez la ficelle sur le milieu pour enlever celui-ci et le placer dans l'eau bouillante contenue dans une casserole presque jusqu'à hauteur des bords; couvrez la casserole, placez-la à la bouche du four afin que la timbale se puisse cuire sans ébullition; à défaut de celui-ci, tenez-la sur des cendres chaudes, dont vous placez une petite partie sur le couvercle, afin de sécher la vapeur. Après une heure de bain-marie, levez le papier, parez le dessus de la farce et renversez le moule sur le plat; laissez-le ainsi quelques secondes pour laisser affaisser la timbale; enlevez ensuite le moule; masquez le dessus seulement du pain avec quelques cuillerées d'allemande. Si le tour est bien blanc, il ne faut pas le glacer. Versez un peu de cette sauce au fond du plat et servez-en aussi dans une saucière. Les moules à dôme conviennent très-bien pour ces sortes de timbales; le décor peut être supprimé si on le juge convenable.

835. — TIMBALE DE FOIE GRAS A LA MONTESQUIEU.

Beurrez une demi-feuille de papier, coupez-la en quatre, étalez sur chacune de ces parties de la farce à quenelles de volaille très-ferme et de 6 millim. d'épaisseur; mouillez la surface avec du blanc d'œuf, semez dessus des truffes noires hachées très-fin, que la farce en soit tout à fait recouverte; appuyez légèrement sur les truffes avec le plat du couteau; placez le tout sur un plafond, recouvrez avec une feuille de papier beurrée et faites pocher au four pendant quelques minutes. Dès que la farce est ferme, sortez-la du four et laissez-la refroidir après en avoir enlevé le papier; pendant ce temps, beurrez grassement un moule à timbale plein; coupez les lames de farce aux truffes, soit en bandes, soit en gros losanges ou de toute autre forme; disposez-les contre les parois et le fond du moule pour en former un décor régulier. Le côté truffé de la farce doit naturellement être appliqué contre les parois; placez le moule sur glace et garnissez-le tout autour et au fond avec une couche de farce de volaille, en procédant comme il est dit à l'article précédent. Coupez en escalopes 2 foies gras cuits dans une mirepoix, que vous parez avec un coupe-pâte rond; mettez-en une quinzaine de côté dans un petit plat à sauter, masquez les autres avec une sauce Périgueux bien réduite, dans laquelle seront quelques truffes parées en gousses; versez le tout dans la timbale et recouvrez-la avec un rond de papier beurré et masqué de farce; ficelez et faites cuire au bain-marie pendant quarante à cinquante minutes; chauffez les escalopes au moment avec un peu de sauce madère réduite à l'essence de truffes; démoulez la timbale sur un plat d'entrée, dressez les escalopes en couronne dessus en mettant un rond de truffe entre chacune d'elles; saucez le fond du plat; envoyez le surplus de la sauce madère à part.

ENTRÉES CHAUDES ET GARNITURES.

836. — TIMBALE DE PERDREAU A LA MONTMIREL.

Marquez 750 gr. de farce à quenelles de perdreau très-ferme ; beurrez grassement un moule à timbale pour le décorer avec des croissants de truffes que vous disposez symétriquement en forme d'écailles de poisson : mettez les trois quarts de la farce dans le moule, étalez-la contre les parois sans déranger le décor ; garnissez l'intérieur avec un ragoût de crêtes, rognons de coq et champignons, et saucé avec une allemande très-réduite, recouvrez-le avec la farce que vous aurez réservée et étalée sur un rond de papier beurré ; donnez une heure à peu près de bain-marie. Vous aurez préparé une croustade en riz de forme basse, très-peu vidée et plate au dessus ; placez-la sur le plat d'entrée pour la tenir au chaud ; au moment de servir, démoulez la timbale sur le milieu de la croustade, rangez autour une bordure de petites truffes tournées rondes, et en dessus une couronne de filets mignons de perdreau pochés en anneaux à la minute, et légèrement mouillés avec une sauce salmis. Même sauce à part.

837. — TIMBALE A LA BARRAS.

Tournez 600 gr. de petites olives bien vertes, faites-les blanchir, égouttez-les sur un tamis, puis sur un linge pour les ressuyer ; emplissez alors chaque olive avec une petite partie de farce à quenelles ; servez-vous à cet effet d'un petit cornet ; beurrez grassement un moule à dôme de la forme de la timbale de queues d'écrevisse, représenté au dessin n° 56 ; montez dedans les olives en rangs superposés ; aussitôt que vous avez quelques rangs de montés, humectez-les avec un pinceau trempé dans du blanc d'œuf et soutenez-les avec de la farce que vous poussez contre, également à l'aide du cornet ; continuez de monter ainsi les olives jusqu'aux bords du moule ; garnissez bien l'intérieur avec une couche de farce de 2 centim. d'épaisseur à peu près. Vous aurez cuit d'avance 5 estomacs de canetons dans une mirepoix ; laissez-les refroidir à moitié dans leur fonds, levez les filets que vous divisez chacun en 5 aiguillettes ; placez-les sur le feu dans un petit plat à sauter avec un peu de glace ; laissez-les suer un moment, puis saucez-les avec 1 décil. d'espagnole très-serrée ; versez-les ensuite dans la timbale, recouvrez le dessus avec un papier beurré et masqué de farce ; placez le moule sur un coupe-pâte que vous aurez mis au fond d'une casserole d'eau en ébullition ; après une heure de bain-marie, renversez le moule sur un plat d'entrée, laissez un peu égoutter le beurre, essuyez bien le fond du plat et retirez le moule ; saucez légèrement la timbale avec une sauce espagnole réduite avec le fonds où ont cuit les estomacs des canetons. Même sauce à part.

838. — TIMBALE DE QUEUES D'ÉCREVISSE A LA MARÉCHALE. (Dessin n° 56.)

Cette entrée ne se fait guère que dans les pays où les écrevisses sont abondantes, attendu qu'il ne faut pas moins de 600 queues seulement pour foncer le moule. — Après avoir cuit environ 600 moyennes écrevisses, ou moins si elles sont grosses. épluchez et parez les queues; beurrez grassement un moule à dôme, placez 2 belles queues d'écrevisse au fond, le côté le plus rouge contre le moule ; dressez les autres en couronnes superposées jusqu'aux bords de celui-ci, emplissez une poche avec de la farce de brochet au beurre d'écrevisse et poussez-la intérieurement contre les queues d'écrevisse, symétriquement disposées, afin de bien les recouvrir sans les déranger ; trempez une cuiller dans des blancs d'œufs, servez-vous-en pour égaliser la farce en une couche de 2 centim. d'épaisseur à peu près ; faites sauter à la minute quelques escalopes de poisson, joignez-leur quelques morceaux de laitance et champignons, égouttez le beurre, saucez avec un peu d'allemande très-serrée ; emplissez la timbale, recouvrez-la complétement avec de la farce, donnez une heure à peu près de bain-marie ; cinq minutes avant de servir, sortez le moule de l'eau, renversez-le sur un plat d'entrée, glacez la timbale avec de la glace blonde à laquelle vous aurez incorporé du beurre d'écrevisse bien rouge. Servez une sauce allemande à part.

839. — PETITES TIMBALES DE MACARONI A LA PAHLEN. (Dessin n° 52.)

Blanchissez à l'eau bouillante et salée 400 gr. de macaroni de Naples ; dès qu'il est cuit, égouttez-le et étendez-le sur une serviette sans le rafraîchir. Beurrez 15 petits moules à darioles au fond desquels vous étalez une couche mince de farce de volaille; dressez debout contre les parois une couronne de petites tiges de macaroni taillées régulièrement de 2 centim. de longueur; placez sur celles-ci un anneau en macaroni ployé après l'avoir coupé de dimension à faire juste la circonférence du moule; finissez de monter celui-ci avec de petites tiges de macaroni disposées comme les premières, et emplissez-le à moitié avec de la farce à quenelles que vous poussez intérieurement à l'aide d'un cornet; appliquez cette farce contre le macaroni à l'aide d'un doigt trempé dans du blanc d'œuf; alors, emplissez les petites timbales avec un salpicon quelconque, mais chaud si elles doivent être cuites de suite; recouvrez-les avec 15 petits ronds de papier beurrés coupés de grandeur suffisante et masqués avec une couche de farce; rangez à mesure les moules dans un plat à sauter pour les pocher au bain-marie, quinze minutes seulement avant de servir. Maintenant beurrez un moule à pyramide, emplissez-le avec de la farce à la crème, grasse ou maigre, selon la nature des timbales; faites pocher au bain-marie pendant vingt-cinq minutes; renversez-le au moment sur le centre du plat d'entrée; démoulez autour les petites timbales; saucez légèrement le dessus et servez une sauce à part. Cette sauce doit toujours avoir du rapport avec celle du salpicon.

840. — TIMBALE DE MACARONI A LA PARISIENNE.

Pour obtenir cette timbale, il faut monter du macaroni blanchi et égoutté contre les parois intérieures d'un moule à timbale ou à dôme beurré. On le dispose comme nous venons de l'indiquer pour les petites timbales, ou en anneaux superposés formant colimaçon, ou bien encore en petites tiges coupées de 15 millim. de longueur que l'on place un bout appuyé contre les parois du moule et l'autre tourné vers le centre, rangées les unes sur les autres, jusqu'à ce que les parois du moule en soient garnies jusqu'aux bords; alors recouvrez entièrement le macaroni avec une couche de la farce à quenelles, de 2 centim. d'épaisseur, et finissez d'emplir le moule avec un ragoût quelconque, soit financière, Toulouse, marinière, etc.; recouvrez-la de farce et donnez-lui une heure et un quart de bain-marie; démoulez-la ensuite sur un plat d'entrée. Servez à part une bonne sauce analogue à celle du ragoût et une assiette de fromage de Parme râpé.

841. — TIMBALE DE MACARONI A LA CHEVRIÈRE. (Dessin n° 51.)

Beurrez un moule conique de forme pyramidale; blanchissez et égouttez 500 gr. de macaroni de Naples très-long; lorsqu'il est froid, prenez un des plus longs que vous tournez en volute et placez au fond du moule sur le centre même; ajoutez-en un autre au bout de celui-ci, et continuez à rouler les autres en les superposant, toujours appuyés contre les parois du moule jusqu'aux bords; humectez-les légèrement avec un peu de blanc d'œuf battu, puis masquez-les avec une couche de farce de gibier de 2 centim. d'épaisseur que vous appliquez contre, à l'aide d'une cuiller également trempée dans du blanc d'œuf. Coupez le macaroni restant en petites tiges de 2 centim. de longueur; chauffez-les dans un plat à sauter avec de la sauce salmis, ajoutez quelques truffes coupées en filets, un morceau de beurre, et emplissez-en le moule; masquez son embouchure avec un rond de papier beurré, sur lequel vous aurez étalé de la farce, et donnez une heure de bain-marie. Au moment de servir, renversez le moule sur un plat d'entrée et dressez autour 16 quenelles de perdreau, et saucez celles-ci seulement avec une espagnole réduite au fumet de perdreau. Les quenelles peuvent être remplacées par des filets de volaille, gibier ou poisson, suivant la nature de la timbale.

842. — TIMBALE DE MACARONI A LA ROMAINE.

Beurrez et panez un moule à timbale. Vous aurez préparé d'avance 500 gr. de pâte à foncer à l'italienne; abaissez-la en une bande ayant un peu plus de longueur que le diamètre du moule; parez les côtés et les bouts, abaissez les parures, dans lesquelles vous taillez un rond du diamètre du moule; placez-le au fond de celui-ci; mouillez les bords, déroulez la bande de pâte contre les parois du moule en la soudant avec le fond; soudez aussi les deux extrêmes, après les avoir humectées, et en les appuyant sur leur point de jonction; piquez la pâte pour faire sortir l'air comprimé, si des globules se présentaient à sa superficie; cette pâte ne doit avoir que 4 à 5 millim. d'épaisseur. Alors faites cuire 400 gr. de macaroni de Naples à l'eau de sel; égouttez-le et remettez-le dans la même casserole avec 1 décil. de demi-glace, un morceau de beurre, une pointe de muscade et 200 gr. de parmesan fraîchement râpé ; mêlez bien ces éléments ; versez-les dans la timbale ; recouvrez-la avec un rond de pâte réservée à cet effet et cuisez au four pendant trois quarts d'heure. Cinq minutes avant de servir, sortez la timbale du four, levez-en le couvercle et sortez une partie du macaroni ; versez en place un ragoût de crêtes, truffes et ris d'agneau, saucé avec une espagnole bien réduite ; recouvrez le ragoût avec un peu de macaroni et renversez la timbale sur un plat ; dressez autour 20 filets de grive sautés à la minute et légèrement masqués d'une sauce salmis.

843. — TIMBALE DE MACARONI A LA CRÈME.

Foncez un moule à timbale avec de la pâte fine très-mince ; une heure avant de servir, faites pocher 500 gr. de macaroni cassé en petites tiges de 5 à 7 centim. ; égouttez-le dès qu'il est atteint ; remettez-le dans la même casserole avec un morceau de beurre, 3 décil. de bonne béchamel et 125 gr. de parmesan fraîchement râpé ; mêlez bien le tout et versez dans la timbale que vous recouvrez avec un rond de pâte, appuyez bien sur les bords et poussez-la au four chaud. Au moment de servir, renversez la timbale, enlevez un couvercle en dessus ; saucez intérieurement avec de la béchamel et dressez sur le bord une couronne de filets mignons de volaille sautés à la minute et saucés d'une béchamel ; glacez le tour de la timbale et servez. — Cette timbale peut être décorée au moment avec du feuilletage à blanc, détaillé et cuit d'avance. Pour coller chaque fleuron, il faut les tremper d'un côté sur un petit peu de farce et les poser vivement contre la timbale ; la chaleur de la pâte suffit à cuire cette farce. On peut aussi cuire la timbale séparément du macaroni, c'est-à-dire à blanc, en procédant comme il est décrit plus bas pour la timbale de ravioles ; garnissez-la ensuite avec du macaroni préparé et fini au moment, mais alors sans l'ouvrir par le fond, et simplement en retirant le couvercle du côté où vous la renversez sur le plat.

844. — TIMBALE DE RAVIOLES AU PARMESAN. (Dessin n° 58.)

Détrempez une poignée de farine sur le tour avec une cuillerée à café de sucre en poudre, gros comme une noisette de beurre et 4 jaunes d'œufs ; pour obtenir une pâte très-ferme, abaissez-la de 2 millim. d'épaisseur et laissez-la raffermir. Beurrez grassement un moule à timbale, coupez la pâte que vous venez d'abaisser en bandes de 15 millim. de largeur, parez un bout en biais et placez ces bandes contre les parois du moule, en laissant 15 millim. de distance entre chacune (voyez le dessin n° 58) ; humectez la pâte avec un pinceau ; le décor est tout à fait facultatif. Maintenant abaissez 500 gr. de pâte fine à foncer en une bande de 5 à 6 millim. d'épaisseur ; parez cette bande de la hauteur du moule et longue un peu plus de trois fois son diamètre ; taillez un rond de la même pâte que vous placez au fond du moule ; appuyez légèrement dessus et mouillez le bord ; roulez la bande de pâte sur elle-même, placez-la debout dans le moule et déroulez-la le long des parois sans déranger le décor ; lorsque les deux bouts de la pâte se joignent, mouillez-en un et appuyez-les bien, ainsi qu'au fond, afin de les souder sans laisser de marque visible ; piquez le fond de la pâte et masquez-le avec un rond de papier beurré d'un côté ; opérez de même à l'égard des parois ; alors emplissez la timbale, soit avec de la farine, du son ou des pois secs. Le principal est de combler le vide afin de soutenir la pâte ; couvrez le dessus d'un rond de papier et poussez au four pour lui donner une belle couleur, ce dont vous pouvez juger en la renversant sur un petit couvercle ; dès qu'elle est à point, videz la farine, enlevez le papier, passez un pinceau sec dans l'intérieur de la timbale afin qu'il n'y reste plus de farine. Enlevez aussitôt au fond, sur le centre même, une abaisse ronde avec un coupe-pâte de 10 à 11 centim. de diamètre ; laissez ce couvercle à sa place et la timbale dans le moule pour la tenir chaude à la bouche du four. Vous aurez préparé à peu près 250 petites ravioles à l'italienne, de volaille ou gibier ; tenez-les sur des couvercles farinés ; cinq minutes avant de servir, faites-les pocher dans une grande casserole d'eau bouillante et salée, égouttez-les et versez-les dans un plat à sauter où vous aurez fait fondre 100 gr. de beurre ; ajoutez quelques cuillerées de glace et de sauce tomates ; si ce sont des ravioles à l'italienne, saupoudrez-les avec quelques poignées de bon parmesan et sautez-les sans les briser ; saucez légèrement avec de la bonne espagnole et emplissez-en la timbale ; renversez-la sur un plat d'entrée ; aussitôt renversée, enlevez-lui le couvercle coupé d'avance et rangez sur le dessus 2 ou 3 couronnes de ravioles conservées à cet effet et bien entières ; glacez la timbale et servez à part une demi-espagnole. Ces sortes de timbales se font aussi ovales de grande dimension, pour être garnies à la minute avec du macaroni, des nouilles, des lasagnes auxquelles on additionne différents ragoûts. Mais il est préférable de dresser le ragoût ou la garniture en dessus ou autour de la timbale, alors qu'elle est déjà dressée sur plat. Ce genre ressort plus de l'ordinaire ; le décor des timbales peut être varié à l'infini ; mais il est à remarquer que les gros ornements sont moins susceptibles de se déranger et font plus d'effet en ce que les deux nuances de la pâte sont plus distinctes.

845. — TIMBALE DE NOUILLES A LA MILANAISE.

Détrempez 500 gr. de pâte à dresser un peu ferme, divisez-la en parties grosses comme des œufs, saupoudrez légèrement le tour avec de la farine et roulez la pâte entre les mains et le tour en l'allongeant de la grosseur d'un macaroni ; quand toute la pâte est ainsi roulée, ayez un petit plat à sauter avec du beurre clarifié qui ne soit plus que tiède, trempez dedans un cordon, placez l'un des bouts au centre d'un moule à dôme et roulez le cordon tout autour en forme de colimaçon ; trempez un autre cordon dans le beurre, placez le bout à l'endroit où se termine le premier, et continuez ainsi à les monter autour du moule jusqu'à ce que vous arriviez à la hauteur des parois. Vous aurez abaissé très-mince une pâte à nouilles faite avec 8 jaunes d'œufs ; taillez cette pâte en filets très-fins de 4 centim. de largeur ; quarante minutes avant de servir, faites-les pocher pendant quelques minutes à l'eau de sel ; égouttez-les, remettez-les dans la même casserole avec 100 gr. de beurre et 100 gr. de fromage de Parme râpé, une pointe de sucre et muscade ; sautez-les, additionnez-leur des petites escalopes de volaille, truffes et langue, et de plus 2 décil. de velouté réduit ; le tout étant bien mélangé, versez les nouilles dans la timbale, recouvrez-la aussitôt avec un rond de pâte très-mince, faites-la cuire au four un peu chaud sur une chevrette ou dans un plat à sauter avec de la cendre dedans ; démoulez sur un plat d'entrée, glacez et servez avec une saucière de velouté à part.

846. — TIMBALE DE LASAGNES A LA GÉNOISE.

Foncez un moule à timbale avec de la pâte à dresser très-mince et fine en beurre ; emplissez-la de farine et cuisez-la comme il est indiqué pour la timbale de ravioles ; aussitôt cuite, videz-la et laissez-la dans le moule ; préparez 8 jaunes et 2 œufs entiers de pâte à nouilles très-ferme, abaissez-la le plus mince possible et détaillez-la en ronds avec un coupe-pâte de 8 centim. de diamètre ; il en faut de 25 à 30 ; saupoudrez-les de farine, placez-les par 5 superposés les uns sur les autres, passez dessus le rouleau en long et en travers afin de les obtenir plus minces et plus larges, rangez-les ensuite séparément sur le tour afin de les laisser sécher un peu. Pendant ce temps, émincez très-fin 250 gr. de champignons dits *boulets*; faute de ceux-ci, on emploie les champignons ordinaires que vous aurez épluchés et lavés ; placez une casserole sur le feu avec 50 gr. d'huile d'olive, autant de beurre, une petite gousse d'ail, une demi-feuille de laurier, romarin et basilic, ce dernier haché ; laissez frire un moment cet assaisonnement, retirez le laurier, l'ail et le romarin, mettez les champignons, laissez-les cuire jusqu'à ce qu'ils n'aient plus d'humidité, assaisonnez-les avec sel, poivre et muscade ; mouillez avec 1 décil. de sauce tomates et 2 de demi-glace ; après un moment de cuisson, retirez les champignons du feu et tenez-les au chaud ; quarante minutes avant de servir, faites bouillir une grande casserole d'eau avec un peu de sel ; faites blanchir le quart des lasagnes dans cette eau, retirez-les après une minute d'ébullition, placez-les dans une terrine d'eau tiède à l'aide d'une écumoire et égouttez-les aussitôt sur un tamis ; préparez de même les autres, puis égouttez et rangez-les les unes à côté des autres sur deux linges, saupoudrez-les avec du bon fromage de Parme râpé à la minute, qu'elles en soient bien recouvertes ; parez un peu les plus grandes afin qu'elles soient toutes du diamètre de l'intérieur de la timbale ; glacez celle-ci intérieurement, versez au fond une cuillerée à bouche de sauce et champignons, placez dessus un rond de lasagne, sur celui-ci encore des champignons et sauce, et ainsi de suite jusqu'à ce que la timbale soit pleine ; remettez-la au four doux pendant vingt minutes à peu près ; démoulez au moment sur un plat, glacez le dessus de la timbale, cernez la croûte sur le haut, afin que l'on puisse se servir facilement à la cuiller. Cette timbale peut être emplie à la minute avec des lasagnes coupées en rubans et finies comme des nouilles ; la timbale une

ENTRÉES CHAUDES ET GARNITURES.   293

fois dressée sur le plat peut être garnie avec des estomacs de grive ou des ortolans sautés au beurre à la minute et glacés. On sert en ce cas une sauce espagnole ou une sauce salmis à part.

847. — TIMBALE DE RIZ A L'ITALIENNE.

Beurrez grassement l'intérieur d'un moule à timbale; panez-le avec de la mie de pain très-fine, qu'il en soit bien recouvert; fouettez 3 œufs entiers avec sel, beurre fondu et parmesan râpé; versez ces œufs dans le moule pané, masquez-en bien les parois, retournez ensuite le moule pour le laisser égoutter et panez-le une seconde fois sur les œufs. Pendant ce temps, vous aurez fait cuire 500 gr. de riz de Piémont avec de bon bouillon. Après un quart d'heure de cuisson, il doit être à sec; finissez-le avec 100 gr. de fromage de Parme râpé, un peu de glace et un morceau de beurre. Versez alors le riz dans le moule et appliquez-le contre les parois en lui donnant 3 centim. d'épaisseur à peu près. Vous aurez également préparé un ragoût de crêtes, rognons de coq, champignons, foies de volaille, ris d'agneau et amourettes, le tout cuit et saucé avec une bonne espagnole réduite. Ce ragoût préparé, emplissez le vide que laisse le riz; recouvrez le moule avec un papier beurré sur lequel vous aurez étalé une couche du même riz; poussez la timbale au four, faites-lui prendre couleur pendant vingt-cinq minutes environ. Au moment de servir, retirez le papier et renversez la timbale sur un plat d'entrée; saucez légèrement au pied avec de l'espagnole réduite; envoyez une saucière à part.

848. — TIMBALE OU RISOT FARCI A LA PIÉMONTAISE.

Cuisez 600 gr. de riz de Piémont, comme il est indiqué au n° 199; finissez-le de même; glacez à la glace de viande l'intérieur d'un grand moule à timbale uni ou cannelé; versez le riz dedans, en l'appliquant contre les parois et en lui donnant 3 centim. d'épaisseur environ; garnissez l'intérieur, soit avec un ragoût à la financière, soit avec de petits poulets ou perdreaux sautés aux truffes blanches ou noires; recouvrez le dessus du ragoût avec du riz et laissez-le reposer quelques minutes à la bouche du four ou sur le banc. Dès que le riz est raffermi, renversez-le sur le plat et masquez légèrement sa surface ainsi que le fond du plat avec une espagnole réduite. On peut émincer des truffes blanches du Piémont sur la timbale une fois dressée; elles sont toujours bien accueillies des amateurs, car ces truffes, dans la saison, jouent un rôle aussi important que les truffes noires en France, c'est-à-dire qu'elles s'adaptent à tout.

849. — TIMBALE DE RIZ A LA PORTUGAISE.

Coupez des truffes noires en tranches minces, parez-les rondes et d'égale grandeur avec un petit coupe-pâte; beurrez un moule à timbale; garnissez le tour avec les ronds de truffes, que vous placez régulièrement en couronnes superposées; hachez 50 gr. de moelle de bœuf, mettez-la dans une casserole, que vous placez sur le feu avec le même poids de beurre et moitié d'un petit oignon haché. Dès que l'oignon est légèrement roussi, additionnez quelques tranches de jambon cru et 5 à 600 gr. de riz; laissez frire un peu le tout ensemble, puis mouillez avec du bouillon blanc de volaille, de manière à ce que le riz en soit recouvert du double de son épaisseur; laissez-le cuire pendant vingt minutes à peu près; touchez alors le riz; s'il était peu cuit, mouillez-le encore avec un peu de bouillon sans le remuer; dès qu'il est atteint à point, retirez le jambon, incorporez-lui 2 cuillerées de velouté, ainsi que les parures des truffes coupées en petits dés, et versez-le dans le moule; montez-le contre les parois et emplissez aussitôt le puits avec une émincée de filets de volaille et jambon cuit, saucée au velouté; recouvrez le ragoût avec du riz et laissez raffermir la timbale quelques minutes. Pendant ce temps, faites sauter 12 filets mignons de poulet que vous aurez bigarrés au jambon cuit; égouttez et glacez-les; démoulez la timbale sur le plat d'entrée; dressez les filets mignons en couronne sur le haut, et dressez au centre même un groupe de crêtes que vous saucez légèrement au velouté. Envoyez la même sauce à part.

850. — CHARTREUSES.

Les chartreuses ont été bien en vogue dans l'ancienne cuisine; comme tout le reste, elles ont subi quelques petits perfectionnements, grâce auxquels elles sont encore bien goûtées aujourd'hui. L'ancien système consistait à décorer les parois d'un moule à timbale avec des racines taillées, glacées et montées régulièrement autour et au fond d'un moule, puis à emplir le milieu avec des choux braisés et égouttés, et du gibier cuit dans ces mêmes choux. Cette entrée est très-élégante, mais elle a des inconvénients, et nous préférons les chartreuses montées dans un moule à bordure un peu haut. Celles-ci ont l'immense avantage sur les premières que leur garniture se dresse après avoir démoulé la bordure. Les chartreuses ainsi montées, quelle que soit leur composition, peuvent être saucées et garnies séparément, et, par conséquent, avec plus de bonté; les convives peuvent alors se servir avec beaucoup plus de facilité, sans que l'entrée perde de sa physionomie, ce qu'il est toujours difficile d'éviter avec l'ancien procédé; il est vrai qu'on peut objecter que ces chartreuses ressemblent un peu aux bordures, mais cela ne peut pas être un obstacle, car les avantages sont trop patents. Néanmoins, nous produirons les deux méthodes.

851. — CHARTREUSE DE PERDREAU A L'ANCIENNE. (Dessin n° 57.)

Taillez le rouge de 10 grosses carottes en lames de 7 millim. d'épaisseur; taillez la même quantité de lames de beaux navets; parez-les carrément; blanchissez-les séparément pendant quelques minutes dans l'eau bouillante et salée; égouttez-les et placez-les dans deux casseroles avec de bon bouillon blanc, une pointe de sucre et beurre; couvrez et faites-les partir en plein fourneau, afin que le fonds réduise vivement; versez-les dans 2 terrines différentes et couvrez-les de ronds de papier pour les laisser refroidir. Maintenant, beurrez un moule hexagone de 18 centim. de diamètre sur 12 de haut, garnissez-le intérieurement avec du papier beurré; égouttez les carottes et navets sur une serviette, coupez-les en carrés que vous montez contre les parois du moule, dans le genre que représente le dessin. Observez que les carrés de légumes doivent arriver juste dans les angles du moule. On peut aussi monter cette chartreuse avec des racines coupées en petites colonnes, comme elles sont indiquées pour les petites chartreuses, ou en rouelles superposées dans le genre de la bordure représentée au dessin n° 44. Lorsque les légumes sont montés régulièrement jusqu'aux bords du moule, masquez-les avec une couche mince de farce à quenelles, et tenez le moule au frais. Vous aurez coupé en quartiers et blanchi 3 ou 4 choux frisés; à cause de leur irrégularité de grosseur, on ne peut au juste en préciser le nombre; ce qu'on peut dire, c'est qu'ils diminuent beaucoup à la cuisson. Lorsqu'ils sont blanchis à fond, égouttez et rafraîchissez-les après les avoir pressés, masquez-les dans une casserole forte que vous aurez foncée avec des débris de lard et quelques lames de jambon; assaisonnez-les d'un bouquet de persil garni, d'une feuille de laurier, d'un oignon piqué avec 3 clous de girofle et quelques grains de poivre; mouillez-les jusqu'à leur hauteur avec du bon fonds, auquel vous ajouterez encore du bon dégraissis; recouvrez-les d'un rond de papier et faites-les cuire doucement pendant trois heures au moins; au bout d'une heure et demie, enfoncez en dessous des choux 4 perdreaux un peu résistants, troussés pour entrée, et continuez la cuisson de manière à ce que le mouillement soit presque arrivé à glace. Alors que les perdreaux sont cuits à ce point, versez le tout sur un tamis; retirez tous les fragments de lard et jambon, ainsi que le bouquet et l'oignon, et pressez les choux dans un linge pour en faire sortir la graisse; levez les filets des perdreaux et les cuisses pour les parer, en leur laissant le moins d'os possible; alors emplissez le moule foncé de légumes, d'abord avec les choux tout autour, puis avec les membres des perdreaux; appuyez-les avec un petit couvercle de casserole, afin qu'ils soient bien pressés; placez le moule au bain-marie bouillant, dans lequel vous le maintenez pendant une demi-heure; cinq à six minutes avant de servir, renversez le moule sur un plafond et laissez égoutter la graisse en plaçant la pointe d'un couteau en dessous pour mieux faciliter l'écoulement. Renversez ensuite la chartreuse sur le plat d'entrée et enlevez le moule; garnissez alors le tour supérieur de la chartreuse avec une bordure de petits choux de Bruxelles bien verts, sautés au beurre, et entourez le pied avec une jolie couronne d'oignons glacés. Pour le service à la française, il faut piquer sur la chartreuse un hâtelet de légumes garni dans le genre du dessin n° 21, ce qui produit bon effet. Servez à part une saucière d'espagnole à l'essence de racines.

852. — CHARTREUSE DE CAILLE A LA MODERNE.

Enlevez à la colonne des petites tiges de carottes et navets d'un centim. de diamètre sur 2 ou 3 centim. de longueur et 7 à 8 millim. d'épaisseur, en n'employant que les parties rouges des carottes; taillez-en aussi

ENTRÉES CHAUDES ET GARNITURES.

en plus petite quantité, mais un peu plus épaisses, pour être émincées en liards; faites cuire et refroidir ces légumes séparément, d'après le principe décrit ci-dessus. Beurrez un grand moule uni à bordure de 7 à 8 centim. de hauteur, garnissez le fond avec des carottes et navets émincés, que vous rangez en couronne; dressez contre les parois du moule des tiges de carottes, en les rangeant debout et légèrement inclinées d'un côté. Lorsque vous aurez fait le tour du moule, placez dessus un rang de tiges de navets inclinées en sens inverse et terminez par un rang de carottes; alors masquez ces légumes avec une couche mince de farce à quenelles, et emplissez le vide de la bordure avec des choux frisés, que vous aurez blanchis, braisés et bien épongés de leur graisse; couvrez le dessus de la bordure avec un rond de papier beurré et placez-la dans une casserole pour la tenir chaude au bain-marie, une demi-heure avant de servir; on peut aussi emplir cette bordure au moment avec des choux bien chauds, et la tenir quelques minutes à la bouche du four pour servir de suite. Vous aurez troussé et bardé 12 cailles; faites-les braiser vivement dans une casserole avec un peu de bon fonds, lames de jambon cru, bouquet garni et 1 décil. de madère; couvrez-les d'un rond de papier. Aussitôt cuites, débridez-les et glacez-les à la bouche du four, ainsi que 8 petites laitues braisées d'avance. Au moment de servir, démoulez la bordure sur un plat d'entrée et emplissez le puits avec une macédoine de petits légumes printaniers; dressez 8 cailles sur le bord, en mettant une laitue entre chacune; versez encore un peu de macédoine au milieu et dressez les 4 autres cailles debout sur le centre : un hâtelet fait très-bien sur cette entrée. Pour cela faire, il faut, avant de dresser, coller au milieu du plat une petite colonne en pain frit, sur laquelle vous le piquez lorsque l'entrée est dressée. Ce hâtelet doit être en légumes, dans le genre représenté par les dessins du n° 22. Servez à part une saucière d'espagnole, dans laquelle vous aurez réduit le fonds des racines.

853. — CHARTREUSE DE RIS DE VEAU AUX PETITS POIS.

Taillez des carottes et navets avec un tube de la boîte à colonne de 2 centim. de diamètre; faites-les glacer séparément et laissez-les refroidir; égouttez-les sur un linge et coupez-les transversalement en rouelles de 4 millim. d'épaisseur; beurrez grassement un moule à bordure un peu haut; rangez au fond, en appuyant contre les parois, une couronne de ronds de carottes superposés à moitié les uns sur les autres; servez-vous d'une lardoire pour les placer plus facilement; cette couronne terminée, dressez-en une autre dessus en ronds de navets, que vous rangez en sens contraire, et ainsi de suite : un rang de carottes, un de navets jusqu'aux bords du moule; soutenez intérieurement ces légumes avec une couche mince de farce, et finissez d'emplir le moule avec des laitues braisées et bien pressées, ou bien avec une purée de pommes de terre à la crème, à laquelle vous additionnez 6 jaunes d'œufs; en ce dernier cas, la farce devient inutile. Vingt-cinq minutes avant de servir, placez le moule au bain-marie; couvrez-le d'un papier beurré et tenez la casserole sur l'angle du fourneau ou à la bouche du four. Vous aurez blanchi 6 ris de veau d'égale grosseur; dès qu'ils sont fermes, parez-les et roulez-les dans un linge mouillé; ficelez-les fortement pour leur donner une forme allongée et laissez-les refroidir; déballez-les ensuite pour les piquer avec du lard fin, puis les braiser. Au moment de servir, démoulez la chartreuse sur un plat d'entrée, au centre duquel vous aurez collé une petite colonne en pain frit; emplissez le puits et cachez le pain avec des petits pois préparés à la française; dressez les 6 ris de veau sur la bordure, en laissant une distance égale entre eux : chaque ris de veau doit être coupé en trois parties, mais maintenu dans sa forme; placez entre chaque ris une crête imitée en langue à l'écarlate; piquez un hâtelet de légumes sur le milieu; sauce veloutée à part. — On sert aussi les ris de veau coupés en grosses escalopes, cloutés, glacés et dressés en couronne sur le bord de la chartreuse. Les ris d'agneau se préparent de même. Les ris peuvent être remplacés par des filets de volaille ou gibier, des ailerons glacés ou ballottines de volaille.

854. — CHARTREUSE D'ESCALOPES DE DINDE A LA CHICORÉE.

Beurrez un grand moule à bordure un peu haut; vous aurez blanchi et glacé des ronds de carottes de 4 centim. de diamètre sur 1 d'épaisseur; videz chaque rond avec un coupe-pâte de 2 centim. de diamètre; emplissez ce vide avec un rond de truffe de même dimension et rangez-les à plat contre les parois du moule; placez-en 2 couronnes l'une sur l'autre; emplissez les intervalles avec des épinards bien pressés, hachés, passés au beurre et liés avec un jaune d'œuf et un peu de glace; finissez d'emplir le moule avec de la chicorée réduite à la béchamel très-serrée, à laquelle vous additionnez 8 jaunes et un œuf entier; couvrez d'un papier beurré et donnez une heure de bain-marie; retirez du feu cinq minutes avant de servir, afin que la chicorée se raffermisse. Vous aurez escalopé 2 filets de dinde cuits au moment, ainsi que quelques truffes et champignons; saucez-les avec une sauce allemande ou béchamel et tenez-les au chaud; démoulez la chartreuse et dressez les escalopes dans le puits; rangez sur la bordure une couronne de champignons tournés et glacés; placez un rond de langue écarlate entre chacun; glacez les légumes et servez.

855. — CHARTREUSE DE FILETS DE PIGEON A LA CHANTILLY.

Taillez des carottes et navets en filets d'un centim. carré sur 7 à 8 centim. de long; cuisez et glacez-les séparément, égouttez-les sur un linge; beurrez grassement un moule à bordure uni de 8 centim. à peu près de hauteur; dressez les filets de carottes et de navets debout contre les parois, par le même procédé que l'on monte habituellement les charlottes russes avec des biscuits; emplissez aux trois quarts le moule avec de la farce à quenelles un peu ferme; appliquez cette farce contre les légumes et le cylindre du moule, afin de laisser au milieu un vide que vous emplissez avec un salpicon de foies gras et champignons, saucé à l'espagnole; recouvrez d'un rond de papier beurré et masquez de farce; donnez une demi-heure de bain-marie et démoulez au moment sur un plat d'entrée; emplissez le puits avec de petits bouquets de choux farcis, braisés et bien égouttés; dressez sur le haut de la chartreuse une couronne de 14 filets de pigeon sautés à la minute et saucés avec une bonne espagnole; placez entre chaque filet une escalope de maigre de jambon cuit, paré et glacé; entourez le bas de l'entrée avec une bordure de petites croquettes de pommes de terre, grosses comme des noix; glacez les légumes et les choux. Servez de l'espagnole dans une saucière. — Le puits de la chartreuse peut être empli de pigeons en compote ou de tendrons glacés.

856. — CROUTES DE VOL-AU-VENT.

Pour un vol-au-vent d'entrée, préparez 750 gr. de pâte feuilletée d'après les règles indiquées dans le chapitre des *détrempes* ; donnez-lui 6 tours, d'intervalle en intervalle; en dernier lieu, abaissez le feuilletage de l'épaisseur de 2 centim. environ, laissez-le reposer quelques minutes, ensuite appliquez contre sa surface un couvercle de casserole ou un moule à flanc des dimensions exactes dont vous voulez obtenir le vol-au-vent; maintenez-le bien sur la pâte, et avec un petit couteau, taillez tout autour, en observant que la coupure des bords soit très-sensiblement en biais, c'est-à-dire que le diamètre du fond de l'abaisse se trouve plus large que celui de dessus de quelques millimètres. Cette précaution a pour but de faire d'avance la part du feu et compenser la réduction forcée que la pâte subit à la cuisson. Cela fait, renversez l'abaisse sur un plafond avec tous les soins et l'agilité que réclame le maniement du feuilletage arrivé à ce degré; alors appuyez tout autour du vol-au-vent le dos d'un couteau, afin de lui laisser une petite empreinte de distance en distance, et dorez entièrement sa surface à quelques millimètres des bords, afin que l'œuf ne coule pas contre les parois, ce qui nuirait évidemment à son ascension. Aussitôt taillé et doré, il faut le cerner, le piquer, le rayer et le pousser au centre du four, bien atteint, mais tombé à point. Essayez le four avec un morceau des parures, afin de vous rendre bien compte de son degré de chaleur. Un point essentiel, c'est de ne pas l'ouvrir du tout pendant la première période de sa cuisson, c'est-à-dire avant un quart d'heure : l'ouverture du four se fait toujours au détriment du vol-au-vent lui-même. Il ne s'agit pas de ne pas l'ouvrir du tout, mais simplement de l'ouvrir à temps et alors que l'air froid ne peut plus exercer une grande influence sur lui; il faut néanmoins surveiller le vol-au-vent de manière à ce qu'il se colore d'une teinte régulière. S'il se colore plus d'un côté que de l'autre, il faut ou le changer de place ou le couvrir de feuilles de papier; dès qu'il est cuit, il faut le sortir du four, enlever vivement le couvercle et retirer la pâte intérieure restée à l'état humide, car son propre poids entraîne souvent l'affaissement de la croûte; placez celle-ci sur un linge ou sur un tamis. Les vol-au-vent doivent être poussés au four de manière à ce que leur cuisson concorde avec le moment du service; un vol-au-vent mangé aussitôt cuit est de plus belle physionomie et de meilleur goût :

les amateurs savent parfaitement en faire la différence. Aussitôt vidé, poussez-le quelques secondes au four, simplement pour ressuyer la pâte intérieure non atteinte par l'action du feu, et glissez-le sur plat; garnissez-le avec le ragoût ou les garnitures qui lui sont destinées. On ne sert jamais le couvercle du vol-au-vent.—Quant aux vol-au-vent cannelés, ils sont d'un joli effet, mais aussi d'un résultat plus incertain. Pour les tailler, on opère absolument comme nous venons de le dire, avec cette modification qu'une fois le couvercle posé sur l'abaisse, on festonne le tour avec un petit couteau, en tenant les cannelons très-réguliers; il convient même dans ce cas de couper également la pâte en biais. Renversez-le sur un plafond, piquez, dorez et cernez-le pour le cuire avec les soins voulus. — Les vol-au-vent ovales pour relevés ne diffèrent de ceux-ci que par la forme; s'ils sont d'une forte dimension, il faut procéder différemment. On taille d'abord une large abaisse ovale d'un centimètre d'épaisseur qu'on place sur un plafond; on humecte légèrement les bords de la surface, et on applique à l'endroit humide, tout autour de l'abaisse, une bande de 8 à 10 centim. de large sur 1 à peu près d'épaisseur; on la déploie régulièrement aux contours de l'abaisse première; humectez pour l'appuyer et soudez attentivement les deux bouts, en les faisant poser l'un sur l'autre; puis dorez et cuisez d'après les règles ordinaires.

857. — VOL-AU-VENT A LA MARINIÈRE. (Dessin n° 66.)

Marquez dans un plat à sauter 12 belles escalopes de filets de sole, que vous faites cuire avec un peu d'eau d'huîtres, beurre et jus de citron; pochez 12 moyennes quenelles de merlan au beurre d'écrevisse, autant de foies de lotte et une petite queue de homard, ces deux derniers escalopés; égouttez ces garnitures et placez-les dans un sautoir avec quelques truffes émincées, huîtres blanchies et parées; saucez-les avec quelques cuillerées de sauce normande. Au moment de servir, dressez-les avec soin dans une croûte de vol-au-vent préparée comme il est décrit ci-dessus et bien chaude; garnissez le dessus avec 4 bouquets de queues de crevette et 4 d'huîtres, que vous séparez chacun avec une belle moitié de laitance, et dressez sur le milieu un bouquet de truffes; glacez le tout, ainsi que la surface de la croûte. Servez une sauce normande à part.

858. — VOL-AU-VENT A LA NESLE.

Préparez une croûte de vol-au-vent, que vous tenez chaude; au moment de servir, emplissez l'intérieur avec des quenelles de volaille pochées à la minute et saucées avec une allemande réduite à l'essence de champignons; ajoutez au-dessus, pour couronnement, un beau bouquet composé de crêtes, rognons de coq et champignons; dressez toutes ces garnitures avec ordre; glacez la crête et envoyez une saucière à part.

859. — VOL-AU-VENT A LA PATISSIÈRE.

Ayez 4 ris de veau blanchis et coupés transversalement en lames; cuisez-les doucement dans 4 ou 5 décil. de sauce madère peu liée; ajoutez, à moitié de leur cuisson, des champignons tournés, des truffes épluchées et coupées en lames crues; 10 minutes avant de servir, additionnez à ce ragoût 18 crêtes cuites bien blanches, 12 foies de volaille blanchis et parés, quelques queues d'écrevisse, 18 quenelles de godiveau roulées à la farine et pochées d'avance; couvrez la casserole, laissez jeter quelques bouillons et dressez avec soin ces garnitures dans le vol-au-vent; saucez avec modération et placez au dessus 16 belles écrevisses, auxquelles vous enlevez les pattes, et épluchez les queues sans les détacher des coffres. Ces écrevisses doivent être bien chaudes et glacées. Placez sur le milieu un petit ris de veau piqué et glacé; glacez également la partie supérieure de la croûte; envoyez une saucière à part.

860. — VOL-AU-VENT DE MORUE A LA PROVENÇALE.

Choisissez un kilog. à peu près de bonne morue, bien blanche, taillée dans les parties les plus épaisses, et surtout bien dessalée; en dehors de ces conditions, on n'obtient qu'un ragoût médiocre et sans qualités appréciables. Distribuez cette morue en moyens carrés que vous placez dans une casserole largement mouillée à l'eau froide; placez-la sur feu pour l'amener graduellement à l'ébullition; aussitôt qu'elle est prête à se développer, retirez la casserole du feu, couvrez et laissez-la ainsi dix minutes à peu près; ce temps écoulé, égouttez la morue sur un tamis et de là sur un linge; prenez les morceaux un à un pour en retirer toutes les épines, sans séparer les peaux, dont le mucilage est nécessaire; placez-les à mesure dans une casserole où vous aurez fait revenir à l'huile une cuillerée d'oignon bien haché et une feuille de laurier. Cela fait, chauffez légèrement la casserole, et avec une spatule, broyez strictement la morue jusqu'à ce qu'elle soit réduite en pâte. Pendant ce travail, vous lui additionnez de temps en temps quelques cuillerées d'huile d'olive et lui donnez insensiblement la souplesse et l'élasticité d'une mayonnaise, en même temps qu'une extrême blancheur; ces qualités ne s'obtiennent qu'à force d'un travail vigoureux et persistant, mais surtout avec le concours de la bonne morue; elle ne prend du corps que par le maniement et l'addition simultanée de l'huile, avec quelques gouttes de jus de citron. Pour cette quantité de morue, il faut à peu près 5 décil. d'huile; mais en somme la quantité de cette dernière n'est pas limitée, attendu que certaines qualités de morue en absorbent plus ou moins, et que plus la pâte est travaillée, plus elle est susceptible d'en comporter. Ce qu'il faut cependant éviter avec soin, c'est d'en introduire trop à la fois; dans ce cas, l'appareil tournerait exactement comme une mayonnaise, et l'opération serait imparfaite, si on n'y remédiait; en cette situation, le jus de citron peut lui faire reprendre le corps nécessaire; en dernier lieu, finissez l'appareil par une addition de quelques cuillerées de crème double, une cuillerée de persil haché, une pointe d'ail, muscade et sel, si le besoin s'en faisait sentir. Traitée d'après ce principe, la morue se transforme en un aliment savoureux et très-appétissant. A ce point, chauffez-la à point et garnissez-en la croûte du vol-au-vent bien chaude. On peut dresser en dessus une couronne de petites quenelles au beurre d'écrevisse. — Pour la préparation de la morue à la Béchamel, on la blanchit dans les conditions indiquées; on retire les peaux et les arêtes pour la diviser en feuillets qu'on mouille à la minute avec une bonne sauce à la crème finie au moment. Dans ces conditions, elle peut aussi être servie dans une croûte de vol-au-vent.

861. — PATÉS CHAUDS.

Il y a plusieurs manières de préparer les pâtés chauds. D'abord, on peut cuire séparément la croûte et la garniture au moment, de même qu'un vol-au-vent, ou alors on emplit la pâte à cru, à l'égal des pâtés froids. Cette dernière méthode ne peut guère s'appliquer à une garniture délicate, mais elle remplit bien le but pour certains pâtés de volaille, gibier et poisson à l'ancienne. Les pâtés chauds se montent à la main, d'après les procédés décrits pour les pâtés froids, ou dans des moules à pâtés; nous préférons ce dernier moyen; ces pâtés étant plus évasés, la garniture est moins entassée et plus apparente; les convives se servent aussi plus facilement. La croûte des pâtés chauds est rarement entamée, ce qui ne veut pas dire qu'elle n'est pas mangeable; mais son but principal est de soutenir une garniture qui serait de pauvre apparence si elle était simplement dressée sur un plat. — Les différentes manières de dresser les pâtés sont décrites au chapitre du *Froid*, ce qui nous permet de ne les traiter que succinctement dans celui-ci.

862. — CROUTE DE PATÉ CHAUD.

Détrempez 1 kilog. de pâte à dresser; laissez-la reposer; beurrez un moule à pâté de forme basse et bien évasée; rangez-le sur un petit plafond sur lequel vous aurez placé un rond de papier beurré; formez avec la

---

SOMMAIRE DE LA PLANCHE N° 10.

N° 67. — Côtelettes de pigeon à la Noaille, en croustade.
N° 68. — Croustade taillée en riz ou en pain.
N° 69. — Crépinettes de lapereau à la Favorite.
N° 70. — Double croustade en riz taillée à froid.
N° 71. — Pâté chaud à la financière.
N° 72. — Croustade de pain en plusieurs pièces.

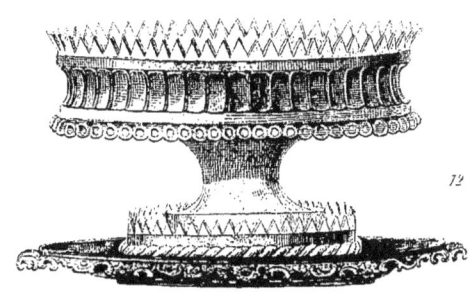

pâte à dresser une abaisse ronde de 2 centim. d'épaisseur; relevez les bords de la pâte en les passant tour à tour entre les deux mains, pour les resserrer insensiblement; le point essentiel est qu'il n'y ait aucun pli apparent à l'extérieur; lorsque la pâte est montée en forme de caisse ronde et droite, introduisez-la dans le moule, appuyez-la contre les parois et le fond, afin qu'elle en prenne bien la forme; remontez-la de 2 centim. plus haut que le bord du moule; rognez droit les bords saillants, pincez-les avec précision et décorez-les en dedans avec des petits ronds de pâte enlevés à la boîte à colonne, et collés l'un contre l'autre après les avoir humectés; garnissez le fond d'un rond de papier et les parois avec deux bandes ciselées, afin qu'elles prennent bien les contours de la pâte; emplissez la caisse avec de la farine, dorez la crête et poussez au four un peu vif. Dès que la pâte supérieure commence à prendre couleur, enveloppez-la avec une bande de papier beurrée, que vous maintenez avec un tour de ficelle; couvrez-la avec un rond de papier et laissez-la cuire pendant une heure à peu près; sortez-la alors pour retirer la farine et le papier de l'intérieur; enlevez le moule et dorez la pâte pendant qu'elle est encore chaude, faites-la ressuyer une minute à la bouche du four, placez-la ensuite sur un plat d'entrée, pour qu'il n'y ait plus qu'à la chauffer et l'emplir avec la garniture destinée. On monte aussi ces croûtes à la main en employant la pâte à dresser à l'anglaise. On fonce également ces moules en deux pièces, comme les timbales, c'est-à-dire au moyen d'une bande et d'un rond qui forment les parois et le fond.
— Les timbales en pâte à dresser se servent avec toutes les garnitures qui s'appliquent aux pâtés chauds; nous mentionnons ici cette remarque pour éviter les répétitions; on les garnit de même avant ou après leur cuisson; la différence est toute dans la forme et la manière de les garnir. Pour les timbales, les plus belles garnitures doivent être placées au fond, attendu qu'on les sert renversées, et que c'est par le fond qu'on les ouvre.

863. — PÂTÉ CHAUD A LA FINANCIÈRE. (Dessin n° 71.)

Foncez un moule à pâté chaud dans les conditions décrites ci-dessus; cuisez et tenez-le au chaud. Ayez une riche garniture, composée avec 12 belles crêtes, 1 foie gras ou quelques foies de poularde poêlés et escalopés, 4 petits ris de veau bien ronds, cloutés de truffes et glacés, truffes et champignons cuits et tournés; 4 belles écrevisses, dont les queues auront été épluchées, puis enfin 1 douzaine de quenelles, dont 4 seront décorées avec langue ou truffes. Au moment de servir, ayez toutes ces garnitures, préparées chacune suivant leur exigence, et maintenez-les au chaud; tenez également au bain-marie une bonne sauce espagnole financière; alors placez la croûte de pâté dans le plat d'entrée; égouttez toutes les garnitures; réservez les écrevisses, les quenelles décorées, les ris de veau et une truffe entière, la plus belle, que vous tenez de côté; dressez dans la croûte les autres éléments; divisez et rangez-les avec soin, par couches que vous saucez à mesure, en donnant autant que possible de l'élévation à ces garnitures, afin qu'elles montent au-dessus du niveau de la croûte, en forme de dôme. Quand elles sont ainsi dressées, rangez en dessus les 4 écrevisses en croix, entre chacune desquelles vous placez un ris de veau coupé en deux; placez les 4 quenelles décorées au-dessus, et sur le haut du dôme la truffe; glacez les ris, la truffe et la croûte. Envoyez la sauce à part. — Cette garniture peut toujours être modifiée suivant les ressources du cuisinier; les écrevisses, entre autres, ne sont pas de rigueur; quelques queues peuvent les remplacer avec avantage.

864. — PÂTÉ CHAUD DE MAUVIETTES AUX TRUFFES.

Marquez 600 gr. de godiveau aux fines herbes; flambez 36 mauviettes et désossez-les comme pour galantine; étalez-les à mesure sur une serviette, saupoudrez-les de sel fin; placez sur chacune d'elles une lame de truffe que vous recouvrez d'une couche de godiveau; rejoignez les peaux de chaque mauviette pour leur faire reprendre leur forme première; ouvrez les carcasses pour retirer les foies et les intestins que vous passez au beurre avec quelques parures de truffes, sel et épices; passez-les au tamis et mêlez cette purée avec ce qui reste du godiveau; beurrez un moyen plat à sauter, étalez au fond ce godiveau en couche mince; rangez les mauviettes dessus, les unes à côté des autres, appuyez-les légèrement afin qu'elles enfoncent un peu dans la farce, glacez-les et couvrez-les de bandes de lard minces et d'un papier beurré; vingt minutes avant de servir, faites-les cuire à four chaud; dix minutes après, retirez le papier et le lard, glacez-les entièrement et poussez-les encore une seconde au four; égouttez ensuite la graisse et retirez la moitié des mauviettes sur un petit plafond; rangez les autres, ainsi que la farce, dans une croûte à pâté bien chaude; saucez-les avec modération et dressez sur celle-ci l'autre moitié en couronne, dans le milieu de laquelle vous dressez une garniture de petites truffes rondes cuites dans une bonne espagnole réduite au fumet de mauviette; servez de la même sauce dans une saucière à part. On peut garnir le pâté à cru avec les mauviettes et le cuire au four pendant une heure et demie. Le procédé que nous venons de décrire est préférable, en ce que les mauviettes cuisent plus promptement et sont par ce seul fait bien plus succulentes; les cailles, grives, ortolans et autres petits gibiers se préparent de même; la seule différence est dans le temps de cuisson; les truffes peuvent être remplacées par des champignons ou des morilles.

865. — PATÉ CHAUD DE LEVRAUT A L'ANCIENNE.

Dépecez 3 petits levrauts par membres, séparez les plus beaux morceaux, c'est-à-dire ceux des reins et le gras des cuisses; enlevez les chairs des parties restantes, parez et pilez-les avec la même quantité de maigre de veau pour en faire un godiveau; montez un pâté rond, à la main ou dans un moule; masquez le fond et les parois intérieures avec les trois quarts de la farce; faites sauter les membres de levraut sur un feu vif avec 60 gr. de lard râpé et autant de beurre, une échalote hachée, champignons et truffes également hachés; assaisonnez avec sel, poivre et épices; dès que les chairs sont raffermies, égouttez la graisse et mouillez avec une cuillerée de glace. On peut laisser refroidir ces viandes, mais il vaut mieux garnir le pâté et le cuire du même coup; pendant qu'elles sont encore chaudes, versez les fines herbes dessus, recouvrez ces viandes avec la farce restante, placez sur le dessus du pâté une feuille de laurier et une lame ronde de lard; recouvrez le tout avec une abaisse de pâte préparée d'avance, pour en faire un couvercle; pincez le tour, dorez le pâté et poussez-le au four pour l'y tenir pendant une heure et demie à peu près; couvrez le dessus d'un fort papier dès que la pâte a pris assez de couleur. Au moment de servir, levez le couvercle du pâté, retirez le lard, le laurier et toute la graisse; soulevez un peu les membres avec la pointe d'un couteau et saucez légèrement avec une espagnole réduite au fumet de levraut; même sauce à part. On prépare de même les pâtés de lapereau, caille, perdreau, bécasse, pigeon et volaille. Quelques truffes coupées en morceaux peuvent être additionnées aux préparations ou simplement avec la sauce.

866. — PATÉ CHAUD DE PIGEON A L'ANGLAISE (PIGEON-PIES).

Videz et flambez 4 beaux pigeons ou 6 plus petits; coupez-les en quatre parties, retirez les os autant que possible, ainsi que les pattes et ailerons. Ayez un plat creux en faïence ou en porcelaine anglaise, qui puisse supporter la chaleur du four; foncez-le avec quelques tranches minces de jambon cru, rangez les quartiers de pigeon dessus, les cuisses au fond, saupoudrez-les de sel et poivre ou cayenne; placez dessus 4 œufs durcis et coupés en quartiers; mouillez avec un demi-décil. de bon jus très-corsé, dorez le bord du plat et collez dessus une bande de feuilletage auquel vous aurez donné 10 tours; dorez le dessus de cette bande et recouvrez le tout avec une abaisse de la même pâte à laquelle vous aurez donné 5 à 6 millim. d'épaisseur; soudez-les bien ensemble et taillez-les à niveau des bords du plat; appuyez la pâte avec le pouce gauche et faites vivement une entaille avec le couteau perpendiculairement placé, en l'élevant de bas en haut, afin que le pâté se trouve correctement cannelé et d'une façon tout originale. Maintenant disposez sur la surface du plat une rosace formée avec 8 losanges de feuilletage, dorez et cuisez au four à chaleur modérée, pendant une heure à peu près; couvrez le dessus d'un rond de papier; sitôt qu'il commence à prendre couleur, retirez-le, dressez-le sur plat et servez. On fait aussi ces pâtés avec de la volaille, de grosses escalopes de filets de bœuf, de veau et des filets de mouton; la manière de procéder est la même.

867. — PATÉ CHAUD A L'ITALIENNE.

Préparez une croûte de pâté chaud comme elle est décrite au n° 853; faites braiser et glacer 7 petites paupiettes de veau; marquez 7 grives dans une casserole avec beurre et jambon cru coupé en dés, qu'elles soient prêtes à être sautées dix minutes avant de servir ; placez dans une casserole des crêtes déjà cuites, truffes noires coupées en tranches, champignons, foies de volaille, ris d'agneau et amourettes de veau poêlées ; mouillez avec une suffisante quantité d'espagnole réduite au vin de Marsala, et laissez mijoter doucement pendant une demi-heure ; ajoutez de petites quenelles déjà pochées et versez ce ragoût dans la croûte bien chaude, dressez en dessus les 7 grives et les 7 paupiettes ; après les avoir parées, saucez-les légèrement et placez au milieu quelques petites truffes tournées.

868. — PATÉS CHAUDS DE POISSON.

Les pâtés chauds de gros poissons se font souvent cuire dans la pâte, tels qu'ils sont décrits pour être servis froids ; on supprime seulement le lard et le jambon. La farce doit toujours être de celle dite à *quenelles*, maigre et très-ferme, à laquelle on incorpore des truffes hachées ou des fines herbes. Pour servir ces pâtés, il suffit de lever le couvercle, de les bien dégraisser, les garnir et les saucer légèrement avec une sauce brune ou blanche adaptée à la qualité des poissons.

869. — PATÉ DE FILETS DE MERLAN SAUCE AUX HUITRES.

Levez les filets de 12 petits merlans bien frais, retirez les peaux et parez-les carrément sur leur largeur ; avec les parures, les filets et les foies de 4 rougets, préparez une petite farce à quenelles au beurre d'écrevisse ; lorsqu'elle est passée, additionnez-lui quelques cuillerées à bouche de fines herbes aux champignons ; salez les filets de merlan, étalez sur chacun une couche mince de la farce que nous venons de décrire et roulez les filets sur eux-mêmes en forme de petites paupiettes ; maintenant, masquez le fond et les contours d'une croûte en pâte crue avec le reste de la farce ; garnissez l'intérieur avec les filets de merlan et quelques grosses lames de truffes ; masquez le dessus avec de la farce, ajoutez une demi-feuille de laurier ; couvrez le pâté avec une abaisse de pâte de 1 centim. d'épaisseur, soudez-la sur les bords que vous pincez ensuite ; dorez, poussez et tenez-le au four pendant une heure un quart. Lavez les têtes et arêtes de poisson à l'eau tiède, marquez-les dans une casserole foncée avec beurre, oignon et carottes émincées, un bouquet de persil garni et quelques parures de champignons, mouillez avec un verre de sauterne, placez la casserole sur un feu ardent ; lorsque le mouillement est réduit presque à sec, mouillez de nouveau avec 4 décil. d'eau ; laissez cuire doucement pendant vingt minutes ; passez ce fonds à la serviette et dégraissez-le. Blanchissez 4 douz. d'huîtres dans leur eau et vin blanc ; égouttez-les avant qu'elles soient en ébullition ; parez-les et marquez-les à mesure dans un petit bainmari ; réduisez 5 décil. de velouté avec l'essence de poisson et une partie de l'eau des huîtres ; dès que cette sauce est assez consistante, passez-la à l'étamine sur les huîtres et tenez-la au bain-marie ; lorsque le pâté sera cuit, posez-le sur son plat, levez le couvercle et dégraissez le dessus ; amalgamez gros comme une noisette de beurre à la sauce, versez-en sur le pâté avec une partie des huîtres et servez le reste dans une saucière. Pour obtenir cette sauce brune, il faut substituer l'espagnole au velouté. On fait de même des pâtés avec toutes les espèces de poissons dont les chairs ne contiennent pas de petites arêtes. La sauce aux huîtres peut être remplacée par une sauce aux écrevisses, au homard, aux crevettes, ou bien une sauce matelote, madère, italienne, périgueux, etc. Les sauces pour 7 poisson peuvent toujours être beurrées au moment.

870. — PATÉ DE POISSON A LA RUSSE (KULIBIAKA).

On emploie en Russie, pour faire des pâtés, différentes sortes de poissons, entre autres le *soudac*, le saumon et la truite. La chair du premier de ces poissons est très-délicate et convient parfaitement. On vend aussi en Russie des espèces de nerfs secs de poisson appelés *wissiga*. On les fait tremper dans l'eau froide, puis cuire à l'eau bouillante pendant deux heures à peu près, pour les hacher ensuite ; cette addition n'est pas indispensable, mais elle caractérise ces pâtés. La pâte est dans le genre de celle à brioche. Elle est décrite au chapitre des *Détrempes*. On peut la remplacer par du feuilletage peu beurré, auquel on additionne quelques jaunes d'œufs à la détrempe.

Opération. Placez dans un sautoir 500 gr. de truite ou saumon avec 200 gr. de beurre, des champignons hachés; faites-les sauter un moment; joignez-leur 6 cuillerées à bouche de wissiga blanchi et haché très-fin, et une cuillerée de persil également haché; laissez passer le tout ensemble; ajoutez les filets de poisson, assaisonnez avec sel et poivre; retournez-les lorsqu'ils sont moitié cuits, mouillez avec un décil. de velouté, mêlez l'appareil avec soin et laissez refroidir. Faites cuire 100 gr. de riz au consommé de poisson ou autre, finissez-le avec un bon morceau de beurre et laissez-le refroidir; hachez 4 œufs durs que vous tenez à part. Prenez 600 gr. de pâte déjà levée, étalez-la sur une serviette saupoudrée de farine, en appuyant dessus peu à peu avec la main, jusqu'à ce qu'elle n'ait plus que 7 millim. d'épaisseur. Observez qu'elle ne s'attache pas à la serviette. Mouillez les contours, rangez au milieu une couche de riz refroidi; élargissez-le de la dimension que vous voulez donner au pâté; rangez dessus la moitié des filets de poisson et des fines herbes, puis des œufs hachés; recommencez encore une fois la même opération, et terminez de masquer avec une couche de riz; levez alors les bords de la serviette d'un côté, afin de rapprocher les bords de la pâte sur le riz; reployez de même le côté opposé; humectez et ramenez dessus les deux bouts, ce qui donne un pâté carré; diminuez la pâte dans les parties les plus épaisses; donnez-lui de la rotondité, sans la percer. Relevez ensuite la serviette avec précaution, et renversez d'un trait le pâté sur un plafond beurré; couvrez-le d'un linge, laissez-le lever pendant une heure à température douce, dorez-le ensuite et cuisez-le à four modéré pendant trois quarts d'heure; lorsqu'il est cuit, dorez-le avec du beurre frais, à peine fondu; glissez-le sur un plat et découpez seulement la croûte du dessus avec soin, afin qu'on puisse se servir à la cuiller de la croûte et de l'intérieur; servez du beurre fondu ou du velouté dans une saucière à part. Ces pâtés se font aussi de forme longue : on les sert sur une serviette, après les avoir découpés en tranches; ils conviennent pour les dîners maigres.

871. — CAISSES POUR ENTRÉES.

Les caisses en papier pour entrées chaudes ou petites caisses pour hors-d'œuvre s'achètent habituellement toutes faites; il y a des magasins spéciaux où on peut s'en procurer de toutes les dimensions et d'une exécution irréprochable. Une caisse d'entrée, qui doit être servie avec luxe, se compose de 3 pièces, dont 2 caisses semblables. On emplit une de ces caisses avec un morceau de mie de pain, taillé de même dimension; cette caisse, ainsi garnie, se renverse sur le plat contre lequel on colle les bords du papier; on colle ensuite le fond de l'autre caisse sur le fond renversé de celle-ci, le côté vide en haut. Cette caisse, ainsi préparée, est prête à en recevoir une troisième, qui seule va au four avec l'appareil; cette troisième caisse doit être de fort papier et de dimension à entrer juste dans celle renversée : elle est représentée toute garnie au dessin n° 65. Pour l'ordinaire, cette caisse peut être servie simple, c'est-à-dire que l'on peut supprimer celle de dessous qui est garnie de pain. Par ce procédé de servir les caisses l'une dans l'autre, celle qui est visible reste très-blanche. Dans les pays où on ne peut se les procurer, on supplée à celle que nous venons de décrire par d'autres préparées de la manière suivante : coupez un rond dans une grande feuille de fort papier collé; renversez sur la table un moule à corbeille plat ou un grand moule à timbale évasé, dont le fond doit avoir de 15 à 18 centim. de diamètre; posez le milieu du papier sur le centre du moule; appuyez-le tout autour de l'angle du fond pour marquer la rotondité. Commencez à plisser les bords du papier avec le bout des doigts, en inclinant ces plis le long des parois du moule; appuyez ensuite dessus avec les mains pour bien les maintenir; quand elle est toute plissée, sortez-la du moule pour la mettre en dedans de celui-ci; rognez-la avec des ciseaux à la hauteur que vous voulez lui donner; rabaissez le bord contre les parois extérieures du moule; taillez une bande de papier que vous fixez tout autour des parois intérieures de la caisse. Coupez ensuite un anneau en fort papier, dont le vide doit être juste de la dimension de son diamètre; collez ce papier sur le dessus de la caisse, rabattez les pans au dehors du moule; en les rabattant, laissez-les sécher et parez-les ensuite correctement avec des ciseaux. Si cette caisse doit être servie comme celle décrite plus haut, il faut en faire encore une semblable et une sans bords qui soit de forme à entrer juste dans celle-ci, après qu'elle aura été garnie et cuite.

872. — CAISSE DE FILETS DE ROUGET A L'INFANTE. (Dessin n° 65.)

Après avoir habillé 24 petits rougets, pilez leurs foies avec une truffe et 100 gr. de beurre ; passez le tout au tamis et tenez au frais ; levez ensuite les filets des rougets ; parez l'intérieur sans retirer les peaux rouges ; marquez-les à mesure dans un grand plat à sauter avec du beurre fondu ; placez dans le même sautoir 6 laitances de carpe ou 12 de maquereau, déjà blanchies. Avec les têtes et arêtes des rougets, marquez un petit fumet que vous mouillerez avec moitié bouillon et moitié vin de Sauterne ; ajoutez quelques parures de champignons et passez à la serviette. Après vingt minutes d'une ébullition lente, réduisez ce fumet avec 6 décil. de sauce suprême, jusqu'à ce qu'elle soit un peu serrée ; liez alors la sauce avec 3 jaunes d'œufs et passez à l'étamine. Placez le plat à sauter contenant les filets et laitances sur le feu ; assaisonnez-les avec sel et une pointe de muscade. Dès que les filets commenceront à se raffermir, retournez-les ; égouttez ensuite le beurre et mouillez-les avec une partie de la sauce déjà mentionnée, à laquelle vous amalgamez la purée de truffes et les foies des rougets ; opérez le mélange avec précaution, afin de ne pas briser les filets ; vous aurez huilé et séché au four une caisse en papier double ; posez-la sur un couvercle de casserole et maintenez le tour avec un cercle en carton que vous fixerez avec un tour de ficelle ; emplissez cette caisse avec les filets et laitances ; tenez le dessus un peu bombé ; recouvrez la surface avec une couche de la sauce, à laquelle vous incorporez un blanc d'œuf fouetté et un jaune ; faites prendre couleur au four chaud ; retirez ensuite le cercle en carton et glissez la caisse simple dans celle d'ornement qui doit être collée d'avance sur le fond d'un plat d'entrée, comme nous l'avons décrit à l'article précédent. On peut remplacer les laitances par des champignons, des huîtres, des truffes en lames, des queues de crevette, écrevisse ou homard.

873. — CAISSE DE LAITANCES DE CARPE.

Ayez les laitances de 12 carpes, ou plus si elles sont petites ; retirez-en les fibres ; faites-les dégorger et blanchissez-les une minute à l'eau bouillante et acidulée ; égouttez-les ensuite sur une serviette ; rangez-les à mesure dans un plat à sauter avec quelques cuillerées de fines herbes aux champignons et quelques champignons émincés ; saucez-les avec un décil. d'allemande bien serrée ; huilez et faites sécher une caisse en papier double ; placez-la sur un plafond ; masquez le fond et les parois intérieures avec une couche de farce de poisson ; finissez de l'emplir avec le ragoût des laitances ; la sauce doit être bien réduite et très-corsée ; égalisez la surface et semez dessus une pincée de panure mêlée avec un peu de fromage de Parme râpé ; arrosez avec du beurre fondu ; poussez et tenez la caisse au four doux pendant dix minutes. Pour pocher la farce et colorer le dessus, enlevez la caisse avec un petit couvercle et glissez-la dans une autre préparée d'avance. Les laitances de hareng, de maquereau, se préparent de même ; on peut leur additionner des truffes, des queues de crevette ou d'écrevisse.

874. — CAISSE D'ESCALOPES DE SAUMON A LA MARINIÈRE.

Parez à cru une vingtaine d'escalopes de saumon ; salez-les et marquez-les dans un plat à sauter avec du beurre clarifié ; préparez une petite farce à quenelles à laquelle vous amalgamez 2 cuillerées de fines herbes aux champignons ; masquez-en l'intérieur d'une caisse en fort papier huilé, placée sur un petit plafond ; sautez les escalopes de saumon ; égouttez le beurre dès qu'elles sont raffermies, et mouillez-les avec un bon velouté auquel vous additionnez 4 douzaines d'huîtres blanchies et parées, autant de queues d'écrevisse, quelques champignons émincés et un peu de beurre d'écrevisse ; donnez un seul bouillon et dressez-les dans la caisse : il faut peu de sauce, mais bien réduite. Masquez la surface de la garniture avec quelques cuillerées de la même sauce, à laquelle vous additionnez une cuillerée de blanc d'œuf fouetté ; entourez la caisse avec une bande de carton pour l'empêcher de se colorer et de s'élargir ; poussez ensuite au four pendant un quart d'heure ; dès que le dessus a pris couleur, retirez le carton et glissez cette caisse dans une autre très-blanche, collée sur le plat. On prépare de même les caisses de homard, dont on n'emploie que les queues, ainsi qu'avec des escalopes de tous les poissons délicats.

875. — CAISSE DE POULET NOUVEAUX AUX FINES HERBES.

Dépecez 4 petits poulets nouveaux comme pour sauter; retirez les os autant que possible sans déformer les membres; faites fondre un morceau de beurre dans un plat à sauter; lorsqu'il est fondu, additionnez une cuillerée d'huile, 4 cuillerées de champignons hachés, 2 de persil et une pointe d'ail. Laissez un peu revenir ces fines herbes; placez ensuite les membres des poulets dessus, assaisonnez-les avec sel, poivre et une pointe de muscade; sautez-les jusqu'à ce qu'ils soient atteints; mouillez-les alors avec 1 décil. d'espagnole bien réduite; versez le tout dans une caisse en papier double, que vous aurez foncée de lames minces de jambon cru; recouvrez d'un double papier beurré et finissez de cuire au four pendant vingt à vingt-cinq minutes; dégraissez et glacez la surface; sortez la caisse du four pour la glisser dans une autre collée sur plat. Envoyez une sauce duxelle à part.

876. — CAISSE DE CAILLE AU GRATIN.

Huilez et faites sécher une caisse d'entrée dans les conditions déjà décrites; garnissez-la au fond et autour avec une couche de farce à gratin de gibier; placez-la sur un plafond et tenez-la couverte, à la bouche du four ou à l'étuve, en la maintenant autour avec une bande de carton. Désossez 12 petites cailles; emplissez-les avec un petit salpicon de truffes; cousez et placez-les dans un sautoir avec beurre, lard râpé et fines herbes; faites-les revenir jusqu'à ce qu'elles soient bien atteintes; assaisonnez avec sel et muscade; égouttez le beurre; ajoutez quelques truffes et champignons émincés, et mouillez ensuite avec 2 décilitres de sauce madère réduite; donnez quelques bouillons; dégraissez complétement le fonds et rangez les cailles dans la caisse; versez dessus les garnitures et les fines herbes; entourez la caisse de plusieurs papiers et tenez-la vingt minutes à la bouche du four; dégraissez ensuite le dessus, glacez les cailles et servez la caisse comme de coutume, avec une sauce madère à part.

877. — CAISSE DE RIS DE VEAU A LA TOULOUSE.

Après avoir fait poêler 4 beaux ris de veau et cuit une douzaine de crêtes, égouttez-les pour les marquer dans un plat à sauter avec quelques truffes et champignons émincés, un foie gras déjà cuit et escalopé; mouillez le tout avec du velouté réduit; versez une partie de cette garniture dans une forte caisse en papier préparée pour entrée, dont vous aurez masqué les parois intérieures et le fond avec une petite couche de farce à quenelles. Coupez les ris de veau en quatre et placez-les sur la garniture sans les déformer; rangez symétriquement le reste du ragoût entre ceux-ci; glacez légèrement le tout; donnez une demi-heure de cuisson au four. Servez une sauce allemande à part. Les caisses de ris d'agneau se préparent de même.

878. — CAISSES D'ORTOLAN AUX TRUFFES.

Préparez une farce à gratin avec des foies gras; passez-la au tamis et tenez-la au frais; coupez les têtes et les pattes à 24 ortolans, ouvrez-les par le dos pour retirer les os des carcasses; farcissez chacun d'eux avec une petite truffe et de la farce mentionnée; incorporez deux truffes coupées en petits dés au reste de cette farce, garnissez-en l'intérieur d'une caisse en fort papier et plissé, que vous aurez beurrée et placée sur un petit plafond; rangez les ortolans dessus en les serrant les uns contre les autres, la partie de l'estomac en haut; glacez-les et donnez-leur un quart d'heure de cuisson au four gai; dégraissez et servez la caisse comme de coutume; masquez légèrement avec de la sauce Périgueux et envoyez le surplus à part.

879. — CAISSES DE ROUGET A LA NANTAISE.

Préparez 12 petites caisses en papier, donnez-leur 10 centim. de long sur 4 de large, huilez-les et placez-les à l'étuve sur un petit plafond. Écaillez et videz 12 beaux rougets, supprimez les têtes et les queues afin que les tronçons du milieu n'aient que juste la longueur des caisses; marinez ces tronçons avec sel, poivre, huile, oignon, persil en branche et jus de citron; préparez une petite farce à quenelles avec les foies et les chairs des parties supprimées, auxquelles vous ajoutez, au besoin, les filets de 2 rougets et un peu de beurre de homard ou d'écrevisse. Étalez une cuillerée de cette farce au fond de chaque caisse, placez dessus les tronçons des rougets, après les avoir bien essuyés; alors masquez-les au pinceau avec de la glace fondue, avec du beurre maître-d'hôtel et donnez-leur un quart d'heure de cuisson au four. Ces caisses se dressent difficilement si le papier n'est pas double et très-ferme; on en met 6 au fond du plat, 4 en dessus et 2 sur celles-ci. Les rougets ainsi préparés peuvent être cuits dans un plat à gratin ou dans une seule caisse.

880. — CASSEROLES AU RIZ.

Ces entrées appartiennent encore à l'ancienne école; nous ne dirons pas qu'elles sont tombées en désuétude, mais il est certain qu'elles ont perdu de leur importance. Il y a deux méthodes pour procéder à leur confection qui, sans changer la nature de leur constitution, diffèrent cependant sur les principes. La première consiste à les dresser à la main, la seconde à les mouler en forme. Dans le premier cas, les casseroles sont modelées à chaud, puis colorées au four violent. Dans le second cas, elles sont moulées au moment et servies blanches. La différence de principe qui existe dans l'application de ces méthodes, c'est que la dernière de ces casseroles doit être faite au moment, tandis que la première peut être préparée d'avance; dans le premier cas, alors même qu'on pourrait leur donner toute l'élégance dont elles sont susceptibles, le riz qui les constitue n'en serait pas moins dans des conditions peu avantageuses pour être mangé, tandis que la seconde peut être très-correcte tout en restant dans les conditions voulues; elle a de plus l'avantage de pouvoir être exécutée promptement. A notre avis, une entrée, quelle qu'elle soit, doit être servie dans les meilleures conditions possibles; c'est pourquoi nous donnons sans hésiter la préférence aux casseroles moulées, persuadés que nous sommes que le cuisinier qui veut faire ressortir ses moyens artistiques a, sur d'autres sujets, de quoi exercer largement son intelligence sans empiéter sur les principes culinaires dont on doit tenir compte au-dessus de tout. Pour conclure, nous dirons donc que nos confrères ont à choisir entre les deux alternatives, ou de servir une casserole simple, mais bonne, ou alors d'abandonner ce genre pour aborder franchement les croustades en pain ou en riz, qui se prêtent admirablement à toutes les exigences de la fantaisie, sans que l'entrée elle-même en souffre, puisqu'elle se trouve tout à fait indépendante de son ornement.

881. — CASSEROLE AU RIZ A LA JUSSIENNE. (Dessin n° 44.)

Lavez à plusieurs eaux 750 gr. de riz Caroline; placez-le dans une forte casserole bien étamée et plus large qu'étroite; couvrez-le à peu près au double de son volume avec du bon bouillon blanc, additionnez 250 gr. de beurre, faites partir, donnez dix minutes d'ébullition et retirez la casserole sur feu modéré, couvrez-la et chargez le couvercle d'un poids quelconque, afin de mieux concentrer la chaleur, ou alors poussez-la au four, mais toujours couverte; donnez à peu près une heure de cuisson au riz; alors il doit se trouver bien atteint sans aucun mouillement et dans les conditions voulues pour en former une pâte. Retirez-le de la casserole, versez-le dans le mortier et donnez-lui vivement quelques coups de pilon entièrement, de manière à ce qu'il ne reste plus aucune apparence de grains; relevez-le sur un plafond légèrement humecté, travaillez-le quelques minutes avec les mains humides, pour l'assembler en masse ronde; quand cette pâte est devenue souple et bien unie, dressez-la peu à peu en forme légèrement conique, dans le genre que représente le dessin, mais unie; quand elle est dans les proportions voulues, avec une grosse carotte taillée en ébauchoir, tracez des cannelons proportionnés contre les parois; une fois régulièrement tracés, donnez-leur du relief en appuyant peu à peu sur les contours des lignes indiquées, sans nuire à leur forme et tout en rendant les ornements aussi apparents et lisses que possible; cela fait, tracez au-dessus une ligne circulaire à distance raisonnable des bords afin d'indiquer le couvercle, et laissez-la refroidir ainsi, en ayant soin de la mettre à l'abri de l'air. Vingt-cinq minutes avant de servir, dorez-la entièrement avec des jaunes d'œufs battus avec du beurre fondu, et poussez-la à four bien chaud pour lui faire prendre couleur; au moment, sortez-la du four, détachez-la du plafond pour la poser sur son plat d'entrée; enlevez le couvercle pour la vider à l'intérieur, autant que cela se peut sans nuire à sa solidité, et remplacez en partie le riz avec un autre riz cuit au moment et fini d'après les règles, en ayant soin de ménager un cylindre convenable pour recevoir la garniture. Ayez tout prêt un bon ragoût composé avec des petites quenelles, huîtres, champignons et queues d'écrevisse, ces garnitures préparées suivant l'exigence de chacune et saucées ensemble avec une allemande bien réduite finie avec un morceau de beurre d'écrevisse; au dernier instant. versez ce ragoût dans le cylindre; montez-le en dôme au-dessus du niveau de la casserole et masquez légèrement ce dôme et le fond du plat avec de l'allemande. Alors escalopez vivement 3 moyennes queues de homard maintenues chaudes; dressez-les en couronne au pied de la casserole et envoyez le surplus de l'allemande à part. Les casseroles au riz, ainsi préparées, peuvent être garnies avec une purée de volaille ou gibier, et d'une escalope quelconque; si c'est une purée grasse, on peut garnir le pied de la casserole avec des œufs pochés ou mollets, et dresser un filet mignon bigarré entre chacun d'eux.

882. — CASSEROLE AU RIZ A LA BASSANO.

Cette casserole au riz diffère de la précédente, en ce qu'elle est formée dans un moule et qu'elle se sert à blanc. Lavez parfaitement 600 gr. de beau riz, placez-le dans une casserole avec de l'eau pour le blanchir une minute seulement, égouttez-le ensuite pour le cuire avec du bon consommé blanc de volaille un peu gras; couvrez la casserole, chargez le couvercle avec un poids et laissez cuire le riz lentement pendant trente-cinq minutes. Après ce temps, le riz doit être à sec, cuit à point, et les grains conservés entiers. L'essentiel, c'est de le mouiller à point. Pendant la cuisson, vous beurrez un moule cannelé à large cylindre; placez dans chaque cannelon un rond de truffe dans le genre que représente le dessin n° 35 ou un autre décor s'adaptant à la forme du moule; finissez le riz avec du beurre frais et 2 cuillerées de sauce suprême, que vous incorporez avec ménagement afin que le riz devienne liant sans être écrasé; emplissez-en le moule en le tassant légèrement pour qu'il en prenne les formes; laissez-le se raffermir dix minutes. Dans l'intervalle, vous sauterez au beurre 6 beaux filets de poularde; dès qu'ils sont fermes, coupez-les en aiguillettes de l'épaisseur d'un macaroni, remettez-les dans le plat à sauter avec beurre, avec 12 crêtes cuites bien blanches, et mouillez-les avec de la sauce suprême réduite à l'essence de champignons; démoulez alors le riz sur un plat d'entrée, glacez-le avec de la glace de volaille bien blonde et garnissez l'intérieur avec les aiguillettes de volaille; placez sur le haut de chaque cannelon une petite boule de truffe tournée à la cuiller de la grosseur d'un pois, et au pied une bordure, une chaîne aussi de truffes tournées plus grosses; servez une sauce suprême à part. On peut aussi mouler le riz dans un moule à pâté en mettant au milieu une boîte en ferblanc ou un moule beurré pour marquer le vide destiné à contenir la garniture. Cette casserole, démoulée et refroidie, peut aussi être colorée à four vif.

ENTRÉES DIVERSES.

883. — NOIX DE VEAU A LA TRIANON.

Prenez 3 demi-noix de veau coupées sur leur longueur; parez chaque moitié de forme ovale et surtout d'égale grosseur; cloutez une de ces noix avec de gros lardons carrés, que vous disposez en couronne; piquez-en une de même avec de la langue et l'autre avec des truffes; marquez-les dans une casserole entre des bandes de lard et braisez-les pendant une heure et demie, d'après les indications décrites pour les relevés; collez au milieu d'un plat d'entrée une pyramide triangulaire en pain frit; au moment de servir, égouttez et découpez chaque noix en levant 6 tranches sur le milieu de chacune; laissez ces tranches sur place afin que les noix ne soient pas déformées; dressez chacune d'elles contre une face de la pyramide de pain; garnissez les intervalles avec 3 purées différentes, dont une de marrons, pois verts et Soubise ou céleris. Pour placer ces purées avec régularité, servez-vous de trois cornets en toile; piquez un hâtelet de légumes sur le haut de l'entrée; glacez les noix et servez avec une demi-espagnole à part. — Les noix de veau se trouvent décrites au chapitre des *Relevés;* on pourra consulter ces articles pour en confectionner des entrées, en variant les garnitures.

884. — NOIX DE MOUTON A LA WESTPHALIENNE.

Levez les noix de 2 gigots bien mortifiés, laissez-leur l'épiderme extérieur et parez la partie qui se trouvait à l'intérieur du gigot ; piquez-les de ce côté avec du lard fin ; rangez-les sur un plat pour les mariner pendant deux heures avec carottes et oignons émincés, sel et persil en branche et 2 décil. de madère ; marquez-les ensuite dans une casserole foncée de lard sur lequel vous placez les légumes de la marinade et les noix ; mouillez jusqu'à hauteur du piquage, avec du bon fonds de braise, et recouvrez-les d'un papier beurré ; faites partir la casserole ; dès que le liquide entre en ébullition, retirez-la sur un feu plus modéré ou à la bouche du four, en ayant soin d'arroser les noix de temps en temps. Lorsqu'elles sont cuites à point, rangez-les dans une autre casserole, dégraissez leur fonds et additionnez-lui 1 décil. de madère pour le réduire vivement à demi-glace ; passez-le alors sur les noix et glacez-les à la bouche du four. Pendant ce temps, collez au fond d'un plat d'entrée une pyramide en pain frit, taillée plate sur deux faces. Au moment de servir, égouttez les noix ; taillez sur le milieu de chacune 8 tranches, que vous laissez sur place, afin qu'elles paraissent intactes, et dressez-les debout appuyées contre les deux faces plates de la pyramide ; placez entre chacune d'elles un ris de veau braisé, masqué de farce à quenelles et décoré de truffes et langue écarlate, puis poché à la bouche du four ; maintenant piquez au sommet de l'entrée un hâtelet dans le genre du dessin n° 14, et garnissez le bas avec des petites escalopes de cervelle à la Villeroy, des truffes, du jambon ou de la langue taillée de même forme, le tout alterné ensemble pour en former un cordon au pied de l'entrée ; glacez les noix et mélangez une partie de leur fonds bien dégraissé, avec la sauce madère, que vous servez à part dans une saucière.

885. — ÉPAULES D'AGNEAU A LA COLBERT.

Levez 3 moyennes épaules d'agneau ; enlevez la palette et l'os intérieur jusqu'au premier joint ; supprimez les peaux nerveuses de l'intérieur et battez légèrement les chairs ; coupez en petits dés un peu de maigre de jambon cuit, autant de champignons et de truffes ; mêlez ce salpicon avec 2 cuillerées de sauce madère très-réduite et 6 cuillerées de godiveau ; puis placez-en le tiers sur le milieu de chaque épaule ; élargissez-la avec le plat du couteau, et faufilez une ficelle tout autour du bord de l'épaule, en resserrant les deux bouts : elle doit s'arrondir et se refermer de manière que la farce ne puisse pas fuir à la cuisson. Lorsque les 3 épaules sont ainsi préparées, coupez le bout de l'os et parez le manche. Marquez-les ensuite dans une casserole foncée de lard et quelques lames de jambon. Mouillez-les à moitié avec un bon fonds et un verre de madère réduit ; ajoutez un oignon, une carotte et un petit bouquet de persil garni ; couvrez-les d'un papier beurré et laissez-les braiser doucement pendant une heure et demie. Lorsqu'elles seront tendres, passez, dégraissez et réduisez le fonds à glace ; tenez les épaules à la bouche du four pour les glacer de belle couleur. Ayez un montant de pain taillé en pyramide triangulaire ; lorsqu'il est frit, collez-le au milieu d'un grand plat d'entrée et tenez-le à l'étuve. Cinq minutes avant de servir, égouttez les épaules, débridez-les ; parez le bout de l'os à blanc ; coupez 6 tranches sur le milieu de chacune, mais seulement jusqu'au milieu de leur épaisseur ; passez le couteau en dessous transversalement, afin de détacher ces tranches en les laissant sur place ; dressez alors chaque épaule debout et l'os en haut contre une face de pain, au-dessus duquel vous piquez un hâtelet de légumes. Préparez une garniture proportionnée, avec carottes et pommes de terre enlevées à la cuiller à racines, par parties égales : les premières glacées et les secondes frites au beurre, puis des petits pois blanchis à l'eau ; préparez en même temps une demi-espagnole bien corsée, que vous finissez au moment avec une pincée de persil haché et un jus de citron ; versez une cuillerée de cette sauce sur chaque garniture, et dressez-les séparément, une espèce entre chaque épaule. Envoyez le reste de la sauce à part. — Deux épaules de mouton ainsi préparées peuvent, au besoin, être servies pour relevé ; les garnitures et la sauce peuvent être variées. On peut également dresser ces épaules en canetons, à l'instar des cuisses de volaille, et les garnir avec une purée de légumes ou toute autre garniture.

886. — DINDONNEAU EN TORTUE.

Après avoir habillé un dindonneau bien en chair, désossez-le comme pour galantine; étalez-le sur une serviette pour l'emplir avec 600 gr. environ de farce à quenelles, à laquelle vous mêlez quelques truffes, foies gras et champignons en dés; cousez les peaux en lui donnant une forme ronde. Ainsi farci; il ne doit pas excéder le volume d'une belle volaille; marquez-le dans une casserole; mouillez à hauteur avec un fonds de poêle et couvrez-le avec des bandes de lard, pour le faire partir deux heures avant de servir. D'un autre côté, faites cuire et refroidir pour les parer les 2 ailerons, les pattes et la tête avec le cou du dindonneau. Quand ils sont cuits, supprimez la moitié du cou, puis étalez-les sur un petit plafond pour les masquer de farce à quenelles un peu ferme. Étalez cette farce à l'aide d'un petit couteau trempé dans du blanc d'œuf, de manière à imiter 4 nageoires de tortue; donnez aussi à la tête masquée de farce la forme de celle de cet animal, en la maintenant dans les proportions voulues; formez au bout des nageoires de petites écailles imitées en très-petits croissants de truffe; placez-en aussi quelques-unes sur le cou; imitez les yeux avec des truffes et de la langue; couvrez le tout d'un papier beurré et poussez le plafond au four doux pour le laisser jusqu'à ce que la farce soit ferme. Un quart d'heure avant de servir, égouttez le dindonneau et placez-le sur un couvercle de casserole, la partie de l'estomac dessus; enlevez celui-ci et une partie de la farce d'un seul morceau, en cernant le tour et passant le couteau en dessous : le dindonneau représente ainsi une caisse; tenez-le alors à la bouche du four pour le glacer; emplissez ensuite la caisse avec un ragoût de crêtes, rognons, foies gras, queues d'écrevisse, ris d'agneau et truffes, que vous mouillez avec de la sauce tortue; recouvrez le tout de farce à quenelles réservée; lissez la surface, en lui donnant la forme d'une carcasse de tortue. Avec la pointe du couteau faites dessus des raies imitant les plaques d'écailles; dorez légèrement la surface et pochez la farce au four chaud. Collez sur un plat d'entrée un fonds en pain ou en riz frit de la forme à peu près de la pièce; découpez l'estomac du dindonneau en tranches; dressez moitié de ces tranches de chaque côté du pain; aux deux côtés opposés, dressez deux bouquets du ragoût saucé très-court; dressez la tortue imitée sur le fond en pain; piquez les 4 nageoires et la tête dans des trous que vous aurez faits aux endroits que ces pièces doivent occuper; masquez le tout avec de la sauce tortue, servez-en aussi dans une saucière à part. — Ce dindonneau peut être servi avec les mêmes garnitures et dressé d'après la même méthode, sans lui faire imiter la tortue.

887. — DINDONNEAU A LA PALATINE.

Désossez un dindonneau comme pour galantine; enlevez les filets, sur lesquels vous tirez 10 escalopes; marquez-les dans un petit plat à sauter avec du beurre; hachez très-fin les chairs des cuisses bien énervées et le même volume de lard frais, le foie de la dinde, des fines herbes, sel, poivre et épices. Lorsque cette farce est finie, relevez-la dans une terrine pour lui mêler 3 jaunes d'œufs et du jambon cuit coupé en petits dés, et la versez sur le milieu du dindonneau; rapprochez les peaux, cousez-les pour en former une boule peu serrée; garnissez le fond d'une casserole et les parois avec des bandes de lard; le dindonneau doit y entrer juste et s'y trouver serré; la partie de l'estomac doit s'appuyer en dessous. Mouillez-le avec quelques cuillerées de fonds bien corsé; recouvrez le dessus avec une large bande de lard et une petite assiette entrant juste dans la casserole, sur laquelle vous placez un poids quelconque; poussez la casserole au four et tenez-la ainsi pendant une heure et demie. Au moment de servir, égouttez la graisse et renversez le dindonneau sur un couvercle; déballez-le et parez avec soin la partie qui se trouvait en dessous. Cette pièce doit être ronde, de la forme d'un moule à timbale; dressez-la d'aplomb sur un plat d'entrée et divisez-la en deux sur son épaisseur; séparez la moitié supérieure en douze parties sans les déranger de leur place; alors faites sauter les escalopes et égouttez-les pour les saucer avec un peu d'allemande; ayez le même nombre de belles escalopes de foie gras tenues au chaud avec de la demi-glace; dressez-les autour en alternant une escalope de dinde et une de foie; dressez en dessus un bouquet de beaux marrons glacés au consommé. Envoyez une sauce allemande à part.

ENTRÉES CHAUDES ET GARNITURES.

888. — DINDONNEAU A LA MONTORGUEIL.

Troussez pour entrée un beau dindonneau bien en chair ; couvrez-le de bardes de lard que vous maintenez avec de la ficelle et marquez-le dans une casserole pour le faire poêler une heure et demie avant de servir. Pendant la cuisson, préparez de la farce à quenelles de volaille à laquelle vous incorporez aussitôt 6 moyennes truffes crues, épluchées, pilées et passées au tamis. Introduisez cette farce dans un moule à bordure beurré et faites-la pocher au bain-marie. Au moment de servir, découpez le dindonneau par membres ; séparez chaque membre en trois parties et la poitrine en deux ; rangez-les toutes dans un plat à sauter pour les saucer avec une sauce suprême aux truffes ; démoulez la bordure, glacez-la ; garnissez le tour avec des petites truffes rondes, cuites au vin de Madère et du bon fonds ; dressez les membres de dindonneau dans le puits de la bordure, les cuisses en dessous, et l'estomac reformé aussi bien que possible en dessus ; masquez avec une partie de la sauce, et envoyez le reste dans une saucière à part. — Pour le service à la française, on sert le dindonneau entier. Au lieu de bordure, on fait cuire la farce dans des moules à darioles qu'on place de chaque côté, et les truffes dans les bouts ; on pique en dessus 3 hâtelets garnis de quenelles, truffes et crêtes.

889. — CHAPONS AU CONSOMMÉ OU AU GROS SEL.

Nous ne mentionnons cet article qu'à titre de renseignement, car il n'y a pas à donner de longs détails pour des préparations si simples. Dans l'un et l'autre cas, les chapons sont poêlés, enveloppés dans de larges bandes de lard, afin de les obtenir onctueux et blancs. La méthode de poêler est indiquée au chapitre des *Relevés*. Les chapons au gros sel sont dressés entiers ou découpés, mais toujours saucés avec du consommé blanc ; on sème dessus quelques gros grains de sel, et on sert à part des lames de citron épepinées. Ceux au consommé sont servis avec leur cuisson dégraissée, clarifiée et réduite en demi-glace. Si on veut les servir à l'estragon, on mêle au consommé, réduit, des feuilles d'estragon blanchies et coupées en losange ; dans les deux cas, on envoie de leur fonds dans une saucière. Ces chapons cuits ainsi pourront, si on veut les servir pour entrée, être garnis avec du riz, macaroni, légumes ou toute autre garniture saucée. Les poulardes, dindonneaux et poulets rentrent dans le même ordre. On sauce avec quelques cuillerées de jus et on sert des lames de citron à part.

890. — CHAPON A LA NOTHAN.

Faites poêler un beau chapon selon la règle décrite dans les relevés. Au moment de le servir, découpez-le par membres ; taillez ceux-ci en deux ou trois parties ; dressez-les au milieu du plat en pyramide et avec goût, en entremêlant quelques belles crêtes avec les morceaux ; masquez avec une demi-glace, à laquelle vous aurez additionné un beurre maître-d'hôtel et quelques cuillerées de sauce suprême. Entourez l'entrée avec une couronne de 12 belles lames de truffe alternées avec 12 croûtons de langue écarlate de la forme des truffes ; envoyez le restant de la sauce à part. Pour le service à la française, on sert le chapon entier : cela va sans dire. Ces pièces, lorsqu'elles sont découpées, pourront toujours être servies dans des croustades, des croûtes de pâté chaud, des bordures ou des casseroles au riz, en procédant comme il est indiqué pour les entrées dépecées. Il est inutile de répéter que toutes les sauces et garnitures grasses leur sont applicables.

891. — ESTOMACS DE POULARDE A LA SINGARA.

Habillez 3 bonnes poulardes ; après les avoir flambées, retirez-leur les cuisses en laissant le plus de peaux possible adhérer à l'estomac ; fendez les peaux le long des reins, dégagez-les pour retirer la carcasse ; maintenez les ailerons en place avec une bride de ficelle ; parez le bout du tendron de l'estomac et cousez les peaux en dessous. Trempez-les ensuite, les uns après les autres, pendant une seconde, dans une casserole d'eau bouillante, et essuyez-les bien ; après ce léger blanchissage, le piquage se dérange moins à la cuisson. Taillez du lard très-fin en suffisante quantité pour piquer 3 filets de poularde, c'est-à-dire un sur chaque estomac. Le piquage se fait en travers. Taillez quelques truffes cuites en filets semblables aux lardons pour piquer les 3 filets parallèles aux premiers ; marquez ces estomacs dans une casserole foncée de bandes de lard ;

mouillez-les d'un bon fonds de poêle jusqu'à hauteur du piquage; couvrez-les d'un rond de papier et cuisez-les doucement pendant une heure à la bouche du four, en les arrosant de temps en temps avec leur fonds. Vous aurez collé d'avance un montant en pain frit de forme triangulaire au milieu d'un plat. Versez au fond de celui-ci un ragoût Toulouse; détachez les filets des estomacs, en laissant les ailerons adhérer à chaque filet; coupez transversalement ceux-ci en 2 ou 3 parties en leur conservant leur forme première; à cet effet, parez l'os de la carcasse et masquez-le légèrement de farce fine; puis appuyez les filets chauds dessus; dressez les 3 estomacs appuyés contre le pain frit; piquez entre chacun une écrevisse recouverte d'un filet bigarré avec de la langue et maintenez-les avec de petits hâtelets; piquez aussi sur le milieu du pain un gros hâtelet garni avec une crête, écrevisse et truffe. Servez une sauce allemande à part.

892. — ESTOMACS DE POULARDE A LA PÉRIGUEUX.

Enlevez les cuisses et carcasses à 4 moyennes poulardes; supprimez les ailerons et bridez les peaux des estomacs en dessous; couvrez-les d'une matignon que vous maintenez sur chaque estomac avec une bande de lard; enfilez-les en dessous avec un hâtelet et couchez-les sur broche; enveloppez-les d'une feuille de papier beurrée et faites-les partir trois quarts d'heure avant de servir. Collez un croûton de pain frit, taillé en forme de pyramide, au milieu d'un plat d'entrée; piquez sur celle-ci une coupe blanche taillée en riz, pour maintenir la garniture; tenez le plat au chaud; quelques minutes avant de servir, débridez les estomacs; retirez toutes les parcelles de matignon et coupez ensuite chaque estomac en trois, c'est-à-dire les deux ailes et la poitrine; dressez chaque estomac debout contre la pyramide de pain frit, en resserrant les parties pour les maintenir entières; emplissez la coupe avec une petite garniture de truffes rondes; saucez les estomacs avec une sauce Périgueux, et dressez entre chacun d'eux un boudin de volaille décoré aux truffes, poché et glacé. Sauce Périgueux à part. — Les estomacs ainsi préparés peuvent être entourés avec un ragoût de légumes, champignons, Toulouse, financière ou autres. Il faut seulement observer que la sauce soit en rapport avec la garniture.

893. — POULARDES A LA NORMANDE.

Videz et flambez légèrement 2 moyennes poulardes; coupez les os du bréchet et désossez-leur complétement l'estomac par la poche; supprimez les pattes et faites remonter les chairs des cuisses jusqu'à la naissance de l'os que vous supprimez; rentrez les peaux des cuisses dans l'intérieur des poulardes, et emplissez-les avec une farce de volaille au beurre d'écrevisse ferme et bien assaisonnée. Troussez les poulardes et cousez les ouvertures, afin que la farce ne fuie pas pendant la cuisson; recouvrez les volailles de bardes de lard, que vous ficelez pour les maintenir, et marquez-les dans une casserole avec un bon fonds de poêle et un verre de vin du Rhin à moitié réduit; faites-les cuire doucement pendant une heure et demie; débridez-les au moment de servir et placez-les une minute à la bouche du four pour les ressuyer; alors découpez-les en tranches transversales jusqu'à moitié de leur épaisseur; passez ensuite un couteau en dessous, afin de détacher ces tranches sans les déranger; dressez les deux poulardes sur un plat, masquez-les d'une sauce suprême finie au beurre d'écrevisse et dressez une belle garniture de champignons autour. Envoyez le reste de la sauce à part.

894. — POULARDES A LA NESLE.

Faites poêler 2 moyennes poulardes; au moment de servir, débridez et découpez-les par membres, que vous dressez en pyramide sur une croustade en riz; dressez en couronne sur le bord de cette croustade 10 moyennes quenelles de volaille saucées au velouté; mettez entre chacune une moyenne crête glacée; saucez les poulardes avec du velouté bien chaud. Envoyez-en aussi dans une saucière.

895. — POULARDES A LA SAINT-HUBERT.

Après avoir vidé et flambé 2 moyennes poulardes bien fines, troussez-les pour entrée; couvrez-les avec une matignon, que vous soutenez avec deux grandes bardes de lard ou feuilles de papier beurrées, et celles-ci avec quelques tours de ficelle; couchez-les ensuite sur broche pour les cuire une heure et un quart avant le moment de servir. Dans l'intervalle, désossez 14 belles mauviettes, emplissez-les avec de la farce à quenelles, à laquelle vous aurez mêlé les foies des mauviettes pilés et passés au tamis; reployez les peaux pour conserver aux mauviettes leur forme première; entourez chacune d'elles séparément avec une petite bande de papier beurrée, pour les maintenir rondes; rangez-les dans un plat à sauter foncé de bandes de lard très-minces; glacez le dessus et recouvrez-les d'un papier beurré pour les cuire au four, douze minutes avant de servir. Avec quelques mauviettes et les carcasses des premières, tirez un petit fumet que vous réduisez avec une sauce madère, marquée selon la règle; quelques minutes avant de servir, déballez les poulardes sans les retirer du feu; laissez-les ressuyer un moment, débrochez-les ensuite, découpez-les par membres que vous parez et placez dans un sautoir avec moitié de la sauce au fumet; tenez-les une seconde sur l'angle du fourneau; égouttez les mauviettes et saucez-les légèrement; dressez les membres des poulardes dans une croustade; rangez les mauviettes autour; masquez-les à peine avec la sauce du sautoir, et envoyez le surplus à part.

896. — POULETS A LA DANTZICK.

Troussez 3 poulets gras pour entrée; marquez-les dans une casserole avec du jambon, carottes, un bouquet garni, un petit pied de céleri et une racine de persil; mouillez-les à moitié de leur hauteur avec un bon fonds de braise et un peu de vin du Rhin; cuisez-les vivement pendant trois quarts d'heure, en les retournant de temps en temps; passez ensuite leur fonds à la serviette, dégraissez-le et réduisez-le à consistance de demi-glace que vous incorporez à une bonne sauce allemande, à laquelle vous aurez additionné 3 douz. d'huîtres blanchies et parées; découpez les poulets par membres, dressez-les sur un plat d'entrée et saucez-les avec moitié de la sauce mentionnée; entourez l'entrée avec une couronne de crêtes à la Villeroy; envoyez en même temps le reste de la sauce dans une saucière.

897. — CANETONS AUX OLIVES.

Videz et troussez pour entrée 2 beaux canetons ou 3 petits; marquez-les dans une casserole avec du lard râpé et du beurre, 2 cuillerées de bon jus, autant de vin blanc, un bouquet d'aromates, quelques grains de poivre et clous de girofle; recouvrez-les d'un papier beurré, faites-les partir et cuisez-les au four en les retournant de temps en temps; au bout de quarante minutes, ils doivent être cuits. Emplissez avec de la farce à quenelles 500 gr. de petites olives blanchies et bien ressuyées; beurrez grassement un grand moule à bordure uni, montez les olives contre les parois en rangs superposés; emplissez à mesure la bordure avec la même farce et faites-la pocher au bain-marie; au moment de servir, démoulez cette bordure sur un plat; découpez les canetons par membres, parez et dressez-les dans son puits avec goût; masquez-les ainsi que la bordure avec une bonne sauce madère.

898. — CANETONS A LA PALESTINE.

Après avoir troussé 2 beaux canetons pour entrée, masquez-les d'une matignon, recouvrez-les de bandes minces de lard et de papier beurré, et ficelez-les; quarante à cinquante minutes avant de servir, couchez-les sur broche et faites-les partir vivement; aussitôt cuits, découpez-les par membres et dressez-les en buisson sur un plat, dont le fond est masqué avec une petite couche de farce séchée une minute à la bouche du four; entourez la base de l'entrée avec une couronne de topinambours taillés uniformément et bien glacés; masquez-la avec une bonne espagnole finie au moment avec un petit beurre de piment, le jus d'un citron et persil haché. On dresse d'après la même méthode les canetons aux navets, aux petits oignons, aux champignons, fonds d'artichauts, etc., etc.; si on veut les servir avec plus d'élégance, il faut les dresser sur une croustade en riz ou en pain. Pour faire les canetons à la Périgueux, ils doivent être cuits comme nous venons de l'indiquer et saucés avec une périgueux.

899. — CANARDS SAUVAGES A LA BIGARADE.

Videz, flambez et troussez 3 canards sauvages; recouvrez-leur l'estomac de grandes bandes de lard sur lesquelles vous aurez étalé une matignon réduite au vin de Madère; emballez-les dans des feuilles de papier beurrées, couchez-les sur broche et faites-les cuire à feu vif pendant trois quarts d'heure; ce temps écoulé, dépecez et parez-les par membres; dressez-les dans une croustade et saucez-les avec une sauce bigarade un peu liée; servez le reste de la sauce dans une saucière après l'avoir liquéfiée à point avec une demi-glace.

900. — SARCELLES ET PLONGEONS.

Ces deux gibiers se servent le plus communément rôtis, mais ils peuvent recevoir les mêmes préparations que les canards sauvages, soit qu'on enlève les filets après les avoir fait rôtir à la Matignon, soit qu'on les serve entiers ou dépecés. Si la cuisson est toujours à peu près la même, les sauces et les garnitures peuvent varier à l'infini; bien que la cuisson à la broche soit la plus usitée, elle n'exclut pas les autres procédés; ainsi les canards sauvages, les sarcelles et plongeons peuvent également se cuire braisés, poêlés ou sautés.

901. — SARCELLES A LA TIVOLI.

Troussez 6 belles sarcelles pour entrée; placez-les dans une casserole avec un morceau de beurre et 200 gr. de jambon cru coupé en dés; faites-les partir sur le feu pour leur faire prendre couleur doucement, en les retournant de temps en temps; arrivées à ce point, mouillez-les au quart de leur hauteur avec du bon fonds et un verre de vin de Marsala; ajoutez quelques champignons secs, un petit bouquet de persil garni de thym, laurier et romarin, le tout en petite quantité; couvrez-les d'un papier beurré et laissez-les cuire doucement pendant une heure et un quart environ, suivant comme elles sont jeunes; retournez-les de temps en temps, et lorsqu'elles seront tendres au toucher, renversez-les l'estomac en dessous et laissez-les refroidir dans leur fonds; égouttez-les ensuite, supprimez les cuisses et carcasses, parez les estomacs d'égale grosseur, laissez-les entiers et rangez-les à mesure dans une casserole; alors détachez vivement les chairs des cuisses pour les tailler en monglas et les placer dans une petite casserole avec le même volume de truffe et maigre de jambon cuit taillé de même. Brisez les os des cuisses et des carcasses, remettez-les dans la casserole où ont cuit les sarcelles et mouillez-les avec consommé et vin de Marsala; laissez cuire doucement pendant un quart d'heure et passez cette essence au tamis de soie; réduisez-en la moitié à demi-glace, que vous versez sur les estomacs des sarcelles pour les chauffer tout doucement; réduisez le reste de l'essence avec une sauce tomate ordinaire; passez-la à l'étamine et mettez-en une partie dans le monglas pour le tenir au chaud sans le laisser bouillir. Blanchissez 150 gr. de petit macaroni cassé en petites tiges de 2 centim. de long; réglez-vous de sorte qu'elles ne soient pochées que quelques minutes avant de servir; égouttez-les sans les rafraîchir, remettez-les dans leur casserole avec un morceau de beurre, une pointe de muscade, une poignée de parmesan fraîchement râpé et quelques cuillerées de sauce tomate; mélangez bien le tout. Collez un bouchon de pain frit au milieu d'un plat d'entrée, versez le macaroni autour en le tenant le plus possible en pyramide; séparez les estomacs des sarcelles seulement en deux parties, que vous rejoignez et dressez ainsi debout, appuyés contre le macaroni, et garnissez les intervalles avec la monglas; piquez sur le milieu un beau hâtelet composé d'une crête, d'une truffe et d'un ris de veau clouté et glacé; saucez légèrement les estomacs et envoyez le reste de la sauce à part.

902. — PIGEONS AUX PETITS POIS A LA MODERNE. (Dessin n° 43.)

Videz et flambez 6 jeunes pigeons bien gras; troussez-les pour entrée et marquez-les dans une casserole avec du beurre et lard râpé, 2 petits oignons, une carotte, une et un bouquet de persil; mouillez-les à moitié de leur hauteur avec un bon fonds de braise et couvrez-les d'un papier beurré. Faites-les braiser vivement; sur la fin de leur cuisson, passez et dégraissez leur fonds, avec lequel vous les faites tomber à glace; collez un petit support en pain au centre du plat d'entrée, piquez sur celui-ci une petite croustade en pain taillée en forme de corbeille, en la maintenant avec un hâtelet. Cinq minutes avant de servir, égouttez et débridez les pigeons, coupez-les en trois sur leur longueur, de manière que les cuisses tiennent aux ailes et l'estomac à la carcasse; resserrez les morceaux afin de laisser aux pigeons leur forme première; dressez-les dos à dos, comme l'indique le dessin, en les appuyant contre le support en pain, et garnissez les intervalles et la coupe avec des petits pois; glacez les pigeons et servez une saucière de velouté à part. Les pigeons peuvent indifféremment être poêlés ou rôtis à la Matignon, de même qu'on peut substituer aux petits pois une autre garniture, telle que racines glacées, champignons, truffes, marrons, financière, Godard, macédoine, concombres, olives, etc., etc.; la garniture peut aussi être remplacée par une simple sauce, telle que tomates, italienne, Périgueux, vénitienne, estragon, allemande, velouté suprême, espagnole; la coupe du dessus est alors remplacée par un hâtelet garni dans le genre de ceux représentés à la planche 3e.

903. — PIGEONS RAMIERS A LA MARIGNY.

Épluchez et flambez 4 jeunes pigeons ramiers, désossez-les comme pour galantine, étalez-les sur un linge et garnissez l'intérieur avec de la farce à quenelles de lapereau, à laquelle vous mêlez des foies gras, truffes et champignons coupés en dés. Ramenez les peaux sur la farce pour former 4 galantines de la grosseur d'un saucisson; roulez et cousez ces galantines dans une serviette que vous ficelez pour les maintenir. Une heure avant de servir, cuisez-les dans un fonds de poêle, auquel vous ajoutez un verre de vin blanc sec. Pendant leur cuisson, réduisez 5 décil. d'espagnole avec un petit fumet au vin, tiré avec les carcasses des pigeons et du lapereau ayant servi à confectionner la farce. Lorsque la sauce sera réduite, laissez-la refroidir un moment, liez-la avec 3 ou 4 cuillerées de sang de pigeon ou volaille, ajoutez un petit beurre de Cayenne et passez à l'étamine. Quelques minutes avant de servir, débridez les pigeons, placez-les à la bouche du four, sur un petit plafond, pour les ressuyer, et glacez-les; ayez une croustade de pain taillée, frite et collée sur un plat; garnissez-la avec les trois quarts d'un ragoût composé de quenelles, foies gras, truffes et crêtes, saucé avec la sauce mentionnée. Coupez les pigeons en tranches épaisses, dressez-les en couronne sur le bord de la croustade, glacez-les bien et dressez au milieu le restant du ragoût. Envoyez l'excédant de la sauce dans une saucière. Les ramereaux se préparent aussi d'après les procédés décrits pour les pigeons domestiques.

904. — FAISANS EN DIADÈME.

Videz et flambez 2 beaux faisans, farcissez-les intérieurement avec du beurre pilé et avec quelques truffes crues et un peu de sel; troussez, bardez-les et tenez-les au frais jusqu'au lendemain. Une heure avant de servir, couchez-les sur broche et cuisez-les à feu vif, en les arrosant de temps en temps à l'aide d'un pinceau trempé dans du beurre fondu, auquel vous additionnez un peu de madère. Pendant ce temps, collez sur le bord d'un plat un croûton en pain taillé en demi-cintre, dans les proportions de celui-ci, et frit de belle couleur. Sur ce pain disposez, en les collant au repère très-ferme, des croûtons également frits, taillés en triangles allongés, de manière que l'ensemble représente un diadème. Décorez alors cette croustade à l'aide d'un cornet plein de farce à quenelles très-ferme. Finissez de marquer le contour du fond du plat avec de la farce disposée à la manière à pouvoir dresser dessus des petites quenelles au moment. Recouvrez le tout avec un papier beurré et tenez quelques instants le plat à la bouche du four pour pocher la farce. Lorsque les faisans seront cuits, découpez-les par membres, que vous divisez en deux; dressez ceux-ci en dôme au milieu du plat, le plus régulièrement possible; recouvrez-les complètement avec des truffes coupées en julienne très-fine, tenue au chaud avec de la sauce madère. Garnissez la partie du plat que n'occupe pas la croustade avec une quinzaine de petites quenelles de volaille bien blanches. Servez une sauce madère à part.

905. — PERDREAUX A LA FERMIÈRE.

Parez et coupez en quartiers 4 beaux choux frisés, blanchissez-les pendant quelques minutes, égouttez-les ensuite; foncez une casserole avec des débris de lard, sur lesquels vous rangez les choux en bouquet après les avoir pressés. Placez au milieu un moyen saucisson et un morceau de petit lard blanchi, une carotte, un oignon et un petit bouquet garni; alors mouillez-les aux trois quarts avec du bon bouillon et du bon dégraissis; recouvrez-les d'un rond de papier et faites-les marcher doucement pendant une heure; puis retirez le saucisson et remplacez-le par 4 perdreaux troussés pour entrée; laissez cuire encore trois quarts d'heure à peu près. Pendant ce temps, coupez le saucisson en tranches, retirez les peaux et recouvrez avec ces tranches les parois intérieures d'un moule à calotte. Lorsque les perdreaux seront cuits, égouttez-les; versez les choux

40

sur un tamis, puis exprimez-les dans un linge afin de retirer toute leur humidité. Rangez-les les uns après les autres contre les tranches de saucisson ; appuyez-les en dessus ; découpez les perdreaux par membres, parez et rangez-les à mesure au milieu des choux sans laisser de vide ; recouvrez le tout avec le restant des choux, et tenez au chaud. Cinq minutes avant de servir, renversez le moule sur un plat sans le retirer, afin de laisser égoutter toute la graisse. Pendant ce temps, coupez le lard en tranches minces, que vous glacez ; égouttez la graisse que les choux auront rendue sur le plat ; essuyez le bord et enlevez le moule ; garnissez le tour avec des escalopes de lard ; glacez le tout et envoyez à part une sauce demi-espagnole, réduite au madère et fumet de perdreau.

906. — PERDREAUX A L'ESCURIALE.

Épluchez 1 kilo de petites truffes crues, si c'est possible ; arrondissez-les et pilez les parures avec 250 gr. de lard frais ; passez ce lard au tamis et amalgamez-lui les truffes ; videz et flambez 4 beaux perdreaux rouges, emplissez-les avec l'appareil des truffes et troussez-les pour entrée ; recouvrez l'estomac d'une matignon réduite au vin de Madère ; bardez-les ; ployez chaque perdreau dans une feuille de papier beurrée et tenez-les au frais jusqu'au lendemain. Trois quarts d'heure avant de servir, couchez-les sur broche et faites-les partir vivement. Pendant ce temps, collez un montant en pain frit au milieu d'un plat d'entrée. Lorsque les perdreaux seront cuits, débridez-les ; coupez le milieu de la carcasse transversalement ; séparez les culottes d'avec les estomacs ; mettez à mesure les truffes dans une petite casserole ; coupez chaque estomac en trois sans parer les membres ; replacez-les dans leur sens primitif ; les cuisses n'étant pas séparées les soutiennent assez bien ; dressez les 4 perdreaux dos à dos en les appuyant contre la pyramide en pain ; dressez ces truffes bien chaudes par groupes entre chacun d'eux ; saucez le tout avec une sauce Périgueux bien réduite ; piquez sur l'entrée un hâtelet dans le genre de celui représenté au dessin n° 18. Servez le surplus de la sauce à part.

907. — PERDREAUX A LA RÉGENCE.

Videz et flambez 4 beaux perdreaux rouges, auxquels vous laissez toutes les peaux du cou ; emplissez cette partie avec 150 gr. de beurre mêlés avec 2 truffes pilées, un peu de sel et une pointe de cayenne ; troussez les perdreaux pour entrée, et piquez dans chaque filet 5 ou 6 clous de truffe ; recouvrez-les entièrement avec une matignon, puis avec des bandes de lard ; couchez-les sur broche et donnez-leur quarante minutes de cuisson ; découpez-les au moment et dressez-les comme il est indiqué pour les perdreaux à l'Escuriale. Piquez une petite croustade en riz cannelée sur le pain qui forme le milieu de l'entrée ; garnissez les intervalles entre chaque perdreau avec des crêtes, des petites quenelles, des champignons et escalopes de foie gras ; garnissez la croustade avec de petites truffes tournées en boules. Masquez le tout avec une bonne sauce madère réduite au fumet de gibier. Même sauce à part.

908. — ESTOMACS DE GELINOTTES A LA OLGA.

Désossez 5 gelinottes comme pour galantine ; avec les foies et les chairs des cuisses, faites une petite farce à quenelles bien assaisonnée, à laquelle vous incorporez quelques truffes hachées ; étalez les estomacs sur un linge, retirez-leur les filets mignons et distribuez sur chacun une partie proportionnée de la farce ; rapprochez les peaux pour les coudre sans trop les serrer ; piquez ensuite la surface des filets avec du lard fin, et marquez-les dans une casserole foncée avec lard, jambon et un bouquet d'aromates ; mouillez-les à moitié de leur hauteur par parties égales avec du consommé et vin blanc de Hongrie sec ; couvrez-les d'un rond de papier et cuisez-les vivement pendant quarante minutes ; en dernier lieu, passez, dégraissez et réduisez le fonds en demi-glace ; masquez-en les estomacs et poussez à la bouche du four pour les glacer entièrement. Dans l'intervalle, vous aurez bigarré les filets mignons avec des truffes ; marquez-les en anneaux dans un petit sautoir beurré ; au moment de servir, démoulez sur plat une bordure de farce à la crème de gelinotte pochée à la minute ; garnissez le puits avec un ragoût composé de foie gras, truffes et langue écarlate coupés en rond, légèrement saucé au velouté réduit à l'essence de gelinotte ; débridez les estomacs, coupez-les en trois parties sur leur travers et dressez-les sur la garniture ; placez une belle crête et 2 filets mignons entre chaque estomac, et enfin une belle truffe sur le milieu de l'entrée; glacez les estomacs; saucez le pied de la bordure avec le velouté mentionné, et envoyez l'excédant dans une saucière.

909. — PERDREAUX A LA CATALANE.

Après avoir troussé 4 perdreaux pour entrée, marquez-les dans une casserole avec 1 décil. d'huile, 1 oignon, 1 bouquet de persil, aromates et 5 à 6 gousses d'ail; ajoutez 24 gros carrés de jambon fumé; couvrez les perdreaux d'un rond de papier; couvrez la casserole, faites-la partir pour faire revenir les perdreaux pendant une douzaine de minutes; alors mouillez-les avec 4 décil. de madère; ajoutez une pincée de piment; mettez ce fonds en ébullition et retirez la casserole sur les cendres chaudes; masquez-en aussi le couvercle et laissez-les cuire ainsi tout doucement pendant trois quarts d'heure. A ce point, égouttez les perdreaux, passez et dégraissez le fonds pour le réduire à point avec 3 décil. d'espagnole et 1 décil. de blond de veau; passez ensuite à l'étamine; détachez les estomacs des trains de derrière, et dressez ceux-ci sur plat, appuyés sur une petite pyramide quadrangulaire en pain frit, collée sur son centre, masquée de farce et séchée à la bouche du four. Découpez les estomacs en trois parties sur leur longueur et remettez-les sur les culottes des perdreaux, dans leur sens naturel; dressez les dés de jambon dans les intervalles, saucez-les légèrement, ainsi que les perdreaux; piquez sur le pain un hâtelet garni d'une grosse crête en langue écarlate, et envoyez l'excédant de la sauce dans une saucière, après lui avoir additionné quelques douzaines d'olives tournées et blanchies.

940. — BÉCASSES A LA MONACO.

Videz 5 belles bécasses, retirez les gésiers; passez une échalote au beurre; ajoutez une poignée de pain râpé; lorsque celle-ci est bien revenue, additionnez les intestins des bécasses et 2 foies de volaille; assaisonnez avec sel, poivre et épices; faites-les revenir un moment ensemble et mouillez avec 2 cuillerées de glace; pilez avec 1 jaune d'œuf et passez au tamis; hachez très-fin 2 truffes blanches du Piémont pour les mêler à cette farce. Ayez 14 petites croustades de pain rondes, de 5 centim. de diamètre sur 2 d'épaisseur; elles devront être frites au beurre au moment, vidées et garnies de farce en bombant un peu la surface; semez dessus quelques truffes réservées à cet effet, et rangez-les à mesure sur un petit plafond beurré. Dépecez les bécasses par membres et sautez-les au beurre un quart d'heure avant de servir. Quand elles sont bien atteintes, égouttez le beurre et mouillez avec quelques cuillerées d'espagnole bien réduite; dressez-les en buisson sur le plat, semez dessus des truffes blanches émincées très-fin, saucez-les légèrement et tenez le plat une minute au four; ensuite dressez autour les petites croustades, glacez-les et envoyez le surplus de la sauce à part avec quelques lames de truffes blanches dedans.

941. — BÉCASSES A LA PUCKLER-MUSKAU.

Videz et bridez 4 bonnes bécasses, rangez-les dans une casserole largement beurrée et dans laquelle elles e trouvent serrées; passez les intestins, les foies et quelques parures de foie gras au beurre; additionnez-leur 2 cuillerées de velouté réduit et un peu de glace; pilez et passez à l'étamine. Choisissez 12 belles truffes bien rondes et d'égale grosseur, cuisez-les au vin, sans les éplucher; vingt-cinq minutes seulement avant de servir, faites-leur à chacune une petite incision circulaire, et, à l'aide d'une cuiller à racines, videz-les. Coupez en petits dés les parures les plus convenables et tenez les autres de côté; aux premières additionnez la moitié de la purée obtenue avec les intestins des bécasses et 2 cuillerées de farce crue; emplissez-en les truffes; fermez leur ouverture avec le rond enlevé et collez-les, à l'aide d'un petit point de farce, autour du fond d'un plat d'entrée les unes à côté des autres; couvrez le plat d'un papier beurré et tenez-le à la bouche du four. Vingt à vingt-cinq minutes avant de servir, salez les bécasses et faites-les partir vivement, à couvert, pendant six à huit minutes; retournez-les, puis mouillez-les avec 2 décil. de vin du Rhin; donnez quelques minutes d'ébullition violente, puis retirez la casserole sur une paillasse, avec des cendres chaudes dessus pour terminer leur cuisson : elles doivent être vert-cuites. Quelques minutes avant de servir, égouttez les bécasses, dépecez-les vivement en 4 parties; hachez grossièrement les parures et carcasses, et jetez-les avec les petites parures de truffes dans 4 décil. de velouté en réduction ; ajoutez un décil. et demi de vin du Rhin et amenez promptement la sauce au point voulu. Dans l'intervalle, dressez les membres des bécasses dans le puits formé par les truffes et dressez-les, autant que possible, en élévation : l'entrée devient ainsi plus élégante. La sauce réduite, passez-la à l'étamine, incorporez-lui la seconde moitié de la purée des intestins et saucez très-légèrement les membres des bécasses. Le surplus de la sauce sera servi en saucière. Glacez bien les truffes et placez entre chacune d'elles une petite crête de pain demi-circulaire et légèrement évidée, afin de pouvoir les placer à cheval entre les truffes.

912. — BÉCASSINES A LA JOINVILLE.

Videz 14 bécassines, supprimez les gésiers, sautez les intestins au beurre avec 10 foies de poularde, quelques tranches de jambon cru, persil et échalotes hachés, sel, poivre et épices ; laissez refroidir ; pilez et faites-en une farce à gratin, que vous mêlez avec son même volume de farce à quenelles de volaille et travaillez dans une terrine avec 4 jaunes d'œufs et un décil. d'espagnole réduite et refroidie ; alors versez-la dans un moyen moule d'entremets beurré, couvrez ce moule pour la faire pocher au bain-marie vingt-cinq minutes avant de servir ; mettez une petite truffe ronde dans chaque bécassine, bridez et bardez-les, couchez-les sur un hâtelet et cuisez-les à la broche un quart d'heure avant de dresser. Ce moment venu, renversez le moule sur un plat d'entrée ; dressez les bécassines autour du pain ; garnissez le puits avec des truffes émincées ; masquez avec une sauce salmis et servez de la même sauce à part dans une saucière.

913. — GRIVES A LA MÉDICIS. (Dessin n° 48.)

Désossez 14 grives comme pour galantine, farcissez-les intérieurement avec de la farce à gratin, à laquelle vous incorporez du jambon cuit coupé en petits dés. Resserrez les peaux ; entourez les grives de bandes de papier beurrées pour les maintenir dans leur forme ; serrez-les l'une contre l'autre dans un sautoir foncé de lard, pour les braiser ; puis dressez-les en couronne, l'estomac en dessous, dans un moule à savarin foncé de bandes minces de lard blanchi. Le moule doit dépasser en hauteur le niveau des grives ; dans le cas contraire, rehaussez les parois avec des bandes de fort papier. Masquez alors les grives avec une farce à gratin peu grasse et donnez-leur une demi-heure de cuisson au four doux ; démoulez-le au moment sur un couvercle de casserole ; retirez le lard et glissez cette bordure sur un fond de plat en pâte à dresser. Garnissez le milieu avec du macaroni coupé très-court et fini au moment avec du beurre et quelques cuillerées de glace mêlé avec quelques escalopes de truffes et foie gras ; puis saucez l'entrée avec une bonne espagnole réduite au fumet de grive et servez l'excédant de la sauce à part.

914. — PLUVIERS A LA DUMANOIR. (Dessin n° 60.)

Videz et flambez 6 pluviers, emplissez-les de farce à quenelles, à laquelle vous mêlez une truffe hachée ; troussez les pluviers pour entrée et piquez les estomacs avec du lard fin ; couchez-les ensuite sur un hâtelet, enveloppez-les de papier beurré et fixez le hâtelet sur broche ; faites-les partir à bon feu une demi-heure avant de servir. Collez une pyramide de pain frit au milieu d'un plat d'entrée, et tenez-le à l'étuve. Cinq minutes avant de servir, retirez le papier, sans lever les pluviers du feu ; glacez-les et laissez-leur prendre couleur un moment ; débridez-les ensuite et coupez-les en trois parties sur leur longueur, sans les déformer ; dressez-les dos à dos contre la pyramide en pain ; garnissez les intervalles avec des truffes émincées et cuites dans un peu de sauce madère ; piquez sur le centre du pain 4 moyens hâtelets garnis chacun d'une crête et de 2 truffes ; saucez légèrement l'entrée avec une bonne espagnole travaillée au fumet de gibier.

915. — CAILLES AUX PETITS POIS.

Troussez 14 cailles pour entrée, braisez-les, d'après les règles, dans une casserole foncée de lard, et cuisez-les de trente à quarante minutes, suivant leur état de tendreté. Au moment de servir, démoulez sur plat une bordure de purée de pois très-ferme pochée à l'instant même. Vous aurez d'avance glacé une noix de jambon; détaillez-la en lames uniformes que vous parez, glacez, et dressez-les droites entre chaque caille, rangées l'une à côté de l'autre sur la bordure; emplissez le puits avec des petits pois à la française ou à l'anglaise; saucez légèrement les cailles et le pied de la bordure avec du velouté, dans lequel vous incorporez le fonds des cailles passé et bien dégraissé; envoyez le surplus à part.

946. — CAILLES A LA CAVALIÈRE.

Videz 12 cailles, désossez-leur l'estomac par la poche sans les ouvrir, emplissez-les avec de la farce fine et troussez-les pour entrée; piquez 6 petits clous de truffe sur chaque estomac; bardez-les et braisez-les avec du bon fonds et vin de Madère réduit de moitié; au moment de servir, débridez et dressez les cailles sur le bord d'une croustade garnie d'un ragoût de crêtes, petites quenelles et truffes, saucé avec une bonne allemande; mettez une lame de foie gras taillée uniforme entre chaque caille; dressez sur le haut une couronne de petites quenelles et au milieu une belle truffe; glacez les cailles et servez une saucière d'allemande à part.

947. — MAUVIETTES A LA DIPLOMATE.

Désossez les reins et les cuisses seulement de 40 belles mauviettes, salez-les et placez sur chacune un morceau de truffe, reployez les peaux de manière à ce que l'on ne voie que les estomacs; foncez un grand moule à calotte avec du lard très-mince; rangez les mauviettes dessus en commençant par en mettre 6 au fond et deux rangs sur celles-ci, les estomacs tournés contre le moule; serrez-les les unes contre les autres et recouvrez-les d'une couche de godiveau de 15 millim. d'épaisseur à peu près; comblez le vide que laisse la farce avec un petit moule à calotte étamé, et assez juste pour empêcher la farce de se déformer à la cuisson; trente-cinq à quarante minutes avant de servir, placez le moule sur une chevrette, couvrez-le d'un rond de papier beurré, poussez-le au four modéré et laissez cuire les mauviettes doucement. Au moment, enlevez le moule du milieu et versez dans le puits une garniture de petites truffes tournées en boules et mouillée avec une sauce salmis très-serrée; recouvrez ce ragoût avec un rond de papier beurré sur lequel vous aurez étalé une couche de farce de 1 centim d'épaisseur; remettez le moule au four pendant dix minutes, enlevez le papier, recouvrez-le avec un petit couvercle de casserole, renversez-le afin d'égoutter la graisse et démoulez-le sur un plat d'entrée; retirez le lard, épongez bien les mauviettes et garnissez le tour avec des moyens champignons cannelés; saucez légèrement en dessus avec une sauce madère réduite au fumet de gibier; envoyez le surplus à part.

948. — ORTOLANS A LA MATHURIN.

Troussez pour entrée 30 ortolans en leur laissant la tête, de laquelle vous aurez retiré les yeux; couchez-les sur un hâtelet, puis au broche, et cuisez-les à feu très-vif pendant six à huit minutes; glacez-les en les débrochant et dressez-les en buisson sur un petit fond de plat en pain frit de forme basse; rangez autour de ce buisson 14 petites croustades en brioche cuites dans des moules à darioles, vidées et garnies au moment, avec une émincée de champignons; glacez celles-ci et masquez les ortolans au pinceau avec une demi-espagnole; envoyez le surplus en saucière.

949. — DARNE DE SAUMON A LA VÉNITIENNE.

Coupez une darne de 15 à 20 centim. de long dans le milieu d'un beau saumon; marinez-la pendant deux heures avec de l'huile, sel, jus de citron et persil en branches; trois quarts d'heure avant de servir, essuyez et huilez-la de nouveau; faites-la griller en observant les soins décrits pour les relevés de poisson; dressez-la ensuite sur un plat d'entrée, glacez-la légèrement et garnissez le tour avec 4 petites garnitures dont une de queues de crevette, une d'huîtres, une de moules et l'autre de petites quenelles de poisson, toutes saucées séparément avec une vénitienne finie au beurre de crevette; servez une vénitienne simple à part. On sert de même le saumon, coupé en tranches de 2 cent. d'épaisseur; il ne faut leur donner que vingt minutes de cuisson.

920. — DARNE DE SAUMON A LA RÉGENCE.

Ayez une belle darne de saumon bien frais, enveloppez-la d'un petit linge beurré dans lequel vous la ficelez, cuisez-la dans un bon court-bouillon, en procédant pour cette cuisson d'après les règles décrites pour les relevés de poisson. Au moment de servir, débridez la darne, dressez-la sur un plat d'entrée au fond duquel vous aurez collé un fond de plat en pain ou en riz de 2 ou 3 centim. de hauteur, et de la forme à peu près de la darne; retirez les peaux du dessus et garnissez le tour avec des petites quenelles, queues d'écrevisse, truffes et champignons, dressés par petits groupes; saucez-les légèrement avec de la sauce Régence; piquez sur chaque angle du socle un petit hâtelet composé d'une crevette, d'un champignon et une truffe; servez une sauce Régence à part. Les darnes de *seiblin* se cuisent de même. Ce poisson est commun en Bavière; il y est très-estimé.

921. — DARNE DE SAUMON A L'IMPÉRIALE.

Ayez une darne de gros saumon taillée sur le milieu, de la longueur de 14 à 15 centimètres. Après l'avoir bien écaillée, retirez l'arête principale en glissant le couteau tout au tour; ceci a pour but de désosser le poisson sans lui faire d'incisions extérieures, qui pourraient nuire à la régularité de sa forme. Maintenant foncez entièrement avec de larges bandes de lard un moule à timbale ou une moyenne casserole un peu plus large que le diamètre de la darne; versez au fond un peu de beurre d'écrevisse fondu avec son même volume de glace, 2 cuillerées de madère, quelques fragments de persil en branche et une demi-feuille de laurier; rangez ensuite la darne debout dans le moule, emplissez le vide du milieu avec une farce de poisson très-ferme et bien assaisonnée, à laquelle vous mêlerez quelques truffes hachées. La darne étant farcie doit emplir tout le diamètre du moule. Pour la maintenir bien ronde, il faut la recouvrir d'une bande de lard et d'une abaisse de pâte à dresser, soudée contre les parois du moule avec de la dorure; rangez celui-ci sur un petit plafond, poussez au four modéré et faites cuire pendant une heure et demie. Après ce temps, démoulez la darne sur un couvercle, enlevez le lard qui la recouvre, épongez-la bien et glissez-la sur un plat d'entrée; garnissez le tour avec une couronne de foies de lotte à la Villeroy et de laitances de carpe saucées au blanc; glacez la darne avec le beurre d'écrevisse mêlé avec quelques parties de glace; dressez sur le haut de la darne une bordure de lames de truffes et servez à part une sauce normande à laquelle vous additionnez une pointe de cayenne et du beurre d'écrevisse au dernier moment.

922. — DARNE D'ESTURGEON A LA GONDOLIÈRE.

Coupez une darne d'esturgeon de moyenne grosseur sur la partie immédiatement au-dessous du ventre; tenez-la de 20 centim. de long à peu près, selon sa grosseur, en calculant qu'elle diminue au moins d'un quart de son volume pendant la cuisson; retirez-lui les peaux et mettez-la dégorger dans l'eau fraîche pendant 2 heures; égouttez-la ensuite pour l'ouvrir d'un côté, afin d'en retirer les parties cartilagineuses de l'intérieur;

SOMMAIRE DE LA PLANCHE N° 11.

N° 73. — Paupiettes de merlan à la Grégorienne.
N° 74. — Timbale de filets de sole à l'ambassadrice.
N° 75. — Matelote de poisson en croustade.
N° 76. — Grenadins de filets de brochet à la Goisset.
N° 77. — Tranches de truite à la Jeanne d'Arc.
N° 78. — Filets de brochet à l'Arlequine.
N° 79. — Côtelettes de homard à la Victoria.
N° 80. — Petites truites à la Condé.

reployez-la dans son entier, entourez-la de bandes de lard que vous maintenez avec quelques tours de ficelle; marquez alors la darne dans une casserole et cuisez-la avec une bonne mirepoix en lui donnant les soins décrits pour les relevés de poisson. La cuisson achevée, égouttez-la sur un petit plafond, enlevez les ficelles, le lard, les peaux, et glacez-la à la bouche du four. Au moment de servir, dressez la darne sur un plat, taillez sur le milieu 12 tranches minces à l'aide d'un couteau bien tranchant; l'entaille ne doit arriver qu'à moitié de l'épaisseur de la darne sans la déformer; garnissez le tour avec de moyens champignons farcis et de petites quenelles; ces garnitures doivent être disposées en 4 petits groupes dont 1 sur chaque face de la darne. Servez une sauce italienne à part.

923. — DARNE D'ESTURGEON A LA VALENTINO.

Les gros esturgeons se divisent habituellement en deux sur leur longueur. Coupez au milieu d'un esturgeon, ainsi divisé, un tronçon de 25 à 30 centim. de longueur, suivant sa grosseur; enlevez la peau et les parties cartilagineuses qui lui tiennent lieu d'arêtes; arrondissez les angles afin de donner à cette pièce à peu près la forme d'une belle noix de veau; laissez-la bien dégorger dans l'eau de sel, lavez et essuyez-la ensuite pour la piquer à moitié avec du lard fin. Foncez une casserole avec débris de lard, jambon, carottes et oignons émincés; placez l'esturgeon en dessus, mouillez-le à moitié avec un très-bon fonds et un verre de madère; recouvrez d'un papier beurré et faites-la braiser d'après les procédés indiqués aux pièces de *Relevés*. Au dernier moment, glacez-la, égouttez-la ; taillez 12 tranches minces sur le milieu sans la déformer ; dressez-la sur plat, dont le fond est couvert d'un rond de pain frit; garnissez le tour avec 10 petites timbales de farce de poisson; garnissez les intervalles avec 5 petits bouquets de queues d'écrevisse et 5 de petites truffes parées; piquez sur chaque bout un hâtelet composé d'une petite truffe, une quenelle et une écrevisse. Ces hâtelets doivent traverser dans le pain pour plus de solidité. Servez à part une sauce madère, à laquelle vous additionnez 2 cuillerées du fonds de l'esturgeon réduit et une pointe de cayenne.

924. — DARNE DE TRUITE A LA MAZARINE.

Taillez sur le milieu d'une belle truite une darne de 20 centimètres environ de longueur; marinez-la avec le jus d'un citron, de l'huile et du sel; laissez-la macérer deux heures dans cet assaisonnement. Pendant ce temps, réduisez au vin une copieuse matignon. Une heure avant de servir, essuyez bien la darne, masquez-la de la matignon que vous soutenez avec une forte feuille de papier beurrée; ficelez-la avec attention pour que les issues soient bien fermées; rangez-la dans un sautoir beurré et poussez-la au four modéré, mais bien atteint. Trois quarts d'heure après, déballez-la pour retirer les peaux, et masquez la surface, d'un côté seulement, avec une couche mince de farce de merlan bien blanche; lissez-la et appliquez dessus avec célérité un décor de truffes préparé à l'avance; rangez sur les bords de chaque bout un cordon de queues d'écrevisse; couvrez d'un rond de papier et faites sécher cette farce à la bouche du four. Dressez ensuite la darne sur le plat d'entrée, entourez-la avec des petites timbales à la Palermitaine, sur lesquelles vous placez un petit rond de truffe; saucez-les légèrement avec de la sauce génevoise, et servez le surplus de cette sauce à part, après lui avoir additionné quelques cuillerées de truffes en petits dés. Les darnes de *seiblin* se préparent ainsi.

925. — DARNE DE CABILLAUD A LA CORNEILLE.

Taillez sur le milieu d'un gros cabillaud une darne de 20 centimètres de long, écaillez-la bien et faites-la raffermir dans de l'eau de sel. Pendant ce temps, préparez une farce à quenelles de poisson, avec laquelle vous formez 12 quenelles à la cuiller, que vous couchez à mesure dans un plat à sauter beurré; placez sur chacune une lame de truffe parée de forme ovale; tenez-les au frais pour les pocher au moment. Egouttez alors la darne de cabillaud, essuyez-la bien, ouvrez-la par le ventre pour lui retirer les peaux noires et la grosse arête; saupoudrez-la intérieurement avec du sel et garnissez-la avec quelques cuillerées de farce réservée; rapprochez les chairs et ficelez la darne pour lui conserver une belle forme; marquez-la dans une casserole avec un gros morceau de beurre, un jus de citron, un décilitre de bon fonds et autant de vin blanc sec; ajoutez un petit bouquet de persil garni, recouvrez-la d'un papier beurré et salé, et cuisez-la au four en l'arrosant de temps en temps avec son fonds. Quelques minutes avant de servir, égouttez et dressez-la sur un plat; retirez les peaux; saucez avec une allemande à laquelle vous ajoutez quelques truffes coupées en julienne très-fine et un morceau de beurre; dressez 6 quenelles sur chaque flanc et un bouquet de champignons aux deux bouts. Envoyez à part de la sauce allemande aux truffes.

926. — TRANCHES DE TRUITE A LA JEANNE D'ARC. (Dessin n° 77.)

Après avoir habillé une grosse truite, coupez dans le milieu 6 belles tranches de 3 centimètres d'épaisseur chacune; marinez-les avec huile, sel, persil en branche, oignon émincé et un demi-jus de citron. Une demi-heure avant de servir, égouttez ces tranches, essuyez et trempez-les dans du beurre fondu pour les ranger sur un gril chauffé et huilé; faites-les partir sur une paillasse régulière quinze à vingt minutes avant de servir; arrosez-les de temps en temps. Ayez une croustade de riz très-basse et à 6 faces, sur laquelle vous piquez une coupe en pain frit; lorsque les tranches de truite sont cuites, dressez-les debout, une contre chaque face de la croustade; garnissez les intervalles, entre chaque tranche, avec un petit ragoût de truffes, queues d'écrevisse et champignons; placez dans le vide de chaque tranche une quenelle décorée de truffes; piquez au pied de la coupe 6 petits hâtelets garnis de truffes, crevettes et petits boudins de farce panés et frits; garnissez la coupe avec des petites quenelles décorées, des petites truffes en boules et des queues d'écrevisse; glacez légèrement le tout; envoyez à part une sauce italienne, à laquelle vous additionnez un petit beurre d'écrevisse au moment.

927. — TRONÇONS DE TRUITE A LA GASTRONOME.

Écaillez et habillez 3 truites du poids d'un kilo la pièce à peu près; supprimez les têtes et les queues, et coupez chacune d'elles en 4 tronçons; placez-les dans une terrine avec une poignée de sel et un verre d'eau; égouttez-les après un quart d'heure, lavez-les de nouveau, essuyez-les bien et rangez-les ensuite dans un plat à sauter beurré; mouillez-les avec 2 décil. de vin du Rhin et la même quantité de sauce veloutée; additionnez 500 gr. de truffes épluchées et coupées en lames, une trentaine de petits champignons cuits; ajoutez aussi leur fonds; couvrez le sautoir et faites partir à feu ardent pendant dix minutes. La sauce doit alors être courte et consistante à point; liez-la avec une liaison de 3 jaunes d'œufs; additionnez un morceau de beurre et pointe de muscade; dressez les tronçons sur un plat d'entrée, sur les bords duquel vous avez collé une bordure de pâte anglaise cuite, bien décorée et séchée à l'étuve; additionnez encore quelques parties de beurre à la sauce, agitez le plat à sauter afin qu'elle se lie à mesure que le beurre fond; masquez les tronçons avec cette sauce, truffes et champignons.

928. — TRONÇON DE THON A LA SOBOLEWSKI.

Coupez un beau tronçon plus bas que le ventre d'un petit thon, ayant à peu près 10 centim. d'épaisseur; lavez-le bien et laissez-le dégorger dans de l'eau et du lait; piquez-le avec des filets d'anchois traversant de part en part; ficelez-le et placez-le ensuite dans une casserole d'eau froide que vous tenez sur le feu jusqu'à ce qu'elle soit presque bouillante; rafraîchissez alors le thon, essuyez-le bien et marquez-le dans une casserole foncée de beurre, lard, jambon et quelques tranches d'oignon; mouillez-le à moitié de sa hauteur avec du bon fonds et un verre de vin de Marsala; assaisonnez avec sel, muscade, un petit bouquet de persil et laurier; couvrez-le d'un rond de papier beurré et cuisez-le doucement pendant une heure; égouttez-le ensuite sur un petit plafond, retirez la peau qui l'environne, tenez-le chaud à la bouche du four; passez le fonds, réduisez-le à glace; elle servira à glacer le thon. Dressez le tronçon sur un petit fond en pain frit, entourez-le avec 12 petites croquettes de crevettes, glacez-le de nouveau et servez à part une sauce normande, à laquelle vous additionnez un peu de sa glace mêlée avec du beurre de crevette.

929. — PETITES TRUITES FARCIES A LA CONDÉ. (Dessin n° 80.)

Après avoir habillé 15 petites truites de 20 à 22 centim. de longueur, détachez les têtes et les queues, en laissant seulement un tronçon de 12 centim. de long; ouvrez ces tronçons par le côté du ventre; retirez la grosse arête et les petites sans séparer les filets. Toutes les truites ainsi désossées, battez légèrement les chairs, saupoudrez-les de sel et étalez dessus une mince couche de farce de poisson à laquelle vous incorporez des truffes coupées en petits dés; donnez aux tronçons leur première forme; égalisez les bouts; roulez ces truites dans des demi-feuilles de papier beurrées et salées et rangez-les sur un plafond pour les cuire au four un quart d'heure avant de servir. Avec les têtes et arêtes des truites, tirez une essence que vous mouillez avec du consommé et une demi-bouteille de champagne; passez et réduisez-la avec 4 décil. de sauce suprême; passez-la à l'étamine pour la tenir chaude au bain-marie. Préparez d'avance un fond de plat en pâte à dresser, empli avec riz ou macaroni et renversé sur le plat d'entrée : 2 centim. de hauteur suffisent; collez-lui sur le milieu une coupe en pain frit, et sur les bords une bordure en pâte à nouilles. Déballez les truites au moment du service; dressez-les en couronne sur le fond en pâte, le côté du dos tourné en dehors; glacez-les; emplissez la coupe avec une émincée de truffes cuites au vin et légèrement saucées; incorporez un petit morceau de beurre à ce qui reste de la sauce, et envoyez-la dans une saucière.

930. — PETITES TRUITES A LA VALAISIENNE.

Videz et écaillez vivement 12 ou 15 petites truites vivantes; levez les filets, que vous parez de suite sans retirer les peaux; panez ensuite ces filets à l'œuf et faites-les frire de belle couleur; mettez 300 gr. de beurre fin dans une casserole avec sel, poivre et persil haché, une cuillerée de vinaigre et une de moutarde; tournez cette sauce à la spatule sur l'angle du fourneau, jusqu'à ce que l'appareil soit velouté et le beurre à peine fondu; additionnez-lui 2 cuillerées à bouche de glace de volaille; dressez les filets en buisson sur un plat chaud, arrosez-les avec la sauce préparée, servez le reste dans une saucière. Il est de rigueur que les petites truites soient vivantes, cuites promptement et servies à l'instant même.

931. — CABILLAUDS A LA HAMBOURGEOISE.

Levez les filets à 3 petits cabillauds, retirez-leur les peaux; aplatissez-les légèrement et parez-les; avec les parures, préparez une petite farce à quenelles très-ferme, à laquelle vous mêlez 2 cuillerées de fines herbes; après l'avoir passée, étalez ces filets sur un linge, marquez-les d'une couche de farce, roulez-les pour en former de grosses paupiettes que vous roulez à mesure dans une feuille de papier beurrée sur laquelle vous étalez une matignon; cuisez 3 de ces paupiettes au four pendant trois quarts d'heure, en les arrosant avec du beurre. Lorsqu'elles seront cuites, déballez-les, laissez-les refroidir et masquez-les d'une duxelle très-serrée; panez-les une fois sur la sauce et une fois après les avoir passées dans une anglaise; placez-les dans un plafond, arrosez-les avec du beurre et faites-leur prendre couleur au four. D'un autre côté, cuisez les 3 autres paupiettes, déballez-les ensuite et dressez-les en les alternant avec les premières; garnissez le puits avec un ragoût de moules et queues d'écrevisse.

932. — TURBOT A LA GRIMOD DE LA REYNIÈRE.

Après avoir dégorgé pendant quelques heures le quart d'un beau turbot bien épais, placez-le encore une heure dans de l'eau fraîche fortement salée. Un quart d'heure avant de servir, cuisez ce turbot dans de l'eau bouillante et salée à point; pendant la cuisson, réduisez vivement une bonne béchamel, 6 décil. à peu près; lorsqu'elle est réduite additionnez-lui 100 gr. de beurre d'écrevisse et passez-la à l'étamine; additionnez-lui alors une assiettée de queues de crevette coupées en deux. Dès que le turbot est cuit, égouttez-le, retirez la peau que vous étalez au fond d'une casserole ou plat beurré; défaites les chairs du turbot par feuillets, sans trop les briser, rangez-les par couches dans la casserole, en les alternant avec de la béchamel préparée; terminez la couche supérieure par de la sauce. Cette opération doit se faire vivement, afin que rien n'ait le temps de refroidir; saupoudrez la surface avec de la panure et du parmesan râpé; arrosez de beurre fondu; faites prendre couleur sous le four de campagne ou à la salamandre, et servez de suite.

933. — SOLE A LA POLLAVICINI.

Levez les filets de 4 belles soles, passez-les légèrement au beurre, égouttez-les entre 2 feuilles de papier et mettez-les refroidir sous presse; pendant ce temps, préparez 500 gr. de farce de rouget, à laquelle vous incorporez leurs foies; passez-la et mêlez-lui alors 2 truffes blanches de Piémont hachées très-fin. Les filets de sole étant refroidis, parez-les en carrés longs; beurrez grassement un moule uni à cylindre, dressez les filets debout contre les parois, l'un contre l'autre, ainsi qu'on opère à l'égard des biscuits pour monter une charlotte russe; les parois du moule étant masquées par les filets, finissez d'emplir le vide avec de la farce de rouget; recouvrez d'un papier beurré et faites pocher au bain-marie pendant une heure; démoulez au moment sur un plat d'entrée; dressez sur le fonds une couronne d'escalopes de filets de rouget auxquels vous aurez laissé les peaux rouges; garnissez le puits avec une émincée de truffes blanches de Piémont jetées au moment dans une sauce normande bouillante, que vous retirez aussitôt du feu et finissez avec un petit beurre d'anchois; envoyez une saucière à part.

934. — MATELOTE EN CROUSTADE. (Dessin n° 75.)

Pour obtenir une matelote dans les conditions les plus convenables, il faut avoir différentes espèces de poissons; pourtant, faute de mieux, on peut la faire aussi avec une seule espèce. Après la variété, le point le plus essentiel est que le poisson soit de première fraîcheur. Habillez 2 petites carpes laitées, 3 petites truites, 2 perches et 1 anguille, coupez ces poissons par tronçons, mettez les plus beaux de côté; passez au beurre 2 oignons émincés avec un petit bouquet de persil garni, quelques parures de champignons et une gousse d'ail; mouillez avec 2 bouteilles de vin de Bourgogne rouge; ajoutez les têtes des poissons dedans; assaisonnez avec sel, poivre et girofle; cuisez doucement pendant un quart d'heure; plongez les tronçons d'anguille et laissez-les cuire pendant cinq minutes, pour les attendrir tant soit peu; puis égouttez-les et rangez-les dans une casserole basse de forme, dans laquelle se trouvent les tronçons de poisson crus; passez-leur dessus le fonds au vin et faites cuire à grand feu; dix minutes après, ajoutez 4 décil. d'espagnole, laissez bouillir encore un moment. Lorsque le poisson est cuit, versez la sauce dans un sautoir, réduisez-la à point, et passez à l'étamine; dressez les tronçons dans une croustade intérieurement masquée avec une couche de farce ferme; emplissez les interstices avec un petit ragoût composé de queues d'écrevisse, champignons, petits oignons glacés et laitances de carpe; piquez sur les bords de cette croustade 6 petits hâtelets garnis d'écrevisses; ajoutez un bon morceau de beurre fin à la sauce, vannez-la quelques minutes, versez-en moitié sur l'entrée et le reste dans une saucière.

ENTRÉES D'ORDINAIRE.

935. — COTE DE BŒUF GLACÉE.

Choisissez une belle côte bien marbrée et couverte, coupez-la de 12 centim. d'épaisseur, parez-la en enlevant tous les os, hormis celui de la côte, que vous sciez très-court. Ficelez-la et marquez-la dans une petite braisière foncée avec lard, jambon, légumes et un bouquet; salez très-modérément; mouillez-la avec 2 décil. de bouillon et le double de madère, et faites-la partir à grand feu pour réduire le fonds; alors mouillez-la de nouveau à mi-hauteur avec du bouillon ou fonds quelconque; faites partir en ébullition, puis couvrez la braisière et poussez-la au four doux, afin que la côte cuise tout doucement durant quatre heures environ. Dès qu'elle est bien tendre, égouttez-la sur un plafond et laissez-la refroidir sous presse; pendant ce temps, passez et dégraissez le fonds, étendez-le avec un peu de vin et grand bouillon, pour le clarifier et le réduire à consistance de demi-glace. Quand la côte est refroidie, dégagez bien l'os, parez-la avec goût et découpez-la en entailles sur le milieu. Remettez-la en forme, placez-la sur la grille d'une casserole longue; mouillez-la avec le fonds et chauffez-la doucement à la bouche du four, en la glaçant de temps en temps avec celui-ci ; lorsqu'elle est chaude et bien glacée, entourez-la avec une garniture quelconque.

936. — COTE DE BŒUF A LA SAINTE-MENEHOULD.

Cuisez une côte de bœuf comme la précédente, faites-la tomber à glace et laissez-la refroidir à moitié dans sa cuisson ; égouttez-la ensuite pour la découper en tranches transversales, sans la déformer, et placez-la sur un plafond ; masquez-la avec une duxelle bien réduite, à laquelle vous mêlez 3 cuillerées de glace ; saupoudrez la surface avec de la mie de pain ; arrosez-la avec du beurre fondu, et faites-lui prendre couleur en la glaçant de temps en temps ; servez avec une demi-glace dessous et une sauce italienne à part.

937. — PALAIS DE BŒUF A LA LYONNAISE.

Choisissez 10 palais de bœuf dégagés des parties environnantes du mufle, faites-les blanchir pour gratter les pellicules blanches de la superficie et cuisez-les dans un fonds de poêle bien assaisonné, auquel vous ajoutez un verre de vin blanc sec. Lorsqu'ils seront bien cuits, égouttez-les et mettez-les sous presse entre 2 plafonds pour les laisser refroidir ; coupez-les en deux sur leur longueur ; parez chaque bande en ovale uniforme ; marinez-les avec huile, sel, poivre et une pointe d'échalote hachée. Dix minutes avant de servir, trempez-les dans des jaunes d'œufs battus avec du beurre fondu, pour les passer ensuite à la panure bien fine. Égalisez la surface avec le plat d'un couteau, arrosez-les de beurre et faites-les griller, en ayant soin de les retourner à temps, pour qu'ils prennent une belle couleur des deux côtés ; glacez-les légèrement et dressez-les en couronne sur une bordure de farce à gratin pochée au moment ; garnissez le puits avec un buisson de moyens champignons farcis ; saucez légèrement avec un beurre maitre-d'hôtel, bien citronné, auquel vous mêlez 4 cuillerées de glace. Servez de cette sauce à part. — Les palais de bœuf se servent aussi avec une sauce tortue, madère, poulette et autres. La garniture peut également être changée.

938. — BIFTECKS A LA VERNON.

Taillez 12 moyens biftecks sur un beau filet de bœuf bien mortifié ; mouillez-les avec une goutte d'huile et du sel ; huit minutes avant de servir, roulez-les dans la panure et faites-les griller à feu soutenu, glacez-les ; collez une croustade de pain frit au milieu d'un plat d'entrée, emplissez-la d'une garniture de concombres glacés, auxquels vous additionnez au moment une pincée de feuilles de fenouil vert, hachées très-fin, et un morceau de beurre de Cayenne ; dressez les biftecks en couronne autour de la croustade. Vous aurez préparé d'avance un beurre de Cayenne, en forme de pain rond, raffermi sur la glace ; coupez 12 tranches minces de ce beurre, placez-en une entre chaque bifteck, glacez de nouveau et servez de suite avec une demi-glace à part. La garniture de concombres peut être remplacée par une autre.

939. — BIFTECKS A LA CHATEAUBRIAND.

Taillez sur le milieu d'un filet bien mortifié 3 biftecks de l'épaisseur de 5 à 6 centim., suivant le diamètre du filet ; battez-les très-légèrement pour ne pas diminuer leur épaisseur ; salez-les des deux côtés, passez-les dans du beurre fondu et faites-les griller vingt minutes sur feu modéré ; retournez-les au bout de dix minutes ; quand ils sont atteints, dressez-les sur plat et masquez-les avec une bonne maitre-d'hôtel fondue avec quelques cuillerées de glace et le jus d'un citron. Entourez-les avec de grosses lames de pommes de terre frites, taillées sur toute leur longueur et dressées en deux couronnes superposées. — On peut masquer ces biftecks avec un beurre quelconque, ou sauce légère, mais corsée.

940. — ROGNONS DE MOUTON SAUTÉS AUX TRUFFES.

Ayez 18 rognons de mouton, coupez-les chacun en deux parties, retirez les pellicules qui les recouvrent et les parties grasses de l'intérieur, émincez très-fin et tenez-les de côté à couvert ; réduisez 4 décil. de sauce madère, ajoutez-lui un demi-kilo de truffes tournées et émincées très-fin. Cinq minutes avant de servir, faites fondre 200 gr. de beurre dans un sautoir et placez-le sur un feu ardent; lorsqu'il est chaud, jetez les rognons dedans, étalez-les sur toute la surface du sautoir, assaisonnez-les avec sel, poivre et muscade, sautez-les vivement quelques minutes ; lorsqu'ils ne sont plus rouges, égouttez le beurre, additionnez-leur la sauce et les truffes bien chaudes ; ne remettez plus les rognons au feu, car ils durciraient ; roulez-les dans la sauce et dressez-les en pyramide sur un plat d'entrée pour les entourer d'une couronne de petites quenelles de volaille panées et frites. On procède de même à l'égard des rognons sautés aux champignons, au madère ou aux fines herbes, en remplaçant la sauce aux truffes par l'une de celles-ci. Les rognons de veau se préparent de même.

941. — POITRINE DE MOUTON A LA MARSEILLAISE.

Faites braiser 2 poitrines de mouton, ajoutez une demi-bouteille de vin blanc au mouillement, une gousse d'ail, un fort bouquet de persil garni de thym, laurier et quelques grains de poivre. Après trois heures de cuisson, les poitrines doivent être bien tendres et le fonds presque à glace. Laissez-leur perdre leur plus grande chaleur, égouttez-les ensuite sur un plafond ; retirez tous les os et mettez-les en presse ; lorsqu'elles seront froides, divisez-les en 14 parties, que vous parez en carrés longs ou en forme de filets de volaille ; huilez ces filets, panez-les à la mie de pain très-fine. Un quart d'heure avant de servir, placez-les sur le gril pour leur faire prendre couleur sur une paillasse de cendres rouges ; retournez-les après sept ou huit minutes, puis, au moment du service, glacez et dressez-les en couronne sur un plat d'entrée ; garnissez le puits avec des petites aubergines farcies ; versez quelques cuillerées de jus corsé au fond du plat et envoyez à part une sauce espagnole réduite avec le fonds des poitrines bien dégraissées ; ajoutez au moment un jus de citron et une cuillerée de persil haché.

942. — FOIE DE VEAU A L'ESTOUFADE.

Retirez les peaux et parties minces d'un beau foie de veau, cloutez-le perpendiculairement avec de gros lardons, assaisonnez-le avec sel, poivre et épices ; placez-le ensuite dans une crépine de porc bien épaisse, que vous maintiendrez avec quelques liens de ficelle ; foncez une casserole avec des débris de lard et de jambon cru, placez le foie dessus, ajoutez un oignon piqué d'un clou de girofle, une carotte, un bouquet de persil garni ; mouillez avec du bon fonds de braise et un verre de vin blanc ; couvrez-le d'un papier beurré, faites partir et laissez-le cuire doucement pendant trois heures à peu près. Quand il est cuit, dégraissez le fonds, réduisez-le en demi-glace, arrosez-en le foie et poussez la casserole au four chaud pour glacer celui-ci. Au moment de servir, égouttez-le et taillez 12 tranches sur le milieu sans les enlever de leur place ; collez un fond en pain frit au centre d'un plat et dressez le foie dessus ; garnissez le tour avec des gros oignons farcis et glacés ; saucez légèrement le foie avec de la sauce poivrade à laquelle vous mêlez le fonds du foie ; servez le reste de la sauce à part.

943. — PIEDS DE VEAU A LA PÉRIGORD.

Choisissez 7 moyens pieds de veau bien blancs ; après les avoir flambés, coupez-les en deux sur leur longueur pour en retirer l'os principal ; laissez-les bien dégorger dans l'eau tiède, blanchissez-les pour les cuire ensuite dans un bon fonds de poêle ; lorsqu'ils sont très-tendres, égouttez-les ; coupez sur chaque moitié, un carré long de la largeur d'un filet de volaille ; placez-les à mesure dans une casserole, pour les tenir au chaud, avec du bon fonds de braise réduit à demi-glace et 1 décil. de madère. Maintenant coupez moitié des rognures des pieds en gros dés, ainsi que quelques truffes et champignons ; réduisez-les à fond dans un plat à sauter avec 2 décil. de sauce madère bien corsée ; ajoutez alors 2 filets de volaille sautés et coupés en petits dés ; égouttez les escalopes de pieds ; rangez-les sur un plafond, la peau en dessous ; étalez sur le milieu de chacune d'elles une cuillerée du salpicon mentionné, et laissez-les refroidir ; masquez le salpicon avec une couche de farce fine, à laquelle vous incorporez des fines herbes et une truffe pilée ; panez-les deux fois ; puis, quelques minutes avant de servir, faites-les frire de belle couleur, égouttez-les sur un linge, rangez-les sur un petit plafond, glacez et poussez-les un moment au four ; dressez-les ensuite en couronne sur le bord d'une croustade basse ; versez au milieu une garniture de truffes émincées et saucées à la Périgueux. Servez de la même sauce à part.

944. — GRATIN DE FILETS DE VEAU A LA CRÈME.

Faites cuire à la broche une petite longe de veau très-blanche et bien mortifiée ; réglez-vous pour qu'elle soit cuite huit à dix minutes avant de servir ; préparez une excellente béchamel un peu plus réduite que de coutume ; finissez-la avec un morceau de beurre fin. Alors débrochez la longe, détachez vivement le gros filet et le filet mignon, émincez celui-ci et la moitié du gros, desquels vous retirez les graisses et peaux dures ; émincez aussi le rognon et quelques gros champignons cuits au moment ; étalez un peu de la béchamel sur le fond d'un plat ou casserole en argent, rangez dessus un lit de lames de veau et champignons, que vous masquez avec de la béchamel, et continuez ainsi en couches alternatives jusqu'à ce que le plat soit garni et monté en dôme ; mêlez le restant de la béchamel bien chaude avec un blanc d'œuf fouetté bien ferme ; masquez la surface du veau avec cet appareil, semez dessus un peu de panure et de parmesan mêlés ensemble, arrosez avec du beurre fondu et poussez au four chaud ou sous le four de campagne. Pendant ce temps, coupez le reste du gros filet en tranches minces ; sortez le plat du four aussitôt qu'il a pris couleur ; dressez les tranches de veau autour et glacez-les légèrement ; servez en même temps une saucière de bonne béchamel.

945. — CAPILOTADE DE VOLAILLE A L'ITALIENNE.

Faites rôtir 2 poulets, retirez-les vert-cuits et laissez-les refroidir ; pendant ce temps, marquez une farce à quenelles avec les chairs d'un troisième poulet ; formez-en 12 moyennes quenelles que vous pochez et laissez aussi refroidir ; faites sauter quelques foies de volaille aux fines herbes, pilez-les, additionnez-leur 4 cuillerées d'espagnole et passez-les à l'étamine ; étendez cette purée avec un peu d'espagnole réduite et liez-la avec 2 jaunes d'œufs ; masquez-en les quenelles que vous rangez à mesure sur un plafond pour faire raffermir la sauce et les paner ensuite. Maintenant, découpez les poulets par membres et parez-les ; hachez un gros oignon, pressez-le dans un linge et faites-le revenir au beurre ; lorsqu'il est légèrement coloré, mêlez-lui les membres de volaille, sautez-les un instant ensemble, puis égouttez le beurre et mouillez à moitié de hauteur avec une sauce italienne et quelques parties de sauce tomates réduite ; donnez un seul bouillon et tenez-les au bain-marie ; faites frire les quenelles de belle couleur ; finissez le ragoût avec un jus de citron, dressez-le sur plat et entourez-le avec les quenelles.

946. — POULETS A LA DEMIDOFF.

Dépecez 2 jeunes poulets comme pour fricassée, rangez-les ensuite dans un sautoir grassement beurré ; salez modérément ; ajoutez un bouquet garni, un petit oignon et quelques gros dés de jambon cru. Quinze à dix-huit minutes avant de servir, faites-les partir vivement ; les filets ne seront mis que quelques minutes après ; quand ils sont bien revenus, couvrez le sautoir et placez-le sur des cendres rouges avec du feu dessus ; laissez-les ainsi quelques minutes seulement ; retirez ensuite les membres dans un autre sautoir, en les égouttant du beurre ; saucez-les avec 3 décil. de velouté réduit, ajoutez un petit beurre de Cayenne, roulez-les sur feu sans ébullition, jusqu'à ce que le beurre soit fondu, et additionnez le jus d'un demi-citron. Ayez la quantité de riz nécessaire pour une bordure, cuit dans du bouillon de volaille et fini avec beurre et une pointe de muscade ; incorporez-lui 6 à 7 cuillerées de truffes et champignons par égale partie et taillés en petits dés ; moulez la bordure, tassez et renversez-la sur plat ; dressez ensuite les poulets dans le puits ; saucez et servez.

947. — POULETS A LA DIABLE.

Dépecez 2 poulets rôtis en 4 parties, parez-les et roulez-les dans du beurre fondu mêlé avec de la moutarde ; salez modérément et saupoudrez-les avec du cayenne en poudre ; rangez-les sur un gril et, au moment, faites-les chauffer des deux côtés ; dressez-les sur plat et servez une sauce à la diable à part. — Les dindes, faisans et chapons se préparent de même.

948. — PIGEONS A LA CRAPAUDINE.

Coupez les pattes et ailerons de 7 jeunes pigeons, partagez-les en deux et battez légèrement chaque moitié ; supprimez en partie les os des carcasses et marquez les pigeons dans un plat à sauter avec du beurre ; faites-les partir à grand feu, saupoudrez-les de sel et retournez-les au bout de quelques minutes ; lorsqu'ils sont roidis des deux côtés, rangez-les sur un plafond et mettez-les sous presse pour les laisser refroidir ; parez-les alors légèrement, trempez-les dans du beurre fondu avec un peu de glace et panez-les. Dix minutes avant de servir, faites-les griller ; lorsqu'ils sont retournés, glacez-les légèrement ; laissez-leur prendre une belle couleur des deux côtés ; dressez-les en couronne ; emplissez le milieu avec des champignons sautés aux fines herbes ; glacez les pigeons et servez une sauce crapaudine à part.

949. — BÉCASSINES EN PAPILLOTES.

Fendez 14 bécassines par le dos ; supprimez les os des carcasses ; battez légèrement les bécassines avec le plat du couteau ; marquez-les dans un plat à sauter avec beurre et lard râpé ; saupoudrez-les de sel et faites-les roidir sur le feu ; égouttez-les dès qu'elles sont raffermies des deux côtés ; jetez un oignon haché et blanchi dans le même beurre et ajoutez-lui 4 cuillerées de champignons et truffes hachés, et une cuillerée de persil ; laissez revenir un moment, mouillez avec 2 décil. d'espagnole, réduisez bien le tout ensemble et laissez refroidir ; huilez 14 demi-feuilles de papier taillées en cœur, sur lesquelles vous placez une petite lame mince de lard blanchi ; mettez dessus une cuillerée de fines herbes, auxquelles vous aurez mêlé les intestins des bécassines pilés et passés au tamis ; toutes les feuilles de papier ainsi garnies, posez une bécassine sur chacune et recouvrez-les de farce ; pliez-les ensuite comme des côtelettes, rangez-les sur un plafond que vous poussez au four douze minutes avant de servir ; sortez-les au moment et dressez-les en couronne sur un grand plat.

950. — CANARDS EN HARICOT.

Dépecez 2 canards ; placez un plat à sauter sur le feu avec du beurre et 100 gr. de petit lard coupé en dés ; lorsque le beurre est fondu, ajoutez les membres des canards, faites-leur prendre couleur des deux côtés, égouttez le beurre et mouillez-les avec un verre de vin blanc, 3 décil. d'espagnole, autant de consommé, et laissez cuire doucement. Blanchissez 24 petits navets tournés en boules et autant de petites carottes tournées ; mettez-les dans une casserole ; placez les membres des canards dessus, ainsi que le petit lard ; passez leur fonds dessus et faites cuire doucement ; ajoutez un bouquet de persil garni, un oignon, 12 moyens champignons tournés, et laissez cuire doucement pendant une heure et demie. Alors passez et dégraissez la sauce pour la réduire vivement à la spatule ; additionnez une pointe de sucre et passez à l'étamine ; dressez les membres des canards sur un plat d'entrée ; rangez symétriquement les garnitures. Saucez et servez.

951. — CIVET DE LIÈVRE.

Dépecez un lièvre tendre en morceaux réguliers ; mettez le sang de côté. Faites fondre 250 gr. de lard haché dans une casserole suffisante et plus large que profonde, jetez les morceaux de lièvre dedans avec 250 gr. de petit lard en gros dés ; salez très-légèrement ; placez la casserole sur un feu très-ardent et faites revenir les viandes jusqu'à ce qu'elles aient perdu leur humidité ; alors ajoutez 2 verres de vin rouge que vous faites tomber à glace ; cela fait, égouttez la graisse et mouillez à couvert avec un quart d'espagnole, puis moitié vin rouge et bouillon ; ajoutez un oignon et un fort bouquet garni avec aromates ; couvrez la casserole et faites-la partir vivement pour réduire le mouillement d'un quart ; retirez-la ensuite sur feu modéré pour achever la cuisson. Alors retirez les morceaux un à un, en les rangeant dans une casserole étroite avec le petit lard ; passez la sauce, dégraissez-la, additionnez 1 décil. de sauterne et réduisez-la à point ; liez-la au dernier moment avec le sang et passez à l'étamine ; dressez les morceaux sur plat, saucez et entourez-les d'une chaîne de petits oignons glacés à part. On peut aussi singer le ragoût à défaut d'espagnole.

ENTRÉES CHAUDES ET GARNITURES.

952. — SAUTÉ DE MAUVIETTES A LA TAVERNEY.

Flambez et videz 2 douz. de mauviettes du côté des reins; retirez-leur les cous et les pattes. Huit à dix minutes avant de servir, faites fondre 200 gr. de lard haché dans un sautoir] mince, ajoutez les mauviettes, faites-les revenir vivement; aussitôt raffermies à point, égouttez la graisse, ajoutez un verre de madère et faites-le réduire; alors retirez-les du feu, additionnez-leur 3 décil. d'espagnole réduite au moment, roulez-les dans cette sauce, ajoutez 3 douz. d'olives tournées et blanchies, et dressez sur plat ou sur croûte de flanc; entourez-les avec des petits croûtons garnis avec l'intérieur des mauviettes cuit, auquel vous aurez ajouté quelques débris de foie et une truffe en petits dés. On peut supprimer les olives et finir la sauce avec un jus de citron.

953. — TRANCHE DE THON A LA TARTARE.

Coupez une tranche de thon de 4 ou 5 centim. d'épaisseur; elle doit avoir à peu près le diamètre du fond du plat; mettez-la dégorger dans de l'eau et du lait. Une heure et demie avant de servir, essuyez-la bien et bridez-la ronde; marinez-la avec de l'huile, du sel, persil en branche, oignon et une feuille de laurier; enveloppez-la dans 2 feuilles de papier huilées que vous ficelez; placez-la sur un petit plafond et cuisez-la au four. Un quart d'heure avant de servir, déballez-la et dressez-la sur un plat après avoir retiré tous les fragments de légumes de la marinade et les peaux; glacez-la entièrement; rangez autour une couronne de petits cornichons tournés de la grosseur d'une olive. Envoyez une sauce tartare à part. — Les tranches et tronçons de bonite et d'espadon sont susceptibles des mêmes apprêts que le thon.

954. — BOUDINS DE BROCHET A LA PONIATOWSKI.

Incorporez 150 gr. de truffes crues hachées très-fin, avec 600 gr. de farce de brochet au beurre d'écrevisse, un peu moins beurrée que de coutume; saupoudrez le tour de farine, placez la farce dessus, divisée en 16 parties égales, que vous roulez délicatement entre le tour et les mains, afin d'en former des petits cordons de la longueur de 15 à 18 centim., et roulez-les en volute, ainsi qu'un bout de saucisse; appuyez le bout, soudez-le avec le doigt trempé dans du blanc d'œuf et rangez-les à mesure au fond d'un sautoir beurré; versez de l'eau bouillante dessus pour les pocher, égouttez-les ensuite et panez-les deux fois. Quelques minutes avant de servir, faites-leur prendre couleur dans un plat à sauter avec du beurre clarifié; égouttez-les sur une serviette, et dressez-les en couronne autour d'une petite croustade que vous emplissez avec une pyramide de petits champignons sautés à la sauce suprême.

955. — LAMPROIE A LA COMTOISE.

Prenez une belle lamproie ou 2 moyennes; mettez-les un moment sur des charbons allumés pour déchirer les peaux et les retirer ensuite; alors videz-les et supprimez-leur les têtes et les ouïes; distribuez aussitôt les lamproies par tronçons, lavez-les à l'eau chaude et épongez-les bien; passez au beurre un oignon coupé en dés; lorsqu'il est revenu, additionnez les tronçons de la lamproie, assaisonnez avec sel, poivre et un bouquet garni; retournez les tronçons dans cet assaisonnement; couvrez la casserole et placez-la sur un feu doux. Lorsqu'ils ont rendu leur eau, mouillez-les avec une demi-bouteille de vin rouge de Bourgogne et 4 décilitres d'espagnole; ajoutez quelques champignons; laissez cuire doucement pendant une demi-heure; pressez alors l'ébullition pour réduire la sauce et dressez les tronçons en pyramide, en rangeant autour 4 bouquets de petits oignons glacés et 4 de petits champignons; saucez en dessus et séparez chaque garniture par un croûton taillé en crête et glacé.

956. — CARPES AUX FINES HERBES.

Écaillez 4 moyennes carpes bien fraîches, supprimez les têtes et videz-les par cette ouverture, en observant bien de ne pas crever le fiel; alors coupez chaque carpe en 3 tronçons, que vous désossez complétement sans les ouvrir. Avec les chairs des queues et celles d'une autre petite carpe, marquez une farce à quenelles un peu ferme à laquelle vous additionnez des fines herbes aux champignons. Mettez une cuiller de cette farce au milieu de chaque tronçon désossé ; reployez ceux-ci afin de les arrondir, en les maintenant un peu plus petits qu'à leur état primitif; entourez chacun d'eux avec une petite bande de papier beurrée dont vous soudez le bout avec du blanc d'œuf. Rangez ces tronçons dans un plat à sauter beurré ; égalisez la surface de la farce ; arrosez-les de beurre fondu avec du sel et cuisez-les au four pendant un quart d'heure ; égouttez-les ensuite, retirez le papier et dressez-les en pyramide sur un plat ; arrosez-les avec de l'espagnole bien corsée, à laquelle vous additionnez des fines herbes aux champignons et le jus d'un citron. Servez de la même sauce dans une saucière. — Si les carpes étaient laitées, il faudrait préparer les laitances à la Villeroy et les dresser autour.

957. — TRONÇONS DE MERLAN A L'ITALIENNE.

Habillez 6 moyens merlans, coupez sur chacun 3 tronçons, tenez-les dans un linge roulé afin de les bien ressuyer. Dix minutes avant de servir, ciselez-les, roulez-les dans de l'huile et du sel, saupoudrez-les avec de la panure et faites-les griller doucement pendant un quart d'heure, en les arrosant de temps en temps avec un pinceau trempé dans du beurre fondu. Dressez-les en buisson sur un plat et garnissez le tour avec une bordure de quenelles panées et frites ; saucez légèrement les tronçons avec de la sauce italienne, à laquelle vous incorporez un beurre d'anchois et le jus d'un citron. Envoyez de la même sauce dans une saucière.

958. — TRANCHES DE TRUITE A LA BORROMÉE.

Coupez 12 tranches minces sur le milieu d'une moyenne truite, essuyez-les bien aussitôt et passez-les dans la farine ; trempez-les dans des œufs battus pour les paner dans de la mie de pain fine. Dix minutes avant de servir, faites-les frire dans un plat à sauter avec du beurre clarifié ; lorsqu'elles ont pris couleur des deux côtés, égouttez-les sur une serviette, saupoudrez-les de sel et dressez-les en couronne sur une bordure pleine, ou plutôt sur un fond de riz à la Milanaise. Versez au milieu un petit ragoût de laitances de carpe à la sauce tomates. Servez de la même sauce à part.

959. — PETITES TRUITES A LA CRÈME D'ANCHOIS.

Taillez les têtes et les queues à 12 petites truites déjà nettoyées, essuyez-les et faites-leur une incision le long du dos avec la pointe d'un couteau, roulez-les dans du beurre fondu avec du sel et rangez-les à mesure sur un petit plafond ; emplissez la fente du dos avec une maître-d'hôtel et cuisez-les au four. Pendant ce temps, préparez une sauce hollandaise peu beurrée et sans sel ; glacez les truites lorsqu'elles sont cuites et dressez-les en couronne sur un plat d'entrée ; finissez la hollandaise avec un beurre d'anchois et servez-la dans une saucière.

960. — MAQUEREAUX A LA GAUTHIER.

Supprimez les têtes à 6 gros maquereaux, ouvrez-les par le ventre, désossez-les complètement sans séparer les filets ; ayez une farce de poisson, à laquelle vous incorporez la moitié de son volume de champignons coupés en dés et une cuillerée de persil ; étalez cette farce sur toute la longueur des filets et ployez les maquereaux ; rangez-les sur un petit plafond avec 100 gr. de beurre fondu et avec la même quantité d'huile ; cuisez-les au four pendant un quart d'heure et dressez-les sur un plat en en plaçant trois d'abord, rangés à côté les uns des autres, deux ensuite sur ceux-ci, et un en dessus ; garnissez le tour avec 18 champignons farcis ; saucez avec une maître-d'hôtel à peine fondue, à laquelle vous additionnez 2 cuillerées de bonne glace et 2 cuillerées de câpres.

961. — ROUGETS A LA TOULONNAISE.

Après avoir habillé 12 moyens rougets selon la règle, lavez-les, supprimez les têtes et les queues, essuyez-les et rangez-les à mesure dans un plat à gratin avec sel et huile ; retournez-les dans cet assaisonnement, saupoudrez-les avec du pain râpé et cuisez-les au four pendant douze minutes ; dès qu'ils sont cuits à point, enlevez-les avec précaution pour les dresser en pyramide sur un plat d'entrée ; ajoutez 1 décil. de sauce tomate à leur fonds et une forte cuillerée de persil haché avec une pointe d'ail blanchi, 2 anchois hachés au tamis, un jus de citron et 100 gr. de beurre frais; opérez le mélange hors du feu et versez cette sauce sur les rougets.

962. — AIGUILLETTES DE RAIE A LA SAINTE-MÉNEHOULD.

Cuisez 2 ailes de raie entières et bien dégorgées ; faites-les cuire à l'eau de sel acidulée ; aussitôt cuites, retirez-leur les peaux et laissez-les refroidir ; détachez les chairs des arêtes pour les tailler en grosses aiguillettes, en les tenant d'une égale dimension ; masquez chacune de ces aiguillettes avec une duxelle bien réduite ; rangez-les à mesure sur un plafond et laissez-les refroidir ; roulez-les ensuite dans la panure et panez-les encore après les avoir trempées dans une omelette battue ; dix minutes avant de servir, plongez-les par parties dans la friture bien chaude pour leur faire prendre une belle couleur ; égouttez sur un linge et dressez-les aussitôt en buisson bien élevé et sur un plat, au fond duquel vous aurez préalablement fait sécher une petite couche de farce ; saucez légèrement au pied avec une sauce italienne beurrée au moment, et envoyez le surplus à part.

963. — HARENGS FARCIS A LA RUBENS.

Retirez les têtes à une quinzaine de harengs bien frais, parez les nageoires et les queues, ouvrez-les par le dos pour leur enlever l'arête, étalez-les sur une serviette, salez-les intérieurement, distribuez dessus les laitances par parties égales ; ayez une sauce duxelle très-réduite à laquelle vous mêlez quelques cuillers de farce fine, étalez-en une couche sur chaque hareng, refermez-les à mesure et masquez également le dessus avec une autre couche mince de la même farce; trempez-les ensuite dans dix jaunes d'œufs battus avec 200 gr. de beurre fondu et de sel; panez-les à la panure fraîche, rangez-les sur un plafond beurré et cuisez-les au four pendant un quart d'heure ; égouttez-les sur un linge et dressez-les en couronne ; garnissez le puits avec une émincée de champignons à la provençale et servez une sauce tomates à part.

964. — MATELOTE DE PÊCHEUR.

Cette matelote se compose spécialement avec du poisson d'eau douce, qu'il faut absolument se procurer vivant, sous peine de produire un mets médiocre. Du poisson même très-frais, s'il est déjà mort, ne donne plus le même résultat. Comme espèces, les carpes, brochets, perches, barbeaux, truites et petites anguilles, sont celles qu'on doit préférer. La variété des poissons est sans doute un principe qu'on ne doit point négliger; plus il y aura d'espèces diverses, plus la sauce acquiert d'arôme agréable ; mais le point essentiel de l'opération est, sans contredit, le degré précis du mouillement, qu'il faut mettre sans excès et laisser réduire à point. — Après avoir vidé et écaillé les poissons dont vous disposez, ressuyez-les avec un linge sans les laver; c'est là peut-être un préjugé, mais c'est la règle. Aussitôt ressuyés, divisez-les en tronçons, placez-les dans un chaudron rouge et couvrez-les à peine à hauteur avec du vin rouge ; additionnez sel, poivre en grain, 2 oignons émincés, 2 gousses d'ail entières et un bouquet de persil garni d'une feuille de laurier ; faites partir le chaudron sur un trépied, à feu violent, et aussitôt que l'ébullition commence, augmentez la flamme, afin que celle-ci se communique à l'esprit qui se dégage du vin, et laissez-la brûler jusqu'à ce qu'elle s'éteigne d'elle-même ; continuez l'ébullition violente jusqu'à ce que ce fonds se lie au degré d'une demi-espagnole ; alors retirez le chaudron du feu et additionnez 100 gr. de beurre manié avec une cuillerée de farine ; roulez le chaudron sur lui-même avec violence, afin de dissoudre ce beurre ; donnez-lui un dernier bouillon et retirez-le aussitôt du feu pour lui incorporer encore 300 gr. de beurre frais divisé en petites parties, tout en agitant le chaudron jusqu'à ce que ce beurre soit entièrement dissous ; alors enlevez le bouquet de persil et l'ail, et dressez immédiatement la matelote dans un plat creux ou casserole d'argent, en la garnissant avec une simple couronne de croûtons frits taillés en rond. On emploie un chaudron rouge afin de conserver au vin sa couleur, car dans une casserole étamée il noircit toujours. A cela près, la casserole est toujours applicable. Nous ne produisons ce mets que comme fantaisie, n'entendant nullement le comprendre, ainsi que plusieurs formules qui se rencontrent dans ce dernier chapitre, comme des reproductions très-distinguées.

965. — VIVES A LA BATELIÈRE.

Après avoir habillé 8 belles vives, supprimez les têtes et coupez le reste en tronçons; passez un moment au beurre 2 gros oignons blancs hachés et bien exprimés, avec une gousse d'ail et un bouquet de persil garni; lorsque l'oignon est revenu, mouillez avec une bouteille de vin blanc sec; assaisonnez avec sel et poivre, faites partir en ébullition et plongez les tronçons, couvrez la casserole et faites-les cuire à grand feu pendant douze minutes; le poisson doit alors être atteint et le fonds réduit aux trois quarts; retirez le bouquet et dressez les tronçons sur plat; liez le fonds avec 4 jaunes d'œufs étendus avec 3 cuillerées de velouté et passés à l'étamine; finissez-le avec un morceau de beurre, le jus d'un citron et persil haché.

966. — MORUE A LA MAITRE D'HOTEL.

Laissez dessaler pendant plusieurs jours la moitié d'une morue bien épaisse; changez souvent l'eau; écaillez-la ensuite et divisez-la en carrés que vous placez dans une casserole avec de l'eau froide largement couverte; faites partir, et aussitôt que l'ébullition s'annonce, retirez la casserole du feu, couvrez-la et laissez-la ainsi quelques minutes; égouttez enfin la morue, retirez-lui ses arêtes; défaites-la en feuillets, placez-la dans une casserole et mouillez-la avec une sauce maitre d'hôtel liée; ajoutez une pointe de muscade et 150 gr. de beurre en petites parties; agitez la casserole pour dissoudre le beurre et l'incorporer à la sauce, puis dressez-la en dôme et rangez autour du plat un cordon de petites pommes de terre enlevées à la cuiller, cuites à l'eau et sautées au beurre hors du feu avec une pincée de persil haché.

www.ingramcontent.com/pod-product-compliance
Lightning Source LLC
Chambersburg PA
CBHW070843170426
43202CB00012B/1925